中国哲学社会科学学科年鉴
CHINESE ACADEMIC ALMANAC

CHINA
FINANCIAL RESEARCH
ALMANAC

张晓晶 主编　　程 炼　周莉萍 副主编

# 中国金融学年鉴

## 2023

中国社会科学出版社

图书在版编目（CIP）数据

中国金融学年鉴. 2023 / 张晓晶主编. -- 北京：中国社会科学出版社, 2024. 6. -- ISBN 978-7-5227-4330-1

Ⅰ. F832-54

中国国家版本馆 CIP 数据核字第 2024S5R461 号

| | |
|---|---|
| 出 版 人 | 赵剑英 |
| 责任编辑 | 姜阿平 |
| 责任校对 | 韩海超 |
| 责任印制 | 张雪娇 |

| | |
|---|---|
| 出　版 | 中国社会科学出版社 |
| 社　址 | 北京鼓楼西大街甲 158 号 |
| 邮　编 | 100720 |
| 网　址 | http://www.csspw.cn |
| 发行部 | 010-84083685 |
| 门市部 | 010-84029450 |
| 经　销 | 新华书店及其他书店 |
| 印刷装订 | 三河市东方印刷有限公司 |
| 版　次 | 2024 年 6 月第 1 版 |
| 印　次 | 2024 年 6 月第 1 次印刷 |
| 开　本 | 787×1092　1/16 |
| 印　张 | 23.5 |
| 插　页 | 2 |
| 字　数 | 603 千字 |
| 定　价 | 198.00 元 |

凡购买中国社会科学出版社图书，如有质量问题请与本社营销中心联系调换
电话：010-84083683
版权所有　侵权必究

# 《中国金融学年鉴 2023》
# 编纂委员会

顾　问：李　扬
主　任：张晓晶
委　员：（以姓氏笔画为序）

王广谦　王向楠　尹振涛　史　丹　白重恩　朱　吴
李广子　李　实　李雪松　吴卫星　吴振宇　张成思
何　平　何德旭　余永定　张永生　张成思　张周露
张　明　张晓山　张跃文　张　斌　陈雨露　周费黄
周莉萍　郑联盛　胡　滨　胡志浩　洪银兴　费黄谭
姚　洋　贺力平　贾　康　夏　斌　高培勇　黄谭
黄群慧　盛松成　程　炼　蔡　昉　裴长洪
潘家华　魏后凯

# 编辑说明

《中国金融学年鉴2023》全面系统反映2022年中国金融学研究主要成果和学科进展情况，展示中国金融学者如何围绕中国金融改革、发展和稳定的时代主题讲好中国故事、推动中国金融学的发展。

《中国金融学年鉴2023》重视学术评价，突出对文献脉络、内在逻辑以及学术贡献的评价。从内容来看，学科述评内容占整个金融学年鉴篇幅的60%以上，既着眼于金融学整体，又涵盖了各专门领域以及一些新兴学科。此外，海外视角下的中国金融也有较为清晰的学科评述机制特点。总体来看，《中国金融学年鉴》的学科评述机制具有以下特点。一是学科述评里面遴选的文章不拘泥于核心期刊文献，还囊括高质量的非核心期刊文献，以及期刊数据库之外的重要学者观点、有价值的观点；二是学科述评有清晰的逻辑，所有组成部分由一条主要的逻辑线索串联起来，抓住最主要的理论和现实问题；三是学科述评能做到客观评价，既点出文章的理论贡献，也点出文章的不足；四是注重现实和理论结合，将中国金融体系发展的现实作为大背景，来讲金融理论的变革和进展；五是"以我为主"，用内在和外在的理论线索来串文献。其中，内在的理论线索即学术理论本身的发展线索，外在的理论线索以党的二十大精神和习近平总书记在第五次全国金融工作会议上的讲话精神为指引，重点关注防范系统性风险、金融服务实体经济、金融结构优化等。

《中国金融学年鉴2023》严格遴选学术作品和学术人物，"入鉴即评价"，通过"3+1"模式，确定"论文精粹摘编"和"重要著作推介"。"3"指三方，即金融所各研究室、年鉴编委和编辑部，"1"指的是最终的遴选会议。首先，各研究室在学科述评基础上，遴选和推荐学术论文、学术著作等学科发展成果，并给出详细的推荐理由。其次，请年鉴编委推荐论文和著作，并给出推荐理由。编辑部综合整理各方意见后，列出遴选论著清单。最后，再组织金融领域知名学者包括编委召开遴选会议，对入选论著逐一进行讨论、筛选。通过"3+1"模式，我们试图让不同的学者群体从不同的视角来评价学术论著，而不是从单一维度比如创新程度或引用率等来评价学术成果，从而保证评价结果更为客观、更有说服力。此外，年鉴对于年鉴人物、学术会议综述、获奖动态、国内主要的金融学机构介绍等，也都设立相应的遴选标准，并经过充分的酝酿和讨论。

《中国金融学年鉴2023》的基本框架安排如下：基于高水平的金融学研究成果，通过"特载""学科述评""论文精粹摘编""重要著作推介""研究课题""学界动态""机构介绍"等栏目，全方位展示学者们对中国金融学的探索和贡献。

"特载"栏目《中国特色金融发展道路的新探索——基于国家治理逻辑的金融大分流新假

说》一文，通过考察中西方千年金融发展史，从国家治理逻辑角度提出了中西方金融大分流的新假说，提出中国特色金融发展的逻辑内嵌于中国式现代化发展的大逻辑。要超越金融大分流所暗含的"从分流到合流"的逻辑，走中国特色金融发展道路，真正做到"以我为主，博采众长"。"学科述评"栏目包括2022年中国金融学发展综述和金融学各领域综述。根据我国金融研究的发展现状，综述覆盖的领域包括货币理论与货币政策、宏观金融、微观银行学、资本市场与公司治理、保险学、社会保险学、国际金融学、金融风险与金融监管、微观金融与资产定价、金融科技、金融基础设施。"论文精粹摘编"栏目对遴选出的3篇外文论文和76篇中文论文进行观点摘编。"重要著作推介"栏目对推选出的7部重要著作进行简介。"研究课题"栏目汇总2022年国家社会科学基金、国家自然科学基金批准立项的金融学相关课题。"学界动态"栏目包括著名金融学家介绍、金融类学术会议综述、海外视角下的中国金融、获奖动态等信息。"机构介绍"栏目对智库类的金融研究院所以及最新一轮"双一流"高校金融院系进行简介。"附录"为金融学学科词汇索引。

《中国金融学年鉴2023》在编纂过程中，多次组织国内金融学领域众多知名学者、国内知名金融类学术研究机构召开学术研讨会，增进中国社科院和院外同行之间的学术交流。

# 目　录

## 特　载

中国特色金融发展道路的新探索
　　——基于国家治理逻辑的金融大分流新假说 ……………………………… 张晓晶　王　庆（3）

## 学科述评

增强金融韧性，助力经济增长
　　——2022年中国金融学发展研究述评 ……………………… 程　炼　周莉萍　张　策（33）
货币理论与货币政策研究述评 ……………………………………………… 费兆奇　曾　艺（68）
宏观金融研究述评 …………………………………………………………………… 曹　婧（81）
微观银行学研究述评 ………………………………………………………………… 张　珩（96）
资本市场与公司治理研究述评 ……………………………………………… 徐　枫　吕　纤（117）
保险学研究述评 ……………………………………………………………………… 王向楠（129）
社会保险学研究述评 …………………………… 郭金龙　朱晶晶　孙弗为　马凤娇　李　兵（139）
国际金融学研究述评 …………………………………………… 胡志浩　林　楠　江振龙（160）
金融风险与金融监管研究述评 …………………………………………………… 郑联盛（179）
微观金融与资产定价研究述评 …………………………………………………… 李俊成（199）
金融科技研究述评 ……………………………………………… 尹振涛　汪　勇　张辰源（217）
金融基础设施研究述评 …………………………………………………………… 董　昀（234）

## 论文精粹摘编

外文论文 …………………………………………………………………………………………（245）
中文论文 …………………………………………………………………………………………（246）

## 重要著作推介

…………………………………………………………………………………………………（269）

## 研究课题

2022 年国家社会科学基金项目汇总（金融学） …………………………………………（275）
2022 年国家自然科学基金项目汇总（金融学） …………………………………………（284）

## 学界动态

著名金融学家介绍 ………………………………………………………………………（291）
  论厉以宁的经济学贡献 ………………………………………………… 平新乔（291）
  江其务先生生平传略及学术贡献 ………………………… 王维安　何德旭（315）
金融类学术会议综述 ……………………………………………………………………（326）
海外视角下的中国金融 …………………………………………… 程　炼　张　策（338）
获奖动态：省部级以上金融学奖项 ……………………………………………………（347）

## 机构介绍

一　东北财经大学金融学院 ……………………………………………………………（351）
二　南开大学金融学院 …………………………………………………………………（351）
三　江西财经大学金融学院 ……………………………………………………………（352）
四　山东大学经济学院金融系 …………………………………………………………（353）
五　中南财经政法大学金融学院 ………………………………………………………（354）
六　西安交通大学经济与金融学院金融系 ……………………………………………（356）
七　北京交通大学经济管理学院金融系 ………………………………………………（357）
八　首都经济贸易大学金融学院 ………………………………………………………（357）
九　天津财经大学金融学院 ……………………………………………………………（358）
十　辽宁大学金融与贸易学院 …………………………………………………………（358）

## 附　录

金融学学科词汇索引 ……………………………………………………………………（363）

# Table of Contents

## Special Report

A New Exploration of the Developing Path of Chinese Characteristic Finance
.................................................................................... Zhang Xiaojing, Wang Qing (3)

## Review of the Discipline of Financial Studies in China

Enhancing Financial Resilience and Supporting Economic Growth
.................................................................................... Cheng Lian, Zhou Liping, Zhang Ce (33)
Monetary Theory and Policy ................................................. Fei Zhaoqi, Zeng Yi (68)
Macro-finance ........................................................................................ Cao Jing (81)
Microeconomics of Banking ................................................................ Zhang Heng (96)
Capital Markets and Corporate Governance ................................ Xu Feng, Lu Qian (117)
Insurance ....................................................................................... Wang Xiangnan (129)
Social Insurance ............... Guo Jinlong, Zhu Jingjing, Sun Fuwei, Ma Fengjiao, Li Bing (139)
International Finance ........................................ Hu Zhihao, Lin Nan, Jiang Zhenlong (160)
Financial Risk and Regulation ......................................................... Zheng Liansheng (179)
Microfinance and Asset Pricing ............................................................. Li Juncheng (199)
Fintech ............................................ Yin Zhentao, Wang Yong, Zhang Chenyuan (217)
Financial Infrastructure .......................................................................... Dong Yun (234)

## Summaries of Selected Articles

Articles in English ................................................................................................ (245)
Articles in Chinese ............................................................................................... (246)

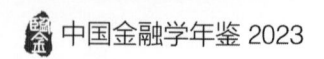

## Recommended Books

·················································································································· (269)

## Studies Supported by National Foundations

·················································································································· (275)

## Events and Awards

Eminent Financial Economists ·································································· (291)
 On Liyining's Contribution to Chinese Economics ································ (291)
 Biography and Academic Contribution of Qiangqiwu ···························· (315)
Meetings and Conferences ····································································· (326)
China's Finance from an Overseas Perspective ·········································· (338)
Awards ································································································ (347)

## Research Institutions

·················································································································· (351)

## Appendix

Glossary ····························································································· (363)

# 特载

特　载

# 中国特色金融发展道路的新探索

## ——基于国家治理逻辑的金融大分流新假说*

### 张晓晶　王　庆**

**摘要**：本文通过考察中西方千年金融发展，从国家治理逻辑角度提出了中西方金融大分流的新假说。该假说认为金融大分流的本质在于能否建立起可持续的公共信用体系，根源则在于中西方政治目标与治理模式的分野以及由此带来的公共信用供求的差异。该假说强调"目标函数"决定"行为方程"，揭示了政治目标以及与之相契合的治理模式选择在各国金融制度长期演进中所起的关键性作用，为分析金融大分流提供了更为完整的逻辑链条和更有说服力的理论机制。基于大历史视域下的国家治理逻辑假说，以及近代以来中国为现代化融资所进行的艰难探索和成功实践，本文认为，超越金融大分流所暗含的"从分流到合流"的逻辑，走中国特色金融发展道路，是金融助力现代化的必然之选：既要深刻总结各国金融发展所呈现的规律性认识，又要找准并坚持中国特色，真正做到"以我为主，博采众长"；归根到底，中国特色金融发展的逻辑内嵌于中国式现代化发展的大逻辑。

**关键词**：国家治理　金融大分流　中国式现代化　中国金融发展道路

## 一　引言

目前学界对金融大分流尚无明确定义，但其所指与以彭慕兰、李伯重等为代表的加州学派的大分流（Great Divergence）概念有直接承继关系，一般意指中国和西方在历史时期金融发展的不同走向，其分叉标志是所谓现代金融革命（Financial Revolution）的出现。

何谓金融革命？一些学者认为金融革命本质上是一场财政革命或公共信用革命，以公债制度的成熟为标志。持这种观点的学者中，少部分认为金融革命爆发于13—15世纪的热那亚、威尼斯等意大利城邦国家（戈兹曼，2017；李晓、李黎明，2021），更多的则认为爆发于16—17世纪的荷兰（Tracy，1985；Sylla et al.，1999）或者17世纪末、光荣革命后的英格兰（Dickson，1967；Vries，2012；金德尔伯格，1991）。二者之间的分歧主要在于是否认为中世纪城邦国家和近代民族国家的公共信用体系有本质不同。另外一些学者则认为金融革命的本质是现代金融体系的建立，核心标志是现代商业银行的产生和中央银行制度的确立（Buchinsky & Polak，1993；陈雨露，2021）；以此为标准，金融革命则其无争议地爆发于17世纪末到18世纪上半叶的英格兰。在此期间，英格兰的伦敦和乡村银行兴起，英格兰银行（Bank of England）逐渐确

---

\* 本文发表于《经济研究》2023年第2期，因刊物篇幅所限，发表时略有删减。这里呈现的是完整版。
\** 张晓晶，中国社会科学院金融研究所所长、研究员；王庆，中国社会科学院金融研究所博士后。

立起了中央银行的地位（马金华，2018）。事实上，现代银行制度（尤其是中央银行制度）的确立与现代财政国家的形成直接相关，因此本文倾向于认为，金融革命是一场公共信用革命，其本质在于是否建立起可持续的公共信用体系。这与金德尔伯格的论断有共通之处，在他看来，金融革命是政府财政体制的大变革。①

关于金融大分流产生的原因，尽管众说纷纭，但概括起来，无非以下两个维度：一是市场（民间）信用维度。从契约关系和金融市场自身发展的角度进行解释，认为中西方早在轴心时代就形成了不同的人际合作方式，即前者主要依靠血缘关系，在宗族或家族内部融资，且多从事人格化交易，而后者不依靠血缘，多采取社会化合作方式、进行非人格化交易（蔡洪滨等，2008；Greif & Tabellini，2010、2017）。陈志武（2022）指出这种差异对于中西方金融的长期发展具有重要影响：家族内部融资的传统导致中国人对外部金融的需求不高，金融发展的动力不足，金融所需的制度难以内生。相比之下，西方社会的非人格化交易传统则使其更容易建立起成熟的法治体系和契约执行架构，从而释放更多的外部金融需求，进而催生出近代金融组织。二是国家（公共）信用维度。聚焦于公债制度的建立和现代财政国家的形成的角度，认为中西方金融分野在于传统中国未能形成运转良好的公债市场，更深层次则在于国家信用的缺失。按照戈兹曼（2017）的说法，传统中国始终缺乏"在时间维度上的金融技术"②。由于无法有效控制公权力，唐宋以后中国的公共信用工具（如宋元明初的纸币、宋代的钱引和明代的盐引）发展断断续续，并时常造成灾难性的破坏（比如元代在很大程度上因滥发纸币而灭亡），因而在传统社会晚期为统治者所彻底抛弃（科大卫，2002；燕红忠，2017）。相比之下，以英格兰为代表的西方国家在光荣革命后，议会逐渐强化了对王权的限制，并成功实现了对国家财权的有效掌控，政府建立起了可置信承诺，国家信用由此得到了大幅增强，为近代公债市场的建立和后续金融资本的扩张奠定了基础（North & Weingast，1989；Weingast，1997）。李晓和李黎明（2021）则进一步指出，真正导致金融分流的因素并不是公债市场，因为无论是公债体制还是货币体系归根结底都只是通往现代金融的不同路径，驱动金融革命发生的根本力量实质上是保障公债体制或纸币体系稳定运行的国家信用。

这两种维度的逻辑都从信用出发，与熊彼特"没有信用经济，就没有资本主义"的判断类似（熊彼特，1990；Ingham，2015），都强调信用创造在近代早期中西方金融分流中的作用。但区别在于，前者只强调市场信用本身，而后者则认为社会信用除了为交易人之间的社会网络提供担保的信用（市场信用）之外，还有以国家税收为担保的长期金融工具（包括国家发行的纸币和长期政府债务）的信用（和文凯，2020）。市场本身并不能自发形成这些国家权力背书的长期金融工具，而这恰恰是"金融革命之所以是革命"的原因。此外，二者的另一区别在于市场信用和国家信用并不在一个层级。在社会信用的谱系中，国家或政府信用处在金字塔的顶端，

---

① 金德尔伯格（1991）指出："所谓金融革命，可以指银行业大的变革，如18世纪英国的伦敦及乡村银行的兴起。实际上，一位法国金融史学家曾随意地断言，英国的工业革命是以较早发生的银行业革命为基础的。但是，在多数情况下，金融革命指政府财政体制的大的变革，无论是征税权力和赋税种类的变化，政府财政收支机构的变化，还是政府债务管理方面的变化。"

② 所谓在时间维度上的金融技术主要指发行公债和赤字财政。但是这一表述不够准确，事实上，如果把货币理解成一种"债"，那么纸币的创造和发行，也是试图在时间维度上解决问题。这一金融技术在传统中国并不缺乏。

是全部信用体系的基础和保障；而相对地，市场信用则处在金字塔底端，其借用票据是次一级的票据（雷，2017）。中西方金融发展史也表明，没有公共信用，欧洲近代早期的银行与明清中国的典当、钱庄和票号并无本质不同（兰日旭，2016）。而直到欧洲公共信用体系建立以后，现代的金融组织才登上历史舞台，民间信用的规模才出现大幅扩张（Daunton，1995）。[①] 综上可见，引起金融大分流的真正原因不在于市场信用体系本身，可持续的公共信用体系才是关键，因此国家信用逻辑显然更能站得住脚。

本文认为，现有的国家信用逻辑还不足以解释"整个"金融大分流。因为它假定信用需求是给定的（或是无须解释的），关键在于供给。但实际上，中西方在（公共）信用需求方面是有差异的，而这个差异又取决于不同的政治目标。具体来说，政治目标决定治理模式，二者共同影响可持续公共信用体系的建立。我们将此概括为"国家治理逻辑新假说"。它不仅为金融大分流提供了更为完整的逻辑链条和更有说服力的理论机制，同时也为走自主的金融发展道路、助力中国式现代化提供了重要的理论支撑。

## 二 政府约束与公共信用市场

金融革命本质上是一场公共信用革命，因此首先需要考察中西方公共信用的发展历程。所谓公共信用市场，即利用国家或政府信用进行融资的市场，包含发债、发币两种形式。历史时期，中西方公共信用市场的发展道路出现了显著分叉，这也被认为是金融大分流的主要表征。

### （一）近代欧洲公共信用市场：从小国模式到大国模式

从12—13世纪的意大利城邦到17世纪的英格兰，欧洲国家经过长达五百年的相互竞争，最终探索出了以发债为主的公共信用市场体系，大幅提升了国家的财政—军事实力。以英格兰为代表的欧洲现代财政国家的成功对欧洲乃至世界的政治格局和长期经济发展均产生了重要影响。

1. 从威尼斯到荷兰：小国的信用逻辑

12世纪，意大利北部形成了欧洲第一批真正建立财政自治权的城邦。[②] 公共债务与财政自治权相伴产生。到12世纪末，热那亚、威尼斯和佛罗伦萨等城邦都已发行过数额不等的公债。这些公债带有明显的强制性，且很有可能是按照财产多寡等比例摊派的，因此可以被看作一种变相的直接税或者长期贷款（麦克唐纳，2021）。由于各城邦的发展路径相似，我们此处只选择最具代表性的威尼斯共和国和它的蒙蒂（monte）体系进行分析。

12—13世纪，威尼斯为应对持续的地缘战争需要，多次向公民借款。到1262年，政府将所有累积的债务合并为了单一的基金蒙蒂。按照新颁布的《债券法》的规定，蒙蒂将以5%的名义利率每年分两次按时发放利息，且政府保证对利息的偿付优先于其他政府支出。新的债券不

---

[①] 因此公共信用实际上是民间信用的"放大器"。也正是基于此种语境，希克斯提出了著名的"工业革命不得不等待金融革命"的论断。

[②] 这些城邦具有两大特征：一是保留了历史遗存的议会监督下的共和政体制度；二是积极参与由不同阶层工匠生产的产品的国际贸易和商业开发，因此其本质上是商人共和国（邦尼，2018）。

仅可以自由转让，且一般情况下政府不得通过偿付本金赎回，因此其在里亚尔托的二级市场上有着活跃表现。在后续近百年的时间里，由于威尼斯政府支付利息的信誉良好，这些债券成为一种"备受全体市民青睐的投资品"（麦克唐纳，2021）。当然，公债体系的直接受益者还是威尼斯政府，其利用蒙蒂成功应对了数次财政危机。

威尼斯公债市场的成功与城邦制国家特殊的政治体制密不可分。意大利城邦国家多实行贵族共和制，政府力量不强，尤其是对财政权的控制相当有限。威尼斯的赋税征收权和使用权都掌握在议会手中，而议会的主导将国家的财政收支控制在了较为合理的水平，使政府既有意愿也有能力进行公债的利息支付（李晓、李黎明，2021）。

在后续几个世纪，欧洲其他国家为了强化自身的融资能力，也纷纷开发本国公债市场（尤其是将年金契约发展为新型的年金债券）。欧洲出现了数个年金公债的交易集市，如交易法国国债的里昂、交易西班牙国债的安特卫普等。但是15—16世纪的法国、西班牙这类拥有强大王权的国家都没有获得威尼斯式的成功，直到16—17世纪的荷兰才将公债体系推向了一个新的高度（参见图1），并引爆了近代金融革命（Tracy，1985）。

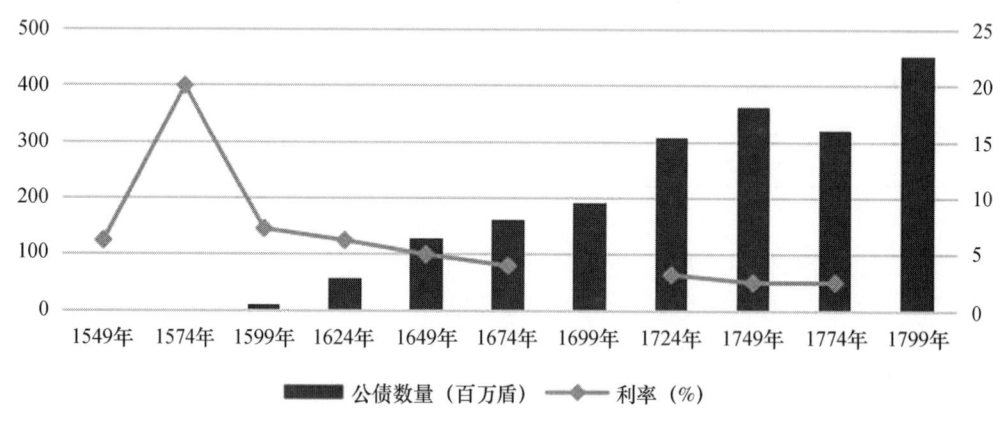

**图1　荷兰公债市场的发展（1549—1799年）**

资料来源：European State Finance Database。

这一时期，荷兰公债市场的成功依然得益于其政治体制。其所处的联省共和国是一个相对松散的分权式政体，并没有形成一个强有力的中央政府。议会掌握财权；而各级议会的议员不仅是一群"资产阶级化了的贵族"和城市工商业者，同时也是政府债券的主要持有者（马尔滕·波拉，2013）。正如Tracy（1985）所评论的那样："无论公平与否，自身对政府债务进行重大投资的人控制财政政策是尼德兰公债体系在哈布斯堡统治开始时期以及辉煌的17世纪的天才之举。"

比较威尼斯和荷兰的公债市场发展历程，我们可以从中发现一些共性：首先，二者的政治体制本质上都是商业共和国，商人议会掌握财权。公共财政的决策者持有大量公债，增强了公债持有者的信心，稳定了市场预期。其次，威尼斯、阿姆斯特丹都是当时世界的商业贸易中心，是国际资本的大规模流入地。一些学者强调公债的财政挤出效应，但这在威尼斯和荷兰的影响并不大，原因就在于作为国际金融中心，二者的社会资本相当充足。最后，债务能力取决于对未来税收能力的预期。13世纪的威尼斯和16—17世纪的荷兰都处在地区经贸快速发展的"上升期",因此容易建立起扩张型的公债体系。而公债市场的发展又会进一步助推海外贸易和殖民扩张的繁荣。这一点在荷兰表现得更为明显,荷兰政府将一部分资金用于投资和庇护东印度公司的发展,给这些公司的投资人(多数同时也是公债的持有者)带来了丰厚的回报(杨大勇,2016)。这种做法使其成为企业家型政府(entrepreneurial state)的早期代表。

2. 王权悖论与大国公共信用市场在英国的首次成功

中世纪,欧洲国家普遍没有国家财政及其配套制度,实行的是公私不分的王室财政或家计型财政(household finance)。在这种财政安排下,"国王应靠自己过活",除非战争期间否则不能向臣民征税。因此,国王在面对临时性财政支出需要时,多以个人名义向富商或私人银行借款。但国王们的信用并不可靠(至少没有商人的信用可靠),债务违约事件屡见不鲜,甚至有些时候会直接威胁放贷人的人身安全。比如,1307年法王菲利普四世就逮捕了贷款给自己的圣殿骑士团,并没收了他们的财产——即使是有组织、有一定军事实力的金融团体也无力与封建王权相抗衡。在这样的背景下,欧洲的国王们很难找到自愿借钱者,贷款利率因而居高不下。为获取更多收入,一些国王开始强化自身权力(相对于本国议会,而非外国放贷人),增加税收、强制发债、卖官鬻爵,利用多种方式为战争融资。[①] 以较低的成本筹集到最多的资金者能够获得战争的胜利,这是当时欧洲参与争霸国家的普遍共识,也构成了现代军事—财政国家理论的历史基础(Tilly,1992;Dincecco & Prado,2012)。

为获取更多的资金,欧洲各国在中世纪晚期采取了不同的策略:以西班牙、法国、英国为代表的大国(以领土规模和人口为标准)选择从议会手中攫取财政权、强化中央集权以提高对民间的汲取率;[②] 而荷兰,如前所述,依靠更为高效的公债市场融资。二者都可以大幅提升自身的财政规模,进而提升战争能力,但二者之间的区别在于前者所支付的成本要远远高于后者。根据《利率史》的估计,16—17世纪,西班牙、法国和英国的长期贷款利率从未低于8%,很多年份都超过10%,平均来说是同时期荷兰公债利率的两倍到三倍(霍默、西勒,2010)。高昂的融资成本和政府破产的压力(比如西班牙在菲利普二世在位期间曾于1557年、1560年、1575年和1596年多次宣布"债务重组",推迟支付债务利息)使得前者无不艳羡于"荷兰式财政"。

实际上,这一时期欧洲大国面临着两难抉择:一方面,如果不加强王权和中央集权,国家就无法在政治和军事上获得竞争优势;另一方面,如果强化王权、限制议会,就无法移植荷兰式财政体制,获得低成本的公债资源。本文认为,英国17世纪末的金融变革正是在这种两难境地下产生并发挥作用的。

1688年光荣革命成功后,英国迎来了威廉三世——一位来自荷兰的君主。与他一起到来的

---

① 需要说明的是,中世纪欧洲各国对公共信用的探索呈现"发债不发币"的特点。国王们实际上很少通过操纵货币供给收取通货膨胀税。希克斯(1998)认为尽管"他们常常想这样做",但现实中无能为力:金属货币时代货币的发行决定于铸币厂的金属供给,在紧急事态下,将岁入重新铸造成劣质货币并使其广泛流通并不容易。此外,当时的货币主要是"地方货币",币值的下降无法保证其在更广泛的区域内为人们所接受,一旦哪个国王敢发行劣币,金属供给者会马上"用脚投票"。在王权虚弱的中世纪,国家制定的种种关于禁止货币和金块输出的规定很难发挥实效。

② 从国家治理的角度来看,越小的国家,其政府的层级越少(城邦国家只需要一级政府),统治者统治的财政成本、信息成本越低(刘尚希等,2022)。

还有荷兰的银行家、金融从业者以及"荷兰金融的基因序列"（戈兹曼，2017）。光荣革命和《权利法案》签订对英国政体的改造及其带来的可置信承诺为后续的金融革命奠定了制度基础。议会地位的确立和稳固保证了政府无法制定侵害私人产权的财政政策。而其在1694年主导建立的英格兰银行，在进一步制衡政府财政的同时，成为英国金融体系扩张的中心与稳定器。这些因素一方面使得英国成功"荷兰化"：其公共信用市场在经历了初期的波动之后逐渐稳定，在光荣革命的三十年后，英国的国债利率已基本与荷兰持平。而在另一方面，这一过程并没有牺牲英国的中央集权，甚至也未影响政府的税收。原因在于其在借鉴荷兰式财政的过程中进行了诸多的制度改进（刘守刚、王培豪，2021）。

从英法两国17—18世纪的发展路径中，我们可以更加清晰地看到不同。事实上，直到17世纪末，英国的综合国力尚不及法国（甚至在很多国民眼中不清楚是否强于人口远少于自身的荷兰）。但在随后100多年的英法争霸中，英国军队数次击败法国，在拿破仑战争以后彻底奠定了自己的世界霸主地位。包括保罗·肯尼迪在内的众多学者都认为其主要原因在于法国"没有建立起适当的公共财政制度"。在英法争霸期间，英国公共债务的相对值始终高于法国，且其支付的融资成本更低（Dickson，1967）。如表1所示，1788年英法两国的税收数量相差不多，甚至法国还略胜英国一筹，但是英国的借债能力（以国债余额/GNP为标准）是法国的三倍以上，融资的成本（国债费/国债余额）则只有法国的1/2。

表1　　　　　　　　　　1788年英法两国财政能力对比

|  | 法国 | 英国 |
| --- | --- | --- |
| 名义GNP（百万英镑） | 290.7 | 134.8 |
| 人口（百万人） | 26.6 | 9.4 |
| 国债余额（百万英镑） | 161.6 | 245.1 |
| 国债费用（百万英镑） | 12.2 | 9.4 |
| 中央政府税收（百万英镑） | 19.7 | 16.8 |
| 国债余额/税收（倍） | 8.2 | 14.6 |
| 国债费/税收（%） | 61.9 | 56.1 |
| 国债费/国债余额（%） | 7.5 | 3.8 |
| 国债余额/GNP（%） | 55.6 | 181.8 |
| 税收/GNP（%） | 6.8 | 12.4 |

资料来源：整理自Weir（1989）和富田俊基（2011）。

注：一英镑约等于24利佛尔。

虽然法国在此期间也大力开发公债市场，并进行过财政透明化的努力（主要发生在路易十六在位时的内克尔改革期间）（Weir，1989；Velde & Weir，1992）。但是过于强大的王权，以及约翰·劳引发的"密西西比泡沫"造成的集体"心理创伤"（特别是对银行和银行业的抵触[①]），使

---

[①] 根据金德尔伯格（1991）的说法，法国人民在密西西比事件后的150年里都不愿意说"银行"一词。

得法国民众很难建立起对公共债务的信心。政府虽有心改革，但无奈只能重走依靠包税制、卖官鬻爵的老路。

此外，光荣革命后，英国的政府信用也迅速从财政领域拓展至货币领域。英格兰银行逐步从私人银行过渡为"政府的银行"和"银行的银行"（马金华，2018）。1697年，英格兰政府颁布特许状，允许英格兰银行发行不需背书即可流通的银行券，并给予其独占权。由于与政府"深度绑定"，英格兰银行发行的银行券在事实上成为英国的官方货币。在成功度过18世纪上半叶的两次挤兑风潮后，加上金本位制的推行（1781年规定"银行必须有足够的黄金支付发行的货币"），其币值保持了长期稳定，使用范围也从伦敦周边拓展至英国全国。而更早或同时期欧洲其他地区的银行兑换券流通的范围很小（通常不会离诞生地太远），且兑换商们经常破产（哈特，2022）。在一个"广泛的银行券发行体系"的推动下，英国的资本通过英格兰银行集中于伦敦，在刺激工商业发展的同时，也进一步刺激市场利率下降，降低了政府的融资成本。

从荷兰式财政到英格兰式财政，从金属货币到英镑，欧洲公共信用市场的发展过程充分表明政府约束是保证公共信用的基础。政府在放弃无限暴力、成为有限政府（limited government）的同时，也将有机会从公共信用市场中汲取更多资源，获得更为强大的力量。

**（二）传统中国公共信用市场：从引领世界货币体系创新到"沉寂的五百年"**

如果以发债和发币作为发展公共信用的两种主要方式，那么传统中国与同时期的欧洲选择了截然不同的发展路径：欧洲主要是发债，而中国主要是发币。中国在宋元时期开创了领先世界的纸币体系，但元以后，这方面的尝试戛然而止。与此同时，传统中国对发行公债基本"无感"，直到19世纪末才在西方文明的冲击下进行过几次发债实验。传统中国公共信用市场的探索充满曲折，14—19世纪毫无进步，出现了"沉寂的五百年"。①

1. 宋元纸币体系的兴起与崩溃

与中世纪欧洲国王们热衷于向民间借债不同，中国在秦汉以后近两千年间罕有君主举债的记录。② 少数的例子，如宋仁宗（中国历史上名声最好的皇帝之一）庆历年间，为凑足对西夏用兵的军费，曾"借大姓李氏钱二十余万贯，后与数人京官名目以偿之"。从实际效果看，这种所谓的借款与捐输、报效无异。不过，公债的缺位并不代表传统中国没有公共信用或者君主没有手段利用公共信用汲取民间财富。中国古代政府很早就有发行不足值或成色较低货币的实践，按照彭信威（2020）的总结，各朝代"先用减重的方法铸小钱，再用变相减重的方法铸大钱，最后又用纸币通货膨胀"。由于在理论上，这些不足值货币和纸币都是本国政府向社会发行的信用凭证，且其购买力依赖于政府信用，因此中国公共信用市场的发展主要表现在货币特别是纸币发行方面。

众所周知，中国是世界上最早使用纸币的国家。至迟到11世纪上半叶，交子已在四川地区的市面上流通。到南宋，纸币体系进一步成熟，出现了会子。会子虽然名义上可以兑换成相应

---

① 直到19世纪50年代，中国政府才重新试图通过发行纸币和通货贬值来解决财政问题（和文凯，2020）。

② 晚清思想家也意识到了国债在中国历史中的"消失"。比如郑观应在《论借款》一文中指出："昔周赧王欲拒秦师，军资匮乏，称贷于民，厥后兵溃无偿，人民哗噪，乃筑台以避之。至今传为笑柄，故我中华以为殷鉴，向无国债之名。"

数量的铜钱,但兑换条件较为严苛(一般为政府"救市"时),且其并不具备完全的法偿功能。按照南宋政府的规定,百姓在缴纳赋税时,最多只能使用50%的会子,剩下一半仍需用金属货币(铜钱或铁钱)支付。因此,会子的实际价值基本上是由政府信用维持的。由于中国古代不乏货币"数量论"思想(比如管子的"轻重说"),因此虽然纸币制度是新鲜事物,但南宋的知识精英和民间富户都已基本意识到会子不可滥发。① 在这种情况下,中国的公共信用实际上指的是政府能否控制纸币的流通量、能否有效维系币值的稳定。

在会子使用之初,虽然政府屡有展期(一般为三年),但是由于发行数量并不多,民间并未受到太多侵扰,相反纸币(主要是东南会子)的流通刺激了国内市场的温和扩张,一定程度上有利于社会经济的发展(王申,2019)。但是由于南宋政府的财政支出长期高企,且无力向市场投入等额的金属货币,因此会子积累的规模越发庞大,实际购买力持续走低(参见表2)。据记载,到公元1210年前后,一贯会子只值三四百文(彭信威,2020)。南宋政府的应对措施乏善可陈,为稳定物价,其于13世纪数次选择发行"新会"替代"旧会",兑换比例时最低只有1:5。这种对民间财富的公然掠夺使得政府后续发行的会子很难再得到市场的认可,社会不可避免地走上了超发—回笼—再超发的通胀螺旋之路。

表2　　　　　　　　南宋的税收和会子发行量(1162—1252年)

| | 税收(百万贯) | 会子(百万贯) | 物价指数(1162=100) |
|---|---|---|---|
| 1162年 | 60 | 28 | 100 |
| 1165—1173年 | 50—55 | 20—24 | 70 |
| 1189年 | 65.3 | 48 | 85 |
| 1194年 | 65.3 | 62—80 | 125 |
| 1201—1207年 | 80 | 84—139 | 220 |
| 1241—1252年 | 90 | 640 | 1000—2500 |

数据来源:Liu(2015)。

作为其继任者,元代的纸币体系较宋代更有发展,政府的金融权力(希克斯指出,这是一种极容易被误用和滥用的权力)进一步扩大。具体来说,其一,元代法律规定纸币具有唯一的通货地位(官方禁止民间买卖金银、使用铜钱),相比于宋代更为"激进";其二,纸币有白银作为发行准备金,在其运行初期保持了较强的可兑换性;其三,纸钞发行范围覆盖全国。但是与前朝的轨迹雷同,元代的纸币体系也经历了迅速败坏的过程。Guan等(2022)指出,战争支出导致元朝政府大量超发货币,动摇了银本位的根基,造成元末出现了恶性通货膨胀。元代统治者滥发纸币对民间造成的伤害给后人留下了极大的震撼(类似约翰·劳之于法国民众),② 使明初以后再无人敢发行纸币——"白银时代"在美洲白银大规模涌入后开启,政府信用也为市场信用所取代。

---

① 比如叶适(1150—1223)注意到,纸币贬值将使"天下阴阳折阅,不可胜计"(叶世昌,2003)。
② 《元史》的修撰者将实行钞法的权臣阿合马列入"奸臣传"就是很好的例证。

宋元纸币体系的失败最直接的原因是货币超发。尽管元代已经有通过准备金制度维系纸币购买力的自觉，但一个不受约束、缺乏财政纪律的政府，并不具备足够的公共信用维系币值稳定。在这样的政府统治下，货币超发是制度性必然，从而导致公共信用的不可持续。

2. 姗姗来迟的国债及其在晚清的失败

19世纪中叶以后，传统中国遭遇"数千年未有之变局"。清政府为应对国内外危机进行了一系列财政改革（He，2013；倪玉平，2021）。其中一项重要的举措就是发行内债。在内债筹备之前，清廷已经有向外国银行和财团借款的经验。比如左宗棠西征期间曾以海关关税为担保先后向上海洋商、汇丰银行等六次借款（费正清，2020）。社会有识之士亦普遍认识到发行政府公债的好处。

1894年，户部鉴于"海防吃紧，需饷浩繁"，而举借洋款又多有折损（主要指金银比价变动造成的磅亏，但也包括发行债票的折扣和外国银行经手的佣金），认为有必要"以息借洋款之法，施诸中国商人"，"息借商款"遂获得批准发行（毕学进、马金华，2022）。中央政府强调不准勒派，"愿借者收，不愿借者听"。不过，在地方政府的执行过程中，摊派勒索的现象极为普遍。如四川省就对典商进行了所谓的"重点劝借"，向省内所有登记在册的典商按每家千两的标准，"一律通借"。商人亦未察觉出此次借款与以往报效之不同，大多抱破财免灾的心态。作为中国第一笔具有近代意义的公债，根据李文杰（2018）的统计，息借商款共从广东等十省筹集到了白银975万余两，其中有江海关关税担保的省份（如广东、江苏）筹集最利，且从最终结果看，还款比例更高（广东偿还了全额本息，江苏偿还了70%左右）。值得玩味的是，筹款最多的广东省的借款合同最终是由广东布政司、粤海关监督和粤海关税务司（由洋人实际掌控）三方共同签订的。广东的地方大员在向中央的折子中明确表示，只有海关税务司签字作保才能让商人放心借款（李文杰，2018）。

1898年，晚清政府为偿还甲午战争第四期赔款，不得不再动发债的心思。为表示政府诚意，户部官员特地将此次公债的名称从原定的"自强股票"改为"昭信股票"。按照《昭信股票详细章程》之规定，户部此次共发行公债金额1亿两，期限二十年，利息每年5厘，前十年付息不还本，后十年本息并还。该公债收益可取现银、可抵税、可转让交易。其机制相比数年前的息借商款有了明显进步。光绪皇帝在大臣的鼓动下，对此番募集亦抱有厚望，表示："当此需款孔亟，该王公及将军督抚等均受朝廷厚恩，各省绅商士民，当亦深明大义，共济时艰。况该部所议章程，既不责以报效，亦不强令捐输，一律按本计利，分期归还，谅不至迟回观望也"（千家驹，1984）。但事情的发展并没有如皇帝料想的那样乐观，从一开始募集就不顺利。虽然各级官员认购较为踊跃（因有行政奖励形同再开捐纳），但民间自愿认购者寥寥，最终所募集的资金只有千余万两（约为目标的10%）。债券发行不久后，由于义和团运动的冲击，无力付息的清廷开始号召所有商民"自愿"缴票请奖。到后来更是索性无限展期，拒绝偿付。昭信"不信"的结局，直接影响到民众对于公债的态度，进一步增加了民间对政府信用的怀疑，产生了极为恶劣的影响。

实际上，晚清公债的发行存在很多有利因素：第一，清廷有借外债的成功经验；第二，社会对公债市场的运行机制已有一定的理解；第三，清廷从皇帝到户部官员都有维持债信的意愿；第四，甲午战争后民众的爱国热情较高。但从最终的结果来看，昭信股票虽然"照猫画虎"地移植了西方国家公债体系的形制，但只得其形，而未得其神。具体来说，清廷对公债的认识尚显幼稚，并未充分意识其作为投资品的属性，也不清楚公共信用的维持机制，皇帝似乎认为只要不行摊派、不搞报效，自己承诺还本，就能感动臣民全额认购。而民间富户在与政府的博弈中长期处于被掠夺的地位，潜意识中借款给政府并索取利息毫无先例、无异于"与虎谋皮"，而且也认定政府大概率不会按期还款。其结果就是旧时报效的（尤其是特许商人）此次依然报效，而（之前）能够逃脱报效的此次也不会认购。这与17—18世纪法国公共信用市场的失败有颇多相似之处。

3. 传统中国公共信用市场失败的根源

古人讲，民无信不立。通过上文的分析，可以看出中国传统社会公共信用市场失败的总根源在于皇帝、政府和民众之间权力关系不对等（千家驹，1984；燕红忠，2017）。作为公共信用支撑的国家权力（皇权）缺乏真正制度化的硬约束。

一方面，皇权至上，缺乏硬约束。中国的皇权自其诞生之日起就始终面临着两类因素的制约：其一可以近似概括为政治性制衡，其二可以概括为文化性制衡。具体来说，前者包括一系列制度性的分权力量：首先是贵族势力。在唐代以前，贵族（世家大族）势力是制约和威胁皇权的重要力量。比如东晋时"王与马共天下"，贵族势力之大几乎可以与皇权分庭抗礼。但在唐宋以后，伴随科举制和士族的崛起，贵族精英的政治地位被一般具有科举背景的人口基数更多的地方精英所取代（Hartwell，1982），贵族势力被彻底打压。其次是相权。作为官僚体系的首脑，丞相（宰相）在秦汉"一人之下，万人之上"，拥有极大的行政权和人事权。但是这一权力在南北朝以后遭到了皇权的不断侵蚀和无限分割，并最终伴随明初废相、设内阁，清初设军机处而彻底消亡（钱穆，2001）。最后是谏议制度。谏官制度的设立本意是规劝君主的过失，属于事后的纠偏补错行为，并不构成对皇权的直接威胁，因此在传统王朝中得以保留和发展。比如明代的谏官就以"不畏死"（甚至"求廷杖"）出名。但是这种制约能否有效完全取决于君主的个人品性，并不具有强制性。因此，中国历史上对皇权的政治性制衡呈现逐渐衰落的趋势，到明清时期已名存实亡。而文化性制衡则包括一系列外在和内在的文化、价值观因素。王瑞来（2010）将其归纳为"天""道""法"三个紧箍咒和"不文律（祖宗之法）""公议""留名青史"三堵墙。中国古代很早就确立了儒家学说的正统地位，将君主统治的合法性归为天命。汉初董仲舒宣扬"天人感应"论，一方面大肆宣扬皇权天授、为统治者独裁服务；另一方面也设置天谴或天罚威胁皇权，埋下了"皇权神夺"的宗教政治意识，一举奠定了后世近两千年的政治传统：即假"天道"以制约"君道"，用"道统"来规范"治统"（高德步，2016）。宋代以后，伴随理学的兴起，士人们更是开始以"道"或"理"作为自然和社会的基本法则对君主的思想行为进行教育和批评，称"天下为道理最大"。士人们希望（也付诸实践）通过对统治者尤其是未来统治者的道德教育，实现所谓的"格君心之非"，让皇权能够实现有效的自我约束（李存山，2006）。这一点到清朝少数民族统治时期依然没有改变。然而这些文化性制衡都属于弱制衡而不是硬约束，难以构成现代公共信用的来源。

另一方面，政府凌驾于民众之上。周雪光（2017）指出中国古代官僚体制不是建立在法理权威基础上的，而是国家支配形式的一个组成部分，依附于君主的专断权力之下。其合法性来源于自上而下的"授权"，集中表现在"向上负责"。向上负责而不向民众负责导致中国传统社会虽然没有（至少在名义上）赖账的皇帝，但从不缺少赖账或食言的政府官员。① 尤其是在王朝后期，社会沉疴日久，政府治理能力大幅下降，政策朝令夕改的现象十分常见。比如著名的"黄宗羲定律"，政府承诺并税制改革（将正税和所有附加税整合成为新的单一税，如张居正改革的"一条鞭法"）后不再加税，但地方政府往往旋即增加名录、再添新费（周雪光，2014）。农民生活苦不堪言自不必说，长此以往，政府的公信力也会荡然无存。与一般性的官民关系相比，中国官商关系的不对等可能影响更为深远。与近代欧洲相似，中国明清时期的政府和民间商业也具有典型的庇护关系（patron-client relationship），前者为后者提供特许经营权（科大卫，2002），后者则按照固定比例给政府分红或者不定期地向官僚阶层输送利益（包括培养、资助、贷款和贿赂等方式）。但与欧洲不同的是，中国的商业组织和个人缺乏产权的独立性（张宇燕、高程，2005）。政府（作为皇权的代表和具体执行人）凌驾于民众和商人阶层之上，社会缺乏纵向的产权保护制度，使得中国古代政府的违约、失信行为几乎不会受到任何惩罚（邓大才，2018）。

对比中西方公共信用市场的千年发展史，我们不仅剖析了金融大分流国家信用逻辑的机理，论证了政府约束是国家能力范畴的重要组成部分、丰富了国家能力的内涵，同时也揭示了中西方不同金融发展道路的背后潜藏着更深层的历史基因。

### 三 金融大分流新假说：国家治理逻辑视角

本文认为，国家信用逻辑指出了近代可持续公共信用市场的诞生条件，较好地解释了传统中国公共信用市场的失败（以及近代欧洲的成功），但是并不能有效解释"沉寂的五百年"，即明清中国因何放弃了对公共信用市场的探索（毕竟同时期的西班牙和法国等国都在强化王权的同时不断进行着公债试验，而它们的赖账也是臭名昭著的），因此其逻辑链条并不完整，一定还存在某些因素影响着公共信用市场的形态、规模和发展程度。有鉴于此，本文通过分析大历史视域下中西方治理模式的分野，引入政治目标（目标函数），提出了金融大分流的国家治理逻辑。

#### （一）中西方治理模式分野

14世纪前后，中西方国家治理模式出现了一次明显的分野。从政府—社会的关系上看，中国出现了"国家退却"的现象，而西方则出现了国家权力和国家能力（state capacity）的持续扩张。

1. 唐宋变革与中国的"国家退却"

中国历史在唐宋时期出现过一次关键性、系统性的转折，有学者（如内藤湖南等）认为中国由唐到宋即是从"中古"迈进了"近世"，也有学者（如刘子健等）强调分水岭出现在两宋之交。② 仅从国家治理的角度看，在这几个世纪中（对应欧洲中世纪）中国的国家—市场、中央—地方—社会关系出现了重大调整。唐宋以后，中国的近世经济走上了一条"既地方社会化又市场化"的路线（张泰苏，2022）。

---

① 曹正汉（2022）指出，传统中国形成了"中央监督—地方治理—社会问责"的公共治理体系，民众（尤其是地方士绅）有一定的渠道向上反映地方政府的苛政。但由于公私权力之间不对等，这种监督权多停留在理论层面。

② 唐宋变革是一个相当复杂的论题（包伟民，2022）。为避免歧义，本文此处基本沿用张泰苏（2022）的判断，以郝若贝的"宋代政治精英地方化"为出发点，侧重于经济史和财政史角度的讨论。

张泰苏（2022）将政府的治理能力区分为正规治理能力和非正规治理能力。其中前者特指正规化的强制执行力，即政府通过具有正式强制力的法律、政策、命令去管理社会，调动资源的能力。而后者则包含一切通过政府与社会协商、协调乃至妥协所达成的官民合作机制，具有比较明显的社群自治维度。以此为标准，中国政府在宋代以前更多动用正规治理能力，由地方官府直接控制地方，而在宋代以后地方政治精英崛起，宗族（和家族）的力量不断壮大，明清两代政府转而更多动员非正规能力削弱地方政府职权，实行某种程度上的地方自治（所谓的"皇权不下县"）。费孝通（2021）将这种政治形式称为"无为主义政治"，在他看来，在这种政治形式中，中央和地方官员所做的工作极为有限，地方绅士发挥的效能却很大。

而在国家—市场关系上，宋以前（实际上也包括宋代）的政府虽然厌恶背上与民争利的骂名，但对于民间市场的管控颇多，且普遍对盐、铁、酒重要商品实施禁榷制度。而在明清时期，市场自由度持续扩大，特别是到清代，政府已在事实上放弃了官营手工业和对矿藏开发的垄断。

与地方社会化和市场化相对应，明清中国政府的政治意识形态、掌握财富和承担职能的情况也都出现了重大转变。首先是政治上"崇尚简易"、财政上主张量入为出（彭凯翔，2021）。政府在原则上反对一切不必要的临时性支出（包括对外战争），必要的临时性支出大多依靠国库存银来解决（参见图2）。如果国库空虚，清政府会通过捐输、报效的方式临时获取部分民间资源，但当危机度过后又继续回到之前量入为出的模式。① 这点与同时期的法国将卖官鬻爵作为政府的常规性收入形成了鲜明对比。

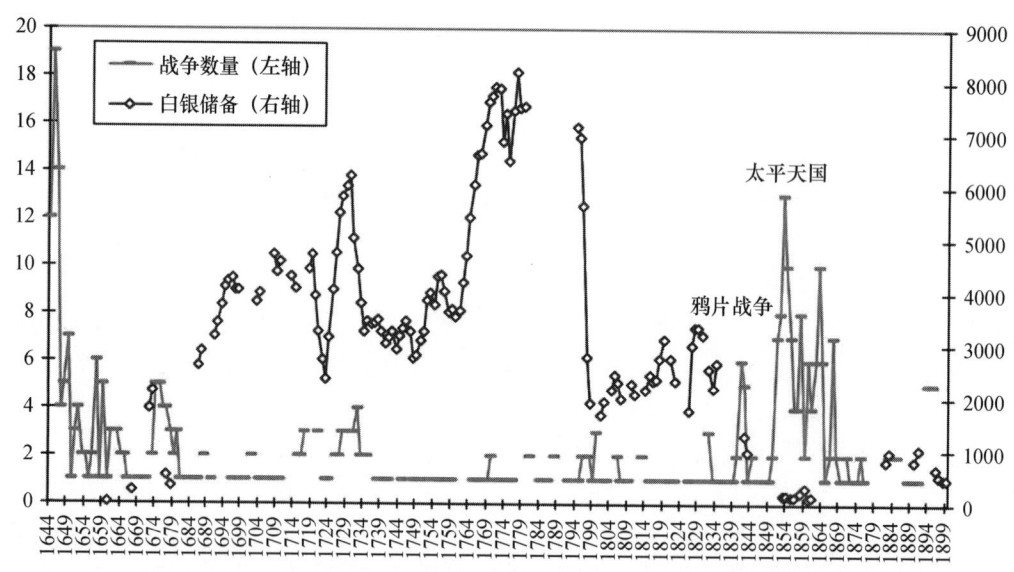

**图2　中国清代战争数量（左轴）和国库白银储备（右轴，单位：万两）**
资料来源：Ma（2013）。

其次，政府（尤其是地方政府）不直接掌握大量财富。据张晓晶、王庆（2022）估算，19世纪初期在中国长三角地区（当时最富庶的地区之一）地方政府直接掌控的财富只占社会总财

---

① 在王国斌和罗森塔尔（2019）看来，中国政府除非面临非常严峻的挑战，否则不会随意征用民间财富。

富的 3% 左右。

最后，在公共物品供给上，除国防、赈灾（更多依赖于跨地区资源调配而非官仓存粮）和大型基础设施建设以外，国家全面退出。地方家族和绅士阶层承担起了地方绝大部分的公共商品和服务支出。

在这样的治理模式下，地方社会的自我治理水平不断提升，市场经济也获得了较大的发展空间。中国经济在这一时期出现了较快的"斯密式增长"，民间的金融市场在 18 世纪也出现长足进步（李伯重，2010）。同时，国家的退却也在财政政策上给统治者贯彻轻徭薄赋的仁政理想提供了可能。不过在另一方面，依靠宗族力量进行地方治理也使明清中央政府调动社会资源的能力大为下降，为中国在近代国家间竞争的失败埋下了伏笔。

2. 中世纪晚期欧洲的"国家崛起"

中世纪晚期，欧洲教权衰落，王权增强，近代民族国家初步成型，并逐步将城邦或城市国家逐出了历史舞台（诺斯、托马斯，2022）。类似于中国由春秋时期过渡到战国时期，主要国家的平均国家规模出现较大幅度的增长，国家间的战争激烈程度不断提高，战争支出不断增多。

根据诺斯等人的观点，这一时期欧洲大国的君主们面临着一个主要矛盾——地租下降引发封建赋税减少，同时政府存在所必需的支出水平上升。一降一升之间，留给他们的出路只有两条：一是对外发动战争或其他政治攻势以获得更多的疆域和人口；二是对内巩固和强化政府权力，增加直接税。因此，从 14—15 世纪开始，我们可以从欧洲历史上看出一条清晰的脉络，即王权相对教权[①]、相对贵族权力的上升以及国家相对社会的上升。从政治思想史的角度看，前者或许可以称为马基雅维利主义的胜利，而后者则是利维坦的胜利。

"战争塑造国家"。16—17 世纪，战争成为欧洲国家的一种国营事业。出于长期对外战争的融资需要，欧洲各国政府直接掌握的常规性资源数量大幅上升。布罗代尔（2017）指出："在 16 世纪，（欧洲）国家越来越掌握着国民收入的集中和再分配；国家通过税收、出售官职、公债、没收等手段，控制着国民生产总值的很大一部分。……国家在经济生活中的地位蒸蒸日上，而不像约瑟夫·熊彼特设想的那样，只是偶然起作用的因素，或者只是不合时宜的力量。不管国家自己是否愿意，它是 16 世纪最大的企业家。"

除了国家财政能力的提升，这一时期伴随封建贵族制的瓦解，正规化的国家权力也在逐渐形成，国家成为社会治理的主要提供者。从 16 世纪开始，欧洲国家的公共部门开始不断扩大，根据邦尼（2018）的说法，"几乎所有的欧洲国家都实行一种更加集权化的管辖方式，而刑法和民法的法典化又几乎使全体子民都可以找中央法院打官司"。到 17 世纪，此前很少干预普通法院的司法活动的英国王室也蠢蠢欲动，宣扬君权神授的斯图亚特王朝的国王们试图全面控制司法权。中央对地方的控制也在逐渐加强，其中以法国为甚，法国在腓力二世以后中央权力逐步加强，到 15 世纪中期，国王已经可以撇开三级会议自行决定加税（Ertman，1997）；而根据托克维尔在《旧制度与大革命》中的描述，到法国大革命前，"以国王为核心的御前会议已经领导着国家的几乎一切事物"。最后，在意识形态方面，重商主义占据主导地位，知识阶层普遍

---

[①] 邦尼（2018）指出，不断掌握教会财产的控制权，是 16 世纪大多数欧洲国家财政体制发展的先决条件之一。根据统计，16 世纪中期，亨利八世解散英格兰修道院获得的收入使王室的经常性收入翻了一番，教会财产更是解决了其十余年战争总耗费的 30% 左右。

认同政府应把增加国家财富和国家权力作为经济管理的目的。在16—17世纪的英吉利海峡两岸，政府干预经济和贸易运行都被赋予了充分的正当性。

### （二）近代中西方国家（财政）能力的比较

14世纪以后，中西方的国家（财政）能力出现了相反的变化趋势。中国在宋代以后财政能力逐渐衰弱（Liu，2015）。宋元明清每一朝的常态人均财政收入都低于前朝，到清朝中期更是达到了历史的谷底。而同时期欧洲国家的财政能力却在不断提升，不论其政体是王权专制（如西班牙、法国）还是民主代议制（如荷兰、光荣革命后的英格兰），各国民众的人均税收都出现了大幅增长（参见表3）。

表3 国际人均税收比较 （单位：克白银）

| 年份 | 中国 | 奥斯曼帝国 | 法国 | 西班牙 | 英国 | 荷兰 |
| --- | --- | --- | --- | --- | --- | --- |
| 1650—1699 | 7.0 | 11.8 | 46.0 | 35.8 | 45.1 | — |
| 1700—1749 | 7.2 | 15.5 | 46.6 | 41.6 | 93.5 | 161.0 |
| 1750—1799 | 4.2 | 12.9 | 66.4 | 63.1 | 158.4 | 170.7 |
| 1800—1849 | 3.4 | — | — | — | 303.8 | — |
| 1850—1899 | 7.0 | — | — | — | 344.1 | — |

数据来源：马德斌（2020）。

清代前中期，中国中央政府的收入基本稳定在每年4000万两白银左右，分摊到每个人头上数额最高时不会超过10克白银。由于清政府恪守"财政原额主义"，并主动承诺"永不加赋"，因此伴随人口的快速增长，在鸦片战争前相当长的一段时期内中国的人均税赋实际呈下降态势。如表3所示，从17世纪下半叶的每人7克白银降至了19世纪上半叶的3—4克。相比之下，英国的人均税收则从17世纪中期的45克白银攀升到19世纪末的344克白银，增长了近7倍。在中英差距最大的19世纪上半叶，英国的人均纳税额高达中国的近90倍。即使考虑进购买力平价因素，以工人日工资进行计算，这一时期中国的人均财政收入也只有英国的不到1/10（Vires，2012）。①

而从相对数额看，中国在17—19世纪中央政府每年的财政收入只占国民收入的1%左右。同时期的英格兰则维持在9%—16%之间（Vires，2012）。政府开销上，量入为出、以攒过活的中国政府大部分年份的支出都小于收入（因此占比不足1%），而英国政府支出占GDP的比重则不断攀升：在17世纪末约为11%，18世纪中叶约为17%，18世纪末则将近24%（福山，2012）。

如果再考虑进公共债务因素，中西方的财政能力差距将进一步拉大：根据皮凯蒂（2014）的统计，荷兰、英国、法国在18世纪以后都积累起了接近或超过一倍于国民收入的公共债务。拿破仑战争期间，英国在很短的时间里就汲取了相当于半年国民收入的巨额财富用于战争。相

---

① 清代地方政府还会收集数量可观的附加税以维持自身运转。不过，即使考虑进附加税或非正式税（典型的如"火耗"）的问题，也不会改变中国清代中期整体税率偏低的事实（Vires，2012）。

比之下，中国直到 19 世纪末才开始尝试发行公债，且实际筹集的数额相对有限（参见表 4）。综上可见，近代以来中国的财政能力日趋萎缩，而英国等西方国家则日益提升，这为二者 19 世纪中叶的悲剧性相遇埋下了伏笔。

表 4　　　　　　　　　　　　　各国公共债务与国民收入的比值

| | 中国 | 英国 | 法国 | 德国 | 美国 | 荷兰 | 瑞典 | 日本 |
| --- | --- | --- | --- | --- | --- | --- | --- | --- |
| 1700 年 | 0 | 0.23 | 0.50 | – | – | – | 0.26 | 0 |
| 1750 年 | 0 | 1.06 | 0.70 | – | – | – | 0.19 | 0 |
| 1780 年 | 0 | 1.20 | 0.90 | – | 0.39 | – | 0.09 | 0 |
| 1810 年 | 0 | 1.86 | 0.20 | – | 0.07 | 1.59 | 0.24 | 0 |
| 1850 年 | 0 | 1.38 | – | – | 0.02 | 2.26 | 0.02 | 0 |
| 1880 年 | – | 0.61 | 0.90 | 0.25 | 0.20 | 0.89 | 0.18 | 0.05 |
| 1910 年 | – | 0.31 | 0.70 | 0.50 | 0.08 | 0.70 | 0.16 | 0.11 |

资料来源：张晓晶、王庆（2022）。

**（三）金融大分流的国家治理逻辑**

如前所述，国家信用逻辑认为一国公共信用市场的发展，主要是看供给能不能跟上，特别是相应的制度支撑，而将公共信用需求视为既定。这样一来，不仅忽视了国家作为政治实体的能动作用，同时也"错失"了金融分流的真正根源。事实上，公共信用需求并非"天外来物"，而是由一国的政治目标和治理模式所决定的，国家退却或国家崛起的背后蕴藏着更深层的演进逻辑。

当前，经济史学界已普遍认识到中国在明清时期政府财政能力的收缩与其简约的国家治理模式相匹配。换句话说，财政能力收缩只是这一时期国家财政需求下降的表征。比如彭凯翔（2021）指出："种种迹象都倾向于证明，中国的王朝国家在资源控制上存在相当大且具有一定自主性的伸缩空间，而明清中国在财政上的保守，很难归结为基础性权力的不足，体制性的因素更值得关注。"

基于以上判断，本文在国家信用逻辑基础上引入政治目标和治理模式，提出了新的国家治理逻辑假说，即中西方金融大分流的本质是能否建立起可持续的公共信用体系，而其根源在于 14 世纪前后中西方政治目标和治理模式的分野（参见图 3）。

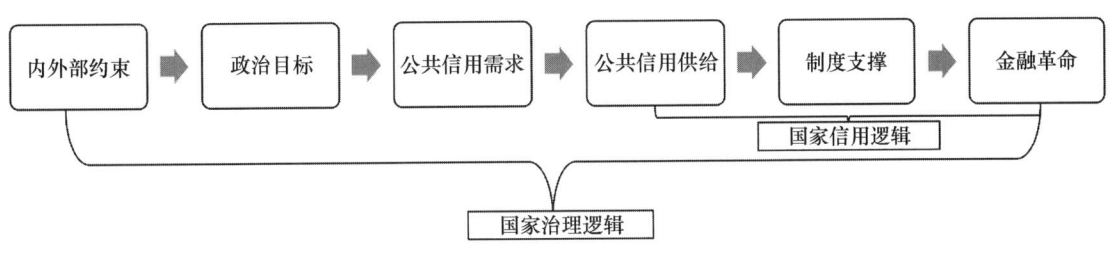

**图 3　金融大分流的国家治理逻辑**

资料来源：作者绘制。

政治目标即国家治理的目标。集权国家的目标主要有两种：一是维护政权稳定，确保长治久安；二是降低统治成本（包括财政成本和监督成本、信息成本等），提高治理效率（周雪光，2017；曹正汉，2020）。在层级上，前者要先于后者。而想要维护政权稳定，统治者必须化解以下三方面风险：一是民众叛乱的风险；二是代理集团（军队、地方官员等）的风险；三是外敌入侵的风险。

由于中西方面临不同的内外部约束（二者体量差异巨大①，且所处的国际环境和地缘政治格局不同、文化价值观不同），14世纪前后二者的政治目标（或者目标的主要侧重点）存在明显差异。

作为广土众民的大一统帝国，明清中国的外部威胁并不突出（相比前代明显下降，到了清代由于满蒙联盟统治，草原政权再无实力挑战中央帝国），统治者的主要精力用在了维持国内社会稳定上，在保证自身统治（以能否千秋万世为标准）前提下，对内尽量增加治下的人口数量（在国家层面是"盛世滋丁"，而在家族和家庭层面是鼓励和倡导"人丁兴旺"）；对外满足于维护朝贡体系，并无扩张冲动和霸权诉求②。为实现此目标，明清政治精英在充分吸收唐代因地方势力叛乱（藩镇割据）而衰，宋元因高财政汲取、滥发纸币而亡之教训的基础上选择了上文提到的"无为主义"，主动（或被动）地降低了财政汲取水平并放弃了对公共信用市场的探索。此外，由于传统中国征税效率难以提高（Vires，2012），这种更多依赖地方社会和非正规治理能力的做法事实上也降低了政府的治理成本，提高了治理效率。至少从结果看，明清两朝都基本实现了其目标：一方面，两朝的国祚都长达两三百年；另一方面，中国的人口从明初的数千万增长到了清道光时期的四亿左右，百姓的人均生活水平也未出现明显的下降（麦迪森，2003）。

而同时期的欧洲各国正处于"战国时代"。各主要国家的统治者和统治阶层面临严峻的生存问题，因此其首要目标在于保护领土和国民财富安全（大航海时代到来后，还要保护本国的海外利益）。为实现这一目标，不仅需要维持强大的军事实力，还要拥有与之相匹配的财政能力。由于这些国家体量有限（即使算上海外殖民地），为应对接连不断的战争，必须通过借债来解决（没有能力发行信用货币），而为了支撑债信，不得不常年保持较高的财政汲取水平，而这自然而然会引发国内反抗，带来新的政治风险。因此在欧洲的大国俱乐部中，谁能率先建立起可持续的公债体系，就能更好动员国内力量、更多吸引外资流入，率先开启现代化进程。以此视之，英格兰公债市场的成功既是一次偶然，也是欧洲数个世纪国家间反复博弈的历史必然。

综上所述，以往关于（金融）大分流的研究，集中于讨论中西方国家能力的强弱，主要涉及财政汲取能力，但是忽略一个更为基础和本源性的因素，即政治目标。因为目标决定行动，不同的"目标函数"一定会产生不同的"行为方程"；并且，这个目标函数绝不是外生的，而是内生的，是各个国家、民族的价值体系、制度体系、历史传统以及内外部环境共同塑造的。因此，我们提出的国家治理逻辑假说超越了既有研究只针对"行为"（如财政汲取能力强弱）

---

① 体量越大，可以调动的内部资源越多，诉诸时间维度技术的需求越小。
② 在《在庆祝中国共产党成立100周年大会上的讲话》中，习近平总书记强调："中华民族的血液中没有侵略他人、称王称霸的基因。"（《人民日报》2021年7月2日第2版）

的做法，发掘出"行为"背后的"动机"（目标），为金融大分流提供了更完整的逻辑链条和更具说服力的理论机制。

## 四 从分流到合流：中国现代化融资之困

中国在明清时期始终采用"龟息法"，在封闭系统中保持自足，但在19世纪中叶以后，面对欧洲列强和亚洲强邻的挑战，不得不采取一系列改革措施以推动现代化转型。但制度建设并非一朝一夕能够完成，由于数百年来金融发展处于一种"低水平均衡"状态，国家能力孱弱，近代中国的金融合流之路走得异常艰难。

19世纪中叶以后，清政府面临空前严峻的国际国内危机（李鸿章称之为"数千年未有之大变局"），使用旧有财政体制的临时性措施（如开捐纳、铸大钱、印宝钞等）已无法支撑大规模战争需要。① 穷则思变。生死存亡关头，清政府开始效法西方，实施财政近代化改革，措施包括：第一，试水公共信用市场，举借内外债。这一点上文已有讨论。第二，调整税收结构。在地方开征厘金、洋税等工商税，使工商税的占比迅速提高。② 第三，改革币制，具体又包括"铸银圆、行钞票、改本位、设银行"四个方面，但整体效果并不好。第四，革新理念。伴随西方财政思想和实践的传入，清政府事实上很快放弃了量入为出的理念，步入了量出为入的阶段。到清末，清政府还进行了大规模的财政清理（主要针对地方督抚），并仿照西方国家试订预算制度（陈锋，2010）。

从税收的绝对数量上看，这些新措施的实施和理念转变可谓成效显著（倪玉平，2018）。据统计，清中央政府道光年间掌握的财政收入每年仅有4000余万两，到同治年间约为6000万两，到甲午战争前后增至8000万两，到1903年增至1亿余两，到清朝灭亡前夕更是达到3.38亿两。剔除通货膨胀等因素，数十年清政府的财政收入也出现了二倍到三倍的增长。

不过，这一时期中国的财政能力扩张是非常被动的，大部分的财政收入被用在了赔款、偿还外债和内外军事行动上，政府左支右绌，只能挤出数千万两用于现代化投资（以洋务企业为主体），且近3/4集中于军事工业（周育民，2000）。③ 除了税收数量不断增长外，由于国家信用严重缺失，公债中内债的发行和币制改革均遭遇了事实上的失败，相比之下，同时期的日本在这两方面都取得了巨大的成功。④ 尤其需要注意的是，这一时期税收数量的增长是以牺牲中

---

① 相比第一次鸦片战争外敌短暂入侵，席卷半个中国的太平天国运动才是清廷的心腹之患。据彭泽益（1981）的估计，清政府为镇压太平军和捻军的花费仅正式奏销的部分就超过2亿两白银，总共的支出在8亿—9亿两之间，分摊到每一年在4000万两以上，与当时清政府一年的财政总收入不相上下。

② 1776年，清政府的田赋占总税收的71.83%，关税厘金占比9.73%。而到1903年时，前者已降至了33.80%，后者则超过半数，达到了50.90%（周志初，2002）。

③ 值得说明的是，这里的现代化融资并不排除战争融资。在中国，战争融资并非用于扩张，而是维护安全；只有国家安全才能谋求发展，因此，我们将战争融资（典型的如甲午战争融资）也作为现代化融资必不可少的一部分。

④ He（2013）指出，货币方面，清政府至迟到19世纪80年代才开始思考铸造银币，但由于各种原因未能实行，而日本德川时期政府发行的名为"藩札"的纸币，却在较长时间保持了兑换信用，为1886年日本银行发行法定货币奠定了基础。

央集权为代价的。与同样遭遇系统性财政危机的17—18世纪的英格兰和同时期的日本不同，中国在太平天国之后，地方的财政分权日益严重：一方面，厘金等收入在实际操作中（甚至也包括在法理上）是地方督抚可以自行留存使用的。另一方面，到19世纪后半叶，省际的财政关系出现了微妙的变化，中央以往如臂使指的协饷指令已经失灵。① 王国斌等人所说的广袤帝国"跨区域调配"的优势已名存实亡。综合以上因素，晚清政府并没有建立起稳定的公共信用市场（自然也无从刺激民间信用市场的发展），甚至在关乎自身"性命"的军事领域也没有扮演好直接投资者的角色。②

清代灭亡后，中国的财政近代化道路并未停滞，民国政府在公共信用上取得了两方面的进步：其一是公债制度有所发展，逐渐以外债为主转向以内债为主。北洋时期，政府累计共借外债15.56亿元，尚高于内债的6.2亿元，而在南京政府时期，外债只占政府收入的3.79%，而内债则占到了27.30%（参见表5）（燕红忠，2009）。在南京政府26亿元内债的刺激下，这一时期中国的金融业发展迅速，商业银行体系日益健全，尤其是作为债券主要承销者的华资银行受益匪浅（燕红忠，2016）。公债在二级市场的买卖日益兴旺，客观上也促进了证券市场的发展和近代资本市场的繁荣（朱荫贵，2021）。其二是货币。南京政府在20世纪30年代初接连推动了"废两改元"和法币改革两项改革，终结了中国数百年间无货币主权的窘境，政府为战争融资的能力由此大幅增强。从第一次鸦片战争算起，中国的公共信用市场历时百年，终于与西方国家实现了初步的"合流"。

表5　　　　　1927—1945年民国政府的税收、公债、外债与财政收入　　　　（单位：百万元）

| 时期 | 总收入 | 实际收入 | 税项收入 | | 公债 | | 举借外债 | |
|---|---|---|---|---|---|---|---|---|
| | | | 数额 | 占总收入之比重（%） | 数额 | 占总收入之比重（%） | 数额 | 占总收入之比重（%） |
| 1927—1936年 | 8501.8 | 5524.2 | 4713.1 | 55.44 | 2321 | 27.30 | 322.61 | 3.79 |
| 1937—1945年 | 1543554 | 212139 | 147890 | 9.58 | 6108 | 0.40 | 3527 | 0.23 |
| 1927—1945年 | 1552056 | 217663 | 152603 | 9.83 | 8429 | 0.54 | 3850 | 0.25 |

资料来源：燕红忠（2009）。
注：总收入是指连债款和银行垫款收入计算在内的总收入；实际收入则是指债款和银行垫款收入除外的实际总收入。表中税收、内债、外债与财政收入的数额均为各时期的年均值。

但是，由于这一时期中国的国家建构仍未完成（中央对地方，尤其是乡村社会的实际控制依然有限），中央政府能够直接调动的资源极为有限；与此同时，民间金融的发展尚处于初级阶段，资本市场虽然有所扩张，但仍以投机属性为主，银行对于工业企业的支持寥寥（张跃，2022）。因此，格申克龙（2012）所强调的，后发国家现代化应倚仗的政府和银行两大主导性

---

① 比如户部为左宗棠西征给各省和各海关下发的协饷指标完成率不足50%（岩井茂树，2020）。
② 与日本相比，晚清政府的"企业家精神"亦颇缺乏。1888年，黄河郑州决口堵筑工程耗银1110万两，清户部由于觉得外债过重，随即叫停了海军军舰的购买（朱浒，2007）。而对于关系军事实力、工业发展潜力的铁路，历经19世纪80年代的两次大讨论，清政府仍未批准修建（朱荫贵，2016）。到1894年，日本全国铺设的铁轨里程数约为3400公里，而中国只有区区107公里（和文凯，2020）。

力量，事实上在此时的中国均未做好准备。此外，这条合流之路走得太过磕绊，拖的时间太久——当法币取代银圆成为人们日常生活的媒介时，日本帝国主义军队的一只脚已经踏进了长城以内。

## 五 走中国特色金融发展道路

本文通过考察中西方千年金融发展，从国家治理逻辑角度提出了中西方金融大分流发生的新假说。该假说认为，中西方金融分流的本质在于能否建立起可持续的公共信用体系，而其根源则在于中西方政治目标与治理模式的分野以及由此带来的公共信用供求的差异。新假说不仅为中西方金融大分流提供了更为完整的逻辑链条、加深了已有文献对国家（财政）能力的理解，同时也揭示了政治目标及与之相应的治理模式选择在各国金融制度长期演进中的关键性作用，为金融助力中国式现代化提供了镜鉴。

以往学界多认为，人类社会近千年历史（尤其是工业革命以后）呈现出了一条较为清晰的"先分流、再合流"的发展轨迹（Brandt et al., 2014），即先发国家设定标准，后发国家模仿、赶超。金融发展概莫能外。然而，正如前文所分析的，由于各国所处的内外部环境不同，所受目标函数和行为方程的约束也不同，因此金融发展的路径并不完全一致（不仅先发国家和后发国家之间不一致，在后发国家集团内部也不一致）。只讲共性、忽略个性，既不符合历史真相，也容易落入西方中心主义话语体系的窠臼（王国斌、罗森塔尔，2019）。因此，我们既要看到中国金融发展具有现代化社会的普遍特征——比如前文重点论述的"有限政府+有为政府"的微妙平衡，更要清醒地认识到金融发展道路的"中国特色"。

中国走向现代化的金融发展历程可粗略地分为两段：从晚清到民国，基本走的是以西方为师、从分流到合流的道路，但"橘生淮南则为橘，生于淮北则为枳"，制度移植并不成功。而在新中国成立以后，特别是改革开放以来，中国金融助力创造了世所瞩目的"两大奇迹"（经济快速发展奇迹和社会长期稳定奇迹）。这一时期中国立足自身国情和发展需要所进行的社会主义伟大实践，突破了从分流到合流的演进逻辑：中国没有亦步亦趋地走西方国家几百年前走过的老路，而是创造性地利用了国家信用推动经济发展（Arezki et al., 2017）；① 以政府为主导的金融体系在快速动员资源、促进储蓄—投资转化、支持经济赶超方面发挥了关键性作用，并有效应对各类风险，避免了危机的发生。因此，无论是理论还是实践都表明，超越金融大分流所暗含的"分流—合流"逻辑、走中国特色金融发展道路是助力中国式现代化的必然选择。

党的二十大报告明确指出："中国式现代化，是中国共产党领导的社会主义现代化，既有各国现代化的共同特征，更有基于自己国情的中国特色"。② 基于这一论断，以金融助力中国式现代化，既要深刻总结各国金融发展所呈现的规律性认识，又要找准并坚持中国特色，真正做到"以我为主，博采众长"。

---

① 包括斯蒂格利茨在内的多位学者对于中国开发性金融的贡献给予了高度评价。
② 习近平：《高举中国特色社会主义伟大旗帜 为全面建设社会主义现代化国家而团结奋斗——在中国共产党第二十次全国代表大会上的报告》，人民出版社2022年版，第22页。

**（一）汲取各国金融助力现代化的经验教训**

纵观几百年来各国现代化的历程，金融无不扮演了至为关键的角色。梳理其中的成败得失，以下几个方面值得镜鉴。

首先，可持续的公共信用体系以及与之相契合的国家治理模式尤为关键。金融大分流的国家治理逻辑表明，没有有效的政府约束，就无法保证公共信用市场的稳定。而没有稳定的公共信用市场，为现代化融资就会陷入困境。事实上，即便实现了现代化、走上了更高发展阶段的国家（如主要发达经济体），公共信用的可持续性仍然是维系安全、促进发展的基石。从国家治理模式及相关制度安排上，公共信用的可持续性至少需要以下两方面支撑：第一，加强政府约束和财政纪律。无论西班牙、法国历史上的赖账，还是中国历史上的纸币超发，都是因为缺乏对于政府的硬约束。缺乏财政纪律约束的政府往往会滥用公共信用，从而使公共信用逐步丧失可信度与可持续性。因此，尽管鼓吹赤字货币化的现代货币理论（MMT）颇为流行，但鲜有政府宣称自己会这么做；不少国家设置了赤字率门槛，美国国会还给政府发债设置了债务上限（虽然屡屡被突破）。这些均表明，现代国家都将政府信誉奉为圭臬，这是历史经验和教训换来的。第二，建立现代中央银行制度。早期的英格兰央行在促进公债发行与币值稳定方面的决定性作用为举世所青睐。现代中央银行制度就是要明确央行和政府的权利义务关系，保障央行的相对独立性，以防出现财政主导（fiscal dominance）。良好的财务实力和稳健的资产负债表是现代中央银行保持独立性的重要前提。

其次，历次工业革命与金融的支撑是分不开的。工业革命与金融发展息息相关。一方面，金融渗透技术变革生命周期的各个阶段（佩蕾丝，2007）。另一方面，金融组织的演进是技术变革的重要驱动力，出现所谓"工业革命不得不等待金融革命"的现象。其中，以18世纪的现代商业银行、19世纪后期的现代投资银行和20世纪中后期的创业投资体系为代表的三次金融革命分别推动了人类三次工业革命的产生（陈雨露，2021）。进一步而言，作为"企业家的企业家"（熊彼特语），金融之于实体经济的意义，不仅在于维持后者的基本运转，更在于支撑其不断创新。面对数字化、网络化、智能化加速发展的新一轮（第四次）工业革命，一方面要正确对待资本的快速涌入（甚至容忍一定程度的泡沫），积极引导资本流向回报周期较长的基础性、关键性领域，利用金融杠杆推动实体经济"脱胎换骨"；另一方面由于数字技术的发展也驱动着金融技术的迭代和金融组织的演进（比如去中心化，以美国股票市场的"散户革命"为典型），为应对新一轮金融革命所带来的"时代之题"，需要加快完善监管和治理，减少创造性毁灭过程中伴生的不良影响。

最后，近两三百年来所形成的带有本国特色的"最佳实践"值得学习。尽管从国际比较来看，并不存在所谓的"最优金融结构"，也没有绝对完美的金融发展模式，但是不同发展模式中仍存在着带有本国特色的"最佳实践"。这包括：第一，德国的全能银行与"耐心资本"。德国长期实行以银行为主导的金融模式，资本市场与工业发展联系紧密。银行既是"全能银行"，又是"管家银行"，扮演着长期融资提供者、流动性保险提供者、金融救助积极主导者三种角色（张晓朴等，2021）。由此，德国的金融市场较为有效地支撑了其在历史时期的技术追赶（尤其是在第二次工业革命爆发初期）以及第二次世界大战以后高端制造业的发展。银行"雨天少收伞"的做法也使得德国的银企关系相比其他资本主义国家更为协调、共济。第二，美国的资本市场与风险资本。20世纪70年代以来，美国的创业投资行业高速发展，风险资本崛起，催生出了所谓的"新经济"繁荣。风险资本本质上是企业通过股票市场渠道获取外部资金，利用了市场主导型金融体系的优势，同时由于风险资本家分阶段注资的方式（以及包括运营辅导、战略指引在内的各种非金融支持）会给企业一个可置信的威胁，从而对企业产生更为有效的监督（与银行主导型的监督类似）和引导，因此其也具有银行主导型金融体系的部分优点。两种优势的结合使其能够最大限度发挥市场的价值发现能力，缩短新技术落地的时滞，从而推动创新经济的发展（但如果缺乏监管，也容易催生市场的"非理性繁荣"）。第三，北欧的社会保险与包容性创新。作为所谓的"中间道路"，北欧国家的治理模式和金融实践与英美日德等国存在较大差异，尽管近年来有所调整，但其强调合作互助、机会均等，更加注重社会保障投入和社会安全网建设等基本特点并未改变。在支持创新方面，相比美国的货币（专利）激励模式，北欧国家的包容性创新模式为国内创业者提供了更好的创业环境，很大程度上解决了创业者的后顾之忧，因此更有利于降低社会创新的准入门槛、促进创新活动的扩散（Stiglitz, 2015）。尽管从"比较金融"的角度，北欧的金融从来没有作为一种独立模式存在，但其在融合所谓英美模式与莱茵模式基础上，更加注重普惠性、包容性和突出集体性风险共担却是值得称道的。

### （二）走中国特色金融发展道路

两大奇迹的出现提示我们"中国金融一定做对了什么"；与此同时，也坚定了走中国特色金融发展道路的自信。探索中国特色金融发展道路，廓清历史底色、把握中国国情是基本依凭和出发点，回应"人民之问"及"时代之问"、助力中国式现代化是价值旨归和着力方向。根本上来说，中国特色金融发展的逻辑内嵌于中国式现代化发展的大逻辑。

第一，坚持以人民为中心的发展目标。中国式现代化是人口规模巨大的现代化，是全体人民共同富裕的现代化，是物质文明和精神文明相协调的现代化，是人与自然和谐共生的现代化，是走和平发展道路的现代化。中国式现代化这五大特征中，除了第一点外，其他四点都可以看作具体的现代化目标。而所有这些目标，无论是共同富裕、物质文明与精神文明的协调、人与自然的和谐，以及和平发展，归根到底，都可以看作以人民为中心的发展目标。发展目标决定行为函数、决定治理模式选择，这是历史给我们的启示。这就意味着中国金融发展要回应新时代社会主要矛盾的历史性变化，应坚持以人民为中心而不是以资本为中心。具体而言，一是着力提升金融的普惠性和包容性，使低收入群体也能分享增长红利，逐步缩小城乡间、地区间和居民部门内部的收入差距和财富差距，促进全体人民共同富裕。二是建立和完善绿色金融体系，注重转型金融发展，践行ESG理念，更好推进实现"双碳"目标。三是深入推进实施公平竞争政策，使各类资本机会平等、公平进入、有序竞争；正确处理资本和利益分配问题，既保障资本参与社会分配获得增值和发展的同时，更加注重维护按劳分配的主体地位；依法加强对资本的有效监管，全面提升资本治理效能，促进资本规范发展。四是胸怀天下，在不谋求金融霸权的同时，积极发挥中国在稳定世界经济金融格局和构建人类命运共同体方面的重要作用。

第二，坚持党的领导，完善金融治理。党的领导直接关系中国式现代化的根本方向、前途命运、最终成败，是中国式现代化的根本保证。从金融治理角度看，党的领导也是中国金融发展的特色和优势所在。首先，党对金融工作的集中统一领导对完善金融宏观调控决策机制尤为重要，有利于凝聚党内共识，提升经济金融政策的执行效率；也可发挥党的领导在解决部门之间、中央和地方之间分歧的优势，将不同部门、不同层级整合到同一目标下，避免政策效果抵触或留有空白。其次，党的集中统一领导具有维护国家信用、统领金融与财政以及发挥二者协调配合作用的天然制度优势。一方面，中国开发性金融在全球范围内的异军突起，既是创造性地运用国家信用的实践成果，也是兼具财政与金融双重功能、运行于政府与市场之间的金融创新；另一方面，面对所谓的"金融风险财政化""财政风险金融化"，党的领导将有利于在制度层面压实各方责任，"谁家的孩子谁来抱"，统筹应对财政金融风险的互溢。再次，加强和完善党的领导，促进金融治理现代化。重点是将党的领导嵌入国家治理机制，协调好政府—市场—社会三者的关系，这包括：减少政府干预，发挥市场在风险定价和金融资源配置中的决定性作用；超越"发展型政府"、构建"创新型政府"（Mazzucato，2013），更好发挥政府在促进金融更好服务实体经济、规范金融发展方面的作用；注重发挥社会（人民）的力量，着力加强对资本、平台经济、金融科技等方面的社会监督。

第三，守住不发生系统性风险的底线。中国经历了四十余年的快速发展，但并没有发生危机，这是世所罕见的奇迹。其原因并不在于中国发展模式没有积累风险，而在于中国政府一直居安思危，将不发生系统性风险作为发展的底线。相较于这样的底线思维，新古典经济学则将危机视为市场经济的清道夫，是消除过剩产能、不良资产，实现优胜劣汰的一种自动机制；通过周期性爆发的危机，完成市场出清，重启经济的生态系统。依据这样的理论逻辑，至少在发达经济体的政策议程中，防止系统性风险（及危机）并没有被置于最重要的位置，这与中国形成了鲜明对比。中国在坚持底线思维、防范化解风险方面特色鲜明：一是债务积累与资产积累同步，提升了债务可持续性。改革开放以来，中国的债务攀升与资产积累大体同步（张晓晶，2022）。与发达经济体政府负债多用于社会保障、转移支付、支持消费相比，中国政府负债（包括地方融资平台）多用于投资和基础设施建设，居民负债也主要用于买房，债务形成了相应的资产，因此风险总体可控。二是依靠发展解决问题。中国经济的快速增长消化了金融系统压力，同时政府也擅长"边发展边解决问题"，比如 20 世纪 90 年代末，我国银行体系面临技术性破产，由于政府采取果断措施，且经济恢复强劲增长，问题迎刃而解。三是政府兜底有效阻滞了风险蔓延。国有企业的优惠政策、地方政府的发展责任与软预算约束、金融机构的体制性偏好（或歧视），以及中央政府的最后兜底责任形成所谓"四位一体"赶超发展模式（张晓晶等，2019）。这一模式虽然一定程度上推高了宏观杠杆率，但因为有政府兜底和积极应对，举凡金融机构、影子银行、房地产、地方债务等领域的风险扩散均受到了抑制。展望未来，消费驱动逐步取代投资驱动，债务积累将不再对应资本（或财富）形成；经济增速放缓，各类风险将"水落石出"；政府担保扭曲了风险定价，导致债务风险向公共部门集中。鉴于以上，需要明确资本形成与经济增长的重要性，改变政府干预（进而扭曲）风险定价的做法，取消政府隐性担保、打破刚兑，以市场化风险定价与法治化监管，促进金融资源的优化配置，从源头上抑制金融风险的积累，方能守住风险底线，增强经济发展的可持续性。

第四，坚持"两个毫不动摇"，促进金融更好服务实体经济。服务实体经济是金融发展的初心。更好服务实体经济，需要坚持"两个毫不动摇"，着力解决好以下两大问题。一是以国有占主导的金融机构如何服务好以民营占主导的实体经济。据统计，金融体系中国有金融资产占比约为90%，国有控股金融机构占比约为55%，① 体现出中国金融体系以国有为主导的鲜明特征；而民营经济贡献了五成以上的税收、六成以上的GDP、七成以上的技术创新成果、八成以上的城镇劳动就业、九成以上的企业数量，称其为实体经济的主导毫不为过。金融服务讲究"门当户对"，国有主导的金融机构存在所有制偏好，对于（大型）国有企业格外青睐，而对众多（中小）民营企业融资需求的匹配度较低。破解这一难题的关键在于坚持"两个毫不动摇"，继续规范发展民营金融机构，推动金融领域的混合所有制改革以及金融部门治理结构的优化，打造新时代的"门当户对"。二是以银行为主导的金融体系如何支持科技创新。商业银行稳健经营的原则与科技创新所存在的高风险特征间存在天然的矛盾，这种矛盾导致中小科创企业（往往也是民营企业）成为银行体系服务的"盲点"：政策性银行和商业银行的产品和服务对其支持力度不足且缺乏针对性，同时科技银行的数量、规模太小，专业化的投资行为严重缺失。解决这一问题，一方面要求商业银行将高水平科技自立自强作为重点服务领域，保持高技术产业中长期贷款合理增长，加大科技型中小企业知识产权质押融资、信用贷款、首贷和续贷投放力度。另一方面，支持商业银行具有投资功能的子公司、保险机构、信托公司等出资创业投资基金、政府产业投资基金等，为科技企业发展提供股权融资；支持资产管理产品依法投资包括未上市科技企业股权及其受（收）益权在内的权益类资产，实现资管产品期限与其所投资资产期限相匹配、与科技企业成长周期相匹配。此外，进一步扩大直接融资，切实发挥资本市场在支持创新方面的重要作用。

第五，增强金融体系韧性，维护金融安全。金融安全是金融发展的底线，维护金融安全是关系我国经济社会发展全局的一件战略性、根本性的大事。近期的俄乌冲突、"金融武器化"进一步凸显了增强金融体系韧性、维护金融安全的重要性。一是以金融高质量发展促进金融安全。通过金融体系结构的优化，提升金融服务实体经济的效能，尤其是充分发挥金融在优化配置风险方面的功能，加强和完善金融监管，强化金融稳定保障体系，健全资本市场功能，提高直接融资比重，提升金融国际竞争力，增强金融体系韧性，以金融发展促金融安全。二是补齐金融基础设施短板。重点是完善支付清算体系，面对潜在的金融制裁风险，以人民币国际化与数字货币为抓手，加快推进支付结算手段的多元化。三是把握好金融依存性增强与金融自主化发展之间的张力。由于数字化时代的到来，数字金融的网络化特征使得各国金融之间的关联性和相互依赖性不断增强，后发国家被中心国家主导（甚至被脱钩、被制裁）的可能性进一步加大，严重损害了后发国家的金融安全，大大干扰了后发国家金融发展的自主性。从这个意义上说，中国需要在技术和标准方面赢得主动，一方面瞄准硬核技术，在芯片、操作系统等"卡脖子"技术上下功夫，"练好内功"；另一方面瞄准规则和标准，积极参与全球金融与数字治理，围绕全球金融安全网、跨境金融监管、跨境数据流动、市场准入、反垄断、数字货币、数据隐私保护等重大问题探索建立治理规则，提升中国在金融与数字治理领域的话语权。

**参考文献**

包伟民，2022，《"唐宋变革论"：如何"走出"？》，《北京大学学报（哲学社会科学版）》

---

① 胡晓炼：《金融服务不能搞"门当户对"，要对国有和民营企业一视同仁》，《中国财富管理50人论坛·2022年会》发言稿，2022年12月24日。

第 4 期。

邦尼，理查德，2018，《经济系统与国家财政》，沈国华译，上海财经大学出版社。

波拉，马尔滕，2013，《黄金时代的荷兰共和国》，金海译，中国社会科学出版社。

毕学进、马金华，2022，《"由外而内"：晚清外债善恶之辩到内债思想萌生发端》，《经济思想史学刊》第 2 期。

布罗代尔，费尔南，2017，《地中海与菲利普二世时代的地中海世界》（第一卷），唐家龙等译，商务印书馆。

蔡洪滨、周黎安、吴意云，2008，《宗族制度、商人信仰与商帮治理：关于明清时期徽商与晋商的比较研究》，《管理世界》第 8 期。

曹正汉，2022，《中央、地方与社会：中国治理研究的一种理论视角》，《社会科学》第 8 期。

陈锋，2010，《清代财政史论稿》，商务印书馆。

陈雨露，2021，《工业革命、金融革命与系统性风险治理》，《金融研究》第 1 期。

陈志武，2022，《文明的逻辑——人类与风险的博弈》，中信出版社。

邓大才，2018，《通向权利的阶梯：产权过程与国家治理——中西方比较视角下的中国经验》，《中国社会科学》第 4 期。

费孝通，2021，《乡土重建》，北京联合出版公司。

费正清，2020，《剑桥中国晚清史》（下卷），中国社会科学出版社。

福山，2014，《政治秩序的起源：从前人类时代到法国大革命》，毛俊杰译，广西师范大学出版社。

富田俊基，2011，《国债的历史——凝结在利率中的过去与未来》，彭曦等译，南京大学出版社。

高德步，2016，《中国价值的革命》，人民出版社。

格申克龙，亚历山大，2012，《经济落后的历史透视》，张凤林译，商务印书馆。

戈兹曼，威廉，2017，《千年金融史》，张亚光等译，中信出版集团。

哈特，马基林，2022，《荷兰财政金融史》，郑海洋译，上海财经大学出版社。

和文凯，2020，《市场经济与资本主义：大分流视野下的中国明清经济史研究》，《清史研究》第 6 期。

和文凯，2021，《财政制度、国家权力正当性与国家能力：清代国家能力的再考察》，《中国经济史研究》第 1 期。

胡滨，2022，《中国金融安全：形势、挑战和对策》，《清华金融评论》第 8 期。

霍默，悉尼、理查德·西勒，2010，《利率史》，肖新明等译，中信出版社。

金德尔伯格，1991，《西欧金融史》，徐子健等译，中国金融出版社。

科大卫，2002，《中国的资本主义萌芽》，陈春声译，《中国经济史研究》第 1 期。

兰日旭，2016，《中外金融组织变迁——基于市场—技术—组织的视角》，社会科学文献出版社。

雷，L. 兰德尔，2017，《现代货币理论》，张慧玉等译，中信出版社。

李伯重，2010，《中国的早期近代经济——1820 年代华亭—娄县地区 GDP 研究》，中华书局。

李存山，2006，《程朱的"格君心之非"思想》，《中国社会科学院研究生院学报》第 1 期。

李文杰，2018，《息借商款与晚清财政》，《历史研究》第 1 期。

李晓、李黎明，2021，《中西金融大分流的国家信用逻辑》，《吉林大学社会科学学报》第 2 期。

李玉，2006，《晚清昭信股票发行过程论略》，《近代史研究》第 4 期。

刘尚希、赵福昌、孙维，2022，《中国财政体制：探索与展望》，《经济研究》第 7 期。

刘守刚、王培豪，2021，《荷兰共和国时期的财政金融革命及历史启示》，《金融评论》第 3 期。

罗兹曼，吉尔伯特等，1995，《中国的现代化》，"比较现代化"课题组译，江苏人民出版社。

马德斌，2020，《中国经济史的大分流与现代化——一种跨国比较视野》，徐毅等译，浙江大学出版社。

马金华，2018，《英国金融组织变迁》，社会科学文献出版社。

麦克唐纳，詹姆斯，2021，《债务与国家的崛起——西方民主制度的金融起源》，杨宇光译，社会科学文献出版社。

倪玉平，2021，《"大分流"视野下清朝财政治理能力再思考》，《中国经济史研究》第 1 期。

倪玉平，2018，《试论清代财政体系的近代转型》，《中国经济史研究》第 4 期。

佩蕾丝，卡萝塔，2007，《技术革命与金融资本——泡沫与黄金时代的动力学》，田方萌等译，中国人民大学出版社。

彭凯翔，2021，《明清经济史中的国家：一个对话的尝试》，《中国经济史研究》第 2 期。

彭信威，2020，《中国货币史》，中国人民大学出版社。

彭泽益，1981，《清代咸同年间军需奏销统计》，中国社会科学出版社。

皮凯蒂，托马斯，2014，《21 世纪资本论》，巴曙松等译，中信出版社。

千家驹，1984，《旧中国公债史资料》，中华书局。

钱穆，2001，《中国历代政治得失》，生活·读书·新知三联书店。

史志宏，2009，《清代户部：银库收支和库存统计》，福建人民出版社。

王国斌、罗森塔尔，2018，《大分流之外：中国和欧洲经济变迁的政治》，周琳译，江苏人民出版社。

王瑞来，2010，《皇权再论》，《史学集刊》第 1 期。

王申，2019，《论南宋前期东南会子的性质与流通状况》，《清华大学学报（哲学社会科学版）》第 3 期。

希克斯，约翰，1998，《经济史理论》，厉以平译，商务印书馆。

熊彼特，约瑟夫，1990，《经济发展理论》，何畏等译，商务印书馆。

岩井茂树，2020，《中国近世财政史研究》，付勇译，江苏人民出版社。

燕红忠，2009，《近代中国金融发展水平研究》，《经济研究》第 5 期。

燕红忠，2016，《近代中国的政府债务与金融发展》，《财经研究》第 9 期。

燕红忠，2017，《财政转变、金融发展与经济转型——兼论中西方长期金融发展中的"分流"与"合流"》，《浙江社会科学》第 12 期。

杨大勇，2016，《16—17 世纪荷兰的崛起与资本市场》，《史学理论研究》第 1 期。

叶世昌，2003，《古代中国经济思想史》，复旦大学出版社。

张泰苏，2022，《从"唐宋变革"到"大分流"：一种假说》，《北京大学学报（哲学社会科学版）》第 4 期。

张晓晶，2022，《中国经验与中国经济学》，中国社会科学出版社。

张晓晶、刘学良、王佳，2019，《债务高企、风险集聚与体制变革——对发展型政府的反思与超越》，《经济研究》第 6 期。

张晓晶、王庆，2022，《传统中国的财富积累与分配：1820 年代长三角地区社会财富研究》，中国社会科学出版社。

张晓朴、朱鸿鸣等，2021，《金融的谜题：德国金融体系比较研究》，中信出版社。

张宇燕、高程，2005，《海外白银、初始制度条件与东方世界的停滞——关于晚明中国何以"错过"经济起飞历史机遇的猜想》，《经济学（季刊）》第 1 期。

张跃，2022，《点债成金：私人信用下的中国近代企业资本》，社会科学文献出版社。

周雪光，2014，《从"黄宗羲定律"到帝国的逻辑：中国国家治理逻辑的历史线索》，《开放时代》第 4 期。

周雪光，2017，《中国国家治理的制度逻辑》，生活·读书·新知三联书店。

周育民，2000，《晚清财政与社会变迁》，上海人民出版社。

周志初，2002，《晚清财政经济研究》，齐鲁书社。

朱浒，2007，《地方社会与国家的跨地方互补——光绪十三年黄河郑州决口与晚清义赈的新发展》，《史学月刊》第 2 期。

朱荫贵，2016，《中国早期现代化：与日本的比较》，《中国社会科学》第 9 期。

朱荫贵，2021，《近代中国的资本市场：生成与演变》，复旦大学出版社。

Arezki, R., P. Bolton, S. Peters, F. Samama, and J. Stiglitz, 2017, "From Global Savings Glut to Financing Infrastructure", *Economic Policy*, 32 (90), 221 - 261.

Brandt, L., D. Ma, and T. G. Rawski, 2014, "From Divergence to Convergence: Reevaluating the History Behind China's Economic Boom", *Journal of Economic Literature*, 52 (1), 45 - 123.

Buchinsky, M., and B. Polak, 1993, "The Emergence of a National Capital Market in England, 1710 - 1880", *Journal of Economic History*, 53 (1), 1 - 24.

Daunton, M. J., 1995, "*Progress and poverty: an Economic and Social History of Britain* 1700 - 1850", Oxford University Press.

Dickson, P. G. M., 1967, "*The Financial Revolution in England: A Study in the Development of Public Credit*, 1688 - 1756", London: Macmillan.

Dincecco, M., and M. Prado, 2012, "Warfare, Fiscal Capacity, and Performance", *Journal of Economic Growth*, 17 (3), 171 - 203.

Ertman T., 1997, "*Birth of the Leviathan: Building States and Regimes in Medieval and Early Modern Europe*", Cambridge University Press.

Greif, A., and G. Tabellini, 2010, "Cultural and Institutional Bifurcation: China and Europe Compared", *American Economic Review*, 100 (2), 135 – 140.

Greif, A., and G. Tabellini, 2017, "The Clan and the Corporation: Sustaining Cooperation in China and Europe", *Journal of Comparative Economics*, 45 (1), 1 – 35.

Guan, H., N. Palma, and M. Wu, 2022, "The Rise and Fall of Paper Money in Yuan China, 1260 – 1368", University of Manchester Working Paper, No. 2207.

Hartwell, R. M., 1982, "Demographic, Political, and Social Transformations of China, 750 – 1550", *Harvard Journal of Asiatic Studies*, 42 (2), 365 – 442.

He, W., 2013, "*Paths Toward the Modern Fiscal State*", Harvard University Press.

Ingham, G., 2015, " 'The Great Divergence': Max Weber and China's 'Missing Links' ", *Max Weber Studies*, 15 (2), 160 – 191.

Liu, W. G., 2015, "The Making of a Fiscal State in Song China, 960 – 1279", *The Economic History Review*, 68 (1), 48 – 78.

Ma, D., 2013, "State Capacity and Great Divergence, the Case of Qing China (1644 – 1911)", *Eurasian Geography and Economics*, 54 (5 – 6), 484 – 499.

Mazzucato, M., 2013, "*The Entrepreneurial State: Debunking Public vs. Private Sector Myth*", Anthem Press.

North, D. C., and B. R. Weingast, 1989, "Constitutions and Commitment: the Evolution of Institutions Governing Public Choice in Seventeenth-century England", *Journal of Economic History*, 49 (4), 803 – 832.

Stiglitz, J. E., 2015, "Leaders and Followers: Perspectives on the Nordic Model and the Economics of Innovation", *Journal of Public Economics*, 127, 3 – 16.

Sylla, R. E., R. H. Tilly, and G. Tortella, 1999, "*The State, the Financial System, and Economic Modernization*", Cambridge: Cambridge University Press.

Tilly C., 1992, "*Coercion, Capital, and European States, AD 990 – 1992*", Oxford: Blackwell.

Tracy, J. D., 1985, "*A Financial Revolution in the Habsburg Netherlands: Renten and Renteniers in the County of Holland, 1515 – 1565*", Univ of California Press.

Velde, F. R., and D. R. Weir, 1992, "The Financial Market and Government Debt Policy in France, 1746 – 1793", *Journal of Economic History*, 52 (1), 1 – 39.

Vries, P., 2012, "*Public Finance in China and Britain in the Long Eighteenth Century*", London School of Economics and Political Science, Department of Economic History.

Weingast, B., 1997, "The Political Foundations of Limited Government: Parliament Sovereign Debt in Seventeenth-Century and Eighteenth-Century England", *Frontiers of the New Institutional Economics*, 213 – 246.

Weir, D. R., 1989, "Tontines, Public Finance, and Revolution in France and England, 1688 – 1789", *The Journal of Economic History*, 49 (1), 95 – 124.

# 学科述评

# 增强金融韧性，助力经济增长
## ——2022年中国金融学发展研究述评

程 炼 周莉萍 张 策[*]

2022年，全球疫情的不确定性、国际经济摩擦、地缘政治冲突、极端气候事件使得经济发展面临着巨大的挑战。在这一背景下，我国金融体系如何保持平稳运行并通过与实体经济的紧密结合增强我国经济与金融发展的韧性，成为金融各界共同关注的焦点问题。虽然学术论文的写作与发表存在一定的时滞，不过从正式出版的文献和主要学术期刊的投稿情况来看，上述问题与金融学理论与方法的发展交织互动，构成了2022年中国金融学研究的一条主线。本文聚焦于八个领域的中国金融学研究，包括货币政策转型与创新、银行体系"稳增长"与"防风险"、多层次资本市场建设、保险与社会发展、系统性风险防范与金融监管、金融科技与经济治理、国际金融环境与金融安全、金融市场进一步对外开放。选择这些领域不仅是由于它们与上述研究主线的相关性，也是由于篇幅的有限性，因此我们不得不割爱一些同样重要的主题和高质量的文献，将其留给子领域的综述。基于上述结构，我们尽力通过对各研究主题内文献挂一漏万的介绍，给出2022年中国金融学研究的概貌。

## 一 货币政策转型与创新

作为宏观经济调控最为重要的政策工具之一，货币政策一直受到学者们的高度关注。在复杂的经济环境下，货币政策能否顺利传导到实体经济当中、其实施效果如何，成为大量文献的研究主题。与此同时，面对各种风险因素的冲击，如何更好地实施宏观审慎政策，保持经济平稳运行，也是文献关注的焦点。

### （一）货币政策传导渠道与效果检验

货币政策如何影响稳增长与稳杠杆双重目标？刘哲希等（2022）发现在杠杆水平适中时，宽松政策释放的流动性能够很好地转化为实体投资从而促进经济增长，能兼顾稳增长与稳杠杆目标；但在高杠杆状态下，负债主体偿债压力较大，处于"借新还旧"的循环，货币政策传导机制受阻，很难兼顾稳增长与稳杠杆目标。郭长林等（2022）认为宽松的货币政策因其对总需求的刺激效应大于对债务的推升从而有助于稳定宏观杠杆率。战明华等（2022）提出在短期内，由于银行资产扩张效应，银行竞争度的提高弱化了货币政策通过银行信贷渠道调控经济杠杆率

---

[*] 程炼，中国社会科学院金融研究所，研究员；周莉萍，中国社会科学院金融研究所，研究员；张策，中国社会科学院金融研究所，助理研究员。

的效果。

货币政策自身也是影响企业投融资的重要因素,如何识别或预期货币政策冲击可能产生的影响?刘慧和张勇(2022)利用因子增强向量自回归(FAVAR)模型和马尔科夫链蒙特卡洛(MCMC)方法编制了中国货币政策不确定性指数,认为其外生于经济波动。张成思和唐火青等(2022)基于利率衍生品价格高频数据来识别中国货币政策冲击,发现货币政策冲击在一年内会推高企业实业投资与金融投资收益率,促使短期内企业加快将货币资产转化为非货币资产,在中长期会产生推动实体企业金融化及实业投资规模下降的"宿醉效应"。

在发挥推动经济增长的积极作用时,货币政策与财政政策的配合必不可少。杨子晖和陈雨恬(2022)从财政货币协同视角出发,引入非线性网络关联方法,探讨了财政政策、货币政策及风险间的网络关系,佐证了双支柱调控框架在防风险的有效性。刘冲和刘莉亚(2022)基于银行微观贷款数据发现,小微贷款利息收入增值税减免起到了类似结构性货币政策的作用,既能够减少符合条件的小微企业的融资成本,也能增加银行的利润。而马勇等(2022)发现,紧缩的货币政策和财政补贴会促进企业创新。Wang等(2022)的动态随机一般均衡(DSGE)模型显示,中国的最优财政—货币协同模式取决于冲击的性质,不过被动财政政策和积极货币政策的组合在大多数情况下都是占优的选择。

关于货币政策对商业银行风险承担的影响,张嘉明(2022)发现宽松的货币政策使得银行资产端风险承担减小。王聪等(2022)认为在金融危机的背景下,宽松货币政策降低了企业融资成本,扩大了企业融资规模,向实体部门提供了流动性支持,缓解了经济下行压力。马勇和王莹曼(2022)发现政策利率降低及政策波动性的增强都会推高商业银行风险承担水平,但这种影响具有异质性、非对称性。张庆君等(2022)发现银行数字化水平的提高在弱化信贷渠道的同时也强化了利率渠道。

非常规货币政策如超低利率政策等一直是学者们关注的重点之一。王强等(2022)认为非常规货币政策总体有效,因为有效利率下限(Effective Lower Bound,ELB)约束会限制常规货币政策的刺激效果,而且前瞻性利率指引和扭转操作能避开ELB的约束。高崧耀和崔百胜(2022)发现当存在零利率下限约束时,扩张型货币政策放大了对产出的正向影响,但也造成了更多的福利损失。谭小芬和王欣康(2022)发现在负利率环境下,欧元区货币政策对新兴经济体产生了广泛的溢出效应,新兴经济体股价会因欧元区利率下调和量化宽松政策而显著上升。

结构性货币政策一直都备受争议,其对宏观经济的调控效果如何?刘页等(2022)发现结构性货币政策的激励相容机制确实对普惠小微等贷款余额与增速具有正向激励效用,但不同类型的结构性货币政策激励效果不同。朱民和彭道菊(2022)提出在促进碳中和方面,单一财政政策无法有效促进碳中和转型,而结构性货币政策可发挥更为积极的作用。刘冲等(2022)发现调节折扣率的结构性货币政策工具可以定向调节目标债券对货币市场短期利率的敏感性,提升了货币政策的有效性,缓和了金融监管冲击。2018年,中国人民银行宣布扩大中期借贷便利(MLF)担保品范围。周先平等(2022)发现,担保品范围的扩大提升了中小银行流动性创造,异质性分析表明其与宽松货币政策之间存在替代效应。朱新蓉和刘银双(2022)发现2018年央行MLF扩容担保品政策后,小微、"三农"类特征企业较其他企业的信贷可得性及长期借款占比反而出现下降态势,由此建议把履行社会责任纳入指标考核体系。

在其他货币政策工具的效果检验方面,范从来和张宏亮(2022)认为货币供应量作为中介目标依然有效，在一定程度上仍发挥着促进经济增长、影响物价水平的作用，但不同层次的货币影响作用有所区别。王博和高青青（2022）认为央行沟通语义发挥作用机制为信息机制和经济不确定性机制，央行沟通政策语气对利率市场具有显著的正向影响，非中性的政策语气则会通过制造"声音"增加市场波动。类似地，Liu 等（2022）发现，央行信息沟通会影响利率的期限结构，但可能不会影响股票市场。陈亮（2022）发现 2008 年次贷危机及 2020 年疫情冲击后我国自然利率均出现快速下行，在政策选择上应重视低自然利率时的应对，同时协调其他宏观调控政策才能促进自然利率稳定。刘瑶和张明（2022）发现经常账户负向冲击对央行货币政策操作构成一定影响，适当的资本账户管理能够缓冲经常账户负向冲击，但价格型资本账户管理工具造成的福利损失小于数量型资本账户管理工具，资本账户管理加盯住 PPI 通胀的货币政策规则可有效缓冲风险。

## （二）"双支柱"调控政策

针对宏观审慎政策的研究大多聚焦于"双支柱"调控的调控效果，尝试在 DSGE 模型中考虑不同政策的最优组合及不同冲击下的选择。同时也有部分研究将"双支柱"调控与系统性风险结合起来，实证其风险控制效果。单独考虑宏观审慎政策的研究探讨了它对于跨境资本流动波动的抑制、风险调控等效果，也分析了它在房价波动中的作用以及与经济增长的关系。

马勇和吕琳（2022）认为以社会福利最大化为出发点，货币政策应该以盯住通胀和产出的稳定为目标，政府支出和税收政策可以产出稳定和债务稳定为目标，而宏观审慎政策则应重点关注以信贷利差和信贷波动为代表的关键金融变量。邢毓静和蓝天（2022）认为无论是否存在零利率下限约束，货币政策、财政政策及宏观审慎政策的同时使用较单独使用都能减少通胀、产出、资产价格等的波动，但在不存在零利率下限约束时，三者的同时使用可能会使经济出现"超调"现象。方意等（2022）发现，"双支柱"调控框架有效性明显优于盯住金融稳定的货币政策调控框架，原因可能在于纯货币政策无法兼顾物价目标与金融稳定目标且对房地产市场调控有效性较差。赵胜民和张博超（2022）的研究显示，紧缩的货币政策与宏观审慎政策对银行系统性风险抑制具有积极效果，针对银行资本或银行的宏观审慎政策工具配合货币政策一起使用，能显著降低银行系统性风险。吴迪等（2022）认为对预期房价做出反应的货币政策不仅抑制了住房需求和信贷供给，也抑制了消费需求和产出，而对预期房价做出反应的逆周期贷款价值比（LTV）政策和逆周期资本充足率政策更有针对性。马勇和姚驰（2022）的理论推导表明宏观审慎政策能够部分抑制宽松货币政策导致的银行过度风险承担，对货币政策溢出效应起到一定的弥补作用，抑制银行信贷与投资的顺周期性，有助于经济金融的稳定。而且，事前宽松的货币政策会放大外生冲击下的风险，而事前的宏观审慎政策工具则与之相反。游宇等（2022）认为宏观审慎政策可以通过降低信贷增速，将社会融资杠杆率约束在合理区间进而促进经济增长，宏观审慎政策防风险、稳增长的正面作用要大于其对金融市场资源配置效率的制约。庄子罐等（2022）发现，无论是国外加息还是金融冲击，最优组合是三种政策工具的同时使用。当三者无法协调搭配时，识别不同类型冲击至关重要，货币政策加宏观审慎政策组合在面临金融冲击时效果更好，而货币政策加资本管理政策则在面临国外加息冲击时更具效力。

在应对外部冲击方面，喻海燕和赵晨（2022）构建了一个含跨境资本流动的 DSGE 模型，发现相较于单独实施货币政策，"双支柱"调控框架更能有效调控跨境资本流动，缓解外部冲击，有效减少社会福利损失，且最优政策工具搭配适用情形具有一致性。何国华和徐梦洁（2022）认为跨境资本流动对商业银行盈利能力也会产生负面影响，宏观审慎政策工具的逆周期调节会同时削弱跨境间接投资对银行稳定性的负向影响及跨境直接投资的正向影响，宽松型政策工具应对直接投资流入效果更好，而紧缩型政策工具应对间接投资流入效果更优。陈中飞等（2022）发现宏观审慎政策工具能够显著减少资本流入激增、资本外逃发生的概率，但不同宏观审慎政策的效应存在差异，资本类工具对资本流入激增、资本外逃和资本撤回的影响为负，信贷类工具仅对资本撤回的影响为负，流动性工具对资本流入突然中断和资本外逃的影响为负，而风险类工具对资本异常流动没有显著影响。陆磊等（2022）认为在不同类型的外部冲击下，针对产出缺口和通胀缺口的逆周期跨境融资宏观审慎管理提高了社会福利，且当面临国外不利货币政策冲击时，盯住外债规模的跨境融资、宏观审慎管理政策社会福利改进效果更优。

## 二 银行体系"稳增长"与"防风险"

一方面，作为我国金融体系的主体，商业银行在服务实体经济上责无旁贷；另一方面，银行体系又是金融防风险的核心部门。2022年，国内学者从不同维度对我国银行服务实体经济的绩效进行了分析，并就这一过程中银行体系的风险防范进行了深入考察。

### （一）银行服务实体经济的绩效

银行服务实体经济最为重要的途径之一是流动性创造，因此诸多文献对银行流动性创造的影响因素进行分析。例如，我国银行业在向经济系统提供流动性的过程中，长期存在存贷业务流动性创造收缩和影子银行业务流动性创造扩张的分化趋势。张勇等（2022）发现，宏观经济不确定性会导致银行流动性创造分化从而产生"脱实向虚"效应。张云等（2022）研究了银行权力对银行流动性创造的影响，发现银行权力能显著提高银行流动性创造，并且城商行、农商行的流动性创造较国有银行或股份制商业银行更易受到银行权力的影响。邓伟等（2022）考察了借贷便利工具对商业银行贷款投放的影响及其作用机制，发现借贷便利工具通过合格担保品渠道显著扩大了商业银行的贷款投放规模，且这一作用随着时间的推移不断增强。

在银行信贷的区域发展与企业创新效应方面，邢天才等（2022）考察了政策变化与财政压力对中国城市商业银行信贷资源配置效率的影响，发现地方官员变更引起的政策变化会增大城市商业银行投向地方国有经济部门的贷款比率，且地区财政压力会强化二者之间的正相关关系。周亚拿等（2022）发现，地方环境保护能促进城商行环境贷款的投放，但这一效应仅存在于政府干预程度更高的银行中。陶然等（2022）分析了银行信贷的非国有企业歧视问题，发现上市的非国有企业遭遇信贷歧视的证据并不明显，而未上市公司中国有企业则在银行信贷上享有更大的优势。陈勇兵等（2022）基于工商注册企业的数据显示，城市商业银行的设立显著增加了地区新企业成立的数量。陈长石等（2022）也发现，无论是本地城市商业银行还是跨区经营城市商业银行，均有助于科技企业进入，但两者的作用机制存在差异：本地城市商业银行通过提升信贷可得性与地方政府扶持配套促进科技企业进入，跨区经营城市商业银行通过金融市场竞争促进科技企业进入。周达勇和董必荣（2022）发现银行信贷在企业创新方面有较强的风险规避特征，对中小企业开发性创新投入表现出明显的促进效应，而对探索性创新投入表现出明显的抑制效应。相应地，叶永卫等（2022）则发现国有银行贷款显著提高了企业的风险承担水平，且相对于商业性国有银行贷款，政策性国有银行贷款的作用效果更强。盛斌与王浩（2022）发现，银行分支机构扩张经由"银行竞争"和"银企距离"的传导路径显著提升了企业出口国内附加值率。顾海峰与卞雨晨（2022）分析了银行竞争对于出口企业风险承担的影响，发现跨境资本流动引发的信贷扩张效应加剧了银行业竞争，从而抑制了出口企业的风险承担。

在银行体系的发展当中，银行对于"三农"领域的支持和农村金融机构的绩效是当前的一个焦点。亓浩等（2022）借助2013年放松贷款利率下限管制事件，探讨贷款利率市场化对农村金融机构回归本源的影响，发现放松贷款利率下限管制显著促进了农村金融机构对农户和中小企业的金融支持。宋科和刘家琳等（2022）对村镇银行、小额贷款公司和农村资金互助社等三类新型金融机构的农村金融服务绩效进行了比较，发现村镇银行支农支小的经营理念对农村居民金融服务可得性的提升作用要明显高于小额贷款公司。花弘毅和李曜（2022）发现，新型农村金融机构不仅在改善农村地区融资环境方面比传统农村金融机构表现得要好，而且通过网点扩张对农村居民的贷款可得性的提升作用更强。张珩等（2022）发现，农信社改制促进了县域经济发展，但先改为农合行再改为农商行的改革路径和县域金融市场的结构性竞争会弱化这一促进作用。邰栋玺和赵家悦（2022）实证检验了银行业结构对城乡收入差距的影响，并认为要素禀赋结构在两者的关系中发挥着关键作用：当要素禀赋结构中资本禀赋较低时，以地方性中小银行为主的银行业结构对城乡收入差距主要表现为改善作用，而当资本禀赋较高时则主要表现为恶化作用。李川等（2022）基于全国85家区域性农商行2013—2018年的非平衡面板经营数据对其经营绩效进行了综合评价，结果显示，区域性农商行经营绩效在近些年呈现下降趋势，其中对负债来源结构与成本、资产投放效率、结构和效益、收益结构以及区域因素中的区域金融竞争和宏观因素都有着显著影响，并且经济发展水平较低区域的农商行更易受到区域和宏观因素的影响。

**（二）银行风险及其防范**

银行的风险承担是金融风险领域的一个传统主题。曹文成等（2022）发现，流动性创造会增加商业银行风险承担，通过面板门槛模型发现，流动性创造存在阈值，超过阈值后（流动性过度）会加剧商业银行风险。郭桂霞和张尧（2022）构建包含证券化资产池和分层资产支持证券层面数据的微观数据集，实证研究了商业银行发起信贷资产证券化过程中风险自留以及风险自留监管要求对银行信用风险承担的影响，发现风险自留比例能够通过发信号效应向市场传递资产池质量信息，而风险自留比例的提升有助于抑制银行的信用风险承担行为。刘妍等（2022）考察了LPR机制改革对我国商业银行盈利能力和风险承担水平的影响，发现LPR机制改革可以通过竞争和信贷两个渠道提高商业银行风险承担水平，并且对于农村商业银行的影响较大。刘孟儒与沈若萌（2022）发现，商业银行容易将净结汇创造的流动性投放到较高风险的贷款，导致净结汇与银行风险承担水平之间存在正向关系，且对大型银行的影响更显著。

金融科技、绿色信贷、普惠金融等业务也会显著影响银行的风险承担。吕之安等（2022）发现，与互联网平台等第三方合作存款业务显著提高了银行风险承担水平，表现为加权风险资产的扩张及高风险行业信贷资产配置的提升。郭晔和马玥（2022）发现普惠金融发展与商业银行风险承担之间不存在显著关系，但城商行发展普惠金融提升了其自身的风险承担，MPA纳入普惠金融指标则通过成本渠道降低了银行风险承担。王宏涛等（2022）发现，商业银行积极开展绿色信贷业务会显著降低其风险承担水平，并且这一效应在规模较大、资本充足率较高、市场实力较强、业务经营范围较广的银行中更为显著，其机制包括提升商业银行盈利水平、改变商业银行盈利结构的"盈利"渠道，以及通过提高总体违约风险和资产风险承担能力的"风险"渠道。值得注意的是，潘敏等（2022）分析了极端气候对商业银行风险承担的影响，发现极端强降水气候显著提升了银行风险承担，而极端高温和极端低温气候对银行风险承担不存在明显影响。

在商业银行的系统性风险方面，赵静等（2022）的研究显示，2013年以后，总债券投资不仅增加了银行个体风险，且扩大了对银行系统性风险的影响，同时政府债券投资也会增加银行个体风险和银行系统性风险，金融类债券会增加银行系统性风险。刘澜飚等（2022）发现我国金融体系长期存在一些非官方的增信机制，如隐性担保等，有助于提高非标准资产的流动性，但同时也会削弱非标准业务的风险分担功能，使其成为监管套利工具，且容易导致银行承担过度的风险，加剧影子银行体系的脆弱性。荆中博等（2022）研究显示，跨境资本大幅扩张或收缩分别显著提高了银行系统性风险承担和实现水平，且跨境负债波动的溢出效应要大于跨境资产。吴文洋等（2022）发现金融创新对银行系统性风险的影响具有先减后增的关系，两者的关系取决于金融创新资产与其他风险资产间的相对规模，异质性分析表明小规模银行的系统性风险对金融创新更敏感，可接受的金融创新范围也更小。王道平等（2022）发现银行金融科技水平提升通过增加银行风险承担倾向，加大与其他银行负债端联系显著增加其系统性风险，而宏观审慎政策能够削弱金融科技对银行系统性风险的溢出效应。

在金融政策与银行系统性风险的关系以及银行危机救治方面，张琳等（2022）认为政策连续性增强会同时降低银行个体风险及个体与系统关联度，作用机制分别为降低银行被动风险承担水平和降低银行间接关联程度。段月姣等（2022）提出过多的银行流动性与系统性银行危机存在正相关关系，这种影响往往通过资产或表外渠道产生，且当缺乏流动性时同样会引发系统性银行危机，在促发展、防风险的有机统一过程中需适当有效的流动性创造机制。

在银行危机动态与处置上，基于金融机构网络的系统性风险分析是近年来的一个热点。方意与荆中博（2022）将降价抛售传染机制和破产传染机制同时纳入银行网络模型中，分析了不同力度冲击下的风险生成机理，发现银行体系间接关联性越强、银行杠杆偏度越低以及杠杆水平越高，银行业系统性风险越大。王磊等（2022）从多层网络与媒体情绪的交叉视角构建内生性多层银行间流动性网络，并基于此对银行危机救助策略进行了仿真研究，认为在多层银行间流动性网络中，可通过综合调节媒体情绪与救助策略因素实现快速抑制银行间流动性风险传染的效果。

## 三 多层次资本市场建设

"健全资本市场功能，提高直接融资比重"是我国金融体系改革的一个重要方向，在党的二十大报告中也再次得到了强调。在此背景下，国内学者就多层次资本市场建设进行了大量研究，积极探讨如何更好地发挥金融的微观治理、宏观治理、风险管理功能，在稳经济、防风险、促改革上有所作为，服务于中国经济的高质量发展。

**（一）健全资本市场功能**

资本市场具有市场定价、信息传递、资源分配、激发企业家精神、鼓励创新创业等诸多功能，但受制于中国资本市场的起步晚，很多制度建设还不够完善，与成熟的资本市场相比，还存在很多需要改进之处。伴随着科创板的推出，中国在资本市场制度改革上进行了很多尝试，学者也基于此开展了多维度的研究，讨论如何健全资本市场功能，服务于经济高质量发展。

科创板当中学者最为热衷讨论的是注册制相关的话题。科创板是中国试点注册制的第一步，张晓燕和张子健（2022）发现科创板在发行上市阶段和后续交易阶段的市场定价更加准确、定价效率更高，有助于加大上市公司在后续的研发投入，提升企业的长期增长潜力和盈利能力。这一发现支撑了中国股票市场注册制改革的成效。在具体机制上，从科创板问询函的视角讨论上市公司的信息披露水平的结果发现，问询函回复的质量能够减少发行人、承销商、投资者和监管部门的信息不对称问题，从而降低IPO发行抑价（薛爽、王禹，2022）。同时，科创板的推出也改善了其他市场的定价效率，表现为壳价值的下降，以及炒新、炒热点、炒概念的现象得到抑制（赖黎等，2022）。除了对其他证券交易市场的外溢效应，科创板注册制的推出也直接影响了实体经济，刘瑞琳和李丹（2022）发现科创板公司的信息披露会加大本公司和本公司所处行业的研发投入，鼓励企业家创新创业。

科创板在试点注册制的同时，在交易制度上也进行了诸多尝试。首先是放松了涨跌幅限制，从主板市场的10%扩展到20%。张瑞祺和张兵（2022）将组合期权引入涨跌幅限制的分析之中，认为涨跌幅限制实际上是为股票收益附加了组合期权，导致价格偏离无法消除，形成了价格发现延迟。实证分析也证明了涨跌幅限制导致的价格发现延迟现象，尤其是在牛市和连续涨停的情况下，价格发现延迟现象更加明显。刘磊等（2023）给出了类似的结论，他们认为放松涨跌幅限制能够抑制投资者的投机炒作行为，表现为连续涨跌停次数更少，实际换手率更低，有效提升了市场定价效率。另一个为学者关注的点是跟投制度。科创板允许承销商跟投，张岩和吴芳（2021）发现承销商跟投的比例越高，证券发行价格越低。当然，承销商为了补偿跟投的风险，也会倾向于提高上市公司的费率。但是承销商更加了解上市公司，跟投比例高是一个积极信号，这些股票上市后的市场绩效普遍更优。从市场定价的角度，承销商跟投能够降低证券发行过程中的定价偏误，降低IPO抑价（曹奥臣、张铁刚，2022）。

债券市场虽然没有推出科创板这样的重大变革，但也在不断进行制度改进，提升了债券市场的深度和流动性，提高了定价效率和服务实体经济的能力。其中首先是对信用评级机构的要求更高，高昊宇等（2022）针对违约债券的信用评级机构，就其后续评级发行的信用债研究发现，"踩雷"的信用评级机构所评级发行的新券在债券市场上需要支付更多的风险溢价补偿，信用评级机构的声誉机制在债券市场中开始发挥作用。杨国超和刘琪（2022）则是基于债券信用利差的视角，发现信用评级机构调高评级会显著降低债券信用利差，从而支撑了中国信用评级市场的有效性。当然，他们也指出，债券市场的"刚性兑付"和评级机构的付费竞争模式会严重影响我国债券信用评级市场的有效性，中国债券市场的制度破局需要重点关注。另一个重要的话题是债权人保护。与银行贷款不同，债券发行常常没有明确说明抵押物，而是隐含地以企业的剩余资产或未来现金流作为抵押，这种合约的执行难度很大，需要相应的法律和制度配合。王永钦和薛笑阳（2022）采用破产法庭设立的自然实验验证了法律制度对于债券市场长期健康发展的重要作用，表现为破产法庭的设立能够提升抵押品的可获得性、降低抵押品价值的不确定性、增强债权人对企业的控制权，从而降低了企业债券的二级市场交易利差。最后是债券市场的投资者结构问题。"债券通"实施之后，境外债券投资者投资中国债券市场的渠道更加通畅，王彦慧和傅仁辉（2022）发现这一开放尤其会降低评级低、规模小、发行期限长的发行人的债务融资成本。李佳林等（2023）发现社保基金持股能够降低公司债券发行定价，其重要机制是内部控制质量。

党的二十大报告明确提出"健全资本市场功能"，何德旭提出积极规范发展多层次资本市场，需要深化金融体制改革和改善金融市场结构（高培勇等，2022）。资本市场中的股权融资更适合为实体经济中的技术创新提供资金支持，但这种资源配置方式需要一定的金融基础设施作为支撑，例如征信机制、监管法规、会计审计制度等，保护好各个市场参与主体合法权益，形成激励相容。同时，金融市场结构的改善保障了定价的效率，降低了投机行为、防范了金融风险，主动吸引稳定的长期投资者持续投资中国市场，积极引导投资者关注核心技术、绿色创新、大国重器等重要部门，以及中国的新经济产业，将资金配置到最符合中国长远发展的关键领域。吴晓求等（2022）认为中国资本市场的发展需要探索不同于传统意义上市场主导和银行主导金融体系的第三种模式，即服务于中国经济战略的市场与银行"双峰"主导型金融体系架构下的资本市场发展新模式，重点是透明度建设。现有的研究，无论是标准化的财报信息披露、公告信息披露，还是非标准化的股吧数据、微博数据，都支持良好的信息披露规范能够降低信息不对称，提升资本市场的市场定价和资源配置效率（李子健等，2022）。

**（二）完善中国特色现代企业制度**

中国特色现代企业制度的建立和完善必须坚持党的领导，因而如何使党的领导与公司制度互补相容是一个核心问题。现有研究已经从多个方面证明，党参与公司治理能够促使公司更好地贯彻落实党中央决策部署，服务于国家战略和区域经济发展，例如支持脱贫攻坚和乡村振兴（修宗峰等，2022）、改善环境绩效（庄明明等，2022）等。与此同时，坚持党的领导对于企业经济绩效也有积极影响。从目前的研究来看，党组织参与公司治理将党中央的重大决策精神更好地落实到企业决策之中，例如防范和化解经济金融风险，从而传递出企业更加稳健经营的信号，降低了企业债券的信用风险（佟岩等，2021）。谢获宝和张瑜（2023）发现党组织参与公司治理能够抑制企业的风险承担，进而提高了会计稳健性；王梦凯等（2022）提出党组织参与公司治理能够抑制企业违规披露信息；乔嗣佳等（2022）发现党组织参与治理通过抑制企业金融化的"投机动机"和"盈余管理动机"，显著降低了国有企业金融化程度，都是基于这个维度的分析。还有学者从企业长期经营绩效、企业创新的视角进行讨论，发现国有股东能够促进企业技术创新（唐大鹏等，2023），但相较而言这部分的研究比较稀缺。

中国特色现代企业制度的建立和完善，亟须发挥公司治理的作用，尤其是建立具有中国特色的公司制度和规范。现有研究指出，公司股东的关联程度越高，越有可能便利相关股东从事掏空行为（陈海强等，2023）；因而，公司股东更加多样化，可以代表不同的利益相关者发出声音，还可以嫁接不同的资源，更有利于企业的发展。同理，相关背景的股东和高管也能在防范风险、抑制腐败、促进创新上发挥重要作用（张浩等，2022）。除了背景的多元化，制度的设计和激励也是非常重要的公司治理问题。郑志刚和李邈等（2022）提出有限合伙协议框架能够帮助上市公司的管理团队和核心技术人员分担风险，从而可以促使他们更加专注于公司经营、技术创新和长期市场竞争力的培养。黄泽悦等（2022）研究年度股东大会出席人数的数据，发现中小股东参与人数越多，越有利于抑制大股东掏空，应更积极地发挥中小投资者的治理作用。王曙光和王彬（2022）认为独立董事制度应该与中国国情相融合，具体表现为独立董事的背景与实际职责定位相匹配，明确问责型和战略顾问型独立董事，使其各司其职，更好地发挥独立董事的作用。

相较于内部治理制度的建立，外部治理的作用是学者更加关注的话题。传统的外部治理机制，如机构投资者、分析师和媒体，依然是学者热议的话题。王垒等（2022）发现机构投资者抱团后会与大股东合谋，通过操纵管理层业绩预告和委派董事为大股东掏空提供便利。汝毅等（2022）基于对公司实地调研活动的研究发现，公司公布好消息的时候，调研媒体的报道的信息含量更高，但是公布坏消息的时候其与其他媒体并没有显著差别。随着社交媒体的兴起，股吧、微博等成为监督公司的重要渠道。支晓强等（2022）以中国的投资者关系互动平台作为研究对象，发现上市公司的管理层通过社交媒体与公众进行沟通，有助于修复公司违规后对投资者信任造成的破坏。另外，还有一些学者讨论监管措施的治理作用。滕飞等（2022）考察了证监会随机抽查制度的治理作用，发现其能够提升上市公司的信息披露质量，促使公司进行内部控制缺陷整改，降低再次实施违规行为的概率。

国有企业改革无疑是中国特色现代企业制度建设中的关键一环。杨瑞龙（2022）建议引入以年薪制、奖金和股票期权计划为主要内容的最优报酬机制，试行员工持股机制，在坚持党的领导的基础上完善公司治理结构、优化激励机制。国有企业具有一定的社会属性，承担了很多公共部门的职责。谢德仁等（2023）认为国有企业应该进行"瘦身健体"改革，剥离国有控股公司的战略性政策负担，使其聚焦主业经营、降低组织臃肿程度和减少过度投资，进而提高国有企业的经营效率。辛宇等（2022）认为国有企业的经营投资问责制度，在设计的时候不仅应该重视事后惩罚，更重要的是产生事前威慑效应。他们通过对高管违规的分析，证实了经营投资问责制对于高管违规行为的抑制作用。

### （三）企业的风险定价和管理

两大变局下国际宏观经济政策环境的不确定性，以及"碳达峰、碳中和"目标的提出，都对企业的经营和管理产生了重大影响，企业的经营目标和预算约束因此发生了重大变化。在此背景下，企业不仅要从战略上进行转型，也需要在风险管理上积极作为。在金融学研究领域，近两年学者对相关风险的定价、评估和管理进行了多样化研究，服务于国家的宏观经济政策制定和企业的风险应对与管理。

近些年来，最受关注的就是新冠疫情下所产生的一系列衍生风险的定价和管理。首先是供应链断裂风险。新夫等（2023）研究上市公司的供应商和客户数据发现，新冠疫情显著影响了供应链的稳定性，对于那些供应链稳定性高的企业产生的影响更大。曾嶒和唐松（2023）提出，面对新冠疫情等负面冲击，国有企业的"压舱石"和"顶梁柱"功能集中体现，企业的供应链上如果有国有企业，则其经营活动净现金流更高，体现出国有企业对于供应链上下游企业的帮扶作用。这种企业面临的供应链中断危机，不仅体现在企业本身，也在影响着中国产业的发展和竞争力。国内方面，张鹏杨和唐宜红（2022）发现新冠疫情冲击下的产业链断裂会影响省际交流，降低它们之间的经济联动性，拖累彼此的经济增长。国际方面，张晓晶等（2022）提出疫情冲击导致的全球产业链、供应链加深了"逆全球化"和贸易保护主义的影响，中国经济需要"稳字当头、稳中求进"。具体来看，张志明等（2022）利用投入产出的详细数据测算发现，中国产业链的稳定度受新冠疫情的影响较大，无论是供给端美国和欧洲出口的中间品受限，还是需求端全球的需求减少，其中以计算机、电子及光学制品业、机动车辆、化学及化学制品等受到的冲击更为严重。其次是疫情冲击对企业所产生的差异化影响。文磊和李宏兵（2022）发现，疫情暴发和疫情防控政策在短期会对当地经济产生不利影响，导致当地上市公司的股价波动上升。疫情防控是否有效会体现在股价波动之中，如果防控政策有效阻断了疫情的传播，就可以缓解投资者的恐慌，降低当地股票的波动水平。当然，疫情对公司价值的影响也具有异质性，郭照蕊等（2022）发现有政府背景大客户的上市公司，在疫情防控期间有更高的累计超额收益率。新冠疫情下，企业的生存受到冲击，史丹和李少林（2022）发现中国的上市公司有很强的韧性，一般在疫情影响的2—3个季度后就可以恢复到正常水平，但交通运输业、仓储和邮政业、住宿和餐饮业的影响冲击较大。

企业的风险定价和管理的另一个研究重点，是环境气候风险的评估和定价。杜剑和张杰（2023）发现气候变化的不确定性会影响企业的风险承担水平。潘敏等（2022）发现极端气候会显著提升银行的风险承担。杨斯童和李守伟（2023）发现气候风险会影响保险需求，对中国的保险公司产生影响。从中可见，无论是普通企业还是银行、保险等金融机构，未来都会暴露在气候风险之中，如何应对和防范气候风险的影响成为重要的议题。对于企业而言，一方面，气候风险会从宏观经济、产业竞争、供应链稳定等各个方面直接冲击企业，提升企业的风险承担水平（杜剑、张杰，2023）；另一方面，气候风险也会通过影响金融系统、居民行为等微观主体间接传导至企业维度（汪顺等，2023）。破题之解不仅需要企业重视评估气候风险的影响，也需要加强气候风险的披露，调动全社会之力帮助企业管理气候风险。例如，机构投资者持股能够刺激企业更加规范地披露气候转型风险，帮助企业评估和管理气候风险的影响（杜剑等，2023）。相较于气候风险，环境风险的评估和定价已经发展得较为完备，学者更多关注一些宏观经济政策对于企业碳排放的影响。例如，胡珺等（2023）讨论了中国碳排放权交易机制的影响，发现其显著提升了控排企业的全要素生产率，但是这种市场机制还未产生溢出效应，说明机制还有待进一步的改进和完善。沙文兵和彭徐彬（2023）讨论了低碳城市试点的影响，发现后者可以通过技术创新、资源配置优化提升产品质量，助力低碳转型。

## 四　保险与社会发展

在现代金融体系中，保险不仅是风险管理的基本工具，也是资金融通的重要手段。疫情冲击、全球气候变化、人口结构超预期的快速转变等因素极大地提升了人们对于保险经济与社会功能的理解和期待，也催生了大量的相关学术研究。

### （一）人口结构变化与养老保险可持续性

随着我国经济与社会的发展，居民预期寿命不断延长，而相应的，近年来我国人口出生率呈现较快的下降趋势，因而加剧了人们对于养老保险可持续性的担忧。在其中，由于人口实际寿命延长高于预期寿命而导致的财务风险，也即长寿风险，是养老保险领域的一个经典主题，近年来也不断有学者对于国内的长寿风险进行量化评估。例如，胡仕强和鲍亚楠（2022）比较了不同模型和数据组合下年金的定价、统计特征、风险度量和偿付能力资本要求。类似的，一些研究对于不同人口结构与退休制度情境下的养老基金可持续性进行了估算（石晨曦，2022；郑涛、张兆庆，2023）。

面对长寿风险和人口结构变化可能带来的资金缺口，国内学者也对养老保障制度的改革进行了探讨，这当中 2022 年 1 月启动的城镇职工基本养老保险全国统筹是一个焦点。李春根和赵阳（2022）基于省级面板数据分析了基本养老保险基金中央调剂制度下各省份城镇职工基本养老保险基金当期结余和人均当期结余等级，发现东部地区为调剂"输出"地区，东北地区为最大调剂"输入"地区。王晓军等（2022）基于年龄和收入的微观模拟数据对城镇职工基本养老保险全国统筹在不同人群和区域之间的再分配效应进行了研究，发现养老保险全国统筹加大了再分配力度，终身视角下预期寿命更长的省份仍是制度的受益者。显然，利益分配的差异以及中央与地方政府在养老保险上的财政责任划分可能会带来地方政府在保费收支上的道德风险（郭金龙、郑辉，2022），如吴万宗等（2022）估算发现，全国统筹调剂制度会显著降低征缴率，导致城镇职工养老保险累计财政负担加重。类似地，曾益和姚金（2022）基于地方政府保费征缴行为变化分析了基本养老保险全国统筹的财政效应，呼吁国家出台激励机制来规范地方政府保费征缴行为，并尽快制定延迟退休年龄方案。

在城镇职工基本养老保险全国统筹的具体实施方案上，朱小玉和施文凯（2022）提出，"十四五"时期应从中央调剂制度过渡到以收支平衡为目标的中央差额缴拨制度，在此基础上逐步将基本养老保险推进到全国统筹的高级阶段。郑秉文（2022）指出，目前的制度只是全国统筹的初级阶段，但实现统收统支意义上的全国统筹将是一个长期的"动态过程"，并就这一过程中需要加以处理的各种机制与因素进行了探讨。范堃等（2022）则通过建立养老金待遇水平的数理模型，设计能满足推进统筹制度转轨成本最小的养老金计发方案。

在对养老保险制度进行探讨的同时，学者们也致力于分析基本养老保险基金等社保基金使用效率的优化及其经济与社会绩效。如祁玉良（2022）指出，目前中国养老保险基金的财政支出水平尚未达最优规模，在人口老龄化快速发展阶段，政府可以适度加大对养老保险基金的财政补贴力度。方意和邵稚权（2022）分析了全国社保基金的股票投资配置策略及其对于股市波动风险的影响。常丽和武小楠（2022）分析了社保基金投资对企业创新的影响。

**（二）基本医疗保险与健康保险**

疫情冲击凸显了健康保险的重要性，也使得基本医疗保险基金的可持续性问题获得了更多关注。例如，褚福灵与司絮（2022）以新冠疫情为背景，考察了不同参数情境下城镇职工基本医疗保险基金的收支情况，并考虑了相应的基金余额风险预警机制。朱铭来与申宇鹏（2022）则在更为一般的情况下讨论了"十四五"期间不同大病保险保障方案下城乡居民医保基金的收支及结余。

基本医疗保险不仅直接影响居民健康和幸福感（褚雷、邢占军，2022；贾洪波，2022；刘念、张兆强，2022），而且关系经济与社会发展，尤其是对于贫困人口抵御疾病风险冲击发挥着关键性的作用（张瑜等，2022；黄薇，2022）。因此，诸多学者对基本医疗保险制度的改革与完善进行了多维度的探讨。李珍（2022）分析了当前基本医疗保险参保机制存在的问题，提出实行强制参保、属地各参其保、职工家庭联保、退休人员缴费参保和居民医保费率制等。单飞跃和祝沁磊（2022）讨论了基本医疗保险制度的法治保障问题。赖毅等（2022）和李锐等（2022）分别考察了新农合与城居保合并和职工医保省级统筹等两项重要制度改革对于医疗费用的影响。王震（2022）则讨论了职工医保基金的区域差异及相应的公平性问题。

在快速老龄化与疫情冲击背景下，健康保险方面的一个研究热点是长期护理保险。长期护理保险对于提高老年人福利、维护社会稳定具有重要的意义减轻舒展和韩昱（2022）基于长期护理保险制度试点地区数据的研究发现，长期护理保险制度能够减轻失能老人的代际经济支持负担，提高失能老人获得的照料时间和精神慰藉。不过与养老保险基金类似，长期护理保险的可持续性是人们普遍关心的问题。汤薇等（2022）运用长期精算平衡模型分别测算了2020—2050年城镇职工和城乡居民长期护理保险的人均筹资额，并评估了不同制度下的长期护理保险筹资模式及筹资主体的缴费负担，建议尽快实现城镇职工长期护理保险的独立筹资机制以增强医保基金的可持续性。戴卫东等（2022）比较了2016年和2020年两批长期护理保险试点地区的制度及绩效差异，发现试点政策的保障对象、筹资支付、服务供给以及监督管理四大体系都呈现出各自的特征和问题，并基于此提出了"十四五"期间长期护理保险制度发展的路径。另外，长期护理保险制度的设计与实施还必须要考虑到与社会和文化环境的兼容性问题。如宋学红等（2022）考察了不同维度的社会资本对于农村长期互助护理保险参与意愿的影响，发现"社会网络""社会规范""社会参与"的观测值越大，农村居民越倾向于参与长期互助护理保险；而"社会信任"维度因子越大，越倾向于不参与长期互助护理保险。

### （三）保险的其他经济与金融功能及其需求

在养老与医疗领域之外，保险还有着广泛的应用，其中首要的是风险管理功能。以应对疫情冲击为例，刘纯霞等（2022）的理论分析表明，疫情营业中断险能有效转移企业中断风险，其效果主要取决于中断惩罚系数、政府补贴模式及保费率三大关键影响因素。王稳等（2022）基于中国对"一带一路"共建国家的直接投资数据进行的实证研究显示，出口信用保险作为高阶的结构性融资工具，能够显著缓释企业对外直接投资面临的国家风险。郝芳静和谢远涛（2022）基于A股上市公司的研究发现，"险资举牌"能够有效降低市场的风险，原因可能是保险公司具备较高的信息管理和风险管理能力。

保险对于实体经济的另一个重要作用在于其公司治理功能。李摇琴（2022）以国家知识产权局2012年试点的专利执行保险为准自然事件，考察了专利执行保险实施对客户企业供应商创新的影响，发现客户企业所在地区实施专利执行保险后，其供应商专利数量显著增加，且这一促进效应在供应商与客户企业存在竞争关系时更显著。薛爽和王浩宇（2022）发现，会计师事务所职业责任保险支出越高，客户的股价崩盘风险越低。不过另一方面，赖黎和玄宇豪等（2022）考察了险资入市对企业创新活动的影响，发现险资持股带来了过度监督效应，抑制了企业创新。胡国柳和常启国（2022）的研究也显示，董责险加剧了企业内部控制缺陷的产生。

为了更为充分地发挥保险的各项经济与金融功能，相关的制度建设必不可少。马洪和王致民（2022）讨论了环境污染责任保险的法律建构。王国军和马倩（2022）讨论了中国通用航空保险制度的构建路径。蒋和平等（2022）分析了当前农业保险发展遇到的五大问题——创新有效激励不足、产品设计不合理、缺乏大型灾害风险分散和防范机制、理赔程序复杂、专业人才匮乏——并提出了"十四五"时期我国农业保险发展的思路。易福金等（2022）则以政策性玉米保险为例，分析了现有的农业保险保费补贴方式与需求之间的错位。

学者们还对保险需求的影响因素进行了分析。周烁等（2022）在考虑商业保险"保障"和"投资"双重属性的前提下，发现乐观预期对家庭商业保险购买具有积极影响，不过这一效应主要体现在对投资型商业保险的需求，对保障型商业保险购买则不显著。吴玉锋等（2022）考察了大众传媒和社会互动两种信息渠道对商业养老保险购买的积极作用。类似地，尹志超和田文涛等（2022）发现移动支付不仅显著提高家庭商业保险参与可能性，而且显著增加了家庭商业保险参与程度。与此相关的是，卓志和张晓涵（2022）以中国保险监管部门开通首个保险消费者投诉热线作为外生政策变量的实证研究表明，保险消费者投诉热线的开通显著降低了消费者权益保护水平更差的保险公司业绩，并且佣金激励水平越高，这一效应越显著。

## 五 系统性风险防范与金融监管

党的二十大报告指出，加强和完善现代金融监管，强化金融稳定保障体系，依法将各类金融活动全部纳入监管，守住不发生系统性风险底线。为了贯彻落实这一要求，国内学者在系统性风险的失败、测度、防范以及金融监管制度改革等方面做了大量研究。

**（一）系统性风险及其识别**

2018年1月，原中国银监会出台了《商业银行股权管理暂行办法》，提出了持有或控制商业银行5%以上股份或表决权的股东定义为主要股东，目的在于规范金融机构对商业银行持股行为。赵静和郭晔（2022）以此为背景进行实证研究，发现当持股比例在5%以下时，随着金融产品持有商业银行股权比例的提高，银行系统性风险呈下降趋势；但当持股比例超过5%时，则由于具有战略投资性质而干预银行经营造成系统性风险上升。郭晨等（2022）揭示了银行多种内部关联导致的系统性风险多渠道形成机制，包括资产减值抛售、债务违约及流动性挤兑，其主要的传染形式为资不抵债与流动性枯竭。异质性分析发现国有商业银行与股份银行风险形式较城商行、农商行更加复杂，脆弱性与风险贡献更加突出。张晓明和赵玥（2022）认为市场竞争的加剧会增加商业银行系统性风险，在发达经济体，商业银行更容易受到市场竞争的影响从而产生更高水平的系统性风险。方意和荆中博（2022）发现中国银行业风险呈阶段性特征，2008—2011年风险较高且呈上升态势，2012—2017年风险较大但水平波动。风险生成机制在整体上具有银行间关联程度高、杠杆水平高的特点，而破产传染机制和杠杆降价抛售溢出机制是银行系统性风险核心的传染机制。张成思和贾翔夫等（2022）发现金融化程度的提高会对宏观杠杆率产生正向冲击，对微观杠杆率产生负向冲击，但在2008年后冲击快速减弱。宋鹭等（2022）认为以信托为代表的影子银行受短期监管政策影响明显，且具有顺周期特点，即经济上行周期时过度扩张，积累系统性风险。张宗新和陈莹（2022）发现系统性金融风险升级的重要推动因素为金融市场的异常波动和共振。金融机构、股票市场和外汇市场是系统性金融风险重要的传播渠道，不同部门间风险溢出强度与方向存在非对称性，股票市场估值因子、投资者情绪和经济政策不确定性对系统性金融风险水平的驱动作用呈倒U形。李政等

（2022）的研究显示，极端状态下金融、房地产、能源和医疗保健四个行业的方向性风险溢出水平显著提升，在极端上升和下降状态下，金融行业对医疗保健行业的定向风险溢出水平提升幅度最大。

在系统性风险的网络分析方面，张伟平和曹廷求（2022）认为房地产企业之间存在系统性风险联动性和溢出效应；跨房地产企业之间的系统性风险溢出具有明显的聚类特征，在市场动荡时期，房地产行业会放大金融风险溢出效应。因此，降低网络聚集性、网络效率和网络匹配性可以显著降低房地产市场的系统性风险溢出效应。梁琪和常姝雅（2022）认为全球股票市场系统性风险具有顺周期性特点，其在高、低波动状态下的风险传染有一定的结构稳定性，即同一区域、同一组织内的股市之间的高低波动溢出水平更高。欧美发达经济体股市是主要的风险输出方，新兴市场股市则往往作为输入方。

在系统性风险的预警方面，李运达和张玉婷（2022）发现杠杆率/储蓄率指标可以很好地揭示实体部门的偿债现金流压力对债务人履行偿债义务的保障作用，且这一指标在银行主导型金融体系和发展中国家中预警银行业危机的敏感性更高。王晓婷等（2022）编制了2008—2020年我国31个省（自治区、直辖市）政府部门、金融部门、非金融企业部门和家庭部门的宏观账面资产负债表、宏观可流动资产负债表和宏观或有权益资产负债表，计算分析四部门省级层面金融稳定水平，发现金融部门对经济增长的贡献最大，家庭部门对经济增长的贡献最小，政府和企业部门的金融稳定是经济增长的动力，而金融部门的金融稳定则是经济增长的保障。龚金国等（2022）发现，相较于单个银行的预期损失，Vine Copula SCCA 半参数模型更敏锐地捕捉到了包商银行两次延期披露年报公告所预示的潜在风险暴露危机，是更合理有效的系统性风险测度模型。

**（二）债券违约风险**

针对地方政府债务的研究，近期文献主要关注地方债借新还旧的新动向，也探讨了其对地方政府财政风险、实体经济挤出、地方政府风险承担及经济波动等的影响，而动态随机一般均衡模型（DSGE）是比较常用的理论分析框架。

郁芸君等（2022）认为地方债借新还旧的原因是债务压力大，造血能力弱，地方政府缺乏自主举债权及特殊的官员绩效考核制度的深层制度。而且融资平台与地方政府关系越密切，流动性越紧张，对借新还旧依赖度越高。邱志刚等（2022）发现债务置换获取的流动性越高，其融资成本越低，担保能力弱的政府其发行利差会降低，助长中央政府救助的"隐形担保"，同时形成"替代效应"，即减少借新还旧或补充流动性债券发行规模。饶品贵等（2022）发现地方政府债务扩张会产生挤出效应，加剧企业杠杆操纵程度，从而加大企业未来债务违约风险。吴文锋和胡悦（2022）认为地方金融资源越丰富，投资者的隐性担保预期越强，债务发行信用利差也越低，同时地方金融机构的不稳定会降低投资者对地方金融资源的预期，进而降低隐性担保溢价。

地方政府债务扩张是否会加剧金融风险，还是会引发新形式风险？李双建和田国强（2022）发现地方政府与银行间关联关系越紧密，地方政府对银行的扭曲激励越大，则银行风险承担水平提升越多。张甜和曹廷求（2022）指出，地方政府财政风险上升，会提升所在地区城商行中长期贷款及影子银行业务水平，同业业务水平也表现出正相关关系，流动性风险相应加大，使地方财政风险向金融风险转化。陈选娟等（2022）发现经济政策不确定性与债券信用利差存在显著的正相关关系，债券信用利差可以分解为违约利差与流动性利差，经济政策不确定性的增加会导致二者显著上升。

在地方债对宏观经济影响方面也出现了新理念与新视角。高然等（2022）使用 DSGE 模型研究发现，房地产价格上涨导致地方政府有动机抵押土地扩张债务而非出让土地，供给减少进一步刺激房价上涨。地方债使房地产价格与公共投资之间形成正反馈机制，同时挤出私人投资，形成独特的金融加速器。使用类似的方法，熊琛等（2022）认为地方政府隐性债务风险确实存在外溢效应，银行间市场为风险传导的重要渠道，补充银行间市场流动性或银行资本有助于风险外溢的缓解。

2016 年银行间市场交易商协会首次提出交叉违约这一创新制度安排，杨国超和蒋安璇（2022）认为债券交叉违约制度的设立显著加大了债券的违约风险。这一提升效应在违约预期高、短期偿债压力大、发行债券未设置"事前"类限制性契约条款的企业主体中更显著，而且会放大企业违约风险，增加系统性金融风险。曾海舰等（2022）发现信贷扩张增加了国有企业违约风险，作用渠道为信贷资源非市场、银行竞争程度、投资效率及非实体投资等。

**（三）金融监管新进展**

巴塞尔协议Ⅲ加入了流动性监管，在其对银行流动性影响的理论分析上，魏旭和周伊敏（2022）发现监管会提升商业银行利润，原因可能在于内生流动性资产价格导致的正外部性，同时流动性监管还能降低系统性风险、提升社会福利，在经济繁荣期效果更显著。庄毓敏和张祎（2022）提出流动性监管显著抑制了商业银行的风险承担行为，如在宽松货币环境下的激进风险承担，其对货币政策的银行风险承担渠道的抑制作用在不同对象与环境下存在显著差异。

在中国，影子银行与银行流动性创造关联性极强。项后军和周雄（2022）从影子银行及其监管政策对银行流动性囤积水平的视角分析发现，影子银行的发展会抑制商业银行的流动性囤积行为，从而在一定程度上缓解了实体经济的融资压力；同时严监管政策一般压降影子银行规模，加剧了银行流动性囤积水平的上升。胡春阳和马亚明（2022）检验金融强监管对金融机构与实体经济间溢出效应的影响，发现银行部门在金融网络中重要性最大，内溢程度从高到低依次为银行部门、保险部门及实体部门。李青原等（2022）以资管新规的出台为自然实验，发现 2017 年以来的强金融监管抑制了企业"脱实向虚"的倾向，金融化程度较高的企业在资管新规后非金融领域投资显著增加，但不同类型企业及地区间存在差异。

## 六　金融科技与经济治理

作为服务实体经济尤其是实施普惠金融的新工具，金融科技的发展方兴未艾。疫情防控期间，人们更看到了金融科技在克服地理距离与空间阻隔、便利交易进行方面的巨大潜力。在 2022 年，学术界在继续研究金融数字化转型、数字普惠金融等传统主题的同时，也在探索数据治理、法定数字货币等新领域，并且对金融科技可能存在的问题和风险有了较为深刻的认识，积极探讨适应时代需求的新型监管模式。

## （一）金融科技与数据治理

随着金融科技的广泛应用，金融活动已经成为数字经济的重要组成部分，金融与经济数据作为生产要素的作用更加凸显。2022 年，关于数据要素运用与数据治理的研究也因此成为一大热点。在这些文献中，有一些是从理论上探索纳入数据要素的经济活动的新特征。如杨俊等（2022）以大数据作为生产要素拓展了内生增长理论；蔡继明等（2022）和李标等（2022）则从规范分析的视角出发，基于马克思主义政治经济学为数据要素参与收入分配寻找理论依据。另一些文献对于数据要素的最优配置方式进行了探讨。如谢丹夏等（2022）的理论分析发现，数据要素的不同配置方式可以影响信贷市场的竞争或垄断，并具有显著的福利效应和分配效应；侯泽敏和綦勇（2022）分析了消费者数据共享引致的质量创新和一级价格歧视之间的相互作用，提出了网络零售平台的最优数据共享策略及数据共享对社会福利的影响，并指出收益共享契约一定程度上可以削弱双重加价，实现纵向结构协调。还有一些文献则致力于数据要素的价值测度。如许宪春等（2022）基于国民经济核算研究范式提出描述数据生产过程的"数据价值链"，并探索了数据资产价值的测度方法和基础统计资料来源；胡亚茹与许宪春（2022）讨论了企业数据资产价值的统计测度问题，并提出适用于"数据增强型"和"数据使能型"两大类数据货币化策略的数据资产价值测度方法。

不同于传统生产要素，数据要素一方面在使用上不具有竞争性，另一方面则关系到个人隐私等伦理问题，因此其流动与运用需要特别的治理体系。金骋路和陈荣达（2022）认为传统的资产资本定价模型无法适用于探究数据要素的"价值—价格"关系，数据要素金融化具有必然性，需根据数据要素特点建立独特的风险管理及其监管体系、注意市场主体的异质性行为因素、防范过度金融投机行为和数据要素价格扭曲现象。林洹民（2022）指出，由于个人数据交易具有动态性与非排他性，数据交易不能被界定为数据买卖，数据处理也不能被简单地理解为数据合同的履行行为，这使得数据交易具备双重法律结构，合同规则与个人信息保护规则可以在例外情况下穿透双重结构，协力实现数据流动与个人信息保护之间的动态平衡。龚强和班铭媛等（2022）认为，鼓励在"可用不可见"的安全交易环境下进行数据使用权交易，是打破数据交易市场发展瓶颈的关键，而隐私计算技术能够提供可行的解决方案。刘乃梁和吕豪杰（2022）对金融科技数据垄断的成因与治理进行了探讨。张会平和顾勤（2022）分析了政府数据共享、开放和授权运营面临的问题，提出通过协同确立政府数据权属为政府数据流动提供制度保障。黄丽华等（2022）提出构建包括登记依据、登记机构、登记载体的全国统一的数据资产登记体系。郑伟等（2022）分析了数据国际贸易形成的动因与主要障碍，从产业发展、规则建立、数据监管、平台建设、法律保障等方面提出了对策建议。

法律保障是数据治理体系的一个关键，对此也有不少文献进行了讨论。郑丁灏（2022）分析了金融数据协同治理的法治路径，提出应从优化组织架构入手，铺设政府部门内部及其与外部社会主体之间的协同治理路径，为各治理节点匹配相互均衡的权责体系。曾雄（2022）基于国际相关立法与执法实践，提出了将个人信息保护纳入反垄断的两条途径。蔡丽楠（2022）讨论了数据信托的法律基础问题，认为数据信托制度的建构必须基于数据收集阶段和数据流通阶段的具体区分，数据流通阶段是数据信托发生的主要场景；可以采取修改法律以及出台司法解释等方式更新传统信托理论，使之更加契合数据时代对数据权利保护的根本目的。

## （二）支付系统与法定数字货币的发展

现代支付系统，尤其是移动支付，对于缓解疫情对交易的冲击、增强经济韧性、推动经济复苏发挥了巨大的作用。一些传统的纾困政策也由于现代支付系统的支持而获得了更好的效果，如汪勇等（2022）发现，依托第三方数字支付平台发行的数字消费券显著提高了餐饮（零售）商户营业额、交易量，且这种影响具有一定持续性。国内学者在继续检验移动支付等现代支付方式对于经济与社会生活影响（董婧璇等，2022；尹志超等，2022）的同时，也对支付系统的基本理论进行了深入研究。如傅联英和骆品亮（2022）以美国运通支付平台引入四方模式为案例，考察了不同支付合作模式对于交易效率的影响。类似地，房林与李美萱（2022）基于双边市场理论构建了三方平台互联互通的竞争模型，探讨平台不同开放程度的市场效应，并以中国条码支付市场为例对理论结论进行了检验。

根据2022年最新调查，全球90%的央行已经开展了数字货币的研发，多边央行数字货币项目也相继试点。国内学者们对法定数字货币的研究更加深入，持续关注法定数字货币的法律属性或地位（李晶，2022；李帅、屈茂辉，2022），法定数字货币与商业银行体系之间的关系（程炼，2022），全球央行数字货币最新进展及其经济影响（姬强等，2022；米晋宏、王乙成，2022；赵恒、周延，2022），特别是数字美元的原型系统及其影响（包宏，2022；姚前，2022）。在研究方法上，学者们从定性研究逐步深入到定量和实证研究。赵恒和周延（2022）构建了一个考虑央行数字货币的五部门DSGE模型，发现家庭部门兑换CBDC的方式、货币派生存款机制及央行货币政策都能影响一国货币结构，而CBDC替代存款的比例则通过融资利率波动影响经济增长。王鹏等（2022）认为国内央行数字货币发展有可能导致存款增加，也有可能导致"金融脱媒"。

法定数字货币的法律性质及其相关的监管制度完善，一直是国内学者关注的重点。李晶（2022）从法律视角讨论了法定数字货币的物权属性、债权属性、综合性财产属性及其面临的理论困局，指出现有关于法定货币的法律法规对数字货币的考虑还不尽完善。扩展至国际层面，数字货币涉及技术风险、流动性风险等，需要制定数字货币的国际监管协定、数字货币国际监管机构组织法、交易平台的国际行业协会、国际纠纷仲裁组织法等（李帅、屈茂辉，2022）。

## （三）金融科技相关风险及其治理

随着金融科技的广泛应用，相应的风险及其防范和处置也在学术界引起了越来越多的关注。在宏观层面上，有大量研究分析了金融科技对于系统性风险的影响。尽管郭晔等（2022）发现布局金融科技可以降低银行信贷风险，但金融科技在系统性风险上的作用并不都是正面的。如王道平等（2022）的实证分析显示，银行金融科技水平提升会增加银行风险承担倾向、加深银行间关联程度，进而放大系统性金融风险。王义中等（2022）的理论分析与数值模拟显示，金融科技平台的垄断定价会挤出商业银行利润，使得商业银行杠杆率提高，抗风险能力降低。类似地，Chen等（2022）认为金融科技平台的兴起和大型银行的数字化转型压缩了小型非银行贷款机构的客户空间，导致后者优质客户流失、风险上升。周晔和丁鑫（2022）发现，数字金融虽然有助于缓解本地区金融风险，但会通过跨区溢出增加周边区域的金融风险。喻微锋和郑建峡（2022）也发现互联网金融的发展弱化了货币政策对银行风险的调控机制，因而可能增加系统性风险隐患。

在微观层面上，研究集中于金融科技对于家庭与个人风险的影响。张丽平与任师攀指出了消费信贷领域金融科技运用带来的风险与监管挑战。王海军与杨虎（2022）基于 CFPS 微观数据样本的研究显示，数字金融可导致信贷市场出现过度授信和过度借贷，加大家庭负债的脆弱性和不稳定性。雷晓燕等（2022）研究了互联网与数字普惠金融对于老年人诈骗风险的影响，发现同时存在正反两方面的效应。

针对金融科技发展和应用所带来风险，如何加以应对成为一个迫切问题。龚强和马洁等（2022）对于我国金融科技发展各时期的风险特征以及相应的监管政策变化做了细致的分析，并对照国际经验给出了政策建议。在金融科技相关风险中，互联网平台的垄断是一个焦点，并持续催生了不少研究（金善明，2022；李三希等，2022；蔡祖国、李世杰，2022），而肖红军等（2022）则从更为复杂的场域视角对于平台经济的监管进行了分析。总体上，学者们越来越倾向于认为，与传统金融监管相比，金融科技监管具有自身的特点，需要寻找新的概念框架和工具（张扬，2022）；其中，监管科技的发展与运用被认为是极具希望的方向（程雪军、尹振涛，2022）。胡滨（2022）从监管者和被监管者之间隐性契约的视角出发，基于剩余控制权的概念为金融科技监管提供了一个理论框架，并由此对于监管沙盒等监管科技的作用进行了分析，这也使得金融科技监管具有了更为广泛的经济学含义。

## 七　国际金融环境与金融安全

在金融部门不断扩大对外开放的背景下，中国金融与全球金融体系越来越密不可分，中国学者也因此对于国际金融环境保持着密切的关注。在 2022 年，美联储的紧缩性货币政策对于全球经济运行产生了巨大影响，也在不同层面构成了对于中国金融体系的冲击；而随着乌克兰危机的激化和西方对于俄罗斯金融制裁的升级，全球金融霸权带来的金融安全问题也引起了中国学者的高度关切。

### （一）美联储货币政策的外溢效应

2020 年至今，美联储货币政策经历了从扩张到紧缩的大起大落，作为全球最大的经济体，其货币政策深刻影响着全球经济金融变化。近期文献探讨了美联储货币政策变化对中国经济长短期的不同影响，也分析其对企业融资成本、通胀、跨境资本流动等具体指标影响效应及影响路径。

在美联储货币政策对中国宏观经济的影响方面，随着美联储 2022 年的多次加息操作，中美利差在 2022 年逐渐走阔。黄禹喆等（2022）构建 MS-VAR 模型对中国实体经济与资本市场带来的冲击进行定量测度，结果表明美联储加息将在短期内引起中国宏观经济供给与需求波动，对产出造成短期的负向影响，但长期影响为正。朱荃等（2022）则认为美国货币政策不确定性对中国经济在时间上存在异质性，短期内，透过人民币升值、进出口下降及金融市场波动等因素，无论是紧缩或扩张，对中国经济均存在负向溢出效应，但 Taper 阶段的不确定性对贸易、经济增长、金融市场负向溢出效应最大。长期来看，由于资本流入，其对中国经济能带来一定的正向溢出效应。

在美联储货币政策对中国金融市场的影响方面，随着境外投资者更多地参与境内债券市场，美联储货币政策的溢出效应越来越强。陈雷等（2022）发现，完全扩张型美国货币政策冲击显著提高了不同期限的中国长期债券利率；完全紧缩型则与之相反，冲击的影响在第一天达到峰值，之后迅速下降。吴雄剑和孙立行（2022）指出，联邦基金利率每上升25个基点，中资美元债发行利差平均上升约5.8个基点，存在显著正向影响，但不同类型企业存在异质性，如房地产企业债券较非房地产企业债券高2.8%。赵宣凯等（2022）发现美联储紧缩货币冲击会显著影响中国企业融资成本：相对于1单位紧缩性货币政策冲击，企业短期融资利率升高10个基点，长期融资利率则升高23个基点。邰金怡和吴涛（2022）的研究显示，发达经济体货币政策变化主要通过利率、汇率等的潮汐效应对我国跨境资本流动产生溢出效应。

## （二）国际金融制裁与金融安全

2022年乌克兰危机激化，西方国家对俄罗斯的金融制裁也骤然升级，中国学者对相关情况进行了跟踪研究。李巍和穆睿彤（2022）介绍了西方国家对于俄罗斯进行金融、贸易制裁的具体情况及俄罗斯的反制措施，并对其可能的全球政治经济后果进行了分析。熊启跃与赵雪情（2022）更为详细地讨论了欧美对俄罗斯制裁的逻辑和对于后者经济金融体系的冲击，并对全球政治经济格局的未来走势作了展望。李仁真和关蕴珈（2022）则聚焦于美欧利用SWIFT对俄罗斯进行的制裁，分析了这一举措可能对国际货币体系产生的影响。

进一步地，学者也对欧美发动金融制裁的经济基础、依据和路径进行了分析。陶士贵（2022）回顾了美国对外金融制裁的历史，分析了其本质和特征。陈华和李鹏飞（2022）梳理了美国进行金融制裁的基础，对美国未来可能的金融制裁路径进行了推演。中国现代国际关系研究院课题组（2022）着重分析了美国经济制裁中次级制裁的运用及其国际应对。周宇（2022）基于"全球金融公共品武器化"的概念，分析了西方国家将金融制裁作为打压地缘政治对手主要政策工具所依托的条件。彭阳（2022）则从法理的视角剖析了国际经济治理中国家安全泛化现象，指出这一现象既是新自由主义调整与主权国家"回归"的表现，也是相对权力理论运用的结果。

面对复杂的国际政治经济环境，学者们对于中国的金融安全环境和可能面临的主要威胁做了大量研究。在中美金融摩擦中，中概股是一个重要的因素。熊启跃等（2022）就美国强化中概股监管的背景、措施和影响进行了分析，进而提出了应对的政策建议。郑志刚和金天等（2022）则对于中概股的历史源流和金融功能做了系统介绍，讨论了中美证券监管当局围绕审计底稿监管合作协议的主要分歧，进而提出中概股防范和化解退市危机的可能应对之策。沈伟和陈睿毅（2022）从反制裁的视角分析了中美金融的"钩"和"再挂钩"，分别讨论了短期和长期的应对策略。张发林等（2020）则基于国际金融权力的视角，从金融联系和目标范围两个维度将金融制裁的手段分为关系性、结构性、制度性和观念性四类，并运用这一框架分析了中国所面临的金融制裁风险，将相应的应对策略划分为权宜性、反制性、免疫性和结构性措施。在更为宏观的层面上，李建伟（2022）就总体国家安全观视域下金融安全法律体系的构建进行了讨论。

## 八　金融市场进一步对外开放

持续推进高水平对外开放是中国深化改革开放的重要方向，也是中国学者在国际金融领域探索的具有中国特色的金融发展之路的关键维度。新时代中国的高水平对外开放有其独有的特色之处，"一带一路"倡议是其中浓墨重彩的一笔。张辉等（2023）指出"一带一路"倡议能够通过降低各国的生产成本和增加各国的产品需求，通过贸易合作促进了各国的贸易出口。王碧珺和宋子威（2023）认为，"一带一路"倡议提出之后中国海外子公司的资产收益率（ROA）有所降低的原因是，部分企业盲目追逐政策红利。吴育辉等（2023）考察了"一带一路"倡议对公司跨区域并购决策的影响，发现"一带一路"倡议实施带来的比较优势增强了重点省份公司作为并购目标方的吸引力，通过提高重点省份公司的融资能力和对外直接投资水平，当地具有这些比较优势的公司被其他省份公司并购的可能性显著增强，并且并购后公司的融资和"走出去"能力显著提升。张相伟和龙小宁（2022）探讨了"一带一路"倡议下的境外经贸合作区，认为境外经贸合作区的建立显著促进了中国对东道国的直接投资，并且这种促进作用具有异质性，更利于市场寻求型和资源利用型对外直接投资的增长。对于商业银行等金融机构，"一带一路"产业也有显著的影响，马威等（2022）发现"一带一路"倡议能够影响商业银行的利息收入、中间业务收入、营业收入，进而增加商业银行的经营收益，通过影响董事会规模、外资股占比、资本充足率而降低商业银行的风险水平。同时，"一带一路"倡议可以显著增加共建国家人民币跨境交易的金额和笔数，推动人民币国际化（宋科等，2022）。

学者们关于中国高水平对外开放的研究中，也非常重视环境、社会和治理等多维度的考察。张成岗和王明玉（2022）评估了"一带一路"共建国家的环境风险和治理政策，发现资源依赖程度、环境友好水平、生态可持续性、受众脆弱程度和能源利用效度是环境风险的影响因素。不同国家的环境风险类型具有差异性，在环境治理中需要分类型制定环境治理策略，增强经济投资和政策的针对性。谢红军和吕雪（2022）提出企业ESG优势可以促进企业的国际直接投资。具体来看，ESG优势不仅能从内部降低企业跨境投资的资本成本（主要是债务成本），缓解融资约束，而且在面临不同的东道国ESG时，可以灵活利用社会和治理方面的优势、克服环境因素引起的外来者劣势，进而提升企业的OFDI活动。

中国在推进高水平对外开放的过程中，必不可少的是对开放涉及相关风险的管理和防范。在宏观上，国际资本流动会对一个国家的经济金融系统产生系统性风险。张礼卿和张宇阳等（2023）发现净资本流入对银行信贷和住房价格具有显著推升作用，资本管制、弹性汇率制度和宏观审慎政策等可以抑制资本流动引起的系统性风险，特别是对于新兴市场经济体更为有效。基于中国的经验证据，陆磊等（2022）构建包含境内企业和金融机构跨境融资的两国DSGE模型，发现国外加息、国外产出下降以及不确定性上升皆会带来我国实体经济活动的显著减少，跨境融资宏观审慎管理政策能缓冲外部不利冲击对我国实体经济的溢出效应。

人民币国际化是最近非常热点的话题，张礼卿和陈卫东等（2023）指出，人民币国际化能否行稳致远，取决于中国能否保持持续稳定的经济增长，能否提供具有高度流动性、产品足够丰富的金融市场，能否加快和扩大资本账户开放，以及能否提供透明和健全的金融监管制度、良好的产权保护制度和友善的营商环境等。张冲等（2023）探讨了政治因素对于货币国际化的作用，发现政治稳定性不仅直接影响国际货币发行国和使用国对该货币的支持程度，还通过货币信心渠道、金融市场发展渠道和资本流动渠道影响货币国际化水平。张策等（2023）发现，人民币国际化能够显著降低中国企业的汇率风险，主要体现为对非美元货币的汇率风险，对美元汇率风险的暴露程度则会随着人民币国际化推进而提升。在美元依然处于国际货币体系核心位置时，人民币国际化可以通过非大宗商品计价和对冲工具供给帮助企业缓解其面临的汇率风险，但依然要对美元汇率波动给予高度重视。宋科、朱斯迪等（2022）利用人民币全球跨境支付的真实交易数据研究了双边货币互换对人民币国际化的影响，发现双边货币互换可以通过提供人民币流动性、提升外界对人民币的信心以及增强人民币网络外部性等渠道推动人民币国际化。

两大变局下企业的国际化风险是近些年来新兴的研究讨论。企业的国际化战略是长期投资并且风险较高，需要企业深思熟虑、慎重决策，并有相应的资源进行辅助。郝晨等（2022）认为风险投资的参与对企业国际化的深度和广度都有积极的提升作用。万源星等（2023）认为股票市场开放有助于外国投资者更加熟知中国的企业，促进企业的研发活动国际化，辅助企业走出国门。当然，国际化的利与弊并存，更好地推进国际化需要管理国际化过程中面对的各种风险。首先是汇率风险，不仅受企业所处行业的影响，还与计价货币选择、国际市场竞争力、宏观环境等因素紧密相关（张策等，2022）。其次是国别风险，如汪炜等（2022）集中考察了"一带一路"共建国家的直接投资的国别风险。最后是国际化代表的长期投资的现金流风险。国际化需要稳定和持续的现金流支撑，因而减少融资约束，拓展不同的资金来源，有助于消除资金上的后顾之忧，提升企业国际化水平（谷浩然等，2023）。

## 九 总结与展望

回溯2022年中国金融学的研究，可以看到学者们在当前一系列金融与经济发展重要主题上的广泛研究，显示"把论文写在大地上"的观念已经深入人心。就金融学研究而言，不仅党和国家关心的每个问题都能在学术界迅速得到体现，而且学者们也在主动探索经济发展的学术需求，这使得金融学的"致用之学"属性更为凸显。除了治学理念的进步之外，这一新局面的出现也是由于中国金融学在方法和技术上走向成熟，从而得以使用规范的学术框架来有效分析现实问题。

在中国金融学蓬勃发展的同时，也有一些问题需要我们加以关注。例如，虽然在金融科技、绿色金融等新兴领域每年都有大量文献涌现，然而能够让人眼前一亮的成果并不多，大量论文只是在既有研究框架内替换不同的被解释变量。尽管这些研究的价值不可否认，但是这种主题与方法上的路径依赖无疑会束缚研究的深入与创新。与此同时，在许多重要金融主题上研究的系统性与深度不足，高质量的成果不多。一些学者热衷于追逐热点，抢新主题上研究的"第一棒"，却没有自己长期深耕的学术领域，这自然会影响研究的质量，而学术期刊之间的同质化竞争与"引用率焦虑"更加剧了这一现象。值得重视的是，由于绩效考核压力和对于"关注现实问题"这一导向的片面理解，在一些青年学者和研究生中出现了重实证而轻理论的倾向，这不仅直接影响了实证研究的理论深度和严谨性，还可能构成我国金融学长期发展的潜在隐忧。

以上种种问题的解决，除了制度与观念上的矫正之外，还有赖于中国金融学体系的发展。

目前，中国金融学之"中国"特色更多体现在学者身份与研究主题上，在方法上并不突出。在西方，关于主流金融学研究脱离现实的抱怨一直不断。在中国，更加关注实际问题，尤其是关系国计民生的重要问题，是金融学研究与现实结合的重要一步，但要在这个方向上取得更大的成果，还需要与研究主题和制度背景更为相符的研究范式，这也是我们对于中国金融学未来发展的期待。

**参考文献**

包宏，2022，《美联储发行央行数字货币的基本概况、政策挑战以及对数字人民币的启示》，《经济学家》第 6 期。

蔡继明、刘媛、高宏、陈臣，2022，《数据要素参与价值创造的途径——基于广义价值论的一般均衡分析》，《管理世界》第 7 期。

蔡丽楠，2022，《数据信托参与数据治理：理论逻辑与实现机制》，《金融评论》第 1 期。

蔡祖国、李世杰，2022，《互联网平台"二选一"策略性行为的垄断机理研究》，《世界经济》第 12 期。

曹奥臣、张铁刚，2022，《券商跟投意愿、询价制调整与 IPO 定价偏误——来自中国科创板市场的经验证据》，《中央财经大学学报》第 12 期。

曹文成、王宏涛、王一鸣、刘莹，2022，《流动性创造与商业银行风险承担——来自中国的经验证据》，《金融发展研究》第 11 期。

常丽、武小楠，2022，《社保基金投资、战略型社会责任与企业创新》，《财经问题研究》第 7 期。

陈海强、陈阳、丁逸非、宋沐青，2023，《股东网络"太关联"是否加剧崩盘风险？——基于 A 股市场的经验证据》，《经济学（季刊）》第 3 期。

陈华、李鹏飞，2022，《美国对他国金融制裁的基础、路径以及对中国的启示》，《国际贸易》第 9 期。

陈雷、张哲、陈平，2022，《美国货币政策公告对中国国债收益率曲线的溢出效应》，《国际金融研究》第 3 期。

陈亮，2022，《自然利率与货币政策选择——兼论中国自然利率水平与政策选择》，《武汉金融》第 4 期。

陈选娟、杨刚、贾志敏，2022，《经济政策不确定性、展期风险与债券利差》，《国际金融研究》第 9 期。

陈勇兵、陈永安、王贝贝，2022，《金融如何支持创业：基于城市商业银行设立的自然实验》，《世界经济》第 12 期。

陈长石、姜廷廷、刘晨晖，2022，《中小银行如何影响科技企业进入——来自城市商业银行设立与跨区比较的经验证据》，《财贸经济》第 9 期。

陈中飞、刘思琦、李珂欣，2022，《宏观审慎政策减少了资本异常流动吗？——基于跨国经验分析》，《国际金融研究》第 1 期。

程炼，2022，《主权数字货币与全球货币体系的未来》，《社会科学战线》第 12 期。

程雪军、尹振涛，2022，《监管科技的发展挑战与中国选择：基于金融科技监管视角》，

《经济体制改革》第1期。

褚福灵、司絮，2022，《突发疫情与城镇职工基本医疗保险基金支付风险预警——基于COVID-19干预下的情景分析》，《经济社会体制比较》第2期。

褚雷、邢占军，2022，《基本医疗保险对居民幸福感的影响——基于可行能力理论的分析框架》，《南京社会科学》第2期。

戴卫东、汪倩格、朱儒城、林雯洁，2022，《长期护理保险试点政策的特征、问题与路径优化——基于两批29个国家试点城市政策的比较分析》，《中国软科学》第10期。

邓伟、欧阳志刚、杨国超、肖赛，2022，《中国借贷便利工具有效性研究——来自银行信贷投放的证据》，《经济学（季刊）》第6期。

董婧璇、臧旭恒、姚健，2022，《移动支付对居民家庭金融资产配置的影响》，《南开经济研究》第12期。

杜剑、滕丹妮、杨杨，2023，《机构投资者持股能刺激企业气候转型风险信息披露吗？——基于企业年报文本的实证分析》，《现代财经（天津财经大学学报）》第6期。

杜剑、张杰，2023，《气候变化对企业风险承担能力与金融化关系的影响研究——来自A股非金融类上市公司的证据》，《贵州师范大学学报（社会科学版）》第1期。

段月姣、李欣明、刘澜飚、康润琦，2022，《流动性创造、监管与系统性银行危机》，《南开经济研究》第12期。

范从来、张宏亮，2022，《货币供应量作为货币政策中介目标的有效性研究》，《金融论坛》第3期。

范堃、谭昕玥、钱林义、王伟，2022，《职工基本养老保险全国统筹待遇计发方案的优化研究》，《华东师范大学学报（哲学社会科学版）》第3期。

方意、荆中博，2022，《外部冲击下系统性金融风险的生成机制》，《管理世界》第5期。

方意、邵稚权，2022，《全国社保基金的股票投资对我国股市波动风险影响研究》，《当代经济科学》第4期。

方意、张瀚文、荆中博，2022，《"双支柱"框架下中国式宏观审慎政策有效性评估》，《经济学（季刊）》第5期。

房林、李美萱，2022，《数字经济下平台不同开放程度的竞争效应分析——以条码支付平台为例》，《软科学》第3期。

傅联英、骆品亮，2022，《众人拾柴火焰高？支付平台引入四方模式对绩效的异质影响》，《金融评论》第5期。

高昊宇、欧阳伊玲、李妮，2022，《评级机构信用风险关联对债券发行定价的影响》，《世界经济》第12期。

高培勇、李扬、蔡昉、何德旭、张晓晶、胡滨，2022，《深化经济与金融改革 推进中国式现代化——学习贯彻党的二十大精神专家笔谈》，《金融评论》第6期。

高然、祝梓翔、陈忱，2022，《地方债与中国经济波动：金融加速器机制的分析》，《经济研究》第6期。

高崧耀、崔百胜，2022，《零利率下限约束下中国混合型货币政策规则宏观调控效应研究》，《国际金融研究》第7期。

邰栋玺、赵家悦，2022，《银行业结构如何影响城乡收入差距》，《财贸经济》第 10 期。

龚金国、罗焱、龚晓岑、史代敏，2022，《包商银行事件对我国上市银行系统性风险的影响——基于 Vine Copula SCCA 半参数模型》，《统计研究》第 7 期。

龚强、班铭媛、刘冲，2022，《数据交易之悖论与突破：不完全契约视角》，《经济研究》第 7 期。

龚强、马洁、班铭媛，2022，《中国金融科技发展的风险与监管启示》，《国际经济评论》第 6 期。

谷浩然、杨胜刚、成程、李倩雯，2023，《供应链溢出视角下供应链金融对企业国际化的影响研究》，《国际金融研究》第 3 期。

顾海峰、卞雨晨，2022，《跨境资本流动、银行竞争与出口企业风险承担》，《国际金融研究》第 11 期。

郭晨、吴君民、宋清华，2022，《银行系统性风险多渠道形成机制及测度研究》，《系统工程理论与实践》第 5 期。

郭桂霞、张尧，2022，《风险自留能抑制信用风险承担吗？——基于中国商业银行信贷资产证券化数据的实证研究》，《国际金融研究》第 12 期。

郭金龙、郑辉，2022，《推进企业职工基本养老保险全国统筹》，《中国金融》第 18 期。

郭晔、马玥，2022，《宏观审慎评估体系下的普惠金融与银行风险承担》，《国际金融研究》第 6 期。

郭晔、未钟琴、方颖，2022，《金融科技布局、银行信贷风险与经营绩效——来自商业银行与科技企业战略合作的证据》，《金融研究》第 10 期。

郭长林、顾艳伟、梁骁，2022，《宽松货币政策是否真的会推高宏观杠杆率》，《世界经济》第 11 期。

郭照蕊、黄俊、陈信元、张天舒，2022，《新冠疫情、政府背景大客户与公司价值》，《会计研究》第 9 期。

郝晨、张卫国、李梦雅，2022，《风险投资、国际化战略与企业创新绩效——基于中国创业板上市公司的研究》，《科研管理》第 4 期。

郝芳静、谢远涛，2022，《"险资举牌"的市场风险效应分析——基于 DID 模型的实验证据》，《金融论坛》第 7 期。

何国华、徐梦洁，2022，《宏观审慎政策调节跨境资本流动风险的有效性——基于银行稳定性视角》，《国际金融研究》第 8 期。

侯泽敏、綦勇，2022，《网络平台共享消费者数据的策略选择及福利分析——基于数据双重价值的视角》，《财经研究》第 1 期。

胡滨，2022，《金融科技、监管沙盒与体制创新：不完全契约视角》，《经济研究》第 6 期。

胡春阳、马亚明，2022，《金融强监管对金融机构与实体经济间极端风险双向溢出效应的影响》，《国际金融研究》第 9 期。

胡国柳、常启国，2022，《董事高管责任保险、党组织治理与企业内部控制缺陷》，《中国软科学》第 5 期。

胡珺、方祺、龙文滨，2023，《碳排放规制、企业减排激励与全要素生产率——基于中国碳排放权交易机制的自然实验》,《经济研究》第 4 期。

胡仕强、鲍亚楠,2022,《基于有限人口数据的死亡率预测与年金偿付能力评估》,《数理统计与管理》第 3 期。

胡亚茹、许宪春,2022,《企业数据资产价值的统计测度问题研究》,《统计研究》第 9 期。

花弘毅、李曜,2022,《农村金融机构、居民贷款可得性与城乡收入差距》,《金融研究》第 12 期。

黄丽华、郭梦珂、邵志清、秦璇、汤奇峰,2022,《关于构建全国统一的数据资产登记体系的思考》,《中国科学院院刊》第 10 期。

黄薇,2022,《大病保险助推共同富裕》,《中国金融》第 16 期。

黄禹喆、丁志国、张宇晴、金龙,2022,《美国货币政策转向对中国经济的冲击效应与政策应对》,《国际金融研究》第 11 期。

黄泽悦、罗进辉、李向昕,2022,《中小股东"人多势众"的治理效应——基于年度股东大会出席人数的考察》,《管理世界》第 4 期。

姬强、胡旻、马嫣然、张大永、郭琨,2022,《全球数字货币波动对中国金融资产的风险溢出效应研究》,《管理评论》第 2 期。

贾洪波,2022,《基本医疗保险制度变迁与国民获得感提升》,《社会科学辑刊》第 3 期。

蒋和平、蒋辉、詹琳,2022,《我国农业保险发展思路与策略选择:基于粮食安全保障视角》,《改革》第 11 期。

金骋路、陈荣达,2022,《数据要素价值化及其衍生的金融属性:形成逻辑与未来挑战》,《数量经济技术经济研究》第 7 期。

金善明,2022,《中国平台经济反垄断监管的挑战及其应对》,《国际经济评论》第 3 期。

荆中博、李雪萌、方意,2022,《跨境资本周期性波动对中国银行部门的风险溢出机制分析》,《世界经济》第 1 期。

赖黎、蓝春丹、秦明春,2022,《市场化改革提升了定价效率吗?——来自注册制的证据》,《管理世界》第 4 期。

赖黎、玄宇豪、巩亚林,2022,《险资入市促进了公司创新吗》,《财贸经济》第 2 期。

赖毅、李玲、陈秋霖,2022,《两保合一对医疗费用的影响:基于单一支付者制度的视角》,《管理世界》第 7 期。

雷晓燕、沈艳、杨玲,2022,《数字时代中国老年人被诈骗研究——互联网与数字普惠金融的作用》,《金融研究》第 8 期。

李标、孙琨、孙根紧,2022,《数据要素参与收入分配:理论分析、事实依据与实践路径》,《改革》第 3 期。

李川、荆中博、李昌萌、杨海珍,2022,《区域性农商行经营绩效影响因素研究》,《管理评论》第 11 期。

李春根、赵阳,2022,《基本养老保险基金中央调剂制度的空间效应分析》,《改革》第 9 期。

李佳林、陆嘉玮、潘俊,2023,《社保基金持股与公司债券发行定价》,《金融评论》第 2 期。

李建伟，2022，《总体国家安全观视域下金融安全法律规范体系的构建》，《法学》第 8 期。

李晶，2022，《论法定数字货币的法律性质及其监管》，《上海政法学院学报（法治论丛）》第 2 期。

李青原、陈世来、陈昊，2022，《金融强监管的实体经济效应——来自资管新规的经验证据》，《经济研究》第 1 期。

李仁真、关蕴珈，2022，《俄乌冲突下美欧利用 SWIFT 制裁俄罗斯的影响及其对中国的启示》，《国际贸易》第 9 期。

李锐、吴菁、杨华磊，2022，《职工医保省级统筹对医疗费用支出的影响——基于 CFPS 数据的研究》，《保险研究》第 6 期。

李三希、张明圣、陈煜，2022，《中国平台经济反垄断：进展与展望》，《改革》第 6 期。

李帅、屈茂辉，2022，《数字货币国际监管的法律秩序构建》，《法学评论》第 4 期。

李双建、田国强，2022，《地方政府债务扩张与银行风险承担：理论模拟与经验证据》，《经济研究》第 5 期。

李巍、穆睿彤，2022，《俄乌冲突下的西方对俄经济制裁》，《现代国际关系》第 4 期。

李摇琴，2022，《专利执行保险创新激励的供应链溢出效应》，《保险研究》第 8 期。

李运达、张玉婷，2022，《储蓄、偿债压力与金融稳定》，《经济学动态》第 10 期。

李珍，2022，《基本医疗保险参保机制改革的历史逻辑与实现路径》，《暨南学报（哲学社会科学版）》第 11 期。

李政、刘浩杰、袁晨曦，2022，《基于行业关联网络的中国系统性风险监控防范研究》，《国际金融研究》第 5 期。

李子健、李春涛、冯旭南，2022，《非财务信息披露与资本市场定价效率》，《财贸经济》第 9 期。

梁琪、常姝雅，2022，《全球股票市场系统性风险的预警与防范——基于高低波动风险溢出网络的分析》，《国际金融研究》第 9 期。

林洹民，2022，《个人数据交易的双重法律构造》，《法学研究》第 5 期。

刘冲、刘莉亚，2022，《财政金融政策的协同效应——基于小微贷款利息收入增值税减免的研究》，《中国社会科学》第 9 期。

刘冲、庞元晨、刘莉亚，2022，《结构性货币政策、金融监管与利率传导效率——来自中国债券市场的证据》，《经济研究》第 1 期。

刘纯霞、贺岳群、吴倩妮、汪寿阳，2022，《不同政府补贴模式下企业疫情营业中断险投保决策研究》，《系统工程理论与实践》第 11 期。

刘慧、张勇，2022，《货币政策不确定性的定义、测度及成因分析》，《经济学动态》第 6 期。

刘澜飚、李博韬、王博，2022，《非标资产、信用转换与影子银行风险》，《经济研究》第 5 期。

刘磊、赵阳、肖欣荣，2023，《放松股价管制能否提升市场定价效率？》，《国际金融研究》第 4 期。

刘孟儒、沈若萌，2022，《结售汇如何影响银行风险承担水平？——基于银行资产负债表的视角》,《金融研究》第 5 期。

刘乃梁、吕豪杰,2022,《金融科技数据垄断:源流、风险与治理》,《财经科学》第 3 期。

刘念、张兆强,2022,《健康和收入不确定性、时域性特征与基本医疗保险幸福感》,《宏观经济研究》第 3 期。

刘瑞琳、李丹,2022,《注册制改革会产生溢出效应吗?——基于企业投资行为的视角》,《金融研究》第 10 期。

刘妍、孙永志、宫长亮、曾刚,2022,《LPR 机制改革对商业银行盈利能力和风险承担的影响研究》,《国际金融研究》第 10 期。

刘瑶、张明,2022,《经常账户冲击、资本账户管理与中央银行货币政策操作》,《金融研究》第 12 期。

刘页、罗凯、刘宇航、袁金凌,2022,《结构性货币政策的激励相容机制有效吗?——基于地方法人银行行为选择视角》,《西南金融》第 4 期。

刘哲希、郭俊杰、谭涵予、陈彦斌,2022,《货币政策能够兼顾"稳增长"与"稳杠杆"双重目标吗?——基于不同杠杆环境的比较》,《金融研究》第 7 期。

陆磊、李力、冯业倩、尚昕昕,2022,《跨境融资宏观审慎管理与外部输入性风险防范》,《经济研究》第 10 期。

吕之安、郭雪寒、刘冲、刘莉亚,2022,《第三方合作存款与商业银行风险承担》,《金融研究》第 9 期。

马洪、王致民,2022,《环境污染责任保险法律定位及其体系构建》,《学术月刊》第 11 期。

马威、张人中、马理,2022,《"一带一路"倡议与商业银行收益和风险研究》,《金融论坛》第 10 期。

马勇、吕琳,2022,《货币、财政和宏观审慎政策的协调搭配研究》,《金融研究》第 1 期。

马勇、王莹曼,2022,《货币政策及其稳定性对银行风险承担的影响》,《金融评论》第 2 期。

马勇、姚驰,2022,《外生冲击下双支柱调控框架的稳定效应——理论建模及基于全球样本的实证检验》,《中国工业经济》第 12 期。

马勇、尹李峰、吕琳,2022,《货币政策、财政补贴与企业创新》,《会计研究》第 2 期。

米晋宏、王乙成,2022,《数字货币及其经济影响研究新进展》,《经济学动态》第 5 期。

潘敏、刘红艳、程子帅,2022,《极端气候对商业银行风险承担的影响——来自中国地方性商业银行的经验证据》,《金融研究》第 10 期。

彭阳,2022,《国际经济治理中的国家安全泛化:法理剖析与中国应对》,《国际法研究》第 5 期。

亓浩、吴本健、马九杰,2022,《贷款利率市场化与农村金融机构回归本源》,《世界经济》第 11 期。

祁玉良,2022,《基本养老保险基金财政支出优化与可持续性研究》,《宏观经济研究》第 5 期。

乔嗣佳、李扣庆、佟成生,2022,《党组织参与治理与国有企业金融化》,《金融研究》第

5 期。

邱志刚、王子悦、王卓，2022，《地方政府债务置换与新增隐性债务——基于城投债发行规模与定价的分析》，《中国工业经济》第 4 期。

饶品贵、汤晟、李晓溪，2022，《地方政府债务的挤出效应：基于企业杠杆操纵的证据》，《中国工业经济》第 1 期。

汝毅、冏昊婧、薛健，2022，《媒体记者与公司管理层沟通提高了新闻报道质量吗？——基于公司调研活动的实证研究》，《金融研究》第 2 期。

沙文兵、彭徐彬，2023，《低碳经济转型与企业出口产品质量：基于低碳城市试点的准自然实验》，《世界经济研究》第 4 期。

单飞跃、祝沁磊，2022，《基本医疗服务与基本医疗保险制度相协同的法治化路径》，《财经理论与实践》第 2 期。

沈伟、陈睿毅，2022，《中美金融"脱钩"和"再挂钩"的逻辑与应对——一个反制裁的视角》，《东南大学学报（哲学社会科学版）》第 3 期。

盛斌、王浩，2022，《银行分支机构扩张与企业出口国内附加值率——基于金融供给地理结构的视角》，《中国工业经济》第 2 期。

石晨曦，2022，《延迟退休、人口抚养比及养老保险基金可持续性》，《当代经济管理》第 6 期。

史丹、李少林，2022，《新冠肺炎疫情冲击下企业生存韧性研究——来自中国上市公司的证据》，《经济管理》第 1 期。

舒展、韩昱，2022，《长期护理保险对失能老人家庭代际支持的影响研究》，《人口与发展》第 4 期。

宋科、侯津柠、夏乐、朱斯迪，2022，《"一带一路"倡议与人民币国际化——来自人民币真实交易数据的经验证据》，《管理世界》第 9 期。

宋科、刘家琳、李宙甲，2022，《县域金融可得性与数字普惠金融——基于新型金融机构视角》，《财贸经济》第 4 期。

宋科、朱斯迪、夏乐，2002，《双边货币互换能够推动人民币国际化吗——兼论汇率市场化的影响》，《中国工业经济》第 7 期。

宋鹭、赵莹瑜、方意，2022，《影子银行、信托资金行业投向与系统性风险》，《国际金融研究》第 6 期。

宋学红、彭雪梅、崔微微，2022，《社会资本影响农村长期互助护理保险参与意愿吗——来自江苏淮安市调查数据的经验发现》，《财经科学》第 7 期。

邰金怡、吴涛，2022，《美联储货币政策变化对我国跨境资本流动的溢出影响》，《西南金融》第 5 期。

谭小芬、王欣康，2022，《负利率环境下的货币政策溢出效应——来自欧元区和 17 个新兴经济体的证据》，《中国软科学》第 12 期。

汤薇、虞幸然、粟芳，2022，《中国长期护理保险的筹资调整机制及缴费负担》，《保险研究》第 11 期。

唐大鹏、王凌、江琳，2023，《多个"国家队股东"与企业技术创新——基于准财政政策视角》,《财经问题研究》第1期。

陶然、石昕、刘峰,2022,《谁遭遇了"信贷歧视"?——基于中国资本市场特征的经验证据》,《管理评论》第11期。

陶士贵,2022,《美国对外金融制裁:历史、本质及反制裁措施》,《人民论坛》第14期。

滕飞、夏雪、辛宇,2022,《证监会随机抽查制度与上市公司规范运作》,《世界经济》第8期。

佟岩、李鑫、钟凯,2021,《党组织参与公司治理与债券信用风险防范》,《经济评论》第4期。

万源星、王怡舒、刘云,2023,《股票市场开放与企业研发国际化——来自沪深港通的证据》,《科研管理》第5期。

汪顺、周泽将、余璐,2023,《供应链气候风险与企业商业信用契约》,《系统工程理论与实践》第9期。

汪炜、乔桂明、胡骋来,2022,《"一带一路"沿线国家直接投资对中国经济的拉动效应——基于东道国国家风险视角》,《财经问题研究》第11期。

汪勇、尹振涛、邢剑炜,2022,《数字化工具对内循环堵点的疏通效应——基于消费券纾困商户的实证研究》,《经济学(季刊)》第1期。

王碧珺、宋子威,2023,《母国政府支持与企业对外直接投资绩效》,《国际经贸探索》第3期。

王博、高青青,2022,《央行沟通语义的金融市场响应》,《经济学动态》第3期。

王聪、张奥阳、纪旭,2022,《货币政策、银行集中度与信贷资源配置》,《金融监管研究》第10期。

王道平、刘杨婧卓、徐宇轩、刘琳琳,2022,《金融科技、宏观审慎监管与我国银行系统性风险》,《财贸经济》第4期。

王国军、马倩,2022,《构建中国通用航空保险制度的路径研究》,《北京航空航天大学学报(社会科学版)》第9期。

王海军、杨虎,2022,《数字金融渗透与中国家庭债务扩张——基于房贷和消费的传导机制》,《武汉大学学报(哲学社会科学版)》第1期。

王宏涛、曹文成、王一鸣,2022,《绿色金融政策与商业银行风险承担:机理、特征与实证研究》,《金融经济学研究》第4期。

王垒、沙一凡、康旺霖,2022,《同心协力抑或明争暗斗:机构投资者抱团与大股东掏空行为》,《金融评论》第6期。

王磊、李守伟、陈庭强、杨坤,2022,《银行间流动性风险传染救助策略研究:多层网络与媒体情绪的交叉视角》,《系统工程理论与实践》第3期。

王梦凯、刘一霖、李良伟、马德芳,2022,《党组织"双向进入、交叉任职"能抑制企业信息披露违规吗?》,《外国经济与管理》第12期。

王鹏、边文龙、纪洋,2022,《中国央行数字货币的微观需求与"金融脱媒"风险》,《经济学(季刊)》第6期。

王强、徐大争、王达,2022,《有效利率下界约束下非常规货币政策效果研究》,《国际金融研究》第 7 期。

王曙光、王彬，2022，《独立董事制度、公司治理与国有企业治理文化》，《社会科学战线》第 9 期。

王稳、陈字旺、张阳、闫帅、王保玲，2022，《企业海外投资风险、结构性融资与出口信用保险》，《保险研究》第 8 期。

王晓军、曾宇哲、郑晓彤，2022，《基于微观模拟的城镇职工基本养老保险全国统筹再分配效应研究》，《保险研究》第 10 期。

王晓婷、沈沛龙、杨静雯，2022，《中国金融稳定评估——基于 31 个省区市宏观资产负债表的分析》，《国际金融研究》第 11 期。

王彦慧、傅仁辉，2022，《债券市场开放能提高信息披露稳健性吗》，《会计研究》第 6 期。

王义中、林溪、孙睿，2022，《金融科技平台公司经济影响研究：风险与收益不对称视角》，《经济研究》第 6 期。

王永钦、薛笑阳，2022，《法治建设与金融高质量发展——来自中国债券市场的证据》，《经济研究》第 10 期。

王震，2022，《共同富裕背景下医疗保障的公平性：以职工医保为例》，《经济学动态》第 3 期。

魏旭、周伊敏，2022，《流动性监管、系统性风险与社会福利——一个理论分析框架》，《经济学（季刊）》第 5 期。

文磊、李宏兵，2022，《疫情防控与股价波动：来自中国上市公司的经验证据》，《管理评论》第 8 期。

吴迪、张楚然、侯成琪，2022，《住房价格、金融稳定与宏观审慎政策》，《金融研究》第 7 期。

吴万宗、邓智宇、曾益、张心洁，2022，《养老保险全国统筹的新阶段：全国统筹调剂制度能降低财政负担吗?》，《上海财经大学学报》第 6 期。

吴文锋、胡悦，2022，《财政金融协同视角下的地方政府债务治理——来自金融市场的证据》，《中国社会科学》第 8 期。

吴文洋、卢翠平、唐绅峰，2022，《金融创新与银行系统性风险：敏感性、异质性及可接受性》，《世界经济研究》第 7 期。

吴晓求、何青、方明浩，2022，《中国资本市场：第三种模式》，《财贸经济》第 5 期。

吴雄剑、孙立行，2022，《美联储货币政策、企业异质性与中资美元债发行定价》，《新金融》第 8 期。

吴玉锋、边佳利、聂建亮，2022，《大众传媒、社会互动与商业养老保险购买》，《中国经济问题》第 1 期。

吴育辉、刘晓玲、吴世农，2023，《"一带一路"倡议与企业跨区域并购》，《管理科学学报》第 1 期。

项后军、周雄，2022，《流动性囤积视角下的影子银行及其监管》，《经济研究》第 3 期。

肖红军、阳镇、商慧辰，2022，《平台监管的多重困境与范式转型》，《中国人民大学学报》第 4 期。

谢丹夏、魏文石、李尧、朱晓武，2022，《数据要素配置、信贷市场竞争与福利分析》，《中国工业经济》第 8 期。

谢德仁、史学智、刘劲松，2023，《国企瘦身健体改革的成效评估：基于企业造血功能的视角》，《南开管理评论》第 1 期。

谢红军、吕雪，2022，《负责任的国际投资：ESG 与中国 OFDI》，《经济研究》第 3 期。

辛宇、宋沛欣、徐莉萍、滕飞，2022，《经营投资问责与国有企业规范化运作——基于高管违规视角的经验证据》，《管理世界》第 12 期。

新夫、苗悦、杨鑫，2023，《供应链断裂的微观效应：基于新冠疫情冲击的经验证据》，《中央财经大学学报》第 5 期。

邢天才、李正阳、郭科，2022，《政策变化、财政压力与银行信贷资源配置效率——来自中国城市商业银行的研究证据》，《金融论坛》第 11 期。

邢毓静、蓝天，2022，《货币政策、宏观审慎与财政政策协调——基于零利率下限约束的视角》，《上海金融》第 2 期。

熊琛、周颖刚、金昊，2022，《地方政府隐性债务的区域间效应：银行网络关联视角》，《经济研究》第 7 期。

熊启跃、赵雪情，2022，《美欧对俄罗斯经济制裁的逻辑、影响及启示》，《俄罗斯研究》第 6 期。

熊启跃、赵雪情、邹子昂，2022，《美国强化中概股监管的影响效应研究》，《国际经济评论》第 5 期。

修宗峰、冯鹏蒴、殷敬伟，2022，《"党建入章"增强了企业对国家战略的响应力度吗？——基于我国 A 股企业参与乡村振兴的经验证据》，《外国经济与管理》第 12 期。

许宪春、张钟文、胡亚茹，2022，《数据资产统计与核算问题研究》，《管理世界》第 2 期。

薛爽、王浩宇，2022，《会计师事务所职业责任保险与股价崩盘风险》，《审计研究》第 3 期。

薛爽、王禹，2022，《科创板 IPO 审核问询回复函与首发抑价》，《管理世界》第 4 期。

杨国超、蒋安璇，2022，《债券投资者的"保护盾"还是债务违约的"多米诺"——对债券交叉违约制度的分析》，《中国工业经济》第 5 期。

杨国超、刘琪，2022，《中国债券市场信用评级制度有效性研究》，《经济研究》第 10 期。

杨俊、李小明、黄守军，2022，《大数据、技术进步与经济增长——大数据作为生产要素的一个内生增长理论》，《经济研究》第 4 期。

杨瑞龙，2022，《以国企分类改革理论构建中国经济学的微观分析基础》，《经济科学》第 4 期。

杨斯童、李守伟，2023，《气候风险对我国保险需求的影响研究》，《金融评论》第 2 期。

杨子晖、陈雨恬，2022，《财政金融统一框架下的金融风险测度与分析——基于非线性网络关联的方法》，《中国社会科学》第 11 期。

姚前，2022，《美联储数字货币原型系统简析》，《中国金融》第 9 期。

叶永卫、宋尚彬、甘小立，2022，《国有银行贷款如何影响企业风险承担——基于债务软约束视角》，《产业经济评论》第 6 期。

易福金、陆宇、王克，2022，《大灾小赔，小灾大赔：保费补贴"包干制"模式下的农业生产风险与赔付水平悖论——以政策性玉米保险为例》，《中国农村经济》第 3 期。

尹志超、田文涛、王晓全，2022，《移动支付对家庭商业保险参与的影响——基于中国家庭金融调查数据的实证分析》，《财经问题研究》第 11 期。

尹志超、吴子硕、蒋佳伶，2022，《移动支付对中国家庭储蓄率的影响》，《金融研究》第 9 期。

游宇、刘芳正、黄宗晔，2022，《宏观审慎政策与经济增长》，《经济学动态》第 9 期。

郁芸君、张一林、陈卓、蒲明，2022，《缓兵之计？地方债务展期与隐性违约风险——来自地方融资平台"借新还旧"的经验证据》，《经济学（季刊）》第 3 期。

喻海燕、赵晨，2022，《"双支柱"调控框架下跨境资本流动宏观审慎政策工具的有效性及适用性》，《国际金融研究》第 10 期。

喻微锋、郑建峡，2022，《互联网金融、货币政策与银行风险承担》，《统计研究》第 6 期。

曾嶒、唐松，2023，《新冠疫情下国有企业的经济稳定器作用——基于供应链扶持的视角》，《经济研究》第 3 期。

曾海舰、罗蓝君、林灵，2022，《信贷扩张与违约风险——来自"四万亿"经济刺激计划的经验证据》，《经济学（季刊）》第 5 期。

曾雄，2022，《在数字时代以反垄断制度保护个人信息的路径与模式选择》，《国际经济评论》第 3 期。

曾益、姚金，2022，《养老保险全国统筹、地方政府保费征缴行为与财政责任》，《经济理论与经济管理》第 12 期。

战明华、李帅、汤颜菲、吴周恒，2022，《货币政策究竟如何影响经济杠杆率？——银行竞争与货币政策信贷渠道关系视角》，《国际金融研究》第 9 期。

张策、梁柏林、何青，2023，《人民币国际化与中国企业的汇率风险》，《中国工业经济》第 3 期。

张策、王文清、刘尔卓、何青，2022，《汇率风险和中国产业的国际竞争》，《经济理论与经济管理》第 5 期。

张成岗、王明玉，2022，《"一带一路"沿线国家的环境风险评价及治理政策研究》，《中国软科学》第 4 期。

张成思、贾翔夫、廖闻亭，2022，《金融化、杠杆率与系统性金融风险》，《财贸经济》第 6 期。

张成思、唐火青、陈贞竹，2022，《货币政策冲击对实体企业投资选择影响的"宿醉效应"》，《金融研究》第 9 期。

张冲、杨洁、张明，2023，《政治稳定性影响货币国际化的机制研究》，《世界经济与政治》第 3 期。

张发林、姚远、崔阳，2022，《金融制裁与中国应对策略——国际金融权力的视角》，《当代亚太》第 6 期。

张浩、刘小娟、陈丽芳、韩铭辉，2022，《境外投资者持股与企业"舌尖上的腐败"治理》，《金融评论》第 5 期。

张珩、程名望、罗剑朝、李礼连，2022，《破解地方金融机构支持县域经济发展之谜》，《财贸经济》第 2 期。

张辉、闫强明、李宁静，2023，《"一带一路"倡议推动国际贸易的共享效应分析》，《经济研究》第 5 期。

张会平、顾勤，2022，《政府数据流动：方式、实践困境与协同治理》，《治理研究》第 3 期。

张嘉明，2022，《货币政策、银行风险承担异质性与影子银行》，《经济研究》第 5 期。

张礼卿、陈卫东、肖耿、高海红、乔依德、刘韬，2023，《如何进一步有序推进人民币国际化？》，《国际经济评论》第 3 期。

张礼卿、张宇阳、欧阳远芬，2023，《国际资本流动对系统性金融风险的影响研究》，《财贸经济》第 1 期。

张丽平、任师攀，2022，《促进消费金融健康发展 助力释放消费潜力》，《管理世界》第 5 期。

张琳、廉永辉、方意，2022，《政策连续性与商业银行系统性风险》，《金融研究》第 5 期。

张鹏杨、唐宜红，2022，《新冠疫情、国内供应链冲击与省域经济发展》，《财经论丛》第 9 期。

张庆君、方文杰、李静，2022，《银行数字化强化了货币政策传导效果吗？——基于交易成本的视角》，《金融与经济》第 9 期。

张瑞祺、张兵，2022，《涨跌幅限制影响价格发现的机制研究——基于期权视角的分析》，《金融评论》第 5 期。

张甜、曹廷求，2022，《地方财政风险金融化：来自城商行的证据》，《财贸经济》第 4 期。

张伟平、曹廷求，2022，《中国房地产企业间系统性风险溢出效应分析》，《金融研究》第 7 期。

张相伟、龙小宁，2022，《"一带一路"倡议下境外经贸合作区和对外直接投资》，《山东大学学报（哲学社会科学版）》第 4 期。

张晓晶、张明、费兆奇、曹婧、王喆、张冲，2022，《三重压力下的中国金融发展》，《金融评论》第 1 期。

张晓明、赵玥，2022，《后危机时代银行业竞争与系统性风险——基于全球主要上市银行的实证分析》，《国际金融研究》第 2 期。

张晓燕、张子健，2022，《科创板制度改革的效果——基于股票定价效率、流动性和上市公司质量的研究》，《经济学报》第 3 期。

张岩、吴芳，2022，《跟投制度与 IPO 定价——来自科创板的经验证据》，《经济管理》第 6 期。

张扬，2022，《对金融科技监管的认知：变化、差异与方向》，《国际经济评论》第 2 期。

张勇、阮培恒、梁燚焱、邹伟，2022，《宏观经济不确定性与银行流动性创造分化》，《数量经济技术经济研究》第 12 期。

张瑜、徐海洋、王新军，2022，《基于基本医疗保险的城乡居民扶贫绩效分析》，《经济与管理》第 3 期。

张云、蒋子衿、李宝伟、张嘉明，2022，《银行权力与银行流动性创造——理论与实证》，《南开经济研究》第 11 期。

张志明、耿景珠、杨攻研、杜明威，2022，《国际疫情蔓延、全球产业链传导与中国产业链稳定》，《国际经贸探索》第 2 期。

张宗新、陈莹，2022，《系统性金融风险动态测度与跨部门网络溢出效应研究》，《国际金融研究》第 1 期。

赵恒、周延，2022，《央行数字货币对货币结构与经济增长的影响效应研究》，《国际金融研究》第 6 期。

赵静、陈玉婷、刘文西，2022，《债券投资与银行风险——兼论分类债券投资的差异化影响》，《经济评论》第 3 期。

赵静、郭晔，2022，《金融产品持股与银行系统性风险——兼论〈商业银行股权管理暂行办法〉的影响》，《金融研究》第 1 期。

赵胜民、张博超，2022，《"双支柱"调控与银行系统性风险——基于 SRISK 指标的实证分析》，《国际金融研究》第 1 期。

赵宣凯、张咪、何宇，2022，《美国货币政策冲击影响中国企业融资成本吗？》，《金融评论》第 5 期。

郑秉文，2022，《职工基本养老保险全国统筹的实现路径与制度目标》，《中国人口科学》第 2 期。

郑丁灏，2022，《论中国金融数据的协同治理》，《经济学家》第 12 期。

郑涛、张兆庆，2023，《多种延迟退休方案下企业基本养老保险支出预测研究》，《价格理论与实践》第 1 期。

郑伟、钊阳、郑亚松，2022，《数据贸易：发展动因、主要障碍及我国路径选择研究》，《国际贸易》第 11 期。

郑志刚、金天、蔡茂恩，2022，《中概股的挑战与未来》，《金融评论》第 5 期。

郑志刚、李邈、金天、黄继承，2022，《有限合伙协议构架与上市公司治理》，《管理世界》第 7 期。

支晓强、王智灏、王瑶，2022，《社交媒体互动沟通与投资者信任——基于公司违规事件的实证研究》，《中国人民大学学报》第 5 期。

中国现代国际关系研究院课题组、黄莺，2022，《美国的次级制裁与国际应对》，《现代国际关系》第 7 期。

周达勇、董必荣，2022，《银行信贷与中小企业双元创新投入》，《经济管理》第 12 期。

周烁、伏霖、张文韬、李涛，2022，《乐观预期、保障能力与商业保险购买——来自中国家庭的微观证据》，《金融研究》第 11 期。

周先平、陈明威、罗瑞丰，2022，《MLF 担保品范围扩大对银行流动性创造的影响》，《金融理论探索》第 5 期。

周亚拿、武立东、王凯，2022，《地方环境保护压力、国有股权与银行信贷投放——基于我国城市商业银行的实证研究》，《管理评论》第 4 期。

周晔、丁鑫，2022，《"激化"还是"缓释"？数字金融对区域金融风险的影响研究——跨区效应、机制识别与结构特征》，《国际金融研究》第 10 期。

周宇，2022，《全球金融公共品的武器化及其形成机制》，《国际关系研究》第 4 期。

朱民、彭道菊，2022，《创新内含碳中和目标的结构性货币政策》，《金融研究》第 6 期。

朱铭来、申宇鹏，2022，《大病保险如何影响城乡居民医保基金可持续性——基于"十四五"期间大病保险若干保障方案的实证分析》，《社会保障研究》第 5 期。

朱荃、刘心睿、甘小军，2022，《美国货币政策不确定性对中国经济的溢出效应》，《统计与决策》第 10 期。

朱小玉、施文凯，2022，《基本养老保险全国统筹：挑战、目标与阶段性改革建议》，《中州学刊》第 1 期。

朱新蓉、刘银双，2022，《货币政策创新担保品框架具有结构性调控效应吗——基于 PSM – DID 的经验证据》，《武汉金融》第 6 期。

庄明明、李善民、梁权熙，2022，《党组织参与治理能够提升国有企业的环境绩效吗?》，《管理评论》第 11 期。

庄毓敏、张祎，2022，《流动性监管、银行稳健性与货币政策传导》，《中国工业经济》第 6 期。

庄子罐、赵宗涛、王熙，2022，《"双支柱"调控框架下政策组合协调搭配研究——基于双摩擦的小国开放模型》，《国际金融研究》第 1 期。

卓志、张晓涵，2022，《消费者投诉冲击与保险公司业绩》，《金融研究》第 4 期。

Chen，Yanting，Yingwei Dong and Jiayin Hu，2022，"In the Shadow of Big Tech Lending"，SSRN：https：//ssrn.com/abstract = 4312005 or http：//dx.doi.org/10.2139/ssrn.4312005.

Liu，Jianguo.，Liya Liu，Min Min，Shuying Tan and Fanqing Zhao，2022，"Can Central Bank Communication Effectively Guide the Monetary Policy Expectation of the Public?"，*China Economic Review*，Vol. 75，No. 7，1 – 26.

Wang，Xi.，Jiayang Li and Guangbin Zhang，2022，"Mixed Monetary-Fiscal Policies and Macroeconomic Fluctuations：An Analysis Based on the Dynamic Stochastic General Equilibrium Model"，*China & World Economy*，Vol. 30，No. 2，167 – 196.

# 货币理论与货币政策研究述评

费兆奇  曾 艺[*]

2022 年的世界经济笼罩在巨大的不确定性之中，新冠疫情持续肆虐全球，威胁人们的身心健康以及正常的生产生活秩序。在新冠疫情的普遍困扰下，一些肇始于局部的冲击也对全球经济增长和稳定构成了巨大的威胁。俄乌冲突的持续扰乱了全球供应链，导致了全球能源、粮食和金属等供给的萎缩和通胀的抬头，而一些主要发达经济体为了应对内部通胀压力而实施的激进政策给世界经济造成了巨大的外部性影响。2022 年 3 月起，美联储进行了持续、激进的加息操作，引发了全球流动性的回收，增加了全球经济紧缩的风险。同时，货币政策突如其来的转向也使一些金融机构陷入危机。总之，经济衰退背景下，不确定性冲击频发给包括主要发达经济体在内的货币当局出了许多难题。从国内经济形势看，2022 年度，中国经济整体上依然承受需求收缩、供给冲击、预期转弱三重压力。目前，随着经济社会全面恢复常态化，三重压力得到缓解，但是仍需进一步巩固经济恢复的基础，并持续推进供给侧结构性改革来解决困扰中国经济中长期发展的问题。

2022 年 10 月，党的二十大胜利召开，为后续五年乃至更长时期党和国家的发展指明了方向，也给学术研究提供了重点参照。在货币政策领域，党的二十大报告强调要加强财政政策和货币政策协调配合；要深化金融体制改革，建设现代中央银行制度。如何理解并建设现代中央银行制度；货币政策如何同其他宏观政策协调配合以应对冲击、维护经济金融稳定；货币政策如何支持供给侧结构性改革、促进经济高质量发展等重大问题是 2022 年度货币理论与货币政策学科的研究重点。

根据国内学者本年度重点关注的五大类话题，本文也分为五个部分。第一部分介绍了对中国货币政策框架的研究，其中包括对货币政策目标和货币政策工具的研究，以及货币政策与财政政策协调配合的研究。第一部分提到的大部分文献对货币政策功能的界定仍比较传统。2008 年国际金融危机爆发后，货币政策被期待着承担起维护金融稳定的责任，本文的第二部分围绕相关文献展开，首先梳理了学界对货币政策如何兼顾"稳增长"与"稳杠杆"目标的研究，然后对健全货币政策与宏观审慎政策双支柱调控这一主题的文献进行了述评。在前两部分对货币政策的目标、工具和政策搭配等框架性问题作了述评后，本文的第三部分关注货币政策传导和货币政策效果的研究，其中主要介绍了对利率传导渠道和利率市场化问题的实证研究，以及对商业银行信贷传导渠道和银行风险承担渠道的研究。第四部分的视角不再局限于国内、更加开放，重视对货币政策的国际经验和开放经济环境下货币政策溢出效应的研究。第五部分基于更具前瞻性的视角，聚焦于数字货币的相关研究，尤其关注数字货币可能带来的经济体系变革，

---

[*] 费兆奇，中国社会科学院金融研究所，研究员；曾艺，中国社会科学院大学应用经济学院金融系，硕士研究生。

以及数字货币对宏观经济和金融部门可能造成的影响。

## 一 中国的货币政策调控框架

中国正经历从数量型货币政策框架向价格型货币政策框架的转型，因此，学者们围绕中国货币政策的最终目标和中间目标选择问题展开了富有理论和现实意义的探讨。与此同时，中国的货币政策工具体系也更加丰富，各类借贷便利类工具、结构性货币政策工具以及中央银行信息沟通等工具创新在央行的日常政策实施中扮演越来越重要的角色，对这些工具的效果和传导机制的研究在本部分第二节加以介绍。本部分第三节介绍关于财政和货币政策协调配合的研究，高效的货币财政政策协同机制是现代中央银行制度的重要组成部分，也是中央银行在制定和实施货币政策时需要重点考虑的问题。

### （一）货币政策目标

长期以来，产出和通货膨胀都是货币政策两大最重要的目标。当代货币政策的理论基础——新凯恩斯理论认为产出缺口的调整会导致通货膨胀的变化，因此，中央银行通过调整利率影响产出，就可以实现通胀稳定的目标，刻画产出和通胀关系的理论正是菲利普斯曲线。2022年度，国内学者从理论和实证两个层面对菲利普斯曲线展开研究。理论层面，邓燕飞等（2022）构建了投入—产出阶段双垄断新凯恩斯黏性信息模型，得到了黏性信息菲利普斯曲线，并将其与黏性价格模型下的菲利普斯曲线进行经济分析效果的竞争，比较发现暂时性冲击下黏性价格与黏性信息的区别不明显，但是福利分析表明黏性信息模型下简单货币政策规则的效果更接近最优货币政策。20世纪90年代以来，国外学界关于菲利普斯曲线是否扁平化有所争论，这引发了国内学者对中国菲利普斯曲线是否变平的讨论。从实证层面，祝梓翔和高然（2022）先用一个SVAR模型估计了中国菲利普斯曲线，发现2010年以后中国的产出和通货膨胀之间的关系减弱了，导致这一变化的原因正是总供给曲线即菲利普斯曲线的平坦化。通过在一个DSGE模型中引入内生增长渠道和知识资本，他们发现中国菲利普斯曲线平坦化的原因在于内生增长渠道变强和边际成本传递变弱。

通货膨胀是一个理论概念，在货币政策的具体操作中，需要有现实的通货膨胀率测度作为目标，然而，目前可用的通胀指标都有所侧重，尤其是中国通胀结构分化在过去的二十多年里经常发生，这更凸显了最优货币政策究竟应该盯住哪个通胀指标问题的重要性。刘瑶和张明（2022）通过校准和估计一个小国DSGE模型，提出在面临经常账户负向冲击时，一国货币当局可以适当使用资本账户管理政策，最优的货币政策是盯住PPI通胀的价格型货币政策规则。石峰等（2022）在开放小国的DSGE模型中设置了人民币国际流动性约束，使得国际风险分担条件受到抑制，从而令货币政策必须在维持通胀稳定和改进风险分担条件之间进行权衡。由于盯住CPI通胀的货币政策具有汇率调控效果，阻碍了汇率波动对风险分担偏离的吸收，造成了福利损失，因此最优的货币政策应该盯住PPI通胀。这两项研究都认为，从理论分析的角度，在开放经济环境下，PPI通胀更适合作为货币政策的最终目标。

对于货币政策中介目标的研究，Kim和Chen（2022）通过对一个结构向量自回归模型（SVAR）施加短期和非递归的零约束，得以刻画中国货币政策框架转型期多政策工具和中介目标之间的互动，并识别出不同政策工具形成的冲击，评估它们对主要宏观经济变量和金融稳定变量的影响。他们的实证结果表明：价格型货币政策工具比数量型货币政策工具更加有效，因为后者更容易受一些非政策冲击影响；而且，短期利率冲击对贷款总额、M2和产出等变量的影响越来越强；再者，各种政策工具中，短期利率对房价的影响最强，这可能表明，价格型货币政策框架可能比数量型货币政策框架在实现金融稳定目标方面更有效。总之，他们认为中国的货币政策向价格型调控框架的转型可以使货币政策在实现宏观经济目标和金融稳定目标两个方面都更有效。

### （二）货币政策工具

国际金融危机爆发以来，中国的货币供应模式发生了巨大转变，各种借贷便利类货币政策工具开始替代传统的公开市场操作和外汇占款等机制，向市场注入流动性。并且，借贷便利类工具还可以借助利率走廊机制、商业银行中长期资金成本机制分别影响市场短期和中长期基准利率，充分发挥了价格调控功能。李增福等（2022）发现中期借贷便利利率的下降能够节省企业融资成本，提高企业投资积极性，达到降低企业金融化水平的效果，对于投机交易活跃、融资约束较强、税收负担较重、地区金融化水平较低的企业，这种作用更加明显。

结构性货币政策工具在目标和作用机制上都明显不同于总量工具。总量工具往往作为需求管理政策出现，而结构性货币政策工具被赋予了更多供给侧改革功能。截至2022年末，我国结构性货币政策工具余额约6.4万亿元，约占人民银行总资产的15%（中国人民银行货币政策分析小组，2022），在中国的货币政策操作中占据着相当重要的位置。在此背景下，国内近几年涌现了众多评估结构性货币政策效果的研究，这些研究主要是通过搜集公司层面的投融资面板数据，运用双重差分、三重差分等方法进行经验分析；也有少数文章通过理论模型刻画结构性货币政策的作用机制。刘冲等（2022）提出"资管新规"会降低货币政策通过债券市场进行利率传导的效率，但是MLF担保品扩容可以定向调节目标债券对货币市场短期利率的敏感性，缓和监管政策带来的不利冲击，实现二者的协调配合。党的二十大报告提出要加快发展方式绿色转型，积极稳妥推进碳达峰、碳中和。报告还明确，推动经济社会发展绿色化、低碳化是实现高质量发展的关键环节。在这一战略方针的指引下，结构性货币政策也对推动绿色转型展开了积极探索，相关研究也在跟进。郭俊杰和方颖（2022）检验了绿色信贷对高能耗、高污染企业投融资结构的影响，他们发现绿色信贷政策可以促进高能耗、高污染企业的环境保护投资，同时也会促使高能耗、高污染企业更加依赖股权融资而非债务融资。文书洋等（2022）在一个经济增长模型中将绿色创新内生化，在他们的模型中，绿色金融政策通过利率补贴降低了绿色创新部门的融资成本，均衡分析和中介效应模型均表明，绿色金融政策通过刺激绿色创新，提高了经济增长质量。以上研究均表明结构性的货币金融政策确实较好地达到了政策目标，但需要强调的是，对结构性货币政策从来不乏质疑，尤其是国外学界对于央行是否因此违背"市场中性"原则仍然存在忧虑。虽然我国央行货币政策具有促进经济增长的法定职能，其中内含了促进经济结构转型升级的目标，但在评估某项结构性货币政策工具效果的时候，研究者还是首先应该对该政策的实施背景及其合理性有明确的认识和判断。朱民和彭道菊（2022）就指出当前的碳价格没有考虑到气候变化对宏观经济金融可能造成的冲击，因此存在明显的市场失灵，此时结构性货币政策应该在促进碳中和转型中发挥更加积极的作用。

次贷危机以来，在发达经济体中，央行信息沟通和前瞻性指引已经成为重要的非常规政策工具，中国人民银行也越来越注重通过语言和书面报告形式与公众进行政策沟通。Liu 等（2022）搜集了中国人民银行的官方网站和其他社交媒体上的信息沟通事件，区分了正式的和非正式的沟通类型，并基于短期债券市场上的高频价格信息将货币政策沟通中未预期到的部分分解为目标意外和路径意外，从前瞻性和回顾性两个角度考察了 2014—2021 年中国人民银行货币政策沟通的有效性。他们发现央行信息沟通会影响利率的期限结构，但可能不会影响股票市场。在内容发布的异质性方面，信息发布的权威性比信息本身对引导公众预期具有更大的影响。至于沟通形式的异质性，他们发现金融市场对紧缩内容的传递更为敏感，前瞻性指导使政策制定者在改变其政策路径时，即使是根据新的信息，也会更加谨慎，以避免金融市场参与者的过度反应和过度波动。王博和高青青（2022）运用自然语言处理方法构建央行沟通政策语气指标测度央行货币政策沟通行为，构建语义相似度指标测度央行金融稳定沟通行为，并对 2010—2019 年中国人民银行书面沟通影响金融市场的效果进行了实证分析，他们同样发现中国央行的政策沟通对外汇市场和债券市场的影响强于股票市场。

### （三）货币与财政政策协调配合

财政政策与货币政策之间并不是两个完全独立的系统，事实上，财政与货币之间存在着宏观、结构和体制层面的关系。财政政策本身具有货币效应，尤其是在政府为债务融资时，公债的发行可能倒逼央行进行宽松货币的操作，以此防止公债利率过高造成的财政危机（杨子晖、陈雨恬，2022）。刘蓉和李娜（2022）通过一个 NK-DSGE 模型分析了地方政府债务的货币扩张效应，她们发现地方政府举债会推高货币乘数，增加货币供应量，导致经济货币化程度加深，最终引发资产价格上涨和通货膨胀，并分析了影响机制。她们提出，为了兼顾产出与金融稳定的目标，最优的政策配合应当是政府适当举债，同时货币政策适度从紧。

财政与货币政策是两大最重要的宏观调控政策，其相互联系的本质决定了二者之间必须进行协调配合，才能发挥合力。党的二十大报告特别指出，要加强财政政策和货币政策协调配合，但相对于党和国家的高度重视，学术界对该领域的研究还偏少，有待进一步深入。邓创和王一森（2022）通过几类向量自回归模型，测度了中国的金融形势指数、考察了金融周期与经济之间的动态关联，并重点考察了财政货币政策协调配合对经济金融周期调控的效果，反事实分析结果表明，在经济波动调控方面，财政政策的短期功效与货币政策的长期功效之间具有互补作用，财政与货币政策的配合具有比单一政策调控更持久、更温和的效果。Wang 等（2022）构建了一个小型开放经济 DSGE 模型来研究中国的财政和货币政策协同效果，脉冲响应分析和福利分析结果表明，中国的最优财政—货币协同模式因冲击性质不同而不恒定，但被动的财政政策和积极的货币政策的组合（PF/AM）在大多数时期都是占优的选择。当前国内外学者在研究财政和货币政策协同时，鲜少运用一般均衡模型，他们的研究有利于弥补这一不足，且能够对两类政策协同下的传导机制及其理论重要性作更深入的分析。邓创和王一森的研究则主要是数据驱动，他们从财政与货币政策调控金融周期的视角切入丰富了相关的研究。不过本质上，这两项研究对财政和货币政策协同的探讨专注于宏观层面，没有涉及结构和体制层面，该话题有待国内学者投入更多关注。刘冲和刘莉亚（2022）从体制层面分析了财政和货币政策的协同效应，他们以小微贷款利息收入增值税减免为切入点，该政策实际上没有改变金融机构的市场化行为，但收到了类似结构性货币政策的效果。他们利用银行微观贷款数据发现，该政策的实施既能够降低符合条件的小微企业的融资成本，也能增加银行的利润。理论分析表明，对利息收入减税相较于结构性货币政策，面临的摩擦更小，并且不占用货币政策的调整空间。

## 二 货币政策与经济金融稳定的关系

本文第一部分的多数文献将最优的货币政策限制在盯住产出和通胀目标，但是，金融危机的教训告诉我们，货币政策在履行其职责的同时，也可能形成资金外部性，特别是宽松的货币政策可能推高资产价格，造成资产泡沫和金融脆弱性的累积，威胁中长期经济增长。因此，评估货币政策对经济金融稳定的影响、探索其可能发挥的稳定化作用具有越来越重要的意义。

2008年以后，中国的宏观杠杆率和部门杠杆率经历了快速的上升，在当前杠杆率较高的时期，货币政策究竟应当采取何种立场，也是现实提出的迫切问题。郭长林等（2022）运用基于叙事信息的VAR模型（narrative sign restricted VAR model，简称NSRVAR模型）识别中国的货币政策冲击，并认为正向的货币政策冲击对产出的提振程度超过了对债务水平的推升程度，由此会导致中国宏观杠杆率和各部门的杠杆率的下降。他们采用债务营收比度量企业杠杆率，既解释了"宏微观杠杆率背离之谜"，又有助于从微观层面分解货币政策对杠杆率的作用机制。通过分析一个企业最优化行为的两期问题，他们还推导出了宽松货币政策有助于稳定宏观杠杆率的充分必要条件。不过，经济所处的杠杆状态本身可能影响货币政策兼顾"稳增长"与"稳杠杆"目标的能力，为了区分不同的杠杆状态，刘哲希等（2022）用存在负债主体"借新还旧"行为来刻画高杠杆状态，如不存在即为低杠杆状态。理论模拟表明，低杠杆状态下，货币政策宽松可以较好兼顾"稳增长"与"稳杠杆"，然而在高杠杆状态下，货币政策宽松可能给负债主体"借新还旧"行为提供便利，反倒降低了资源配置效率、推升了宏观杠杆率。战明华等（2022）则认为银行竞争可以影响杠杆率对货币政策的反应程度，当银行竞争加剧时，银行的边际贷款收益与资金边际成本更加一致，此时商业银行最佳盈利方式就是扩大贷款规模，而不是控制贷款利率、实行信贷配给，货币政策通过银行信贷渠道调控经济杠杆率的边际效应也因此削弱了。总之，虽然不同文献对降杠杆的货币政策如何发力见解不一，但它们大都认为货币政策对宏观杠杆率的影响并不是线性的。另外要格外注意的是，这些研究结论的不统一可能来自杠杆率的定义不一致，比如刘哲希等使用的是宏观杠杆率概念，即债务总额与GDP的比值；而郭长林等则是以债务营收比（企业负债/营业收入）作为微观杠杆率，以企业负债与GDP的比值作为宏观杠杆率，这实际上是将研究限制在了企业部门。

为了从经验角度考察中国货币和财政政策对"稳增长"与"去杠杆"上的时变作用，陈创练、高锡蓉等（2022）通过一个门限时变参数向量自回归（LT-TVP-VAR）模型对中国1996—2019年的宏观数据进行了实证分析，结果显示，为了降低居民、企业和政府部门杠杆，财政和货币政策搭配的效果总是更好；但从稳增长的角度，2008年次贷危机是一个转折点：此前，财政与货币政策的搭配更有助于实现稳增长目标，而在此之后，财政扩张反倒可能削弱货币政策宽松带来的刺激效果。杨子晖和陈雨恬（2022）运用非线性网络关联方法对中国货币政策、财政政策和金融风险之间的关联进行测度，从实证层面证明了财政政策具有一定的货币政策效应，尤其是政府债券的发行会引起货币的扩张，并因此作用于金融风险。

在防范化解系统性金融风险上，货币政策的作用相对有限，这是全球政策界和学术界的共识，通过对2008年国际金融危机后主要经济体实践经验的总结，国际社会普遍认同金融风险需要独特的政策工具体系来应对，宏观审慎政策应运而生。中国的宏观审慎框架探索启动较早，也受到了党和国家的重视，党的十九大就做出了"健全货币政策和宏观审慎政策双支柱调控框架"的重大决策部署。在学术层面，双支柱框架在中国如何发挥作用，货币政策与宏观审慎政策如何协调配合是非常重大的话题。方意等（2022）在其构建的DSGE模型中综合考虑了六种宏观审慎政策，他们将其归类为信贷需求类和信贷供给类政策，前者包括非耐心家庭贷款价值比、企业家贷款价值比工具，后者则含法定存款准备金率、流动性比例要求、风险加权资产比例、资本充足率要求四类工具，两类政策之间的区别除了影响机制不同，还在于对贷款是否具有"定向性"影响。经过参数校准与估计，他们发现信贷需求类政策的力度和效果优于信贷供给类宏观审慎政策，因为前者直接影响银行的总贷款规模，而后者通过贷款供给成本间接影响银行的贷款供给。通过政策前沿曲线分析，他们还认为盯住金融稳定目标的货币政策效果明显弱于双支柱调控框架。吴迪等（2022）建立了一个包含异质性家庭、异质性厂商和金融机构的DSGE模型，其中耐心家庭作为储蓄者，而缺乏耐心家庭作为借贷者，通过实证分析，他们评估了固定LTV政策、逆周期资本充足率政策和对预期房价作出反应的货币政策在应对不同类型房价冲击时的效果，并从福利的角度分析了不同冲击和政策搭配对异质性家庭的分配效应，最后以总福利为根据分析了最优的政策组合。陈创练、单敬群等（2022）认为转型经济体由于处于制度变迁环境中，更容易发生多个均衡的动态移动和变化，而DSGE模型由于基于对稳态的偏离进行分析，更适合于市场机制比较成熟的经济体，因此他们主张用动态均衡（DGE）模型来考察中国长期以来信贷流动性约束的宏观经济效应。他们发现永久性的信贷约束收紧可以同时实现"稳增长"和"降杠杆"目标，并赋予货币政策更大的弹性空间，而暂时性的贷款价值比（LTV）下降则不能达到这种效果。庄毓敏和张祎（2022）通过收集到的中国50家商业银行2015—2019年的季度面板数据，实证检验了流动性监管对银行稳健性的影响，结果肯定了前者对后者的积极影响，并且，她们还发现，流动性监管可以抑制商业银行的风险承担行为，对这种抑制效果的异质性分析为货币政策和宏观审慎政策协调提供了丰富的理论细节。从这些研究中可以发现，宏观审慎政策与货币政策虽然具有截然不同的工具体系，但有些时候又共享一些传导渠道，因此，二者的协调配合不仅有助于充分发挥政策效果，还可能有助于为对方预留更加充足的政策空间。

只要是宏观经济政策都会对金融稳定有所影响，所以，双支柱框架并不意味着忽视其他宏观经济政策的金融稳定作用。马勇和吕琳（2022）不仅考虑了货币政策与宏观审慎政策双支柱调控，同时还考虑了财政政策，通过估计一个含多种经济金融政策的DSGE模型，他们发现三类政策的协调配合比任何单一政策都有更强的经济金融稳定效应，而政策协调机制的博弈分析结果表明，如果各政策主管部门之间各行其是，则会加剧宏观经济的整体波动。他们提出，在最优的政策模式中，货币政策依然盯住物价水平和产出的稳定，财政政策则主要关注产出和债务目标，而宏观审慎政策的落脚点在于金融变量的稳定，三者协调搭配可以产生合力。

## 三 货币政策传导及其效果

在介绍完货币政策的框架及其与其他宏观政策之间的关系后，本部分紧接着介绍2022年度国内学者关于货币政策传导和货币政策效果的研究。首先介绍货币政策利率传导渠道的研究，其中许多研究围绕利率市场化展开。其次关注货币政策传导的银行信贷和银行风险承担渠道。最后介绍一些从理论和资产价格视角考察货币政策效果的研究。

利率传导渠道是货币政策传导理论中最为经典和重要的渠道之一，但是，由于我国市场化利率体系尚未完全形成，货币政策利率传导存在不通畅的问题。从2015年央行对商业银行和农村合作金融机构等不再设置存款利率浮动上限以来，我国利率市场化已经取得了重要进展，目前正处于完善市场化利率体系的关键阶段，利率市场化对货币政策传导效果的促进得到了研究者的普遍认同。为了考察货币政策通过债券市场进行传导的效果，尚玉皇等（2022）将短期政策利率引入到混频 Nelson-Siegel（N-S）利率期限结构模型中，实证结果发现短期政策利率可以提高模型对利率期限结构的拟合程度，说明短期利率对利率期限结构有影响，但是公开市场操作向国债收益率曲线的传导效率偏低，随着2015年以来货币政策框架的完善、利率市场化的推进，货币政策利率传导的效果明显增强。宣扬等（2022）基于2001—2020年A股民营上市公司样本，考察了利率市场化对民营企业贷款可得性和增长期权价值的影响，结果肯定了存贷款利率限制放开对提高高风险企业融资可得性、降低低风险企业的融资成本的积极作用。现有的货币政策传导文献对农村金融机构等中小银行关注不足，更缺乏从普惠金融的角度考察利率市场化对银行信贷结构的影响，亓浩等（2022）发现放松贷款利率下限使非农部门贷款利率下降、农业部门与非农部门贷款利率趋同，从而促使农村金融机构调整信贷结构，增加对农户和中小企业的贷款。商业化程度越高、所在地直接融资越发达的农村金融机构回归本源的程度越高。张成思等（2022）从利率衍生品价格数据中识别了中国的货币政策冲击，并利用该序列研究了货币政策意外如何影响企业投资决策。他们发现，货币政策冲击在最初的一年内确实可以刺激企业的实业投资，但是把时间线拉长，就会发现更多的资金被配置到了货币资金和非货币金融资产上，他们形象地称这一现象为"宿醉效应"，其背后的动机是金融化的"盈余效应"。他们还解释道，"宿醉效应"的出现并不意味着刺激政策具有无可避免的副作用，只是借此更加强调完善的金融市场在资源有效配置方面的重要性。由于我国企业融资结构以银行信贷为主，因此关于利率传导渠道的研究从存贷款利率切入的较多，目前距离存贷款利率限制放开已有多年，但是存贷款利率的市场化还在探索之中，市场化的存贷款利率序列仍然较短，可能由于这些限制，目前对存贷款利率传导的研究重点还是在于考察放松贷款利率下限对商业银行信贷流向和企业发展等方面的影响。未来随着利率体系的完善，对中国利率传导渠道的研究应该也会更加丰富和多元。

货币政策还通过银行信贷渠道对实体经济进行传导。邓伟等（2022）基于手工搜集的2009—2017年中国银行业数据，借助双重差分法考察了借贷便利工具对商业银行贷款投放的影响及其作用机制。研究发现，借贷便利工具可以通过商业银行担保品渠道发挥作用，显著扩大商业银行贷款规模。Zhang 和 Zhang（2022）从两方面扩展了一个两部门动态随机一般均衡（DSGE）模型，首先，他们假设银行部门分割为国有银行与非国有银行，前者只向国有企业贷款，而后者只向民营中小企业贷款；其次，他们用一个所谓 OMO 规则来刻画中国的货币政策规则，其中国有商业银行对货币政策调整的反应更大。通过这一模型，他们发现，中国宽松货币政策释放的信用更多地被配置到国有商业银行中，加上国有企业在贷款获取时存在优势，因此信用扩张对国有企业投资的刺激远大于非国有企业。他们认为这种信贷错配导致了中国产出增速的下滑，通过反事实分析和政策实验，他们提出：贸然改变国有和非国有银行状态的政策可能减少国企投资从而造成产出的净下滑，我国应该朝着银行信贷分配更加平等、银行监管更加统一的方向改革，这样才能使货币政策更有效地通过银行信贷渠道进行传导。本年度对银行信贷渠道进行研究的主要论文在传导机制的探索和刻画上进一步细化，并且与中国的现实情况结合更好，比如对中国创新型货币政策工具的关注、在理论建模中引入银行和企业所有制异质性和银行业市场结构等现实因素等。这些高质量的研究不仅以其科学性、创新性丰富了相关的成果，还向国际学界介绍了中国经验，更为我国经济的高质量发展提供了宝贵的理论借鉴。

商业银行的风险承担也是近几年备受学者们重视的货币政策传导渠道。从商业银行资产负债表的角度，银行风险承担又可以细分为资产端风险承担和负债端风险承担，前者主要体现在银行的风险资产规模上，而后者一般由银行的非存款负债所占的比重来衡量。张嘉明（2022）在 DLM 模型中考虑了风险承担的异质性，模型分析结果认为，负债端风险承担会反向影响资产端风险承担，即非存款负债比重上升时，商业银行会增加贷款监督的努力程度，货币政策可以通过改变商业银行的负债结构来影响其资产端的风险承担行为，该结论也得到了银行层面面板数据的经验支持。马勇和王莹曼（2022）基于中国 97 家银行 2009—2019 年的动态面板数据，实证发现政策利率的下调和货币政策波动性的上升会刺激银行的风险承担行为；从银行异质性的角度，规模越大、资本充足率和存款比例越高的银行承担风险的意愿更低；另外，不同的经济和货币信贷周期下，货币政策对银行风险承担的作用效果也有差异。在较长一段时间，尤其是次贷危机前，结售汇是中国货币发行的一个重要方式，因此它对商业银行的风险承担行为也会产生一定影响。刘孟儒和沈若萌（2022）建立了一个基于银行资产负债表的局部均衡模型，对结售汇如何影响商业银行的风险承担展开了研究，他们认为，外汇流入增加创造的流动性会刺激银行的风险，这种风险偏好的上升在大银行更加明显，速度更快。

还有一些研究从经典理论和资产价格的角度分析了货币政策的效果。货币政策短期非中性的一个重要前提是价格不能灵活调整。对此，Wu（2022）认为如果考虑到促销行为的存在，价格刚性会小得多。他通过对英国 CPI 背后的微观数据进行分析，确认了耐用品的促销是价格调整的一个有效维度。为了度量促销行为对货币政策效果的影响，他提出了一个含促销行为的两部门菜单成本模型，校准结果表明如果不考虑耐用品的促销行为，货币政策的实际效果会被明显高估。该研究从新凯恩斯宏观经济学大厦的底层着眼，从批判性的角度完善了目前的价格刚性理论，具有比较重要的理论意义。郭杰和饶含（2022）建立了一个拓展的货币搜寻模型，其中土地既可以作为生产资本，也可以充当抵押资产。经过分析，他们得到几点推论：土地资产价格和货币供应之间具有"正反馈机制"，容易催生资产泡沫；中央银行货币供应行为可以通过影响"土地资产的流动性价值"对地价进行调控；信贷资产证券化制度会使货币供应调控土地价格的难度增加，因为二者之间的联系因此加强了。

## 四 国外货币政策及其溢出效应

2008 年国际金融危机以来，主要发达经济体面临着"长期停滞"的威胁，在此背景下，货币政策持续宽松并基本触及零利率下限，因此这些经济体的中央银行对非常规货币政策进行了大胆探索，起到了一定的经济刺激作用，但也引发了激烈的讨论。由于我国还保持着正常的货币政策操作空间，目前，国内学者对零利率下限约束下的非常规货币政策的研究相对较少，而且侧重点在于其政策溢出效应，这也是本部分重点介绍的内容。不过，随着我国经济潜在增速的下滑、人口老龄化程度加深和人口负增长等问题逐步凸显，越来越多的学者开始关注当前美日欧等经济体的经济结构问题，并认真思考其政策应对中可供借鉴的地方。

针对当前美日欧等主要经济体普遍存在的"结构失衡下的衰退"问题，陈彦斌（2022）认为稳定政策作用有限，宏观政策必须实现稳定政策、增长政策与结构政策"三策合一"。殷剑锋（2022）认为现有文献忽略了日本人口/劳动力负增长和资本产出比持续上升的特征事实，他在一个 OLG 模型中引入非负投资约束和 ZLB，探讨了自然利率下降的机制，并认为经济可能因此陷入非均衡状态，货币政策因此失效，此时只有支持劳动增进型技术的财政政策能够使经济恢复均衡。对此，他们提出日本经验对中国的核心启示就是要鼓励生育。从货币政策操作的角度，李宏瑾（2022）认为 2008 年国际金融危机以后，主要中央银行利率调控转向地板体系的操作框架的主要驱动因素是流动性过剩和货币市场的结构性变化，地板体系主要通过刺激银行针对存款便利利率的持续无风险套利行为产生效果。相对于其他调控框架，它有许多优势，其中最大的优势就是能够在充足准备金条件下引导市场利率；同时地板体系也存在许多问题，这也是一些经济体退出该调控体系的原因。在我国货币政策框架转型的背景下，我们应吸取各国地板体系经验教训，完善具有中国特色的利率走廊与公开市场操作相结合的利率调控体系。

对于发达经济体的非常规货币政策和常规货币刺激政策对新兴经济体的影响是否具有明显差异这一问题，谭小芬和王欣康（2022）选用欧元区和 17 个新兴经济体 2006 年 8 月至 2020 年 1 月的日度高频数据，在对欧央行负利率与量化宽松政策进行识别的基础上，通过经验研究进行了解答。他们发现欧元区负利率和量化宽松政策会造成新兴市场经济体股票价格上涨、货币升值以及长短期利差收窄，并且，欧元区货币政策宽松的溢出效应在负利率时期相较于正利率时期显著增强。他们认为这一现象背后的原因可能是负利率时期，美欧两大经济体的货币政策立场背离。

为应对美国国内严峻的通胀形势，2022 年 3 月起，美联储进行了多次大规模激进加息，引发了全球经济和金融市场的剧烈波动。美联储货币政策的溢出效应一直以来都受到国内学者的重点关注，在此现实语境下，本年度更不乏此类研究。赵宣凯等（2022）运用了引入外部工具变量识别的结构向量自回归模型（Proxy SVAR）来识别美国货币政策冲击的因果效应、数量关系以及持续性，结果发现负向的美国货币政策冲击可以通过影响我国企业的违约风险溢价抬高短期融资成本，还会通过影响主权风险溢价以及期限风险溢价对长期利率产生冲击。易宇寰和潘敏（2022）先是从事实层面，运用一个 SVAR 模型检验了美联储加息对中国经济金融体系的溢出效应；然后从理论层面，构建了一个小国开放 DSGE 模型，其中引入了银行激励约束机制和企业外部融资溢价机制在内的供需两侧金融摩擦，刻画了美联储加息时，我国实体经济波动和金融需求侧企业违约风险与金融供给侧银行杠杆风险之间相互强化的机制。他们对不同政策的效果进行模拟的结果显示：最优的政策组合是以经济增长和物价稳定为最终目标的货币政策和以信贷规模为锚定目标的宏观审慎政策组成的双支柱调控体系。张晓晶等（2022）认为当前及未来一段时间中美增长差反转背景下，中美货币政策取向大概率会相互背离，中国要谨防人民币汇率贬值、短期资本外流和金融市场波动等风险。

## 五 数字货币

近年来，以比特币为代表的私人数字货币在全球范围内赢得广泛关注，数字货币技术以区块链等技术为基础，可以实现去中心化和远程匿名交易等传统货币形式所不具备的特征，这使人们重新审视当前以法币为主的货币体系。目前，全球加密数字货币种类繁多，其中既有与主权货币或相关资产挂钩的数字稳定币，也有仅仅依赖公众接受而存在、缺乏价值支撑的类投机型货币。为了应对数字货币技术可能带来的挑战，许多主要国家央行已经开始了数字货币的研究，中国数字人民币的官方研究工作始于 2014 年，通过三年时间的理论准备，中国人民银行在 2017 年开始研发数字人民币，目前，数字人民币（E-CNY）已经处于试点阶段，试点范围在稳步扩展中。随着数字人民币技术路线的基本稳定，国内学界对于数字货币的研究也就不再局限于技术操作层面，而是在当前数字人民币的技术框架下，探讨它对经济可能造成的影响甚至变革。黄国平（2022）详细分析了驱动数字人民币发展的供给和需求、金融监管、人民币国际化、人民币跨境支付和应对私人数字货币影响等方面的动因。他认为数字人民币在政治制度、场景落地、发展路径和经济基础上具有重要发展机遇和优势，当然也面临体制、技术和市场等方面的制约，还会挑战当前的国际货币与金融体系，为此，他从制度、法律、技术和运营环境等方面提出了进一步完善数字人民币的建议。

数字货币对现行跨境支付结算体系可能带来的变革是其备受关注的最重要原因之一，也是数字货币发展的一个主要驱动力。宛洁茹和吴优（2022）认为数字货币跨境支付体系的发展可以提高跨境支付效率、降低交易成本与结算风险、减少跨境支付摩擦、防控打击金融犯罪行为、打破现有跨境支付体系，但同时也可能加剧发展中经济体的货币替代和金融脆弱性、加剧汇率波动，还可能衍生法律与监管问题。完善数字货币跨境支付体系，可以采取加强兼容性、系统相互连接、整合成单一系统这三种主要模式，他们提出依托"一带一路"建设来推广数字人民币跨境支付，并推动数字人民币与跨境电商、跨境物流和原油结算相结合，这有利于推进数字人民币在跨境支付领域的应用。有学者从数字人民币推进国家治理体系现代化的角度切入研究，延展了数字货币研究的触角，对实际政策操作具有很强的借鉴意义。黄国平和李婉溶（2022）提出数字人民币可以从宏观、结构和体制三个层面为数字财政建设赋能，数字人民币能够实现业务流、资金流和信息流"三流合一"，有利于推动财政治理体系数字化重塑、促进财政业务数字化再造、助推财政基础设施数字化重构，但是，数字人民币效能的发挥既离不开技术相容性和基础设施的完善，也离不开财政体制机制的改革和财政治理体系的完善。

目前，国内对数字货币的宏观经济效应进行研究的论文大多聚焦在银行部门，以数字货币对存款的替代性研究为基础，进而考察其对市场利率和产出的影响。赵恒和周延（2022）从局部均衡的角度分析认为，央行数字货币（CBDC）的发行模式不同，对经济的影响也不同。在我国当前经济环境下，当 CBDC 替代存款比例上升时，会降低融资利率从而促进经济增长。通过在一个五部门 DSGE 模型中引入不计利息、双层运营的零售型数字人民币，他们还发现 CBDC 替代存款比例上升时，技术与利率政策冲击对经济增长的作用更加明显。同样出于对数字人民币影响贷款利率问题的关注，王鹏等（2022）拓展了一个支付类资产配置模型，也推导出了数字货币发行对贷款利率影响方向不同的条件，但是他们的数值模拟结果却表明我国央行数字货币的发行可能带来"金融脱媒"风险，同时会使得贷款利率上升，因此他们建议在发行央行数字货币前，中国央行应在设计细节与发行方案上适当限制数字货币对存款的替代，并且要加速推进利率市场化改革，创造相对宽松的信贷环境。程雪军（2022）则认为我国央行数字人民币项目（Digital Currency/Electronic Payment，DC/EP）由于采取双层运营体系，可以帮助商业银行降低运营成本、提升风险防范水平，还有利于防止金融脱媒。但是央行数字货币也给商业银行带来一些挑战，如商业银行的传统业务收入可能因此减少、DC/EP的推进会加大商业银行的金融基础设施建设压力，并可能给商业银行带来双向治理风险，文章还分别提出了应对这些挑战的思路。从上述文章的结论和观点可以发现，目前国内学者对于央行数字货币如何影响商业银行的存贷款业务还存在争议，这主要是因为学者们使用了不同的模型方法，推导出了不同的条件，并对当前我国所处的经济环境的判断不同，但他们本质上都认为，央行数字货币对存款的替代进而对全社会的货币供应和市场利率的影响主要还是取决于数字货币的架构设计和发行方案，以及居民的偏好因素。

**参考文献**

陈创练、高锡蓉、刘晓彬，2022，《"稳增长"与"防风险"双目标的宏观调控政策抉择》，《金融研究》第1期。

陈创练、单敬群、刘晓彬，2022，《信贷流动性约束、宏观经济效应与货币政策弹性空间》，《经济研究》第6期。

陈彦斌，2022，《宏观政策"三策合一"新理论框架》，《经济研究》第1期。

程雪军，2022，《央行数字货币对商业银行的影响与回应》，《当代经济管理》第4期。

邓创、王一森，2022，《中国金融经济周期波动与财政货币政策协同调控效应分析》，《当代财经》第11期。

邓燕飞、董丰、张军，2022，《垂直生产链、黏性信息与货币政策》，《经济学（季刊）》第5期。

邓伟、欧阳志刚、杨国超、肖赛，2022，《中国借贷便利工具有效性研究——来自银行信贷投放的证据》，《经济学（季刊）》第6期。

方意、张瀚文、荆中博，2022，《"双支柱"框架下中国式宏观审慎政策有效性评估》，《经济学（季刊）》第5期。

郭杰、饶含，2022，《土地资产价格波动与经济中的流动性供给——基于以地融资视角的研究》，《金融研究》第7期。

郭俊杰、方颖，2022，《绿色信贷、融资结构与企业环境投资》，《世界经济》第8期。

郭长林、顾艳伟、梁骁，2022，《宽松货币政策是否真的会推高宏观杠杆率》，《世界经济》第11期。

黄国平，2022，《数字人民币发展的动因、机遇与挑战》，《新疆师范大学学报（哲学社会科学版）》第1期。

黄国平、李婉溶，2022，《数字人民币促进数字财政建设和财政数字化转型》，《财政研究》第2期。

李宏瑾，2022，《流动性过剩条件下的地板体系利率调控模式》，《金融评论》第 6 期。

李增福、李铭杰、汤旭东，2022，《货币政策改革创新是否有利于抑制企业"脱实向虚"？——基于中期借贷便利政策的证据》，《金融研究》第 12 期。

刘冲、刘莉亚，2022，《财政金融政策的协同效应——基于小微贷款利息收入增值税减免的研究》，《中国社会科学》第 9 期。

刘冲、庞元晨、刘莉亚，2022，《结构性货币政策、金融监管与利率传导效率——来自中国债券市场的证据》，《经济研究》第 1 期。

刘孟儒、沈若萌，2022，《结售汇如何影响银行风险承担水平？——基于银行资产负债表的视角》，《金融研究》第 5 期。

刘蓉、李娜，2022，《地方政府举债的货币扩张效应及其政策协同》，《财贸经济》第 1 期。

刘瑶、张明，2022，《经常账户冲击、资本账户管理与中央银行货币政策操作》，《金融研究》第 12 期。

刘哲希、郭俊杰、谭涵予、陈彦斌，2022，《货币政策能够兼顾"稳增长"与"稳杠杆"双重目标吗？——基于不同杠杆环境的比较》，《金融研究》第 7 期。

马勇、吕琳，2022，《货币、财政和宏观审慎政策的协调搭配研究》，《金融研究》第 1 期。

马勇、王莹曼，2022，《货币政策及其稳定性对银行风险承担的影响》，《金融评论》第 2 期。

亓浩、吴本健、马九杰，2022，《贷款利率市场化与农村金融机构回归本源》，《世界经济》第 11 期。

尚玉皇、李炜祺、董青马，2022，《公开市场操作与利率期限结构行为——基于混频数据信息的研究视角》，《金融研究》第 6 期。

石峰、王忓、龚六堂，2022，《人民币国际流动性约束与货币政策选择》，《经济学（季刊）》第 5 期。

谭小芬、王欣康，2022，《负利率环境下的货币政策溢出效应——来自欧元区和 17 个新兴经济体的证据》，《中国软科学》第 12 期。

宛洁茹、吴优，2022，《央行数字货币的跨境支付问题研究》，《新金融》第 1 期。

王博、高青青，2022，《央行沟通语义的金融市场响应》，《经济学动态》第 3 期。

王鹏、边文龙、纪洋，2022，《中国央行数字货币的微观需求与"金融脱媒"风险》，《经济学（季刊）》第 6 期。

文书洋、刘浩、王慧，2022，《绿色金融、绿色创新与经济高质量发展》，《金融研究》第 8 期。

吴迪、张楚然、侯成琪，2022，《住房价格、金融稳定与宏观审慎政策》，《金融研究》第 7 期。

宣扬、靳庆鲁、李晓雪，2022，《利率市场化、信贷资源配置与民营企业增长期权价值——基于贷款利率上、下限放开的准自然实验证据》，《金融研究》第 5 期。

杨子晖、陈雨恬，2022，《财政金融统一框架下的金融风险测度与分析——基于非线性网络关联的方法》，《中国社会科学》第 11 期。

易宇寰、潘敏，2022，《美联储加息冲击下中国双支柱调控政策的协调研究——基于"稳增长"与"防风险"的视角》,《财贸经济》第 11 期。

殷剑峰,2022,《人口负增长与长期停滞——基于日本的理论探讨及对中国的启示》,《中国社会科学》第 1 期。

战明华、李帅、汤颜菲、吴周恒,2022,《货币政策究竟如何影响经济杠杆率?——银行竞争与货币政策信贷渠道关系视角》,《国际金融研究》第 9 期。

张嘉明,2022,《货币政策、银行风险承担异质性与影子银行》,《经济研究》第 5 期。

张成思、唐火青、陈贞竹,2022,《货币政策冲击对实体企业投资选择影响的"宿醉效应"》,《金融研究》第 9 期。

张晓晶、张明、费兆奇、曹婧、王喆、张冲,2022,《三重压力下的中国金融发展》,《金融评论》第 1 期。

赵恒、周延,2022,《央行数字货币对货币结构与经济增长的影响效应研究》,《国际金融研究》第 6 期。

赵宣凯、张咪、何宇,2022,《美国货币政策冲击影响中国企业融资成本吗?》,《金融评论》第 5 期。

中国人民银行货币政策分析小组,2022,《中国货币政策执行报告——2022 年第四季度》。

朱民、彭道菊,2022,《创新内含碳中和目标的结构性货币政策》,《金融研究》第 6 期。

祝梓翔、高然,2022,《通胀—增长权衡和中国菲利普斯曲线的平坦化》,《金融研究》第 11 期。

庄毓敏、张祎,2022,《流动性监管、银行稳健性与货币政策传导》,《中国工业经济》第 6 期。

Kim, Soyoung & Hongyi Chen, 2022, "From a Quantity to an Interest Rate-Based Framework: Multiple Monetary Policy Instruments and Their Effects in China", *Journal of Money, Credit and Banking*, Vol. 54, No. 7, 2103–2123.

Liu, Jianguo, Liya Liu, Min Min, Shuying Tan and Fanqing Zhao, 2022, "Can Central Bank Communication Effectively Guide The Monetary Policy Expectation of The Public?", *China Economic Review*, Vol. 75, No. 7, 1–26.

Wang, Xi., Jiayang Li and Guangbin Zhang, 2022, "Mixed Monetary-Fiscal Policies and Macroeconomic Fluctuations: An Analysis Based on the Dynamic Stochastic General Equilibrium Model", *China & World Economy*, Vol. 30, No. 2, 167–196.

Wu, Wenbin, 2022, "Sales of Durable Goods and The Real Effects of Monetary Policy", *Review of Economic Dynamics*, Vol. 43, No. 1, 168–186.

Zhang, Min and Yahong Zhang, 2022, "Monetary Stimulus Policy in China: The Bank Credit Channel", *China Economic Review*, Vol. 74, No. 8, 1–32.

# 宏观金融研究述评

曹 婧[*]

2022年全球经济进入疫后重启阶段，发达国家经济金融格局呈现出"高通胀、高利率、高杠杆、低增长"的"三高一低"新特征。中国经济表现显著好于其他主要经济体，但经济增速换挡下高杠杆问题较为明显，如何平衡好稳增长与防风险之间的关系成为新发展阶段下关乎国家发展全局的理论难题和现实挑战。为此，宏观金融领域近期研究从以下四方面展开理论探索和定量分析。第一，对标准的金融加速器机制进行具有中国特色的理论创新，厘清经济周期和金融周期的变化规律、传导关系和交互影响。第二，深入研究宏观杠杆率与经济增速之间反向变动关系的内在形成机理，突破金融加速器机制的局限。第三，从新结构金融学、金融空间结构、金融网络结构等视角，构建金融有效支持实体经济的体制机制。第四，将地方政府土地融资行为和资产价格泡沫理论相结合，探讨以地价为核心的房地产泡沫如何影响经济增长和资源配置。本文以金融经济周期理论和宏观金融关联分析为主线，梳理2022年宏观金融领域的学术成果，重点关注金融经济周期联动、金融杠杆、金融结构、资产泡沫与宏观经济关联等问题的权威研究成果。

## 一 金融经济周期理论

2008年国际金融危机给实体经济带来了持续性紧缩影响，主流宏观研究开始关注金融中介在宏观经济中的作用。金融加速器理论有助于理解外生金融冲击产生的经济波动及其传导机制，但在解释金融周期现象方面仍显不足。金融加速器理论中金融危机的产生依赖于金融部门受到较大的负面冲击，然而近期的实证研究表明，金融危机发生之前往往伴随着信贷市场的繁荣，金融周期呈现出"繁荣孕育危机"式的内生波动。为此，宏观金融学者致力于构建内生金融周期模型，并取得了良好的进展。

### （一）金融加速器理论的拓展

美联储前主席本·伯南克荣获2022年诺贝尔经济学奖后，其创立的金融加速器理论引起学界的再度关注。大量研究表明，金融摩擦能够放大外生冲击对经济波动的影响，这一机制通常被称为金融加速器。文献中标准的金融加速器模型主要分为两种形式：一是 Bernanke 等（1996）提出的外部融资溢价机制，二是 Kiyotaki 和 Moore（1997）提出的抵押约束机制。赵扶扬等（2017）、梅冬州等（2018）在标准的金融加速器中引入土地财政，使理论模型更加符合中国的制度特征，特别是揭示了地方政府行为对中国经济波动的重要影响。相关研究对地方政

---

[*] 曹婧，中国社会科学院金融研究所，助理研究员。

府行为刻画的不足之处在于假定土地供给是外生的，但土地融资包括通过出让土地获得土地财政收入，或以土地出让收入作为抵押举借债务，而地方政府债务对经济波动影响的理论研究相对缺失。高然等（2022）在动态随机一般均衡（DSGE）模型中引入地方政府债务，并通过地方政府在土地财政和地方债之间的权衡选择内生化土地供给，从而揭示其产生的新金融加速器机制。研究表明，地方债使房地产价格与公共投资之间形成正反馈，显著放大了中国经济波动。地方债加速器是对金融加速器机制的具有中国特色的理论创新，打破了传统文献中"房地产价格—私人投资"的加速机制，代之以"房地产价格—公共投资"的加速机制。第一，地方政府以预期土地出让收入作为抵押发行地方债，形成独特的信贷约束，房地产价格上涨会通过放松地方政府的信贷约束导致地方债扩张。第二，地方政府的土地供给行为具有内生性，房地产价格上涨导致地方政府以地方债替代土地财政，这使土地供给减少并进一步加剧房地产价格上涨，从而在房地产市场内部产生额外的加速机制。第三，房地产市场波动向实体经济的传导主要借由公共投资而非私人投资，地方政府的基础设施投资扮演着重要角色，并会对私人投资产生挤出效应。进一步分析表明，地方债加速器具有显著的非对称性和风险累积效应，而土地出让成本、隐性担保、影子银行等现实因素进一步增强了地方债加速器的波动放大作用。

传统宏观金融分析框架仅将企业决策行为的调整过程假定为相对价格函数的"黑箱"，忽视了"风险转移—资源错配—要素边际收益偏离"这一外部冲击对宏观经济资源配置的影响机制，以及宏观经济模型未能纳入信息不对称引发的金融资源错配。杜群阳等（2022）基于金融加速器机制和风险转移机制，结合中国转型时期企业发展状况和经济体制，构建了包含金融摩擦和企业异质性的DSGE模型，探讨信息不对称对中国金融资源配置效率和经济周期波动的影响，拓宽了已有文献的研究边界。研究发现，受贷款人可获信息影响，不同规模企业的风险转移行为扭曲了要素相对价格，造成部门间资本边际产出分歧和信贷市场资源分配扭曲。在国际金融危机时期，政府对大企业的隐性担保会强化中小企业从事高风险活动的动机，加剧中小企业融资难现象，而政府给中小企业提供贷款担保能缓解信贷市场摩擦和资源错配。在风险冲击情况下，政府的直接消费措施对经济复苏作用短暂，而资金补贴措施则具有长期效果，但这两种财政措施均无法改善企业决策行为，仅从资本品层面缓解了经济下行压力。风险转移和企业异质性相结合会放大货币、财政和风险冲击下的福利损失，不考虑资源错配的深层原因而仅从供给侧结构性改革入手则会冲击劳动力市场，导致失业率上升。

2022年我国实施更大力度减税降费以应对经济下行压力，已有研究对减税政策影响路径的分析主要从要素成本出发，较少考虑金融市场摩擦对减税政策的影响。梅冬州等（2022）构建了包含政府减税政策的金融加速器模型，分析增值税减税的经济刺激效果，发现金融加速器机制会放大减税政策对企业投资和主要宏观经济变量的影响。由于非国有企业面临较强的融资约束，增值税减税能够提高非国有企业的净值，通过金融加速器效应降低其外部融资成本，使其增加投资。非国有企业用于形成资本的投资品主要由国有企业提供，增值税减税在促进非国有企业投资增加的同时，也会带动国有企业的产出扩张。而对于国有企业，由于其外部融资成本与其自身净值关联较小，即使增值税减税导致其净值改善，也不会影响其融资成本和投资行为，对整个经济的拉动作用相对较小。

### （二）金融周期与经济周期的联动关系

经济周期和金融周期之间的传导关系和交互影响是宏观金融研究的重要议题，已有研究对二者的关联机制展开了大量探讨，但尚未达成共识。一种观点认为经济周期和金融周期密切相关，且金融周期领先于经济周期波动；另一种观点则认为经济周期和金融周期之间不具有稳定的关联机制，只有典型的经济周期和金融周期波动才会向彼此形成局部传导。现有文献尚未形成一致结论的原因在于着眼于某一特定视角，缺乏对经济周期和金融周期之间关联方向、领先滞后关系和溢出效应的系统考察。刘达禹等（2022）基于精准计量思想，使用时变Granger因果检验和DY动态溢出指数精准分析经济周期和金融周期之间的时变关联机制。研究发现，经济周期和金融周期之间存在典型的周期错配现象，二者既有耦合区间又有背离时段。在绝大多数时期，经济周期和金融周期之间并不具有传导关系，只有在周期大幅背离和罕见灾难冲击出现时才易产生牵拉传导。金融周期对经济周期的溢出效应更强，而经济周期对金融周期的溢出效应较弱，但自新冠疫情暴发以来，二者之间的交互影响明显增强。经济周期和金融周期之间的关联机制通常并不稳定，这说明未来宏观金融研究必须注重关联机制的方向性、稳定性、持续性和作用强度，强化精准计量思想。

在金融周期下行阶段，金融子市场间的过度关联会加剧风险在金融体系的传导，金融体系自身的周期性波动以及各金融子市场之间的横向关联受到更多关注。现有文献主要对金融周期和横向关联分别进行测度，忽视了对二者作用关系的探讨。时间维度的金融周期对应金融子市场之间的纵向关联，立足于宏观金融视角，关注各金融子市场同时膨胀、同时衰退的顺周期性现象。空间维度的横向关联对应金融子市场之间的溢出效应，立足于微观金融视角，关注金融市场网络的联动关系。理解中国金融周期和横向关联的运行规律和作用关系，对防范化解系统性风险、保持金融体系稳健运行具有重要意义。方意和邵稚权（2022）结合时间维度与空间维度视角，综合使用股票市场、货币市场、房地产市场以及信贷市场的数据，测算中国金融周期和横向关联的波动特征、作用关系与频域叠加机理。研究发现，金融周期和横向关联的波动趋势具有一致性，我国金融周期长度约为10.33年，横向关联波动周期的长度约为10.58年。从作用关系上看，首先，我国房地产周期达到波峰后，会对股票市场和信贷市场产生较强的溢出效应；其次，股市周期达到波峰后，会向房地产市场和信贷市场产生较强的溢出效应；最后，我国信贷市场接受股票市场和房地产市场溢出后，信贷周期会逐渐达到波峰。从频域叠加机理的角度看，我国金融子市场间横向关联的波动主要由中低频波段驱动，中低频波段横向关联的持续期在2个月以上。

## 二 金融杠杆与宏观经济

2008年国际金融危机之后，全球面临经济增长趋缓和宏观杠杆率攀升的新挑战，中国在经济增速换挡过程中也面临杠杆率高企问题。低增长和高杠杆并存导致宏观政策陷入稳增长与防风险的两难选择，加大了金融体系脆弱性和经济下行压力。《国民经济和社会发展第十四个五年规划和2035年远景目标纲要》将"保持宏观杠杆率以稳为主、稳中有降"作为实施金融安全战略的重要内容，因此如何妥善处理好稳增长和去杠杆的关系是亟待解决的重要问题，也是守住不发生系统性风险底线的关键。

以金融加速器理论为核心的传统分析框架刻画了经济增速、企业资产价值和信贷规模三者之间的同向正反馈关系，难以较好地解释后金融危机时期经济增长和宏观杠杆率之间的反向变动关系。一些研究尝试"修补"金融加速器理论，即在金融加速器机制的基础上引入新约束特征，缓解杠杆顺周期性与现实之间的矛盾（Mian et al.，2021；陈彦斌等，2018；孟宪春等，2020；赵向琴等，2021）。刘哲希等（2022）基于主要经济体潜在增速趋势性下降和资产泡沫化风险加剧这一普遍特征，将资产泡沫这一资产端要素纳入对债务端宏观杠杆率的分析之中，提出并论证了"债务—资产价格"新机制。一方面，在现实中市场不完备性和个体相对风险厌恶系数大于1的前提下，经济增速持续下行会催生资产价格的过度上涨，信贷需求增长推动宏观杠杆率上升；另一方面，信贷需求增长又会通过抬高融资成本挤出实体经济投资，从而降低经济增速并使资产价格进一步上涨，上述两方面交互作用形成了宏观杠杆率上升而经济增速放缓的局面。数值模拟结果表明，"债务—资产价格"机制可以解释2013—2019年中国宏观杠杆率上升幅度的60%和经济产出下降幅度的45%，解释力显著强于金融加速器理论。

去杠杆是我国供给侧结构性改革的重要任务之一，但在去杠杆进程中我国宏观经济的信贷、杠杆率和信用利差等重要经济指标存在明显的"扩张—收缩"波动特征，平稳有序地去杠杆是防范化解金融风险的关键。为了在动态理论模型中刻画去杠杆政策，庄子罐等（2022）在金融加速器理论基础上构建金融经济周期模型，尝试利用反映违约成本变化的金融冲击刻画去杠杆政策的变化，从未预期和预期冲击两个视角理解去杠杆背景下中国宏观经济的波动特征。模型数值模拟结果表明，违约成本预期变化可以很好地解释去杠杆进程中我国宏观经济存在的"扩张—收缩"波动特征，实施去杠杆政策不仅应充分考虑违约成本的实际变动，还应重视金融机构的预期因素。

### （一）居民杠杆率与宏观经济

宏观杠杆率和经济增速的反向变动在居民部门体现为消费增速持续下降而家庭杠杆率逐年攀升，尤其是在房地产市场繁荣期。探讨家庭住房资产、杠杆变动和消费之间关系的研究尚未形成共识，多数文献认为房价上涨促使购房者增加预防性储蓄并收紧其流动性约束，从而挤出消费（臧旭恒、张欣，2018）。反对者认为我国家庭的住房拥有率较高，购房者因房价上涨带来的资产效应和财富效应而促进消费（何兴强、杨锐锋，2019）。孟宪春和张屹山（2021）较深入地分析了家庭债务扩张通过房地产价格渠道挤出居民消费的机制，但没有区分购买首套房家庭和非首套房家庭之间的行为决策差异，在中国情景下分别对应着家庭购房的刚需动机和投机动机。盛夏等（2022）创新性地把中国无房家庭和有房家庭行为决策差异纳入理论机制分析中，构建异质性代理人模型区分家庭刚需和投机购房动机，发现房价上涨预期会引发购买非首套房家庭的投机购房动机，投机性购房家庭大幅加杠杆并消耗流动性，从而减少消费。经验证据支持理论发现，家庭通过增加与住房债务相关的杠杆，挤出流动性和消费；在房地产政策刺激之后，购买非首套房的家庭消费降幅显著高于购买首套房的家庭，印证了投机性购房动机导致购买二套房的家庭杠杆率大幅上升，并通过流动性渠道挤出消费。

近年来，我国居民大量负债购房致使居民部门杠杆率快速攀升，偿债风险积累对金融稳定产生威胁，深入考察居民部门金融风险及偿债能力具有重要意义。文献中普遍使用的杠杆率大小只反映负债水平，并不能客观反映过度负债家庭的潜在偿债风险。一些研究在杠杆率的基础上引入债务收入比（债务/可支配收入）、资产负债率（债务/资产）等指标量化偿债风险，但建立在宏观数据上的指标仍然存在一定缺陷。例如，贫富差距分化使宏观意义上的指标不能完全反映微观主体实质上的偿债风险，如何基于微观个体负债和偿债信息去衡量居民部门偿债风险是度量其金融风险的关键。徐佳等（2022）运用微观家庭面板数据对我国居民部门偿债能力进行直接测算，并根据宏观层面的不良贷款率校准进一步提高准确性，弥补了目前国外研究中使用截面数据分析而可能产生的识别误差。研究发现，2011—2017年我国金融脆弱性家庭占比呈逐年上升趋势，应警惕居民部门杠杆率过快上升的透支效应和潜在风险，关注低收入家庭的偿债风险。购房预期收益上升使家庭产生加杠杆行为，导致家庭过度负债从而使家庭偿债能力进一步恶化。强调家庭潜在财务困境是理解居民债务杠杆和消费支出决策之间关系的关键因素，李波和朱太辉（2022）将家庭财务脆弱性引入跨期最优消费决策理论模型，并实证分析债务杠杆对家庭异质性消费行为的影响和机制。研究表明，家庭债务杠杆会提高财务脆弱性，从而弱化跨期消费平滑能力、强化消费预算约束，导致家庭处于"高边际消费倾向、低消费支出水平"的低层次消费路径上。对于通过负债投资多套房的家庭而言，高债务杠杆会明显增加不确定冲击下的财务脆弱性，进而对消费产生更大的抑制效应；亲友民间借贷的履约机制相对灵活，可以缓解财务脆弱性对家庭消费的抑制效应；债务杠杆上升引致的财务脆弱性，对耐用消费品支出的压缩效应大于非耐用消费品，对农村家庭消费支出的挤占效应大于城镇家庭。

### （二）企业杠杆率与宏观经济

企业杠杆率是一把双刃剑，本质上反映了企业利用外部金融资源的能力。一方面，企业加杠杆获得的债务融资可用于扩大生产规模或技术创新，从而加速资本积累并提高生产效率；另一方面，企业杠杆率过高会积累债务风险，对企业绩效产生负面影响。企业杠杆能否发挥积极作用取决于杠杆资金配置和利用效率，去杠杆政策目标在于优化信贷资源配置。一是杠杆资金能否从低效率部门流向高效率部门。为了避免低效率企业过度加杠杆引发债务违约风险，监管部门依据杠杆率设定债券发行门槛，限制高杠杆、偿债能力弱的企业进行债务融资。但发债企业会通过改变租赁模式、发行永续债、注入土地资产，或通过政府"打欠条"以增加其他应收款等方式进行杠杆操纵，从而提高债券发行信用评级、降低债券发行利差，这一行为会加剧企业未来的信用风险（李晓溪、杨国超，2022）。二是杠杆资金是仅用于简单的规模扩张，还是投入能够提升企业技术水平的研发投资活动。多数研究分别讨论企业杠杆率变动对固定资产投资和研发投资的影响，但二者均属于经营性投资行为，是企业经营资产配置的结果，研究企业杠杆率变动对投资活动的影响需要同时分析固定资产投资和研发投资规模及结构的变化。马思超等（2022）实证分析了企业杠杆率变动与其经营资产配置的关系，发现在低杠杆下，企业杠杆率提高会使其增加固定资产和研发投资的规模。对于财务柔性更强、发展前景更好的企业，杠杆率提升能够增大企业研发投入占比，即企业开展更多能够提升技术水平的研发活动。

提高全要素生产率是推动经济高质量发展的动力源泉，把握稳定宏观杠杆率和提升企业生产率之间的关系，是当前中国经济的重大政策问题。已有研究侧重于从企业内部决策和治理视角为二者关系提供经验分析，但结论上存在分歧，对作用机制和潜在内生性问题也缺乏充分讨论。黄少卿等（2022）从信息不对称、道德风险和银行信贷误配的视角，建立了一个包括生产者和银行在内的多部门一般均衡模型，探究杠杆率对企业生产率的异质性影响及其作用机制，并构造新工具变量和对行业层面生产率分解等方法，对二者的因果关系进行更加稳健有效的识别，为完善去杠杆和稳杠杆相关政策提供新的理论基础和经验证据。研究发现，由于存在信息不对称和道德风险，杠杆率提高导致借贷企业面临更紧的融资约束，从而使更多信贷资源配置于低效率生产项目，对企业生产率产生负向影响，这一抑制作用在非国有部门、东部地区和高生产率行业更为显著。因此，调整杠杆率的宏观政策应关注企业面临的借贷约束问题，以及高杠杆可能引发的要素误配效应，聚焦于提高信贷配置效率。

### （三）地方政府杠杆率与宏观经济

地方政府杠杆对企业行为的挤出效应是当前制约中国经济迈向高质量发展阶段的长期性、结构性和体制性问题，主要体现在对企业日常生产经营决策以及资源配置效率的扭曲上。地方政府债务扩张通过挤占金融市场信贷资源，对企业的投资、创新等产生挤出效应（吴敏等，2022），但鲜有文献研究地方政府债务对企业劳动雇佣和杠杆操纵行为的影响。余明桂和王空（2022）认为地方政府债务融资加剧了企业融资约束和企业金融化，进而抑制企业劳动雇佣，从地方政府加杠杆的角度为金融资源配置如何影响企业劳动雇佣提供了新的经验证据。迫于地方政府债务扩张对信贷资源的挤占，企业有较强的动机通过粉饰真实杠杆率来增强外部融资能力，地方政府债务对企业杠杆操纵行为的影响在企业融资约束更强、债务结构更依赖银行贷款、预算硬约束和信息不对称更大的样本中体现得更为明显，这为地方政府债务在微观层面的挤出效应提供了更为丰富的经验证据（饶品贵等，2022）。考虑到杠杆操纵行为造成企业账面杠杆率与真实杠杆率出现背离，已有研究可能低估了地方政府债务扩张对企业杠杆率的实际影响。

地方政府债务高企已然成为威胁中国金融稳定的"灰犀牛"，切断地方政府债务扩张演化为金融风险的传导途径，是防范化解系统性金融风险的关键。自欧洲债务危机和美国"财政悬崖"发生后，主权债务风险与金融部门风险之间的关联逐渐成为研究热点，国内文献关于地方政府债务对银行风险承担的影响进行了少量有益探索，但仍存在较大改进空间。其一，在理论分析层面，既有研究大多沿用国外学者的研究框架，将银行视为完全市场化的经营主体，忽略了地方政府与银行间关联关系的影响，因此国外学者的研究结论是否具有普适性有待商榷。其二，在银行风险承担刻画方面，多数研究将银行风险承担视为杠杆率上升或信贷规模下降，并未将银行风险承担动态决策行为纳入分析框架，难以体现实际已经发生并需要银行承担损失的风险。李双建和田国强（2022）基于中国特色财政金融体制特征和商业银行具体经营实践状况，将地方政府与银行间的关联关系纳入一个多部门DSGE模型中，较为系统地分析了地方政府债务扩张对银行风险承担的影响及作用机理，不仅弥补了已有文献将银行视为完全遵循市场化经营主体的不足，也为理解地方政府债务扩张诱发系统性金融风险的内在逻辑和传导路径提供了新的理论解释。

### （四）开放经济下的宏观杠杆率

当前我国金融业进入高水平对外开放的新阶段，国内经济面临着杠杆率高企、金融风险逐步显现的挑战。考虑到去杠杆政策的负向冲击可能因金融业开放水平提高而引起资本外流，从而导致经济衰退和杠杆率上升（梅冬州、宋佳馨，2021），金融开放、服务实体和防风险并不是孤立的，而是有机统一的。王茜等（2022）使用 100 个经济体 1995—2016 年的跨国面板数据，探讨资本账户开放在不同杠杆率下对经济增长影响的差异。研究发现，资本账户开放对经济增长的影响受杠杆率制约并具有显著的门槛效应，杠杆率上升会降低资本账户开放的增长效应。发展中经济体样本的杠杆率门槛值低于全样本的门槛值，说明发展中经济体的金融体系承担资本账户开放风险的能力更弱。不同资本账户子账户的杠杆率门槛值存在差异，商业贷款、直接投资和股票投资的杠杆率门槛值相对较高，可以在杠杆率较低时适时开放，而后推进货币市场、金融贷款和债券投资等高风险的子账户。

随着金融业加快对外开放、跨国银行间联系愈发紧密以及信贷获得渠道逐步放宽，跨境资本流动的异常波动愈加频繁，非金融企业杠杆率也显著上升（新兴市场经济体尤为明显），但鲜有文献关注跨境资本涌入对非金融企业杠杆率的影响和机制。苟琴等（2022）基于 2000—2015 年 47 个经济体非金融企业数据研究发现，跨境资本涌入通过资产价格渠道和信贷渠道推升企业杠杆率，股权资本涌入仅通过资产价格渠道发挥作用，而债务资本涌入同时通过两个影响渠道产生加杠杆效应，拓展了企业杠杆率决定因素的相关研究。当经济体发生资本涌入时，非金融企业杠杆率变动增加会推升企业预期违约概率；而当资本流入突然逆转出现资本外逃时，非金融企业杠杆率会随之降低，进一步加大金融风险。

在全球不确定性不断提高、国际金融市场动荡加剧的背景下，汇率作为连接国内金融市场和外汇市场的核心经济变量，近年来受到学者们的广泛关注。多数文献从经济增长、物价水平、全要素生产率、技术创新、货币国际化等角度分析汇率波动的宏观经济效应（阙澄宇、程立燕，2018；许雪晨等，2021；盛斌、景光正，2021），但对政府杠杆率如何变化缺乏深入研究。丁剑平和白瑞晨（2022）结合非抛补利率平价偏移的事实，考察汇率波动对政府杠杆率的影响及其作用渠道，并进一步分析上述效应在不同金融发展水平和资本管制程度下的异质性，对现有研究作了有益补充。实证结果表明，汇率波动增加显著提高了政府杠杆率，金融发展水平对汇率波动影响政府杠杆率具有负向调节效应，资本管制则存在门限效应。在非抛补利率平价偏移的背景下，预期汇率波动与政府债券利率的变动存在显著正向关系，进而影响下一期的政府杠杆率。

## 三　金融结构与宏观经济

党的二十大对建设现代化经济体系作出了新部署，金融必须通过优化融资结构和金融机构体系、市场体系、产品体系，为实体经济发展提供更高质量、更有效率的金融服务。近期文献主要基于新结构金融学、金融空间结构、金融网络结构等视角，研究金融结构对经济增长、出口贸易和金融稳定的影响。

### （一）基于新结构金融学的视角

新结构金融学从金融结构与经济发展阶段以及产业结构相互匹配的角度对最优金融结构进行探讨，认为金融结构只有与特定发展阶段的要素禀赋结构及其内生决定的产业结构相适应时，才能够促进经济增长（林毅夫等，2009；龚强等，2014）。银行业是金融体系的核心部分，不同发展阶段国家所适合的银行业结构应与其产业结构所决定的企业规模结构相匹配。大银行较少服务中小企业并非因为规模歧视，而是由于大银行难以有效甄别企业家经营能力等软信息，需要严格要求企业的抵押品数量并施行严格的违约清算。大银行的这种融资特性与中小企业缺乏抵押品的企业特性不相匹配，导致大银行难以为中小企业提供低成本、高效的金融支持（张一林等，2019）。发展中国家的产业结构通常以劳动密集型产业为主，企业规模一般较小，由此内生出以小银行为主导的银行业结构。但张一林等（2019）并未考虑发展战略对银行业结构的影响，研究结论无法解释中国在改革开放初期对银行业准入和竞争加以限制进而建立起大银行垄断的银行业结构。为此，朱永华等（2022）不以一国的产业结构是最优产业结构为前提，而是基于特定的发展战略所决定的实际产业结构，探讨中国以大银行为主的银行业结构的形成逻辑。研究发现，考虑到缔约成本和信息成本，大企业资金需求规模大的特征与大银行资金动员能力强的优势相互匹配，大企业更适合由大银行提供资金支持。中国在改革开放前推行重工业优先发展的赶超战略，为确保"重要而不能倒"的国有企业获得足够的银行贷款而不破产倒闭，理性选择是建立以大银行为主的银行体系，同时进行利率管制，最大限度地降低大企业的融资成本和破产倒闭风险。

新结构金融学从理论层面阐述了金融结构与要素禀赋匹配的重要性，但尚未涉及技术创新领域的关于金融结构与劳动力结构组合方式的影响机制探讨。叶德珠等（2022）创新性地运用排序匹配法度量金融和劳动力结构之间的匹配度，以此考察对技术创新的影响。实证分析发现，市场型金融结构与高技能劳动力匹配、银行主导型金融结构与低技能劳动力匹配能促进创新产出增长，金融—劳动力结构差距与创新成倒U形关系，即匹配度存在最优状态使得创新产出边际增长达到最大值。研究结论不仅拓展了传统增长理论中关于劳动和资本相互替代的总量分析，也为新结构金融学提供了新的经验证据。

**（二）基于金融空间结构的视角**

合理的金融空间结构（金融资源在空间上的合理分布）有助于增强金融服务实体经济能力，关于金融空间配置效率及其对实体经济影响的学术讨论不断涌现。中国金融资源的空间配置方式主要以商业银行网点为载体，银行分支机构规模扩张会重塑企业金融资源的触达范围，对企业融资和技术创新产生重要影响。陈长石等（2022）以城市商业银行设立和网点扩张作为外生冲击，实证检验中小银行对科技企业进入的影响及其作用机制。研究发现，本地城市商业银行和跨区经营城市商业银行均有助于科技企业进入，但作用机制存在差异，本地城市商业银行通过提升信贷可得性和地方政府扶持配套促进科技企业进入，跨区经营城市商业银行则通过金融市场竞争促进科技企业进入。

中国近年来各地区金融中心城市的塑造导致金融资源趋于集中，现有研究主要考察金融集聚对经济生产增长和信贷约束（包括信贷可得性、贷款利率、贷款抵押率、违约风险等）的影响，从金融空间结构角度探究其影响出口贸易机制和效果的文献较少。盛斌和王浩（2022）利用企业和银行分支机构地理位置信息测度企业周边一定半径内的银行分支机构数目，更准确地评估银行分支机构扩张对企业出口国内附加值率的影响和机制。研究发现，银行分支机构扩张通过发挥创新促进效应显著提升企业出口国内附加值率，非纯加工贸易企业、民营企业、高银行业投入比例行业企业和处于全球价值链中低端行业企业的出口国内附加值率提升更加受益于银行分支机构扩张。戴美虹等（2022）拓展了异质性企业贸易模型的理论框架，并使用我国微观数据和无条件分位数回归模型进行经验研究，从而揭示金融集聚对企业出口"量"（出口规模）和出口"质"（出口质量）的影响机理。研究发现，金融集聚助于提高企业出口规模和出口产品质量，一方面，金融空间结构会产生本地市场效应，通过缓解企业信贷约束、减少固定成本、提升固定成本投入效率，进而促进企业出口；另一方面，金融空间结构亦具有空间外溢效应，金融资源集聚会影响周边邻近地区实体企业的行为决策。

目前关于金融空间结构与贸易竞争力的相关研究主要落脚于出口扩张、出口产品质量以及出口贸易转型升级等方面，鲜有文献直接探讨金融空间结构对我国全球生产链地位的影响。陈旭等（2022）运用要素帕累托分布思想，基于从业人数和贷款规模测算中国各地区的金融空间分散化指数，从而揭示不同形态的金融空间分布对企业全球生产链地位的非线性影响及其作用渠道。相比于许和连等（2020）、盛斌和王浩（2022）考察银企距离对出口规模和贸易附加值率的影响，陈旭等（2022）侧重于金融空间分布分散化对企业全球生产链地位的影响，对金融空间结构和出口升级的相关文献形成了有益补充。研究发现，金融空间分布分散化对企业全球生产链地位的影响呈现显著的先促进后削弱的倒 U 形特征，目前我国金融空间分布分散化程度尚未达到最优水平，融资成本和技术水平是金融空间分布影响企业全球生产链地位的重要途径。

### （三）基于金融网络结构的视角

防范区域性金融风险和经济风险是实现地方经济金融体系长治久安的关键，企业之间存在广泛的经济联系，由此形成的紧密网络关联对系统性金融风险的催化、放大作用引起学界关注。作为中国区域金融市场一种常见的金融网络结构，担保圈是特定区域内若干企业组建的互联互保网络，企业之间以相互担保的方式为彼此的债务融资增信，通常具有成员多、金额大、结构复杂等特征。在企业互联互保所形成的担保网络中，当某一家企业发生债务违约后，为之担保的互保企业不仅新增了债务和债权银行，更因新债权银行和原债权银行集体挤兑企业债务而陷入债务违约和资金链断裂的困境，并由此引发新一轮的债务挤兑和资金链断裂，最终演变成具有"多米诺效应"的区域性金融危机和经济危机（张一林等，2022）。王姝黛等（2023）结合前沿的弹性网络收缩技术与网络拓扑分析方法，基于高维风险网络探讨我国城投债信用风险跨区域传染的中心源头、路径演变和驱动机制。研究表明，经济较为发达的东部地区位于信用风险网络的中心，而西部债券市场韧性较低，其融资成本极易受到外部风险异动的影响，属于风险传染链条中的净接收方。省际信用风险传染存在明显的地理集聚效应，信用风险溢出强度会随地理距离的增大而逐渐衰减；在城投债网络内，经济增长波动性较高的省份，更可能对外输出信用风险。与多数研究采用的面板数据模型、低维网络分析框架相比，高维网络能够避免样本筛选偏误带来的重要风险节点缺失，增强模型的现实解释力。

在信用担保过程中，担保人并没有用资金或资产作为抵押，而是凭借其良好的商业信用为被担保人增信，其本质是企业间商业信用的拆借，主要传导了企业的失信风险。学术界对失信风险与债券市场的实证研究直到最近才逐渐兴起，以往对债券市场的研究主要关注违约风险，但企业在债务违约前大多已经在经营过程中出现了失信行为，因此研究失信风险对债券信用风险的判断具有预警作用。王雷等（2022）构建了非金融发债企业的担保网络，基于金融网络视角实证检验失信风险沿担保网络的传染效应对债券信用风险的影响，发现企业失信行为会产生直接传染、局部感染和全局扩散三类传染效应，三者相关性较低但都会影响债券信用利差。从企业所有制来看，民营企业主要受微观的直接传染效应和中观的局部感染效应影响，而国有企业主要受全局扩散效应影响，被担保人的失信风险对两类企业都有显著影响。

## 四　资产泡沫与宏观经济

资产泡沫风险一直以来都备受关注，既源于泡沫破裂对金融稳定造成的负面影响，也源于投资者在泡沫形成过程中的行为难以解释。有效市场假说认为投资者是理性的，但现实生活中，受收益外推、避险情绪和从众心理等因素影响，投资者通常难以做到绝对理性。何朝林等（2022）假设风险资产未来价格变化由其过去价格变化外推形成，基于现金流股息冲击提出一个新的资产价格泡沫模型研究金融资产泡沫形成机制，并提炼其内在特征。研究表明，在正的现金流股息或利好消息冲击下，投资者异质价格信念是导致金融资产泡沫的主要因素，且资产价格的表现具有滞后性。金融资产泡沫具有典型的三阶段特征，在其产生、生存和破灭阶段，资产价格与交易量分别表现出显著的高度正相关、弱的负相关和低度正相关关系，量价齐升是金融资产泡沫产生的显著标志，较好地解释了金融资产泡沫期间的量价关系。

### （一）宏观流动性与资产泡沫

新冠疫情期间，众多发达国家金融和房地产市场价格持续上涨，风险资产价格的涨幅明显大于安全资产。现有研究普遍认为，实施量化宽松政策能有效抬高资产价格，但关于量化宽松强度对资产价格的影响讨论较少。翟东升等（2022）基于美、欧、日央行的量化宽松政策实践，创新性地使用央行资产负债表的扩张规模直观评估量化宽松强度，构建SV-TVP-VAR模型分析量化宽松对资产市场的影响及其财富再分配效应。研究发现，在新冠疫情背景下，美、欧、日激进的量化宽松政策推升了资产价格，对股市和房市的拉动效果比债市更加有力。美联储量化宽松对资产市场的影响整体上与国际金融危机期间相近，但由于货币政策工具的创新、财政政策与货币政策的共振，量化宽松对股市和房市价格的短期提振效果增强。得益于欧洲主权债务危机的缓和、货币政策前所未有的激进以及一体化程度的加深，欧洲央行量化宽松抬升股市、房市和债市的能力显著增强。而日本央行基本没有采取大幅度、超市场预期的行为，量化宽松政策对资产市场的影响整体弱于以往多个时段。资产价格上涨产生财富再分配效应：经济体内层面，富人和穷人的财富占比都有所提升，而中间40%家庭的财富占比却出现萎缩；国际层面，从海外资产收益率的角度出发，中国作为外汇储备国和大额顺差国是财富再分配效应的主要受损者。

当前，全球资本管制放松、金融创新发展和主要经济体央行角色变化，为全球流动性创造提供了便利，使得全球流动性对通胀和金融资产价格的影响效应大幅增强。陈卫东和王有鑫（2022）从中央银行流动性、私人资产流动性、全球融资流动性、全球股权投资流动性、全球支付流动性、全球公共紧急流动性支持六个维度出发，构建更加全面的全球流动性分析框架，探讨不同维度全球流动性对一国通胀、金融资产价格和金融稳定的作用机制，并从全球生产和金融大循环角度重点考察跨境流动性对各国通胀和金融资产价格的差异化影响。研究表明，央行流动性是全球流动性的核心，跨境流动性主要影响他国债务和金融市场稳定，私人资产和跨境流动性的顺周期性变化将放大央行流动性对经济金融体系的影响。欧美等国际货币发行国可以将货币超发成本转嫁给其他国家，经济呈现"高全球流动性、低通胀和高金融资产价格"特点；工业出口国和大宗商品出口国货币跨境使用较少，金融资产价格除受本地流动性影响外，还受跨境流动性影响波动较大。

**（二）房地产泡沫与宏观经济**

土地资产兼具生产资本和抵押资产的双重属性，土地资产价格波动具有预期自我实现和泡沫积累的特征，由此可能引发的系统性金融风险不容忽视。土地资产价格与经济中流动性供给的关系是这种复杂风险的直接体现，现实经济运行中存在两个层次的流动性供给：一是央行通过基础货币指标管理的商业银行信贷额度，即基础货币流动性供给；二是商业银行通过信贷投放对非银行部门供应的流动性，即存款货币流动性供给。土地资产价格波动与两类流动性供给之间均存在紧密联系。第一，由于土地资产价格同时反映社会投资需求变化和企业抵押品价值，且银行会将以土地资产为抵押的信贷资产进行证券化以主动提高其信贷额度，土地资产价格与存款货币流动性供给呈现出较高的正相关性，且这种关联会影响土地资产价格的动态变化特征。第二，在我国以银行为核心的金融体系下，基础货币供给仍能约束企业所能获取土地抵押贷款的最大规模，因此可通过改变土地资产的金融性价值，引导其价格变化。研究土地资产价格的理论分析文献普遍缺少对基础货币流动性供给及其对土地资产价格变化引导机制的分析，仅重视一般抵押贷款机制，忽视了资产证券化可能带来的机制性变化，而这正是土地资产价格存在特殊变化机制的原因之一。为填补上述研究空白，郭杰和饶含（2022）建立了一个拓展的货币搜寻模型，假定土地兼具生产资本和抵押资产属性，银行贷款同时受到投资需求、抵押品价值和信贷额度的约束，对土地资产价格—存款货币流动性供给—基础货币流动性供给三者之间的关系进行了较为全面的描述和分析。研究发现，土地资产价格在低于一个由基础货币供给决定的临界值后，能影响企业的抵押品价值并反映投资需求变化，故而与存款货币流动性供给正相关。基础货币供给能够通过影响土地的流动性价值的方式来引导土地资产价格，前提是央行可掌握土地资产价格外生变化的原因。信贷资产证券化会增强存款货币供给与土地价格的关联度，但也会削弱基础货币供给对土地价格的引导能力。

地方政府通过土地出让和抵押为公共投资进行融资，是以土地价格快速上涨为基础的。当前我国住宅和商服用地的价格水平较高，已经超出其基本使用价值，存在地价高估。赵扶扬（2022）在资产泡沫理论框架中引入地方政府土地融资和公共投资行为，理论模型可以产生多重均衡，包括土地价格等于土地基本价值的基本面均衡，以及土地价格高于土地基本价值的高估值均衡。理论证明显示，高估值均衡下，当公共资本对产出的外部性较低时，公共资本过度积累和地方政府债务扩张提高了金融市场融资成本，从而挤出商业投资并抑制产出水平。尽管地价高估会带来资源错配，但直接刺破高估价值将使地方政府债务失去土地融资的支撑，可能会在短期带来金融系统稳定和地方财政可持续性的两难选择，从而对实体经济带来负面影响。

我国房地产调控政策大致经历了两个阶段，早期调控政策充分肯定了房地产市场发展对拉动经济增长的积极作用，但房价快速上涨会抑制经济增长并带来金融风险，自2016年起，"房住不炒"成为房地产调控主基调。虽然国内学者通过实证分析发现房价对经济增长具有倒U形影响，但是目前还没有一个合适的分析框架能够解释这一倒U形影响的理论机制。其一，多数研究使用 Kiyotaki 和 Moore（1997）提出的抵押约束机制作为房价影响宏观经济的主要渠道，抵押约束机制认为房价上涨会拉动经济增长而房价下跌会抑制经济增长，并未充分考虑房价对经济增长的非线性影响。其二，作为宏观金融文献中处理非线性的主要分析框架，偶然紧借贷约束和银行挤兑均通过资产价格泡沫的破灭来体现非线性关系，并不适合描述中国当前房价维持在较高水平以及在这种状态下房价对宏观经济的不利影响。侯成琪和肖雅慧（2022）通过在模型中引入房地产业与其他产业之间的投入产出关系，研究中间品需求渠道及其乘数效应如何导致房价对经济增长产生倒 U 形影响。研究发现，当房价较低时，两个部门之间的投入产出关系使得中间品需求和最终品需求相互带动，导致房价上涨会拉动经济增长；但当房价超过某一个阈值时，房价上涨带来的中间品价格上涨和生产成本上升导致厂商降低产出水平和减少对中间品的需求，中间品需求渠道及其乘数效应开始发挥反向作用，导致房价上涨会抑制经济增长。引入房地产业与其他产业之间的投入产出关系不仅能充分体现房地产业与其他产业关联度高、对上下游相关行业拉动力强的特点，提高理论模型对中国经济的解释能力；而且能引入中间品需求渠道及其与最终品需求渠道相互作用产生的乘数效应，内生地描述房价对经济增长的倒 U 形影响。

**参考文献**

陈卫东、王有鑫，2022，《全球流动性、通胀与金融资产价格互动演变逻辑：理论框架和经验分析》，《国际金融研究》第 6 期。

陈旭、邱斌、张群、张亮，2022，《金融空间分布与企业全球生产链嵌入》，《经济研究》第 7 期。

陈彦斌、刘哲希、陈伟泽，2018，《经济增速放缓下的资产泡沫研究——基于含有高债务特征的动态一般均衡模型》，《经济研究》第 10 期。

陈长石、姜廷廷、刘晨晖，2022，《中小银行如何影响科技企业进入——来自城市商业银行设立与跨区比较的经验证据》，《财贸经济》第 9 期。

戴美虹、刘帅、沈昕祥，2022，《金融空间结构与出口贸易："量"还是"质"？》，《统计研究》第 7 期。

丁剑平、白瑞晨，2022，《非抛补利率平价偏移、汇率波动与政府杠杆率》，《财贸经济》第 10 期。

杜群阳、周方兴、战明华，2022，《信息不对称、资源配置效率与经济周期波动》，《中国工业经济》第 4 期。

方意、邵稚权，2022，《中国金融周期与横向关联：时空双维度相结合视角》，《金融研究》第 1 期。

高然、祝梓翔、陈忱，2022，《地方债与中国经济波动：金融加速器机制的分析》，《经济研究》第 6 期。

龚强、张一林、林毅夫，2014，《产业结构、风险特性与最优金融结构》，《经济研究》第 4 期。

苟琴、耿亚莹、谭小芬，2022，《跨境资本涌入与非金融企业杠杆率》，《世界经济》第 4 期。

郭杰、饶含，2022，《土地资产价格波动与经济中的流动性供给——基于以地融资视角的研究》，《金融研究》第7期。

何朝林、张棋翔、曹旺栋，2022，《基于异质价格信念的金融资产泡沫形成机制》，《中国管理科学》第12期。

何兴强、杨锐锋，2019，《房价收入比与家庭消费——基于房产财富效应的视角》，《经济研究》第12期。

侯成琪、肖雅慧，2022，《住房价格与经济增长：基于中间品需求渠道及其乘数效应的分析》，《经济研究》第4期。

黄少卿、俞锦祥、许志伟，2022，《杠杆率与企业生产率：基于信贷误配的视角》，《中国工业经济》第9期。

李波、朱太辉，2022，《债务杠杆、财务脆弱性与家庭异质性消费行为》，《金融研究》第3期。

李双建、田国强，2022，《地方政府债务扩张与银行风险承担：理论模拟与经验证据》，《经济研究》第5期。

李晓溪、杨国超，2022，《为发新债而降杠杆：一个杠杆操纵现象的新证据》，《世界经济》第10期。

林毅夫、孙希芳、姜烨，2009，《经济发展中的最优金融结构理论初探》，《经济研究》第8期。

刘达禹、向思宇、宋洋，2022，《中国经济周期与金融周期关联机制的时变特征与不稳定性——基于精准计量视角的重新审视》，《上海财经大学学报》第6期。

刘哲希、郭俊杰、陈伟泽，2022，《经济增长与宏观杠杆率变动研究——一个"债务—资产价格"新机制》，《经济研究》第10期。

马思超、沈吉、彭俞超，2022，《杠杆率变动、固定资产投资与研发活动——兼论金融赋能高质量发展》，《金融研究》第5期。

梅冬州、崔小勇、吴娱，2018，《房价变动、土地财政与中国经济波动》，《经济研究》第1期。

梅冬州、宋佳馨，2021，《金融业开放与宏观经济去杠杆》，《中国工业经济》第10期。

梅冬州、杨龙见、高崧耀，2022，《融资约束、企业异质性与增值税减税的政策效果》，《中国工业经济》第5期。

孟宪春、张屹山、张鹤、冯叶，2020，《预算软约束、宏观杠杆率与全要素生产率》，《管理世界》第8期。

孟宪春、张屹山，2021，《家庭债务、房地产价格渠道与中国经济波动》，《经济研究》第5期。

阙澄宇、程立燕，2018，《汇率波动对货币国际化具有非线性效应吗？——基于金融市场发展视角》，《国际金融研究》第3期。

饶品贵、汤晟、李晓溪，2022，《地方政府债务的挤出效应：基于企业杠杆操纵的证据》，《中国工业经济》第1期。

盛斌、景光正，2021，《汇率波动、金融结构与技术创新》，《财贸经济》第10期。

盛斌、王浩，2022，《银行分支机构扩张与企业出口国内附加值率——基于金融供给地理结构的视角》，《中国工业经济》第2期。

盛夏、李川、王擎，2022，《房地产市场、家庭杠杆率与消费——一个异质性代理人模型》，《经济研究》第11期。

王雷、李晓腾、张自力、赵学军，2022，《失信风险传染会影响债券定价吗？——基于担保网络大数据的实证研究》，《金融研究》第7期。

王茜、王伟、杨娇辉，2022，《资本账户开放与经济增长：基于杠杆率的门槛效应分析》，《财贸经济》第7期。

王姝黛、杨子晖、张平淼，2023，《城投债信用风险传染的地理集聚、路径演变与驱动机制——基于前沿弹性网络收缩技术的研究》，《统计研究》第3期。

吴敏、曹婧、毛捷，2022，《地方公共债务与企业全要素生产率：效应与机制》，《经济研究》第1期。

徐佳、李冠华、齐天翔，2022，《中国家庭偿债能力：衡量与影响因素》，《金融研究》第11期。

许和连、金友森、王海成，2020，《银企距离与出口贸易转型升级》，《经济研究》第11期。

许雪晨、田侃、倪红福，2021，《汇率传递效应研究：基于全球价值链的视角》，《财贸经济》第3期。

叶德珠、王佰芳、黄允爵，2022，《金融—劳动力的结构匹配和技术创新——来自中国省级层面的证据》，《金融评论》第2期。

余明桂、王空，2022，《地方政府债务融资、挤出效应与企业劳动雇佣》，《经济研究》第2期。

臧旭恒、张欣，2018，《中国家庭资产配置与异质性消费者行为分析》，《经济研究》第3期。

翟东升、王雪莹、朱煜、魏子龙，2022，《新冠肺炎疫情背景下的量化宽松政策、资产价格与财富再分配》，《国际金融研究》第10期。

张一林、林毅夫、龚强，2019，《企业规模、银行规模与最优银行业结构——基于新结构经济学的视角》，《管理世界》第3期。

张一林、郁芸君、蒲明，2022，《担保圈危机、债务挤兑与区域风险治理》，《世界经济》第9期。

赵扶扬、王忏、龚六堂，2017，《土地财政与中国经济波动》，《经济研究》第12期。

赵扶扬，2022，《地价高估、公共投资与资源错配》，《经济研究》第3期。

赵向琴、陆震、陈国进，2021，《房价与家庭债务的"逆周期"》，《中国工业经济》第4期。

朱永华、张一林、林毅夫，2022，《赶超战略与大银行垄断——基于新结构经济学的视角》，《金融研究》第11期。

庄子罐、邹金部、刘鼎铭，2022，《金融冲击、去杠杆与中国宏观经济波动》，《财贸经济》第1期。

Bernanke, B., M. Gertler, and S. Gilchrist, 1996, "The Financial Accelerator and the Flight to Quality", *Review of Economics and Statistics*, Vol. 78, No. 1, 1341 – 1393.

Kiyotaki, N. and J. Moore, 1997, "Credit Cycles", *Journal of Political Economy*, Vol. 105, No. 2, 211 – 248.

Mian, A., L. Straub, and A. Sufi, 2021, "Indebted Demand", *Quarterly Journal of Economics*, Vol. 136, No. 4, 2243 – 2307.

# 微观银行学研究述评

张 珩[*]

党的二十大报告旗帜鲜明地提出中国式现代化，为中国未来经济社会发展指明了前进方向。金融是现代经济的核心和血脉，银行业是中国金融体系的主体。中国银行业要持续推动高质量发展，既要善于抓住中国式现代化新征程的重大战略机遇，又要坚持把着力点放在服务实体经济上，以增强金融服务供给、加强服务实体经济重点领域和薄弱环节为立足点，打造独具中国特色的银行业高质量发展模式。2023年将是全面贯彻落实党的二十大精神、开启中国式现代化新征程的开局之年，尽管国内外形势仍有不确定性，但中国经济长期稳定向好的格局不变，深化改革和扩大开放将稳步推进，经济发展前景光明。在此背景下，全力支持稳定宏观经济大盘和经济高质量发展成为银行业金融机构的重要使命和责任，这无疑对中国银行业的发展提出了新的要求。

对标中国式现代化经济高质量发展要求，中国银行业需把握战略机遇和发展窗口期，巩固提升核心竞争力，着力锻长板补短板，构筑更具发展韧劲、稳定性更好、经营能力更强的中国式现代化的银行业体系，以此为中国经济发展精准发力，这既是实现中国银行业高质量发展的动力所在，也是更好服务于实体经济发展、牢牢守住不发生金融风险底线的题中应有之义。鉴于此，继续按照"稳增长—防风险"的主线对微观银行领域的研究成果进行系统性梳理，对于构建更加便捷、更高质量、更有效率、更可持续和更为安全的银行服务体系，促进形成实现银行业自身高质量发展以及支撑实体经济提质增效"共生共荣"机制具有重要理论价值和实践指导意义。

## 一 关于银行稳增长问题的研究

关于银行稳增长这一问题，针对已有成果，主要从"银行自身发展"和"银行发展中产生的经济效应"两个视角进行系统性梳理。

### （一）关于银行自身发展的研究

1. 传统银行发展

作为国民经济的重要枢纽，银行自身发展关系到社会经济发展与国民财产安全，也牵涉到整个国家经济安全。传统银行发展历来都是理论界研究的一大热点，直接关系到金融供给侧结构性改革的效果。而作为中国金融供给侧结构性改革的重要内容，中小银行在服务小微企业和"三农"以及保障民生方面发挥着特殊的作用，不少学者围绕这一问题展开充分讨论。绩效水

---

[*] 张珩，中国社会科学院金融研究所，副研究员。

平的高低决定了中小银行能否高质量发展,因此多数学者重点分析了银行绩效。Fukuyama 和 Tan(2022)研究发现大型银行社会绩效优于中小型银行(如社区银行)。农村商业银行由于其服务对象和业务的特殊性而尤为引人注目。李川、荆中博、李昌萌、杨海珍(2022)从效益性、安全性和流动性三个维度分析农商行的经营绩效后发现,农商行的经营绩效在 2013—2018 年呈现出明显的下降趋势。还有学者专门分析了银行社会绩效和经营绩效之间的关系。López-Penabad 等(2022)研究发现,银行的社会绩效与经营绩效之间是一种 U 形关系。尽管银行效率与绩效提升是银行发展的关键,但处在日益激烈的竞争环境中,如何利用好内外部因素着力提升银行效率水平、促进银行稳健经营成为学者关注的一个焦点。张宁、张兵、吴依含(2022)利用农村商业银行的追踪调查数据研究发现,开展农户信用评级会显著提升农商行社会绩效和经营绩效。此外,还有部分学者从银行内部产权改革角度进行研究。张珩(2022)利用 DID 等方法发现,产权改革显著提升农信社双重绩效耦合协调度,抑制农信社发生使命漂移。尽管已有研究从不同视角进行了分析并得到不同结论,但其为制定合理的政策并据此促进银行高质量发展奠定了基础。

　　随着互联网、大数据等信息技术不断应用到金融领域,金融科技对提高银行效率、促进银行高质量发展的作用日益凸显。一些学者围绕该问题进行了深入讨论,并且基本得到了金融科技能促进银行高质量发展的观点,这为持续助力银行数字化发展奠定了基础。事实上,商业银行通过布局金融科技进行的金融创新已成为深化金融供给侧结构性改革的一大重要举措。郭晔、未钟琴、方颖(2022)分析发现,金融科技布局不仅可以直接提高银行自身创新能力与竞争力,还能通过降低信贷风险、提升普惠金融服务、提高运营管理能力以及拓展中间业务提高银行经营绩效,并且这一机制在资本充足率较低和信用贷款比重越高的银行中表现得更为明显。另外,随着数字技术的发展,金融科技公司的数字金融业务已经不断渗透到农村市场,并对以农商行为主要代表的中小银行的高质量发展产生了显著影响。张正平和刘云华(2022)分析发现,数字普惠金融能通过提升农商行电子化水平和强化风险治理能力提升农商行运营效率。少部分学者通过研究得到了相反的观点,他们认为数字技术是一把双刃剑,其既可以有效推动中国金融组织形态的多样化,也能产生一定负面效应。Zhao 等(2022)研究发现金融科技创新总体上降低了银行的盈利能力,并且对国有大型商业银行的影响更为明显。Li 等(2022)研究发现,金融科技的技术基础对商业银行业绩有显著的负向影响,而数字支付对商业银行业绩有显著的正向影响。张海洋、胡英琦、陆利平、蔡卫星(2022)分析发现,数字金融会显著减缓股份制商业银行和城市商业银行的机构网点扩张,加快农村金融机构转型和网点退出。王小华、邓晓雯、周海洋(2022)研究发现,由于金融科技的"竞争效应"具有明显优势,导致其不仅会降低商业银行的盈利能力,还会提高商业银行的经营活动风险,不利于商业银行经营绩效的提升。

　　伴随现代科技的快速演进,以 5G 通信、人工智能、区块链、云计算为代表的金融科技日益成为银行业高质量发展的核心驱动力,银行业数字化转型进程明显加快。围绕传统银行数字化转型,一些学者进行了深入讨论。在理论层面,谢治春、赵兴庐、刘云燕(2022)以及余明桂、马林、王空(2022)认为,传统商业银行需要通过提升组织能力来适应和推进数字化转型工作。针对数字化转型的测度,谢绚丽和王诗卉(2022)开创性地从战略、业务、管理三个维度构建银行数字化转型指标体系,分析发现国有银行、股份制银行和城市商业银行的数字化转型水平要远高于农商行。不同于一般的商业银行,作为中国金融体系的重要组成部分的农村金融机构的数字化转型所带来的成本节约和效率化作用将增强自身的竞争优势,这也是农村金融机构应对数字金融机构、大中型商业银行竞争的必然选择。张岳和周应恒(2022)结合农村金融机构特点,基于文本分析法测算农商行数字化转型程度后发现,其均值为1.600,有较大提升空间。

### 2. 影子银行发展

作为传统金融体系的补充,影子银行的存在具有一定合理性。在当前经济稳增长诉求、货币信用传导渠道仍待通畅以及利率市场化不断推进的环境下,如何规范影子银行业务经营、引导影子银行向合规健康发展,不仅是学界讨论的一大焦点,也是当前中国金融供给侧结构性改革的重要任务。针对这一问题,刘澜飚、李博韬、王博(2022)将非标资产作为研究影子银行的切入点,分析发现银行的风险分担需求与规避监管动机是驱动影子银行发展的重要因素。范科才、郑建峡、喻微锋(2022)分析不同银行高管薪酬支付方式对影子银行规模的影响后发现,短期现金薪酬不仅会扩大影子银行规模,且在相对宽松货币政策的背景以及大型、高资产规模和低资本充足率的银行中表现更为明显,而在中长期薪酬方面,尽管管理层持股会缩小影子银行规模,但高管薪酬实施延期支付却会扩大影子银行规模。项后军和周雄(2022)研究发现,影子银行对银行流动性囤积水平具有显著的负向影响。

值得关注的是,随着众多非金融企业"脱实向虚"介入影子银行活动,影子银行的内涵以及影响因素也发生了些许变化。就影子银行的内涵而言,倪宣明、王江伟、赵慧敏(2022)认为传统影子银行业务与企业信贷之间是一种独立互补的关系,而企业影子银行化实际上是中国商业银行进行监管套利所产生的一种特殊形式的企业信贷。一些学者专门从外部制度及环境变化、企业自身特征视角对非金融企业影子银行化的成因进行了讨论。李增福、李铭杰、汤旭东(2022)基于外部政策视角,研究发现中期借贷便利利率的适度下降不仅会直接降低企业金融化水平,还会通过引导银行贷款利率适度下降,从而降低企业融资成本,缓解"脱实向虚"。防范和化解金融风险、促进实体经济高质量发展是当前中国金融改革的重要目标。李青原、陈世来、陈昊(2022)分析金融强监管对企业影子银行化的影响后发现,资管新规实施后,强化金融监管会抑制企业"脱实向虚"。司登奎、李颖佳、李小林(2022)从"供给侧"和"需求侧"双重视角分析银行竞争对非金融企业影子银行化影响后发现,银行竞争不仅会降低融资约束较高和投资机会较少的非金融企业影子银行化,还会通过弱化"信贷扭曲"和"监管套利"抑制非金融企业影子银行化。乔嗣佳、李扣庆、佟成生(2022)分析党组织参与治理对国有企业金融化的影响后发现,党组织会通过"双向进入"及"交叉任职"参与治理,降低国有企业金融化程度。尽管上述研究专门对企业影子银行化问题进行了深入讨论,但由于研究视角和研究数据的不同,导致研究结论还存在很大争议。

### 3. 银行普惠金融发展

党的十八大首次将"普惠金融"纳入党的决议中,并出台制定了一系列政策措施支持银行开展普惠金融工作。作为金融服务实体经济的具体体现,普惠金融在近年来获得了迅速发展,并对解决小微企业、农民、城镇低收入人群、贫困人群和残疾人、老年人等特殊群体的金融需求不足问题提供了强劲的助力。随着普惠金融的发展,一些学者针对如何提升普惠金融发展水平进行了充分讨论。例如,亓浩、吴本健、马九杰(2022)利用中国1024家农村金融机构数据分析发现,放松贷款利率下限管制不仅会直接促进农村金融机构加大对农户和中小企业的金融支持,还会通过加剧非农部门信贷价格竞争和缩小银行向非农部门和农业部门放贷的边际收益差距影响农村金融机构回归本源。Lu 等（2022）研究发现地方银行对规模小、透明度高以及对银行信贷依赖程度较低的企业的融资约束缓解作用更强。Robert 等（2022）的研究发现，相比银行，金融科技贷款机构对风险程度相同的拉丁裔人和黑人的贷款利率更高，能促进普惠金融的可持续发展。Gabriel 等（2022）研究发现，小微企业获得的期限信贷额度比大公司短，且需要支付更高的价差，银行业普惠金融业务仍有较大的改善空间。综上来看，尽管已有研究从银行普惠金融业务层面进行了分析，但尚未看到基于兼具供给侧和需求侧对银行业普惠金融服务水平的分析。

### 4. 银行绿色金融发展

党的十九大报告明确指出，建设生态文明是中华民族永续发展的千年大计。为主动顺应可持续发展趋势，中国提出力争在 2030 年前实现碳达峰、2060 年前实现碳中和的目标。随着"双碳"目标的不断推进，绿色已成为中国经济的生态底色和高质量发展的核心要义。作为推动绿色发展的重要力量，绿色金融也将迎来新的研究使命。邓翔、吴雨伦、王杰、王平（2022）系统测度商业银行绿色金融发展水平发现，中国商业银行绿色金融发展仍处于较低水平，国有商业银行承担了较多的环境责任，股份制商业银行次之，城（农）商行承担的社会责任更少。减排与清洁能源的推广是可持续发展的关键，需要一定的金融支持。银行如何通过控制贷款碳排放强度促进双碳转型、推动经济可持续发展成为学者讨论的热点问题。任再萍、孙永斌、施楠（2022）研究发现，金融机构贷款的碳排放强度与经济可持续发展之间呈显著负相关，并且在低收入、非 OECD 或发展中经济体表现得更为明显。在"碳达峰、碳中和"背景下，越来越多的银行为推动高质量发展开始注重 ESG 投资。宋科、徐蕾、李振、王芳（2022）分析 ESG 投资对银行流动性创造的影响后发现，ESG 投资不仅会直接促进地方性银行和资本短缺银行的资产端和负债端创造流动性，还会通过"盈利"和"风险"渠道促进流动性创造。综上来看，尽管已有研究对银行绿色金融发展水平层面进行了分析，但仍存在不足，未来在提高银行绿色金融发展积极性、扩大绿色信贷规模、助推经济绿色低碳转型等方面有待深入讨论。

综上所述，尽管已有研究分别从传统银行发展及影响因素、影子银行发展及问题、银行普惠金融与绿色金融发展等方面对银行自身发展问题进行了分析，但仍存在以下有待挖掘的空间：第一，关于传统银行发展的研究仍多集中于经营绩效，对于社会绩效的关注不足，相关研究明显滞后。尽管多数研究得出了金融科技对于传统银行发展的影响效应，但对于中间存在的传导机制尚需明晰，数字经济时代传统银行如何与金融科技共生共荣尚有待探究。第二，已有不少文献研究了影子银行发展，但更聚焦于表外类信贷影子银行（如表外理财等），并未能全面地囊括整体表内类信贷影子银行范畴，导致影子银行相关研究仍存在一定研究空间。第三，关于银行普惠金融发展的研究多着眼于区域性中小金融机构，在大行不断下沉市场背景下，银行普惠金融发展的研究对象有待深化。第四，关于银行绿色金融发展的研究尚处于起步期，厘清现阶段中国商业银行绿色金融发展水平、分析银行绿色金融发展与绿色金融政策要求存在的差距、如何从根本上提高商业银行的绿色金融发展水平是下一步研究重点。

## （二）关于银行发展产生的经济效应的研究

针对银行发展过程中产生的经济效应，本文按照"银行发展的经济效应"以及"银行发展的信贷配置问题"的思路进行梳理。

1. 银行发展的经济效应

关于银行发展的经济效应，现有学者从传统银行发展、影子银行发展和银行普惠金融发展三方面的经济效应进行了深入讨论。但由于这些研究是从不同视角对该问题进行的分析，导致现有研究结论存在很大差异。当然，从这一点也可以看出，关于银行发展经济效应的研究还有许多挖掘空间，特别是银行发展对社会福利、环境保护的影响还有待深入讨论。

（1）传统银行发展的经济效应。促进银行支持实体经济发展是当前"保市场主体，稳经济基本盘"的关键之策。从这一角度看，已有学者多着眼于从中小银行发展视角分析其所产生的经济效应。作为农村金融市场供给的"垄断者"，农信社最显著的特征就是"取之于当地、用之于当地"，其是否能显著促进县域经济发展、真正缩小县域内城乡收入差距以此惠及农民引起不少学者关注。张珩、程名望、罗剑朝、李礼连（2022）从经济发展视角探讨了农信社改制对县域经济的影响后发现，农信社改制能显著促进市场潜能和非农产业比重高的县域经济发展，但先改为农合行再改为农商行的改革路径和县域金融市场的结构性竞争会弱化这一促进作用。吴本健、罗玲、王蕾（2022）从收入差距视角分析，发现农信社商业化改革对县域内城乡绝对收入差距会产生正U形影响，而会持续扩大县域内城乡相对收入差距。突如其来的疫情对中国经济社会造成严重冲击，如何引导金融持续推动大众创业和万众创新、赋能高质量发展受到一些学者关注。城商行作为中小银行的重要代表，其所产生的经济效应也受到国内学者的重视和讨论。陈勇兵、陈永安、王贝贝（2022）研究发现，城商行的设立不仅能显著增加地区新企业成立的数量和提高地区创业质量，还能通过发挥本地信息优势促进地区具有比较优势行业的创业。在上述研究的过程中，一些学者也注意到传统银行发展对企业经营的影响。盛斌和王浩（2022）发现，银行分支机构扩张不仅会直接提升企业的出口国内附加值率，还会通过发挥创新促进效应、强化制度环境和资源再配置效应增强这一促进效果。刘贯春、张军、叶永卫（2022）分析发现，银行贷款不仅会显著降低内外部治理能力弱的企业投资效率，还会通过企业承受的债权人监管力度、借贷成本和债务期限结构对企业投资效率产生影响。陈长石、姜廷廷、刘晨晖（2022）分析发现，城商行设立与网点扩张不仅会直接促进当地科技企业进入，还会通过提升信贷可得性与地方政府扶持配套促进科技企业进入，特别在高技术产业规模更大以及行政级别更高地区的城商行中表现更明显。新发展格局下，加强社会信用体系建设、优化营商环境对推进金融供给侧结构性改革至关重要，部分学者对此进行了关注。戴美虹（2022）从金融地理结构视角分析银行竞争对社会信用的影响后发现，银行竞争不仅会直接增强企业信用，还能缓解企业融资约束增强这一促进效应，并且在大规模企业和民营企业中表现更为明显。综上来看，尽管已有针对传统银行发展所产生的经济效应的分析在支持地方经济发展、缩小收入差距和企业创新发展存在一定比较优势，但对企业层面的研究缺乏支持"中小银行优势假说"的验证有待深化研究。

（2）影子银行发展的经济效应。尽管影子银行能发挥"类金融"作用并在短期内为企业提供一定流动性，但由于其游离于监管体系之外，导致参与影子银行业务企业的现金流会出现一定的不确定性，并弱化企业研发创新行为，从而备受学者关注。韩珣、李建军、彭俞超（2022）分析发现，非金融企业影子银行化不仅会抑制企业创新，还会通过现金流不确定性、资源倾向性转移和资本结构调整抑制企业研发投入行为。此外，政策不连续性的上升不仅会放大非金融企业影子银行规模与企业创新之间的负向关系，还会通过弱化企业垄断市场的意愿和获取经济资源的动机增强非金融企业影子银行化对创新的抑制作用。李小林、宗莹萍、司登奎、孙越（2022）分析发现，影子银行规模扩张不仅会加剧企业风险承担能力，还会通过降低投资效率与恶化信息披露质量使非金融企业投资影子银行业务对其自身产生反噬作用。

（3）银行普惠金融发展的经济效应。随着银行业普惠金融业务发展，一些学者分别围绕收入分配、农村居民经济脆弱性等视角深入讨论了普惠金融的经济效应。花弘毅和李曜（2022）分析农村金融机构对城乡居民贷款可得性和城乡居民收入差距的影响后发现，新型农村金融机构的网点扩张会显著提高农村居民贷款可得性、缩小城乡收入差距。Gopal 和 Schnabl（2022）研究发现，2008 年金融危机后银行对小微企业的贷款大幅减少，而金融科技贷款机构增加了对小微企业的贷款，在金融危机后的复苏中发挥了重要作用。

2. 银行发展的信贷配置问题

一般而言，银行主要通过发放信贷来支持和满足企业和城乡居民的借贷需求，进而发挥金融中介功能。事实上，中国银行业在向经济系统提供流动性的过程中，长期存在存贷业务流动性创造收缩和影子银行业务流动性创造扩张的分化趋势，进而表现出流动性在银行体系内部空转而实体经济发展却面临流动性短缺的"脱实向虚"效应。因此，合理的信贷配置不仅是实现银行高质量发展的主要路径，也对更好发挥金融支持实体经济发展起到非常重要的作用。已有研究从银行与企业和城乡居民等借贷者关系视角对信贷资金配置进行了深入分析，但这些研究主要聚焦在中小银行，专门针对大型银行以及金融科技公司的信贷配置问题讨论还有待进一步挖掘。

（1）银行对企业的信贷配置。融资约束是中小企业创新的重要掣肘，银行对中小企业进行有效的信贷配置是缓解这一问题的重要手段。周达勇和董必荣（2022）研究发现，银行信贷通过缓解融资约束和信号传递促进中小企业开发性创新投入，通过投资挤占和风险传导抑制中小企业探索性创新投入。曹伟、赵璨、杨德明（2022）发现，上市公司夸大其词的"互联网+"信息披露程度越高，下一年度获取的银行借款越多。尽管上述研究从企业创新投入和信息披露视角分析了银行对企业信贷配置的影响并得到不同的结论，但其有益的结论不仅为有助于解决企业融资约束难提供了一个基本政策着力点，还对深化金融体制改革和促进银行机构竞争具有一定的启示意义。

（2）银行对城乡居民的信贷配置。关于银行对城乡居民信贷配置问题的研究，既有分析银行对所有居民的信贷配置，也有只分析银行对农村居民的信贷配置。这些研究为新时期在县域层面继续推动中国农村金融机构改革和乡村振兴战略实施提供了理论依据。从银行对所有居民信贷配置的分析来看，花弘毅和李曜（2022）研究发现，新型农村金融机构不仅在改善农村地区融资环境方面比传统农村金融机构表现更好，而且通过网点扩张对农村居民的贷款可得性的提升作用更强。从银行对农村居民信贷配置的分析来看，宋科、刘佳琳、李宙甲（2022）基于村镇银行、小额贷款公司和农村资金互助社等三类新型金融机构数据分析发现，村镇银行支农支小的经营理念对农村居民金融服务可得性的提升作用要明显高于小额贷款公司。

（3）银行信贷配置的主要影响因素。在针对银行信贷配置的研究中，部分学者从银行自身因素和外部环境两个视角深入讨论了影响银行信贷配置的主要因素，并为银行如何进一步优化对借贷者信贷资源配置提供一定理论依据。

一是银行自身因素对借贷者信贷配置的影响。针对这一问题，已有研究主要从银行定价能力以及银行数字化转型等视角进行了讨论。赵平和姚耀军（2022）利用中小民营制造业上市公司数据，从银行信贷风险定价能力视角分析其对企业信贷配置的影响后发现，信贷风险定价能力能有效缓解中小民营企业融资约束。李逸飞、李茂林、李静（2022）从银行数字化转型视角分析发现，银行金融科技发展有利于降低银行不良贷款率、把控信用风险进而增加企业长期融资供给。Chodorow 和 Falato（2022）研究发现在美国大约有三分之一的贷款在 2008—2009 年违反了贷款契约，这使得放款人重新谈判贷款条款，财务状况较差的贷款人更可能在违约后被强制减少贷款承诺额。这是导致信贷供给大幅下降的主要原因。Cantú 等（2022）分析银行特征对信贷配置的影响后发现，银行资本充足率、风险指标、资金来源和业务模式不仅会影响其对借贷者的信贷资源配给程度，也能免受货币和全球冲击的影响。

二是银行外部环境对借贷者信贷配置的影响。除银行自身因素会影响信贷配置外，市场竞争、宏观经济政策和外部金融科技发展等因素也会影响信贷配置。

在市场竞争方面，已有学者通过分析得到两种观点。一种观点认为，市场竞争会对银行的信贷配置产生"双刃剑"效应。朱永华、张一林、林毅夫（2022）建立博弈模型考察政府推行的赶超战略如何影响国家的银行业结构后发现，中国在改革开放初期不适合采用放开银行准入以促使银行竞争的方式来支持国有企业信贷融资，其主要原因在于放开银行准入增加的仅是中小银行，其资金动员能力有限，与国有企业的规模特性不相匹配。更重要的是，大量中小银行进入会分流大银行的存款，降低大银行的资金动员及服务国有企业的能力，导致国有企业的贷款成本和破产风险因此而上升。徐璐和叶光亮（2022）研究发现，当长期允许机构自由进出市场时，竞争政策的强化竞争会在短期降低银行的经营稳健性和信贷配给能力，而在长期会使高风险银行逐渐退出市场而更有效率的低风险银行进入市场，这种柔性市场退出机制会增强银行业整体的经营稳健性和信贷配给能力。另一种观点认为，市场竞争会促进银行加大对中小微企业的信贷配置。苏小松、吕惠明、王娟（2022）分析发现，农村金融市场竞争不仅会增加对农民合作社的信贷支持，还会加快其发展速度、缩小合作社发展的规模差距。

在宏观经济政策方面，已有研究主要围绕货币政策、利率市场化、税收政策和地方政府环境保护政策进行了深入分析。从货币政策视角看，在中国传统货币政策框架下，现有学者主要分析了结构性政策工具对银行信贷配给的影响。邓伟、欧阳志刚、杨国超、肖赛（2022）分析发现，借贷便利工具不仅可以通过商业银行合格担保品渠道发挥作用，还会显著扩大商业银行的贷款投放规模，并且这一作用随着时间的推移不断增强。Granja 等（2022）研究发现，随着美联储不断提高贷款基准利率，银行对小微企业的远程放贷活动愈演愈烈。这是由于银行对贷款利率上升的反应会导致银行存款转移至有竞争力的国家，但多数目光短浅的银行管理层将这些资金注入到风险贷款中，贷给了那些遥远的没有竞争力的国家，从而增加了高风险贷款。从利率市场化视角看，利率市场化是利率"放得开"、"形得成"和"调得了"的一个改革过程。关于利率市场化对中小民营企业融资约束的影响，赵平和姚耀军（2022）分析发现，利率管制放松缓解中小民营上市企业融资约束，且存在依赖银行信贷风险定价能力的调节效应。从税收政策视角看，减免小微贷款利息收入增值税是财政金融政策协同的一种有益尝试，是"税收政策的利率渠道"。刘冲和刘莉亚（2022）利用某大行逐笔贷款数据分析发现，减免小微贷款利息收入增值税这一政策工具可以直接作用于银行资产端，进而降低小微企业融资成本、提高信贷可得性。特别是这种不依赖中央银行流动性投放和利率操作的财政金融协同的"税收政策的利率渠道",能有效缓和货币政策的多目标冲突、解决小企业融资约束问题。随着"双碳"目标的不断推进,量化的环境绩效考核体系也开始逐渐对银行信贷配给发挥作用。周亚拿、武立东、王凯(2022)基于中国2008—2015年城商行数据分析发现,地方环境保护能促进城商行环境贷款的投放,并且仅存在于政府干预程度更高的银行中,这与环境类贷款并不能在短期内带来城市商业银行经济绩效的增加有关。梳理以上文献发现,现有研究重点从多方面政策视角探讨了银行外部环境对借贷者信贷配置的影响,为后续政策效果评估研究以及平稳推动利率市场化改革奠定了理论基础。

在金融科技方面,诸多学者围绕金融科技、数字金融发展对传统银行信贷配置行为的影响进行了讨论并形成了不同的观点。多数学者研究认为金融科技和数字金融发展有助于促进传统银行加大普惠型小微信贷和涉农信贷。陈小辉、张红伟、文佳、吴永超(2022)分析发现,FinTech信贷规模可提升金融机构的涉农贷款占比,但涉农贷款占比增速边际递减。王勋、黄益平、苟琴、邱晗(2022)认为中国数字技术与数字金融的发展可以降低信息不对称的程度,尤其是为解决传统金融机构难以触达的弱势群体提供了新的破解路径。Murinde等(2022)研究发现,由于银行正在开发金融科技平台,导致金融科技贷款机构不太可能取代传统银行的发展。Erel和Liebersohn(2022)研究发现金融科技主要应用于银行分支机构较少、收入较低、少数族裔家庭较多的地区以及与银行关系不密切的行业中,可以有效弥补传统金融机构难以触达的客户群体和地区,因此二者之间的替代关系较弱。钟凯、梁鹏、董晓丹、王秀丽(2022)研究发现数字普惠金融不仅可以直接降低商业信用二次配置,还会通过减少上市公司超额银行信贷抑制商业信用二次配置。张龙耀和袁振(2022)分析发现,金融科技对农商行信用贷款占比有显著的促进作用,对担保贷款有显著的抑制作用。这意味着金融科技发展能降低农村地区经营主体获得贷款的门槛。尽管上述研究对金融科技给予了充分肯定,但也有部分学者研究认为金融科技发展对传统银行的信贷配置的影响在不同情况下会呈现差异化特征。Hodula(2022)研究发现,在集中度较低,流动性更强、更稳定的银行中,银行和金融科技信贷平台互为补充、共同竞争,但在不太稳定和高度集中的银行中,金融科技可能会直接替代银行信贷。Parlour等(2022)研究发现金融科技虽然能增加银行贷款供给,但也在一定程度上会对偏好银行的消费者福利产生不利影响。

## 二 关于银行防风险问题的研究

在百年未有的世界大变局之下,中国银行业潜在风险逐渐暴露,防范系统性金融风险与强化监管是新时期金融发展的重要任务。围绕这一主题,国内外学者深入研究了自身因素和外部冲击对银行风险的影响、银行系统性风险的度量方法及银行间风险传染路径、银行风险管理问题,并对影响比较突出的银行信贷规模、存款保险制度、流动性及金融科技风险与监管问题高度关注。关于银行防风险这一问题,针对现有研究成果,按照"银行风险"和"银行风险监管"的脉络进行系统性梳理。

### (一)关于银行风险的研究

随着传统银行和影子银行的发展,银行风险问题也不断暴露出来。于是,在当前宏观经济下行背景下，银行风险问题不仅成为中国银行领域的主要内容，也得到学界的普遍重视。结合学者研究，本文按照"风险影响因素—风险度量—风险管理"的脉络进行系统梳理。

1. 关于银行风险影响因素的研究

目前，关于银行发展过程中的风险影响因素的研究，大量研究高度关注银行产生风险的原因，并重点围绕银行风险承担能力这一问题充分讨论，从自身因素和外部环境两方面进行了讨论，但由于这些研究过于聚焦在某一特定因素上，导致现有研究视角和结论存在很大差异。当然，不可否认的是，这些研究为准确寻找银行风险产生根源以及防控中国银行业系统性风险提供了重要的理论指导。

（1）自身因素对银行风险的影响。在银行自身因素方面，已有研究从银行业务、创新能力、制度和社会责任履行等方面深入讨论其对银行风险或风险承担能力的影响，并对出台更多结构性政策、稳定金融机构流动性预期以及防控中国银行业系统性风险提供重要的理论指导与决策参考。

在银行业务方面，现有研究主要关注存款业务、信贷业务和表外业务等角度对银行风险承担能力的影响。从存款业务视角，近年来与第三方互联网平台合作推出存款产品一度成为部分中小银行吸收存款的重要手段，部分学者对此高度关注。吕之安、郭雪寒、刘冲、刘莉亚（2022）分析发现，第三方合作存款业务不仅能直接扩张加权风险资产和提升高风险行业信贷资产配置，还会通过增加储蓄存款规模和流动性资金刺激银行信贷向高利率贷款、高风险行业倾斜。从信贷业务视角，顾海峰和卞雨晨（2022a）分析发现，绿色信贷不仅对银行系统性风险具有一定的抑制作用，还会通过风险承担与盈利能力强化这一抑制作用。从结售汇业务视角，刘孟儒和沈若萌（2022）研究发现，银行会将外汇流入创造的流动性用于投放较高风险的贷款，导致净结汇对银行风险承担水平有正向影响。

在创新能力方面，吴文洋、卢翠平、唐绅峰（2022）分析发现，适度的金融创新有利于减少银行系统性风险，而过度的金融创新反而会增加银行系统性风险。这意味着只有适度的相对规模效应才能有效减少系统性风险，一旦这种相对规模效应过高，金融创新就会成为一种新的风险源。

在银行制度方面，现有研究从银行高管团队内部薪酬差距、股权结构等角度进行了充分讨论。刘孟飞（2022）利用锦标赛理论，从银行高管团队内部薪酬差距视角分析其对银行风险承担的影响后发现，高管薪酬差距不仅对银行风险承担的影响有显著的促进作用，还会通过行长兼职、行长来源等管理者权力对其银行风险承担起到正向调节作用。赵静和郭晔（2022）基于金融机构通过金融产品增持上市银行股份现象日益普遍的背景分析发现，当单家金融产品股东的持股比例均低于5%时，持股比例有助于降低银行系统性风险，而超过5%时将削弱金融产品总持股比例对银行系统性风险的降低作用。

在银行社会责任履行方面，由于商业银行在履行社会责任方面起着引领和示范作用，有部分学者开始高度关注银行履行社会责任中面临的信用风险、声誉风险和系统性风险。这些研究为调动商业银行承担社会责任的主观能动性以及防控中国银行业系统性风险提供了一定的理论指导。丁攀、李凌、曾建中（2022）分析发现，商业银行承担社会与环境责任不仅可以通过降低不良贷款率和风险加权资产占比降低其信用风险，还可以通过采纳赤道原则提升股价并降低声誉风险。顾海峰和卞雨晨（2022b）从系统性风险角度分析发现，银行履行社会责任不仅会直接降低银行系统性风险，还会通过影子银行、贷款集中和社会声誉对银行系统性风险产生中介效应，通过信贷配置效率提高与经济政策不确定性增强对银行系统性风险产生负向调节效应，且在非国有银行和信贷收缩期与经济上行期表现更为明显。

（2）外部环境对银行风险的影响。除受到银行业务开展、创新能力和履行社会责任会影响银行风险因素外，一些学者也注意到外部环境对银行风险的影响。从研究进展来看，已有学者从货币政策、行业竞争、宏观经济政策及经济环境、金融科技以及突发性事件（如自然灾害、疫情）进行诸多探讨。

在货币政策方面，多数学者认为紧缩的货币政策能抑制银行风险。王道平、刘杨婧卓、徐宇轩、刘琳琳（2022）从"双支柱"调控框架视角分析发现，货币政策与宏观审慎政策越紧缩，其对银行系统性风险的抑制程度越强，且同一方向的两种政策具有相互加强效应。作为中国利率市场化改革的重要组成部分，LPR机制改革对完善机制改革、抵御利率市场化负面影响和维护金融系统稳定具有重要理论价值。刘妍、孙永志、宫长亮、曾刚（2022）从LPR机制改革视角分析发现，LPR机制改革的实施不仅可以直接提高商业银行风险承担水平，还通过竞争和信贷两个渠道提高商业银行风险承担，并且这一效应在农商行中表现更为明显。张嘉明（2022）将银行风险承担异质性纳入DLM分析框架分析发现，货币政策会通过银行负债端风险承担传导至资产端风险承担。随着中国利率市场化的不断推进，一些学者开始关注负利率以及利率降低对银行风险的影响。Altavilla等（2022）从负利率视角分析发现，稳健的银行将负利率传递给企业储户，而且随着政策利率向负利率领域深入，传递程度会变得更强。这表明传统货币政策在零利率下限依然有效。马勇和王莹曼（2022）从政策利率降低视角分析发现，政策利率降低会导致银行风险承担水平上升，且资产规模越大、资本充足率越低、资产负债率越高的银行在宽松货币政策下的风险承担行为更为激进。不同类型的货币政策也会对银行风险承担能力产生影响。喻微锋和郑建峡（2022）分析发现，适度宽松的价格型、数量型货币政策均会扩大银行风险承担。从货币政策调控经济杠杆率视角，战明华、李帅、汤颜菲、吴周恒（2022）利用拓展的IS-LMCC模型分析发现，银行竞争度的提高在短期弱化了货币政策调控经济杠杆率的效果。顾海峰和高水文（2022）研究发现，货币政策不确定性对银行贷款质量具有提升作用。

在银行业竞争方面，不同学者通过分析不同类型的竞争得到了不同的结论。张晓明和赵玥（2022）研究发现在后金融危机时代，愈加激烈的竞争会通过对银行间共性行为产生影响并加剧系统性风险。Altunbas等（2022）的研究也得到了类似的结论，认为银行市场越垄断，系统性风险水平就越高。

在宏观经济政策方面，现有研究主要围绕经济政策和存款保险制度两个方面进行了讨论。邓伟、宋清华、杨名（2022）从经济政策不确定性视角分析发现，随着经济政策不确定性的增强，商业银行从信贷投放、债券投资、现金资产持有三方面调整资产结构，将高风险资产向低风险资产转移进行资产避险。张琳、廉永辉、方意（2022）分析发现，政策连续性的增强不仅会通过降低银行个体风险和减弱银行个体与系统的关联性来降低银行系统性风险，并且这一效应在经济下行和货币宽松时期以及破产风险越高、信息透明度越低的银行中表现更为明显。另外，区分不同类型的政策发现，货币政策、财政政策、汇率与资本项目政策的连续性上升均能显著降低银行系统性风险。梁方、赵璞、黄卓（2022）研究发现，金融科技发展不仅可以直接缓解宏观经济不确定性对商业银行主动风险承担的抑制作用，还会通过促进商业银行发放贷款和增持交易性金融资产来进一步发挥这一缓解作用，并且这一作用对资本充足率高的商业银行和大型国有银行影响较弱。存款保险制度是深化金融体制改革、防范化解金融风险的重要举措。邵俊尧和张吉光（2022）从存款保险制度视角分析发现，存款保险制度不仅可以显著提升银行流动性创造水平，还能通过改善中国中小银行的存款竞争能力降低系统性风险。从上述研究来看，尽管不同学者从不同视角对银行风险进行了讨论并得到不同的结论，但这些结论对银行经营管理、货币政策实施以及存款保险制度改革具有理论性启发。

在宏观经济环境方面，现有研究围绕跨境资本流动和地方政府债务治理进行了充分讨论。荆中博、李雪萌、方意（2022）从周期角度出发，分析跨境负债和资产的扩张或收缩对银行部门的风险溢出机制后发现，跨境资本周期性波动对银行部门具有显著的风险溢出效应，跨境负债波动的溢出效应强于跨境资产，且通过影响中小银行风险承担和风险实现以及大型银行的风险放大作用影响银行部门。在新冠疫情冲击和外部环境日趋复杂的条件下，切断地方政府债务扩张演化为金融风险的传导途径，是防范化解系统性金融风险的重中之重。李双建和田国强（2022）研究发现，地方政府债务扩张会造成银行风险承担水平提高，且在小规模银行、非上市银行、未引入境外战略投资者银行以及地方性银行中表现更为明显。张甜和曹廷求（2022）利用城市商业银行样本分析地方财政风险对城商行资产负债行为的影响后发现，在地方财政风险越大的地区，城商行中长期贷款投放和影子银行业务占比越高，流动性风险也越大。尽管上述研究从不同视角分析了银行风险问题，但其所得的结论对提高跨境资本管理质量、防范化解中国银行风险具有重要理论价值。

"十四五"规划纲要建议提出"提升金融科技水平"。近年来，随着数字经济的不断发展，其不仅为银行更好服务实体经济带来新的理念变革、模式创新、流程再造和组织重塑，也对银行风险承担带来诸多挑战。针对这一问题，已有研究存在三种不同的观点。第一种观点认为，金融科技会降低银行风险承担。Li 等（2022）认为银行金融科技创新水平的提高显著降低了银行风险承担。Banna 等（2022）的研究也得到了类似的结论。他认为，金融科技创新为小额信贷机构的普惠金融举措提供便利，这种技术变革将促进金融体系的稳定，进而减少小额信贷机构的风险承担。第二种观点认为金融科技会加重银行风险承担。顾海峰和卞雨晨（2022c）分析数字金融对银行系统性风险的影响和作用机制后发现，数字金融不仅会通过金融脱媒渠道对银行系统性风险产生促进作用，而且在非国有银行中表现更为明显。田雅群和何广文（2022）分析互联网金融对农村商业银行风险的影响及其作用机制后发现，互联网金融会通过付息成本、贷款结构和多元化收入三个渠道加强农村商业银行风险承担能力。王道平、刘杨婧卓、徐宇轩、刘琳琳（2022）分析金融科技发展对银行系统性风险的影响和作用机制后发现，金融科技水平提升会增加银行风险承担倾向、加深银行间关联程度，进而提升系统性金融风险。王义中、林溪、孙睿（2022）研究发现，平台公司的垄断行为会挤出商业银行利润，使得商业银行杠杆率提高，抗风险能力降低。第三种观点认为金融科技对银行风险承担的影响呈现非线性特征。张岳和周应恒（2022）研究发现，数字金融发展对农村金融机构经营风险的影响存在倒 U 形关系，即随着数字金融发展水平提高，农村金融机构经营风险先上升后下降。

随着疫情冲击、自然灾害和金融危机等突发事件的频发，一些学者关注这些因素对银行风险的影响。郭晔、渠宇轩、陈凌凌（2022）从疫情冲击视角出发，研究发现新冠疫情冲击会强化企业杠杆上升对银行风险的推升作用。潘敏、刘红艳、程子帅（2022）分析极端气候对银行风险承担的影响后发现，极端强降水气候会显著提升银行风险承担能力，但极端高温和极端低温气候并不会产生显著影响，且极端强降水气候对以"三农"为主要服务对象的县域金融机构的风险承担能力产生的影响更为明显。Altunbas 等（2022）从金融危机视角出发，分析 2007—2009 年金融危机前的银行业市场势力对银行的系统性风险后发现，金融危机前的银行市场势力越大，危机期间的银行系统性风险就越高。

综上来看，尽管已有研究从不同视角对银行风险问题进行了讨论，但随着中国经济发展面临的流动性、信用、风险传导等方面的金融风险增加，对不同类型风险的差异性成因还尚待进一步展开讨论。

2. 关于银行风险度量的研究

目前，关于银行发展过程中的风险度量问题，现有学者主要聚焦于银行系统性风险以及银行之间的风险传染问题上。

（1）银行系统性风险。学者从不同视角对银行系统性风险的度量方法进行优化，以此准确估算银行系统性风险。金融系统与实体经济间高度的关联性，使系统性风险在金融系统与实体经济间具有反馈效应。李守伟、王虎、刘晓星（2022）研究发现，一方面，银行系统性风险主要来源大规模银行，忽视大规模银行与实体经济之间的关联性将低估银行业的系统性风险；另一方面，实体经济不同行业对银行系统性风险的影响具有显著差异性，当行业遭受较大冲击时，居民服务和其他服务业以及房地产业也会对银行系统风险产生较大影响。刘志东、张培元、荆中博（2022）利用 DBNM-BA 模型分析在"实体行业—银行系统"两层级风险网络下影响银行业系统性风险上升的主要因素后发现，若不引入行业风险溢出网络，中国银行业系统性风险则会被严重低估，目前经营不善的城商行与农商行成为银行业系统性风险的主要来源。范小云、王业东、王道平（2022）利用 2000—2019 年中国 33 家知名报纸发布的 334 万余条新闻衡量银行间网络关联和银行系统性风险水平后发现，在 2008 年全球金融危机前后，中国银行间关联由"大而少"向"小而多"转变；在全球金融危机和"钱荒"期间，系统性风险明显上升，银行间关联性明显增强。上述研究主要关注的是金融体系的风险水平，并对中国银行业的系统性风险预警作出一定预判，仅有个别学者注意到单家金融机构的作用和系统性风险发生的条件。方意、杨勇、宋鹭（2022）基于全新的网络模型分析发现，系统脆弱性银行指标存在"断崖式下降"和"平台式波动"特征，而系统重要性银行指标存在"脉冲式跳跃"和"平台式跳跃"特征，除初始杠杆率、资产规模和直接关联性是共同影响系统脆弱性银行和系统重要性银行的主要因素外，间接关联性还会影响系统脆弱性银行。

（2）银行间风险传染。从银行间风险传染视角，王磊、李守伟、陈庭强、杨坤（2022）通过构建银行间流动性风险传染救助策略模型分析发现，在考虑媒体情绪的多层银行间流动性网络中，择优关联方式更有利于银行间流动性风险发生传染，而随机关联方式则有助于抑制银行间流动性风险大规模传染。但是，在单层银行间流动性网络中却表现出相反的风险传染效果。在多层银行间流动性网络中，通过综合调节媒体情绪因素不仅可以抑制银行间流动性风险的大幅传染的效果，还可实现银行间流动性风险快速消亡。方意和荆中博（2022）创新性将降价抛售传染机制和破产传染机制同时纳入银行网络模型分析发现，不同力度的冲击作用下，由于大量银行去杠杆或者存在银行破产现象而导致系统性风险呈现跳跃式上升趋势。在小冲击下，通过去杠杆降价抛售传染机制生成风险；大冲击下，通过银行破产传染机制生成风险。

综上，尽管已有学者运用不同数据从不同视角对银行发展过程中的风险度量问题进行了充分讨论，并得到不同的研究结论，但将大数据、机器学习方法运用到银行风险研究领域，为进一步准确度量银行系统性风险、分析银行风险传染等问题提供了可鉴思路。

3. 关于银行风险管理的研究

金融体系的稳健运行有赖于自身的风险管理能力，而有效的风险管理则是防范金融系统性的有效发挥作用的必要条件。在银行风险产生的过程中，如何更好地管理风险成为学界关注的一大焦点。针对这一问题，已有学者围绕信用风险管理、经营风险管理、流动风险管理、市场风险管理角度进行了深入讨论，并提出不同的措施来管理银行风险。这不仅从理论上加深了对管理银行风险的认识，也为拓展该领域的研究提供了一定的研究思路。

（1）信用风险管理。针对信用风险管理的问题，仅有个别学者进行了研究。刘玉海、赵鹏、张丽（2022）研究发现，金融监管独立性程度提升不仅显著抑制银行信用风险，还会通过资本充足率的提高和不良贷款规模的缩小强化抑制效应。

（2）经营风险管理。个别学者针对经营风险管理问题从金融科技视角进行了分析。王小华、邓晓雯、周海洋（2022）研究发现，金融科技的"竞争效应"明显强于其"技术溢出效应"，金融科技发展会显著提升商业银行的经营风险，因此要高度重视金融科技对银行业的冲击，引导银行业的数字化转型，以防控经营风险。

（3）流动性风险管理。个别学者针对流动性风险管理问题进行了充分讨论。项后军和周雄（2022）发现金融监管会弱化影子银行对银行流动性囤积水平的抑制效应，使银行中流动性囤积水平逐渐上升并影响实体经济发展，因此要采取"堵中有疏"的态度来缓解实体经济融资困境，以此提高金融服务实体经济的实际效果。

（4）市场风险管理。个别学者针对市场风险管理问题进行了讨论。张一林、郁芸君、蒲明（2022）从担保圈内不同银行之间的博弈视角分析后发现，在担保网络中，当某一家企业发生债务违约后，为之担保的互保企业会因新债权银行和原债权银行集体挤兑企业债务而陷入债务违约和资金链断裂的困境，并演变成具有"多米诺效应"的区域性金融危机。

### （二）关于银行风险监管的研究

尽管"十四五"时期中国银行业风险总体可控，但受金融科技的快速兴起以及新冠疫情的持续影响，传统监管方式长期累积的矛盾和风险也在不断显现。因此，为落实稳增长和防风险两项重大任务，金融监管部门应对银行的信贷规模和信贷投放进行一定限制，并加强存款保险制度作用，针对流动性风险和金融科技诱发的新风险也应加强监管。

1. 限制银行信贷规模

围绕银行资产组合的限制这一问题，现有研究主要从金融监管独立性、资本监管等视角对银行信贷配置和信贷投放等问题进行了深入的分析，并得到了不同的研究结论。例如，刘玉海、赵鹏、张丽（2022）研究发现，金融监管独立性的提升有助于提高银行业资本充足率，优化贷款投放。梁伟森、温思美、余秀江（2022）发现，农商行资本储备的利润创造效应大于侵蚀效应。Biswas 和 Koufopoulos（2022）研究银行监管设计与银行资本结构之间的内在关系后发现，信息不对称会使银行监管出现低效均衡，但优化设计银行监管策略又会缩小银行资产规模。

### 2. 加强存款保险制度的作用

存款保险制度作为深化金融体制改革的重要举措，对银行业发挥着重要的微观审慎监管作用，这不仅要求存款保险机构守住金融安全的底线，更要推动银行业的高质量发展。存款保险机构作为银行的外部利益相关者，如何完善存款保险制度早期的纠正功能，建立金融风险防范处置的长效机制备受学者关注。明雷、秦晓雨、杨胜刚（2022）研究发现，引入差别化费率设计不仅会显著降低农村银行的风险承担，还对自身风险承担水平较低、资产规模较大的农村银行影响更为明显。宋美霖、张屹山、杨成荣（2022）按照"边界是什么—是否实现—如何实现"的逻辑主线，系统分析存款保险制度早期纠正问题后发现，当投保银行与监管者的博弈处于分离均衡状态时，存款保险制度能实现早期纠正功能，但当高风险承担银行通过修饰财务指标规避监管时，该行为导致的混同均衡状态会削弱存款保险制度有效性。

### 3. 银行流动性监管

作为银行业资本监管的有力补充，流动性监管旨在加强商业银行流动性风险管理能力，维护银行体系安全稳健运行。在此背景下，流动性监管如何发挥监管职能引起国内外学者高度关注。魏旭和周伊敏（2022）研究发现，流动性监管能降低银行系统性风险。庄毓敏和张祎（2022）分析流动性监管对货币政策的银行风险承担渠道的潜在影响后发现，流动性监管不仅具有显著的稳定作用，而且还与资本监管相辅相成，并能共同促进银行稳健性的提升。Chen等（2022）分析发现，当银行透明度提高时，存款流动对银行业绩信息更为敏感。

### 4. 银行金融科技风险监管

作为数字经济背景下金融行业发展的新方向，金融科技在广泛应用的同时也产生了一定的风险，其较高的传染性进而转化性不仅给各国金融监管带来棘手的难题，也在不抑制金融创新的同时成为监管机构如何监管和怎样监管的一大主要问题。Stankevičienė和Kabulova（2022）研究发现，发达国家金融科技的发展会削弱金融市场的不稳定性，因此要进一步加强金融科技风险管理。龚强、马洁、班铭媛（2022）研究认为，防范化解金融风险是金融科技成长期的监管主线，而随着数据滥用与平台垄断问题日益严峻，消费者权益保护与维系市场公平成为当前监管的重要工作内容。因此，未来要以包容性、稳定性、公平性与消费者权益保护为监管目标，持续完善数据和平台治理体系。张贺和白钦先（2022）对比中美两国互联网金融监管实践后提出在一致性原则下协调机构监管与行为监管之间的关系、强制推行信息披露制度、修订现行金融法规、建立健全征信体系以及建立大数据和传统监管双线体系等对策建议。

综上所述，不同学者由于视角不同，所得结论仍存在一定局限性。第一，已有研究视角多集中于监管顶层设计的改进，而对于监管方法及监管技术如何改进的研究较少，在数字经济时代监管方如何利用数字化技术破解监管数据不准确、信息不充分等难题仍有待探究。第二，现有的银行风险监管措施很少考虑银行的异质性，导致现有风险监管制度比较粗略和模糊，因此，针对不同类型的银行风险监管的分析有待细化。

## 三 研究展望

作为金融体系的核心组成部分，银行问题受到国内外学者的长期关注。本文按照"稳增长—防风险"的主线，系统性梳理2022年微观银行领域的主要代表性成果后发现，现有针对新时代的银行业高质量发展与防风险的研究有着极强的创新性，而且在研究深度上也在不断提升。总体来看，已有学者围绕"稳增长"中的银行发展和银行发展产生的经济效应以及"防风险"中的银行风险和银行监管问题进行了深入讨论，为深入推进银行体制改革、更好服务实体经济发展以及防范化解系统性金融风险提供了重要的理论价值。另外，在研究方法上，量化分析、机器学习和大数据分析等方法已开始运用到微观银行发展和风险问题的研究之中。值得注意的是，已有学者关注银行领域中出现的一些新问题（如银行数字化转型、银行绿色金融发展等），其研究不仅为推进银行领域的研究提供了新素材和新思路，且正在最新的金融领域中产生更具深度的成果。

与此同时，现有研究中也存在一些普遍性问题。一是在研究主题上，新型交叉学科领域的研究尚未建立有足够厚度的学术体系。例如，在绿色金融、自然灾害与银行发展之间关系的问题研究上，现有研究只是追踪"热点"且更多只是在数据上简单验证，并未从纵向的边际贡献将研究引向理论深处。二是存在研究方法选取不合理的问题，实证模型也缺乏一定的逻辑基础。现有研究多着眼于从某一新兴政策变量或事件冲击讨论银行稳增长和防风险问题，这些研究往往会忽视因变量与自变量之间更为复杂的逻辑链条，具体的机制和理论依据往往不足，很难得到令人信服的普适性结论。三是研究数据过于依赖现有公开发布的银行数据，缺乏一定的一手调研数据，特别是部分学者在对相关数据统计口径不够充分了解的情况下，很容易影响现有研究的精确性和稳健性。

综上，展望中国微观银行领域的研究，有三点值得重点关注：一是在研究主题上，除了要持续关注银行如何持续提高服务实体经济的能力等问题之外，一方面要继续结合防范化解金融风险的思想，与时俱进地对区域性、系统性和全局性的银行风险管理问题进行系统性研究；另一方面要围绕经济社会发展中出现的金融科技、绿色金融等新事物、新现象和新问题开展相关研究，特别是要从地理经济学、生态学等交叉学科视角深入分析银行稳增长和防风险的问题。二是要提高研究结论的严谨性，避免研究方法与模型滥用。随着各类计量方法的不断改进，越来越多的研究银行稳增长和防风险的问题的学者只注重研究方法和技术创新，但忽视了计量技术与理论事实的相互结合，未来要在结合微观银行理论的基础上，运用恰当的模型对银行稳增长和防风险问题进行深入分析，才能避免方法与理论事实脱离的现象。三是要深入开展对银行稳增长和防风险问题的实践调查研究，通过搜集一手数据发现更具研究价值的银行现实问题，才能深入推进微观银行问题的研究。

**参考文献**

曹伟、赵璨、杨德明，2022，《夸大其词的"互联网+"信息披露能够影响银行信贷决策吗？》，《财贸经济》第2期。

陈小辉、张红伟、文佳、吴永超，2022，《FinTech信贷规模能刺激金融机构提升涉农贷款占比吗？》，《中国管理科学》第5期。

陈勇兵、陈永安、王贝贝，2022，《金融如何支持创业：基于城市商业银行设立的自然实验》，《世界经济》第12期。

陈长石、姜廷廷、刘晨晖，2022，《中小银行如何影响科技企业进入——来自城市商业银行设立与跨区比较的经验证据》，《财贸经济》第9期。

戴美虹，2022，《金融地理结构、银行竞争与营商环境——来自银行分支机构数量和企业失信的经验证据》，《财贸经济》第 5 期。

邓伟、欧阳志刚、杨国超、肖赛，2022，《中国借贷便利工具有效性研究——来自银行信贷投放的证据》，《经济学（季刊）》第 6 期。

邓伟、宋清华、杨名，2022，《经济政策不确定性与商业银行资产避险》，《经济学（季刊）》第 1 期。

邓翔、吴雨伦、王杰、王平，2022，《商业银行绿色金融发展指标体系构建及测度》，《统计与决策》第 9 期。

丁攀、李凌、曾建中，2022，《主动承担社会与环境责任是否降低了银行风险》，《金融经济学研究》第 5 期。

范科才、郑建峡、喻微锋，2022，《银行高管薪酬支付方式与影子银行——基于中国银行业的实证研究》，《宏观经济研究》第 1 期。

范小云、王业东、王道平，2022，《基于新闻大数据与机器学习的中国银行业系统性风险研究》，《世界经济》第 4 期。

方意、荆中博，2022，《外部冲击下系统性金融风险的生成机制》，《管理世界》第 5 期。

方意、杨勇、宋鹭，2022，《空间维度视角下的系统性金融风险生成机制研究》，《南开经济研究》第 9 期。

龚强、马洁、班铭媛，2022，《中国金融科技发展的风险与监管启示》，《国际经济评论》第 6 期。

顾海峰、卞雨晨，2022a，《绿色信贷能否缓解银行系统性风险——基于中国 22 家上市银行的证据》，《经济理论与经济管理》第 11 期。

顾海峰、卞雨晨，2022b，《商业银行履行社会责任能否缓解银行系统性风险？——基于中国 A 股上市银行的证据》，《会计研究》第 8 期。

顾海峰、卞雨晨，2022c，《数字金融会影响银行系统性风险吗？——基于中国上市银行的证据》，《中国软科学》第 2 期。

顾海峰、高水文，2022，《货币政策不确定性会影响银行贷款质量吗？——基于中国 123 家商业银行的证据》，《财贸研究》第 7 期。

郭晔、渠宇轩、陈凌凌，2022，《宏观经济冲击、企业杠杆与银行风险》，《系统工程理论与实践》第 6 期。

郭晔、未钟琴、方颖，2022，《金融科技布局、银行信贷风险与经营绩效——来自商业银行与科技企业战略合作的证据》，《金融研究》第 10 期。

韩珣、李建军、彭俞超，2022，《政策不连续性、非金融企业影子银行化与企业创新》，《世界经济》第 4 期。

花弘毅、李曜，2022，《农村金融机构、居民贷款可得性与城乡收入差距》，《金融研究》第 12 期。

荆中博、李雪萌、方意，2022，《跨境资本周期性波动对中国银行部门的风险溢出机制分析》，《世界经济》第 1 期。

李川、荆中博、李昌萌、杨海珍，2022，《区域性农商行经营绩效影响因素研究》，《管理评论》第11期。

李青原、陈世来、陈昊，2022，《金融强监管的实体经济效应——来自资管新规的经验证据》，《经济研究》第1期。

李守伟、王虎、刘晓星，2022，《系统性风险：金融系统与实体经济间反馈效应》，《管理科学学报》第11期。

李双建、田国强，2022，《地方政府债务扩张与银行风险承担：理论模拟与经验证据》，《经济研究》第5期。

李小林、宗莹萍、司登奎、孙越，2022，《非金融企业影子银行业务的反噬效应——基于企业风险承担的视角》，《财经研究》第7期。

李逸飞、李茂林、李静，2022，《银行金融科技、信贷配置与企业短债长用》，《中国工业经济》第10期。

李增福、李铭杰、汤旭东，2022，《货币政策改革创新是否有利于抑制企业"脱实向虚"？——基于中期借贷便利政策的证据》，《金融研究》第12期。

梁方、赵璞、黄卓，2022，《金融科技、宏观经济不确定性与商业银行主动风险承担》，《经济学（季刊）》第6期。

梁伟森、温思美、余秀江，2022，《农村中小金融机构资本监管与盈利能力——基于风险承担与资产质量的中介效应》，《农业技术经济》第9期。

刘冲、刘莉亚，2022，《财政金融政策的协同效应——基于小微贷款利息收入增值税减免的研究》，《中国社会科学》第9期。

刘贯春、张军、叶永卫，2022，《银行贷款及其所有制结构的投资治理效应》，《财贸经济》第6期。

刘澜飚、李博韬、王博，2022，《非标资产、信用转换与影子银行风险》，《经济研究》第5期。

刘孟飞，2022，《高管团队内部薪酬差距、管理者权力与银行风险承担》，《经济体制改革》第4期。

刘孟儒、沈若萌，2022，《结售汇如何影响银行风险承担水平？——基于银行资产负债表的视角》，《金融研究》第5期。

刘妍、孙永志、宫长亮、曾刚，2022，《LPR机制改革对商业银行盈利能力和风险承担的影响研究》，《国际金融研究》第10期。

刘玉海、赵鹏、张丽，2022，《监管独立与银行风险——来自银监局局长异地交流的证据》，《南开经济研究》第6期。

刘志东、张培元、荆中博，2022，《跨行业风险溢出冲击下我国银行业系统性风险研究》，《中国管理科学》第12期。

吕之安、郭雪寒、刘冲、刘莉亚，2022，《第三方合作存款与商业银行风险承担》，《金融研究》第9期。

马勇、王莹曼，2022，《货币政策及其稳定性对银行风险承担的影响》，《金融评论》第2期。

明雷、秦晓雨、杨胜刚，2022，《差别化存款保险费率与银行风险承担——基于我国农村银行的经验证据》,《金融研究》第 3 期。

倪宣明、王江伟、赵慧敏,2022,《影子银行、流动性分层与政策利率传导》,《系统工程理论与实践》第 10 期。

潘敏、刘红艳、程子帅,2022,《极端气候对商业银行风险承担的影响——来自中国地方性商业银行的经验证据》,《金融研究》第 10 期。

亓浩、吴本健、马九杰,2022,《贷款利率市场化与农村金融机构回归本源》,《世界经济》第 11 期。

乔嗣佳、李扣庆、佟成生,2022,《党组织参与治理与国有企业金融化》,《金融研究》第 5 期。

任再萍、孙永斌、施楠,2022,《金融机构贷款碳排放强度对经济可持续发展的影响研究》,《保险研究》第 9 期。

邵俊尧、张吉光,2022,《存款保险制度、银行异质性与银行流动性创造》,《保险研究》第 5 期。

盛斌、王浩,2022,《银行分支机构扩张与企业出口国内附加值率——基于金融供给地理结构的视角》,《中国工业经济》第 2 期。

司登奎、李颖佳、李小林,2022,《中国银行业竞争与非金融企业影子银行化》,《金融研究》第 8 期。

宋科、刘家琳、李宙甲,2022,《县域金融可得性与数字普惠金融——基于新型金融机构视角》,《财贸经济》第 4 期。

宋科、徐蕾、李振、王芳,2022,《ESG 投资能够促进银行创造流动性吗?——兼论经济政策不确定性的调节效应》,《金融研究》第 2 期。

宋美霖、张屹山、杨成荣,2022,《存款保险制度早期纠正问题研究——基于中国商业银行风险承担行为的监管实践》,《国际金融研究》第 4 期。

苏小松、吕惠明、王娟,2022,《农村金融市场竞争与农民合作社发展——基于全国县域面板数据》,《中国软科学》第 7 期。

田雅群、何广文,2022,《互联网金融、市场竞争对农村商业银行风险的影响研究》,《农业技术经济》第 3 期。

王道平、刘杨婧卓、徐宇轩、刘琳琳,2022,《金融科技、宏观审慎监管与我国银行系统性风险》,《财贸经济》第 4 期。

王磊、李守伟、陈庭强、杨坤,2022,《银行间流动性风险传染救助策略研究:多层网络与媒体情绪的交叉视角》,《系统工程理论与实践》第 3 期。

王小华、邓晓雯、周海洋,2022,《金融科技对商业银行经营绩效的影响:促进还是抑制?》,《改革》第 1 期。

王勋、黄益平、苟琴、邱晗,2022,《数字技术如何改变金融机构:中国经验与国际启示》,《国际经济评论》第 1 期。

王义中、林溪、孙睿,2022,《金融科技平台公司经济影响研究:风险与收益不对称视角》,《经济研究》第 6 期。

魏旭、周伊敏,2022,《流动性监管、系统性风险与社会福利——一个理论分析框架》,

《经济学（季刊）》第5期。

吴本健、罗玲、王蕾，2022，《农信社商业化改革对县域内城乡收入差距的动态影响——基于农信社改制为农商行的准自然实验分析》，《中国农村经济》第4期。

吴文洋、卢翠平、唐绅峰，2022，《金融创新与银行系统性风险：敏感性、异质性及可接受性》，《世界经济研究》第7期。

项后军、周雄，2022，《流动性囤积视角下的影子银行及其监管》，《经济研究》第3期。

谢绚丽、王诗卉，2022，《中国商业银行数字化转型：测度、进程及影响》，《经济学（季刊）》第6期。

谢治春、赵兴庐、刘云燕，2022，《传统商业银行数字化转型下的组织适应性问题与组织创新》，《当代经济管理》第12期。

徐璐、叶光亮，2022，《存款保险、市场竞争与银行经营稳健性》，《金融研究》第1期。

余明桂、马林、王空，2022，《商业银行数字化转型与劳动力需求：创造还是破坏？》，《管理世界》第10期。

喻微锋、郑建峡，2022，《互联网金融、货币政策与银行风险承担》，《统计研究》第6期。

战明华、李帅、汤颜菲、吴周恒，2022，《货币政策究竟如何影响经济杠杆率？——银行竞争与货币政策信贷渠道关系视角》，《国际金融研究》第9期。

张海洋、胡英琦、陆利平、蔡卫星，2022，《数字时代的银行业变迁——网点布局与行业结构》，《金融研究》第9期。

张贺、白钦先，2022，《中美互联网金融监管比较及启示：一个比较金融学框架》，《甘肃社会科学》第1期。

张珩、程名望、罗剑朝、李礼连，2022，《破解地方金融机构支持县域经济发展之谜》，《财贸经济》第2期。

张珩，2022，《产权改革会使农信社发生使命漂移吗？》，《山西财经大学学报》第12期。

张嘉明，2022，《货币政策、银行风险承担异质性与影子银行》，《经济研究》第5期。

张琳、廉永辉、方意，2022，《政策连续性与商业银行系统性风险》，《金融研究》第5期。

张龙耀、袁振，2022，《金融科技会影响农村金融机构贷款的信用结构吗》，《农业技术经济》第10期。

张宁、张兵、吴依含，2022，《农户信用评级对农村商业银行绩效的影响——基于典型试验区的追踪调查》，《中国农村经济》第10期。

张甜、曹廷求，2022，《地方财政风险金融化：来自城商行的证据》，《财贸经济》第4期。

张晓明、赵玥，2022，《后危机时代银行业竞争与系统性风险——基于全球主要上市银行的实证分析》，《国际金融研究》第2期。

张一林、郁芸君、蒲明，2022，《担保圈危机、债务挤兑与区域风险治理》，《世界经济》第9期。

张岳、周应恒，2022，《数字金融发展对农村金融机构经营风险的影响——基于金融监管强度调节效应的分析》，《中国农村经济》第4期。

张云、蒋子衿、李宝伟、张嘉明，2022，《银行权力与银行流动性创造——理论与实证》，《南开经济研究》第11期。

张正平、刘云华,2022,《数字金融发展对农村商业银行运营效率的影响——基于2014—2018年非平衡面板数据的实证研究》,《农业技术经济》第4期。

赵静、郭晔,2022,《金融产品持股与银行系统性风险——兼论〈商业银行股权管理暂行办法〉的影响》,《金融研究》第1期。

赵平、姚耀军,2022,《中国利率市场化改革对中小民营企业融资约束的影响研究——引入银行信贷风险定价能力作用的再考察》,《财经研究》第7期。

钟凯、梁鹏、董晓丹、王秀丽,2022,《数字普惠金融与商业信用二次配置》,《中国工业经济》第1期。

周达勇、董必荣,2022,《银行信贷与中小企业双元创新投入》,《经济管理》第12期。

周亚拿、武立东、王凯,2022,《地方环境保护压力、国有股权与银行信贷投放——基于我国城市商业银行的实证研究》,《管理评论》第4期。

朱永华、张一林、林毅夫,2022,《赶超战略与大银行垄断——基于新结构经济学的视角》,《金融研究》第11期。

庄毓敏、张祎,2022,《流动性监管、银行稳健性与货币政策传导》,《中国工业经济》第6期。

Altavilla, C., Lorenzo, B., Mariassunta, G., and S. Holton, 2022, "Is There a Zero Lower Bound? The Effects Negative Policy Rates on Banks and Firms", *Journal of Financial Economics*, Vol. 144, No. 3, 885 – 907.

Altunbas, Y., Marques-Ibanez, D., Van, L., M., and T. Zhao, 2022, "Market Power and Bank Systemic Risk: Role of Securitization and Bank Capital", *Journal of Banking & Finance*, Vol. 138, No. 5, 1043 – 1063.

Banna, H., Mia M. A., Nourani M., and L. Yarovaya, 2022, "Fintech-based Financial Inclusion and Risk-taking Microfinance Institutions (MFIs): Evidence from Sub-Saharan Africa", *Finance Research Letters*, Vol. 45, No. 3, 102149.1 – 102149.7.

Biswas, S., and K. Koufopoulos, 2022, "Bank Capital Structure and Regulation: Overcoming and Embracing Adverse Selection", *Journal of Financial Economics*, Vol. 143, No. 3, 973 – 992.

Cantú, C., Stijn, C., and L. Gambacorta, 2022, "How Do Bank-Specific Characteristics Affect Lending? New Evidence Based on Credit Registry Data from Latin America", *Journal of Banking & Finance*, Vol. 135, No. 2, 105818 – 105854.

Chen, Q., Itay, G., Z. Huang, and R. Vashishtha, 2022, "Bank Transparency and Deposit Flows", *Journal of Financial Economics*, Vol. 146, No. 2, 475 – 501.

Chodorow-Reich, G., and A. Falato, 2022, "The Loan Covenant Channel: How Bank Health Transmits to the Real Economy", *The Journal of Finance*, Vol. 77, No. 1, 85 – 128.

Erel, I., and J. Liebersohn, 2022, "Can FinTech Reduce Disparities in Access to Finance? Evidence from the Paycheck Protection Program", *Journal of Financial Economics*, Vol. 146, No. 1, 90 – 118.

Fukuyama, H., and Y. Tan, 2022, "Implementing Strategic Disposability for Performance Evaluation: Innovation, Stability, Profitability and Corporate Social Responsibility in Chinese Banking", *European Journal of Operational Research*, Vol. 296, No. 2, 652 – 668.

Gabriel, C., Olivier D., Stephan L., and M. Plosser, 2022, "Bank Liquidity Provision across the Firm Size Distribution", *Journal of Financial Economics*, Vol. 144, No. 3, 908 – 932.

Gopal, M., and P. Schnabl, 2022, "The Rise of Finance Companies and FinTech Lenders in Small Business Lending", *The Review of Financial Studies*, Vol. 35, No. 11, 4859 – 4901.

Granja, J., Christian L., and R. G. Rajan, 2022, "Going the Extra Mile: Distant Lending and Credit Cycles", *The Journal of Finance*, Vol. 77, No. 2, 1259 – 1324.

Hodula, M., 2022, "Does Fintech Credit Substitute for Traditional Credit? Evidence from 78 Countries", *Finance Research Letters*, Vol. 46, No. 5, 102469.1 – 102469.5.

Li, C., Si H., Yuan T., Shi Q. S., and L. Ning, 2022, "Does the Bank's FinTech Innovation Reduce Its Risk-Taking? Evidence from China's Banking Industry", *Journal of Innovation & Knowledge*, Vol. 7, No. 3, 100219.1 – 100219.14.

Li, Q., Rongcheng Z., and W. Qin, 2022, "Does the Fintech Create Value? A Textual Analysis of Commercial Banks in China", *Technology Analysis & Strategic Management*, No. 11, pp. 1 – 16.

López-Penabad, M. C., Ana I., José F. S. N., and J. M. Maside-Sanfiz, 2022, "Does Corporate Social Performance Improve Bank Efficiency? Evidence from European Banks", *Review of Managerial Science*, Vol. 10, No. 3, 11846.1 – 11846.39.

Lu, Z., Jun J. W., Hong Y. L., and D. K. Nguyen, 2022, "Local Bank, Digital Financial Inclusion and SME Financing Constraints: Empirical Evidence from China", *Emerging Markets Finance and Trade*, Vol. 58, No. 6, 1712 – 1725.

Murinde, V., Efthymios R., and M. Zachariadis, 2022, "The Impact of the FinTech Revolution on the Future of Banking: Opportunities and Risks", *International Review of Financial Analysis*, Vol. 81, No. 5, 102103.1 – 102103.27.

Parlour, C. A., Uday R., and H. Zhu, 2022, "When FinTech Competes for Payment Flows", *The Review of Financial Studies*, Vol. 35, No. 11, 4985 – 5024.

Robert, B., Adair M., Richard S., and N. Wallace, 2022, "Consumer-Lending Discrimination in the FinTech Era", *Journal of Financial Economics*, Vol. 143, No. 1, 30 – 56.

Stankevičienė, J., and J. Kabulova, 2022, "Financial Technology Impact on Stability of Financial Institutions", *Technological and Economic Development of Economy*, Vol. 28, No. 4, 1089 – 1114.

Zhao, J., Xing H. L., Chin H. Y., Shi C., and C. Lee, 2022, "Riding the FinTech Innovation Wave: FinTech, Patents and Bank Performance", *Journal of International Money and Finance*, Vol. 122, No. 4, 102552.1 – 102552.19.

# 资本市场与公司治理研究述评

徐枫 吕纤[*]

高质量发展是全面建设社会主义现代化国家的首要任务。党的二十大报告指出，要坚持把发展经济的着力点放在实体经济上，同时强调要进一步"健全资本市场功能，提高直接融资比重"，明确了新时代资本市场高质量发展路径。这意味着，资本市场要以进一步增强服务实体经济能力为改革发展目标，完善与优化资金融通和资源配置功能，为加快发展方式绿色转型和推进建设制造强国、质量强国、网络强国、数字中国等提供强有力的支持与支撑作用。上市公司作为资本市场微观基础，是推进高质量发展、构建新发展格局的重要主体。在党的二十大提出加快构建新发展格局、着力推动高质量发展的背景下，我国证监会于2022年11月出台《推动提高上市公司质量三年行动方案（2022—2025）》，强调以注册制为牵引加大促进高质量发展的制度供给，积极引导资本市场各类主体有效参与公司治理，健全打击重大违法长效机制，形成推动上市公司高质量发展的强大合力。

党和国家关于资本市场改革与上市公司高质量发展的重要指示和精神，引起学术界广泛探讨。总体上，近期研究持续关注资本市场效率与制度建设，聚焦我国资本市场对经济高质量发展、绿色化发展等具体目标的促进与支持作用，关注资本市场非效率异象以及效率提升途径，并为资本市场融资融券制度、股票发行注册制等制度建设与完善提供了丰富借鉴。同时，近期研究结合发挥资本市场优化上市公司治理结构作用促进高质量发展的政策精神，聚焦我国股权结构特征与混合所有制改革进程，对中小股东和非国有股东的积极治理效应及作用条件进行了有益探索。此外，随着企业绿色转型的推进和数字技术的深化运用，绿色治理和数字化的治理效应话题也广受关注，并已形成初步探讨，为后续深入研究提供了探索方向。

## 一 资本市场

### （一）资本市场与实体经济

党的二十大再次明确了资本市场增强服务实体经济能力的发展方向，在建设制造强国、推动产业结构优化升级、支持发展方式绿色转型等方面资本市场应发挥必不可少的支持与支撑作用。例如，公司面临激烈的行业竞争、有较强的提升市场地位动机时，能够通过股权再融资充分满足公司融资需求，积极提升公司创新水平，促进行业良性竞争（宋玉臣等，2022）。鉴于资本市场信息披露的公开性特征，与上市公司同行业和同地区的非上市公司也能受益于上市公司信息披露，通过缓解信息不对称减小研发资金限制，并利用上市公司技术信息溢出促进本公司创新活动（李孟哲等，2022），这从新的视角为资本市场推进企业创新提供了经验证据。近年来

---

[*] 徐枫，中国社会科学院金融研究所，副研究员；吕纤，中南民族大学，讲师。

我国出现上市公司与私募等机构合作设立并购基金的独特模式，这种上市公司内外部多方资本围绕公司主营业务进行合作的方式，有利于激发社会资本对实体投资的促进作用（逯东、宋昕倍，2022）。

随着绿色金融体系的建设，绿色资本如何促进经济绿色转型成为近期文献关注的焦点。绿色资本通过资本市场向绿色转型公司实现资金配置，并能通过资源效应和监督效应突破公司产权性质和固有技术水平显著持续提升公司绿色创新（王营、冯佳浩，2022）。同时，资本市场还能与绿色产业政策产生联动效应，通过对公司的绿色信号产生积极反应，共同促进公司实施绿色转型（陈艳莹等，2022）。从环境约束条件下包含金融部门并考虑内生型减排技术的数理模型来看，绿色资本不限于对少数清洁行业的支持，针对高污染、高能耗行业内部环保技术升级的绿色金融服务也至关重要（文书洋等，2022）。此外，绿色资本还能通过债券市场发挥良性环保溢出效应，不仅促进发行绿色债券的公司采取更多环保行动，还将绿色支持作用辐射至同行业其他公司，提升行业财务和环境绩效（吴育辉等，2022）。

资本市场服务实体经济过程中，还发挥着促进并购重组推进产业升级的积极作用，因此近期研究中市场效率对并购的影响仍是广泛讨论的主题。例如，何德旭等（2022）从经典的股票错误定价驱动并购的观点出发，认为市场非效率情况下上市公司为提升股价实现市值管理而存在"估值套利"以及"估值修复"的并购动机，这种并购并不能带来真正的协同效应。在技术并购方面，股票市场非效率也可能不利于并购企业后续创新，尤其存在题材炒作情况时，跨部并购尽管难以带来公司创新提升仍会受到投资者热捧，而致力于对原有技术深入挖掘的技术相似性并购则受到冷遇（姚颐等，2022）。并且，当并购存在超额商誉时，管理者还可能利用商誉减值的自由裁量权谋取私利，这将影响分析师与投资者对公司盈余预测准确性、增加公司融资成本，进而对公司创新活动产生不利影响（张欣、董竹，2022）。并购活动中还可能因为市场非效率而存在知情交易或内部人利用信息优势减持套现的问题。支晓强等（2022）认为并购重组业绩承诺一定程度上成为内部人减持套现的自利工具，公司内部人往往利用自身信息优势在业绩承诺期后期减持，并且减持规模与业绩承诺水平、公司信息环境密切相关。这种情况下业绩承诺无法保护中小投资者利益，反而造成损害，有必要进一步完善对于并购重组的业绩承诺监管。不过，监管模式的科技化转型将有利于提升企业并购绩效。孙亮和刘春（2022）发现，证监会建立券商工作底稿科技管理系统后，事中监管能力、事后监管威慑以及监管尽职程度均有所增强，进而促使企业并购交易绩效提升。这些研究表明，完善资金融通和资源配置功能，提升直接融资水平，对于配合经济结构优化调整实现转型升级目标具有重要意义。

### （二）投资者行为与资本市场效率

在实践中，资本市场并不总是有效率的。近期研究在资本市场效率问题上，聚焦于我国资本市场特有的投资者处置效应、投资者弃优用劣非理性行为以及"基金赚钱、基民不赚钱"现象，对我国股票价格形成机制做出了有益探讨。

在投资者处置效应方面，陆蓉等（2022）归纳提炼了我国投资者相较美国投资者的独特效应特征，认为我国投资者面对售盈和持亏表现出更明显地非对称的处置效应和更高的盈亏敏感性，并且在持股收益由负变正时股票卖出概率出现跃升。其可能原因在于，我国投资者存在"扳本"偏好，即经历过亏损的投资者更偏好有机会挽回已有损失的选择，并且投资者卖出决策对盈利的敏感性大于对亏损的敏感性。这一基于投资者账户数据的大样本分析，不仅刻画出了我国投资者的股票出售行为特征，还为后续研究深入探究处置效应形成原因提供了方向。

近期研究还对投资者如何获取、处理以及使用信息提出了新的思考。传统观点认为，投资者由于有限关注或信息处理成本高昂可能无法利用全部有价值的信息进行决策，从而影响市场效率。具体表现包括，公司股票价格会对其他关联公司新信息的披露出现延迟反应，呈现动量溢出效应，使具有经济关联的公司之间股票回报可能存在"领先—滞后"的关系。已有研究论证了美国市场上关联动量溢出效应的存在，而段丙蕾等（2022）研究发现，中国股票市场中经济关联因子呈现出与美国股票市场不同的规律：其一，中国股票市场中经济关联因子的预测期较短；其二，在周度层面科技关联动量、区域动量及客户动量显著。这可能是因为中国市场上存在大量具有博彩倾向的散户，散户投资者的追涨杀跌行为加速了科技关联信息纳入股价的过程。学者们也关注到基金市场中存在的"基金赚钱、基民不赚钱"现象，并尝试基于投资者有限关注理论构建理论模型，从投资者认知偏差导致的投资决策失误角度对此现象进行解释。刘洋溢等学者认为，受限于有限关注的投资者会通过感知基金业绩持续性来估计基金收益信号，在此基础上做出投资决策，这可能导致高估信号精度所产生的投资决策偏差，进而损害投资者回报。当投资者对基金收益信号估计精度较低，则投资者行为偏差更严重，并将导致更低的投资收益（刘洋溢等，2022）。这在一定程度上说明了增强投资者教育和提升基金行业规范性要求的必要性，为优化基金行业监管、提升投资者利益保护力度提供了政策借鉴。近期文献还显示，即使没有受到关注限制或信息成本差异影响，投资者也存在弃优用劣的非理性行为。崔宸瑜等（2022）通过比较同步披露的净利润和扣非后净利润受投资者的关注差异，发现尽管扣非后净利润对公司盈利能力预测力度更强，并且两类净利润信息获取成本差异较小，市场整体仍缺乏对扣非业绩信息的关注，说明投资者存在弃优用劣的非理性决策，并对市场效率造成影响，这为研究我国投资者非理性交易行为提供了一个新的视角。除此之外，我国资本市场的一类全新定价异象"大单异象"也受到研究关注。大单交易是指单笔交易超过10万股的股票交易，理论上会对股价产生短期冲击，并可能由于包含影响资产价格变化的信息而预示未来股价走势。许泳昊等（2022）发现，大单交易确实能够在截面维度上预测股价走势，但与传统观点不同的是，大单净买量与股票未来收益显著负相关。其原因可能在于，我国资本市场上投资者羊群行为等非理性偏差显著，中小散户面对股价冲击往往存在过度反应，导致大单净买入较多的股票未来股价出现反转。这说明跟随大单交易的投资策略并不能帮助投资者实现收益，相反可能导致投资者回报减少。上述发现对于提升我国资本市场定价效率、改善金融市场投资环境和保护投资者权益皆具有一定的启示意义。在投资者情绪测度方面，采用多维度多媒介的新视角以及依托数据处理技术的新研究方法成为趋势。例如，以往研究通常基于某一类文本测度了文本情绪指数，忽略了不同种类文本间的差异。事实上，正式文本和非正式文本产生环境、规范、信息密度等皆有较大差异，对经济状况的反映程度也不同。范小云等（2022）开发了新的中文金融文本情绪词典，并融合机器学习算法提出了一种混合式情绪测度方法。基于新的技术方法，他们发现新闻情绪对宏观经济预测能力较强，而股吧情绪对金融市场预测能力更强，情绪的预测效果还受到经济周期、交易日、股票类型等因素的差异性影响。

关于如何优化信息传递、缓解资本市场错误定价以提升资本市场效率，近期研究也对此进行了有益探讨。现实中，部分上市公司利用网络平台互动实施热点炒作和策略性信息披露，导致公司在网络平台互动问答的信息传递效率降低,学者们聚焦"存贷双高"型和市值较小、财务风险较高公司,指出这些企业通过网络平台互动实现信息操纵的可能性更高,其背后的企业财务造假、大股东掏空以及管理层道德风险,需要投资者、监管机构予以足够重视(窦超等,2022;李文贵、路军,2022)。在优化信息传递效率具体路径方面,张光利等(2022)围绕高管在电话会议中展现的语言风格与相应市场反应关系,发现有利于信息沟通的语言风格对投资者反应具有正向促进作用,同时高管声音的语调、清晰程度和稳定程度也显著影响信息披露效果。此外,我国公募基金有动力和实力对标的资产特性进行挖掘,并利用定价异象获取超额收益,这不仅可以为基金带来长期资金流,同时也缓解了市场错误定价。不同于以往部分研究中机构投资者促成异象形成的观点,李斌和雷印如(2022)的研究为公募基金提升市场效率的积极作用提供新的经验证据。不过,机构投资者无序使用投资工具也可能影响市场效率,其中机构投资者的套利活动尤其是折价套利活动会增大股票的系统性尾部风险,因此 ETF 并不能在市场压力时期为股票形成流动性缓冲,反而会加大股票的系统性尾部风险,引起金融不稳定。这为辩证地理解机构投资对金融稳定的综合影响提供了新的视角(姜富伟等,2022)。

总体而言,近期研究为我国资本市场发挥服务实体经济能力提供了更多积极证据,并围绕资本市场服务实体经济的现状、市场非效率的影响以及优化提升路径进行了广泛探讨,丰富并拓展了适用于我国特有情境的资本市场效率理论,为完善资本市场资金融通和资源配置功能、配合经济结构优化调整和转型升级提供了新的政策借鉴。

### (三)股票发行制度变革的影响

截至 2022 年年底,我国通过注册取得股票发行资格的公司已超过 1000 家。股票发行制度变革引起学界积极关注。近期研究受益于政策实施时间的积累,得以更直接地探讨注册制对资本市场效率的影响。一些研究利用注册制试点事件的市场反应检验股票发行变革对市场定价效率的影响。赖黎等(2022)研究发现,从新股收益率和涨停天数来看,实施注册制的科创板市场定价较其他板块更为合理,并对其他板块新股定价效率具有一定辐射作用,从壳公司股票价格变化来看,注册制试点宣告后壳公司股票的市场反应较差。上述发现说明,随着注册制改革,我国资本市场上炒壳、题材炒作等市场非效率现象有所缓解,市场定价效率得以提升。还有学者聚焦注册制下的具体制度,分析其对市场效率的作用机制。例如,薛爽和王禹(2022)认为,注册制下的问询式审核有助于提升 IPO 定价效率,主要通过问询式审核的信息挖掘和价值发现机制形成积极作用,具体体现在能够突破机构投资者理性限制,提升机构投资者对拟投资公司的信息获取和处理能力。这一研究从定价效率视角论证了注册制下审核问询的有效性,并提供了评估注册制改革成效的经验证据。不过,也有研究认为,在注册制实施初期放松政府管制对资本市场定价效率的提升作用有限,吴锡皓和张弛(2022)通过区分实施注册制的科创板与创业板公司,分别比对两个板块公司与核准制公司 IPO 溢价率的差异,研究发现注册制改革导致 IPO 抑价率反而更高,这可能由于一级市场下承销商寻求风险溢价补偿和二级市场下投资者非理性行为导致。同时,注册制科创板公司的 IPO 抑价率较低,而创业板公司的 IPO 抑价率显著高于核准制公司和科创板公司,其原因可能在于科创板实施完全强制跟投制度。从 IPO 抑价率的差异性分析来看,选择外资参股的承销商、实施 IPO 审核问询以及设置合理的发行等待时长,能够有助于抑制现阶段的非效率现象,促进注册制改革积极效应的形成。

部分学者还从注册制下信息披露制度优化角度，进一步关注其对核准制公司的积极溢出效应。一方面，注册制拓宽投资者信息获取渠道，并能通过同群效应对核准制公司产生提升信息披露质量的积极影响。例如巫岑等（2022）研究发现注册制下发行股票的公司其同行业其他公司的股价信息含量随之上升，尤其是信息环境较差的公司更可能受到同行公司注册上市的积极影响，并且招股说明书中公司特质信息、前瞻性信息占比越高则信息溢出效应越强，说明注册制的信息披露优化对核准制公司具有积极的信息溢出效应。另一方面，注册制还能通过降低信息不确定性和形成竞争压力发挥溢出作用。刘瑞琳和李丹（2022）发现，科创板公司信息披露会提高同行业公司研发投入，并最终提升投资效率，且信息披露内容越丰富、精确度越高则该溢出效应越强。在此过程中，管理层对创新认知程度的提升和媒体关注度的上升发挥着关键作用。

总体而言，近期文献大多对于注册制改革在优化信息披露与传递、提升新股定价效率、改善市场流动性的积极效果予以肯定，也有文献指出注册制改革可能带来一些增量成本，导致价格发现效率有所降低，并且目前在实践中还需要与其他配套制度组合发挥作用。这些研究结果为注册制改革政策效果的全面评估提供了支持，也对未来我国资本市场深化改革具有一定启示。

### （四）融资融券制度的影响

2022年10月，经我国证监会批准，沪深交易所再次扩大主板融资融券标的股票范围，上交所标的股票数量扩大到1000只，深交所标的股票数量扩大到1200只，这意味着我国资本市场卖空限制进一步放松。卖空机制的引入不仅能够影响投资者应对流动性问题的决策，还有助于纠正市场错误定价提升市场效率（Karmaziene & Sokolovski, 2022；Chen et al., 2022）。而在微观公司层面，就卖空机制的影响主要有约束假说和压力假说两种观点。我国近期研究主要聚焦卖空机制的微观效应，延续对两种观点的探讨，通过验证卖空机制对管理者的监督约束效应，为约束假说提供了经验支持。例如，董卉宁等（2022）基于高管减持视角，探究卖空约束放松是否发挥促进股票定价效率提升的作用减少高管减持收益，并提升公司治理水平以制约高管为实现投机性减持隐藏消息的行为。这一研究肯定了我国融券交易制度的积极治理效应，体现了卖空机制在资本市场中的重要性。此外，卖空机制还能通过减少银企之间的信息不对称和降低企业财务风险来影响企业融资约束（Ho et al., 2022）。也有学者注意到，卖空机制还可能作为外部监管的补充机制发挥溢出效应。具体而言，在食品安全治理过程中，厂商的自利行为将受到卖空威慑约束，这有助于提升上市食品公司产品质量。与此同时，上市食品公司还将作为供应链及行业核心企业发挥积极作用，通过供应链协同和同群效应等途径将卖空机制的治理效应辐射至其他公司（张璇等，2022）。上述发现表明，卖空交易还体现了投资者对企业社会影响的关注，有助于形成良好的社会共治机制，发挥广泛的积极作用，为卖空机制治理效应研究提供了新的视角。

### （五）问询函制度的影响

目前国际学术界有关问询函制度的研究主要围绕美国证券交易委员会（SEC）意见函的影响因素和经济后果展开，基本认为问询函具有增加公司信息披露、改善盈余治理等作用（Hutton et al., 2022）。2013年信息披露直通车改革实施后，我国交易所问询制度的作用与经济后果也引起了学者们的广泛关注。不同于以往从公司经济效益角度评估问询函制度监管效应，近期文献则将相关研究视角拓展至公司税收行为、产能过剩等方面。

作为监管机构和投资者关注重点，公司税收行为是否也受到问询函制度影响？邓祎璐等（2022）学者研究发现，财务报告问询函监管强度越高，越有助于抑制公司税收规避行为，尤其当财务报告问询函涉及税收或研发相关内容时监管效果更好，同时，在融资约束程度较低和税收征管强度较高的公司中，问询函的监管效果较好。上述研究不仅提供了我国制度背景下非处罚性监管效果的实证证据，相关问题的探讨还有助于深化金融供给侧结构性改革，完善现代金融监管体系。

在我国供给侧结构性改革的背景下，公司层面的产能过剩问题日益成为交易所的年报问询重点。年报问询函作为一种预防性监管制度，或许能够协同政府与市场作用，通过降低市场、政府与公司间的信息不对称推动公司去产能。对此，李晓溪和饶品贵（2022）实证发现，相比未被问询的公司，被问询的公司收函后产能过剩水平显著下降，该结果在媒体负面报道较多的公司、地方政府治理水平较高的地区中更为明显，这不仅支持了问询函制度对公司去产能的积极效应，还进一步揭示了问询函制度有助于优化资源配置、减少代理问题的作用机制。这表明，问询监管在市场与政府协同化解产能过剩难题长效机制形成过程中发挥重要作用，应当持续推进问询监管，并关注监管效果的制约因素，通过实施差异化监管，充分发挥问询监管的积极作用。

总体而言，近期文献拓展了问询函制度监管效应的研究视角，不仅关注税收等企业具体行为，还聚焦这一预防性监管制度与宏观经济政策的协同与配合，并探究了监管溢出效应及其成立条件。这些研究为全面评估问询函制度的监管效果提供了经验证据，也为持续推进问询监管提供了理论依据。

## 二　公司治理

### （一）股东积极主义的治理效应

关于股东积极主义的治理效应，已有大量文献对此提供经验证据支持，围绕以机构投资者为代表的股东治理监督作用机制及经济后果展开了丰富研究，也涉及了一定股东异质性影响的探讨（潘越等，2022）。近期研究更进一步聚焦我国特色的投资者网络沟通平台和特别代表人诉讼制度，以及国有企业混合所有制改革进程，探究中小股东和非国有股东的积极治理效应。

传统观点认为，中小股东积极参与公司治理的观念较弱，即使具备监督治理意识，也可能受到股权结构或信息劣势限制，导致治理效应受限，往往只能通过"用脚投票"表达诉求。不过随着2004年网络投票制度建立、2010年投资者网络互动交流平台构建，中小股东的参与渠道不断拓宽，其参与治理的程度也逐渐提高。新《证券法》提出我国特色的特别代表人诉讼制度，进一步保障了中小股东合法权益。在已有研究基础上，学者们围绕低持股比例中小股东能否发挥积极的治理效应，以及其具体作用机制展开探讨。黄泽悦等（2022）认为，我国资本市场中小投资者数量占比较多的基本特征也是中小股东参与公司治理的优势所在。尽管中小股东集聚形成的是一种自发或松散组织，仍能通过增加议案否决概率和提高媒体关注度等产生治理作用。在实践中，中小股东还会通过形成一致行动关系来主动积极参与公司治理，这与以往观点认为的中小股东单纯依靠被动维权有所不同。郑志刚等（2022）认为，中小股东组成一致行动联盟可以帮助其进行投票表决权的集中配置，形成对实际控制人和经理人的监督和制衡。这意味着，在考虑实际控制人与经理人合谋的双重代理问题时，中小股东一致行动的治理意义更为凸显。中小股东一致行动不仅有助于长期公司治理机制的形成，也能在短期形成市场效率机制，这进一步说明了中小投资者的积极效应，重塑了中小投资者在资本市场信息效率中的角色。

国有企业混合所有制改革旨在引入非国有股东，提升企业市场化程度，完善治理机制，进而实现国有资产保值增值。在改革过程中，如何实现国有股东与战略投资者的混合分解为权力维度的"混"，以及资源与治理维度的"合"是一个重要问题。在实践中，还存在较为突出的重"混"轻"改"现象，即对于控制权分享关注不足。因此，近期研究关注混合所有制改革中非国有股东的治理效应及发挥条件。例如，吴秋生和独正元（2022）认为，非国有股东能够通过委派董事并在董事会表决投票来参与公司治理，非国有股东保持较高的治理积极性将有助于提高公司投资效率和内部控制治理，从而促进国有资产保值增值，尤其在投资者保护不足时，非国有股东参与治理可以起到替代保护作用。潘克勤等（2022）进一步揭示了竞争性地方国企向非国有大股东分享控制权的基本逻辑和现实状况，发现非国有战略投资者能够通过提升非国有董事监事席位比例和非国有董事长或总经理任职概率增强其治理效应，并且在政府放权意愿越强、国企隶属的政府层级越低、非国有大股东股权越大的情况下治理效应越强。这意味着需要系统性创新混合所有制改革机制，保证非国有股东决策和监督权落到实处，切实保障参与混合所有制改革的非国有股东权益，才能发挥混合所有制改革优势，激发社会资本的活力。不同于以往研究主要关注非国有股东股权治理效应，何瑛等（2022）探讨了非国有股东通过股权治理、高维治理等正式制度以及网络治理的非正式制度参与公司治理的作用及其条件，发现在资本结构优化调整方面，基于正式制度的股权治理和高层治理发挥着更为基础的作用。同时，非国有股东在"网络治理"层面的治理主要通过社会网络带来的"资源效应"与非合作惩罚机制带来的"制衡效应"来实现，这种治理也能发挥一定积极作用。基于典型企业的实践探索，张斌等（2022）综合股东权利、治理与资源三个方面，归纳总结出现行的两种模式，即国有主导的权力平衡与"治理优化+资源协同"组合模式，与民营主导的权力平衡与"治理重构+资源重配"的组合模式，并揭示了不同权力配置对治理建构以及治理建构对资源整合的影响机理。事实上，两种模式都充分发挥了国有和非国有双方优势，均是实现"合"的可选模式。对于特定功能性央企，引入多元化战略投资者，采取国有主导的权力平衡配置，以资源协同为导向，更有利于实现改善国企绩效的目标。而对于竞争性地方国企，引入股权平衡的战略投资者，采用民营主导的权力平衡配置，以治理重构为导向，更有利于促进国企的战略转型升级。不过从实践来看，如何促使不同产权性质资本在企业治理结构内的相互融合，从而形成治理与资源合力，仍是多数企业改革难点。国有股东和非国有股东受资源依赖、代理问题等因素影响存在差异，这使得异质性股东参股将对企业决策形成差异化影响。

### （二）公司绿色治理与绿色转型

党的二十大报告提出，要加快发展方式绿色转型，并强调要积极稳妥推进碳达峰、碳中和。为此，需要构建政府主导下以企业为主体、社会组织和公众共同参与的绿色治理体系。由于绿色转型的关键绿色技术具有明显的非竞争性与公益性，在实践中也受到资金投入大、研发难度高、研发周期长等难题制约。企业决策者不会主动进行绿色创新，作为准公共产品的绿色创新应由政府引导供给，通过提高环境合规成本迫使企业决策者开展绿色创新活动。因此，已有文献多数聚焦外部政策，探讨如环境权益交易、排污费与环保补助、绿色信贷政策等对公司绿色活动的促进效应。近期部分文献也延续相关探讨，深入挖掘外部治理影响机制，并结合碳绩效视角研究公司绿色治理成效。

对于环境权益交易治理机制，袁礼和周正（2022）认为，环境权益交易市场不仅能够利用市场机制释放能源要素价格信号，还能在引导绿色专利再配置时发挥根本性作用。一方面排污权等环境权益交易强化了绿色专利的生产者和消费者地位，不仅增加绿色创新企业转让、许可的绿色专利数量，也同步增加混合创新企业和非绿色创新企业受让与被许可的绿色专利数量，从而实现绿色专利在异质性企业间的再分配，并最终实现污染减排。不过，也有研究认为，企业为应对不断增强的环境规制，也可能采取策略性绿色创新活动，即主要对提高化石能源使用效率和降低末端污染物排放相关绿色技术进行研发，这还可能挤占其他技术创新资源（刘金科、肖翊阳，2022）。此外，从数理模型来看，碳排放权分配机制中初始碳配额分配无法解决清洁生产补贴中产生的新的不公平问题，而且环境规制下企业可能选择将合规成本部分转嫁给消费者，需要合理设计环境强度及科学有效的排放权再分配与交易制度，才能有助于实现各方经济利益的帕累托改进（邓忠奇等，2022；范庆泉等，2022）。

对于绿色信贷的治理效应，近期文献认为，绿色信贷政策主要通过加剧融资约束的作用机制，倒逼污染企业实施改善环境的绿色活动。不过，绿色信贷政策也会促使污染企业通过增加股权融资弥补资金缺口，并对绿色信贷的环境投资激励作用形成一定抑制（郭俊杰、方颖，2022）。除提高资金成本、收窄融资渠道的融资约束机制外，绿色信贷还可能通过提升企业对环境问题的内部关注，促进企业开展前端治理和实施绿色办公的绿色创新活动（斯丽娟、曹昊煜，2022）。这也在一定程度上表明培育企业内部环境治理意识在绿色转型中的重要性。由于不同企业开展绿色活动采取的策略存在差异，重污染企业采用"低成本策略"，节能环保企业则采用"竞争优势策略"，这使得绿色信贷政策的积极效应在不同企业之间存在分化，对于重污染企业绿色信贷政策的绿色创新促进作用较为有限（丁杰等，2022）。这些研究结论说明，需要辩证地看待绿色信贷政策的作用，且需要区分采用精准化、差异化的政策工具推进不同企业的绿色转型。

不同于上述外部政策治理效应的研究，也有文献关注企业内生驱动的绿色治理机制，主要集中于探讨环境相关信息披露的作用机制。环境信息披露既能够增加信息制造和传递成本，也可能为公司带来更多资源，还有助于外部利益相关者实施监督促使管理层开展绿色创新活动。李慧云等（2022）认为，随着环境信息披露水平的变化，成本效应、资源效应以及治理效应会此消彼长，进而引起公司绿色创新绩效变动，因此环境信息披露与重污染企业绿色创新绩效间存在"U"形关系。尽管环境相关信息披露在企业绿色治理机制形成过程中具有重要作用，目前我国对于公司环境信息披露框架和制度建设尚处于探索阶段，还需要进一步对企业环境信息披露机制及优化路径进行深入探讨。

作为绿色低碳发展的微观实践主体，也有学者注意到，发达国家的渐进式低碳转型进程与我国存在显著不同，我国企业面临在较短时间内突破传统发展模式惯性并通过绿色创新实现低碳转型升级目标的现实要求。例如，解学梅和韩宇航（2022）基于我国制造业企业绿色转型升级成功案例，深度剖析制造业企业绿色转型演化过程的内在形成机制，认为企业由于在绿色转型过程中传统发展期、绿色转向期和绿色转型期的主导逻辑、资源编排方式存在差异，最终形成不同的绿色转型模式和绿色跃迁路径，这为"双碳"目标下我国制造业企业的绿色转型提供了有益的实践启示。

### （三）公司数字化转型及其治理效应

已有研究对企业数字化转型的经济后果进行了一定探索，发现数字化转型在生产效率、企业创新、财务绩效、风险承担能力等方面具有显著正向作用（Gaglio et al.，2022；Wen et al.，2022；Tian et al.，2022）。作为企业管理模式上的重要变革，数字化转型有助于提升企业决策效率和科学性，并且能够在一定程度上减少传统信息传递方式下的错误和人为操纵，改善自身信息传递效率，从而提高信息透明度与信息质量（Chen et al.，2022）。近年来，我国已经逐渐形成"实体企业+数字化"的创新驱动发展模式。数字化转型将数字技术引入现有公司管理架构，推动信息结构、管理方式、运营机制、生产过程等进行全方位的重塑。

近期文献则认为，数字化重构了公司治理的主要矛盾和着力方向。陈德球和胡晴（2022）结合数字经济时代公司治理边界突破的逻辑与路径，遵循"技术赋能—数据驱动—治理重构"的逻辑思路，提炼归纳出数字经济下的公司治理研究范式和研究框架，从大数据赋能资本市场治理、大数据重构控制权市场治理等维度深入分析公司治理研究的新机制和新路径。其中，在资本市场治理方面，数字技术的运用不仅将机构投资者、分析师、审计师、社交媒体及监管机构等治理力量聚集起来，还强化了公司内部中小股东、董事会和管理层的治理角色，通过提高各方对公司日常经营活动的监督力度和优化经营决策，提升公司治理的有效性。在控制权市场治理方面，数字化转型重塑了公司内部治理主体权力配置格局，促使公司的控制权配置由依赖股东的股东中心向依赖核心创业团队的企业家中心倾斜，这也将带来控制权治理机制演变。在此基础上，董必荣等（2022）基于实证研究探讨了公司数字化战略承诺的治理效应。一方面，借助新兴技术能够提高公司内部治理效率从而缓解代理问题；另一方面，数字化战略承诺意味着向市场传递积极信号，公司为践行承诺内容会主动提高信息披露的质量和及时性，以便市场投资者更好地识别企业的实际运营情况及发展需求，这将降低公司内外部信息不对称程度，减小公司运营过程中的信息匹配成本，进而提升公司治理有效性。

### 参考文献

陈德球、胡晴，2022，《数字经济时代下的公司治理研究：范式创新与实践前沿》，《管理世界》第6期。

陈艳莹、于千惠、刘经珂，2022，《绿色产业政策能与资本市场有效"联动"吗——来自绿色工厂评定的证据》，《中国工业经济》第12期。

崔宸瑜、何贵华、谢德仁，2022，《A股投资者忽视扣非业绩信息的异象研究》，《管理世界》第8期。

邓祎璐、陈运森、戴馨，2022，《非处罚性监管与公司税收规避——基于财务报告问询函的证据》，《金融研究》第1期。

邓忠奇、高廷帆、庞瑞芝、杨彩琳，2022，《企业"被动合谋"现象研究："双碳"目标下环境规制的福利效应分析》，《中国工业经济》第7期。

丁杰、李仲飞、黄金波，2022，《绿色信贷政策能够促进企业绿色创新吗？——基于政策效应分化的视角》，《金融研究》第 12 期。

董必荣、徐怀宁、王菁华，2022，《企业数字化战略承诺与股价崩盘风险》，《会计研究》第 9 期。

董卉宁、刘琦、阮宏勋，2022，《中国式卖空机制与高管减持——基于融资融券分步扩容的准自然实验》，《金融研究》第 1 期。

窦超、原亚男、白学锦，2022，《上市公司"存贷双高"异象与股价崩盘风险》，《中国工业经济》第 4 期。

段丙蕾、汪荣飞、张然，2022，《南橘北枳：A 股市场的经济关联与股票回报》，《金融研究》第 2 期。

范庆泉、刘净然、王竞达，2022，《清洁生产补贴、收入分配失衡与碳排放权再分配机制研究》，《世界经济》第 7 期。

范小云、王业东、王道平、郭文璇、胡煊翊，2022，《不同来源金融文本信息含量的异质性分析——基于混合式文本情绪测度方法》，《管理世界》第 10 期。

郭俊杰、方颖，2022，《绿色信贷、融资结构与企业环境投资》，《世界经济》第 8 期。

何德旭、曾敏、吴育辉、刘蕴霆，2022，《股票错误定价、市值管理与上市公司并购行为》，《中国工业经济》第 10 期。

何瑛、杨琳、文雯，2022，《从"政治属性"到"市场理性"：非国有股东治理机制与资本结构动态调整》，《南开管理评论》网络首发。

黄泽悦、罗进辉、李向昕，2022，《中小股东"人多势众"的治理效应——基于年度股东大会出席人数的考察》，《管理世界》第 4 期。

姜富伟、宁炜、薛浩，2022，《机构投资与金融稳定——基于 A 股 ETF 套利交易的视角》，《管理世界》第 4 期。

赖黎、蓝春丹、秦明春，2022，《市场化改革提升了定价效率吗？——来自注册制的证据》，《管理世界》第 4 期。

李斌、雷印如，2022，《中国公募基金挖掘了股票市场异象吗?》，《金融研究》第 9 期。

李慧云、刘倩颖、李舒怡、符少燕，2022，《环境、社会及治理信息披露与企业绿色创新绩效》，《统计研究》第 12 期。

李孟哲、麻志明、吴联生，2022，《上市公司数量与非上市公司创新》，《金融研究》第 11 期。

李文贵、路军，2022，《网络平台互动与股价崩盘风险："沟通易"还是"操纵易"》，《中国工业经济》第 7 期。

李晓溪、饶品贵，2022，《预防性监管与公司产能过剩——基于年报问询函的研究证据》，《金融研究》第 4 期。

刘金科、肖翊阳，2022，《中国环境保护税与绿色创新：杠杆效应还是挤出效应?》，《经济研究》第 1 期。

刘瑞琳、李丹，2022，《注册制改革会产生溢出效应吗？——基于企业投资行为的视角》，《金融研究》第 10 期。

刘洋溢、廖妮、罗荣华，2022，《基金赚钱、基民不赚钱：业绩持续性感知与基金投资者行为》,《中国工业经济》第 2 期。

陆蓉、李金龙、陈实,2022,《中国投资者的股票出售行为画像——处置效应研究新进展》,《管理世界》第 3 期。

逯东、宋昕倍,2022,《产业政策能否促进资本"联姻"——基于上市公司设立并购基金的视角》,《中国工业经济》第 3 期。

潘克勤、李雨霏、潘潇阳,2022,《非国有战略投资者与非国有大股东控制权水平——来自竞争性地方上市国企的证据》,《南开管理评论》第 3 期。

潘越、刘承翊、林淑萍、张鹏东,2022,《风险资本的治理效应:来自 IPO 暂停的证据》,《中国工业经济》第 5 期。

斯丽娟、曹昊煜,2022,《绿色信贷政策能够改善企业环境社会责任吗——基于外部约束和内部关注的视角》,《中国工业经济》第 4 期。

宋玉臣、任浩锋、张炎炎,2022,《股权再融资促进制造业企业创新了吗——基于竞争视角的解释》,《南开管理评论》第 5 期。

王营、冯佳浩,2022,《绿色债券促进企业绿色创新研究》,《金融研究》第 6 期。

文书洋、刘浩、王慧,2022,《绿色金融、绿色创新与经济高质量发展》,《金融研究》第 8 期。

巫岑、饶品贵、岳衡,2022,《注册制的溢出效应:基于股价同步性的研究》,《管理世界》第 12 期。

吴秋生、独正元,2022,《非国有董事治理积极性与国企资产保值增值——来自董事会投票的经验证据》,《南开管理评论》第 3 期。

吴锡皓、张弛,2024,《注册制改革对资本市场定价效率的影响研究——基于 IPO 抑价率的视角》,《南开管理评论》第 2 期。

吴育辉、田亚男、陈韫妍、徐倩,2022,《绿色债券发行的溢出效应、作用机理及绩效研究》,《管理世界》第 6 期。

解学梅、韩宇航,2022,《本土制造业企业如何在绿色创新中实现"华丽转型"?——基于注意力基础观的多案例研究》,《管理世界》第 3 期。

许泳昊、徐鑫、朱菲菲,2022,《中国 A 股市场的"大单异象"研究》,《管理世界》第 7 期。

姚颐、徐亚飞、凌玥,2022,《技术并购、市场反应与创新产出》,《南开管理评论》第 3 期。

袁礼、周正,2022,《环境权益交易市场与企业绿色专利再配置》,《中国工业经济》第 12 期。

张斌、武常岐、谢佩洪,2022,《国有股东与战略投资者如何"混"与"合"?——基于中国联通与云南白药的双案例研究》,《管理世界》第 10 期。

张光利、梁婷、高皓、薛慧丽,2022,《电话会议中高管语言风格与投资者市场反应》,《世界经济》第 4 期。

张欣、董竹,2022,《超额商誉对企业创新的影响研究》,《南开管理评论》第 5 期。

张璇、孙雪丽、薛原、李春涛,2022,《卖空机制与食品安全——基于溢出效应的视角》,

《金融研究》第3期。

郑志刚、李邈、雍红艳、黄继承，2022，《中小股东一致行动改善了公司治理水平吗?》，《金融研究》第5期。

支晓强、王瑶、侯德帅，2023，《并购重组业绩承诺与内部人减持》，《南开管理评论》第4期。

Chen, W., L. Zhang, and P. Jiang, et al. 2022, "Can Digital Transformation Improve the Information Environment of the Capital Market? Evidence from the Analysts' Prediction Behavior", *Accounting and Finance*, Vol. 62, No. 2, 2543–2578.

Chen, Y., Z. Da, and D. Huang, 2022, "Short Selling Efficiency", *Journal of Financial Economics*, Vol. 145, No. 2, 387–408.

Gaglio, C., E. Kraemer-Mbula, and E. Lorenz, 2022, "The Effects of Digital Transformation on Innovation and Productivity: Firm-Level Evidence of South African Manufacturing Micro and Small Enterprises", *Technological Forecasting and Social Change*, Vol. 182, No. C, 121785.

Ho, P., C. Lin, and T. Lin, 2022, "Equity Short Selling and Bank Loan Market: A Controlled Experiment", *Journal of Money, Credit and Banking*, Vol. 54, No. 2–3, 349–379.

Hutton A., S. Shu, and X. Zheng, 2022, "Regulatory Transparency and The Alignment of Private and Public Enforcement: Evidence from The Public Disclosure of SEC Comment Letters", *Journal of Financial Economics*, Vol. 145, No. 1, 297–321.

Karmaziene, E., and V. Sokolovski, 2022, "Short-Selling Equity Exchange Traded Funds and Its Effect on Stock Market Liquidity", *Journal of Financial and Quantitative Analysis*, Vol. 57, No. 3, 923–956.

Tian, G., B. Li, and Y. Cheng, 2022, "Does Digital Transformation Matter for Corporate Risk-Taking", *Finance Research Letters*, Vol. 49, No. C, 103107.

Wen, H., Q. Zhong, and C. Lee, 2022, "Digitalization, Competition Strategy and Corporate Innovation: Evidence from Chinese Manufacturing Listed Companies", *International Review of Financial Analysis*, Vol. 82, No. 94, 128–146.

# 保险学研究述评

王向楠*

保险作为风险管理的一种重要方式，利用经济机制，发挥识别、汇集、分散风险及减轻损失的作用。保险学一般归类于经济学，主要归类于大金融系统中。保险学涉及的领域较多，融合使用了管理学、概率统计学、法学、公共卫生学和医学等学科的知识和方法。

在宏观经济管理中，保险是现代金融体系、社会保障及社会管理体系中的重要内容。在微观主体中，保险可用于应对有形财产、责任、信用、意外伤害、医疗健康、长寿等领域的风险，调节不同主体之间的关系。保险业是国民经济中的服务行业，在《所有经济活动的国际标准行业分类》（第四版）中，保险业属于K（64—66）"金融保险业"门类。

本文采取从侧重"行业与外部的关系"到侧重"行业自身"、从侧重"宏观"到侧重"微观"的顺序，综述了2022年中国保险学的研究进展。

## 一 保险与宏观经济运行

在经济金融体系中，保险部门能发挥减震器和助推器的作用。在新时期，保险业在促进经济平稳和协调发展、使经济发展成果更好惠及人民生活方面发挥着重要作用。2022年，中国学术界在研究保险业和宏观经济关系方面取得了如下成果。

### （一）保险与经济增长及发展

在加快推进农业现代化与建立高产优质高效农业生产体系的大背景下，农业保险不再局限于满足生产保障，更被赋予了加快推进农业现代化的职能。富丽莎等（2022）分析了当前中国农业保险发展所面临的内外部环境与形势变化，在现代农业发展视角下，分析了农业保险增收效应及其作用机制，检验农业保险"造血"的作用机理。研究发现，农业保险在发展中不断发挥风险管理与灾害补偿功能，有效增强了农户的风险抵御能力与恢复再生产能力，从而促进了农业收入水平的提升；农业保险发展规模通过提高农业规模化水平、机械化水平、专业化水平及绿色化水平来助力现代农业发展，进而提升农业收入水平。

医药产业创新发展可能成为促进经济增长的有力推动力。康蕊等（2022）分析了美国联邦医疗保险（Medicare）和医疗援助（Medical）计划、商业健康保险（Private Insurance）以及2004年至2017年640家制药公司的情况，验证美国医疗保险和经济增长之间的关系，以及医药创新在其中的中介作用。研究发现，医疗保险的发展对经济发展具有正向作用；在医疗保险和经济发展的关系上，医疗保险类型具有调节作用；医药创新也是医疗保险对经济发展产生影响

---

* 王向楠，中国社会科学院金融研究所，副研究员。

的中介因素，与政府办医保比，商业医疗保险更能促进经济发展，其主要贡献来自商业医疗保险对医药创新的促进作用。该研究的政策含义在于，中国应大力发展商业医疗保险，有效释放中高收入群体的高保障需求。

### （二）保险与经济波动及安全

在百年变局、世纪疫情、俄乌冲突等多个重大冲击的影响下，国际政治经济形势呈现出高度不稳定和不确定的态势，使得国际风险水平处于较高位置，对中国企业开展对外投资带来了很大冲击。王稳等（2022）以结构性金融工具的发展历程为出发点，结合公司对外直接投资、国家风险、出口信用保险等概念，将国家风险和出口信用保险这两个关键变量纳入公司对外直接投资的影响模型中，探究了高阶结构性金融工具中出口信用保险对缓解公司对外直接投资面临的国家风险所起的作用。以2011—2018年的51个数据为样本进行实证分析，较好地论证了出口信用保险这一结构性金融工具在中国企业防范对外直接投资风险方面的作用机理。

在面对多方面的不确定因素和风险冲击时，要努力确保我国主要农产品的生产和供应，使农业成为我国经济增长的"压舱石"和社会发展的"稳定器"。蒋和平等（2022）从食品安全的角度对中国"十三五"期间农产品保险的发展进行了实证研究，得出以下结论：中国农业保险要明确自身的地位，以保障我国的食品安全为重点；重点关注重大工程，将巩固扩大工作和乡村振兴战略有机结合；促进建设农村金融服务体系，建立完善的农村金融服务保障制度；加强粮食作物的生产和管理，促进粮食作物的生态价值和效益。该研究及其结论对于充分发挥农业保险在推动农业现代化、巩固拓展脱贫攻坚和全面乡村振兴中的作用具有积极意义。

### （三）保险业与宏观金融稳定

在保险机制中，保障和投资是两个基本要素，相互促进或相互制约。尚颖等（2022）研究发现，保险公司"以资产为导向"的经营方式容易导致资产与负债之间的不匹配风险，影响公司的流动资金和清偿能力，同时也会使风险向其他金融部门迅速传递。鉴于此，该文以资本结构特征为切入点，研究了资本结构特征与风险承担、风险传递等因素之间的关系，并提出以下对策建议：加强风险管理，特别是在风险传递阶段；增强风险意识，增强对金融内部"防火墙"的控制；对高度依赖资本的保险公司实行严格的偿付能力要求。

中国正在建设存款保险制度，以逐步构建中国的金融安全网，并提升中国银行业的市场化水平。全球各国实行的存款保险制度多种多样。何平和柯文轩（2022）从监管经济动机的角度研究了中国存款保险体系的监管效果，发现：伴随着体制和条件的成熟，以及不断积累解决问题银行的经验，以独立机构为框架的银行更加明确了激励作用，有利于减轻处理问题银行的矛盾。该研究的政策含义在于，以"特殊问题银行处置"为契机，明确存款保险机构、中央银行、金融监管机构之间的信息共享和职责划分，并及时改进"特殊问题银行处置基金"及"过桥银行"等相关支持机制。

### （四）保险制度本身不断改革

环境污染责任保险有助于缓解因环境污染造成的社会矛盾，提升企业应对环境污染、承担环境侵权责任的能力。马洪和王致民（2022）依次分析了环境污染责任保险法律体系构建的前提与核心、中国环境污染责任保险的试点经验和中国环境污染责任保险立法的三次契机与阻滞，认为环境污染责任保险是建立在环境法与保险法的基础上，但是终归应当置于保险法体系内，所以应以保险法的逻辑为立法基础，将环境污染责任保险规制于责任保险框架下；根据环境污染的特点制定《环境污染责任保险法》，专门立法对环境污染责任保险的基本原则、体系、范围、违约责任、除外责任等内容加以具体化规定，基于这个基础，制定土壤污染防治法、固体废物污染环境防治法、大气污染防治法、水污染防治法等针对具体环境问题的法律。

中国的通用航空保险业发展缓慢，主要表现在以下方面：第一，很难适应航空公司（业主）对风险管理的多方面要求；第二，缺乏针对性强、有效的驾驶员责任保险来保障驾驶员的权益，这尤其严重影响了驾驶员的培养和发展；第三，尚缺乏适合于滑翔伞、热气球、跳伞等飞行体育活动的航空体育保险，无法为这些活动提供有效保障。为了解决这些问题，王国军和马倩（2022）提出了构建中国通用航空保险体系的思路：首先，制定《通用航空保险条例》，制定相应的《通用航空保险操作指南》，进一步完善中国通用航空保险法律体系；其次，逐步建立以传统商业保险为主体、航空运动保险为重点、自主保险公司为补充的通用航空保险体系；最后，建立民航安全保障制度，弥补民航保险在灾害预防和减少损失方面的不足。

## 二　保险与居民家庭行为

家庭是社会的细胞，是需求决策的基本单元，而保险是家庭风险管理的工具，也是储蓄投资的一个选项。因此，经济学对保险问题的分析往往是从居民家庭的选择行为开始的。2022年，中国学术界在居民家庭行为框架下对保险问题的研究取得了如下成果。

### （一）居民家庭保险需求的经济分析

中国已经成为全球移动支付的第一大市场，而新技术也与传统保险业日益结合。尹志超等（2022）根据中国家庭金融调查（CHFS）的数据，使用工具变量法，缓解了中国居民参保人数的内生性问题，从而提高了模型估计的准确性。该研究以金融知识、社交互动和商业保险可获得性为起点，研究了移动支付的发展促进居民的商业保险参与的机制。其政策含义在于，加强对支付安全的监管和保护，促进居民更加便捷、安全地使用手机支付参与保险；在确保居民能够获得真实可信的信息的基础上，逐步提高他们对商业保险的信任水平。

学术界对乐观预期与保险市场参与之间内在关联方面的研究很少。周烁等（2022）分析了商业保险"保障"和"投资"的双重属性，采用中国家庭追踪调查（Chinese Family Panel Studies，CFPS）的数据，实证研究发现：户主乐观预期程度越高，家庭购买商业保险的意愿越强，购买的金额也越多；在区分保障型商业保险和投资型商业保险的基础上，发现乐观预期对商业保险购买的积极影响主要来自对投资型商业保险的需求，而乐观预期对保障型商业保险购买的影响不显著；对于储蓄较多、社会保障覆盖较好和社会资本水平较高的家庭，乐观预期对商业保险购买的积极影响更大。对比中国与国外的异质性可以得知，长期以来，中国居民多通过日常积累的财富资产、政府主导的社会保障以及集体文化下的社会资本支持等途径满足保障需求。

## （二）居民家庭保险需求的社会分析

随着我国越来越重视民生问题，能够个性化防范化解风险的商业保险也受到越来越多人的关注。居民的幸福感是经济社会发展的根本目的之一，那么，参与商业保险是否有助于提升居民的幸福感？胡宏兵等（2022）利用拉姆齐（Ramsey）模型，将企业的投保行为和居民的投保行为相结合，建立了影响居民投保行为的效用方程，揭示了它对居民主观福利水平的影响。该研究运用2017年的中国家庭金融调查（CHFS）的数据，通过倾向得分匹配法（Propensity Score Matching，PSM）、条件混合过程法（Conditional Mixed Process，CMP）、工具变量估计等方法，进行实证检验。结果表明，参加商业保险在一定程度上有助于减轻家庭债务压力和未婚状况对主观幸福感的负面影响。此外，该文还从城乡、地理、家庭收入、家庭规模等多维度研究了我国居民参加商业保险对其主观福利的作用机制。

对于居民的商业保险购买行为，已有文献关注了社会互动信息渠道的影响，但是少有文献研究大众传媒渠道的作用。同时，已有文献在研究社交交互与大众媒体传播之间的相互作用机制方面也存在不足。吴玉锋等（2022）通过对中国综合社会调查（Chinese General Social Survey，CGSS）的数据的分析，得出以下结论：大众媒体的资讯渠道能够为市民提供比较专业、精确、全面的资讯，从而有助于激发市民进行投保；大众媒体的资讯渠道可以通过社交媒体获得显示和隐含的资讯，进一步增加民众的投保意愿；大众媒体和社交媒体对我国城乡居民的保险购买行为的影响具有相似性。该文的政策含义包括，政策制定者在推广商业养老保险市场时，需要发挥大众媒体和社交互动的作用。

## （三）保险与居民家庭经济状况

健康保障制度会影响居民家庭的消费和投资以及家庭的资本结构。赵桂芹等（2022）通过数理模型分析，论证了健康保障制度对家庭贫穷脆弱性和投资行为的影响。结果表明，健康保障制度可以减少家庭的贫穷脆弱性。作者从长期减贫的角度研究了医保在不同人群的脱贫过程中的作用机理，并致力于完善医保降低贫困、防止返贫效应的相关理论；提倡采用国家财政补贴，促进将贫困人口纳入医保制度。但该研究并未考虑更多更复杂的"有条件转移"在扶贫工作中的作用。

将收入差距与消费差距结合起来进行研究，可以更深入地了解我国居民生活水平之间的差异。姚健和臧旭恒（2022）利用2010—2018年度中国居民跟踪调查（CFPS）的数据，对中国居民的收入差距和支出差距进行了实证分析。结果表明：收入差距呈倒"U"形增长，消费差距逐步稳定上升；面对无论是持久性还是暂时性的冲击，消费都有一定的保障；转移支付、耐用品交易和居民财产对缓解收入波动具有重要保障功能。通过分析居民收入和消费的演化过程中的差异性变化，发现了收入差距和消费差距之间的关联。其政策含义在于：一是加强居民收入分配结构调整和优化，确保劳动力市场持续发展，始终将稳定就业放在更重要的位置，推动劳动者创业就业，以减轻居民收入暂时性波动的影响；二是重点强化社保（如政府补助和退休人员退休金），提高居民的消费保障水平；三是通过扩大家庭资产种类、优化家庭资产结构增强家庭抵御收入波动的能力。

### （四）保险与居民家庭健康状况

农村地区通常位置偏远、人口分散，传统银行网点难以触及。互联网数字技术可以突破地域限制，在减少金融交易成本和扩大金融服务领域方面有着广阔的发展空间。于明哲等（2022）使用中国家庭追踪调查（CFPS）2016年、2018年两期的资料，进行实证分析发现：互联网保险的发展对30—60岁、文化程度和经济处于中等偏上水平的农民的健康状况有着积极的影响。该文研究表明，互联网保险的发展对那些保险意识不强、投保意愿不高的农民效果更为显著。其政策含义在于，发展互联网保险，提高农民获取医疗服务的可靠性和满意度，进而推动农民医疗服务质量的提升。

随着人口日益老龄化和人群疾病结构的渐变，慢性病对中老年劳动力市场的影响正逐渐显现。考虑到中老年受雇者的健康与劳动力市场表现会影响未来延迟退休政策的实施效果，宁光杰和宫杰婧（2022）从慢性病的角度衡量了中老年的健康状况，采用2018年中国健康与养老追踪调查（China Health and Retirement Longitudinal Study，CHARLS）的数据，通过联立方程模型考察了健康、工作时间、工资收入三者间的关系，发现：患慢性病的中老年受雇者会以增加工作时间的方式进行自我保险，但慢性病带来的效率损失会降低工资收入；中老年劳动者自我保险意识增强的原因主要在于，慢性病增加了中老年家庭的医疗支出负担以及由此带来的收入不确定性。

## 三　保险与企业主体决策

企业是经济运行的细胞，在日常经营、战略实施和投融资活动中面临着多种风险。其中，很多损失类风险、治理和责任风险可通过保险的方式进行管理。2022年，中国学术界在企业主体决策框架下对保险问题的研究取得了如下成果。

### （一）企业的保险需求

森林保险是中国农业保险发展的重点领域。实施保费补贴政策后，中国的森林保险市场出现了"一高两低"现象，即补贴比例高、参保率低、赔付率低。富丽沙等人（2022）进行了实证研究，将传统小规模林户和新型林户纳入研究范围，并通过对不同类型林户的实际调查，采用Oprobit和IV oprobit CMP两种估计方法，对保险补贴政策对不同类型林户的激励作用进行了检验。结果表明：不同类型的林业经营主体对保费补助的认识有差异；保费补助有助于林业经营主体参加林业经营活动；森林保险产品的保险责任、保障水平、费率和赔付制度等供给特性，是影响营林主体参加森林保险的主要因素。

参与基本养老保险对企业年金的发展有正反两方面的影响。一方面，当企业的工资水平上升时，企业可以通过设立年金制度来吸引和留住高效率的员工，提高生产效率，以对抗工资上涨的影响；另一方面，缴纳基本养老保险费会对企业的利润水平、现金流量和技术革新水平产生一定的影响，从而制约了企业年金的发展。唐珏等（2022）基于税收调查数据，研究了基本养老保险缴费率对企业年金发展的影响，发现在不同政策缴费率下，企业设立企业年金的可能性、对年金的缴款率都不同；并进一步研究了基本养老保险的收益分享渠道、缴费能力渠道、缴费动机渠道等因素如何对企业年金的发展产生影响。

### （二）保险与企业运营

重大项目的实施中存在大量的风险，对项目实施中的风险进行有效控制是关键性的工作。工程保险是一种风险分散和管理工具，能够有效控制项目实施中出现的大量风险。朱建波等（2022）分析了承包商存在的机会主义行为倾向，随后探讨了如何通过设计重大工程风险保险对项目实施激励措施。该文采用委托—代理理论研究了所有者和保险公司同时参与项目的联合代理和只有所有者参与的独占代理的两种情况下的利益分配问题，为保险公司介入重大项目建设过程中的风险管理活动，提供了理论依据和激励措施。

李摇琴（2022）基于"风险链"理论探讨了"风险链"对供应商创新的影响及其机理。该文以中国于2012年开始实施的"专利执行保险"制度作为一个拟自然试验，选取2008—2017年沪深证交所上市公司为研究对象，对"供应商—顾客"匹配的数据采用多阶段DID等方法，研究了城市专利执行保险政策对供应商创新的影响。研究发现：客户企业所在地区实施专利执行保险后，其供应商专利数量显著增加，且这一促进效应在供应商与客户企业存在竞争关系时更显著。该文证实了专利执行保险创新激励的供应链溢出效应，有助于对专利执行保险经济价值的理解以及专利执行保险的推广。

### （三）保险与企业绩效

长期以来，我国机构投资者往往从财务投资的角度出发，很少对公司治理进行干预。与其他机构投资者不同的是，保险资金是一种长期、稳定的资金，具有一定的战略投资能力。近年来，保险机构投资者在我国资本市场上发挥了越来越重要的作用，在上市公司治理中扮演了一定角色。赖黎等（2022）以2007—2017年我国A股上市公司的数据为基础，采用多阶段DID模型解决内生性问题后，发现保险资金对公司的技术创新能力有着重要的影响，进而影响了我国科技创新和经济发展。一方面，由保险机构控股的企业的管理人员更迭频率较高，绩效也较差；另一方面，该文充分肯定了保险公司作为"战略投资者"的角色，也指出了我国存在"过度监管"的问题。该文的政策含义比较直观，即应当对保险机构投资者的类型、投资比例、入市时间等进行监管，以使险资能够更好地发挥积极作用。

资本市场健康发展需要公司有价值，需要投资者有信心，而董责险有利于提高公司业绩，降低风险承担能力。在我国政治权力体系的长期作用下，中国政党制度是公司治理的重要机制。胡国柳和常启国（2022）以2009—2019年中国上市公司数据为基础，采用多时段动态DID分析方法进行实证分析，发现：董责险对我国上市公司内控问题起到了加剧的作用，而改革公司治理结构可以减轻这种负面效应；值得注意的是，党支部成员担任董事、监事和高管能积极发挥作用，帮助改善公司治理结构中的问题。

### （四）保险与企业风险

随着中国资本市场和法治建设的不断完善，我国上市公司需要有效防控审计风险。薛爽和王浩宇（2022）对2010年至2017年沪深两市的上市公司进行了实证研究，分析了会计师职业责任险对被审计客户的股票市场崩溃的可能性的影响。研究发现，购买会计师责任保险可以降低被审计客户的股票价格下跌的风险,这是因为,保险公司促进了会计师事务所为其客户指派专业审计师,并加大审核投入。此外,当客户内部控制质量较低或外部监督较弱时,购买职业责任保险对股份崩盘风险的抑制作用更为明显。然而,客户的重要性和客户之间的关系会削弱这种正面效果。该研究从"中介治理"的角度丰富了股票价格暴跌风险控制机制的相关理论,为推进我国职业责任险的实施提供了决策依据。

营业中断保险是一种在被保险人的物质财产遭受自然灾害、意外事故等保险责任范围内的损毁后,出现停产、停业造成的间接经济损害及必要的费用支出时,而向被保险人提供赔偿的一种财产保险。刘纯霞等(2022)从多投保主体的角度,研究了国家直接补助和间接补助两种方式下疫情营业中断险投保选择问题。研究表明:生产商的投保决策和联合投保决策对应的中断风险转移效果优于销售商投保;疫情期防控间,营业中断保险的价值实现及价值增值路径不同,与中断惩罚系数、政府补贴方式和保险费率密切相关;在不同的保险对象下,疫情营业中断保险的价值实现和价值增长的途径是不一样的。其政策含义在于:根据现有的疫情数据和相关实践的基础上,积极推动联合投保模式;基于"供应链合作"的扰动风险防控策略,充分利用营业中断保险与中断惩罚契约之间互补性,对投保策略进行动态调整。

## 四 保险机构经营与管理

保险机构是保险供给的主体,也是保险功能作用发挥的重要承载者。与其他行业相比,保险公司在产品设计、市场营销、收支实现、会计核算和审慎监管等领域具有特殊性。2022年,中国学术界在研究保险机构经营与管理方面取得了如下成果。

### (一)保险产品服务设计

中国是受地震影响最大的国家之一,在防范地震灾害方面采用了多种方式,其中地震指数险作为一种新型金融工具备受关注。黄一凡和孟生旺(2022)利用中国1949—2019年的大型地震数据,并采用基于位置、尺度和形状等多个变量的广义可加模型,提高了对震害预报的准确性。该文将经典回归分析与机器学习相结合,以提高决策树的分类准确性;还提出了一种基于多目标的参数化决策方法,有效提高决策水平。该文从降低基础风险的角度出发,研究中国地震指数保险的设计框架和纯保费定价方法问题,为相关实践提供了理论指导。

农业是受天灾影响最大的行业之一,其生产经营面临多种灾害威胁。在中国取得脱贫攻坚战全面胜利的背景下,如何充分利用农业保险工具来促进乡村全面振兴尤为重要。王亚许等(2022)认为,我国农业保险产品主要包括气象指数保险、产量保险、价格保险和收益保险四类。该文总结了美国、加拿大、法国、日本等有代表性的农业保险体系和保险产品,剖析了中国农业保险产品种类单一、覆盖范围有限等问题,认为中国还未建立完整的农业灾害风险分担系统。该文提出根据中国实际情况建立农业保险法规和保险产品体系,为实现提高农业保险质量、增加品种、扩大规模、提升服务质量等提供参考。

### (二)保险承保分保理赔

保险业以"先交保费、后赔付"为特点,而区块链技术在网络一致性和分布式存储等方面的优势，可以为客户提供"点对点"的非中心化信任。保险业是区块链技术的重要应用领域之一。王丽珍等（2022）基于对保险业务特性的研究，根据投保人和保险人的交易特征分别计算无分叉约束条件，建立了考虑买卖双方的保险业务的区块链的最优化模型。通过对中国汽车保险市场的实证研究，该文得到了最优区块规模以及保险交易数量、外部冲击力、平均风险损失率、区块存储时间、保单区块存储员人数等指标对它的影响。研究结果表明，在中国汽车保险市场上，使用区块链智能合同可以有效降低保险运营成本并提高运营效率，特别是在索赔过程中大幅节约多种费用。

从全球看，对农产品进行保险费补助是一项广泛的惠农措施。中国政府采用"包干制"方式对农业保险进行补助，但受行政成本的限制，保险公司无法按照"小灾大赔"的原则赔偿农民的损失，导致"协议赔付"事件频发，损害了粮食风险的管控能力。易福金等（2022）基于2008—2019年省级层面的面板数据，分析了旱灾对粮食保险单位赔偿费用及赔付率的影响，并指出粮食保险补偿水平与农户实际安全需求"脱节"，在一定程度上违背了粮食安全的宗旨。文章结论是农业保险的保费补助和行政开支补助应当分开处理。

### （三）保险资金归集运用

已有关于投资再保险的文献多研究单个公司的经济行为，而忽略了不同公司之间的互动影响。宾宁和朱怀念（2022）提出了一种基于风险偏好的模型，用于应对我国保险业日益激烈的竞争。该文建立一个基于"相对业绩关切"理论框架的投资和再保险问题的"随机微分"模型。结果表明，当保险公司认为越早投资的财富值越多时，会更倾向于保守和谨慎的再保险策略；而保险公司更关注行业之间的竞争时，其再保险投资决策更具有风险性和侵略性。该文强调，在存在不确定因素的情况下，进一步研究投资—再保险的对策问题非常必要。

自2014年起，我国保险公司开始大量投资并参与"险资举牌"活动，即利用所拥有的保险资金进行投资。因此，对于我国险资的融资方式和投资风向进行深入研究，具有重要的学术和现实意义。郝芳静和谢远涛（2022）利用双重差分（difference in differences，DID）模型对沪深两市的股票进行了实证分析，结果表明：在我国，险资的参与具有很强的信息披露和风险控制能力；对于股票交易不频繁的上市公司，"险资举牌"对市场风险降低效应没有明显差异，这可能是由于投资者具有"异质性"的信念。其政策含义在于，上市公司要对保险公司的介入进行有效的限制、制定准入条件以及积极引入优质的保险机构。

### （四）保险机构经营业绩

保险市场是一个信息不完全的市场。在这种情况下，出现了大量的销售误导和理赔难等侵权现象。中国银保监会在2012年启动了消费者权益保护的投诉热线"12378"。卓志和张晓涵（2022）将其作为一个拟自然实验，以2009—2018年的163家中国寿险公司为样本，使用双重差分分析方法，估计了该政策变革对保险公司业绩的影响及其作用机理。研究结果显示，对于那些在保护客户利益方面表现不佳的公司，开通消费者权益保护的投诉热线对经营绩效有明显的负面效应；对于佣金奖励高、服务品质低的企业，随着消费者投诉热线的增加，其绩效的负面效应越来越大；对于消费者权益保护水平较低的财产保险公司，消费者投诉热线开通产生的影响更为显著。

中国一直重视对股权来源和关联交易进行监管，但是对于新兴产业的"影子保险"，由于信息透明度不高、政策试验不足，现有研究主要是提供了基本事实或结构估算。王永钦等（2022）使用2010—2019年中资保险公司与外资保险公司的微观数据，通过双重差分（DID）检验发现：中资保险公司比外资保险公司的负债比率低0.035，运营稳定性显著改善；不同类型的保险公司之间存在异质性，监管加强更能有效约束集团成员公司的影子保险活动，中资保险集团成员公司的杠杆水平显著下降0.064，经营稳定性得到更显著提高。该文对我国保险行业降低交叉感染、防控系统性风险和高质量发展具有重要的现实意义。

**参考文献**

宾宁、朱怀念，2022，《基于时滞效应的随机微分投资与比例再保险博弈》，《运筹与管理》第5期。

富丽莎、汪三贵、秦涛，2022a，《农业保险的增收效应及其作用机制》，《中国人口·资源与环境》第12期。

富丽莎、汪三贵、秦涛、张晞，2022b，《森林保险保费补贴政策参保激励效应分析——基于异质性营林主体视角》，《中国农村观察》第2期。

郝芳静、谢远涛，2022，《"险资举牌"的市场风险效应分析基于DID模型的实验证据》，《金融论坛》第7期。

何平、柯文轩，2022，《我国存款保险制度的机构模式选择》，《经济理论与经济管理》第3期。

胡国柳、常启国，2022，《董事高管责任保险、党组织治理与企业内部控制缺陷》，《中国软科学》第5期。

胡宏兵、王乔、赵春旭，2022，《参与商业保险能提高家庭主观幸福感吗：理论机制与实证检验》，《宏观经济研究》第10期。

黄一凡、孟生旺，2022，《中国地震指数保险设计与定价研究》，《统计研究》第4期。

蒋和平、蒋辉、詹琳，2022，《我国农业保险发展思路与策略选择：基于粮食安全保障视角》，《改革》第11期。

康蕊、朱恒鹏、洪凌华，2022，《医疗保险、医药创新与经济发展——基于美国公私保险的比较分析》，《经济社会体制比较》第4期。

赖黎、玄宇豪、巩亚林，2022，《险资入市促进了公司创新吗》，《财贸经济》第2期。

李摇琴，2022，《专利执行保险创新激励的供应链溢出效应》，《保险研究》第8期。

刘纯霞、贺岳群、吴倩妮、汪寿阳，2022，《不同政府补贴模式下企业疫情营业中断险投保决策研究》，《系统工程理论与实践》第11期。

马洪、王致民，2022，《环境污染责任保险法律定位及其体系构建》，《学术月刊》第11期。

宁光杰、宫杰婧，2022，《中老年受雇者健康、工作时间与工资收入——基于慢性病自我保险的视角》，《南开经济研究》第11期。

尚颖、贾士彬、毕书琨，2022，《保险业资产驱动型经营模式会助推系统性金融风险吗？》，《保险研究》第2期。

唐珏、田柳、汪伟，2022，《降低企业基本养老保险政策缴费率能促进年金发展吗?》，《金融研究》第4期。

王国军、马倩，2022，《构建中国通用航空保险制度的路径研究》，《北京航空航天大学学报（社会科学版）》第5期。

王丽珍、张简获、王维，2022，《基于保险交易的静态最优区块链模型研究》，《中国管理科学》第8期。

王稳、陈字旺、张阳、闫帅、王保玲，2022，《企业海外投资风险、结构性融资与出口信用保险》，《保险研究》第8期。

王亚许、吕娟、左惠强、尹建明、翟亮亮，2022，《典型国家农业保险制度与产品综述》，《灾害学》第4期。

王永钦、段白鸽、钱佳辉，2022，《中国的"影子保险"：来自监管自然实验的证据》，《金融研究》第4期。

吴玉锋、边佳利、聂建亮，2022，《大众传媒、社会互动与商业养老保险购买》，《中国经济问题》第1期。

薛爽、王浩宇，2022，《会计师事务所职业责任保险与股价崩盘风险》，《审计研究》第3期。

姚健、臧旭恒，2022，《中国家庭收入不平等与消费不平等——基于收入冲击和消费保险视角的研究》，《经济学（季刊）》第4期。

易福金、陆宇、王克，2022，《大灾小赔，小灾大赔：保费补贴"包干制"模式下的农业生产风险与赔付水平悖论——以政策性玉米保险为例》，《中国农村经济》第3期。

尹志超、田文涛、王晓全，2022，《移动支付对家庭商业保险参与的影响——基于中国家庭金融调查数据的实证分析》，《财经问题研究》第11期。

于明哲、黄乃静、梁珅华，2022，《互联网保险发展对农村居民健康的影响研究——来自中国家庭追踪调查的微观证据》，《中国软科学》第7期。

赵桂芹、孔祥钊、陈莹，2022，《医疗保险对长期贫困的影响：作用机制与动态模拟》，《财经研究》第8期。

周烁、伏霖、张文韬、李涛，2022，《乐观预期、保障能力与商业保险购买——来自中国家庭的微观证据》，《金融研究》第11期。

朱建波、时茜茜、张劲文、盛昭瀚，2022，《考虑保险机构参与的重大工程风险管理激励模型》，《中国管理科学》第6期。

卓志、张晓涵，2022，《消费者投诉冲击与保险公司业绩》，《金融研究》第4期。

# 社会保险学研究述评

郭金龙　朱晶晶　孙弗为　马凤娇　李　兵[*]

社会保险学研究综述包括如下五个方面的内容：长寿风险与基本养老保险（不含个人养老金、企业/职业年金、长期护理保险），基本医疗保险与健康保险（不含商业性的保险、长期护理保险，主要包括基本医疗保险、大病保险），长期护理保险（不包括商业性的长期护理保险），失业保险、工伤保险与生育保险，以及社会保险基金管理。

## 一　长寿风险与基本养老保险

随着我国居民预期寿命的延长，长寿风险给居民、保险公司和政府财政支出都带来了较大的影响。为了应对长寿风险引起的问题，我们要进一步健全社会基本养老保险。下面对相关研究进行综述。

### （一）长寿风险引起的问题

长寿风险是指随着预期寿命的提高，实际死亡率与预期死亡率存在偏差所导致的风险。其中，微观长寿风险是指对于个体而言，死亡率具有随机性，难以预知实际死亡时间所导致的老年储蓄不足或过剩；宏观长寿风险是指随着医疗条件进步、生活水平和教育水平提高、收入增长等因素的影响，世界各国整体人均寿命呈现出显著的上升趋势，其所带来的养老金储备不足、社会需求结构改变、财政支出压力大等风险（朱文佩、林义，2022）。

对个体而言，我国普遍的家庭养老方式要求个人或者家庭承担绝大部分的养老开支，个体的实际寿命长于预期，将会给家庭带来大量的额外财务压力。对保险公司而言，在保费不变的前提下，实际寿命长于预期会导致年金产品的给付时间延长，原有的资产负债平衡被打破，保险公司将面临收不抵支的超负荷给付风险甚至会陷入财务危机。

长寿也会一定程度影响居民的储蓄水平从而影响经济增长速度。寿命的延长可能会造成老年财务困境，居民更倾向于增加储蓄以应对寿命延长所带来的风险。刘鹏飞（2022）基于有限生命的拉姆齐模型研究得出预期寿命与储蓄率之间存在正相关关系。余欣艺等（2022）将预期寿命、储蓄率、医疗卫生支出纳入同一个分析框架，扩展了从预期寿命到储蓄率的影响机制，认为预期寿命对储蓄率具有显著正向影响，随着预期寿命延长，总储蓄率明显上升，男性预期寿命延长对储蓄率影响的边际强度大于女性。

---

[*] 郭金龙，中国社会科学院金融研究所，研究员；朱晶晶，中国社会科学院信息情报研究院，助理研究员；孙弗为，中国社科院大学应用经济学院金融系，博士研究生；马凤娇，北京大学经济学院，博士研究生；李兵，中国社科院大学应用经济学院金融系，博士研究生。

## （二）长寿风险的量化

人口死亡率的不确定性变化是影响长寿风险准确量化的关键因素。赵明（2022）为寻找出适合对中国男性死亡率作出预测的最佳模型，使用了贝叶斯分层模型与 Lee-Carter 模型作对比，发现 Lee-Carter 模型更适合做短期预测，贝叶斯分层模型长期预测效果更佳。对于年金中长寿风险的度量，胡仕强和鲍亚楠（2022）在贝叶斯 MCMC 研究框架下利用贝叶斯因子和离差信息准则进行死亡率预测的模型选择和拟合效果的评估，结果证明 Lee-Carter 有限数据模型和三年高质量普查数据的组合能有效降低模型离差，提高死亡率的预测精度。

## （三）长寿风险的应对原理及方案

应对长寿风险，个人可以通过参加商业养老保险、购买养老年金等方式来实现长寿风险共担与转移。而保险公司在面临养老年金产品支付期大大延长的风险过程中，亟须在资本市场中开拓新的长寿风险管理工具。由于长寿风险会为死亡险产品带来死差益，为年金产品和养老金计划带来死差损，寿险公司可以在年金险业务和死亡险业务之间一定程度上实现长寿风险的对冲。胡仕强和鲍亚楠（2022）将自然对冲体系内嵌于资产负债管理策略中，从自然对冲和资产负债的多重视角来审视年金产品、寿险产品和长寿债券之间的对冲效应。

政府在面临长寿风险时可以通过优化养老金财政结构、逐步落实延迟退休、降低养老保险费率等政策缓解基本养老保险的支付压力。目前我国财政补贴水平依然低于最优水平，仍有上升的空间，政府可以通过明确基本养老保险财政补贴最优规模，促进养老保险基金的可持续发展（祁玉良，2022）。石晨曦（2022）研究指出我国应尽早实施延迟退休政策，有利于缓解养老金支出负担。

此外，完善顶层设计、推动多层次社会保障体系不断完善，优化养老服务都能有效应对长寿风险对宏观经济的冲击。2022 年 10 月，党的二十大报告明确提出"完善基本养老保险全国统筹制度，发展多层次、多支柱养老保险体系"。施文凯和董克用（2022）表示应积极推动第二、第三支柱养老金改革发展，调动国民参与积极性，鼓励居民购买商业养老保险，建立个人养老金账户，缓解基本养老保险的财务压力。

## （四）基本养老保险

社会养老保险作为一项重要的社会保障制度，为老年人生活提供了一定的收入来源，同时也影响着老年人的劳动参与意愿。赵一凡等（2022）研究发现不同养老保障对老年人就业的挤出效应不同，享有企业职工基本养老保险会显著降低老年人就业概率，而享有城乡居民基本养老保险会提高老年人就业概率。此外，养老保险水平对老年人劳动参与时间的影响还需要考虑隔代抚养因素（赵明等，2022）。吴玉锋等（2022）研究新型农村社会养老保险政策的减贫效果，发现其能够有效缓解农村老龄人口的物质贫困和健康贫困，但对主观福利贫困减贫效果不显著。

## （五）总结和述评

在长寿风险量化和管理方面，虽然国内的研究起步较晚，但已有学者结合中国的人口死亡率数据，基于死亡率模型搭建更贴合中国实际的模型，并且借鉴国外长寿风险管理的经验，对死亡率预测方法的适用性进行了分析，为我国的长寿风险量化和管理领域提供一定的理论基础。但仍有一些问题尚未解决，首先，我国人口死亡统计数据可供分析数量较少且相对粗糙，需要进一步研究如何改进现有的死亡率建模方法来获得更加精确的预测数据；其次，在长寿风险证券化的研究方面，我国的研究多数集中于讨论年金保险的长寿风险量化和管理，而对如何创新金融产品来将长寿风险转移到资本市场、其作用机制和渠道等问题尚未进行全面和深入的探讨。

随着我国人口老龄化不断加深，人口平均预期寿命的延长对基本养老保险的财务可持续性构成重大的威胁。在现行的养老保险制度下，长寿风险可能给基本养老金支出带来系统性风险，虽部分学者已对长寿风险下养老金收支精算现值展开测算研究，但关于长寿风险和养老保险支出之间的影响机制，以及如何减轻长寿风险带来影响的相关研究比较匮乏。此外，除了研究基本养老保险面临的长寿风险，更需要研究长寿风险对宏观经济发展的影响。预期寿命的延长会对消费、储蓄、劳动力市场及就业行为产生影响，进而对宏观经济长期增长产生影响。

基本养老保险作为社会保障的重要组成部分，目前关于我国基本养老保险制度改革的研究成果丰富，但这些研究大多聚焦于制度设计本身和使用精算模型模拟养老保险相关政策调整对养老金收支缺口的影响，鲜有文献从长寿风险管理的角度深入研究我国养老保险制度及其相关政策效果和模式选择问题，这些问题的研究对于进一步完善养老保险制度及其相关政策具有重要现实意义。

从国内现有研究成果来看，对于城乡居民养老保险的研究更多地集中在对城乡居民养老保险对农民储蓄、消费水平和劳动力供给影响和减贫效应等方面，缺乏定量分析城乡居民财政支出规模和城乡居民养老保险制度财务的可持续性问题的相关研究。此外，我国农村相较于城市老龄化水平更高，只有少数学者关注到基于长寿风险背景下对城乡居民基本养老保险隐性财政负担影响研究，而针对城乡居民养老保险相关的政策调整所带来的财政支出规模变化的影响的研究尚未涉及。

## 二 基本医疗保险与健康保险

新一轮医改以来，贯彻党中央、国务院决策部署，我国已建成全世界最大、覆盖全民的基本医疗保障网，为全面建成小康社会、实现第一个百年奋斗目标作出了积极贡献。2021年9月23日，依据《中华人民共和国国民经济和社会发展第十四个五年规划和2035年远景目标纲要》和《中共中央、国务院关于深化医疗保障制度改革的意见》，《国务院办公厅关于印发"十四五"全民医疗保障规划的通知》出台，明确了要建立符合我国国情的、科学的医疗保障制度。旨在"进一步推进医疗保障高质量发展，保障人民健康，促进共同富裕"。在此政策背景下，2022年学界的研究可概括为以下两个大的方面。

第一，根据现行基本医疗保险和健康保险的实际运行经验提出改革意见，推进基本医疗保险和健康保险高质量发展。主要着眼于基本医疗保险的参保机制问题、基金统筹问题、基金运行可持续性问题，以及大病医疗保险制度完善等问题。

第二，立足共同富裕视角，通过对基本医疗保险和健康保险的研究，探究基本医疗保险和健康保险的扶贫减贫效果、增进居民福利、增强居民幸福感等问题。

总体来看，"高质量发展"和"共同富裕"是我国现阶段发展的重要目标，在基本医疗保险和健康保险领域的研究中，学者就该目标着重展开。在所作贡献上可归纳为三部分：第一，通过对研究对象的发展历程梳理、发展条件变化、国际经验的借鉴，以"高质量发展""共同富裕"的目标为探讨方向，从制度层面展开研究。第二，以各省实际为依托，通过实证佐证基本医疗保险和健康保险的发展情况，为两大发展目标提供现实依据。第三，从理论层面，丰富基本医疗保险和健康保险政策实施的理论逻辑，显著加强了对居民幸福感、再分配机制的研究，助力共同富裕。

### （一）基本医疗保险和健康保险高质量发展

我国医疗保障制度取得了诸多的成绩。在顶层设计上，全面建立中国特色医疗保障制度的文件出台，明确了2025年与2030年的改革目标；在体制机制上，建立国家医疗保障局，增强了我国医疗保障的统筹力和执行力；在多层次医疗保障制度上，已初步形成了以基本医疗保险、大病医保与医疗救助为主体的多层次医疗保障体系。

1. 基本医疗保险高质量发展

为进一步推动基本医疗保险和大病保险高质量发展，以基本医疗保险为对象的研究多围绕基本医疗保险参保机制问题、基本医疗保险基金省级统筹问题、基本医疗保险与医疗服务协同问题、基本医疗保险基金可持续性问题等展开。

关于基本医疗保险参保机制问题。李珍（2022）从高质量发展的要求看，我国基本医疗保险在参保机制方面存在诸多问题，如漏保人口绝对数量高，职工医保和城乡居民医保发展不平衡、城乡居民医保发展不充分，城镇职工一家多制、职工医保资金结余与家人保障不足并存，职工医保代际不公，城乡居民医保参保人保费负担不公平且制度筹资水平低等。相较于其他同类型研究，该研究较为全面地结合参保机制及其产生的历史背景，分析其与目前实际不相适应的问题，提出了符合现阶段经济发展水平和人口流动及新型城镇化背景下的政策建议：主张实行强制参保、属地各参其保、职工家庭联保、退休人员缴费参保和居民医保费率制等，以推动医保高质量发展，满足人民群众日益增长的医疗保障需求。

关于基本医疗保险基金省级统筹问题。之前文献多认为提高统筹层次是服从大多数法则下提高基金共济能力，增强基金抗风险能力的有效途径。袁涛（2022）使用非寿险精算技术构建省级统筹的仿真模拟，得出省级统筹对基金的共济能力提升有限这一结论，进而认为省级统筹的理论逻辑，不应仅从提高共济能力上阐释。该研究指出目前基金的省级统筹实际进展低于预期，主要原因是各界对其科学内涵和实施路径存在认识分歧。该研究通过模型情景的设定和参数调整，得出结论是基本医疗保险基金省级统筹的首要价值目标是增强医保制度的公平性和统一性，提升医保治理能力，而不是提高基金共济能力。在省级统筹的具体推进中，宋燕和程艳敏（2022）以山东基本医疗保险为研究对象，分析山东现有条件，同时通过政策梳理、实证数据分析，综合评估了山东省基本医疗保险由市级统筹提高到省级统筹所面临的形势及障碍因素，包括各市筹资待遇政策差异较大、区域卫生资源分布不均、各方主体利益诉求不同、经办管理体制难以适应等，并建议先行考虑调剂金模式，由区域统筹逐步过渡到省级统筹，并合理确定统一的医保征缴待遇标准，建立合适的医疗保险经办管理体制。

关于基本医疗保险与医疗服务协同问题。单飞跃和祝沁磊（2022）以法治思维的角度为切入点，认为基本医疗保险与医疗服务的制度层级较低，提出了基本医疗服务与基本医疗保险制度相协同的法治化路径。该研究丰富了基本医疗保险与医疗服务协同的研究。具体而言，作者认为我国基本医疗服务与基本医疗保险制度之间呈现法律法规不协同、参保人权益和医疗服务需求方权益保障脱节、基本医疗保险标准和服务供给内容不统一、财政支持权力分散以及基本医疗保险个人账户阻碍基本医疗服务发展的现实困境，应当制定"基本医疗保险实施条例"，实现基本医疗服务与基本医疗保险制度的衔接。王凤明（2022）以山东为例，提出建立健全职工基本医疗保险门诊共济保障机制的建议。其分析了建立共济保障机制的意义及内容，并提出明确推进步骤，科学测算待遇水平，联同体制机制改革，注重创新手段坚持高起点规划的改革建议。姜子霞等（2022）比较了在职与退休慢性病患者的住院服务利用率与费用，依据山东省某三级甲等医院 2015—2017 年参保职保的慢性病患者的住院病案的数据，通过回归分析，得出退休对参保慢性病患者的住院天数和住院费用有正向影响，应采取有针对性的措施加以应对。

关于基本医疗保险基金可持续性问题。医疗保险基金的保障程度和可持续性是医疗保险领域较为关切的问题。但对于大病医保和居民医保制度衔接情况下，关于医保基金可持续性的讨论较少。朱铭来、申宇鹏（2022）构造测算模型，分析大病保险在放开医保目录且维持高保障程度下、医疗消费需求释放的情况下以及大病保险保障程度上下限设定问题对医保基金持续性的影响。对基金的可持续性进行评估发现，医疗需求释放幅度、大病保险保障范围和保障水平是影响城乡居民医保基金可持续运行的关键因素。赵久洋等（2022）分析 2010—2019 年新疆兵团城镇职工医保基金运行效率情况，为保障医疗保险基金平稳运行提供参考性建议。利用数据包络分析方法对医保基金运行效率进行评价，发现医保基金利用率不断提升，退休人员对医保基金的利用率不断增加，医保统筹基金累计结余不足，个人账户沉淀过多影响基金运行效率。蔡滨等（2022）基于江苏的实际，对基本医疗保险制度高质量发展路径作了探讨。其首先分析了江苏省城乡居民基本医疗保险制度运行现状；其次，基于公共产品理论，从非排他性、非竞争性等角度剖析了江苏省城乡居民基本医疗保险制度存在的"逆向选择""搭便车"等风险；最后从推动参保方式变革、合理确定筹资与补偿标准、规范医疗服务行为等角度提出了推进江苏省城乡居民基本医疗保险制度高质量发展的路径选择。

2. 大病医保高质量发展

为推进大病医保的高质量发展，朱铭来和孙赫阳（2022）总结了大病保险的十年历程，在肯定十年的发展成果的同时，提出现存的几方面问题，主要有基金可持续性面临挑战、保障的普惠性和精准性有待提高、社商合作的协同机制有待完善等；并提出应建设多渠道筹资、提高统筹层次，探索由基金支付封顶转向为个人自付封顶，多措并举促进经办服务高质量发展。

另外，在国际经验的借鉴上，刘晶和张家钰（2022）指出，大病保险的实施过程中，存在着制度设计不完善、保障范围窄、筹资水平和补偿标准偏低、受益人群有限等关键问题。从设计理念、筹资补偿、运行管理等方面对新加坡的大病保险制度的发展和变革过程进行分析，认为其制度有互助共济、激励相容、公私合作等特点，能够为我国大病保险政策的完善提供经验借鉴。

对于大病保险补偿分段方式和区间数量的研究中，仇春涓等（2022）在区间等分、等比递增和等比递减三种分段方式下，分别建立以区间数量为自变量、以大病保险补偿额度为因变量的理论模型，以期望补偿比例作为衡量大病保险补偿水平的标准，在不低于 95% 的期望补偿比例下，理论结果显示，在设定前述最优区间数量时，区间等比递增模式的补偿水平最高，其次为区间等比递减模式，区间等分模式的补偿水平最低，但是三者相差不大。

### （二）基本医疗保险和健康保险助力我国共同富裕

在基本医疗保险和健康保险领域，2022年学者较多立足于特定的历史阶段，围绕共同富裕，探讨基本医疗保险和健康保险助推共同富裕、影响居民幸福感、扶贫减贫效应、再分配等方面的问题。

1. 关于基本医疗保险和健康保险对居民幸福感的讨论

基本医疗保险作为我国医疗保障的主体，对人民的幸福感有着重要影响。在理论分析层面，刘念和张兆强（2022）表明，基本医疗保险作为缓释健康和收入不确定性的重要机制，在保障居民健康、收入和提高幸福感等方面发挥着重要的作用，其首先通过构建基本医疗保险无套利模型对此进行了理论分析。研究发现，健康和收入不确定性的增加会促进基本医疗保险所带来的幸福感的提高。其次，构建了面板数据模型，通过工具变量法和中介变量法进行了实证分析，印证了基本医疗保险所带来的幸福感随着年龄、退休等因素以及健康和收入不确定性增加而增加的时域性特征和作用机制。

此外，褚雷和邢占军（2022）基于可行能力理论的分析框架，也考察了基本医疗保险对居民幸福感的影响。该研究以功能性活动为中介变量考察了这一影响机制的中介效应，发现基本医疗保险对于提升居民幸福感具有显著的正向影响，参保居民的基本医疗保险需求满足度评价越高，其幸福感提升越明显。作为抵御健康风险和不确定性的重要公共产品，基本医疗保险是居民更好融入社会的基础性保障条件，有利于形成积极的情感和认知体验，进而提升其幸福感水平。

在制度分析层面，贾洪波（2022）通过对1998年至2019年基本医疗保险制度的历史考察，总结出整个变迁过程呈现出类型上诱致性变迁与强制性变迁并举、路径上沿着扩大覆盖面和提高待遇支付展开、方向上趋向制度整合、速度上渐进、内容上囊括结构性改革和参数性改革等特征。研究指出，稳步提高基本医疗保险对实际医药费用的报销比例、逐步优化基本医疗保险筹资制度、联动改革医疗和医药制度来提升基本医疗保险对医药费用的报销比例，是进一步提升国民对基本医疗保险制度的获得感的重要举措。

在针对特定主体的影响上，黄锦涛和李红艳（2022）分析了健康状况、基本医疗保险对灵活就业人员生活幸福感的影响，基于问卷数据统计描述灵活就业人员的健康状况和基本医疗保险参保情况，并运用卡方独立性检验分析其相关性。结果表明，健康状况和基本医疗保险对灵活就业人员的生活幸福感存在影响，健康状况较好的人员生活幸福感也较高，参加基本医疗保险可以提高灵活就业人员的生活幸福感。

总体来看，关于基本医疗保险对居民幸福感的影响，已有的研究在微观层面多是从绝对收入、相对收入及收入差距展开；宏观层面则是探讨政府提供的社会保障规模对居民幸福感的影响，但对于影响机制的理论分析较少。刘念和张兆强（2022）构建基本医疗保险的无套利模型，分析收入和健康的不确定性对基本医疗保险所带来的幸福感的影响。褚雷和邢占军（2022）基于可行为能力分析框架下的探讨较好地丰富了该领域中影响机制的理论。另外，贾洪波（2022）对制度的历史的全面梳理，并构造直观的可乘形式的效用函数作为基本医疗保险获得感指标来量化了制度的变迁下居民幸福感的变化情况。

2. 关于基本医疗保险和健康保险扶贫减贫问题的讨论

基本医疗保险对于治理贫困、促进社会公平、巩固脱贫攻坚成果有着重要作用，更是助力共同富裕的重要一环。

张瑜等（2022）基于 2018 年 CFPS 数据，采用 IV-Probit 模型并控制模型存在的内生性问题，探究基本医疗保险对城乡居民的扶贫绩效。结果表明，基本医疗保险对城乡居民扶贫绩效显著；基本医疗保险扶贫绩效存在异质性，对农村、西部地区、老年人等相对弱势群体扶贫绩效更高；基本医疗保险保障水平相对较低，对于重大疾病冲击产生的高额医疗费用，基本医疗保险扶贫绩效有限。因此，应发挥基本医疗保险在防止因病致贫、因病返贫中的作用，同时逐步提高基本医疗保险保障水平，扩大保障范围，对老年人等弱势群体适当倾斜医疗资源，促进社会公平。

陈中南和孙圣民（2022）以大病保险为研究对象，紧扣各省市政策推行所存在的时间差异，评估了大病保险对居民家庭产生的减贫效果。通过微观入户调查数据（CFPS），排除了整合城乡居民医疗保险的政策干扰，创新性地使用绝对贫困和相对贫困两个维度指标，利用双重差分方法研究了大病保险对家庭贫困指标的影响，并使用倾向匹配得分法进行稳健性检验，最后运用多时点双重差分法进行拓展分析。其研究结果指出，大病保险政策会显著降低家庭处于绝对贫困的可能性，一方面通过减少患者家庭医疗开支减轻了家庭经济负担；另一方面，大病保险间接提高了家庭的劳动参与，防止家庭因为大病冲击而彻底丧失劳动能力和经济收入，因此政策的减贫效应具有时间上的延续性。研究证明了大病保险有效减少了因病致贫、因病返贫的现象，是保障脱贫成果的重要制度支撑。

谢月英等（2022）分析了广西 2017—2019 年贫困人口大病保险制度及健康扶贫政策的实施效果，为广西大病保险健康发展和全面推进乡村振兴，助力共同富裕提供参考。其运用描述性统计学方法分析筹资水平、受益率、补偿比例等多维度的指标，系统分析 14 个地市贫困人口大病保险救治效果。结果表明，广西贫困人口大病保险保障效果明显提升，健康扶贫成效显著。

黄薇（2022）在总结大病医保助力脱贫攻坚实践的经验基础上，认为需要从以提供兜底保障为主的扶贫模式实现向以公共服务均等化为主的综合治理模式的转变，通过细化政策接续衔接要求、优化调整完善相关配套措施，将政府配置公共资源和市场配置保险资源相结合，化解存在保障不足和过度保障的保障困局，使得大病保险作为中国特色多层次医疗保障体系的重要部分，真正成为助推共同富裕的有效方式之一。

总体来看，关于基本医疗保险与健康保险对扶贫减贫效果的研究，主要是以实证为主。相较于前文研究，2022 年较为新颖的研究是在对贫困的度量上引入了"绝对贫困"与"相对贫困"概念，虽两者使用的定量方法不同，但都进一步细化了模型变量（张瑜等，2022；陈中南、孙圣民，2022）。另外，为考察大病保险对扶贫减贫的效果，相较于前人研究，陈中南和孙圣民（2022）考虑到了其他同类型保险政策可能存在的影响，在样本选择层面予以处理，使得大病保险对扶贫减贫效果的探究更为准确。

3. 关于基本医疗保险和健康保险再分配助力共同富裕的探讨

于新亮等（2022）运用 2018 年山东省城镇职工基本医疗保险采集数据，将医疗保险缴费和补偿的不同环节作为研究对象，通过计算基尼系数与 MT 指数，从全覆盖、多层次和碎片化的视角研究职工基本医疗保险的收入再分配效应。结果表明，职工基本医疗保险体系的多重保障层次具有不同的收入再分配效应，其中统筹基金的收入再分配效应为正且影响程度较大，医疗补助、企业补充保险和个人账户的再分配效应为负；职工基本医疗保险的碎片化特征使其收入再分配效应存在异质性。最后提出完善多层次补偿机制、提升行政管理统筹层次和加快推进门诊共济保障机制等政策建议，有助于推进我国医疗保障改革进程，实现共同富裕。

关于医疗保险再分配问题上的讨论观点不一，已有结论既有证实存在正向再分配功能的，也有认为再分配作用不甚显著甚至"逆向调节"的情况。逆向调节或归因于健康不平等及医疗资源分配不均。于新亮等（2022）的研究分别对存在健康不平等情况与剥离该因素情况下进行基本医疗保险对收入分配效应的实证研究，发现在剥离之后，基本医疗保险的再分配效应显著为正；并做异质性分析展开更多论述，较好地对现有研究作了有益增补。

## 三 长期护理保险

长期护理保险作为"社保第六险"，在应对人口老龄化和增进人民福祉方面扮演着愈发重要的角色，并在政策的支持和推动下不断发展完善。2022年2月，国务院印发《"十四五"国家老龄事业发展和养老服务体系规划》，明确提出"养老服务综合监管、长期护理保险等制度更加健全"的发展目标。在我国人口老龄化形势日益严峻的背景下，长期护理保险保障得到越来越多的重视，在缓解老年人失能产生的长期护理压力方面发挥关键作用。相关研究可分为以下四个方面。

### （一）长期护理保险保障的制度设计

推进长期护理保险保障体系建设首先需要判别与长期护理保险制度设计相关的指标。但是长期以来，学者通常根据主观经验直接圈定影响指标，或是构建多元线性回归模型和Logit模型分析特定指标与长期照护的相关关系。李亦轩和褚福灵（2022）系统性筛选了影响长期护理保险保障的制度设计的因素，指出长期照护服务质量评估与监管的影响力最大，长期照护服务体系设计、长期照护服务需求、长期照护保险类型选择和失能等级评定过程紧随其后。长期照护顶层设计和服务需求是影响长期照护制度体系的首要因素，长期照护资金筹集方式、长期照护保障体系设计和长期照护服务质量评估与监管在被影响因素中列前三位。

在从地区试点到全国普及的推广过程中，是否能够科学划分筹资责任、动态调整筹资机制，直接关系到长期护理保险保障制度的有效性和稳定性。为厘清长期护理保险筹资责任分担机制，学者们基于长期护理保险基金的长期精算平衡模型等理论模型从不同切入点开展了丰富的研究。一方面，从长期护理保险保障制度的类型来看，现阶段我国的长期护理保险保障制度可分为城镇职工长期护理保险和城乡居民长期护理保险两类，二者在个体缴费和财政补贴的分摊关系方面存在显著差异。汤薇等（2022）认为，对于城镇职工长期护理保险，基于医疗保险的筹资模式不能持续性地支持其运行；对于城乡居民长期护理保险，如果将覆盖对象限定为重度失能老人，则当前的财政补贴政策和筹资模式能够维持其在2020—2050年正常运行。另一方面，从长期护理保险保障制度的筹资责任来看，当前长期护理保险资金在很大程度上来源于医疗保险，个人和政府的责任分担界限较为模糊，护理费用增长率和目标保障水平、财政补贴干预空间的对应关系不明晰。陈凯等（2022）的研究表明促进人口增长的政策并不能削减长期护理保险基金的给付压力和政府的财政负担，降低待遇水平能够减轻政府补贴带来的财政负担，但财政补贴仍然是长期护理保险基金的主要筹资渠道。此外，由于我国长期护理保险的试点时间较短，且尚未建立全国统一的长期护理保险保障体系，因此还有学者选取运行经验较为丰富的日本作为研究对象，发现重度失能老人规模、最低工资水平和长期照护保险服务总费用在确定长期照护保险费率中发挥主要作用，而财政收入水平、国内生产总值、65岁以上被保险人数和社会保险整体缴费水平对长期照护保险费率不构成明显影响（李元等，2022）。

除了通过构建数学模型开展理论层面的分析，学者们还从不同视角探讨两批长期护理保险试点地区在实际工作中存在的问题，进而对完善我国长期护理保险保障体系提出政策建议。从构建长期护理保险保障体系的最终目标来看，我国与德国高度相似，都是建设覆盖各类人群的长期护理保险保障体系，但是我国试点城市的筹资水平和报销率大多低于德国、日本和韩国，且各试点城市在覆盖范围、参保资格、资金筹集、待遇水平、报销率和报销上限等方面都存在较大差异（Dai et al.，2022）。因此，"十四五"期间应该拓展覆盖范围、打造多元化筹资渠道、适当提高待遇标准、合理配置养老和医疗资源、加强基金管理、完善信息系统、引进质量监督标准体系（戴卫东等，2022）。此外，各地长期护理保险受益人群的范围也存在显著差异，一个重要原因是尚未建立全国统一的失能评定标准。鉴于残疾人与失能人群存在较大重叠，在进一步扩展长期护理保险覆盖范围时，可以在残疾评定量表和失能老人评估量表两类评估体系间寻求衔接，综合失能程度、照护需求的紧迫性和政策实行成本等因素，将15岁以上的残疾人纳入长期护理保险保障范围。具体而言，短期内改善重度失能人群的生活质量，中期目标是将长期护理保险保障范围延展至中等残疾程度的残疾人，在长期建立满足所有残疾人和失能老年人护理服务需求的长期护理保险保障体系（冯善伟，2022）。

### （二）长期护理保险保障参与意愿的影响因素

长期护理保险作为一种代表性的长期人身险，其本质是长期保障储蓄型产品（郭金龙、李红梅，2022）。长期护理保险的底层逻辑是投保人使用当前的财富支付保险费用，换取在将来可能的失能状态下所需的照护服务及照护支出补贴。但是，"长护险谜题"在现实生活中广泛存在，即人们实际购买的长期护理保险远低于理论预期水平（郭振华、朱少杰，2022）。

在这种背景下，进一步扩大长期护理保险保障覆盖范围首先需要识别长期护理保险保障参与意愿的影响因素。学术界的普遍研究范式是先从效用最大化的角度出发构建最优决策模型，然后采用微观调查数据对模型推演出的结论进行实证检验。李丹萍等（2022）指出长期护理保险的投保额与年长者的年龄负相关、与年长者的风险规避意识正相关、与长期护理保险费率负相关，家庭护理量与陪护者的年龄负相关、与长期护理保险费率正相关。还有研究表明，对长期护理保险保障政策的满意度在公众了解长护险和公众信任长护险之间发挥了中介作用（Peng et al.，2022）。需要指出的是，由于两轮长期护理保险试点并非随机挑选，而是国家综合当地人口结构、经济状况、医疗卫生建设基础等多方面因素选定的，因此在全国范围内推进长期护理保险保障建设时，基于试点地区参保者得出的实证结论未必成立，这可能是现有研究存在的不足之处。

考虑到我国目前仍存在城乡二元结构，学者们还着重关注了影响农村地区老年人参加长期护理保险的因素。宋学红等（2022）的调查数据显示，社会资本会显著影响农村居民参与长期互助护理保险的意愿。其中，社会网络、社会规范和社会参与三个维度的数值越大，农村居民参与长期互助护理保险的意愿越强，而社会信任维度的数值越大，农村居民参与长期互助护理保险的意愿越弱。

### （三）长期护理保险保障对健康水平和医疗费用的影响

长期护理保险保障的设计初衷是向失能人员提供照护服务和经济补偿（舒展、韩昱，2022），因此关于参加长期护理保险对微观个体影响的综述也从健康水平和医疗费用两方面展开。

关于长期护理保险保障对健康水平影响的研究，绝大多数学者都认为，长期护理保险保障对参保者的健康状况有明显的积极作用。这种正向健康效应的具体表现可归纳为：在主观上显著改善老年人的自评健康状况，在客观上显著降低老年人的死亡率。但是学者们在进一步的异质性分析中发现，这种良好效果在不同医保参保类型人群、不同失能程度人群中存在显著差异，且并不能缓解收入差距造成的健康不平等问题。由于职工医保参保者的长期护理费用显著高于居民医保参保者，而职工医保参保者的自付医疗费用显著低于居民医保参保者，因此前者死亡率降低的幅度高于后者（谢宇菲、封进，2022）。此外，使用较高护理等级的失能老人的死亡率降低幅度高于使用较低护理等级的失能老人，可能的原因是医疗支出负担和健康意识欠缺限制了重度失能者接受长期照护服务的次数和质量。类似地，城市和农村参保老年人自评健康水平的差距也同样被拉大（Liu & Hu，2022）。还有研究表明，参加长期护理保险对于个体健康预防行为具有正反两方面的作用：一方面，通过降低参保者失能后的边际照护成本从而抑制其健康预防行为；另一方面，通过减小参保者的健康风险认知偏差从而鼓励其健康预防行为（韩笑、吴宇凤，2022）。

关于长期护理保险保障对医疗费用影响的研究，学术界普遍认为参加长期护理保险会显著降低参保人的医疗费用负担，但是就可观测到效果的时间而言，学术界持有两种观点。一种观点认为，长期护理保险保障的医疗控费效应具有当期性。Tang等（2022）的研究表明，参加长期护理保险使得中老年人每年的门诊就医频率和住院频率分别降低16.89%和10.93%，门诊费用和住院费用分别减少23.9%和19.8%。另一种观点认为，长期护理保险保障的医疗控费效应具有延迟性，即长期护理支出会显著提高当期的住院费用，但是会显著降低下一期的住院费用。此外，无论是长期护理支出对当期住院费用的正向作用，还是长期护理支出对下一期住院费用的负向作用，都受到长期护理支出水平双重门槛效应的影响，体现为随着长期护理支出水平的提高，其提高当期住院费用的作用先减弱再增强，其降低下一期住院费用的作用先增强再减弱（李佳、车田天，2022）。

### （四）长期护理保险保障的国际经验

随着人口老龄化程度不断加深，日益扩大的失能人口规模成为世界各国皆面临的社会风险。为了削弱这种风险对社会经济造成的负面冲击，自20世纪70年代起不少发达国家结合自身国情先后建立起长期护理保险保障体系。

发达国家基于半个世纪的实践经验已建立起一套较为成熟的长期护理保障制度，梳理和对比不同国家长期护理保险保障制度的特征可以为完善我国长期护理保险保障体系提供有益启示。综合考虑长期护理保障制度的覆盖对象、筹资来源和水平、待遇标准和形式、经营管理主体、与医疗保险的关系等因素，可将OECD国家的长期护理保障制度分为福利型、保险型、救助型、补充型和混合型五类模式。虽然各国都选择了其中一种长期护理保险保障模式作为主导模式，但是都规避了单一化的制度安排，而是建立了多层次的长期护理保险保障体系，由政府、家庭、个人和社会共同承担失能带来的经济风险（严妮，2022）。还有学者将混合福利经济理论引入老年长期照护服务领域，比较了福利经济形态在德国、日本和韩国的具体表现，提出我国的老年长期照护服务体系建设同样应该由国家、市场、家庭以及非营利组织等多元化主体共同承担（邢梓琳、杨立雄，2022）。

除了横向对比分析，学者们还对代表性国家的长期护理服务体系开展了深入的纵向研究，这些研究成果为我国下一阶段建立全国统筹、城乡统筹的长期护理保险保障体系提供了参考经验。从历史制度主义的视角看，德国长期护理保险制度的演进过程可划分为"成为沟通议题—开展渐进调整—出台政策决策"三个阶段，这一历史进程的底层动力包括长期护理的供需矛盾、社会蔓延的生存焦虑对福利国家合法性的挑战、德国统一的重要历史契机和保守主义的政治传统。有鉴于此，我国应平衡经济发展和社会政策，建立稳定和可持续的筹资机制，植根传统文化制定政策，把握实现共同富裕的历史背景（刘芳，2022）。纵观日本由"介护保险"制度向"介护预防"演进的历程，其现行老年失能预防体系的比较优势可总结为"主动自立"的照护理念取代"被动受助"、"政府主导+社会扶助"的协作体系和三级多指标的预防效果评价制度，因此我国应该尽快将传统的被动给付型老年失能照护保障体系建设观念转变为个人主动预防型，整合老年失能预防的人力和物力资源，建设全国统一的预防服务评价制度（张峰，2022）。

## 四 失业保险、工伤保险与生育保险

失业保险、工伤保险与生育保险是社会保险的重要组成部分，分别为因失业而暂时中断生活来源的劳动者、因工负伤或职业病暂时失去劳动能力的劳动者和怀孕及分娩的女性劳动者提供保障。以下对三个险种的相关研究分别进行综述。

### （一）失业保险

失业保险能够有效地熨平经济周期。从宏观的视角来看，失业保险承担着保障失业人员基本生活、预防社会混乱失序的关键作用，有力地支撑着经济发展和社会稳定（刘晓梅等，2022）；从微观的视角来看，失业保险通过降低家庭的背景风险鼓励家庭参与金融市场，从而提高家庭财产性收入（吴卫星等，2022）。

2022年的疫情常态化防控对我国劳动力市场产生了深刻而重大的影响，具体表现为：在就业总量上，就业市场整体疲弱，调查失业率较历史同期处在高位且震荡幅度较大；在人群结构上，以中小微企业就业人员、进城务工人员、服务业人员、应届毕业生等为代表的劳动群体受到疫情影响最直接也最严重；在就业形式上，以灵活就业、兼职打工等为代表的非常规化就业为越来越多的人所接受（都阳、张翕，2022）。但是下述三方面原因导致我国失业保险金长期存在运行效率偏低的问题，使失业保险的优势在新冠疫情中未得到充分发挥：一是政策漂移，由于失业保险的支出范围存在严格限制以及失业金标准过低，长期以来资金流入多而流出少，资金池中积累的基金没有充分地发挥提供保障作用而是静置沉淀；二是政策转化，我国居民对失业保险的参保意愿不高，同时地方政府出于安全考虑对待遇发放条件作出诸多限制；三是政策重叠，我国失业保险与低保制度、财政就业补助资金间存在重叠、替代等复杂关系，造成资金重复配置（刘军强，2022）。

考虑到我国失业保险的结余率过高、领取率过低、覆盖范围有限的历史痼疾在短期内难以得到根治，发放失业补贴可以作为普通失业保险的一种有效补充方式，缓解突发公共卫生事件的负面冲击（张敏等，2022）。但需要指出的是，通过给低收入者发放消费券、提供补贴等方式提高失业保险金可能会降低失业者重新回到劳动力市场的积极性，再叠加税收扭曲的作用，反而不利于提振经济活力（刘金东等，2022）。

### （二）工伤保险

1996年8月原劳动部颁布《企业职工工伤保险试行办法》，标志着我国开始编纂与工伤保险相关的法律制度。2004年国务院颁布《工伤保险条例》，基本确定了工伤保险制度。2010年《中华人民共和国社会保险法》设置专章对工伤保险制度提出更加明确的要求。同年国务院对《工伤保险条例》进行了修订，2017年再次修订。改革开放以来，我国工伤保险建设取得了辉煌成就，参保人数和基金收支规模都不断扩大、待遇给付机制日益完善，但是第四次工业革命给生产方式与就业形态带来了极大变化，职业风险的表现形式也更加多样，对我国现行的工伤保险制度提出了重大挑战（乔庆梅，2022）。

随着新就业形态劳动者数量的日益攀升，分散职业伤害风险的需求随之提高，但是多数劳动者缺乏参与工伤保险的渠道，因此如何为不完全劳动关系劳动者提供工伤补偿成为目前亟须解决的问题，也引起学界较多关注。对此，封进（2022）提供了两种解决方案：一是仍采用现行的企业职工社会保险中的工伤保险，但是允许不完全劳动关系的新就业形态劳动者单独参保，保费按现行工伤保险制度规定确定，各企业可根据出险历史数据确定差异性浮动费率；二是鼓励企业联合商业保险公司开展新就业形态职业伤害保障试点，在实践中进一步探索合适的费率确定、赔偿程序、补偿待遇等制度安排的细节。还有学者提出平台灵活就业人员具有"类雇员身份"，其权益可以拆解为"单次行为权益"与"持续关系权益"两类（王天玉，2022）。因此，有理由跳出现行的工伤保险制度探索新的保障机制，将职业伤害保障与单次劳务给付行为关联，将行为而非身份作为制度设计的基点建立行为风险保障体系，用"从业人员—行业"的行业化实施机制取代传统的"从业人员—平台"的保障模式，打造完全社会化的社会保险模式。总结起来，这类研究的贡献在于，从学理上阐释了新就业形态职业伤害保障制度的设立原因、与现行工伤保险制度的相互关系、何种机制提供最优的保障效果、对我国社会保险体系的影响等。

### （三）生育保险

当前我国"少子化"和"老龄化"同时出现，对我国社会保障体系造成十分严峻的"双面夹击"（郑伟，2022）。虽然国家连续出台了一系列鼓励生育的政策，但是育龄人群的生育意愿仍然处于较低水平，出生人口数量连年下降，人口自然增长率持续走低。作为一种重要的社会保障制度，生育保险是国家以立法的形式对怀孕、分娩女职工给予生育津贴、医疗服务、产假等的一项社会保险制度（赵旭凡，2022）。

学者们普遍认为当前我国的生育保险并不能为鼓励生育的政策导向提供足够支持，并总结归纳了当前生育保险制度存在的缺陷。首先，生育保险的保障范围有限，我国现行生育保险制度参保对象是与企事业单位建立劳动关系的职工，且各地对生育保险制度的覆盖范围的规定上也存在较大差异（原新等，2022）。其次，生育保险的保障功能不强，即使生育保险或医疗保险支付了部分延长产假期间的生育津贴，企业仍需承担1.82万—9.80万元的一孩至三孩生育成本（杨慧，2022）。最后，生育保险的监管机制不全，实践中各地对生育保险基金支付和提取的条件、方式等有不同的规定，生育保险基金的监督和管理不规范（唐梅玲、王浩，2022）。这些研究为我国进一步推进生育保险制度改革指明了方向。

## 五 社会保险基金管理

社会保险基金包括基本养老保险基金、基本医疗保险基金、工伤保险基金、失业保险基金和生育保险基金。当前，人口老龄化日趋严重，"平台经济"新就业形态、新冠疫情冲击等新形势、新变化对社会保险基金运行的可持续性提出了挑战。根据近期学者关注的焦点，相关研究可分为城镇职工基本养老保险全国统筹的实施与影响、医疗保险基金改革、社保基金投资及其影响以及新就业形态下工伤保险和失业保险基金的相关研究四个方面。

### （一）城镇职工基本养老保险全国统筹的实施与影响

在人口老龄化及少子化日益严峻的背景下，基本养老保险制度分地区管理导致的互助共济性弱、基金支付压力大、赤字规模增加等问题日趋严重。为了缓解地区之间养老保险基金发展的不平衡问题，国务院于2018年建立实施了中央调剂制度，成为城镇职工基本养老保险从省级统筹迈向全国统筹的重要一步。2022年1月开始实施城镇职工基本养老保险全国统筹。近期研究主要探究了城镇职工基本养老保险全国统筹的实施方案、积极效应与存在的现实问题。

实施方案方面，郑秉文（2022）指出现行中央基金调剂和省级统收统支相结合的形式只是全国统筹的一个初级形式，距离实现基金收支、管理运行等方面的全国统筹仍存在一定距离。左学金（2022）指出，实现城镇职工基本养老保险全国统筹有利于破除人口流动的壁垒，促进构建全国统一大市场。朱小玉和施文凯（2022）认为全国统筹在实践措施上，可以施行从中央调剂制度过渡到中央差额缴拨制度，最后推进到全国统筹高级阶段的"三步走"方案。

积极效应方面，逐步实现养老保险全国统筹可以发挥积极的收入再分配效应。李春根和赵阳（2022）探究了中央调剂制度对不同省份养老基金当期结余的影响，发现中央调剂制度实施之后，东部省份为调剂输出地区，东北地区为最大调剂输入地区。王晓军等（2022）研究发现，全国统筹将比省级统筹发挥更大的收入再分配效应，预期寿命长的省份从养老保险制度中受益更大。

现实问题方面，推进城镇职工基本养老保险全国统筹的过程中伴随着产生的道德风险问题逐渐凸显。郭金龙和郑辉（2022）指出，养老保险基金管理权上移会诱发地方政府懒收保费和超发待遇的道德风险。曾益和姚金（2022）分析了全国统筹的财政效应，发现实施全国统筹会造成征缴率下降15.6%，中央财政责任将比实施中央调剂制度时增加23.67%。刘菲（2022）认为，应当出台多缴多得的激励措施并优化管理制度从而开源节流，降低养老基金收支缺口。

全国统筹是缓解区域间结构性矛盾、增强基金可持续性的重要举措，如何设计合理的激励机制约束地方政府道德风险、优化央地权责分担关系从而实现效率与公平兼顾的目标将成为未来学者亟待解决的问题。

### （二）医疗保险基金改革

医疗保险基金是对抗疾病风险、实现人民健康福祉的基础性工程。目前我国已基本实现全民医保，2022年医疗保险覆盖率已超过95%。我国医保基金改革经历20余年，医保基金持续快速增长，基金筹集水平不断提升，累计结存丰厚，为服务人民健康奠定了坚实的物质基础（郑功成，2022）。在疾病风险多样和新冠疫情等背景下，多个省份医保基金出现赤字，医保基金的可持续问题成为学界关注的重点议题。

推进医保基金改革是提升医保基金保障可持续的重要举措。近期学者主要关注两类措施：第一类措施是医保门诊统筹。城镇职工医疗保险社会统筹和个人账户相结合的缴费方式中个人账户积累有限，门诊报销额度较低，容易产生"小病住院"等不合理现象，挤占了有限的医疗资源，削弱了医保制度的医疗保障功能。2021年4月，国务院发布《关于建立健全职工基本医疗保险门诊共济保障机制的指导意见》，要求改革职工医保个人账户，"逐步将多发病、常见病的普通门诊费用纳入统筹基金支付范围"。第二类措施是基本医保省级统筹。提高医保统筹层次是减少地区失衡的主要途径。2020年2月，《中共中央、国务院关于深化医疗保障制度改革的意见》明确提出，"鼓励有条件的省份按照分级管理、责任共担、统筹调剂、预算考核的思路，推动基本医保省级统筹"。关于医保门诊统筹的政策效应，曹清华和宋海伦（2022）发现政策实施之后，住院服务的过度使用的现象得到缓解，门诊服务利用率提升并且自付比例下降，减轻了个人的医疗负担。关于医保省级统筹的政策效应，王震（2022）认为，医保省级统筹有利于促进人口自由流动，发挥风险共济功能，提升医保基金运行的可持续性，增强医保制度的公平性。李锐等（2022）研究同样发现，职工医保省级统筹促进医疗费用支出和报销费用双提升，与此同时，地方政府医保基金管理权上移带来的道德风险问题需要引起重视。

此外，部分学者研究了外部变化和新冠疫情对医保基金运行的影响。朱铭来和申宇鹏（2022）研究了大病保险制度对城乡居民医保基金可持续性的影响，发现医疗需求增加、大病保险的保障范围和水平提升均可以降低医保基金结余，当住院需求和保障水平同时激增80%时，才会产生累计结余赤字。赖毅等（2022）研究表明，新农合与城居保两保合一将导致个体次均医疗费用报销下降2.9%，但自付费用比例上升，医疗负担提高。褚福灵和司絮（2022）研究发现，新冠疫情对医保基金可持续的影响较小；全国层面医保基金将在2036年出现入不敷出的情况。

在老龄化、慢病化的现实背景下，医保基金"开源节流"是增强基金可持续性的重要措施。已有学者围绕医保门诊统筹、医保省级统筹的实施效果和医保基金应对外部变化等问题进行了深入的讨论和分析,为进一步深化医保基金改革提供了重要的理论价值和实践指导。未来一是结合延迟退休等时代背景,对优化医保筹资问题进行研究;二是注重公平,研究推进深化省级统筹,发挥区域之间互助共济功能;三是与时俱进,研究加强医疗费用管控、医保基金风险预警等问题。

### (三) 社保基金投资及其影响

社保基金是财政部主管、由社保基金会通过政府购买服务方式委托投资管理的中央投资。区别于行业投资机构,社保基金投资在监管压力下除了需要实现保值增值的目标,还需要传递社会责任,因而在投资策略上会倾向于选择科技创新、基建等体现国家战略发展要求和高成长性的行业,发挥"准财政政策"工具的作用,从而实现"十四五"规划中提出的"更好发挥政府作用,推动有效市场和有为政府更好结合"这一要求。

部分学者考察了社保基金投资稳定经济发展的效应。例如,方意和邵稚权(2022)研究指出,社保基金投资在短期内可以传递利好信息,提振投资信心,稳定个股波动风险;在长期内可以培育价值投资理念,引领机构投资者长期价值投资,促进股价健康良性发展,降低宏观股市波动风险。

部分学者考察了上市企业持有社保基金股票对企业发展的积极作用。唐大鹏(2022)研究发现,社保基金投资可以发挥政策预期引导效应,缓解资源约束,优化企业资源配置,提升企业创新的积极性。常丽和武小楠(2022)研究表明,社保基金投资会促使企业不仅关注财务效益,更注重履行战略型社会责任,促进企业积极主动加强技术创新,提升市场地位。朱德胜等(2022)研究指出,社保基金持股可以降低信息不对称水平,缓解融资约束,增加企业创新投资规模。包青(2022)研究发现,社保基金持股可以提高信息披露及时性,降低上市公司权益资本成本。

已有学者从宏观层面和企业层面针对社保基金投资的积极效应进行了深入研究。针对社保基金投资的保值增值问题,可继续从如下几方面拓宽研究思路:一是扩大基金规模,关注社保基金投资组合效率,研究社保基金投资持续增值的问题;二是优化顶层设计,加强对投资管理人的监督,构建委托投资绩效评价体系,研究社保基金投资稳健增长的问题;三是发挥社保基金对企业的支持作用,研究社保基金投资促进企业高质量发展的问题。

### (四) 工伤保险、失业保险基金相关研究

互联网经济的发展促进越来越多的劳动者选择通过"互联网+"平台参与就业,形成了"平台就业""零工经济"等新就业形态。但是,现行工伤保险以劳动关系为基础,只有具备劳动者身份才可享有工伤保障。新就业形态的劳动者在工作时间、空间、方式和内容等方面超越了现行工伤保险制度下的工伤边界,这给传统社会保险制度带来了新挑战。为了保障新就业形态下劳动者权益,2021年7月,人社部印发《维护新就业形态劳动者劳动保障权益的指导意见》将劳动者划分为确立劳动关系的、不完全符合确立劳动关系的和自由职业者三类进而分类施策。在此背景下,如何推进社会保险制度变革成为学者关注的热点问题。乔庆梅(2022)研究表明,统筹层次不高导致难以防范日益新增的职业风险,因此要尽快将灵活就业者、新业态从业者等劳动者纳入工伤保险覆盖范围。封进(2022)在梳理过去40多年我国劳动关系变化与

社会保险制度变革之间关系后指出，应当重视不完全符合确立劳动关系的劳动者，通过允许单独参保工伤保险和推动企业与商业保险公司共同推出职业伤害保障等措施完善工伤保险制度。王天玉（2022）认为，可将职业伤害保障与单次劳务行为挂钩，划分为单次行为权益和持续关系权益，从而超越身份特征，从行为特征视角界定工伤保障范围。韩烨（2022）基于网约工群体的研究同样表明，超越劳动关系、以"因工作原因受伤"为核心界定工伤可以为网约工群体提供更加人性化和灵活的职业伤害保障。

失业保险是保持经济社会稳定的重要工具，在经济下行时期通过领取失业金可以满足失业群体基本生活需求。失业保险发展至今，高结余和低领取率的问题持续得到关注。刘军强（2022）总结了中国失业保险结余形成的机制，研究发现失业保险参保率较低，支出限制较多且给付标准过低，并同补贴、低保等政策重叠，导致与劳动力市场资源错配。此外，彭树宏（2022）研究了失业保险和家庭参与股票市场的关系，发现失业保险可以促进更多家庭选择进入股票市场，但未必购买更多股票。

已有学者对新就业形态背景下的工伤保险保障问题和失业保险的效率等问题进行了深入研究。未来研究应重点关注如下问题：一是如何进一步优化工伤保险保障范围和失业保险发放的精准度，涵盖更多的新业态群体，提升保障和帮扶水平；二是工伤保险和失业保险如何与其他社会保险以及各类商业保险共同发力，从而发挥政府和市场多元主体的力量，实现多层次、全方位的保障。

**参考文献**

包青，2022，《社保基金持股与权益资本成本》，《中南财经政法大学学报》第1期。

蔡滨、周罗晶、毛向阳、王静成、张莹，2022，《江苏省城乡居民基本医疗保险制度高质量发展路径探讨》，《中国医院》第6期。

曹清华、宋海伦，2022，《城镇职工医保门诊统筹的政策效应分析——基于CHARLS数据的实证检验》，《社会保障研究》第4期。

常丽、武小楠，2022，《社保基金投资、战略型社会责任与企业创新》，《财经问题研究》第7期。

陈凯、赵娜、焦阳，2022，《职工长期护理保险筹资责任分担动态调整机制研究——以青岛市为例》，《运筹与管理》第3期。

陈友华、孙永健，2022，《教育扩张与寿命延长对就业年限变动的影响》，《中国人口科学》第1期。

陈中南、孙圣民，2022，《大病保险的减贫效果研究——基于CFPS数据的实证分析》，《暨南学报（哲学社会科学版）》第3期。

仇春涓、高姝慧、钱林义，2022，《我国大病保险最优补偿分段方式与区间数量研究》，《应用概率统计》第1期。

褚福灵、司絮，2022，《突发疫情与城镇职工基本医疗保险基金支付风险预警——基于COVID-19干预下的情景分析》，《经济社会体制比较》第2期。

褚雷、邢占军，2022，《基本医疗保险对居民幸福感的影响——基于可行能力理论的分析框架》，《南京社会科学》第2期。

戴卫东、汪倩格、朱儒城、林雯洁，2022，《长期护理保险试点政策的特征、问题与路径优化——基于两批 29 个国家试点城市政策的比较分析》，《中国软科学》第 10 期。

都阳、张翕，2022，《中国自然失业率及其在调控政策中的应用》，《数量经济技术经济研究》第 12 期。

方意、邵稚权，2022，《全国社保基金的股票投资对我国股市波动风险影响研究》，《当代经济科学》第 4 期。

封进，2022，《劳动关系变化、劳动者需求与社会保险制度改革》，《社会保障评论》第 5 期。

冯善伟，2022，《我国 15 岁以上残疾人失能状况及其纳入长期护理保险制度的政策建议》，《人口与发展》第 5 期。

郭金龙、郑辉，2022，《推进企业职工基本养老保险全国统筹》，《中国金融》第 18 期。

郭金龙、李红梅，2022，《养老金融产品国际比较研究》，《价格理论与实践》第 1 期。

郭振华、朱少杰，2022，《非理性保险消费行为对中国保险市场的影响》，《保险研究》第 12 期。

韩笑、吴宇凤，2022，《长期护理保险与居民健康预防行为——来自中国试点城市的证据》，《天府新论》第 3 期。

韩烨，2022，《网约工职业伤害保障的制度构建》，《吉林大学社会科学学报》第 3 期。

胡仕强、鲍亚楠，2022，《基于有限人口数据的死亡率预测与年金偿付能力评估》，《数理统计与管理》第 3 期。

胡仕强、陈娅菲，2022，《保险公司长寿风险自然对冲策略研究》，《2022 中国保险与风险管理国际年会论文集》，清华大学出版社。

黄锦涛、李红艳，2022，《健康状况、基本医疗保险对灵活就业人员生活幸福感的影响分析》，《中国卫生法制》第 4 期。

黄薇，2022，《大病保险助推共同富裕》，《中国金融》第 16 期。

贾洪波，2022，《基本医疗保险制度变迁与国民获得感提升》，《社会科学辑刊》第 3 期。

姜子霞、王冠军、姜小峰、王海鹏，2022，《参保城镇职工基本医疗保险的退休与在职慢性病患者的住院服务利用及费用比较》，《中国卫生资源》第 1 期。

赖毅、李玲、陈秋霖，2022，《两保合一对医疗费用的影响：基于单一支付者制度的视角》，《管理世界》第 7 期。

李春根、赵阳，2022，《基本养老保险基金中央调剂制度的空间效应分析》，《改革》第 9 期。

李丹萍、夏佳怡、钱林义、罗勉，2022，《跨代连结型长期护理保险最优决策研究》，《保险研究》第 5 期。

李佳、车田天，2022，《长期护理保险对住院费用支出的影响——来自发达国家的经验证据》，《社会保障研究》第 6 期。

李锐、吴菁、杨华磊，2022，《职工医保省级统筹对医疗费用支出的影响——基于 CFPS 数据的研究》，《保险研究》第 6 期。

李亦轩、褚福灵，2023，《基于粗糙集－区间灰数－DEMATEL 模型的长期照护制度设计影响因素识别研究》，《管理评论》第 10 期。

李元、唐冰开、李晨，2022，《老年长期照护保险费率的影响因素——基于日本数据的实证分析》，《税务与经济》第 3 期。

李珍，2022，《基本医疗保险参保机制改革的历史逻辑与实现路径》，《暨南学报（哲学社会科学版）》第 11 期。

刘芳，2022，《德国社会长期护理保险制度的起源、动因及其启示》，《社会建设》第 5 期。

刘菲，2022，《社保欠账问题及解决方案：中美比较的视角》，《深圳大学学报（人文社会科学版）》第 5 期。

刘洪清，2022，《全国统筹的前世今生》，《中国社会保障》第 4 期。

刘金东、宁磊、姜令臻，2022，《疫情期间的"消费与产出偏离之谜"：只是失业率问题吗？》，《财经研究》第 5 期。

刘晶、张家钰，2022，《新加坡终身保健计划对完善我国大病保险制度的启示》，《经济研究导刊》第 6 期。

刘军强，2022，《政策的漂移、转化和重叠——中国失业保险结余形成机制研究》，《管理世界》第 6 期。

刘念、张兆强，2022，《健康和收入不确定性、时域性特征与基本医疗保险幸福感》，《宏观经济研究》第 3 期。

刘鹏飞，2022，《预期寿命和储蓄率：基于有限生命的拉姆齐模型》，《东北大学学报（社会科学版）》第 5 期。

刘晓梅、曹鸣远、李歆、刘冰冰，2022，《党的十八大以来我国社会保障事业的成就与经验》，《管理世界》第 7 期。

彭树宏，2022，《失业保险、背景风险与家庭股市参与》，《中南财经政法大学学报》第 3 期。

祁玉良，2022，《基本养老保险基金财政支出优化与可持续性研究》，《宏观经济研究》第 5 期。

乔庆梅，2022，《第四次工业革命背景下中国工伤保险制度的重构与发展》，《社会保障评论》第 3 期。

单飞跃、祝沁磊，2022，《基本医疗服务与基本医疗保险制度相协同的法治化路径》，《财经理论与实践》第 2 期。

余欣艺、许光建、许坤，2022，《健康国家、预期寿命与储蓄率》，《统计与决策》第 14 期。

施文凯、董克用，2022，《中国多支柱养老金体系结构改革问题研究》，《宏观经济研究》第 11 期。

石晨曦，2022，《延迟退休、人口抚养比及养老保险基金可持续性》，《当代经济管理》第 6 期。

舒展、韩昱，2022，《长期护理保险对失能老人家庭代际支持的影响研究》，《人口与发展》第 4 期。

宋学红、彭雪梅、崔微微，2022，《社会资本影响农村长期互助护理保险参与意愿吗——来自江苏淮安市调查数据的经验发现》,《财经科学》第 7 期。

宋燕、程艳敏,2022,《基本医疗保险省级统筹的障碍因素及推进建议——以山东省为例》,《中国农村卫生事业管理》第 9 期。

汤薇、虞幸然、粟芳,2022,《中国长期护理保险的筹资调整机制及缴费负担》,《保险研究》第 11 期。

唐大鹏、郑好、李渊、王伯伦,2022,《"准财政政策"能促进企业创新吗？——基于社保基金委托投资的预期引导和资源配置效应》,《会计与经济研究》第 5 期。

唐梅玲、王浩,2022,《三孩政策下激励型生育保障措施法治化研究》,《湖北社会科学》第 7 期。

王凤明,2022,《山东省建立健全职工基本医疗保险门诊共济保障机制思考》,《山东人力资源和社会保障》第 3 期。

王天玉,2022,《从身份险到行为险：新业态从业人员职业伤害保障研究》,《保险研究》第 6 期。

王晓军、曾宇哲、郑晓彤,2022,《基于微观模拟的城镇职工基本养老保险全国统筹再分配效应研究》,《保险研究》第 10 期。

王震,2022,《共同富裕背景下医疗保障的公平性：以职工医保为例》,《经济学动态》第 3 期。

吴卫星、王睿、赵梦露,2022,《劳动合同、保险覆盖与家庭金融市场参与——基于微观调查数据的实证分析》,《财经问题研究》第 4 期。

吴玉锋、李德权、虎经博、聂建亮,2022,《农村社会养老保险的多维减贫效应评估》,《社会保障研究》第 2 期。

谢宇菲、封进,2022,《长期护理保险缩小了失能老人健康差距吗?》,《保险研究》第 10 期。

谢月英、左延莉、赵越、张鑫、吴彩媛、欧晏辰、苏奕成,2022,《2017—2019 年广西贫困人口大病保险及健康扶贫的实施效果研究》,《中国卫生经济》第 2 期。

邢梓琳、杨立雄,2022,《混合福利经济视角下的中国老年长期照护服务体系建构——基于德日韩三国实践经验比较》,《行政管理改革》第 5 期。

许新鹏、顾海,2022,《大病保险对中老年居民医疗利用及健康的影响——基于 CHARLS 数据的实证检验》,《人口与发展》第 1 期。

严妮,2022,《OECD 国家长期护理保障制度模式的比较与借鉴》,《社会保障研究》第 1 期。

杨慧,2022,《三孩政策下企业生育成本负担及对策研究——基于延长产假的分析》,《人口与经济》第 6 期。

于新亮、伊扬、张文瑞、韩琳琳,2022,《职工基本医疗保险的收入再分配效应》,《保险研究》第 5 期。

袁涛,2022,《基本医疗保险省级统筹的科学内涵与路径优化》,《中州学刊》第 12 期。

原新、刘志晓、金牛,2022,《中国人口负增长的特征、致因与应对——聚焦生育视角的分析》,《江苏行政学院学报》第 5 期。

曾益、姚金，2022，《养老保险全国统筹、地方政府保费征缴行为与财政责任》，《经济理论与经济管理》第12期。

张峰，2022，《日本老年失能预防体系的构建与启示》，《财政科学》第4期。

张敏、胡慧、陈波，2022，《公共卫生事件冲击下的就业政策效应：二元劳动力市场搜寻匹配视角》，《经济研究》第7期。

张瑜、徐海洋、王新军，2022，《基于基本医疗保险的城乡居民扶贫绩效分析》，《经济与管理》第3期。

赵久洋、郭玉琳、谢慧玲，2022，《新疆兵团城镇职工基本医疗保险基金运行效率分析》，《卫生软科学》第2期。

赵明、王晓军、李子文，2022，《养老金水平对低龄老年人劳动参与的影响》，《人口研究》第4期。

赵明，2022，《中国男性人口死亡率动态预测的方法比较——基于Lee-Carter模型与贝叶斯分层模型的研究》，《人口与发展》第1期。

赵旭凡，2022，《推行三孩生育政策的战略意义与实现路径》，《湖南社会科学》第1期。

赵一凡、易定红、赵依兰，2022，《养老保障对老年人就业的影响：基于中国老年社会追踪调查数据的实证研究》，《中国人力资源开发》第3期。

郑秉文，2022，《职工基本养老保险全国统筹的实现路径与制度目标》，《中国人口科学》第2期。

郑功成，2022，《中国医疗保障基金：政策演进、实践评估与可持续发展》，《江淮论坛》第5期。

郑伟，2022，《理解中国式现代化对社会保障的新要求》，《社会保障评论》第6期。

朱德胜、李金怡、朱磊，2022，《社保基金持股、市场竞争与企业研发投入》，《经济与管理评论》第4期。

朱铭来、申宇鹏，2022，《大病保险如何影响城乡居民医保基金可持续性——基于"十四五"期间大病保险若干保障方案的实证分析》，《社会保障研究》第5期。

朱铭来、孙赫阳，2022，《大病保险的十年历程》，《中国金融》第16期。

朱文佩、林义，2022，《长寿风险、主观生存概率与养老金融资产配置》，《贵州财经大学学报》第4期。

朱小玉、施文凯，2022，《基本养老保险全国统筹：挑战、目标与阶段性改革建议》，《中州学刊》第1期。

左学金，2022，《构建全国统一的劳动力大市场：基本社会保障和公共服务的视角》，《求索》第6期。

Dai, Weidong, Ying Li and Jiahui Shen, 2022, "The Pilot Programme of Long-term Care Insurance in China: Fragmentation and Policy Implications", *China: An International Journal*, Vol. 20, No. 2, 1–18.

Liu, Huan and Tiantian Hu, 2022, "Evaluating the Long-term Care Insurance Policy from Medical Expenses and Health Security Equity Perspective: Evidence from China", *Archives of Public Health*, Vol. 80, No. 3, 1–15.

Peng, Rong, Wansha Zhang, Xueqin Deng and Bei Wu, 2022, "Public Trust in the Long-term Care Insurance Pilot Program in China: An Analysis of Mediating Effects", *Frontiers in Public Health*, Vol. 10, No. 6, 1−26.

Tang, Yao, Tianran Chen, Yuan Zhao and Farhad Taghizadeh-Hesary, 2022, "The Impact of the Long-term Care Insurance on the Medical Expenses and Health Status in China", *Frontiers in Public Health*, Vol. 10, No. 5, 1−11.

# 国际金融学研究述评

胡志浩　林　楠　江振龙[*]

自 2020 年以来，全球相继遭受新冠疫情、地缘政治冲突和气候灾害等多重冲击，疫情初期极度宽松的财政货币政策刺激总需求迅速扩张，全球供应链中断导致总供给受限，严重的供需失衡造成全球通胀高企。为抑制通胀，美欧等主要发达经济体央行迅速调整货币政策，从而引发全球加息潮。2022 年，无论是全球加息的央行家数还是加息的次数或幅度，均创下近 40 年以来的新纪录。在通胀高企和货币紧缩的大背景下，2022 年全球宏观经济金融格局已经从低通胀、低利率、低增长和高债务的"三低一高"阶段演变为高通胀、高利率、高债务和低增长的"三高一低"阶段。快速演变的全球经济金融格局不仅对各国的经济发展产生深刻影响，也对国际金融学科关注和研究的议题产生较大影响。

通过梳理，我们发现 2022 年中国学者在国际金融领域的研究主要聚焦以下五个方面：一是全球通胀的成因及演进路径，二是美国货币政策的外溢效应，三是外部冲击的传导机制及政策应对，四是汇率波动和汇率制度，五是跨境资本流动的影响及效应。鉴于此，本文围绕上述五个方面对国际金融学科的前沿研究展开综述，然后在此基础上对现有文献进行评述并给出未来研究方向。近年来，随着国内金融和国际金融高度融合，研究中国金融问题越来越需要国际视野，更遑论国际金融学科本身就具有鲜明的国际特征，因此本文的综述工作尽管以国内文献为主，但也会引用部分国际前沿文献以丰富研究内容。

## 一　全球通胀的成因及演进路径

站在 2023 年，我们能够清晰地回顾当前全球高通胀具备结构性和持续性的特征，持续高企的通胀压力使美欧主要发达经济体的紧缩性货币政策远超预期，对全球经济造成巨大的下行压力。在此背景下，厘清全球通胀的成因及演进路径具有重要的现实意义。为此，本节将系统梳理研究全球通胀的最新文献，这不仅有助于我们理解当前全球高通胀的内在形成机制，还对货币当局制定政策科学治理通胀提供启示。

### （一）全球通胀高企的成因

大流行对全球经济金融的影响深远，一个最突出的表现就是持续 20 多年的全球低通胀格局被彻底打破，全球迎来高通胀时代。实际上，新冠疫情对全球通胀的影响分为前后两个不同阶段。在疫情初期，各国政府为防止疫情扩散均采取了不同程度的封锁和隔离政策，导致全球经

---

[*] 胡志浩，中国社会科学院金融研究所，研究员；林楠，中国社会科学院金融研究所，副研究员；江振龙，中国社会科学院金融研究所，助理研究员。

济活动陷入停滞状态，失业率骤升，物价大幅下降，为此美国国民经济研究局（NBER）将 2020 年 2 月至 4 月定义为衰退。此后，随着疫情得到有效控制以及疫苗陆续接种，全球经济在各国大规模货币财政政策刺激下迎来强劲反弹。历史经验表明，每一次危机之后的经济复苏总是会伴随着物价上升，但大流行之后的全球物价上升无论是在涨幅上还是在持续时间上都远远超过 2008 年国际金融危机，创下近 40 年来最高纪录。目前，居高不下的全球通胀给各国的宏观经济政策制定带来严峻挑战，政策制定者需要在"控物价"和"稳增长"之间作出艰难的权衡。在此背景下，研究界对全球通胀的形成原因展开了深入的讨论。

关于全球通胀的成因，目前已有大量研究展开分析。通过总结美国不同学者的看法（例如伯南克认为通胀是由供给冲击造成，萨默斯认为通胀是美国过去十几年扩张性货币政策的结果），余永定（2022）认为包含食品和能源价格的总体 CPI 通胀上升主要由供给冲击造成，核心 CPI 通胀上升既有需求冲击也有供给冲击的作用。具体来说，新冠疫情暴发给全球经济带来负向供给冲击，为抵消疫情对经济造成的冲击，美欧等发达经济体采取了极度扩张的财政货币政策从而形成了需求冲击，负向供给冲击叠加正向需求冲击使实体经济供不应求，供需缺口迅速扩大是 2021 年全球通胀形势恶化的直接原因。

谭小芬、王欣康（2022）认为，大流行后全球通胀形成的主要原因包括供需结构失衡、大宗商品价格上涨以及超宽松的货币财政政策。大流行之后的总需求和总供给非对称修复产生的供需结构性失衡是全球通胀的重要驱动因素；受供应链瓶颈、能源的低碳转型以及全球流动性过剩的影响，作为主要工业原材料的大宗商品价格从 2020 年第二季度开始大幅上涨，大宗商品价格上涨会通过贸易渠道、金融渠道以及预期渠道影响全球通胀水平；在现代货币理论的支撑下，财政政策和货币政策边界变得模糊，美联储等发达经济体实行财政货币化刺激政策对通胀缺乏足够的约束力。

### （二）大流行之前全球低通胀之谜

现有研究对供给冲击引发通胀基本没有异议，但对本轮是否因为需求冲击而引发通胀还存在争论。余永定（2022）对美国通胀数据进行细致分析发现，2022 年 6 月至 9 月美国核心通胀率（core）一直在 5% 上下小幅波动，但同期总体通胀率（headline）均在 8% 以上。由于核心通胀是在总体通胀的基础上扣除食品和能源的价格得到，因此总体通胀和核心通胀产生较大偏离意味着食品和能源的价格必然发生大幅波动，而食品和能源的价格波动主要由供给冲击造成。

支持需求冲击引发通胀的学者认为，通胀本质上是一种货币现象，高通胀最终都会归咎于货币供给过多。反对需求冲击引发通胀的学者认为，2008 年国际金融危机以来美联储等主要发达经济体中央银行纷纷降息扩表，欧元区和日本甚至突破零下限约束（zero lower bound）实施负利率政策，为何在大流行暴发前十年发达经济体的扩张性货币财政政策没有造成全球高通胀，更遑论世界上很多国家的中央银行在大流行前夕面临的主要挑战是提高通胀以刺激经济。因此，大流行之前全球长期保持低通胀不仅是一个事实问题，更是一个理论问题，只有厘清全球低通胀之谜才能使我们对 2022 年全球高通胀有更加深入的认识和理解。

吴立元、廖世伟（2022）对 2008 年国际金融危机后失业率发生巨大波动而通胀却保持相对稳定这一通胀失踪谜题进行了文献综述。他们通过梳理文献发现，文献对失踪的通胀谜题（missing inflation puzzle）的解释可以总结为如下五个方面：一是经济指标的不当度量；二是来自通胀预期变化；三是边际成本与实体经济冲击之间的关系弱化；四是菲利普斯曲线扁平化；五是货币政策与需求曲线的变化。其中，菲利普斯曲线变得扁平化是解释大流行全球低通胀的主流观点。这是因为2008年国际金融危机发生后，尽管全球经济在不断扩张的财政货币政策刺激下呈复苏态势但通胀率却一直保持较低水平，如果菲利普斯曲线很陡峭，那么积极的财政货币刺激政策将会移动总需求曲线，使得产出和通胀变化幅度相近甚至通胀上升幅度会稍大于产出幅度，这与产出增幅大于通胀增幅的现实相悖。换言之，只有在扁平的菲利普斯曲线下，财政货币刺激政策才会大幅提高产出同时不会显著增加通胀。

关于菲利普斯曲线扁平化，国外已经有很多的实证和理论研究（Galí & Gambetti，2019；Stock & Watson，2019；Hazell et al.，2022），但研究对象均聚焦美国。对于中国菲利普斯曲线扁平化研究，祝梓翔、高然（2022）展开了实证和理论分析，基于SVAR的实证研究显示2010年以来中国通胀对货币政策冲击的响应程度大幅下降，在总需求曲线没有明显变化的前提下通胀弱化的响应可以理解为菲利普斯曲线变得扁平化。进一步通过对嵌入纵向内生增长渠道的DSGE模型进行估计，结果发现2010年后中国通胀和增长的关系弱化是边际成本传导变弱和内生增长渠道变强共同作用的结果。

对于2008年国际金融危机后全球货币增发却没有使通胀上升的另一个解释是，泛滥的全球流动性并未流入实体经济而是大量涌入国际金融市场，金融市场的蓄水池作用使全球长期维持低通胀状态。陈卫东、王有鑫（2022）认为，全球流动性充裕推动金融资产价格走高成为缓释通胀的重要力量。在大流行之前的20年，全球流动性整体处于繁荣周期，根据传统货币数量论观点全球通胀应该走高，但发达经济体始终处于低通胀周期甚至通缩状态，CPI增速低于新兴经济体，相反全球金融资产价格在波动中一直处于上扬趋势。他们将经典的整体费雪方程 $MV=PY$ 推广到实体经济（下标 $r$ 表示）和金融领域（下标 $f$ 表示），从而得到两部门费雪方程：$M_rV_r + M_fV_f = P_rY_r + P_fY_f$。拓展的费雪方程表明，流动性要么进入实体经济要么进入金融领域，当流动性进入实体经济则全球通胀上涨，反之金融资产价格上涨。利用全球股指和全球CPI指数进行验证发现，2008年国际金融危机以来，全球通胀和全球流动性负相关关系显著。换言之，金融危机后的全球流动性大量涌入金融市场，通过推动全球资产价格走高从而保持低通胀状态。张伟（2022）指出，美国商业银行体系、美国资本市场和全球金融市场成为美元流动性的三大"蓄水池"。当美联储为刺激经济通过非常规货币政策投放大量美元时，美国商业银行没有将超发的货币全部释放，而是通过准备金形式将部分美元存储在美联储，致使货币乘数下降，流入实体经济的流动性大打折扣。此外，流出商业银行体系的美元流动性被美国资本市场和全球金融市场吸收，通过形成一个巨大的美元流动性"蓄水池"来保持全球低通胀态势。

突如其来的疫情冲击和地缘政治冲突破坏了全球低通胀的维持因素，从而导致全球通胀高企：第一，负向供给冲击。根据总需求和总供给模型，当菲利普斯曲线变平时负向供给冲击会导致通胀大幅上升。相较于陡峭的菲利普斯曲线，负向供给冲击在扁平的菲利普斯曲线中提升通胀的幅度更大。第二，公众的通胀预期正在发生变化。目前通胀几乎被所有人关注，当前通胀持续的时间越长，通胀上升预期变得根深蒂固的可能性就越大。第三，美元流动性"蓄水池"被破坏。在全球金融周期背景下，美联储加息导致全球金融资产价格暴跌，从而诱使资金从全球金融市场流入实体经济使得全球通胀进一步攀升。第四，全球总供给顺风时代结束。随着经济金融全球化遭遇逆流，地缘政治冲突加剧，人口老龄化凸显以及极端天气引起的自然灾害频频发生，导致全球总供给进入逆风状态。

### （三）全球通胀的演进路径

从2023年第一季度的数据可以看出，美欧通胀从2022年峰值已经触顶回落，不少经济金融指标也都显示全球通胀正在稳步下降，如远期风险资产价格下跌、美联储停止加息甚至降息的预期在不断增强、大宗商品价格从高位迅速回落等。尽管如此，全球通胀仍表现出较强的黏性。从短期看，随着疫情冲击和地缘政治冲突不断缓解，全球供应链逐步恢复，这表明全球通胀会从高点回落；但从中长期看，由于劳动力市场受损、贸易保护主义思潮和逆全球化抬头、全球气候变化和绿色低碳转型持续推进，全球通胀中枢向上抬升的可能性很大，因此未来全球通胀或难以回到大流行之前的低通胀水平（应习文，2022）。

朱民、巩冰（2023）将目前居高不下的通胀称为通胀高位新常态。他们认为，全球通胀呈现出驱动因素复杂化、跨经济体间通胀结构差异化等特征。后疫情时代，地缘政治冲突加剧、碳中和与绿色转型进程加速、逆全球化和人口老龄化、生产率和劳动参与率的增速呈趋势性下降将推动全球供给侧发生结构性变化，从而限制总供给扩张，使通胀发展呈现结构性和长期性特征，显著加大了通胀上升的压力，全球通胀高位运行已成为新常态。

汤铎铎（2022）指出，若从杠杆—利率的长周期看，目前全球通胀更像是20世纪50年代而不是20世纪70年代，这是因为鲍威尔面对的经济金融环境与沃尔克完全不同。如果从政府债务水平来看，沃尔克大幅加息时美国政府债务占GDP的比值不足40%，这表明美国政府已经完成了去杠杆，当下该比值超过125%。就目前经济环境而言，美欧等发达经济体并没有持续紧缩财政和货币的条件。当前的全球通胀或许只是全球经济调整开始的标志，政府债务削减和贫富差距弥合必定是一个痛苦的长期过程。因此，本轮全球通胀应该会持续较长时间，即使通胀见顶回落后，也要警惕其再次飙升。与之相应的是全球宏观治理完全进入未知领域，各类风险和不确定性明显上升。无论对于居民还是企业，抑或是政策制定者，这都将是严峻的挑战。

### （四）文献评述和未来研究

大流行以来，在各种结构性因素的作用下通胀持续走高，目前通胀几乎被所有人关注致使通胀预期不断走高，这是全球通胀从低到高的系统性变化的根本原因。尽管现有研究一致认为，全球通胀高企是需求扩张和负向供给冲击共同作用的结果，但是仅发现或承认这一点是远远不够的。在不同时期，需求冲击和供给冲击对通胀上升的贡献度存在显著差异，这表明单纯的理论和经验主义分析存在很大不足，需要采用严谨的定量方法对通胀进行结构性分解，从而甄别不同阶段通胀的主要驱动因素，这样做不仅能强化我们对全球通胀内在形成机制的认识，还能为政策制定者有效抑制通胀提供参考和借鉴。

但遗憾的是，目前国内文献对通胀数据的分析主要还是依赖CPI数据，对具体问题缺乏具体分析。例如，美联储从2000年就已经完成了从CPI（Consumption Price Index，简称CPI）到PCE（Personal Consumption Expenditures，简称PCE）的转变，美国联邦公开市场委员会（FOMC）宣布从2000年开始不再公布他们对CPI的预期，而是以PCE方式呈现他们对通胀前景的看法。这也就是说，美联储制定货币政策主要关注 PCE 衡量的通胀率。与国外文献相比，国内学者对通胀的成因及演进路径分析仍停留在总需求和总供给（AD-AS）模型上，最新的国际前沿文献通过科学的定量方法对通胀进行分解，对不同的通胀驱动因素贡献度进行测算（Ha et al.，2022），以及建立宏观经济模型（Macro-economic Model）对大流行以来的通胀形成机制进行理论分析，特别是包含非线性菲利普斯曲线（Nonlinear Philips Curve）的模型可以解释大流行初期通胀下降以及之后通胀迅速飙升的现实，模型揭示了当通胀很高时外部冲击的传导效果会更强，在这种情形下央行在稳物价和稳增长之间面临的权衡取舍关系更加严峻（Harding et al.，2023）。

随着全球经济金融数据不断更新完善，未来的理论和实证研究可利用的数据会更加丰富，基于翔实的宏微观数据以及在国际最新前沿文献的基础上，我们可以进一步精准识别大流行通胀居高不下的影响因素，通过构建合乎现实的宏观定量模型对通胀形成机制进行剖析，从而为治理通胀提供更加针对性的政策建议。由于经济学不同于自然科学，无法在实验室进行重复试验，因此必须以史为鉴。截至目前，全球通胀还未呈现出清晰的下降路径，但为抑制通胀美欧紧缩性货币政策已超预期，导致全球经济濒临衰退，这说明当前货币当局治理通胀的效果不佳，如何有效治理通胀是未来政策制定者和研究者必须重视的课题。

## 二　美国货币政策的外溢效应

2022 年全球通胀高企，美联储和欧洲央行等多家中央银行同步收紧货币政策，例如美联储在 2022 年共加息 7 次，加息幅度累计达到 425 个基点，欧洲央行在 2022 年共加息 4 次，加息幅度累计达到 250 个基点。在美欧紧缩性货币政策影响下，全球陷入加息潮，这种加息潮被认为是"竞争性"，这是因为其他经济体特别是新兴市场经济体跟随美欧加息既可以收缩国内需求，又可以缓解本币（相对美元）贬值压力及改善贸易条件，从而双管齐下抑制通胀（邵宇、陈达飞，2022）。然而，这种以邻为壑（beggar-thy-neighbor）的加息政策已经使全球经济在 2022 年迅速放缓，加剧了全球经济衰退风险。根据全球金融周期理论（global financial cycle），美国等发达经济体快速调整货币政策具有显著的外溢效应，特别是对新兴经济体的影响尤为显著。尽管研究美国等发达经济体货币政策的外溢效应一直是国际金融领域的重要课题，但在 2022 年美欧激进加息的现实背景下，重新审视美欧紧缩性货币政策的外溢效应是国际金融领域的研究热点话题，因此本节先将系统梳理这类研究的最新进展和主要发现，再给出概括性评述，最后指出未来可能的研究方向。

### （一）美国货币政策迅速变化的原因探析

2008 年国际金融危机和新冠疫情均导致全球经济陷入衰退。不同的是，2008 年国际金融危机之后全球经济复苏呈"U"形，而大流行之后的全球经济复苏呈"V"形（邵宇、陈达飞，2022），正是这种差异决定着美联储在面对经济衰退采取的超宽松刺激政策以及在此之后收紧货币政策的力度和强度存在显著不同。

根据邵宇、陈达飞（2022）的研究，2008 年 9 月雷曼兄弟破产后，美联储经过 3 次降息将联邦基金利率下限降为零。之后，为企稳房地产抵押贷款市场，美联储实施大规模资产购买计划，即第一轮量化宽松政策（Quantitative Easing，简称QE），并且通过前瞻性指引政策明确表示联邦基金利率在未来一段时间都会保持在低位。2010年第一轮QE结束时，美国房地产市场和金融市场基本恢复稳定，但失业率仍高达10%且核心CPI同比下降1.1%，这被视为典型的"无就业复苏"。同时，2010年5月爆发的欧债危机给美国经济复苏带来不小的挑战。从时间跨度来看，美联储在2008年国际金融危机后先后开展了三轮量化宽松政策，直到2015年年底才开始首次加息。大流行后，全球经济金融受到巨大冲击，美股波动率指数和美元流动性压力迅速上升。前车之鉴，美欧等发达经济体的救市不仅行动迅速且有的放矢，具体表现为货币政策的宽松力度更大、步调更一致，美联储、欧洲央行和英国央行的资产负债表规模（相对GDP规模而言）均创下历史新高，导致大流行之后经济复苏呈"V"形，根据NBER的界定大流行期间美国经济只经历了两个月的衰退。

尽管极度宽松的货币政策使全球经济未陷入长期衰退，但大流行之后全球供需出现严重的结构失衡，致使全球通胀高企，美联储等发达经济体央行为抑制高通胀迅速调整货币政策方向，不论是加息节奏、幅度还是范围均创下40年来最新纪录（张蓓、邓瑛，2022）。由于国会赋予美联储的双重法定使命是"实现价格稳定和最大就业"，因此美联储加息主要取决于通胀的发展。一般来说，临时通胀不会改变美联储的货币政策立场，但疫情、地缘政治冲突等冲击对物价波动带来较强的干扰，从短期的数据中难以识别出通胀的周期性和趋势性成分，导致美联储在2021年误判了通胀的持续性。随着俄乌冲突爆发，2022年通胀表现出明显的结构性和持续性特征，美联储为稳定物价迅速收紧货币政策，甚至矫枉过正，不仅推高了全球经济衰退风险，还增加了全球金融脆弱性和"持久伤害"的可能性（邵宇、陈达飞，2022；张蓓、邓瑛，2022）。

**（二）美国货币政策国际传导机制研究**

传统观点认为，美国货币政策主要通过贸易渠道和利率传递渠道进行传导。最近的研究主要聚焦金融渠道，例如银行业在全球化过程中为美国货币政策的国际传导创造了新的渠道。Lee 和 Bowdler（2022）从亚洲银行数据实证研究美国货币政策的溢出效应，发现当亚洲银行更多地使用美元作为计价货币融资时，美国货币政策收紧通过提高融资成本降低融资数量。陈雷等（2022）通过研究识别出美国货币政策对我国国债收益率曲线溢出的信号渠道和资本组合渠道，发现人民币汇率弹性的增加没有完全吸收美国货币政策冲击，反而强化了美国货币政策对中国国债收益率曲线溢出的资产组合渠道。赵宣凯等（2022）发现美国货币政策冲击通过信贷渠道和跨国金融中介的风险承担渠道，改变了国内企业的融资成本。实证上基于高频数据构建外部工具变量识别美国货币政策冲击，并将中国企业相对于美国无风险利率的融资溢价拆解为主权风险溢价、期限风险溢价以及信用违约风险溢价三个部分，从而测度冲击对中国企业融资溢价以及实体经济的动态响应路径。

**（三）美国加息的外溢效应分析**

美国加息对美欧金融市场的影响相对较弱，但对新兴经济体金融市场的影响显著。何青、余吉双（2022）为分析美国加息对不同新兴经济体的影响，把新兴经济体分为三类：一是不盯住美元、采取浮动汇率制度的国家如土耳其，土耳其不跟随美国加息，美元升值使资本迅速回流美国，造成土耳其货币被抛售从而大幅贬值，结果为土耳其的金融市场发生剧烈波动且货币贬值造成国内通胀高企。二是跟随美国加息的新兴经济体，这类经济体跟随美国加息的目的是对冲美元升值压力，但这类经济体的经济发展本身就不景气，跟随美国加息会进一步收缩国内经济金融环境，最终结果还是本国货币大幅贬值。三是能源经济体如中东国家，美国加息导致以美元计价的国际大宗商品价格下降，这使得大宗商品出口国的经常账户趋于恶化。

谭小芬、程颖越（2022）分析了美国紧缩性货币政策对新兴经济体跨境资本流动的影响，发现在美欧激进加息背景下新兴经济体面临的资本流动冲击比2008年金融危机更加剧烈，特别是跨境非银部门在全球资本流动的重要性显现。由于美元融资是新兴经济体的重要融资，普遍存在外债货币期限错配，美元加息使新兴经济体融资成本上升，债务规模和负担加大，新兴经济体对外负债压力急剧增加。跨境资本快进快出、大进大出加剧了新兴经济体的金融不稳定性，容易引发流动性危机，在全球融资条件收紧、偿债成本上升的背景下，新兴经济体的企业违约概率将显著增加，一旦企业破产风险传导至金融机构，很有可能引发金融危机。

何青、余吉双（2022）指出，美国加息对中国既有机遇又有挑战。第一，中国经济结构已经发生变化。在加快构建新发展格局过程中，中国经济发展的内生动力逐渐转向内需。自从中美贸易争端爆发后，中国外贸占经济总量的比例逐渐下降，这意味着中国经济受美国加息政策的影响相对有限。第二，中国是大宗商品的主要进口国，因此美国加息使大宗商品价格下跌对中国进口大宗商品有利。第三，美国通过加息来缓和需求从而抑制通胀，这在一定程度上对中国的出口产生压力，但美元升值使进口中国产品变得更加便宜，美国又激励进口物美价廉的中国产品，这有助于美国降低通胀。第四，美国加息在短期确实对人民币汇率贬值造成较大压力，但人民币汇率制度经过不断改革完善，目前在均衡水平上已经富有弹性，因此从长期来看人民币贬值空间有限，且在美国加息期间人民币相对其他一篮子货币呈现升值态势。第五，美国加息一般会引发新兴经济体资本流出，但中国不同，中国不仅市场规模巨大且经过多年探索，目前中国外汇市场管理的策略性和韧性都很强，因此利差不是影响外资流出中国的主要因素。黄禹喆等（2022）通过实证发现，美国货币政策不确定性及加息政策使中国实体经济与金融市场在短期内的波动加剧，但对中国经济中长期发展趋势的影响相当有限。

**（四）新兴经济体应对美国加息的政策研究**

尽管美国加息潮已经接近尾声，但加息潮产生的负面影响还没有完全释放，这些负面冲击仍是影响新兴经济体经济发展和金融稳定的巨大隐患。因此，新兴经济体如何应对美国加息是学术研究和政策研究共同关注的热点话题。

宗良、裴礼杨（2022）指出，新兴经济体宜根据本国国情特别是风险敞口，做好预案以防控可能的风险：第一，美欧加息让多数新兴经济体面临不同程度的汇率风险，新兴经济体应运用多种工具维持主权货币汇率基本稳定。第二，为缓解美元升值压力以及输入性通胀压力，多数新兴经济体跟随美欧相继加息，但紧缩性货币政策是一把"双刃剑"，在抑制通胀的同时限制国内经济增长，竞争性加息政策不具有可持续性，从长期来看培育可持续发展的新动能是应对滞胀危机最根本也最有效的方法。第三，由于通胀高企和贸易萎缩，许多新兴经济体进入"双赤字"发展模式，即对内表现为财政赤字、对外表现为经常项目赤字，在此情形下新兴经济体发展严重依赖过度举债模式，为降低债务风险，新兴经济体应优化资产负债表期限及其外债币种。第四，相较于发达经济体，新兴经济体普遍主权信用不高、货币国际化程度偏低，面对美欧政策压力，新兴经济体应积极参与国际合作，加强政策协调以强化自身抵御风险的能力。

谭小芬、程颖越（2022）从跨境资本流动的视角分析了中国对美欧加息的政策应对，提出以下四点政策建议：第一，深化汇率市场化改革，强化人民币汇率弹性。在中美经济金融周期错位的情形下，我国经济长期向好的趋势没有改变，美欧加息在短期可能会引发资本外流，但良好的经济基本面能有效应对资本外流风险，故应充分发挥汇率自动调节器的作用，同时借助跨境融资宏观审慎调节系数、逆周期调节因子、外汇存款准备金等工具对剧烈波动的跨境资本果断采取资本管制措施。第二，深化金融改革，推动资本市场高水平开放。按照党的二十大报告提出的"健全资本市场功能，提高直接融资比重"要求，推行股票发行注册制和退市机制、完善回购等制度，提高直接融资比重，着力提升资本市场应对和消化跨境资本流动冲击的能力。第三，积极参与国际金融合作，在制定全球金融治理规则机制上争取主动权和话语权。例如，进一步完善人民币跨境使用政策，扩大人民币跨境贸易和投资中的使用范围，积极参与国际货币基金组织、国际清算银行、金融稳定理事会等国际金融机构，建设好亚洲基础设施投资银行、金砖国家新开发银行。

### （五）文献评述和未来研究方向

货币政策冲击的跨国传导及效应，特别是美国货币政策冲击如何影响他国的经济活动一直是国际金融领域关注的焦点议题。实证研究发现，美国货币政策对其他经济体具有显著的外溢效应，并且对新兴经济体的影响大于发达经济体，其中金融渠道（financial channel）是美国货币政策跨国传导的一个重要渠道（Iacoviello & Navarro, 2019; Miranda-Agrippino & Rey, 2020）。具体传导机制为：美联储收紧性货币政策提高了无风险利率，加剧了投资者风险厌恶，导致资本价格急剧下跌，从而收紧国际信贷条件，美元升值使跨境资本从他国大幅回流美国，造成新兴经济体货币金融危机。

通过梳理现有文献，我们将美国加息的影响及其传导渠道总结为以下几个方面（见图1）：一是美债利率上升，美国政府债务利息支出增加导致债务抵达上限，从而加剧美国政府债务风险；二是在美国陡峭加息背景下，以硅谷银行为代表的中小银行存款账户快速缩水，持有的美债因价格下跌面临估值下挫和账面浮亏，由于无法满足储户取款需求，硅谷银行被迫抛售长期资产使账面浮亏变成实际损失，银行抛售资产的消息引发恐慌情绪在市场迅速蔓延，从而演化为典型的银行挤兑危机；三是美国加息提高了房贷利率，住房抵押贷款违约率上升导致房地产业承压；四是美国加息提高了借贷成本，企业投资和盈利能力下降导致美股下跌；五是美元大幅升值使跨境资本从新兴经济体迅速回流美国，新兴经济体的货币快速贬值可能会引发货币金融危机，并且美元升值加剧了以美元计价债务的新兴经济体和发展中国家的债务危机，导致许多新兴经济体和发展中国家的经济复苏步伐已经中止。

现有文献对美国货币政策的溢出效应及传导机制开展了丰富的研究，但仍存在以下四点不足，这给未来进一步的研究指明了方向。

第一，大多数研究认为美国利率上升对新兴经济体产生负面冲击，但最新研究发现，美国

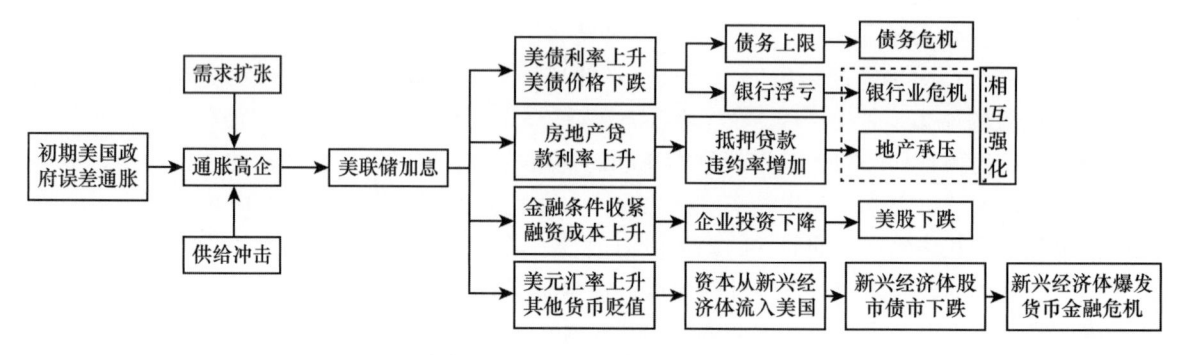

```
┌──────────┐                          ┌──────────┐ ┌──────────┐ ┌──────────┐
│初期美国政 │    ┌──────┐              │美债利率上升│→│债务上限  │→│债务危机  │ ┐
│府误差通胀│    │需求扩张│              │美债价格下跌│ └──────────┘ └──────────┘ │相
└──────────┘    └──────┘   ┌────────┐  └──────────┘→┌──────┐→┌──────────┐   │互
         ↘      ↓         │美联储加息│→┌──────────┐ │银行浮亏│ │银行业危机│   │强
          通胀高企 ────→   └────────┘  │房地产贷款│→│抵押贷款│→│地产承压  │   │化
         ↗      ↑                     │利率上升  │ │违约率增加│└──────────┘   ┘
    ┌──────┐   │                     └──────────┘ └──────┘
    │供给冲击│                        ┌──────────┐ ┌──────────┐ ┌──────────┐
    └──────┘                          │金融条件收紧│→│企业投资下降│→│美股下跌│
                                      │融资成本上升│ └──────────┘ └──────────┘
                                      └──────────┘
                                      ┌──────────┐ ┌──────────┐ ┌──────────┐ ┌──────────┐
                                      │美元汇率上升│→│资本从新兴经│→│新兴经济体股│→│新兴经济体爆发│
                                      │其他货币贬值│ │济体流入美国│ │市债市下跌  │ │货币金融危机│
                                      └──────────┘ └──────────┘ └──────────┘ └──────────┘
```

**图 1　美国加息影响的传导渠道**

资料来源：笔者整理。

加息对新兴经济体来说是不是一个坏消息取决于加息的来源。如是由美国经济强劲增长导致的利率上升，则对新兴经济体的金融市场产生的溢出效应有限；如果加息来自鹰派货币政策或迫于通胀压力而被迫加息，那么美国紧缩性货币政策的溢出效应具有较大的破坏性（Hoek et al.，2022）。因此，从实际数据分解出美国货币政策的不同效应，是科学认识美国货币政策溢出效应的前提，在此基础上我们才能有的放矢，提出有效的应对之策，避免政策误判。

第二，美国作为国际货币体系的中心国，其政策快速调整具有显著的溢出效应。现有文献指出，在国际政策协调缺失的背景下，外围国受到美国加息的影响更大。然而，在硅谷银行破产事件发生后，美国紧缩性货币政策造成的金融动荡开始从外围国转向中心国，因此未来在研究美国等主要发达经济体货币政策外溢效应时，必须要同时关注对中心国和外围国的影响，紧缩性货币政策对全球金融市场与世界经济增长的负面冲击将会越来越明显。

第三，目前国内学者主要聚焦美国货币政策的溢出效应，对其他发达经济体例如欧元区货币政策的研究偏少。国际前沿文献如 Miranda-Agrippino 和 Nenova（2022）通过比较美联储和欧洲央行的货币政策溢出效应发现，美联储和欧洲央行收紧货币政策后，全球经济活动和国际贸易规模迅速收缩，跨境资本流动下降，全球股指下跌，投资者风险厌恶情绪上涨。尽管美联储和欧洲央行的货币政策均通过贸易渠道和风险承担渠道在国际上传导，但欧洲央行的货币政策相较于美联储的货币政策对全球总量的溢出效应较小。Zhang（2022）通过高频测量美联储货币政策冲击，发现在以美元计价的进口份额较大的国家，汇率、利率和股票回报对美国货币政策的系统性反应更大。欧洲央行货币政策冲击对使用欧元计价的进口国家具有类似的传导效应，在贸易商品以外币计价的国家，欧元区货币政策的有效性会大幅降低。考虑到美欧经济金融周期并非完全同步，且货币政策调控存在较大差异，因此辨析不同发达经济体货币政策的溢出效应，以及如何有针对性地作出政策应对是未来研究需要重点关注的。

第四，美国作为全球最大的贸易国和美元发行国，美国货币政策调整对全球经济金融的外溢效应尤为显著。现有文献对美国货币政策的外溢效应进行了深入研究，无论是理论研究还是实证研究，一致认为美国加息政策会给其他经济体特别是新兴市场经济体带来巨大的负面冲击，使新兴经济体的产出下降、货币贬值。实际上，中国作为全球最大的制成品出口国和工业原料进口国，通过贸易渠道对全球经济产生显著影响。援引 2023 年 4 月国际货币基金组织（IMF）发布的《世界经济展望报告》，大流行之后贸易会再次成为全球经济增长的引擎，而中国经济在优化调整防疫政策后正在强劲反弹。IMF在报告中指出，全球经济增量里有1个百分点来自中国，占全球经济增量的三分之一；中国经济增速每提高1个百分点，可以带动其他经济体0.3个百分点的增长，特别是对于那些和中国贸易联系紧密的国家，中国经济增长对其产生的积极外溢效应会更加显著。在分析全球经济金融周期时，仅关注美国等发达经济体的政策溢出效应可能会得到相对保守的结果，而中国经济的高质量发展将为全球经济注入源源不断的动力。因此，未来的研究必须要同时考虑到中美两国经济金融周期的差异，以及中国主要通过贸易渠道、美国主要通过金融渠道影响全球经济的差异，只有这样才能对全球经济增长前景作出更加精准的预判。

## 三 外部冲击的传导机制及政策应对

百年变局和世纪疫情相互交织的时代背景下，全球通胀高企引发竞争性加息潮，中国面临的外部经济形势更加复杂严峻。在金融开放条件下，外部冲击对本国的经济金融影响受到广泛关注。关于跨境资本流动的研究，最新文献主要聚焦其传导机制和风险管理。

### （一）外部冲击的传导机制

经典的开放宏观模型（例如蒙代尔－弗莱明模型、汇率超调模型）认为，外部冲击通过改变实际汇率影响经常账户进而影响国内经济，即汇率是影响国内经济的主要渠道。2008年国际金融危机发生后，不少文献开始强调资本流动在冲击的跨国传导中起到重要作用，以及国际信贷渠道（International Credit Channel）和国际风险承担渠道（International Risk-taking Channel）在外部冲击的传导中同样具有重要作用。近年来，有一些实证文献发现，银行体系的跨境资金流动（Cross-border Banking Flow）也是外部冲击向国内经济传导的重要渠道。对此，陆磊等（2022）基于局部投影法（Local Projection，简称LP）实证考察不同类型的外部冲击（具体为美联储货币政策冲击、美国不确定性冲击、国外经济活动冲击）对中国实体经济活动的溢出效应。实证结果表明，美联储加息、美国不确定性增加以及国外经济活动下降均会溢出到我国实体部门，带来我国实体经济活动下滑。

刘瑶、张明（2022）从理论上阐释了外部冲击如何导致经常账户恶化进而影响一国经济的内在传导机制：一是需求传导路径，出口需求端恶化引起经常账户盈余下降，影响总需求及国内外产品相对价格，驱动国内通胀与名义汇率发生调整，进而影响货币供给量、短期利率水平和实际汇率。二是估值效应传导路径，国外利率端负向冲击一方面通过负向估值效应引起收益端余额下降，导致经常账户整体恶化、驱动名义汇率与通胀水平变动，进而引发国内利率与货币供应量发生变动，影响总产出；另一方面，国外利率端负向冲击也将通过跨境资本流动，影响国内短期利率与汇率变动，从而影响央行货币政策操作。

### （二）防范外部冲击的政策研究

在开放经济条件下，外部冲击往往通过引发跨境资本流动增加新兴经济体经济金融系统的脆弱性。资本的快进快出很可能会增加新兴经济体金融系统的脆弱性，增加其爆发经济金融危机的概率。因此，在2008年国际金融危机后，强化跨境资本流动的宏观审慎管理已成为新兴经济体和发展中国家的共识。

尽管现有文献对跨境资本流动的宏观审慎管理进行了一系列探索，但大部分文献仍采用对资本流动进行征税的方式引入宏观审慎管理，这与中国当前实施的全口径跨境融资宏观审慎管理实践并不相符。根据《中国人民银行关于全口径跨境融资宏观审慎管理有关事宜的通知》（银发〔2017〕9号），中国目前并未对资本流动征税，而是构建了基于微观主体净资产的跨境融资宏观审慎约束机制。这一机制的核心在于境内企业和金融机构跨境融资余额的上限为其资本或净资产与跨境融资杠杆率和宏观审慎调节参数的乘积。中国人民银行可以通过调整跨境融资宏观审慎调节参数，进而控制境内主体的跨境融资规模，在有效防范外部输入性风险的前提下，积极利用国际市场的资金以服务于国内实体经济的发展。

对此，陆磊等（2022）通过构建包含金融机构和企业部门跨境融资的两国DSGE模型，探讨了在不同类型的外部冲击下我国跨境融资宏观审慎管理的政策应对问题，并基于福利分析讨论了最优跨境融资宏观审慎调节参数的设定。研究发现，当外部不利冲击造成我国经济下滑时，适当上调跨境融资宏观审慎调节参数有利于缓解实体部门的紧缩压力。逆周期地调整跨境融资宏观审慎调节参数可以提高社会福利。当面临国外不利货币政策冲击时，盯住外债规模的跨境融资宏观审慎管理政策能进一步改善社会福利。

面对复杂多变的全球经济金融环境，为防止外部冲击或输入性风险向国内扩散，张春等（2022）认为在资本账户不宜全面开放的国际环境下，中国可以构建一个高水平、全开放、包含境内和境外两部分的人民币离岸金融体系来满足这些需求，利用境内外力量共同推动该体系的市场建设，从而风险更可控地推进资本账户开放。这一体系的境内部分因受中国管辖，可建立全开放和全球最佳实践的金融基础设施和监管体系，以便于中国人民银行对离岸人民币进行流动性和金融稳定性调控，保证人民币的全球定价权。主动构建境内人民币离岸金融体系是中国资本账户不宜全面开放时的权宜之计，离岸和在岸需进行风险隔离，并通过离岸和在岸的良性互动、统筹协调和逐渐融合，最终实现中国整个金融体系全面和高水平的开放。

### （三）文献评述和未来研究方向

在新发展格局下，经济高质量发展必须坚持高水平对外开放。但随着全球经济金融格局的迅速演变，中国经济发展的外部环境具有高度不确定性，美欧紧缩性货币政策导致金融动荡从外围国向中心国转变，对我国的溢出效应将更加显著。在此背景下，深入探讨外部冲击向国内经济的传导机制以及影响具有重要的现实意义，但国内学者在这一块的实证研究和定量研究相对偏少，主要停留在理论和经验层面上，在此基础上提出的政策建议大多见仁见智，很难在一个统一的框架内对不同的政策建议进行评估，因此未来的研究既要从实际数据着手识别出外部冲击的传导机制和影响，又要构建定量宏观模型对不同的应对之策进行评估（通过反事实试验），从而为政策制定者提供具有实际可操作性的政策建议。

## 四 汇率波动和汇率制度

### （一）汇率的决定因素

从汇率的决定因素看，主要集中在央行政策、经济金融周期等方面对汇率的作用。此外，单一事件、数字货币等对汇率的影响是较新的研究方向。例如，Jermann 等（2022）得出了一个可行的价格评估两支柱政策最优性的人民币货币模型，研究发现"双支柱"政策通过市场和篮子货币两个支柱来平衡汇率弹性和人民币指数稳定性。通过构建 EGARCH 和 ARDL-ECM 模型，叶欣、孙艺源（2022）发现汇率沟通与实际干预在引导人民币汇率预期水平方面的效力明显增强，在稳定汇率预期波动方面有所进步，而在人民币贬值压力较大的时期，汇率沟通的效果欠佳，采取实际干预的效果则更好；在降低汇率预期异质性方面，汇率沟通在长短期内均无效，而实际干预均有效。通过事件分析法，许雯、龚秀国（2022）发现离岸央行票据发行对离岸人民币汇率有预公告效应和缩小人民币贬值幅度的作用，但并不能抑制在岸人民币汇率的贬值趋势，并且离岸央行票据发行会使在岸和离岸人民币汇率都出现短暂的汇率升值预期。对数字货币，通过三角交易机制的理论模型进行研究，中国人民银行数字货币研究所课题组（2022）发现 USDT 的人民币价格收益率与人民币对美元汇率收益率负相关、波动率正相关，USDT 的欧元、日元价格收益率与它们对美元汇率收益率正相关、波动率负相关，USDT 的人民币、欧元、日元价格的波动率指标分别是各自汇率波动率的先行指标。

**（二）汇率的影响作用**

从汇率的影响作用看，主要集中在汇率对产业升级、进出口跨境资本流动、通货膨胀等宏观、微观经济的影响上。一般而言，本币汇率升值有助于产业升级和技术进步。曹伟等（2022）发现人民币汇率升值有利于提高我国制造业全要素生产率（TFP）并且中间品进口占比越高、出口占比越高或面临竞争压力越大的企业，升值对其 TFP 提升作用越强；人民币汇率升值促进企业专利数量的增长，进而有助于提高企业 TFP；相比非国有、高技术水平和资本密集型企业，人民币汇率升值对国有、低技术水平和劳动密集型企业 TFP 的提升效果更为明显。针对汇率对进出口的影响，朱孟楠、金朝辉（2022）通过研究发现人民币实际汇率升值能够优化出口贸易结构，而这一促进现象是通过贸易优势与需求视角和成本视角两个渠道起作用的。赵永亮等（2022）发现，汇率变动对出口产品价格不完全传递具有必然性，当不存在传递阻滞等因素时，汇率对出口价格的传递率等于出口产品国内附加值率，人民币升值会使中国国内价格水平下跌，且总体来看对中国价格整体水平影响有限。何青、刘尔卓（2022）基于 2009—2018 年我国 A 股上市公司数据，测算了企业价值对人民币汇率波动的敏感性，并实证检验汇率敏感性对企业贷款利率的影响和作用机制。王孝松等（2022）在一个包含汇率波动和中间品进口的模型中发现，汇率波动抑制了企业出口，参与全球价值链可以缓解汇率波动对企业出口的负面影响。司登奎等（2022）分析了人民币汇率变动对企业跨国并购的影响，发现人民币升值主要通过促进国际资本流入、提高市场竞争程度来推动我国企业进行跨国并购。周颖刚、肖潇（2022）发现在贸易摩擦期间，预期的汇率变动率对中美两国股市收益率都具有更明显的负面影响。从汇率对政府杠杆的影响看，丁剑平、白瑞晨（2022）运用系统 GMM 方法进行研究发现，汇率波动与政府杠杆率之间存在显著正向关系。

**（三）汇率波动与人民币市场化改革**

汇率波动不仅是宏观经济基本面冲击的反映，与跨境资本流动在金融全球化大背景下两者相互作用，同时也与国际市场外部冲击及货币国际化密切相关。具体来看，通过 GARCH 模型，何光辉、杨何灿（2022）发现，人民币汇率变动不仅远低于国际市场，还存在对美元与非美元汇率之间的结构差异，而这主要是由汇率弹性市场基础脆弱、水平机制中国际化程度低且自我调节功能不稳定、波动机制缺乏国际影响且自身 ARCH 效应不稳定，以及汇改政策缺乏整体一致性和过程连贯性所导致的。从不同汇率的市场相互影响作用看，郭钏、李小好（2022）通过引入 ARMA-GARCH 模型来计算各成员国货币间的波动溢出指数，发现中国是汇率波动率溢出效应的净输出国，且汇率波动溢出效应具有时变性，人民币在样本期多数时间表现为波动净输出方，但在新冠疫情出现后一段时期内，则表现为波动溢出效应的净输入。对于跨境资本流动，何知仁、吴君（2022）研究发现汇率波动会加剧中国双向跨境资本流动，并在总体上导致资本净流出。对于汇率市场化，宋科等（2022）通过研究发现汇率市场化可以通过"信号效应"增强双边货币互换对人民币国际化的推动作用。对于货币国际化，欧阳海琴、凌爱凡（2022）利用两国开放型经济模型进行研究发现，汇率水平、汇率波动率和跨境结算份额是一国货币国际化对其进出口贸易水平产生影响的可能渠道。

### （四）实际有效汇率测算及影响因素

基于单位劳动成本的实际有效汇率指数被认为是从价格视角衡量国际竞争力的最佳指标，但其测算方法在全球价值链背景下亟须改进。杨长江、阎晓璇（2022）首先根据"价格"与"权重"相统一原则，提出了基于产品的价值链实际有效汇率测算新方法，随后提出了新的全球价值链下价格竞争力变动的结构分解方法，将价值链"外包效应"及"巴拉萨—萨缪尔森效应"等引入了单位劳动成本的变动来源分析。国际收支的变动往往会引起汇率、资本流动、资产价格和宏观政策一系列变动，例如一国账户变动同该国的汇率走势具有联动效应。已有研究仅从汇率对经常账户的变化作出单向解释，对于经常账户调整如何影响实际有效汇率并未充分研究。张明、刘瑶（2022）在三国模型中通过引入实际有效汇率与经常账户，从理论上为解决上述问题提供了依据，并在实证上检验了经常账户调整对实际有效汇率走向的影响。进一步研究发现，经常账户顺差增加或逆差缩减驱动经济体实际有效汇率升值，经常账户调整对一国实际有效汇率的影响具有国别间的非对称性与时变效应，制造业规模的大小、估值效应同样影响经常账户对实际有效汇率的传导。

### （五）文献评述

从相关研究和人民币汇率政策典型化事实看，旨在平衡汇率弹性和人民币汇率指数稳定的"双支柱"政策框架已基本到位，伴随着人民币汇率机制改革不断推进，新的定价机制在汇率决定及其均衡动态、预期引导等方面均较好地实现了市场因素与政府调控的有机结合。汇率市场化因素决定不仅是汇率进一步发挥作用的基础，而且与央行在利率和经常账户等宏微观变量内外平衡决策中交互影响，人民币汇率成为央行选择最优货币增长率以及实施利率政策调控之外的另一不容忽视的重要变量。

汇率的影响作用研究不乏传统视角分析，并且突出了具有微观基础的宏观分析。在微观层面，人民币汇率升值通过"倒闭"机制有助于提升企业 TFP，相关的反事实分析对此也进行了印证。此外，汇率的价格传递效应、汇率对资本市场以及杠杆率影响等相关研究也在不断深入，这些汇率影响的不同渠道的宏微观分析也为人民币汇率体制改革及其成效分析提供了一定的参考。

汇率波动不仅是市场化运行过程的自发结果，同时也与汇率政策变化密切相关。在金融全球化大背景下，全球市场相互联动，汇率波动与跨境资本流动之间存在相互作用的正反馈效应。值得注意的是，人民币汇率波动"简单"加大不仅不能够削弱全球信贷周期的溢出效应，反而可能加剧双向跨境资本流动并在总体上导致净流出。人民币国际化进程中应高度关注汇率波动及其与跨境资本流动的相互影响，应稳步推进汇率市场化形成机制改革，稳慎实现人民币资本项目可兑换，有序推进人民币国际化。

## 五　跨境资本流动的影响及效应

### （一）影响跨境资本流动的相关因素

影响跨境资本流动的相关因素主要包括经济金融发展、央行、一国对外开放程度、利率、经济周期、境外投资者、制度因素等。具体来看，从央行政策对跨境资本流动的影响看，欧阳远芬（2022）发现，我国现有相关政策的运行可以有效监管大部分跨境资本流动对基础货币的影响，但对货币供给和信贷规模的管理效果有限。从经济周期的影响看，何知仁、吴君（2022）发现，即使存在资本管制，跨境资本流动依然受全球信贷周期的显著影响。具体而言，全球信贷周期通过金融渠道影响中国证券投资，同时通过金融和国际贸易两种渠道影响中国其他投资，但对中国直接投资没有显著影响。从境外投资者影响看，谭小芬等（2022）发现，全球投资者对一国的国别风险情绪上升会推升该国的整体风险溢价水平，降低跨境股票型基金净资本流入。从跨境信贷看，Correa 等（2022）发现，资金来源国相对收紧的货币政策与跨境银行投资组合再平衡有关，且跨境信贷的增长速度快于国内信贷。Akbari 等（2022）发现，市场分割的增加可能是严格杠杆约束的额外结果，并且源自杠杆约束的国际投资壁垒对市场整合的影响取决于投资者的资金流动性。从人民币国际化作用看，阙澄宇、孙小玄（2022）采用 GMM 方法和 TVP-VAR 模型进行研究发现人民币国际化抑制了总资本净流入，且该负向效应在短期、中期和长期皆不断增强；人民币国际化促进了总资本流出，该正向效应随着时间推移逐渐显现。

### （二）跨境资本的作用效果

对于跨境资本的作用效果，学者对跨境资本流动对银行的研究力度较大，此外是把研究要点集中在跨境资本对企业、对不同的投资品和对宏观数据的影响。陈锐、李金叶（2022）以及何国华、徐梦洁（2022）研究得出相近的结论。荆中博等（2022）通过构建结构模型和双重 ΔCoVaR 模型进行研究发现：跨境资本周期性波动对银行部门具有显著的风险溢出效应，跨境负债波动的溢出效应强于跨境资产。对银行的影响作用，Correa 等（2022）发现跨境失衡再平衡的程度取决于来源经济体的银行资本化：来自银行业资本较低的来源国的银行更为普遍；银行将信贷主要重新分配给更安全经济体的外国借款人，如发达经济体或具有投资级评级的经济体。De Macro 等（2022）证明了信息异质性对解释国际投资分配中的异质性至关重要，表明个人投资组合持有量对客观上更准确的点预测更敏感，这意味着投资者将自己在信息方面的相对优势内化，并据此形成投资组合。Meyer 等（2022）发现外部主权债券能够让投资者频繁获利，虽然偶尔会发生亏损。王金明、王心培（2022）采用 PSTR 和 SVAR 模型研究发现，跨境资本流入会对银行风险承担产生促进作用，而跨境资本流出会抑制银行风险承担水平。从对产业升级的影响看，梅冬州、宋佳馨（2022）研究发现大规模资本流入会显著降低一国的制造业比重，产生"去工业化"的现象，而在资本流动的常规时期，制造业比重不受资本流入影响。郭娟娟等（2022）研究发现外资进入对各地区国内价值链地位提升具有显著的促进作用，市场化程度越高的地区，外资进入对其国内价值链地位提升促进作用越大。

### （三）跨境资本流动风险分析

对于跨境资本流动风险及监管，从风险承担看，谢贤君、王晓芳（2022）发现跨境资本流动、跨境资本流入、跨境资本流出皆显著增加了银行风险，且三者对银行风险的影响存在显著的风险累积效应，并且通过影响金融机构人民币各项贷款余额同比增速、金融机构外币各项贷款余额同比增速、金融机构本外币各项贷款余额同比增速及境内住户中长期消费贷款同比增速等信贷渠道显著提高银行风险承担水平，实现银行风险累积，从而增加了银行风险。荆中博等（2022）通过构建结构模型和双重 $\Delta\text{CoVaR}$ 模型进行研究发现，跨境资本周期性波动对银行部门具有显著的风险溢出效应，跨境负债波动的溢出效应强于跨境资产；跨境资本周期性波动通过影响中小银行风险承担和风险实现以及大型银行的风险放大作用影响银行部门。特别地，股份制银行在受冲击和风险放大方面均具有重要作用；跨境资本扩张带来的风险承担会显著提高未来银行业系统性风险实现水平。王金明、王心培（2022）采用 PSTR 和 SVAR 模型进行研究发现，跨境资本流入会对银行风险承担产生促进作用，而跨境资本流出会抑制银行风险承担水平；随着银行资本充足率的提高，跨境资本流入对银行风险承担的正向影响逐渐减弱，而跨境资本流出的负向效应逐渐加强。Du and Schreger（2022）发现，企业部门对外币债务的依赖程度越高，主权违约风险就越高。从货币政策角度看，喻海燕、赵晨（2022）通过包含跨境资本流动的 DSGE 模型进行研究发现：与单独实施货币政策相比，我国实施"双支柱"调控框架下宏观审慎政策工具搭配能更有效地调控跨境资本流动，缓解外生冲击对国内经济金融的影响；数量型工具适用于国内外利差大、外部冲击强度大的情形，而价格型工具适用于日常外部冲击较为温和的情形。刘晓星等（2022）运用带搜索模型时变参数向量自回归 VAR 研究发现，宽松的美元货币政策和跨国资本的流入增加了我国系统性金融风险压力，影响了人民币金融主权的提升；人民币跨境贬值损失风险受到外部美元政策和跨国资本循环的直接冲击，且这种冲击呈现显著的时变特征。

### （四）文献评述

总体而言，利差是决定跨境资本流动的重要因素。与传统的跨境资本流动"推动—拉动"因素分析仅关注全球与国别层面的经济金融因素不同，基于投资者情绪的相关研究，关注整体风险溢价水平变化对资产配置与资本流动的影响。此外，人民币国际化进程对跨境资本流动的影响受到了广泛关注，就人民币国际化对证券投资流入和流出的影响进行分析，将有助于管理当局进一步防范外部冲击和风险传染。

从跨境资本流动的作用效果来看，通过银行风险承担以及企业的资产负债表分析，能够发现资本流动与产业升级及价值链提升的相关关系。微观上投资者资产组合再平衡及资产负债结构变化会产生重要影响，宏观上产业结构和杠杆率变化值得关注。其中，微观主体异质性分析仍有待进一步深入，微观—宏观相贯通的兼容分析有待进一步拓展。在明确区分跨境资本流动的正向与负向的影响基础上，需要进一步把握跨境资本流动的效应边界，并对可能产生的负面影响乃至风险隐患进行风险管理。

跨境资本流动风险分析关注外部冲击的国际传导。值得注意的是，美国货币政策可能并非全球金融周期影响跨境资本流动的唯一主要因素。跨境银行信贷风险承担以及全球流动性从银行贷款转向股票和债券等其他融资渠道带来的价格波动、投资者风险偏好情绪变化等因素同样值得关注。此外，外部冲击下跨境资本流动通过银行间市场、股票市场、房地产市场和汇率市场所产生的跨市场风险传染及风险强化也值得高度关注。对此，应重视跨境资本流动突然变化所带来的风险承担和可能产生的系统性风险，进一步强化有针对性的"微观审慎＋宏观审慎"两位一体的跨境资本流动风险管理研究。

**参考文献**

曹伟、冯颖姣、余晨阳、万谍，2022，《人民币汇率变动、企业创新与制造业全要素生产率》，《经济研究》第 3 期。

陈雷、张哲、陈平，2022，《美国货币政策公告对中国国债收益率曲线的溢出效应》，《国际金融研究》第 3 期。

陈锐、李金叶，2022，《短期跨境资本流动、汇率波动与银行风险承担——基于资产价格与流动性错配的中介效应》，《金融监管研究》第 1 期。

陈卫东，王有鑫，2022，《全球流动性、通胀与金融资产价格互动演变逻辑：理论框架和经验分析》，《国际金融研究》第 6 期。

丁剑平、白瑞晨，2022，《非抛补利率平价偏移、汇率波动与政府杠杆率》，《财贸经济》第 10 期。

郭钏、李小好，2022，《人民币与 RCEP 成员国货币汇率波动溢出效应研究》，《价格理论与实践》第 4 期。

郭娟娟、冼国明、徐邦栋，2022，《外资进入与国内价值链地位提升》，《金融研究》第 5 期。

何光辉、杨何灿，2022，《中国境内人民币汇率弹性及其市场机制研究》，《数量经济技术经济研究》第 12 期。

何国华、徐梦洁，2022，《宏观审慎政策调节跨境资本流动风险的有效性——基于银行稳定性视角》，《国际金融研究》第 8 期。

何青、刘尔卓，2022，《汇率敏感性会影响企业贷款利率吗？——基于中国上市公司的分析》，《金融研究》第 8 期。

何青、余吉双，2022，《美国加息对金融市场的影响及我国的对策》，《新金融》第 10 期。

何知仁、吴君，2022，《全球信贷周期与中国跨境资本流动》，《世界经济研究》第 9 期。

黄禹喆、丁志国、张宇晴、金龙，2022，《美国货币政策转向对中国经济的冲击效应与政策应对》，《国际金融研究》第 11 期。

荆中博、李雪萌、方意，2022，《跨境资本周期性波动对中国银行部门的风险溢出机制分析》，《世界经济》第 1 期。

刘晓星、李北鑫、刘骏斌、刘伟，2022，《货币、资本循环与金融安全——基于美元货币政策冲击的视角》，《东南大学学报（哲学社会科学版）》第1期。

刘瑶、张明，2022，《经常账户冲击、资本账户管理与中央银行货币政策操作》，《金融研究》第12期。

陆磊、李力、冯业倩、尚昕昕，2022，《跨境融资宏观审慎管理与外部输入性风险防范》，《经济研究》第10期。

梅冬州、宋佳馨，2022，《大规模资本流入与"去工业化"》，《国际金融研究》第6期。

欧阳海琴、凌爱凡，2022，《人民币国际化、汇率波动、跨境结算与中国进出口贸易——基于两国开放经济的均衡模型与"一带一路"沿线国家的实证分析》，《系统工程理论与实践》第12期。

欧阳远芬，2022，《跨境资本流动对我国货币和信贷市场的影响研究》，《国际金融研究》第8期。

阙澄宇、孙小玄，2022，《人民币国际化对跨境资本流动的影响——基于资本类型和流向的异质性研究》，《国际金融研究》第4期。

邵宇、陈达飞，2022，《通货膨胀、竞争性加息与全球经济衰退风险》，《清华金融评论》第12期。

司登奎、刘云、刘喜华，2022，《人民币汇率变动影响企业跨国并购的微观机理及经验证据》，《国际金融研究》第3期。

宋科、朱斯迪、夏乐，2022，《双边货币互换能够推动人民币国际化吗——兼论汇率市场化的影响》，《中国工业经济》第7期。

谭小芬、程颖越，2022，《全球加息潮对跨境资本流动的影响及应对》，《清华金融评论》第12期。

谭小芬、李兴申、苟琴，2022，《全球投资者国别风险情绪对跨境股票资本流动的影响》，《金融研究》第6期。

谭小芬、王欣康，2022，《"大流行"后的全球通胀：成因、风险与中国应对》，《国际金融》第7期。

汤铎铎，2022，《全球通货膨胀的根源和走势》，《国家治理》第15期。

王金明、王心培，2022，《跨境资本流动如何影响银行风险承担?》，《世界经济研究》第10期。

王孝松、陈金至、武皖、闫帅，2022，《汇率波动、全球价值链嵌入与中国企业出口》，《中国工业经济》第10期。

吴立元、廖世伟，2022，《通胀失踪谜题与菲利普斯曲线有效性研究述评》，《国际经济评论》第5期。

谢贤君、王晓芳，2022，《跨境资本流动对银行风险的影响——基于风险累积效应和风险传染效应的视角》，《改革》第2期。

许雯、龚秀国，2022，《中国央行票据对人民币利率和汇率的影响——来自香港地区离岸市场的证据》，《财经科学》第2期。

杨长江、阎晓璇，2022，《全球价值链时代的单位劳动成本竞争力：测度方法、结构分解与经济影响》，《数量经济技术经济研究》第 10 期。

叶欣、孙艺源，2022，《基于汇率沟通指数和异质预期的中国央行汇率预期管理效果研究》，《金融经济学研究》第 3 期。

应习文，2022，《全球通胀的长期趋势》，《开发性金融研究》第 6 期。

余永定，2022，《美国的通胀和美联储的政策调整》，《国际金融》第 10 期。

喻海燕、赵晨，2022，《"双支柱"调控框架下跨境资本流动宏观审慎政策工具的有效性及适用性》，《国际金融研究》第 10 期。

张蓓、邓瑛，2022，《加息潮与金融风险：此次有何不同》，《清华金融评论》第 12 期。

张春、蒋一乐、刘郭方，2022，《中国资本账户开放和人民币国际化的新路径：境内人民币离岸金融体系建设》，《国际经济评论》第 4 期。

张明、刘瑶，2022，《经常账户变动对实际有效汇率的非对称影响及潜在渠道探析》，《经济学（季刊）》第 5 期。

张伟，2022，《通胀失控，美联储加息难降温》，《清华金融评论》第 7 期。

赵宣凯、张咪、何宇，2022，《美国货币政策冲击影响中国企业融资成本吗?》，《金融评论》第 5 期。

赵永亮、蔡海亚、费晓晖、俞萍萍，2022，《汇率与产品价格：基于全球价值链视角》，《价格理论与实践》第 4 期。

中国人民银行数字货币研究所课题组，2022，《泰达币（USDT）与人民币汇率相关性研究》，《金融研究》第 6 期。

周颖刚、肖潇，2022，《汇率波动、生产网络与股市风险——基于中美贸易摩擦背景的分析》，《金融研究》第 7 期。

朱孟楠、金朝辉，2022，《人民币汇率变化对出口贸易结构转型的影响研究》，《世界经济研究》第 1 期。

朱民、巩冰，2023，《2023 全球经济：通胀高位新常态》，《国际金融研究》第 3 期。

祝梓翔、高然，2022，《通胀–增长权衡和中国菲利普斯曲线的平坦化》，《金融研究》第 11 期。

宗良、裴礼杨，2022，《新兴经济体应对全球加息潮的策略选择》，《清华金融评论》第 12 期。

Akbari Amir, Francesca Carrieri and Aytek Malkhozov, 2022, "Can Cross-Border Funding Frictions Explain Financial Integration Reversals?", *Review of Financial Studies*, Vol. 35, No. 1, 394 – 437.

Correa Ricardo, Teodora Paligorova, Horacio Sapriza, and Andrei Zlate, 2022, "Cross-Border Bank Flows and Monetary Policy", *Review of Financial Studies*, Vol 35, No. 1, 438 – 481.

De Marco Filippo, Marco Macchiavelli and Rosen Valchev, 2022, "Beyond Home Bias：International Portfolio Holdings and Information Heterogeneity", *Review of Financial Studies*, Vol. 35, No. 9, 1 – 74.

Du Wenxin and Jesse Schreger, 2022, "Sovereign Risk, Currency Risk, and Corporate Balance Sheets", *Review of Financial Studies*, Vol. 35, No. 10, 4587 – 4629.

Galí Jordi and Luca Gambetti, 2019, "Has the U. S. Wage Philips Curve Flattened? A Semi-Structural Exploration", NBER Working Paper No. 25476, 1 – 17.

Ha Jongrim, M. Ayhan Kose and Franziska Ohnsorge, 2022, "Global Stagflation", Koç University-TUSIAD Economic Research Forum Working Papers 2204, 1 – 45.

Harding Martin, Jesper Linde and Mathias Trabandt, 2023, "Understanding Post-COVID Inflation Dynamics", *Journal of Monetary Economics*, forthcoming.

Hazell Jonathon, Juan Herreon, Emi Nakamura and Jon Steinsson, 2022, "The Slope of The Philips Curve: Evidence from U. S. States", *Quarterly Journal of Economics*, Vol. 137, No. 3, 1299 – 1344.

Hoek Jasper, Steve Kamin and Emre Yoldas, 2022, "Are Higher U. S. Interest Rates Always Bad News for Emerging Markets?", *Journal of International Economics*, Vol. 137, 1 – 24.

Iacoviello Matteo and Gaston Navarro, 2019, "Foreign Effects of Higher U. S. Interest Rates", *Journal of International Money and Finance*, Vol. 95, No. 7, 232 – 250.

Jermannn Urban J., Bin Wei and Vivian Z. Yue, 2022, "The Two-Pillar Policy for the RMB", *Journal of Finance*, Vol. 77, No. 6, 3093 – 3140.

Lee Seungyoon and Christopher Bowdler, 2022, "International Spillovers from US Monetary Policy: Evidence from Asian Bank-Level Data", *Journal of International Money and Finance*, Vol. 127, No. 10, 1 – 15.

Meyer Josefin, Carmen M. Reinhart and Christoph Trebesch, 2022, "Sovereign Bonds Since Waterloo", *Quarterly Journal of Economics*, Vol. 137, No. 3, 1615 – 1680.

Miranda-Agrippino Silvia and Tsvetelina Nenova, 2022, "A Tale of Two Global Monetary Policies", *Journal of International Economics*, Vol. 136, No. 3, 1 – 38.

Miranda-Agrippino Silvia and Helene Rey, 2020, "US Monetary Policy and the Global Financial Cycle", *Review of Economic Studies*, Vol. 87, No. 6, 2754 – 2776.

Stock James H. and Mark W. Watson, 2019, "Slack and Cyclically Sensitive Inflation", NBER Working Paper No. 25987, 1 – 32.

Zhang Tony, 2022, "Monetary Policy Spillovers through Invoicing Currencies", *Journal of Finance*, Vol. 77, No. 1, 129 – 161.

# 金融风险与金融监管研究述评

郑联盛*

2022年，国内国际形势日益复杂，经济发展面临诸多挑战，国际金融市场波动较大。在稳中求进工作总方针的指引下，我国经济金融部门整体保持稳定，经济平稳发展。2022年，金融风险和金融监管的研究是学术界一个热议的话题，对金融各行业风险及应对、系统性金融风险、外部冲击等的研究持续深化，同时，加强和完善现代金融监管也成为重要的政策任务。金融风险和金融监管学科发展不断深化，为金融风险应对和金融监管改革提供良好的理论支撑。

## 一 各金融行业的风险及应对

### （一）银行业

银行业整体呈现平稳发展态势，银行业风险主要表现在信用风险（NPL）、流动性风险、市场风险、操作风险以及政策风险等，这些领域也是学术研究重点覆盖的领域。

在信用风险方面，陈莹（2022）结合央行及银保监会公布的数据对当前国内商业银行信用发展现状进行分析，发现信用风险特征主要表现为"大额债券违约""大面积债券违约"以及"大企业违约"。此外，金融科技会增加银行信用风险。朱小能和李雄一（2022）利用文本挖掘法构建各银行金融科技发展指数，并基于2011—2020年492家商业银行数据，运用渐进双重差分理论和固定效应模型研究了银行金融科技与银行信用风险的关系。研究发现，金融科技通过自信效应加剧银行风险承担，增加信用风险；金融科技通过信息改善效应缓解银企信息不对称，降低信用风险；中小银行信用风险水平受金融科技影响更明显。

银行业在积极进行业务转型后，特别是调整资产负债结构中，流动性风险也逐步显现。杨肖（2022）从风险管理形式、管控体系以及监管效率三个角度分析风险成因，认为目前流动性风险主要表现在资产结构、存贷期限以及其他各类流动性风险中，因此需要从多个维度完善资本市场，加强对流动性风险的管理。针对流动性风险，周雪（2022）应不断完善管理机制、加强流动性压力测试、优化负债结构、加强资产管理、建立流动性互助机制，从而提升中小型商业银行对流动性风险管理的有效性。路妍、闫振坤（2022）选取2009年1月至2021年12月流动性比率、资本充足率与信贷/GDP的月度数据，采用反映时变特性的TVP-VAR模型，探究宏观审慎监管与商业银行流动性风险的时变关系。研究发现，宏观审慎监管与商业银行流动性风险呈相互影响关系，而且长期的效果更明显。

随着利率市场化和人民币汇率机制改革的不断深入，我国商业银行管理市场风险的必要性和迫切性日益凸显。蔡晓玲（2022）在分析我国商业银行市场风险管理现状基础上，针对存在

---

* 郑联盛，中国社会科学院金融研究所，研究员。

的问题和不足，提出商业银行市场风险管理要加强认识，转变经营管理理念；建立完善的组织体系，确保市场风险管理的有效实施；建立市场风险管理系统，提高风险计量水平；加大对衍生产品的开发和研究力度，拓展风险化解的工具；加强市场风险内控管理，提升内部控制的有效性；重视人才引进和培养，加强市场风险管理团队建设。

除了上述风险，银行业风险呈现较为显著的结构特征，特别是中小银行风险暴露和机构处置的任务较为凸显。首先，郭晓蓓（2022）认为中小银行抗风险能力弱，重大风险事件时有发生，下一阶段中小银行必须紧跟外部金融形势变化和国际银行转型潮流，通过加强战略管理、强化内控建设、加快数字化转型等方式，主动防控金融风险，不断提升自身竞争力。其次，金大宇（2022）发现相较于大型银行，中小银行在经营中存在以下问题：第一，资本金机制不健全；第二，金融科技及应用较为落后；第三，因信贷规模小、资金成本高等问题，中小银行发展空间受到挤压。最后，在新监管政策下，中小银行的风险管理面临更大的挑战。朱可鑫（2022）指出，在新的监管政策下，由于中小商业银行本身面临揽储压力，叠加存贷双侧收紧，势必对其风险管理形成更大的挑战。

### （二）证券业

证券业风险主要体现在债券市场变化及其对券商自营业务的影响上。目前证券公司面临信用风险、市场风险、流动性风险、操作风险，以及声誉等风险（张爱武，2022）。首先，在信用风险方面，该风险源于自营业务的债券违约风险和融资类业务的违约风险。自2021年以来，由于债券违约引致的信用风险是证券业风险的突出表现。其次，在市场风险方面，主要是自营业务中的股价风险和利率。2022年，利率变化特别是由于主要发达经济体利率快速上扬引致的收益率飙升是证券业特别是债券市场风险的最突出表现。再次，在流动性风险方面，风险主要来源于无法及时以合理成本补充资本金。此外，在操作风险方面，主要是指不完善或有问题的内部程序、员工、信息技术系统以及外部事件给证券公司带来损失的可能性。最后，在声誉风险方面，主要是内部员工违背证券业相关行为规定而给公司带来负面影响的风险。这些风险广泛存在，需要通过针对性政策加以应对。针对信用风险、市场风险和流动性风险，郭济敏和张鹂（2022）认为在证券公司自营业务的投资范围不断扩大、投资品种不断丰富的背景下，完善自营投资业务风险限额管理体系，加强风险识别及处置能力，对提升证券公司风险管理水平具有重要的意义。目前风险限额管理体系的指标结构主要包括以下四个维度：业务条线、会计账户、风险类型、口径分类。针对操作风险，王继莹（2022）认为证券公司市场风险和信用风险管理均起步较早，而操作风险起步较晚，针对证券操作风险提出几点建议：一是提高全员风险管理意识，培育操作风险管理文化；二是促进操作风险管理工具充分发挥功能，加强实用性；三是提升操作风险管理三大工具的联动性；四是加强操作风险管理的整改落实；五是建立操作风险管理考核体系。

除上述风险，李猛（2022）认为证券公司目前还面临着数字化转型风险，研究表明，并非所有证券公司都对数字化转型给予足够重视，这不仅导致证券公司数字化转型具有显著的分化特征，也影响了整个行业的转型进程。因此，随着证券公司数字化转型持续推进，证券数字化转型评价体系也需要持续完善。

## （三）保险业

保险业风险总体可控，但也面临一些风险与挑战。朱艳霞（2022）将保险业面临的风险归纳为战略风险、信用风险、市场风险、治理风险、资本补充、操作风险等六大类。在战略风险方面，财险难以有效明晰转型方向，车险和非车险业务经营均较为困难。针对保险战略风险管理，白云和张博（2022）等通过对保险公司战略风险管理模式的研究，提出战略风险管理评价指标体系：决策机制类指标、约束机制类指标、执行机制类指标、管理成效类指标。在信用风险方面，曲雪岩、蒋雪梅（2022）以5家保险公司为例，基于2020年样本保险公司的股票交易数据以及财务报表，运用KMV模型对保险公司的信用风险进行评估，并对计算出的各保险公司的违约距离和预期违约率进行对比，提出以下政策建议：利用KMV模型对保险业进行动态监管、推动我国资本市场信息化建设、逐步建立我国上市公司历史违约基础数据库。市场风险则充分体现在保险公司资金使用的配置上，比如股权投资面临股价波动影响、固定收益投资则面临利差缩窄的压力。段国圣（2021）、马得原（2021）认为保险机构开展股权投资，应构建多元化、分散化的权益投资组合。

资本金补充和偿付能力建设是提升保险公司稳健性的基本保障，通过对风险资本监管能够有效约束处于"亏损状态的保险公司"。占梦雅等（2022）结合前景理论指出，基于均值—方差框架构建数理模型，并依据成熟保险市场数据，理论分析和实证检验风险资本监管有效性。发现尽管监管风险资本对"处于盈利状态"的保险公司风险约束有限，但是能够有效约束"处于亏损状态"的保险公司。徐昊（2022）对偿付二代的作用进行了研究，认为偿付能力建设对保障保险公司稳健水平是关键性的。

## （四）信托、基金、理财等领域风险

作为中国金融系统的重要组成部分，随着资管新规正式实施，信托业面临行业转型的种种不确定性。袁增霆（2022）指出，信托业主要面临信用风险，主要风险指标是行业风险资产规模以及突出反映监管压降情况的银信类业务规模。张英伦（2022）认为可以从完善信托业风险缓冲机制、完善壮大信保基金、构建信托交易市场、加强与地方政府、银行和资产管理公司的合作、与保险公司形成信托保险制度以及进行信托产品改革创新等方面来缓释信托业风险。

当前，证券投资基金逐渐成为众多投资者青睐的投资渠道，但仍存在一些问题。谭瑭（2021）认为，证券投资基金的风险有市场风险、投资者风险、管理者风险等。目前证券投资基金主要面临的风险包括：一是证券投资基金投资组合缺乏科学性，二是证券投资基金法规建设不完善（张明旭，2022），三是持有者利益缺乏保障。

在理财公司净值化管理的背景下，理财机构面临新的挑战。中邮证券课题组（2023）提出要走出一条有别于银行业管理模式、符合资产管理行业特征的净值化规范发展之路，核心是转变风险管理模式，这需要理财公司以业绩量化评估和风险量化评估为两翼搭建风险管理框架。我国理财产品净值化转型速度较快但质量有待提高，马源、金玥（2022）提出衡量理财产品净值化转型程度要从数量指标和质量指标两个维度进行考量。数量指标主要是净值型产品存续只数占比、净值型产品存续规模占比等两个维度，质量指标主要是公允价值计量资产占比、投资标准化资产占比、投资不存在活跃交易市场资产占比、投资资管计划占比、估值频率、净值披露频率等六个维度。净值化管理加大了波动，杨董（2022）认为资管新规后，尤其是2022年新会计准则实施后，更多理财产品将采用市价法估值，产品净值会随着资产价格的波动而波动，投资人收益甚至本金都可能遭受损失。在此种情况下，投资人更需要通过量化数值，来了解产品的损失程度以及发生损失的概率。

## 二 系统性金融风险及应对

### （一）宏观杠杆率

从宏观杠杆率风险来看，我国宏观杠杆率保持上升趋势，但增幅总体稳定。我国的宏观杠杆率在过去几年不断攀升，根据国家金融与发展实验室（NIFD）发布的报告，在经济增速放缓的背景下，2022年我国宏观杠杆率为273.2%，较2021年上升10.4个百分点。虽然说当前宏观杠杆率处在一个较高水平，但宏观杠杆率的增幅处在一个可控的范围内，较为稳定。这是由中国宏观杠杆率的变化规律决定的，中国宏观杠杆率呈现先急速增加后缓慢增加，最后收敛于某一增长上限的变化过程（任碧云、关秋，2022），表明宏观杠杆率的增幅总体可控，当前宏观杠杆率水平的上升并不绝对意味着债务风险和系统性金融危机。同时，国际大环境的变化、经济的复苏都有益于宏观杠杆率的控制。囿于过去几年新冠疫情的影响，为了抵御疫情的负面冲击，各国纷纷采用加杠杆的方式以支持经济的复苏（张晓晶，2022），随着经济增速的恢复，宏观杠杆率也会得到有效控制。这是因为不同于以往以金融加速器机制为核心的分析结果，过去几年纵使经济增速换挡，宏观杠杆率也持续攀升，宏观杠杆率与经济增速呈现显著的负相关性。随着经济增速的回暖，我国宏观杠杆率的走势也会趋于可控。

为了实现"稳增长"与"防风险"的目标，应对宏观杠杆率上行的压力，宏观政策对债务风险的调控和经济增长的支持不可或缺（刘哲希等，2022）。当前为了加快经济复苏进程，我国采用宽松的货币政策，而宽松的货币政策一方面刺激总需求，另一方面推升债务，但对前者的刺激效应要大于对后者的推动效应，因此总体上呈现宽松货币政策稳定宏观杠杆率的效果（郭长林等，2022）。这一观点也得到了陈创练等（2022）的支持。后者通过构建门限理论模型，基于反事实评估，发现价格型货币政策在稳增长的调控上作用凸显，同时配合财政政策在稳杠杆上的功效，才能最大化其作用。

另外，还要注意的是外需的影响。如果外部需求萎缩，宏观杠杆率将会攀升，这是由于出口的收缩和宽松的货币政策带来的产出减少，使得住房成本上涨，各部门的借贷增加，最终波及宏观杠杆率（周叶菁、曹春玉，2022）。外需的影响也可以通过逆周期的宏观审慎政策进行调节，减少杠杆率的波动，缓解产出受外部的不利影响。总的来说，应该发挥宏观调控政策的结构性优势，引导经济结构优化调整，在动态调控信贷的同时优化债务结构，使得宏观杠杆率的波动处在一个合适的范围内，保持稳增长与防风险的动态平衡。

### （二）房地产

当前房地产风险有所暴露，且其对系统性金融风险的冲击正逐步释放。一是房地产部门自身的风险在加大，过去一年里房地产市场最大的风险是债务违约问题，部分房企已经从初始违约时的流动性风险转变为资不抵债问题。二是房地产部门的风险受到社会的冲击，由于房企债务违约问题而造成的集体停贷浪潮，更加剧了房地产行业的风险累积。根据国家统计局的数据，2022 年商品住宅销售各季度同比增速全部为负，全年销售额为 13.33 万亿元，同比下降 26.7%，为 6 年来最低位；全国房地产开发投资约 13.29 万亿元，同比下降 10%。三是房地产部门风险正向金融系统传染，具有风险溢出效应，而且其强度和持续时间在不同时期存在差异（朱波、陈平社，2022）；这一论点也得到了贺星源等（2022）的认可，后者通过构建金融稳定指数进行含有时变参数的自回归，发现居民杠杆率及房地产价格的升高对金融稳定具有显著的影响。正是由于房地产企业和金融部门的紧密结合性，房地产风险的溢出效应会对金融市场的稳定产生至关重要的影响，且这种影响不是单向的，资本市场的风险上升会使得资金转向房地产市场，带来住房价格的扭曲（郭文伟等，2022），接着影响信贷市场。四是房地产部门内部的风险溢出效应，房地产的风险溢出效应不止表现在外部，房地产企业间也存在着明显的系统性风险的联动效应和溢出效应（张伟平、曹廷求，2022），个别房企的流动性危机和债务危机很可能波及整个房地产行业，在市场不稳定的时候作为放大器溢出金融风险。

为了应对房地产风险，从而化解潜在的系统性金融风险，房地产政策应着重于稳需求和保供给这两个方面。

随着经济发展从三年疫情灾害中回到正轨，居民的消费、投资等也在逐步恢复，作为消费和投资的焦点，房地产市场将会迎来新一轮的需求。但我国房地产调控政策"房住不炒"的基调不能变，房地产的投机性需求仍是抑制的重点，短期内居民杠杆率及房价的上涨会破坏金融稳定（贺星源等，2022），且居民杠杆率和房价具有相互推动的作用，二者的中长期效应不容小觑。因此，住房消费、房产投资应回归理性，突出住房的消费属性、弱化投资属性，促进住房需求的稳定。面对房价的波动，逆周期的 LTV 政策和资本充足率政策的搭配更加有效（吴迪等，2022），再根据现状协调使用货币政策，以达到防范和化解金融风险的目的。

房地产是资金密集型产业，高企的房地产库存会占用大量资金，降低金融效率。自 2015 年"三去一降一补"提出以来，我国坚定地对房地产进行去库存。然而，随着需求的增加，保持适当的房地产库存是有效降低房地产金融风险和抑制房价波动的有效手段。一方面，金融机构贷款对房地产库存具有显著的促进作用，金融机构贷款对房地产库存的影响具有区域差异性，股票市价总值对房地产库存的影响存在显著的门槛效应（傅贻忙等，2022）。因此在调节房地产库存时，金融机构的存贷款调控是一种重要的手段；另一方面，房地产市场系统性的风控也应将房企间尾部风险网络的关联结构及风险传染路径纳入考量（张伟平、曹廷求，2022），从供给端"因企施策"，加强融资支持，保证预期房价的长期稳定。

### （三）地方政府债务

随着地方政府债务风险不断累积，地方政府的债务问题已成为系统性风险的一大隐患。一是当前地方政府债务攀升的风险，近年来为了保证经济发展，地方政府往往选择举债，造成的结果是负债率的攀升和债务风险的暴露。通过对地方政府债务的测度，可以发现省级地方政府债务风险水平自 2016 年以来逐年提升，且难有缓和的迹象（马恩涛、姜超，2022）。这与我国地方政府债务余额的走势相似，根据财政部的数据，自 2017 年以来地方政府债务余额增速达 15.1%，远高于同期名义经济增速。二是地方政府债务的攀升不仅带来了风险的提高，其促进经济增长的效果也并非一直有效。适当提升政府债务确实能促进经济在一定程度上的增长，但通过对省级数据的分析，发现地方政府债务与经济增长之间呈现倒"U"形关系，即存在最优债务规模（郑金宇、钟玮，2022；白积洋、刘成奎，2022；张贺，2022）。尽管在一定程度上提高地方政府债务可以实现经济增长的目标，然而，随着债务水平的提高，面对的会是经济增速下滑和债台风险高筑的双重隐患。

此外，高企的地方政府债务会对银行产生直接影响，这是由于地方政府债务的资金主要来源于银行部门，债务的扩张会导致银行尤其是中小银行风险承担水平的增加（李双建、田国强，2022）。受到冲击的银行作为金融系统的核心，会对社会各方面产生冲击：政府债务对银行贷款的挤占导致私人投资被挤占，最终间接抑制居民的消费（金虎斌，2022）；地方政府债务的增加也会降低行业资源配置效率，推高企业融资成本，削弱市场投资（张甜、曹廷求，2022；吕鑫等，2022）。当社会各部门受到地方政府债务的负外部性影响后，系统性金融危机的风险也就随之高升。

为应对潜在的金融风险，地方政府债务的治理需要进一步推进，尤其是对隐性债务的治理任务更为凸显。隐性债务风险的传导具有跨部门、跨区域、跨层级的特点，一旦蔓延就会放大实际的债务风险，形成扩散（许弟伟，2022）。因此，要切断地方政府债务的传导途径，一方面以商业银行为抓手，控制信贷配置的规模、配置效率，实证结果表明信贷配置规模变动负向影响地方政府债务，而信贷配置效率越高则会使得地方政府债务风险越小（赵全厚、许静，2022）；另一方面，对房地产市场的调控是控制地方政府债务的又一途径，房地产周期与地方政府债务风险呈现逆周期的关系（罗朝阳、李雪松，2022），房价上涨是城镇化过程中不可避免的经济现象，但会增大金融风险，因此需要引导房地产价格稳定，遏制房地产金融泡沫，推行房产税也可以降低地方债务风险，阻断系统性风险的传导路径（张璇等，2022）。地方政府债务风险需要引起足够的重视，对地方政府债务风险的治理是防范系统性金融风险，守住系统性风险的底线。

## 三 外部金融风险及应对

### （一）供应链风险及应对

自2022年以来，疫情对经济影响仍未平息、全球局势剑拔弩张，全球供应链面临较为严峻的挑战。在不确定性剧增的背景下，我国供应链风险总体加剧，各产业普遍受到影响。根据GB/T24420—2009（供应链风险管理指南），供应链风险指"有关生产及流通整个链路形成过程中，涉及将产品提供给最终用户所形成的网链结构的不确定性对目标实现的影响"。在疫情冲击下，供应链风险主要体现在供应网络中断、供应链格局改变等方面。

第一，疫情的冲击造成全球供应链断裂风险增加。张鹏杨和唐宜红（2022）研究新冠疫情期间湖北供应链切断对其他各省造成的经济冲击，发现关联省份受到更严重的经济冲击，成为全球供应链困境的缩影。王欢欢和赵启兰（2022）构建食品供应链风险管理模型，分析发现劳动力供给是疫情防控背景下基础的风险因素之一。不只是食品行业，在全球化分工、产业链拉长背景下，诸多行业都面临供应链中断的冲击（张喜才，2022；徐学超、戴明锋，2022）。关于各行业疫情冲击供应链的研究主要从两条路径指出全球供应链断裂风险增加的可能性：一方面，受疫情影响，各国自2020年开始陆续、频繁封锁边境，造成物流减少，商品运输迟缓，甚至无法运送，大大提高了企业运输成本，导致供应链中断风险剧增；另一方面，疫情造成了企业的停工歇业，劳动力供应不足，供应链的供给能力面临考验，供应中断的可能性增加。不同行业对于运输成本和劳动力需求的异质性导致面临的风险敞口不同。

第二，全球供应链面临格局重塑风险，不确定因素激增。疫情暴发加速了世界政治经济格局的重塑，疫情缓和后全球供应链可能无法回到原有格局。从企业角度来看，疫情使诸多跨国企业意识到潜在的供应链断裂风险，重新调整全球性战略以促使供应链本地化和区域化（贺俊，2020）。从利益分配角度来看，疫情加速了各国从利益角度认识当前的供应链格局，主动谋求供应链的重塑。比如，在新冠疫情暴发前，发达国家医疗卫生产品的产业链普遍转移到中国、印度等国家，疫情暴发使德国、美国和日本意识到供应链的不安全性，重新将公共卫生供应向国内转移（徐奇渊，2020）。

第三，我国供应链面临在全球市场中被孤立、边缘化的风险。徐奇渊（2020）指出我国飞机进口发动机和零部件依赖美、德、法三国，进口占比达到90%以上。我国的光学仪器、机械设备、医疗器械等也主要依赖从少数国家进口（徐奇渊、张子旭，2020）。然而，全球半导体等技术密集型行业产业链的破碎风险正在大大增加（调查统计课题组，2022）。以上文献主要从我国产业依赖模式分析当前面临的潜在风险。其一，随着世界百年未有之大变局的加速演变，大国之间的博弈也愈来愈激烈，国家间的竞争开始演变为尖端技术产业与供应链的竞争；其二，中美关系的高度不确定性以及美国对中国科技产业的打压使我国在尖端技术领域"卡脖子"的风险较高；其三，疫情冲击加强各国对供应链风险的认识，尖端技术供应链破碎风险也大大增加，进一步使我国供应链面临被孤立、边缘化的风险。

第四，全球供应链的空间相关性较高，大国博弈的风险外溢凸显。随着经济全球化的发展，全球供应链不断延长，相关性不断增加，由此造成的风险外溢效应十分突出。在俄乌冲突背景下，丁浩员等（2022）指出西方国家与俄罗斯的相互制裁会使能源、农产品以及金属等原材料无法及时出口或者进口，引起全球供应链中断的风险。以上研究从供应链的空间相关性出发考虑供应链风险因素：一方面，全球供应链的空间相关性较高将直接影响全球供应商，使风险沿着供应链向国内企业蔓延，威胁中国供应链安全；另一方面，美国等西方国家对中国的连带制裁也会危害中国供应链安全，加剧大国博弈的外溢效应。

大致地，造成供应链风险的隐患主要来源于以下几个方面。第一，供应链的链条太长。在全球化背景下，外部冲击（如疫情、战争）造成的冲击将会沿着供应链产生深远的影响，破碎和断裂的可能性随之增加。第二，供应链的关联性较强。宏观经济波动周期性关联度较高，导致风险在供应链之间反复传染。第三，大国博弈和利益冲突加剧。随着国际局势的不明朗因素增多，供应链安全受制于各国政策的影响。相应地，可以从如下几个角度应对供应链风险。第一，重新考虑收益和成本，适当缩短供应链。供应链的好处是从成本相对较低的产地输入商品，但供应链断裂造成的损失难以估计，企业应基于当前不确定性加剧的环境下重新考虑成本收益分析，适当缩短供应链长度，优化供应链结构。第二，充分分散风险。面对突然爆发的冲击事件，单一的供应链结构无法充分化解风险，例如欧洲对俄罗斯较为单一的能源依赖是能源危机的主要成因之一，特别是在关联性较强的全球供应链系统下，应当多样化上下游企业。第三，提高供应链的独立性，减少对世界市场的依赖。面对大国博弈加剧的形势，我国只有建立自己相对独立的供应链，尤其是提升技术密集型产业的自主研发能力，才能真正摆脱对世界市场的依赖，降低西方国家对我国供应链封锁的不利影响。

**（二）美欧货币政策变化及应对**

始于2022年，美欧货币政策骤然转向紧缩。究其原因，一方面，美欧等发达经济体在疫情期间实施多番宽松的货币政策刺激需求，但是由于疫情反复、全球供应链受到冲击，生产能力依旧恢复缓慢，不能及时满足高涨的需求，供需缺口拉动了通胀上升；另一方面，俄乌冲突等地缘政治风险加剧，导致能源价格上涨，直接引起了欧元区能源危机，从供给端推动了通胀上升。美国1月居民消费价格指数（CPI）达到了7.5%，6月升至9.1%的高位（项梦曦，2022），面临双位数的压力。高企的通胀预期促使美联储货币政策迅速调转矛头，启用缩表、连续加息。

由于美元在国际储备中居于核心地位，欧美国家货币政策风向转变对新兴经济体产生外溢效应，使我国面临的系统性金融风险进一步加剧。周颖哲等（2022）基于CQMM模型，从不同时点比较分析美国、欧盟、日本三个发达经济体货币政策对我国系统性金融风险的冲击，发现欧盟和美国的外溢效应规模相似。类似研究也支持美欧货币政策转向存在外溢效应（"中国季度宏观经济模型（CQMM）"课题组，2022）。发达经济体货币政策调整的外溢风险主要体现在增大企业面临的经济波动、引起资本市场震荡、加剧全球债务风险、导致国际收支方面波动等。

第一，企业面临需求不确定性，供应链风险加剧。李能丽和王林（2022）基于VAR模型研究新冠疫情以来美欧货币政策对我国工业企业的影响，发现美欧货币供应量变动通过工业生产者的购进价格和出口冲击了工业经济增长。贾中正（2022）发现美元币值强弱变化会导致大宗商品价格震荡。这些研究从企业端研究了美欧货币政策的外溢效应，指出企业面临的环境变化。首先，从市场需求来看，在疫情防控期间，由于中国防疫政策的领先效果，国内工业企业一度成为支撑全球商品供应的力量，外需对于经济增长的作用巨大。美联储加息抑制了全球需求，导致企业面临需求的结构性调整和生产周期紊乱的风险。其次，从企业供应链来看，能源紧张的背景可能使我国企业面临高昂的生产成本。特别是对美依赖的半导体、航空航天、医疗器械等产品价格将随着美元走强而上涨，相关产业供应链断裂风险增加。

第二，资本市场波动加剧，中小企业信用风险增加。李卫国等（2022）指出美联储货币政策转向进入加息收缩期，可能导致短期资本外流。贾中正（2022）则担忧于欧美国家加息周期的无规律性造成国际资本的频繁流动。上述研究主要指出美欧货币政策转向对资本市场的影响，可以概括为两方面：一方面，资本外流导致融资环境的恶化，我国中小企业以及评级较低的企业再融资成本提高，造成中小企业信用风险上升；另一方面，由于欧美国家加息周期没有精确的时间表，引致国际资本在短期内频繁大进大出，造成资本市场动荡。

第三，全球债务风险加剧。连俊（2022）认为美欧收紧货币政策推升了全球债务风险。这一研究从全球债务角度考察了美欧货币政策外溢效应产生的后果：首先，因为美元具有国际储备货币的地位，美元利率上升引发了国际金融市场紧缩，导致融资成本增加，新兴经济体借贷的债务成本上升，偿债压力增大；其次，作为全球主权债务市场的重要参与者，我国将会面临各国主权债务违约风险加剧的新形势。

第四，人民币汇率波动增加，大宗商品价格波动。贾中正（2022）、李能丽和王林（2022）认为目前国际大宗商品交易的计价货币以美元为主，美元币值波动将导致大宗商品价格震荡。

美欧退出宽松的货币政策节奏上存在差异，美元可能更快地进入升值周期，引起人民币汇率波动加剧。以上研究主要从国际收支波动角度探讨美欧货币政策外溢效应：第一，美欧和我国货币政策的分化与差异将带来币值波动的压力，导致汇率波动；第二，因为国际大宗商品交易以美元计价为主，大宗商品价格也会随着美欧货币政策外溢效应产生波动；第三，在国际收支波动剧烈时，宏观预测和调控难度将大大增加，限制了货币政策的有效性。

综上所述，欧美货币政策出现转向，特别是欧美央行加息政策的不一致和节奏差异会造成我国经济的波动加剧。针对以上四点风险来源，应当从如下几个方面应对欧美货币政策变动造成的风险：第一，一方面要加强消费者信心，加快恢复内需，降低经济增长对出口的依赖性；另一方面，要稳住出口增速，加大民营出口企业的扶持力度。第二，一方面，采取综合措施帮助企业应对大宗商品价格波动，提高财政补贴的支持力度，保持国内供应链的稳定性和安全性；另一方面，提高附加值产业的自主研发能力，彻底摆脱对欧美发达国家的依赖性。第三，加大对资本跨境流动的监测和管理力度，避免资本短时间内频繁大进大出，警惕跨境资本的异常流动。第四，提高人民币在国际上的影响力，提升国际地位，增加人民币储备在国际储备中的权重。第五，密切关注欧美经济体动向，保持稳健的货币政策定力，不受美欧货币政策的冲击。

### （三）美欧银行业风险暴露

随着全球金融体系联系日渐紧密，美欧银行业风险暴露越来越成为影响我国金融系统安全与稳定的重要外部因素。2023年3月9日，美国硅谷银行由176.55美元暴跌至106美元，在10日进入停牌状态，由此引发了美国银行业动荡。其战火迅速蔓延至欧洲市场，3月19日，瑞银集团收购瑞士信贷；3月下旬，德意志银行信贷互换持续上涨超过173基点（刘燕春子，2023）。叠加高通胀压力，欧美货币政策转向、信贷环境紧缩，欧美银行业暴露出巨大的风险隐患，威胁着全球金融市场的稳定。欧美银行业风险暴露对我国的潜在威胁主要体现在加剧宏观经济的不确定性、冲击我国银行业、恶化融资环境、引起资产价格波动等方面。

第一，欧美银行业风险暴露增加了宏观经济不确定性。疫情后欧美银行业流动性危机和高企的通胀环境交织，全球面临的经济不确定性有所增强（刘燕春子，2023；张衡，2023）。中国人民银行副行长宣昌能指出发达经济体通胀是否能够下降的不确定性叠加高息政策对欧美银行风险暴露的不利影响，使美联储货币政策面临"两难"处境，欧美货币政策调控存在不确定性（张衡，2023）。以上研究主要从宏观经济不确定性角度分析美欧银行业的风险暴露，指出这种暴露很大程度取决于美欧央行政策和国外经济条件的不确定性，对我国基本面造成了如下挑战：其一，由于避险意识的增强，与经济衰退压力、海外消费者和海外投资者信心不足，我国外需面临较大的不确定性，造成宏观经济增长波动加剧。其二，发达经济体通胀是否能够下降本身就存在不确定性，加之高息政策对欧美银行风险暴露的不利影响，增大了欧美货币政策调控难度和不确定性。面临发达经济体进退两难的现状，我国宏观政策预测和应对的难度随之增加。其三，为了应对外部不确定性，为欧美银行业风险暴露留足余地，我国财政政策和货币政策的实施空间势必受到约束，宏观政策不确定性增加。

第二，我国银行业所受流动性冲击有限，但面临结构性分化的风险。马理等（2020）实证研究外资持股比例和海外资产占比对商业银行风险承担行为的影响，研究发现过低的境外投资规模和过高的外资持股比例会为中小银行带来风险。由此可见，银行的境外资产和股权背景决定着我国银行业对欧美银行风险暴露的敞口大小。摩根士丹利中国首席经济学家邢自强认为，当前中国银行资本充足率平均达到15%，远高于10.5%的最低要求，而海外资产占比仅为2%。加之我国银行股东普遍具有国有背景，因此，欧美银行风险沿着资产负债表对我国银行的冲击有限。但是欧美银行业的暴露会加强市场对资产负债期限错配的警惕和认识，大小银行资质差异会引发不可逆的储户资产转移，从而造成大银行市值上升、小银行市值下降的新均衡格局（谭亚敏，2023）。因此，尽管欧美银行流动性风险传染对我国银行风险水平影响有限，但是为大小银行的分化和银行业格局演变带来了不确定性，可能恶化我国中小银行的处境。

第三，融资环境恶化，债务风险加剧。钟红等（2021）指出欧美银行业风险暴露直接引起欧美金融市场的震荡，蔓延的恐慌情绪使得新兴经济体的投资吸引力减弱，引起外资流出（钟红等，2021）。马恩涛等（2022）认为欧洲债务危机后，银行业风险与主权债务风险的"反馈循环"特征越来越明显。随之而来的债务杠杆水平攀升反过来会进一步助长系统性风险的外溢（宫晓莉等，2020）。概括来看，关于欧美银行业风险暴露与信用风险的研究主要是从宏观和微观两个角度进行论证，普遍认为欧美银行业暴露恶化了信用条件。具体而言，首先，从微观企业层面，欧美银行业爆雷会引起恐慌情绪，降低新兴经济体的投资吸引力，恶化我国融资环境，融资成本的上升增加了中小企业违约风险，导致国内企业层面债务风险加剧；其次，从宏观层面，考虑发达经济体的加息政策，主权国家借贷成本增加，全球主权债务风险也不断攀升，我国将面临剧增的全球主权债务风险环境。

第四，引发相关资产价格波动。受美国银行业风波影响，欧美股市遭遇大范围抛售，银行板块暴跌（谭亚敏，2023）。基础性的资产市场功能恶化，会进一步导致其他所有的资产价格面临危险（袁源，2023），引发全球资产价格波动。对于美股市场，银行业风险暴露直接造成美股下跌；对于债券市场，由于诸多资产价格以美国国债为锚，因此波动性随市场震荡增大。至于黄金等贵金属避险资产则由于恐慌情绪临时上涨，价格面临走高回落的风险。在美国市场融资的中概股，发美元债的企业对资产价格波动的敞口较大。

综上所述，欧美银行业的风险暴露反映了全球金融系统的脆弱性，与不利的经济环境相叠加，可能产生更大的风险外溢效应。我国需要从以下角度完善风险应对措施：第一，面对欧美需求减弱，要稳住出口；加强创新，寻找新的贸易增长点；进一步开拓国际市场，减少通过贸易渠道造成的宏观经济波动。第二，加强银行业的监管，提高宏观审慎监管前瞻性。正如彭昱（2023）指出，众多金融机构的行为叠加也可能带来灾难性后果。特别是我国资产质量较低的中小银行，需要强化其风险抵御能力。第三，约束滥用的美元霸权，增强我国货币的国际影响力。深究欧美银行风险暴露引发的全球危机背后，是以美元为中心的国际货币体系导致全球金融治理框架缺乏内在稳定性（张衡，2023）。第四，加大对资本跨境流动的监测和管理力度，避免资本频繁大进大出；强化对资本市场的监管，关注资产价格异常波动。第五，对发达经济体的政策风向保持密切关注，与各国金融监管机构合作，加强货币政策上的沟通交流，同时保持较强的货币政策定力。

### （四）国际收支或币值稳定

自2022年以来，先后受到疫情冲击持续影响和发达经济加息的外溢影响，我国国际收支虽有波动，但仍然保持长期稳定，收支基本平衡。人民币兑美元汇率存在贬值预期，但人民币多边汇率水平保持稳定，长期呈现双边波动格局。总体来看，国际贸易收支和人民币汇率波动有短期波动，但在长期没有重大风险暴露。

第一，外汇储备充足，人民币汇率弹性大。国际收支分析显示，中国外汇储备规模在2022年整体上仍保持3万亿美元以上，连续17年保持世界第一。薛宏立（2022）指出2022年人民币兑美元汇率的波幅为13.0%，而2015年至2021年的平均波幅为8.0%，已与欧日英等货币兑美元汇率的波动幅度相似。国际收支分析显示2022年8月人民币兑美元汇率跌破6.8之后，我国银行代客结售汇顺差为286.37亿美元，净结汇规模不大意味着大量企业对人民币汇率变化保持观望态度。以上人民币应对外部冲击的实际表现证明自从汇改以来，参考一篮子货币进行调节、并以市场供求为基础的浮动汇率制度扩大了人民币汇率的弹性。首先，我国庞大的外汇储备为市场力量发挥作用提供了流动性的基础，保证了汇市充裕的流动性。其次，随着央行逐步从常态化干预中退出，市场越来越能发挥自我调节的重要作用，保持汇率动态均衡。最后，得益于取消强制结汇制度，人民币进一步贬值将会引起企业大规模结汇，释放更多流动性，通过市场力量保证人民币汇率的动态均衡。

第二，多边汇率保持稳定，外汇市场深度、广度扩展。中国人民银行货币政策司（2022）指出尽管美联储加息背景下，人民币兑美元汇率有所贬值，但是贬值程度明显小于同期美元指数升值幅度，且人民币兑欧日英主要货币明显升值。杨一成（2022）也认为本轮美元指数走高带动了非美货币的贬值，但是欧日英等主要货币贬值幅度远超人民币，人民币兑非美货币保持升值。贾宁（2022）研究了我国外汇市场的发展现状：在规模上，2021年末，中国汇市交易量达36.9万亿美元，现已成为世界第八大外汇交易市场；在种类上，2021年末，银行间外汇市场的可交易货币品种已经扩展到29种，涵盖各发达以及新兴市场货币，柜台市场挂牌货币达到40种以上。以上研究提供了我国外汇市场深度和广度的快照，概括而言：其一，尽管人民币兑美元汇率贬值，但是多边汇率仍然保持稳定。其二，人民币汇率稳定的背后是由于我国外汇市场深度和广度在不断扩展，外汇种类和交易量的扩展为我国多边汇率形成提供了有效的市场基础。其三，逐渐形成的双向波动汇率格局保证了多边汇率相对稳定，增强人民币抵御发达经济体外溢效应引发风险的能力。

第三，经济基本盘扎实，国际收支状况良好。薛宏立（2022）指出，中国在新冠疫情中稳固了外贸基本盘，2021年出口金额累计增长约30%，创10年来新高。中国人民银行货币政策司（2022）也认为我国经济保持了物价稳定和贸易顺差高位运行，2022年前8个月的贸易差额同比增长57%，高达5605亿美元。杨一成（2022）则指出，在人民币汇率双向波动增强的情况下，市场预期较为理性，贸易收支的自主性和均衡度也会有所提高。以上研究从经济基本盘和国际贸易状况入手，发现我国并无较大的经济波动出现。首先，中国对新冠疫情的有效管控率先抓住了国内外需求快速变化的特点，充分发挥了制造业规模优势缓解各国供给冲击，稳固了基本面。其次，我国经济在新冠疫情后，总体上延续了恢复发展的态势，在全球通胀高企的背景下，依然保持了物价稳定和贸易顺差。最后，人民币汇率双向波动格局稳定，国际收支平衡稳定器的作用充分发挥。经济基本盘扎实而不发生动摇，保证顺差维持强劲。

综上所述，我国在国际收支和人民币汇率波动方面面临发达经济体政策风向转变影响的短期波动，但是在长期尚不存在较为严重的风险暴露。应当从以下几个角度增强人民币抵御外部风险的能力：首先，持续推进外汇市场的对外开放，进一步扩展外汇市场广度和深度，提供更多外汇避险产品，扩大可交易规模，完善市场化汇率的形成机制。其次，借鉴国际经验，日本和瑞士外汇储备规模较大等因素为日元和瑞郎的避险属性提供基础支撑（何剑，2022），我国也要保证有充裕的外汇储备，保持外汇储备规模的动态稳定，增强汇市流动性。最后，商业银行应该积极主动为企业提供汇率避险服务，降低实体经济抵御外部风险的成本，提高金融服务的普惠性。

## 四　金融监管改革

### （一）微观监管

银行监管主要关注于金融监管指标优化、中小银行风险暴露应对和问题金融机构的处置方面。近些年来，国内外多家中小银行相继出现风险暴露，银行监管问题引起广泛关注。陈雪姣（2022）认为传统的银行监管通过资本充足率、流动性比率等指标来评估银行应对风险能力的做法已然过时，日益复杂的金融体系使得维护金融体系稳定更加困难。银行体系的监管者首先应当重构监管理念，不再是单纯的自上而下，而是与自下而上相结合，防范化解银行体系的结构化风险；其次应调整监管导向，强化过程导向和前瞻意识，提高监管的风险预警和防范能力；再次，监管者需要扩展风险覆盖面，中小银行风险爆雷，不只是经济原因，隐藏的道德风险同样重要；最后，应当丰富监管手段，金融风险往往与金融腐败联系紧密，因此，必须将行政监管与刑事惩罚有效衔接，形成强有力的威慑。赵恩（2021）的观点与之不同，他从金融控股与银行监管之间的关系出发，得出金融控股公司能够成为银行实现稳健发展的助力的结论。与陈雪姣观点类似，他同样认为在金融控股公司模式下，监管机构需要增加如拨备率指标、杠杆率监管指标等银行监管工具。

在证券监管改革方面，全面注册制改革是2022年学术界和政策界研究的重点。一是注册制对多层次资本市场建设非常重要。黄悦昕、罗党论和张思宇（2023）认为，针对我国当前资本市场建设存在的问题，全面注册制可能具有规范上市条件、缩短企业上市进程、降低企业上市成本等优势。二是注册制配套的制度完善非常关键。钱宗鑫（2023）针对进一步完善配套制度建设，提出了注重对投资者的保护、完善信息披露制度、完善退市制度、完善现代化的公司治理制度和提高机构投资者素质五点意见，增强资本市场财富管理功能。三是信息披露和退出机制是市场发挥功能的重要抓手。李东方和李耕坤（2023）认为，全面注册制的重点是完善信息披露和强制退市制度，将选择权交给市场。

根据王梓凝、钱玉林（2022）的观点，我国股票发行制度经历了从审批制、核准制到注册制的演变，随着现代信息技术的发展，资本市场逐渐减少了行政权力的干预。在这种情况下，注册制改革的推动为深度运用信息工具在证券监管中提供了良好的机遇。而在新一轮金融体制改革中，证监会由国务院直属事业单位调整为国务院直属机构，引发了资本市场的强烈关注。谢玮、申孟哲（2023）认为，在全面注册制的大背景下，这一举措将推动我国证券业监管更快速地提质增效。

#### 1. 保险监管

保险监管起源于保险市场失灵现象，政府对保险业进行干预，是政府宏观调控保险业的一种手段。其目的是保障被保险人的合法权益，提高市场资源配置的有效性。罗琰和赵涵（2023）认为，保险业作为直接经营风险的特殊金融行业，不同的保险机构在职能定位、资产规模、业务特征、所在区域经济环境等方面都存在明显的差异，因此需要进行差异化监管。不仅要紧密关注保险经营的特殊性，还要依靠科学合理的公司分类标准和监管指标体系，发挥"差异化监管"的作用。唐金成和张淋（2022）分析了数字经济对保险业的影响，探讨了数字经济时代下保险监管的创新方向和策略，数字经济时代下的保险监管创新需要政府、监管机构、保险公司等多方合作，共同推动保险业的数字化转型和监管动态创新。有的研究也认为，当前中国的保险监管存在着监管模式落后、相关法律缺失、监管效能低下等问题（魏华林，2018）。针对这些问题，郝臣、钱璟和付金薇等（2018）提出了几点建议：做好金融业的顶层设计、转变治理思维并补齐治理短板、建立分类监管的框架等。

2. 基金监管

基金行业风险及监管的研究整体保持平稳，主要是监管政策或工具的优化以及投资者教育等。徐玺和轩梓翰（2023）认为，基金行业研究的核心应当是如何让投资者坚持长期投资而不频繁更换基金。该研究从信息不对称理论着手构建基金公司高质量发展的监管模型，主张通过加强监管力度、丰富监管手段、完善风险管理系统以及建立信息披露制度等手段降低基金行业的信息不对称，推动基金行业的可持续发展。裴亚洲（2020）通过分析了国内外私募股权基金监管政策的变化，从监管的逻辑和路径角度出发，认为中国现行私募股权监管机制存在着诸如顶层设计欠缺、监管力量不足等问题，因此，应当从严监管私募股权基金，以保护投资人和防范系统性金融风险。

### （二）宏观监管

1. 房地产

中国房地产监管经历了从无到有、从初步建立到逐步完善的过程，监管力度逐步加强，监管机制逐步完善，但仍存在一些问题。郭娜等（2022）通过构建包含家庭部门、商业银行、非金融部门以及"双支柱"调控政策的 NK-DSGE 模型，发现外部冲击对房地产价格的波动会带来金融风险，这种风险会通过经济变量的变化，如产出、利率、贷款量、通货膨胀、银行杠杆率等，对金融稳定产生影响。针对此种情况，文章建议选择合适的宏观监管工具加强对房地产市场的监管，并健全房地产市场监管机制，降低外部冲击给房地产市场带来的风险。常曦、吴非和任晓怡（2023）以 A 股上市公司为研究对象，对企业房地产投资与金融监管进行回归分析，发现企业房地产投资与金融监管有着显著的负相关关系，即金融监管能够有效抑制房地产的投机行为，因此在当今世界经济面临严重衰退、国际金融市场的波动加剧的情况下，应当加速构建防控系统性金融风险、服务于实体经济的金融监管体制，规范房地产行业的投资活动，助力实体经济高质量发展。

2. 政府债务

随着经济增速的下降，地方政府的债务规模持续扩张，如何有效处理地方债务风险成为防范化解系统性金融风险的关键。王茂庆和巩岱贤（2022）从地方政府债务的人大监督、政府监管、金融监管三种路径出发，通过探究三种路径的制度依据、监管属性和运行机制，合理界定其监管重点，使其能更好地协同配合。郑智新（2022）对我国地方政府债务水平进行了定量分析，认为总体风险可控，但需要重视局部地区的风险，一些经济不发达地区的地方政府仍面临一定的举债压力。文章从财政监管的角度入手，创造性地从借债行为过程、债务所涉主体、重大任务部署三方面逐个分析，并提出完善财政监管机制的政策建议，以减少地方政府债务风险。

3. 宏观审慎

2008年金融危机的爆发引起了全球范围内的经济动荡和金融市场的混乱，这也使得宏观审慎监管成为大众关注的焦点。相比于微观审慎监管，宏观审慎监管更加注重整体性和系统性，能够更好地预防和控制金融风险的发生。路妍和闫振坤（2022）利用TVP-VAR模型来研究宏观审慎监管和商业银行流动性风险的时变关系，研究发现这两者之间有极为明显的相互影响关系，且这种影响随着时间变化越发显著。正因此作者建议宏观审慎监管要更加灵活，更具有前瞻性。而张庆君、陈思和何德旭（2022）则是从企业债务风险的角度进行研究，他们认为宏观审慎监管可以通过改善企业融资环境来降低企业债务违约风险，因此央行应当灵活的使用宏观审慎工具，并扩展监管范围，来达到降低企业债务违约风险的目的。

### （三）监管体制

金融制度也是经济社会发展中重要的基础性制度。在党的二十大报告中，习近平总书记再次强调了"深化金融体制改革"的重要性。随着中国经济的快速发展，金融市场的规模和复杂度不断增加，金融风险也随之增加。因此，深化金融体制改革已成为当前中国经济发展的重要任务。何德旭（2022）认为深化金融体制改革的目标是提高金融供给质量，为实体经济发展提供更高质量、更有效率的金融服务，核心就是通过制度创新减少金融摩擦。因此他主张构建全方位、多层次、有活力、有韧性的金融支持实体经济的服务体系，同时，应当矫正金融要素配置扭曲，提高金融资源配置效率，并守住不发生系统性风险底线，推动我国金融业实现高质量、可持续发展。李诗林（2023）认为，随着国内外经济形势大变，我国现有金融监管体制仍存在着短板，因此需要与时俱进地进行变革。新一轮金融机制改革是基于加强中央集中统一领导、理论监管部门分工和中央与地方的分工、完善国有金融资本管理体制等几个方面来决策部署的。

### （四）大型互联网平台或资本无序扩张

数字经济伴随着互联网信息技术的不断进步，已经成为我国主要的经济形态之一，对于推动我国产业向高质量发展迈进起到了至关重要的作用（熊方军，2023）。与此同时，近十年我国互联网金融业务如雨后春笋般蓬勃发展，对提高金融效率、促进普惠金融发展做出了积极的贡献。但是周小梅和黄婷婷（2020）认为，互联网平台会增加金融交易的信息不对称问题，增加了金融业的风险。由于互联网金融风险的隐蔽性、突发性和传染性，因此需要加强对互联网平台金融业务的监管。郑联盛和尹振涛（2023）的观点也验证了这点，其研究了互联网平台经济的垄断机制，认为大型互联网平台的监管是复杂而有必要的。而胡滨等（2023）认为大型互联网平台金融具备系统性和特殊性，因此对于互联网平台的监管不仅需要考虑其特殊性，还需要合理把握监管的度。

在对我国互联网平台监管的发展研究方面，针对监管模式的研究是重中之重。一是完善监管体制。李文红（2020）的研究指出，为了提高互联网金融监管的效率，应当及时完善监管体制、改进监管工具并丰富监管方式。二是健全风险识别机制。李艳和范逸男（2020）的研究表明，在金融混业经营模式下，我国互联网金融监管存在着风险识别不准、监管不够协调等缺点，为了促进互联网金融的健康、高效发展应该采用中央和地方双线多头协同监管模式。三是完善监管的理论基础。程炼（2023）从反垄断角度考虑互联网平台监管的复杂性，认为互联网平台监管的理论基础并不是十分完善，还需继续探索。四是健全监管规则。王磊、王丹和郭琎（2021）认为互联网平台的监管涉及多个方面，需要完善对应的监管规则与法律，并促进互联网平台经济性监管、社会性监管以及风险监管三类法律法规的协调整合。

大型互联网平台的崛起和发展，吸引了大量的资本涌入，推动了资本的扩张和积累，也催生了大量资本无序扩张的问题。对于资本扩张的起源，郭威和李泽浩（2022）从政治经济学的角度分析，认为资本扩张产生于资本对劳动的绝对占有和支配。资本逐利的本质，决定了它在没有约束的情况下，会对社会整体效率产生危害（于凤霞，2023）。何佳和王宠霖（2023）从中国金融体系的基本矛盾出发，论证了我国反对资本无序扩张的必要性。而对于如何防止资本的无序扩张，孙晋和王帅（2022）认为防止资本无序扩张的核心命题是理顺政府与市场的关系。张邦辉和曾荣灿（2022）认为新时代防止资本无序扩张首先应该加强思想的引领作用，再推动多层次资本市场体系建设。

## 参考文献

"中国季度宏观经济模型（CQMM）"课题组，2022，《2022—2023年中国宏观经济再预测——兼论美欧经济减速对中国经济的影响》，《厦门大学学报（哲学社会科学版）》第6期。

《工银研究"疫情冲击下的全球金融风险及其防范"研讨会在京举行》，2020，《金融论坛》第7期。

白积洋、刘成奎，2022，《中国地方政府债务可持续、财政空间与经济增长》，《经济理论与经济管理》第8期。

白云、张博、鲍澋、陆靖文、郑楠，2019，《对保险公司优化战略风险管理的模式研究及定量评价实证分析》，《上海保险》第3期。

蔡晓玲，2022，《商业银行市场风险管理对策》，《当代县域经济》第3期。

常曦、吴非、任晓怡，2023，《金融监管能否治理企业房地产投资：效用识别与机制检验》，《河北经贸大学学报》第1期。

陈创练、高锡蓉、刘晓彬，2022，《"稳增长"与"防风险"双目标的宏观调控政策抉择》，《金融研究》第1期。

陈恩，2021，《金融控股模式下银行监管的优化对策》，《经济师》第2期。

陈雪姣，2022，《提升银行监管的风险预警能力》，《中国金融》第2期。

陈莹，2022，《商业银行信用风险成因及对策研究》，《现代金融》第10期。

调查统计课题组，2022，《疫情对中国半导体供应链的影响及国际经验借鉴》，《吉林金融研究》第12期。

丁浩员、李肖、李怡，2022，《俄乌冲突对世界经济和中国经济的影响及对策》，《中国发展》第3期。

段国圣，马得原，2021，《保险资金股权投资新机遇》，《保险研究》第6期。

傅贻忙、李小虎、张晨怡、谢柳莹，2022，《金融发展规模、门槛效应与房地产库存——基于门槛面板模型的实证检验》，《财经理论与实践》第1期。

高培勇、李扬、蔡昉、何德旭、张晓晶、胡滨，2022，《深化经济与金融改革 推进中国式现代化——学习贯彻党的二十大精神专家笔谈》，《金融评论》第 6 期。

宫晓莉、熊熊、张维，2020，《我国金融机构系统性风险度量与外溢效应研究》，《管理世界》第 8 期。

郭济敏、张鹏，2021，《证券公司自营投资业务风险限额管理体系探析》，《金融纵横》第 12 期。

郭娜、王少严、胡佳琪，2022，《房地产价格、金融稳定与宏观审慎监管——基于 NK-DSGE 模型的研究》，《武汉金融》第 6 期。

郭威、李泽浩，2022，《资本无序扩张行为的政治经济学分析》，《经济学家》第 10 期。

郭文伟、黄子聪、何洁，2022，《房价泡沫与金融风险：相互促进或此消彼长？——基于省际面板数据的实证分析》，《南方金融》第 5 期。

郭晓蓓、蒋亮、何明圆，2022，《中小银行风险化解路径探析》，《西南金融》第 12 期。

郭长林、顾艳伟、梁骁，2022，《宽松货币政策是否真的会推高宏观杠杆率》，《世界经济》第 11 期。

国家外汇管理局国际收支司，2022，《国际收支分析》，《中国外汇》第 23 期。

郝臣、钱璟、付金薇、崔光耀，2018，《我国保险业治理的发展与优化研究》，《西南金融》第 1 期。

何佳、王宠霖，2023，《反对资本无序扩张的基础：中国金融体系主要矛盾分析》，《山东大学学报（哲学社会科学版）》第 1 期。

何剑、赵雯、魏涛、郑智勇，2022，《货币政策与汇率制度对国际收支的影响研究》，《价格理论与实践》第 4 期。

贺俊，2020，《从效率到安全：疫情冲击下的全球供应链调整及应对》，《学习与探索》第 5 期。

贺星源、易家权、李新，2022，《居民杠杆率、房地产价格与金融稳定——基于 TVP-VAR 模型的实证研究》，《宏观经济研究》第 5 期。

胡滨、杨涛、程炼、郑联盛、尹振涛，2023，《大型互联网平台的特征与监管》，《金融评论》第 3 期。

黄悦昕、罗党论、张思宇，2023，《全面注册制下的 IPO 发行：更易或者更难——来自资本市场的经验证据》，《财会月刊》第 10 期。

贾宁，2022，《推动国际收支统计和外汇市场创新发展》，《中国金融》第 14 期。

贾中正，2022，《发达经济体货币政策的分化》，《中国金融》第 3 期。

金大宇，2022，《中小银行风险管理经营实践》，《中国金融》第 5 期。

金虎斌，2022，《地方政府债务、金融发展与居民消费》，《统计与决策》第 14 期。

李东方、李耕坤，2023，《全面注册制背景下股票发行制度的完善与风险防范》，《新疆师范大学学报（哲学社会科学版）》第 6 期。

李能丽、王林，2022，《新冠肺炎疫情以来美欧日货币政策对我国工业经济的影响——基于 VAR 模型》，《调研世界》第 10 期。

李诗林，2023，《我国新一轮金融监管体制改革的动因、考量与未来展望》，《价格理论与实践》第 3 期。

李双建、田国强，2022，《地方政府债务扩张与银行风险承担：理论模拟与经验证据》，《经济研究》第 5 期。

李卫国、孙刚强、杨若霞，2022，《发达经济体货币政策转向对我国跨境资金流动影响分析》，《河北金融》第 7 期。

李文红，2020，《虚拟资产的国际监管思路及其对建立防范互联网金融风险长效机制的启示》，《金融监管研究》第 8 期。

李艳、范逸男，2020，《互联网金融监管体系改革进路研究——基于创新协同角度》，《理论月刊》第 5 期。

连俊，2022，《美欧收紧货币政策推升全球债务风险》，《经济日报》6 月 14 日第 4 版。

刘燕春子，2023，《美欧银行业风声鹤唳 市场"心慌慌"》，《金融时报》3 月 28 日第 8 版。

刘哲希、郭俊杰、陈伟泽，2022，《经济增长与宏观杠杆率变动研究——一个"债务—资产价格"新机制》，《经济研究》第 10 期。

路妍、闫振坤，2022，《宏观审慎监管与银行流动性风险的关系研究》，《经济问题》第 9 期。

罗朝阳、李雪松，2022，《房地产周期、人口流动与地方债风险防控》，《北京社会科学》第 7 期。

罗琰、赵涵，2023，《中国保险业差异化监管研究》，《西南金融》第 2 期。

吕鑫、付文林、周瑞，2022，《地方政府债务、行业关联与资源配置效率》，《财贸经济》第 12 期。

马恩涛、姜超，2022，《基于 AHP-TOPSIS 法的我国地方政府债务风险测度研究》，《南开经济研究》第 6 期。

马恩涛、李牧龙、姜超，2022，《银行业风险和主权债务风险"反馈循环"：一个文献综述》，《财政研究》第 6 期。

马理、何云、牛慕鸿，2020，《对外开放是否导致银行业的风险上升？——基于外资持股比例与海外资产占比的实证检验》，《金融研究》第 4 期。

马源、金玥，2022，《我国银行理财产品净值化实践》《金融市场研究》第 11 期。

裴亚洲，2020，《从严监管中国私募股权基金：逻辑与路径》，《河北学刊》第 5 期。

彭昱，2023，《宏观审慎监管框架下美欧银行业宏观压力测试的经验及借鉴》，《中国集体经济》第 9 期。

钱宗鑫，2023，《全面注册制与深化资本市场改革研究——必要性、难点性及深远影响》，《人民论坛》第 7 期。

曲雪岩、蒋雪梅，2022，《基于 KMV 模型的中国保险公司信用风险度量研究——以 5 家上市保险公司为例》，《生产力研究》第 2 期。

任碧云、关秋，2022，《中国宏观杠杆率演进路径与"十四五"时期债务管理》，《现代经济探讨》第 9 期。

孙国茂、李猛，2022，《证券公司数字化转型与评价研究》，《金融发展研究》第 9 期。

孙晋、王帅，2022，《数字市场"防止资本无序扩张"的竞争要义与监管改革》，《探索与争鸣》第 7 期。

谭瑭，2021，《证券投资基金风险及应对分析》，《投资与创业》第 24 期。

谭亚敏，2023，《硅谷银行事件的冲击波有多大?》，《期货日报》3 月 17 日第 3 版。

唐金成、张淋，2022，《数字经济时代中国保险监管创新研究》，《当代金融研究》第 7 期。

王欢欢、赵启兰，2022，《疫情防控下食品供应链风险因素分层解析研究》，《北京交通大学学报（社会科学版）》第 4 期。

王继莹，2022，《证券公司操作风险管理研究》《全国流通经济》第 30 期。

王磊、王丹、郭珃，2021，《新时期全面加强互联网平台监管的政策建议》，《价格理论与实践》第 2 期。

王茂庆、巩岱贤，2022，《地方政府债务监管路径的反思与超越》，《金融发展研究》第 11 期。

王梓凝、钱玉林，2022，《证券监管中信息工具的适用与优化》，《南京社会科学》第 8 期。

魏华林，2018，《保险的本质、发展与监管》，《金融监管研究》第 8 期。

吴迪、张楚然、侯成琪，2022，《住房价格、金融稳定与宏观审慎政策》，《金融研究》第 7 期。

项梦曦，2022，《通胀"高烧"不退 美欧央行紧缩货币政策难以转向》，《金融时报》8 月 30 日第 8 版。

谢玮、申孟哲，2023，《解码金融监管体制大变革》，《中国经济周刊》第 5 期。

熊方军，2023，《数字经济对商贸流通企业投资效率的作用机制研究》，《商业经济研究》第 9 期。

徐昊，2022，《偿二代对保险公司偿付能力的影响》《投资与创业》第 11 期。

徐奇渊、张子旭，2020，《疫情冲击中国进口供应链，哪些行业风险大?》，《财经》第 5 期。

徐玺、轩梓翰，2023，《基金公司高质量发展的监管模型构建——基于"基金赚钱、基民亏钱"现象的解读》，《财会通讯》第 8 期。

徐学超、戴明锋，2022，《疫情冲击下我国跨境电商发展研究》，《国际贸易》第 2 期。

许弟伟，2022，《地方政府债务风险的传导机制与协同治理》，《宏观经济管理》第 8 期。

薛宏立，2022，《对人民币汇率贬值宜另眼相看》，《中国货币市场》第 11 期。

杨董，2022，《建立适配净值化理财产品的风险评级体系》，《中国银行业》第 2 期。

杨肖，2022，《浅议商业银行流动性风险管理现状与应对措施》，《商场现代化》第 7 期。

杨一成，2022，《人民币汇率弹性增强背景下的市场展望》，《中国货币市场》第 11 期。

于凤霞，2023，《资本扩张与平台经济发展：机理、影响与规制》，《东北财经大学学报》第 2 期。

袁源、李曦子、王哲希，2023，《美欧银行业传导效应显现》，《国际金融报》3 月 27 日第 2 版。

袁增霆，2022，《转型调整期的信托业风险状况》，《银行家》第 11 期。

占梦雅、李静、曾林蕊，2022，《保险公司风险导向型资本监管约束风险了吗?》，《财经理论与实践》第 4 期。

张爱武，2022，《证券公司风险识别与防范探讨》，《清华金融评论》第 8 期。

张邦辉、曾荣灿，2022，《新时代防止资本无序扩张论析》，《新疆社会科学》第 6 期。

张贺，2022，《地方政府专项债、公共投资与经济增长》，《经济问题探索》第 11 期。

张衡，2023，《"谁会是下一家"》，《中国财经报》3 月 25 日第 3 版。

张明旭，2021，《投资组合选择理论与中国证券投资基金实务》，《商业文化》第 17 期。

张鹏杨、唐宜红，2022，《新冠疫情、国内供应链冲击与省域经济发展》，《财经论丛》第 9 期。

张庆君、陈思、何德旭，（2022），《宏观审慎监管对企业债务违约风险的影响》，《中南财经政法大学学报》第 5 期。

张甜、曹廷求，2022，《地方财政风险金融化：来自国企债券信用利差的证据》，《财经科学》第 8 期。

张伟平、曹廷求，2022，《中国房地产企业间系统性风险溢出效应分析——基于尾部风险网络模型》，《金融研究》第 7 期。

张喜才，2022，《农产品供应链安全风险及应对机制研究》，《农业经济问题》第 2 期。

张晓晶，2022，《稳字当头优化宏观杠杆率结构》，《中国金融》第 9 期。

张璇、张梅青、唐云锋，2022，《地方政府债务风险与金融风险的动态交互影响研究——基于系统动力学模型的政策情景仿真》，《经济与管理研究》第 7 期。

张英伦，2022，《资管新规背景下信托业风险缓冲机制研究》，《经济师》第 12 期。

赵全厚、许静，2022，《商业银行信贷配置对地方政府债务风险的影响研究》，《宏观经济研究》第 3 期。

郑金宇、钟玮，2022，《地方政府债务对经济增长的非线性影响》，《统计与决策》第 24 期。

郑智新，2022，《地方政府债务与财政监管机制优化》，《财政监督》第 6 期。

中国人民银行白银市中心支行课题组，2022，《疫情以来主要经济体货币政策对央行资产负债表影响的国际比较》，《吉林金融研究》第 10 期。

中国人民银行货币政策司，2022，《深入推进汇率市场化改革》，《中国金融》第 20 期。

中邮理财课题组，2023，《构建理财公司"双量"风险管理框架》，《中国金融》第 3 期。

钟红、赵雪情、邹子昂，2021，《美联储货币政策转向与新兴经济体风险研判》，《国际金融》第 11 期。

周小梅、黄婷婷，2020，《金融创新背景下互联网金融监管体系变革》，《价格理论与实践》第 9 期。

周雪，2022，《中小型商业银行流动性风险管理》，《北方经贸》第 6 期。

周叶菁、曹春玉，2022，《外需收缩、杠杆波动与宏观政策协调》，《世界经济研究》第 8 期。

周颖哲、李远航、巢飞红，2022，《美欧日货币政策对我国系统性金融风险影响的实证研究》，《金融经济》第 11 期。

朱波、陈平社，2022，《债务融资方式对房地产企业系统重要性的影响》，《财经科学》第 2 期。

朱可鑫，2022，《监管新规下中小商业银行：风险管理与转型策略》，《吉林金融研究》第3期。

朱小能、李雄一，2022，《金融科技与银行信用风险：加剧还是降低》，《山西财经大学学报》第11期。

# 微观金融与资产定价研究述评

李俊成[*]

微观金融与资产定价一直是金融学最为活跃的研究领域之一。特别是时代的发展与制度和技术的变迁,为微观金融与资产定价领域的研究提供着源源不断的新素材。这一点,在中国学者对于微观金融与资产定价的研究中具有鲜明体现。首先,中国资本市场改革与发展为学者研究中国问题、讲述中国故事提供了良好的素材。如2019年科创板上市、2020年创业板交易制度改革等,为中国学者开展微观金融与资产定价研究提供了新的实证数据来源。其次,在数字技术浪潮的推动下,与量价交易数据和财务数据不同的另类数据逐渐崭露头角成为新的"异象"挖掘点。最后,中国本土市场的独特性,如以散户投资者占主体的市场结构,也为中国学者开展微观金融与市场定价研究提供了重要视角与独特样本。

2022年微观金融与资产定价研究综述将围绕市场机制研究、信息披露研究、因子与资产定价研究和机构投资者研究等四个方面展开。与此同时,研究综述还将聚焦2022年中国学者在海外顶级期刊的研究成果,其重要性在于,中国学者在海外顶级期刊发表的文章大多以发达经济体资本市场为样本,相关研究发现在中国本土市场的适用性是值得关注和讨论的问题。

## 一 市场交易机制研究

交易制度是保障市场功能正常发挥的基础。由于我国金融市场起步较晚,与发达市场相比仍有许多不成熟的地方,因此有许多值得完善与改进之处。在建立高质量金融市场体系的推动下,我国资本市场的自由化程度不断提高,与之相关的监督与限制制度也随之放松,但制度放松下是否真的起到了预料中的作用值得进一步探讨。2022年,中国学者从限价制度(主要是涨跌停制度)、注册制改革以及高频交易限制等方面展开了一定的探讨与分析。

### (一)限价制度——涨跌停

涨跌停制度作为一种风险平抑机制,可以在预先设定的范围内,增加投资者消化信息时间,防止资产价格过度波动(吴林祥等,2003)。但限价制度妨碍了市场交易机制的正常运行,在一定程度上阻碍了市场交易从而降低了市场流动性,因此该制度一直被诸多学者所诟病为影响市场定价机制发挥的重要因素。我国股票市场自成立之初就引入以涨跌停制度为代表的限价制度。2019年7月科创板股票正式上市,打破了传统10%股票涨跌停限制,首次采用20%的涨跌停幅度,开启了我国金融市场交易"渐进式"改革的步伐。由于放松限价制度的股票与股票本身(例如我国A股和B股限价政策不同)具有很强的内生性问题,以往有关限价制度的研究缺乏

---

[*] 李俊成,中国社会科学院金融研究所,副研究员。

一定的说服力。另外，不同区域市场的股票在当地经济特征、文化背景等方面存在较大差异，因此针对国外市场的结论难以直接应用于中国市场。2020年8月A股创业板将之前10%的限制同样放宽至20%，这一政策冲击具有严格外生性，且所涉及的样本在时空上具有统一性，这为学者研究限价制度之于股票市场定价效率提供了良好的现实样本。基于此，顾明等（2022）研究了放松限价制度对中国市场定价效率的影响，实证结果发现，创业板价格限制调整至20%后，减少了价格发现滞后现象，削弱了价格波动在时间上的外溢效应同时避免了交易干扰，为Kim和Rhee（1997）的研究假说提供了新的证据。还值得指出的是，该研究尝试用日内5分钟交易数据检验限价政策前后日内交易特征的变化，并得出了更宽的交易价格幅度降低了向上磁力效应，有效减少日内交易的波动性集聚和波动性溢出的结论。同时，该文也是国内首次从信息透明度差异角度出发，探讨信息不对称程度对交易限制放宽改善定价效率异质性影响的文章，在一定程度上为进一步推广市场化交易机制改革提供了实证依据。

### （二）注册制与IPO

核准制是我国新股上市长期采用的审核制度。在该制度下，拟上市公司的质量及能否上市由证监会进行判断和裁决，这无疑存在行政干预资源配置、扭曲资源分配的可能。该制度下，公司上市周期过长，IPO资源的稀缺性导致公司存在向政府机构寻租的动机；同时，出于利益考量，承销券商疏于对上市企业的考核从而导致新股高发行价、高市盈率、高超募资金现象盛行，严重影响了资源配置效率（赖黎等，2022）。为提升市场机制在配置资源中的基础性作用，资本市场进行注册制改革势在必行。2018年11月5日，国家主席习近平出席首届中国国际进口博览会开幕式并发表主旨演讲，宣布在上海证券交易所设立科创板并试点注册制，这是我国股票市场改革迈出的重要一步。有关科创板以及相关的IPO问题研究如雨后春笋般在2022年得以集中涌现。

首先，IPO首发抑价问题普遍存在于全球市场，信息不对称被认为是该现象的主要成因，且以往针对中国市场的研究已经证实了缓解信息不对称可以有效抑制该现象。我国科创板审核问询函制度为研究这一问题提供了新的视角。在国内针对问询函的研究凤毛麟角，直到2018年才兴起[①]。随着文本分析技术的广泛应用，越来越多的学者开始将该技术应用到科创板上市公司问询函当中。胡志强和王雅格（2021）首先证实了审核问询的有效性，发现审核问询能显著提升企业的信息披露水平，而信息披露水平提升程度则会影响问询本身对企业IPO表现的作用。当提升程度较低时，审核问询与企业IPO表现负相关；但当信息披露水平提升较多以后，审核问询程度升高反而能促使新股市场表现良好。俞红海等（2022）的研究更具技术性，创新型地基于LDA主题模型的文本分析技术科学评估注册制改革实施对于IPO信息披露质量的影响。他们发现，拟上市公司在审核阶段信息披露程度越低，收到交易所问询函数量越多，且问询函可以显著提高拟上市公司的信息披露质量，降低信息不对称性。与前述两者研究侧重点不同的是，薛爽和王禹（2022）指出现有的研究通常只关注公司是否收到了交易所的问询函，鲜有关注公司是如何回复问询函，即问询函回复的质和量会产生什么样的影响未得到探讨。据此，该研究以科创板公司回复问询函为切入点，从"质"和"量"两个维度综合探讨公司回复内容与公司

---

① 陈运森等（2018）是国内最早研究上市公司问询函问题的文章。

IPO 首发抑价的关系。他们发现，拟上市公司在回复问询函质量越高时，该公司的首发抑价程度越低，并将该现象归因于上市公司认真回复交易所的问询函有助于减少投资者、承销商以及发行人之间的信息不对称问题。

注册制最重要的特征在于以信息披露为核心，强调发行人真实、准确且完整地披露公司信息，尤其是创新方面的信息，进而提升发行人的信息披露质量（巫岑等，2022）。因此，与上述聚焦科创板 IPO 问询函这一具体的政策不同，赖黎等（2022）更加注重我国市场化改革对于定价效率的影响。针对注册制这一政策的发布与落地，该研究从科创板新股定价效率、注册制宣告事件研究、非科创板新股定价效率等三个层次逐步考察注册制对市场定价效率的影响。他们发现，实行注册制上市的科创板的首发抑价现象得到了明显抑制。不仅如此，注册制这一政策的推行与落地还影响到了非科创板企业，具体表现为壳企业价值明显下降，炒新、炒次新以及炒概念等现象得到了抑制。整体而言，该研究证实，我国注册制改革改变了投资者对于市场的预期，提升了 A 股市场股价的信息含量，为未来我国资本市场进一步的市场化改革提供了思路。巫岑等（2022）同样关注到了注册制改革对于我国资本市场环境的影响，但没有将视角局限于拟上市公司的信息披露对该公司的影响之上，而是从信息披露视角进一步探讨如果某一行业中存在采用注册制上市的企业，是否会影响已上市公司的股价信息含量。他们发现，采用注册制上市的企业，在招股说明书中充分而细致地披露信息对同行业的高管起到了参考作用，同时也为投资者了解该行业的竞争情况与发展前景提供了新的信息来源。因此，注册制下 IPO 会改善同行业其他公司的信息环境，进而降低后者的股价同步性。与此同时，该研究采用了机械学习的文本分析技术，量化拟上市企业招股说明书中的创新文本含量，为注册制下有关企业创新信息的外溢提供了进一步的证据。他们将创新文本信息划分为市场与行业层面、公司层面两个维度，实证探讨两类信息对溢出效应的差异，并且发现公司层面的信息可以促进股价包含更多公司特质性信息，从而提高市场定价效率，为资本市场信息环境的改善打开了新思路。

最后，在 IPO 问题研究上，也有少数国内学者从理论模型出发，探讨采用拍卖还是询价定价机制更为合理。例如赵墨非等（2022）构建了一个含全局信号的信号博弈模型，用于模拟 IPO 发售期间投资银行和投资者的价格发现和信息传递过程，分析投资银行的发售机制选择如何影响信息传递，进而影响投资者的预期、出价以及 IPO 的最终收益。研究结果显示，为实现资本市场提质增效，应该采用结合询价制的路演模式与拍卖制的最终认购方式，从而同时发挥询价制的信息沟通优势和拍卖制的低抑价率。

### （三）高频交易

发达资本市场在自动化交易技术的推动下，高频交易者应运而生，并且在一定程度上扮演了传统做市商的角色。Brogaard 等（2014）发现有着信息优势的高频交易者在价格效率方面发挥着有益的作用，他们的交易方向与错误定价相反，而与未来有效的价格变动方向相同，因此在促进市场效率方面发挥了重要的作用。我国对于高频交易一直持比较谨慎的态度，特别是在 2015 年股灾期间，存在将市场异常波动归咎于股指期货和高频交易的声音，监管机构也在 2015 年 9 月 2 日对股指期货的高频交易采取了非常严格的限制措施。但纵观全球，高频交易已经逐渐成为市场的主流，我国是否要继续限制高频交易的发展需要学术方面的依据。对此，韦立坚等（2022）分别在 10s、12s 和 15s 的时间区间内通过交易量或订单簿的尖峰特征识别高频交易,并应用 Hasbrouck(1991)提出的状态空间模型方法,将资产价格分为有效价格、错误定价两部分,其中有效价格表示资产的内在价值,与资产本身应有的信息有关,而错误定价则由市场上的噪声交易产生。该研究发现我国股指期货市场上的高频交易不仅促进了有效价格,同时也与错误定价的方向一致。这一结论与 Brogaard 等(2014)的结果相反。韦立坚等(2022)分析认为,这与我国缺少高频做市商而无法及时纠正错误定价有关,并通过实证发现高频交易纠正错误定价具有一定的时滞性。该研究在理论上为高频交易的市场作用提供了新兴经济市场的证据,同时在实践上支持了我国股指期货应逐步放开高频交易限制,以增强市场活力,提高市场定价效力。

### (四)卖空交易

已有大量学者研究发现卖空交易可以预测股票的未来收益,提高市场定价效率。但相关研究大多数基于美国市场数据,而在美国市场,卖空者是活跃的机构投资者。因此,这一结论是否适用于其他市场值得商榷。中国学者在开放卖空交易后进行了大量的研究,包括从放松卖空限制(孟庆斌、黄清华,2018)、融资融券(李志生等,2017)、转融券(苏冬蔚、彭松林,2019)等视角切入,得出了支持卖空交易的结论。但值得注意的是,目前我国的卖空制度的开放程度与美国仍有差距,而其他资本市场或对卖空制度限制或交易成本过高,在一定程度上很难吸引知情交易者加入交易当中。对此,Boehmer 等(2022)基于 23 个发达国家和 15 个新兴市场在内的 38 个国家的综合数据对该问题进行了更广泛的探讨,发现大多数的卖空代理指标均可以在 5 天到 60 天之内预测未来收益,其中日度卖空覆盖指标(days-to-cover ration)和卖空利用率(utilization ratio)的预测效果最强。同时,在非禁止性卖空监管的国家,以及流动性相对较低、做空费用较高、价格效率较低的股票,卖空的预测能力更强。该研究为资本市场逐渐放松卖空管制提供了国际视野下强有力的证据。

## 二 信息披露研究

有效的信息披露是减少公司外部股东与公司经营者之间信息不对称的重要途径。这不仅要求公司于定期的财务报告进行高质量且有效地披露,同时也要求投资者利用新媒体信息渠道主动地去获取有关上市公司在财务、经营等方面的信息,以提高市场定价效力。基于以上两个方面,学者们展开了一定的研究与探讨。

### (一)财务报告信息披露

以往已有大量学者从公司披露的自愿性(方红星、楚有为,2019)、XBRL 披露格式(郑济孝,2015)、互联网沟通(谭松涛等,2016)等视角探讨了信息环境的变化对于市场定价效率的影响。伴随着大数据技术的广泛应用以及多样化数据的可得性,部分学者从不同视角出发,继续深耕上市公司信息披露的作用,他们的研究对微观金融与资产定价进行了有效的补充。其中,李子健等(2022)认为上市公司年报中除财务信息外还有管理层对相关信息的文字解读,即管理层讨论与分析(MD&A)。我国于 2002 年正式引入 MD&A 披露制度,并且在 2012 年上交所发布了《上市公司 2011 年年度报告工作备忘录第五号——管理层讨论与分析的编制要求》,

进一步强调了在上市公司年报中叙述性信息披露的重要性,并首次要求进行前瞻性信息披露。MD&A 的内容提示了公司经营中存在的风险,向投资者揭示了公司报告期内的经营状况以及公司未来的发展前景,特别是其中的前瞻性信息,可以在定量信息之外传递增量信息。对此,李子健等(2022)研究发现,公司年报中 MD&A 的前瞻性信息占比越大,公司股价会包含更多特质性信息,从而降低公司股价的同步性,该结论在更高的公司治理水平、财务信息透明度以及文本可读性条件下更显著。同时,该研究发现 MD&A 的前瞻性信息可以吸引分析师跟踪,增加机构投资者持股,减少分析师盈利预测偏差,从而影响市场定价效率。他们的研究为支持我国从上市公司报告中完善信息披露质量提供了一定的学术依据。

## (二)互动新媒体研究

为促进投资者与上市公司之间的沟通和交流,深圳证券交易所和上海证券交易所先后成立了"深证互动易"和"上证 e 互动"网络平台,在该平台上投资者与上市公司之间可以通过问答的方式进行交流互动,从而将投资者由被动的信息接收者转为主动的信息创造者,进而使得该平台包含了有关企业价值和风险的非披露信息。早期,谭松涛等(2016)通过平台发行这一准自然实验实证探讨了其对于市场定价效率的影响,但忽视了公司在问答环节"顾左右而言他"的问题,即没有对问答质量进行深入的分析与探讨(卞世博等,2022)。即使也有研究尝试从"问"和"答"两方面信息单独进行研究(丁慧等,2018a;丁慧等,2018b)或者同时进行探讨(孟庆斌等,2020),但整体而言都相对割裂。对此,卞世博等(2022)借鉴自然语言处理中社区问答领域的研究成果,利用软余弦相似比计算上市公司与投资者之间"问—答"的内容相关性,以此来度量上市公司投资者互动质量,进而分析了互动质量对股票市场定价效率的影响,从而为互动质量与市场定价效率提供更为直接的研究证据。研究发现高质量的互动显著减少了上市公司与投资者之间的信息不对称程度,进而降低公司股票同步性,并且降低公司股价崩盘的风险,这一效应在高机构持股、高分析师关注以及高媒体关注的公司当中更为突出。此外,也有学者发现公司高管存在利用"深证互动易"和"上证 e 互动"操纵股价的行为,导致风险在相应的股票当中集聚,加剧了股价崩盘的风险。因此,李文贵和路军(2022)认为"深证互动易"和"上证 e 互动"这种新型的互联网沟通媒介虽然可以增加信息沟通的及时性,扩宽沟通的渠道,但对管理者本身回答的质量并没有约束,也没有一定的激励机制督促管理层进行有效信息的披露。在此情形下,管理层出于自利目的,仍然可能隐藏不利于公司的信息,进而加剧股价崩盘的风险。他们通过实证研究证实了上述分析假设,并且发现这种影响效应在市值较小、财务风险较高、媒体关注度不足、机构投资者调研次数少和审计师费用低的企业当中更为突出,因为这类公司管理层更容易具有掩盖财务风险、操纵股价的动机。从表面上看,李文贵和路军(2022)与卞世博等(2022)的研究结论相悖,但深入分析则可发现,两者的研究均强调管理层在"深证互动易"和"上证 e 互动"平台上的回答质量,当管理层一味强调互动的数量而忽略质量(尤其是文本可读性),进行一系列似是而非的回答时反而严重影响了资本市场定价效率的发挥,从而加剧股价崩盘风险。因此,从信息披露质量的视角下,两项研究的结论是一致的,这也为实践中引导企业提升信息披露质量,加强互动平台监管提供了理论依据。

郑建东等(2022)同样关注到社交媒体在提高投资者交互性中的重要作用,并基于中国最大、最活跃的专业财经社交媒体论坛——股吧论坛数据进行了相关探讨。在爬取 2.742 亿条帖子的基础上，他们发现股吧论坛的发帖量与市场定价效率正相关，并且当投资者信息交互质量增强时，该效应更加明显。进一步研究发现，投资者通过社交媒体不仅仅是信息传递，而且可以进行信息交互和学习，并提高投资者信息获取与信息处理能力，降低股价同步性，这同样为监管部门充分利用社交媒体的"社交"功能、不断发挥社交媒体的双向信息交互作用提供了理论依据。王建新和丁亚楠（2022）在研究互联网社交媒体对于资本市场定价效率当中同样以东方财富股吧为研究对象，但选取的是经济政策不确定作为核心解释变量，仅仅将社交媒体作为主要调节变量。尽管如此，该研究发现互联网社交媒体的应用有助于减小经济政策不确定性的负面影响，提高股价信息含量，从而有助于提高资本市场定价效率，在一定程度上佐证了郑建东等（2022）的研究成果。

信息化时代背景下，信息传播速度更快，信息内容本身也更为庞大，所有的投资者都可以在信息化社会中发表观点，但并非所有人的观点都能被关注。部分少数个体受到投资者关注与追捧，他们对于现实的影响力巨大，对网络信息传播具有重要枢纽作用，并且可以影响投资的交易行为，这一类群体被称为"意见领袖"（张科等，2022）。但"意见领袖"也存在利用自身影响力非法牟利的现象。同时，因"意见领袖"和普通人对于他人行为的影响力不同，在研究投资者情绪对于股票定价问题当中如果赋予所有人相同的权重会得到有偏的结果。基于此，张科等（2022）基于社会网络分析技术，检验股票网络论坛中"意见领袖"的帖子情绪对未来个股收益率的预测性及其原因。研究发现，"意见领袖"的情绪可以有效预测个股未来收益，但这并不是因为"意见领袖"具有更多有关个股的价值信息，而是"意见领袖"的观点可以引导投资者导致股价朝其预测方向同向变动。进一步研究发现，投资者对于"意见领袖"的识别在于其在论坛的活跃度，且投资者的关注主要集中在其信息是否表达了正面的观点，而对于信息的准确性并不关心。该研究不仅从理论上对投资者情绪研究作出了有效补充，更重要的是从实践上对监管部门舆论监督、规范"意见领袖"在网络上的言论，引导资本市场健康发展，特别是减少非理性情绪的蔓延提供了学术参考。

### 三　因子与资产定价研究

实证资产定价的关键在于解释股票横截面收益率的差异，CAPM 模型是最早可以完美解释这一差异的模型，但随后也受到诸多现实情况的挑战。学者们从诸多"异象"当中寻找思路，最为经典的当属 Eugene 和 French（1992）在传统的 CAPM 的基础上添加规模因子与价值因子，构建的 Fama-French 三因子模型，以及近期 Fama 和 French（2015）进一步添加盈利因子和投资因子所构建的 Fama-French 五因子模型。在 Fama-French 三因子模型提出的 20 多年里，基于价、量的交易数据以及公司财务的基本面数据被学者们不断挖掘，提出了数以百计的"异象"因子，甚至构成了"因子动物园"（Cochrane，2011）。从国内研究来看，学者对异象挖掘的热情并未减退，但也呈现出朝非股票市场倾斜、利用另类数据、高维数据挖掘的研究趋势。当然也有少部分学者仍然在价、量交易数据以及公司财务数据方面发力，以期通过新的因子构建方式，挖掘异常收益背后的经济解释，我们将这一类研究归为"传统"定价因子研究。

#### （一）"传统"定价因子研究

虽然"传统"定价因子的研究所挖掘的因子要么来源于价、量交易信息，要么来源于公司财务报表，但相关指标的构建或是越发复杂，已脱离直观指标的认知范畴；或是数据本身越发稀有且难以获得，从而在数据上体现作者的创新性。在期权风险中性假设下隐含波动率所构建的方差风险溢价因子具有较好的短期预测作用（Pyun，2019），但该模型在中国市场表现欠佳。考虑到偏度风险和方差风险在美国市场相关性强、但在中国市场却相关性较弱的特点，郑振龙等（2022）在方差风险溢价因子基础上进一步加入偏度风险溢价因子，将股票样本外预测收益的 $R^2$ 由 1% 提高到 2.93%—3.51%，获得了较好的预测效果。许泳昊等（2022）将单笔交易不低于 10 万股的股票交易定义为大单交易，实证探讨了我国股票市场是否存在"大单异象"。他们发现，股票当月大单净买入量对于下个月的预期收益具有负向定价效力，且该效应在分析师关注少、机构投资者持股比例低、市值规模小这类信息不对称程度较高的股票中更为显著。更为重要的是，该研究使用某券商的账户交易数据以及高频交易数据实证探讨发现，"大单异象"的存在主要是中小投资者过度反应和投资者羊群行为所致，这与我国资本市场散户众多的结构特点相吻合，从而对提升我国资本市场定价效率、充分发挥市场价格发现功能具有启发性意义。

同样引人注目的是公司财务数据的劳动杠杆因子。Belo 等（2017）将劳动力更换成本引入新古典投资模型，证明了劳动力成本较高时，劳动力雇佣率与预期收益之间的显著负向关系在依赖高技能工人的行业中表现会更为显著，进一步从实证上证明了劳动力异质性具有一定的定价能力。受其启发，尹力博和魏冬（2022）发现了劳动杠杆（由劳动力成本粘性特征导致的企业利润变化率大于产出变化率的经济现象，可理解为不考虑固定成本时经营杠杆的特殊表现形式）的负的定价效力。该研究进一步从理论和实证研究上发现劳动杠杆一方面可以通过生产率冲击产生正向风险溢价，另一方面也可以通过工资冲击产生负向风险溢价，而在我国后者的效应大于前者（这与美国的实证结果相反），因此整体表现为劳动杠杆的负向定价效力。

值得一提的是，同样是关注公司基本面数据，公司之间的关联性成为因子研究的重要视角。中国人民大学张然教授是这一领域的重要开拓者，而科技关联度则是张然教授及其合作者基于美国股票市场发现的重要定价因子（Lee et al.，2019）。进一步，张然教授将研究视角转向了中国市场。段丙蕾、汪荣飞和张然（2022）发现，在我国股票市场上科技关联因子可以在短期内预测股票收益，但这与美国市场研究呈现截然相反的特征，具体表现为科技关联度在中国市场只有短期预测作用，即只体现周度预测效果，而在周度以上长期的预测效果有限。机制研究发现，科技关联因子在中国的独特现象更多归因于中国资本市场存在众多博彩型散户投资者的市场机构，而这类投资者的追涨杀跌行为加速了科技关联信息融入股票价格当中，因此在长期无法获得定价效力。该研究基于市场摩擦以及有限注意的视角证实了科技关联因子的定价效力来源于投资者的错误定价，增加了对中国股票市场规律的理解。

### （二）高维数据

在大数据的影响下，人工智能的研究范式逐渐融入并改变了金融研究的范式，马甜等（2022）提出，运用深度学习技术不仅可以通过数据降维的方式有效挖掘大数据中的显性和隐性信息，其非线性结构也可以弥补主成分分析等线性分析技术无法提取非线性信息的不足。对此，该研究在国内首次将生成式对抗网络（GAN）技术应用到定价因子研究当中，并构造了包括 74 个企业特征因子和 74 个行业特征因子共计 148 个指标的中国股票市场特征因子大数据集，实证探讨了 GAN 技术在中国股票市场的预测效力。他们发现，深度学习模型预测效果优于传统线性模型，且可以有效挖掘股票市场与宏观经济风险、投资者情绪之间的关系，还能有效预测微观企业在未来一年内的盈利、收入和现金流等基本面状况。

### （三）投资者交易行为

我国证监会强制要求 A 股上市公司对外披露扣除非经常性损益后的净利润。相比于净利润，扣非后净利润更能反映公司的盈利情况。但在实际情况下，投资者鲜有关注这一指标，而是采用净利润去衡量公司业绩情况。据此，崔宸瑜等（2022）利用投资者这一行为偏差设计相关投资策略，可以获得 1% 左右的月度超额收益。

### （四）债券市场定价研究

早期，由于政府隐性担保和债市刚性兑付现象的存在，我国债券市场定价并不有效，高信用风险债券的未来亏损并没有得到有效定价，因此相比于国外，国内鲜有学者将定价因子研究视角聚焦于债券市场，但这一现象随着我国债券市场相关政策转变而发生了变化。李勇等（2022）仿照 Bai 等（2019）构建了信用风险因子、流动性风险因子和下行风险因子，探讨了多因子定价模型对于中国债券市场预期收益率的定价效力。李勇等（2022）发现与美国市场相同，信用风险因子和流动性风险因子均有正向定价效用，且流动性风险解释能力优于信用风险，在一定程度上说明我国债券市场刚性兑付预期并未完全消除；但下行风险的定价效力在我国表现为负，与美国市场的研究结论不同，对此，他们解释为中国债券交易集中且远不如美国市场活跃，机构投资者存在普遍且统一的避险性资产配置行为。

王雷等（2022）不止关注债券本身违约存在信用风险对债券收益定价影响，还考虑到发债公司本身在违约网络当中的传染效应。基于此，其构建了企业信用担保网络，发现信用风险可以沿着网络进行传播并起到一定的定价作用。具体而言，在信用风险网络中存在三种传染风险定价效应：一是直接传染效应，即无论是担保人还是被担保人出现违约时，均会造成债券本身信用风险上升；二是局部传染效应，是一种存在于局部担保网络中的"团体惩罚"，当某一债券所在局部网络中违约主体占比上升时，债券的信用风险会出现上升现象；三是全局扩散效应，是指失信信息沿担保网络向整个市场扩散，导致债券信用风险上升。该研究将网络动力效应方法应用于资产定价特别是债券市场违约风险溢价当中，对债券投资、企业信用融资以及防范化解系统性金融风险具有一定启发意义。

与美国等发达资本市场债券发行定价过低相反的是，中国债券发行市场存在定价过高的现象，这种现象在 2017 年中国政府禁止承销商在发行中使用返利时得到了明显降低。Ding 等（2022）通过分析回扣禁令前后以及不同发行者和承销商的过高定价发现承销商的返利和自购行为是中国债券市场发行定价过高的主要原因。

### （五）衍生品市场定价研究

随着我国大宗商品期货交易规模的扩大，其重要性也被越来越多学者所关注。冯玉林等（2022）参考国际前沿成果，检验了基差、动量以及基差动量因子在我国商品期货市场的定价效力，并在此基础上加以改进以更好地适应中国市场。研究发现，采用市场、基差以及基差动量三因子模型可以较好地解释中国商品期货市场预期收益率。进一步地，该研究对相关因子进行了经济阐释，其中基差定价因子可以有效解释存货变动带来的收益率，而基差动量衡量了当大宗商品期货市场供需不平衡时，投机者作为市场避险功能的提供者在实现市场出清时要求的风险溢价。

刘京军和张健（2022）则研究了商品期货对现货市场的影响。具体来说，他们以中国不同类型商品期货上市为准自然实验，采用DID方法估计了商品期货市场上市前后对于现货市场价格整合程度的影响。研究发现，商品期货市场上市可以有效缓解现货商品市场分割，促进商品市场的整合，这对于我国建立全国统一大市场具有重要意义。

除此之外，中国学者根据现实衍生品市场数据去开发更贴近现实的模型。例如，Eraker 和 Yang（2022）为解释美国标普500指数期货、VIX期权、VIX期货以及VIX期权的价格特征，构建了具有Duffie-Epstein行为偏好的代表性行为人的一般均衡模型，他们假设投资者面临的资产波动率是随时间变化，并且跳跃的强度也随时间变化，从而较好地拟合了美国市场数据，但是否适用于中国市场值得后来学者的进一步探讨。

衍生品市场中最为经典的BS期权定价模型是Black、Scholes（1973）和Merton（1973）在无风险套利思想下推导而出的，在随后的研究中学者们发现该理论结果与进行在风险中性测度变换下的结果相一致（Cox et al., 1979），但无论哪种推导形式，都是在静态下的定价模型（即概率测度变换只发生在当下）。在此基础上，Nawalkha 和 Zhuo（2022）假定测度变换可以发生在当下与期权执行期的任意时刻，从而有效扩展了期权定价模型。

### （六）另类数据

另类数据是与传统金融数据相对的概念，该概念随着时代的发展也有所变化。在几十年前，当只有量、价数据计算均值、布林带的时候，财务报表数据就是另类数据；当财务数据被广泛使用后，分析师一致预期就是另类数据；当分析师一致预期家喻户晓之后，网络舆情数据就成了另类数据；当人们对网络舆情不再陌生之后，非结构化的文本数据就变成了另类数据。在大数据、人工智能技术的进步与普及下，越来越多的中国学者加入到使用另类数据挖掘中国市场定价因子的潮流当中。

张学勇和唐国梅（2022）以行业名称为关键词爬取百度搜索指数作为行业关注度的代理变量，研究了行业关注度对于股票市场的定价效力。研究发现，行业关注度与股票收益具有明显的正向预测作用，不仅补充了个股关注度对于资产定价的影响，也为判断一个行业是不是热门行业提供了重要参考依据。

### （七）价格泡沫研究

股票的内在价值是一把"标尺"，是判断股票定价是否合理即是否存在泡沫的基础。传统金融理论对于股票内在价值的讨论主要从供给和需求两个维度出发。其中需求视角是站在消费者角度，最大化其效用，从而以资产未来现金流现值作为资产的内在价值；而供给视角是站在企业经理人视角基于企业股权价值最大化原则进行生产性投资决策，由企业当前供给资产所付出的成本来推算资产基本面价值。进一步根据是否采用结构化计量模型可以分为直接检验法和间接检验法。其中基于需求的直接和间接以及基于供给的间接法较为常见。对此，陈英楠等（2022）为实现基于供给的直接检验，根据投资的欧拉方程，由企业当期投资率推断其投资的边际成本进而得到边际价值,进而直接测算对企业股票的估值是否存在泡沫。实证检验结果发现,1998—2016 年 A 股市场总体不存在理性泡沫,但也发现了支持 2014—2015 年存在正向泡沫的证据。

泡沫产生时通常伴随着价格和交易量的集聚攀升,为了解释该现象,Liao 等(2022)在行为金融学框架下,认为在外推信念和处置效应的相互作用下,投资者不仅会迅速购买过去回报为正的资产,而且如果回报持续良好,也会迅速卖出。

## 四 机构投资者研究

相比于个人投资者,机构投资者在信息获取渠道、信息处理等方面都更具有优势,而且机构投资者常常被视作价值投资者,更注重长期持有股票,注重价值投资。我国监管机构也一直提倡大力发展机构投资者,促进市场健康发展。但机构投资者是否真的如预想中一般起到了促进价格发现以及稳定市场的作用,一直是学界经久不衰的话题。学者们从机构投资者收益来源、交易特征等方面展开了讨论,丰富了相关理论研究成果,对指导中国资本市场未来发展具有一定的实践意义。

### (一)公募基金收益研究

公募基金是我国主要的机构投资者,其在资本市场发挥定价功能以及风险承担方面发挥着不容忽视的重要作用。但近期,国外学者 Degryse 等(2021)的研究却发现公募基金中的尾部风险承担与基金的收益具有显著正相关关系,即公募基金的收益来源于承担了更多的尾部风险,因此基金经理会利用尾部风险来达到调整收益的目的。与总体风险不同的是,尾部风险具有较好的隐蔽性,不易被投资者察觉,这引起了学者们对这一问题的警觉。基于此,陆艺升等(2022)在 Brown 等(1996)提出的"基金锦标赛效应"分析框架下,进一步结合了近期火热的基金网络分析技术,依据基金重仓股构建基金网络,发现在不同市场环境下,基金对于尾部风险的承担情况不同,基金网络在其中的调节作用也不尽相同。具体而言,在牛市下,基金的锦标赛效应会显著增加基金的尾部风险调整策略,同时基金网络中心度通过信息渠道促使基金提高尾部风险,而通过资金流的网络外溢渠道平滑资金流业绩曲线,削弱薪酬激励,从而抑制基金尾部风险的增加;而在熊市中,由于承担尾部风险不仅不能带来收益补偿还会增加基金收益随市场收益大幅下降的风险,基金经理可能不再使用尾部风险调整基金收益,因此锦标赛效应和网络中心度不再显著影响基金对下半年尾部风险的调整。

有关公募基金更为直接的一个问题是公募基金是否真的优于个人投资者,即在资产定价视角下,公募基金是否真的挖掘了市场异象?在这方面,已有研究关注到部分因子,例如错误定价类因子(Avramov et al., 2020)和动量反转因子(Grinblatt et al., 2020),但相关研究考虑了单个市场因子(异象),而没有系统性探讨公募基金对于异象的挖掘行为。基于此,李斌和雷印如(2022)在中国 A 股市场 87 个异象因子的基础上构建了一个综合因子 A-Score 来代理股票中包含的异象多空信号,并以此构建基金异象投资指标 AIM,发现可以获得更好的多空组合收益。该研究认为公募基金挖掘了市场异象,并且这种挖掘能力更多来源于基金经理本身的选股能力、风格选择能力和风险控制能力,并进一步提出公募基金的异象挖掘可以为基金带来较长期的资金流，也发挥了缓和市场错误定价的重要作用。该研究为未来发展基金中的基金即FOF提供了实践指导意义。此外，邵新建等（2022）基于新股发行的随机抽签实验，较为干净地考察了随机的盈亏经验对于机构投资者行为的影响。他们发现，机构投资者也会像个人投资者一般简单重复为其带来盈利的行为，例如"打新"，但基金经理人的长期工作经验、高学历水平和竞争压力可以缓解该行为模式。

### （二）私募基金研究

私募基金是我国机构投资者重要组成部分之一，也是我国对标成熟资本市场中对冲基金的主要资产配置方式。不同于传统公募基金，私募基金具有灵活多样的投资策略，并且可以充分应用衍生品进行资产配置，因此私募基金被公认为是最具有管理能力的主动型资管产品，可以更好地发挥私募基金经理的主动管理能力，但也在一定程度上会造成盲目追求绝对收益而忽视了系统性风险（Brunnermeier & Nagel，2004）。基于以上分析，一个很自然的问题是私募基金是否真的为投资者带来收益。对此，祝小全等（2022）细致地分析了我国私募基金的收益来源，着重探讨了私募基金的"择时"是来源于基金经理的投研能力还是单纯的运气。他们通过择时能力分析模型（Henriksson & Merton，1981）和靴值分析（Kosowski et al.，2007；Cao et al.，2013）方法发现，私募基金的"择时"主要源于基金家族内部信息共享与市场经验积累，因此存续期越久、管理规模越大的私募基金表现出更强的择时能力。此外，当市场环境较好时，私募基金倾向于增加风险敞口以获得更高的收益，而当市场波动性较大时则倾向于调减风险敞口；同时，私募基金的择时能力在抑制市场参与主体过度交易和系统性风险传染等方面发挥了重要作用。该研究借鉴外国学者的研究思路探讨中国市场私募基金的择时能力，不仅为以后在我国市场研究基金表现打开了思路，更重要的是从学术视角论证了资本市场金融创新的重要性和必要性，对于引导市场逐步开放传统机构投资者可参与配置资产类别具有实践意义。

### （三）机构投资者与市场稳定

机构投资者对于市场稳定的影响一直都是学界经久不衰的话题。一方面，机构投资者由于更加丰富的投资经验、更宽广的信息获取渠道以及更专业的信息处理能力，对于推动公司治理、提供股票市场信息环境具有重要作用，因此可以降低股价波动；另一方面，机构投资者本身持股规模巨大，其可以通过短期频繁的交易加剧市场波动，助推股市暴涨暴跌。对该问题探讨的一大难点是如何在机构持仓数据的基础上有效识别机构投资者的交易行为。对此，高昊宇等（2022）基于 Wind 分类型的交易数据，有效识别每一个交易日机构投资者和个人投资者的买卖行为，实证探讨了机构投资者卖出行为与对应股票股价崩盘之间的关系。他们发现，机构投资者卖出比例越大，对应公司的股价崩盘发生概率越高，而产生这一现象的主要原因是在机构投资者的信息优势下，其卖出行为向市场传递了消极的信号，而个人投资者会跟风卖出，加剧了股价崩盘的可能性。研究还发现，机构卖出与暴跌风险之间的正向关联在小市值、高成长、波动率大、个人投资者比例高和流动性较差的股票中更强。同样为识别机构投资者的交易行为，姜富伟等（2022）借鉴 David 等（2018）研究思路与实验设计，选用了交易型开放式指数基金（ETF）这一高流动性交易工具作为研究对象，探讨了其在稳定市场中的作用。ETF 仅允许合格投资者在一级市场上进行申购赎回，且每一天会公布与之对应的基金规模，此外，ETF 在二级市场上具有与股票市场相似的交易行为，因此是机构投资者参与市场交易的重要工具。研究发现 ETF 在一级市场和二级市场频繁的套利机制引入了更多短期套利交易者，加剧了股票的系统性风险。为克服内生性问题对实证结果的影响，该研究借助沪深 300 指数和中证 500 指数股票切换的准自然实验展开相关实证探讨，不仅提高了结果的可信度，也为后来研究中国 ETF 问题打开了思路（Wu & Zhu, 2023）。

徐浩峯等（2022）对机构投资者识别的方案简单而又有效。他们使用清华金融数据库中微观交易数据，并将成交金额在 200000 元以上的交易定义为机构投资者，进而探讨机构投资者的交易特征。研究发现，基金的净值呈现出明显的周期性变化，即在季度末或年末时，基金净值呈现上升趋势；而在季度初或在年初时呈现下跌趋势。这在一定程度上证实了基金经理存在美化交易的行为。在利用交易数据的研究中发现基金经理在季度末或年末之所以可以提高基金净值，并不是其具有信息优势或对股票内在价值有更强的分析计算能力，而是基金在信息透明度较差的股票当中超常买入和卖出，即信息透明度差的股票成为基金经理攫取价差的主要标的。相关研究结论在一定程度上也佐证了机构投资者并没有起到发挥稳定金融市场的积极作用，而信息披露的有效性建设是遏制其利用信息差异获取利润、美化业绩的关键。Agarwal 等（2022）在美国市场探讨共同基金[①]为何持有"彩票型"股票时发现，管理层持股越高的基金持有"彩票型"股票的比例越低，而共同基金之所以选择"彩票型"股票是因为可以吸引更多投资者的资金。同时，该研究发现，持有"彩票型"股票在期末可以起到美化基金业绩的作用，这与徐浩峯等（2022）的研究结论具有一定的相似性。

避开机构投资者交易行为，而从机构投资者异质性视角——信息挖掘能力的差异性切入是尹海员和朱旭（2022）处理机构投资者对于股价崩盘问题的主要思路。他们认为，以往研究要么从机构投资者静态出发探讨其行为特征对于股票收益或股价崩盘的影响，要么将所有机构投资者视为同质的信息接收者而忽视了其差异性，所得到的结论均值得商榷。因此，他们从投资者经验差异性、投资集中差异性、基金经理业绩排名差异性和机构投资者实地调研差异性四个维度出发，测算了不同机构投资者在信息挖掘方面的差异。研究发现，持股机构投资者信息挖掘能力的差异程度越大，则越能减缓样本股票的股价崩盘风险。其中，有关机构投资者的羊群交易行为发挥了重要作用，当机构投资者信息挖掘能力差异较大时，较不容易出现同质化交易的羊群行为，进而缓解了股价崩盘风险。

### （四）个人投资者研究

个人投资者研究是机构投资者研究的有效补充，但受限于数据，这部分的探讨相对稀少。陆蓉等（2022）从国内一家大型券商提供的个人投资者 A 股交易数获得了 20 万名个人投资者的普通账户在 2011 年 1 月 4 日至 2017 年 12 月 29 日期间的上证 A 股日交易记录和持仓记录。基于该独特的数据，该研究对个人投资者交易行为进行了刻画，发现个人投资者在 90% 的情况下持股不会超过 20 个交易日，并且从现实当中证实了我国投资者存在处置效应现象，而这种现象随着持股时间缩短而增强。该研究还发现，中国投资者呈现独特的处置效应形状。对此的解释在于，当个人投资者由亏转盈时倾向于卖出股票以获取收益，即所谓的"扳本"偏好。同

---

① 国外市场的共同基金即为中国市场的公募基金。

时，个人投资者对于盈利的敏感性要大于亏损的敏感性，呈现不对称的"V"形。相关研究成果在一定程度上佐证了应该大力提倡发展机构投资者的策略。

## 五 中国学者在海外顶级期刊的研究成果

中国学者在外文顶刊的研究内容十分宽泛，且选取的市场主要是发达经济体资本市场，其结论是否适用于中国资本市场值得深入思考。系统陈述相关成果如下。

### （一）对于经典定价理论的改进

经典金融理论下，资产的价格是在代表性行为人的理性假设下进行推导得到的，这无形中认为投资者知道自己所有的参数信息，显然与现实不符。因为，即使是有着丰富学识的计量经济学家也没有搞清楚这些参数的具体数值如何。Nagel 和 Xu（2022）假定投资者存在一个学习的过程，并且在学习的过程中存在遗忘的现象，在该假设下，研究发现模型可以更切合现实中股票风险溢价可预见的反周期性质。

CAPM 作为资产定价理论的经典模型框架，虽然有很多文章对其进行了改进以更贴切现实，但其仍然是理解风险与收益之间关系的经典。但 Savor 和 Wilson（2014）的文章却发现，分别在上市公司公告日和非公告日计算的市场 Beta 会出现明显的差异，表现为公告日的 Beta 与个股收益之间的关系较为陡峭，而非公告日的 Beta 与个股收益之间的关系十分平滑。Wachter 和 Zhu（2022）提出，如果在无摩擦市场下投资者并没有获得全部信息，而上市公司发布公告可以帮助投资者获得信息的情况下，可以有效解释公告日相对非公告日股票溢价更高的现象。

此外，为了解释宏观经济报道之前过高的隔夜收益率，Hu 等（2022）构建了一个新的理论模型，将即将发布的消息对市场的影响程度的不确定性作为附加风险，从而将公告前的收益直接与不确定性增加的积累及其在公告前的后续解决联系起来，并于美国市场取得了较好的实证结果。

### （二）其他研究进展

Gan 等（2022）的研究属于投资者教育素养与股票投资的范畴，并聚焦于语言技能的影响程度。他们通过比较美国和澳大利亚的移民现象来有效回答英语技能是否影响投资决策这一问题，其选取的低龄儿童与大龄儿童可以有效区分两类的学习能力从而较好地解决内生性问题。研究发现，英语能力对于两国移民者的投资决策具有正向影响作用，并分析认为这主要是通过减少信息成本增加沟通共识来发挥作用。

Gu 等（2022）探讨了美国不同州之间人力资本流动对于 VC 的影响。研究发现，当州采取限制劳动力流动的措施时，VC 更不愿意在这类州当中进行投资，特别是当人力资本在公司初创阶段至关重要时，这种影响更为明显。研究认为，限制劳动力流动会降低劳动者工作效能，从而产生该类影响；在一定程度上支持了降低劳动力摩擦的结论，如果在中国市场同样适用，将对建立全国统一大市场提供进一步的理论支持。

在疫情、海啸自然冲击下，日本资本市场的暂时性关闭为研究贸易网络对于资产价格的影响提供了良好的准自然实验。Chang 等（2022）发现，国家层面的信息可以沿着贸易网络进行传递,特别是沿着进口国向出口国传递,从而影响资产定价效力。

**参考文献**

卞世博、陈曜、汪训孝,2022,《高质量的互动可以提高股票市场定价效率吗?——基于"上证 e 互动"的研究》,《经济学(季刊)》第 3 期。

陈英楠、丁倩文、刘仁和、林腾,2022,《中国 A 股市场存在理性泡沫吗?——基于供给方法的直接检验》,《经济学(季刊)》第 3 期。

陈运森、邓祎璐、李哲,2018,《非处罚性监管具有信息含量吗?——基于问询函的证据》,《金融研究》第 4 期。

崔宸瑜、何贵华、谢德仁,2022,《A 股投资者忽视扣非业绩信息的异象研究》,《管理世界》第 8 期。

丁慧、吕长江、陈运佳,2018a,《投资者信息能力:意见分歧与股价崩盘风险——来自社交媒体"上证 e 互动"的证据》,《管理世界》第 9 期。

丁慧、吕长江、黄海杰,2018b,《社交媒体、投资者信息获取和解读能力与盈余预期——来自"上证 e 互动"平台的证据》,《经济研究》第 1 期。

段丙蕾、汪荣飞、张然,2022,《南橘北枳:A 股市场的经济关联与股票回报》,《金融研究》第 2 期。

方红星、楚有为,2019,《自愿披露、强制披露与资本市场定价效率》,《经济管理》第 1 期。

冯玉林、汤珂、康文津,2022,《中国大宗商品期货市场定价机制研究》,《金融研究》第 12 期。

高昊宇、刘伟、马超群、杨晓光,2022,《机构卖出和暴跌风险:优势信息的作用》,《管理科学学报》第 1 期。

顾明、曾力、陈海强、倪博,2022,《交易限制与股票市场定价效率——基于创业板涨跌幅限制放宽的准自然实验研究》,《金融研究》第 11 期。

胡志强、王雅格,2021,《审核问询、信息披露更新与 IPO 市场表现——科创板企业招股说明书的文本分析》,《经济管理》第 4 期。

姜富伟、宁炜、薛浩,2022,《机构投资与金融稳定——基于 A 股 ETF 套利交易的视角》,《管理世界》第 4 期。

赖黎、蓝春丹、秦明春,2022,《市场化改革提升了定价效率吗?——来自注册制的证据》,《管理世界》第 4 期。

李斌、雷印如,2022,《中国公募基金挖掘了股票市场异象吗?》,《金融研究》第 9 期。

李文贵、路军,2022,《网络平台互动与股价崩盘风险:"沟通易"还是"操纵易"》,《中国工业经济》第 7 期。

李勇、张铭志、张钰,2022,《中国公司债超额收益的影响因素研究——基于多因子模型的实证分析》,《经济学(季刊)》第 3 期。

李志生、李好、马伟力、林秉旋,2017,《融资融券交易的信息治理效应》,《经济研究》第 11 期。

李子健、李春涛、冯旭南，2022，《非财务信息披露与资本市场定价效率》，《财贸经济》第 9 期。

刘京军、张健，2022，《信息传导与市场整合——基于商品期货上市的准自然实验》，《金融研究》第 11 期。

陆蓉、李金龙、陈实，2022，《中国投资者的股票出售行为画像——处置效应研究新进展》，《管理世界》第 3 期。

陆艺升、徐秋华、罗荣华，2022，《尾部风险承担与基金网络》，《经济学（季刊）》第 3 期。

马甜、姜富伟、唐国豪，2022，《深度学习与中国股票市场因子投资——基于生成式对抗网络方法》，《经济学（季刊）》第 3 期。

孟庆斌、黄清华，2018，《卖空机制是否降低了股价高估？——基于投资者异质信念的视角》，《管理科学学报》第 4 期。

孟庆斌、黄清华、张劲帆、王松，2020，《上市公司与投资者的互联网沟通具有信息含量吗？——基于深交所"互动易"的研究》，《经济学（季刊）》第 2 期。

邵新建、王慧强、王兴春、覃家琦，2022，《中国机构投资者的学习机制研究——理性贝叶斯还是简单强化式学习》，《金融研究》第 4 期。

苏冬蔚、彭松林，2019，《卖空者与内幕交易——来自中国证券市场的证据》，《金融研究》第 9 期。

谭松涛、阚铄、崔小勇，2016，《互联网沟通能够改善市场信息效率吗？——基于深交所"互动易"网络平台的研究》，《金融研究》第 3 期。

王建新、丁亚楠，2022，《经济政策不确定性对市场定价效率影响研究——股票论坛应用下的互联网社交媒体调节作用》，《经济管理》第 4 期。

王雷、李晓腾、张自力、赵学军，2022，《失信风险传染会影响债券定价吗？——基于担保网络大数据的实证研究》，《金融研究》第 7 期。

韦立坚、张大卫、骆兴国、张洋锋，2022，《股指期货市场的高频交易与价格发现》，《管理科学学报》第 1 期。

巫岑、饶品贵、岳衡，2022，《注册制的溢出效应：基于股价同步性的研究》，《管理世界》第 12 期。

吴林祥、徐龙炳、王新屏，2003，《价格涨跌幅限制起到了助涨助跌作用吗？》，《经济研究》第 10 期。

徐浩峯、高峰、项志杰、吴鹏，2022，《信息透明度与机构投资者的周期性交易》，《管理科学学报》第 11 期。

许泳昊、徐鑫、朱菲菲，2022，《中国 A 股市场的"大单异象"研究》，《管理世界》第 7 期。

薛爽、王禹，2022，《科创板 IPO 审核问询回复函与首发抑价》，《管理世界》第 4 期。

尹海员、朱旭，2022，《机构投资者信息挖掘、羊群行为与股价崩盘风险》，《管理科学学报》第 2 期。

尹力博、魏冬，2022，《劳动杠杆的定价效力：来自中国 A 股市场的证据》，《金融研究》

第 2 期。

俞红海、范思妤、吴良钰、马质斌，2022，《科创板注册制下的审核问询与 IPO 信息披露——基于 LDA 主题模型的文本分析》，《管理科学学报》第 8 期。

张科、李心丹、方晓、李小琳，2022，《股票网络论坛中的意见领袖：慧眼识珠还是吸引眼球》，《管理科学学报》第 9 期。

张学勇、唐国梅，2022，《行业关注度与股票横截面收益率——基于百度行业搜索指数的研究》，《经济学（季刊）》第 3 期。

赵墨非、徐翔、李涛，2022，《IPO 定价机制选择和制度改进——基于全局信号的信号博弈研究》，《管理科学学报》第 10 期。

郑济孝，2015，《XBRL 格式财务报告对中国股市有效性的影响研究》，《金融研究》第 12 期。

郑建东、吕晓亮、吕斌、郭峰，2022，《社交媒体平台信息交互与资本市场定价效率——基于股吧论坛亿级大数据的证据》，《数量经济技术经济研究》第 11 期。

郑振龙、杨荔海、陈蓉，2022，《方差风险、偏度风险与市场收益率的可预测性》，《经济学（季刊）》第 3 期。

祝小全、曹泉伟、陈卓，2022，《"能力"或"运气"：中国私募证券投资基金的多维择时与价值》，《经济学（季刊）》第 3 期。

Agarwal, V., Jiang, L., Wen, Q., 2022, "Why do Mutual Funds Hold Lottery Stocks?", *Journal of Financial and Quantitative Analysis*, Vol. 57, No. 3, 825–856.

Avramov, D., Cheng, S., Hameed, A., 2020, "Mutual Funds and Mispriced Stocks", *Management Science*, Vol. 66, No. 6, 2372–2395.

Bai, J., Bali, T., Wen, Q., 2019, "Common Risk Factors in the Cross-section of Corporate Bond Returns", *Journal of Financial Economics*, Vol. 131, No. 3, 619–642.

Basak, S., Makarov, D., 2012, "Difference in Interim Performance and Risk Taking with Short-sale Constraints", *Journal of Financial Economics*, Vol. 103, No. 2, 377–392.

Belo, F., Li, J., Lin, X., Zhao, X., 2017, "Labor-force Heterogeneity and Asset Prices: The Importance of Skilled Labor", *Review of Financial Studies*, Vol. 30, No. 10, 3669–3709.

Ben-David, I., Franzoni, F., Moussawi, R., 2018, "Do ETFs Increase Volatility?", *Journal of Finance*, Vol. 73, No. 6, 2471–535.

Black, F., Scholes, M., 1973, "The Pricing of Options and Corporate Liabilities", *Journal of Political Economy*, Vol. 81, No. 3, 637–654.

Boehmer, E., Huszár, Z., Wang, Y., Zhang, X., Zhang, X., 2022, "Can Shorts Predict Returns? A Global Perspective", *Review of Financial Studies*, Vol. 35, No. 5, 2428–2463.

Brogaard, J., Hendershott, T., Riordan R., 2014, "High-frequency Trading and Price Discovery", *Review of Financial Studies*, Vol. 27, No. 8, 2267–2306.

Brown, K., Harlow, W., Starks, L., 1996, "Of Tournaments and Temptations: An Analysis of Managerial Incentives in the Mutual Fund Industry", *Journal of Finance*, Vol. 51, No. 1, 85–110.

Brunnermeier, M., Nagel, S., 2004, "Hedge Funds and the Technology Bubble", *Journal of

Finance, Vol. 59, No. 5, 2013 – 2040.

Cao C., Chen Y., Liang B., Lo A. W., 2013, "Can Hedge Funds Time Market Liquidity?", *Journal of Financial Economics*, Vol. 109, No. 2, 493 – 516.

Chang, J., Du, H., Lou, D., Polk C, Schwert, G., 2022, "Ripples into Waves: Trade Networks, Economic Activity, and Asset Prices", *Journal of Financial Economics*, Vol. 145, No. 1, 217 – 238.

Cochrane, J., 2011, "Presidential Address: Discount Rates", *Journal of Finance*, Vol. 66, No. 4, 1047 – 1108.

Cox, J., Ross, S., Rubinstein, M., 1979, "Option Pricing: A Simplified Approach", *Journal of Financial Economics*, Vol. 7, No. 3, 229 – 263.

Degryse, H., Karagiannis, N., Tombeur, G., Wuyts, G., 2021, "Two Shades of Opacity: Hidden Orders and Dark Trading", *Journal of Financial Intermediation*, Vol. 47, No. 100919, 1 – 17.

Ding, Y., Xiong, W., Zhang, J., 2022, "Issuance Overpricing of China's Corporate Debt Securities", *Journal of Financial Economics*, Vol. 144, No. 1, 328 – 346.

Eraker, B., Yang, A., 2022, "The Price of Higher Order Catastrophe Insurance: The Case of VIX Options", *Journal of Finance*, Vol. 77, No. 6, 3289 – 3337.

Eugene, F., French, K., 1992, "The Cross-section of Expected Stock Returns", *Journal of Finance*, Vol. 47, No. 2, 427 – 465.

Fama, E., French, K., 2015, "A Five-factor Asset Pricing Model", *Journal of Financial Economics*, Vol. 116, No. 1, 1 – 22.

Gan, X., Song, F., Zhou, Y., 2022, "Language Skills and Stock Market Participation: Evidence from Immigrants", *Journal of Financial and Quantitative Analysis*, Vol. 57, No. 8, 3281 – 3312.

Grinblatt, M., Jostova, G., Petrasek, L., et al., 2020, "Style and Skill: Hedge Funds, Mutual Funds, and Momentum", *Management Science*, Vol. 66, No. 12, 5505 – 5531.

Gu, L., Huang, R., Mao, Y., Tian, X., 2022, "How Does Human Capital Matter? Evidence from Venture Capital", *Journal of Financial and Quantitative Analysis*, Vol. 57, No. 6, 2063 – 2094.

Hasbrouck, J., 1991, "Measuring the Information Content of Stock Trades", *Journal of Finance*, Vol. 46, No. 1, 179 – 207.

Henriksson, R., Merton, R., 1981, "On Market Timing and Investment Performance. II. Statistical Procedures for Evaluating Forecasting Skills", *Journal of Business*, Vol. 54, No. 4, 513 – 533.

Hu, G., Pan, J., Wang, J., Zhu, H., 2022, "Premium for Heightened Uncertainty: Explaining Pre-announcement Market Returns", *Journal of Financial Economics*, Vol. 145, No. 3, 909 – 936.

Kim, K., Rhee, S., 1997, "Price Limit Performance: Evidence from the Tokyo Stock Exchange", *Journal of Finance*, Vol. 52, No. 2, 885 – 901.

Kosowski, R., Naik, N., Teo, M., 2007, "Do Hedge Funds Deliver Alpha? A Bayesian and Bootstrap Analysis:, *Journal of Financial Economics*, Vol. 84, No. 1, 229 – 264.

Lee, C., Sun, S., Wang, R., Zhang, R., 2019, "Technological Links and Predictable Returns", *Journal of Financial Economics*, Vol. 132, No. 3, 76 – 96.

Liao, J., Peng, C., Zhu, N., 2022, "Extrapolative Bubbles and Trading Volume", *Review of Financial Studies*, Vol. 35, No. 4, 1682 – 1722.

Merton, R., 1973, "An Intertemporal Capital Asset Pricing Model", *Econometrica: Journal of the Econometric Society*, Vol. 41, No. 5, 867 – 887.

Nagel, S., Xu, Z., 2022, "Asset Pricing with Fading Memory", *Review of Financial Studies*, Vol. 35, No. 5, 2190 – 2245.

Nawalkha, S., Zhuo, X., 2022, "A Theory of Equivalent Expectation Measures for Contingent Claim Returns", *Journal of Finance*, Vol. 77, No. 5, 2853 – 2906.

Pyun, S., 2019, "Variance Risk in Aggregate Stock Returns and Time-varying Return Predictability", *Journal of Financial Economics*, Vol. 132, No. 1, 150 – 174.

Savor, P., Wilson M, 2014, "Asset Pricing: A Tale of Two Days", *Journal of Financial Economics*, Vol. 113, No. 2, 171 – 201.

Wachter, J., Zhu, Y., 2022, "A Model of Two days: Discrete News and Asset Prices", *Review of Financial Studies*, Vol. 35, No. 5, 2246 – 2307.

Wu, W., Zhu, F., 2023, "ETF Ownership and Informational Efficiency of Underlying Stocks: Evidence from China", *Pacific-Basin Finance Journal*, Vol. 79, No. 102005, 1 – 26.

# 金融科技研究述评

尹振涛 汪 勇 张辰源[*]

近年来，数字技术的快速发展推动金融领域运营流程、业务模式、产品服务等不断创新，金融数字化转型促进金融功能不断深化，金融科技逐步迈入高质量发展的新阶段。2022年，中国人民银行发布的《金融科技（FinTech）发展规划（2022—2025年）》指出，金融科技是深化金融供给侧结构性改革、增强金融服务实体经济能力的重要引擎。中国银保监会印发的《关于银行业保险业数字化转型的指导意见》，要求银行业保险业从战略规划与组织流程建设、业务经营管理数字化、数据能力建设、科技能力建设、风险防范、组织保障和监督管理等七个方向发力，全面推进数字化转型。金融科技产业在我国发展时间较短，但是整体上呈现上升的态势，尤其是2020—2022年这段时期，随着各个行业加快数字化转型步伐，金融科技产业的市场规模不断扩大。《金融科技发展白皮书》显示，2022年中国金融科技整体市场的规模达到5423亿元左右，中国金融科技产业主体数量增加了1975家。与此同时，我国金融科技发展在数据治理、风险监管、技术突破以及服务实体经济等方面仍面临诸多挑战。因此，要健全数据治理体系，强化金融监管，提升科技能力和风险管理水平，推动金融科技融入国家战略，更好服务实体经济，满足人民群众需要。

本文旨在对2022年以来国内学者在金融科技领域的研究文献和中国官方政策进行梳理和总结，观察我国在金融科技研究领域的前沿动态，以期为后续相关研究提供有价值的基本线索。全文一共分为七个部分，包括金融科技与国家战略，金融科技与数据要素，金融科技与商业银行，金融科技与经济社会发展，金融科技与金融监管，金融科技与数字支付、数字货币，以及总结与展望。

## 一 金融科技与国家战略

### （一）数字普惠金融与共同富裕

习近平总书记指出"共同富裕是全体人民的富裕"，其目的在于缩小收入差距，提高全体居民的幸福感和公平感。共同富裕是社会主义本质要求，也是全体人民的共同愿景，如何推进共同富裕是当前我国面临的重大问题。

现有文献认为，数字普惠金融的发展总体上有助于提高居民收入、促进共同富裕，但可能会扩大不同人群之间的收入、消费差距。基于CHFS数据构建的共同富裕指数，张金林等（2022）发现通过提升居民的创业活跃度，数字普惠金融对于推动共同富裕能够产生巨大的正向

---

[*] 尹振涛，中国社会科学院金融研究所，研究员；汪勇，中国社会科学院金融研究所，副研究员；张辰源，中国社会科学院大学应用经济学院金融系，硕士研究生。

作用。一方面，数字普惠金融能够降低企业融资难度与融资成本，降低对劳动收入的挤压，提升企业的劳动收入份额（刘长庚等，2022）；另一方面，通过促进创新、推动产业升级，数字普惠金融能够有效缓解区域经济发展不平衡（李彦龙、沈艳，2022）。

从中国的现实国情和乡村发展情况来看，城乡发展不平衡、农村发展不充分问题依然存在，特别是城乡金融发展不平衡和金融服务"三农"不充分仍然突出。相比城市家庭，数字普惠金融对农村家庭金融可得性作用更大，有助于打破传统金融的城乡二元结构（王修华、赵亚雄，2022），并能够有效降低城乡财富不平等，产生"数字红利"（吴海涛、秦小迪，2022）。同时，数字普惠金融的发展还通过提高农村人力资本、农业绿色全要素生产率，缩小城乡居民收入差距（杨怡等，2022）。但是，数字普惠金融在金融参与度较低以及数字基础设施覆盖率较差的地区和家庭存在着较为显著的"马太效应"，极大地制约了数字普惠金融对于推进共同富裕的正向作用（张金林等，2022）。在居民消费层面，龙海明等（2022）实证研究发现，数字普惠金融整体上能够缩小居民的消费差距。但是，由于"知识鸿沟""工具排斥"等因素，数字普惠金融会扩大受教育年限较短、家庭收入较低以及数字基础设施发展薄弱的地区与主流人群消费的差距。

### （二）数字普惠金融与乡村振兴

全面建设社会主义现代化国家，实现中华民族伟大复兴，最艰巨的工作依然是在农村。脱贫攻坚取得胜利后，乡村振兴是"三农"工作重心的历史性转移。2021年中央一号文件提出，"发展农村数字普惠金融"，以数字普惠金融全面推进乡村振兴。数字普惠金融的发展触到了农村，缓解了农村金融市场信息不对称问题，为农村居民提供了传统金融机构难以提供的金融服务，有效地弥补了农村金融供给不足，促进金融资源的均匀分配。同时，数字普惠金融与传统农村金融之间并非简单的替代关系，而是存在一定的互补关系（许月丽等，2022）。

现有文献表明，数字普惠金融的发展能够提升农村居民的收入、消费水平。农村产业融合发展在推进农业发展方式转型、农村产业兴旺和农民福祉提升等方面具有重要作用。通过提高支付便利性、缓解流动性约束，数字普惠金融的发展加快了农村产业的融合发展，存在明显的空间集聚特征，能够对周边地区产生溢出效应（张林、温涛，2022）。但是，农村数字基础设施的不完善引发的数字鸿沟、县域经济的数字化程度低、县域政府数字治理能力不足、农村居民数字金融素养薄弱、农村数字普惠金融供给不充分等因素，削弱了数字普惠金融在服务乡村振兴中的积极作用（傅巧灵等，2022）。2021年中央一号文件提出，要通过提升农业机械化水平促进乡村振兴。孙学涛等（2022）发现，数字普惠金融的发展有效提升了当地农业机械化水平，提高农村居民收入，尤其是农业发展水平较低的地区。提高农村消费水平也是乡村振兴的重要一环。王小华、马小珂和何茜（2022）研究发现，数字普惠金融通过缓解传统信贷约束、降低预防性储蓄倾向，提高了农村居民家庭消费，促进了农村消费内需动力的释放。

### （三）数字普惠金融与中小企业发展

在我国经济由高速发展转向高质量发展阶段后，如何使占我国企业总量90%的中小企业实现可持续发展，为我国宏观经济高质量发展提供有效支撑，成为当前学术界的重要研究议题。

现有文献主要围绕数字普惠金融在中小微企业融资、财务可持续和出口行为等方面发挥的作用展开研究。"融资难、融资贵"问题一直是阻碍中小企业发展的关键因素。相对于传统金融而言，数字金融更注重金融服务的普及度与普惠性，它让排斥在传统金融体系之外的经济主体都能以合理的成本享受到金融服务。因此，数字普惠金融的发展为该问题提供了潜在的解决方案。王勋等（2022）认为，数字普惠金融的发展能够帮助降低信息不对称，提高金融的普惠性，优化信贷资源配置。同时，金融科技企业引发的竞争，促使传统金融机构拥抱数字技术，加快数字化转型，在金融监管边界内降低金融服务成本、提高金融服务效率，缓解中小微企业融资困境。在经验层面，赵邵阳等（2022）利用我国东部某发达省份经济发达、中等、较差的六个地级市所有银行的企业贷款数据，发现数字普惠金融的发展能够降低中小企业的贷款利率，并增加其贷款金额。其内在机制是，数字金融的发展促进了金融科技公司与银行之间的合作，从而降低了银企之间的信息不对称，即事前的逆向选择和事后的道德风险。除了银行信贷之外，中小企业可以通过商业信用二次配置实现间接融资，但这会导致资金供给链延长，加剧供应链系统性风险。数字普惠金融的发展能够增加中小企业的直接融资，通过减少上市公司超额银行信贷抑制商业信用二次配置（钟凯等，2022）。

在财务方面，数字普惠金融主要通过两条路径促进中小企业财务可持续。一方面，数字普惠金融发展通过降低金融服务成本和市场交易成本，降低中小企业财务费用；另一方面，数字普惠金融发展通过改善金融生态环境，提升中小企业经济效益（李宾等，2022）。出口是一项具有明显"金融门槛"的企业行为，金融的作用对小微企业出口尤为重要。张铭心等（2022）发现，数字普惠金融的发展主要是通过帮助低生产率企业出口固定成本支付困难和提升资金运营效率两个渠道，促进小微企业出口。进一步分析，他们发现对于那些发展状况较差、资金负担高以及中西部地区的小微企业，数字普惠金融更多地表现出"雪中送炭"的作用；而对于处于金融行业较为发达的地区，数字普惠金融对小微企业更多地表现出"锦上添花"的作用。

## 二 金融科技与数据要素

数据是数字经济的核心生产要素和创新动力源泉。加快完善数据要素市场化配置，培育发展数据交易市场，是推进数字经济高质量发展的应有之义。2022年国内学者主要围绕金融科技与数据交易、数据定价、数据治理展开研究。

### （一）金融科技与数据交易

数据是生产生活与经济社会发展"足迹"的数字记录，是数字经济时代不可或缺的生产资料和战略资源。数据与土地、劳动力、资本、技术并称为五种生产要素。然而，当前我国的数据要素的市场正处于初步发展时期，中国的数据交易市场并不活跃，制约了数据要素配置效率（李标等，2022）。主要的原因是数据要素具有虚拟性、非竞争性、价值不确定性、极强专用性、边际产出递增、边际成本几近于零等独特的技术经济特征，数据交易具有不完全契约特征。由于数据具有非竞争性，同一数据可以在同一时点下被不同主体同时消费，导致交易事前制定的禁止买方重复使用或转售数据变得不可置信（蔡继明等，2022）。从法律层面来说，个人数据交易由基础性合同与个人信息处理活动组成，前者主要受合同规则调整，后者则是个人信息保护法的规范对象。但是，合同关系与数据处理关系的不同，导致数据交易具备双重法律结构（林洹民，2022）。进一步地，郑伟等（2022）将数据交易的分析拓展到数据贸易层面，总结出我国数据贸易发展主要存在三个问题，分别为缺乏清晰统一的数据贸易规则、数据贸易监管体系尚不健全以及数据产业整体发展水平较低。

一些研究探究了如何破解数据交易难题。龚强、班铭媛和刘冲（2022）从数据交易所面临的"数据流通"与"数据安全"的现实矛盾出发，以不完全契约视角考察了隐私计算技术平衡数据交易与数据安全的内在机制。他们研究发现，采用"可用不可见"的安全交易环境进行数据使用权交易，是打破数据交易市场发展瓶颈的关键，其核心是将传统的"数据所有权交易"转变为"数据使用权交易"。因此，数据交易本质上是数据使用价值的流转，而非对数据产品本身的转移占有（刘金钊、汪寿阳，2022）。从这个意义上看，数据安全不仅不与数据流通相悖，还能促进数据要素的高水平积累，并释放数据流通价值（龚强等，2022）。数据共享是数据交易的一种特殊方式，具有两面性，在可能引发价格歧视的同时，也能够提升产品质量与创造经济价值（侯泽敏、綦勇，2022）。

### （二）金融科技与数据定价

数据要素定价机制是数据要素市场建设的重要内容，是双方在制度、场景和技术等约束条件下进行数据要素交易价格确定的制度安排。

围绕数据要素定价，国内学者基于不同的分析框架，展开了较为深入的研究。欧阳日辉和杜青青（2022）归纳了数据要素定价主要受到成本、数据价值、场景等因素的影响，并着重介绍了基于场景的数据定价模型，包括订阅和租赁、协议定价与博弈模型、隐私定价、基于查询服务的定价，以及为机器学习模型定价。金骋路和陈荣达（2022）在数据"资源化—资产化—资本化"框架下讨论了数据价值化和数据要素的属性，发现数据要素兼具商品属性和金融属性，传统的资产资本定价模型不适用于数据要素价值的测度。李标等（2022）认为，要在发挥市场的决定性作用的基础之上，加快建设数据要素的定价机制，主要体现有均衡价格参照机制、询价竞价机制以及公允估价机制。

从统计核算的角度，许宪春等（2022）对数据资产价值进行了研究，构建了包含"获取—存储—分析—使用"四个阶段的数据价值链，试图为数据资产统计与核算工作提供理论依据与方法支撑。研究认为，数据资产当前属于新型的资产，还没有与之匹配的价值测度方法，由于其属于无形资产，因此可以将数据资产作为一种无形资产来测度其价值，可以借鉴的方法有收益法、市场法和成本法，其中调整的成本法相较于其他方法更具有可行性。进一步地，胡亚茹和许宪春（2022）将讨论的重点集中在企业数据资产价值上，从使用角度提出了企业数据的价值特征。研究认为，对于能够用于交易的数据，可以利用市场价值法与基于使用的估值法来对企业的数据资产进行测度；对于自用型数据，可以采用成本价值法、经济价值法、商业模式成熟度指数法和基于决策的估值法对企业数据资产价值进行测度。最后，作者提出了数据测度方法在现实条件、理论框架、方法实践和资料来源等方面存在的挑战。

### （三）金融科技与数据治理

数据治理成为智能时代的重要议题之一。作为数字治理的关键，数据资源的战略资源地位愈发重要，数据治理水平成为推进治理能力变革的必然要求。

现有研究不仅从总体上讨论了数据治理问题，还对数据治理的不同领域展开研究。蔡丽楠（2022）分析了传统的个人绝对赋权模式在数据治理中的弊端，即不能充分发挥数据的价值，探寻了数据信托参与数据治理的理论逻辑，并构建了实现的机制：一是在设置方式上，将数据资产作为信托财产设立信托；二是要数据控制者通过转让收益权获得收益；三是信托受托人要对数据加以应用以实现保值增值；四是要将利益向社会群体进行分配以实现"双循环"互益模式。

虽然以"知情—同意"为基础的个人信息保护制度已经基本确立下来，但"知情—同意"制度的实践效果一直备受非议。汪全胜和王新鹏（2022）基于行为法经济学理论，认为选择框架的变化导致个人偏离了最佳选择，可采用助推手段，促使个人转向最佳选择，促进个人信息保护制度的发展与完善。作为一种新的治理模式，数据技术在政府治理领域的应用尚不成熟，协同治理程度更是处于起步阶段。党燕妮（2022）总结出政府数据治理的协同转型面临多个问题，包括数据治理协同理念欠缺、体制桎梏导致数据治理协同受阻、政府数据治理体制尚不完善，以及技术理论与价值理性面临失衡。科学数据已成为国际科学研究和发展的战略性、基础性资源。苏靖（2022）认为，科学数据管理要处理好四个关系，即数据治理与价值实现、公益性与市场化、开放共享与安全保密，以及国内共享与国际合作。在理论上，金融数据要素具有公私合一的属性，金融数据网络呈现"扁平化架构"，金融数据应用显现出"多层次风险"。金融数据治理的最终目标是防范金融数据风险。郑丁灏（2022）总结出我国金融数据协同治理面临政府协调网络空白、治理资源分配不均、社会主体治理能力孱弱等问题。

## 三 金融科技与商业银行

### （一）金融科技与银行风险管理

现有研究主要关注金融科技或银行金融科技如何影响经济不确定性、货币政策对银行的风险承担。这与2022年之前的文献集中于考察金融科技对银行风险承担的直接影响明显不同。

出于规避风险的考虑，商业银行在宏观经济不确定性上升时，会降低主动承担风险的水平，收缩信贷规模，抑制企业投资能力，从而降低了服务实体经济的能力。梁方等（2022）实证分析了宏观经济状况不确定时，商业银行的数字化转型对其主动风险承担行为的影响。研究发现，宏观经济的不确定性对商业银行风险承担的抑制作用，能够通过金融科技在商业银行中的应用与发展来抑制。这背后的原因是金融科技能够促进商业银行发放贷款、增持交易性金融资产以及扩大持有固定资产的规模，但随着商业银行主动承担风险水平的上升，金融科技所发挥的缓释作用边际递减。

金融科技对货币政策调控银行风险机制的影响存在规模替代效应与网络外部性效应。前者会抑制货币政策对银行风险的调控机制，而后者所起的作用具有不确定性。喻微锋和郑建峡（2022）通过理论与实证研究发现，总体上互联网金融的发展显著弱化了货币政策对银行风险的调控机制。相比于城商行、农商行、外资银行等中小型银行，互联网金融在货币政策对国有、股份制等大型银行风险调控机制的缓解效应更为突出。值得注意的是，在互联网金融被纳入监管体系后，价格型货币政策对银行风险的调控作用仍然有效，但数量型货币政策调控银行风险会受到互联网金融的抑制。

## (二) 金融科技与银行数字化转型

围绕银行数字化转型问题，2022年国内学者开展了丰富的研究，从构建银行数字化转型指数，到考察银行数字化转型对银行信贷配置、网点布局和劳动力配置的影响。

构建银行数字化转型指数是开展银行数字化转型相关研究的基础性工作。谢绚丽和王诗卉（2022）从战略、业务和管理三个维度构建指标体系，测度了中国银行数字化转型程度。研究发现，从时间来看，2010—2018年这段时期，商业银行的数字化转型指数随着时间的推移是在不断上升的，但是也经历了缓慢增长期、快速增长期以及成熟稳定期三个阶段；从不同区域来看，北京和广东数字化转型的程度最为领先；从商业银行的类型来看，国有银行的数字化转型总指数保持领先，股份制商业银行的总指数增长幅度较大，民营银行的总指数排名第三。总体上，商业银行的数字化转型发展迅速，但是并非均衡发展，这表现在"六大行"由于自己规模较大以及充足的资金可以快速推进自身的数字化转型，而规模较小的商业银行由于自身规模以及资金的限制，数字化转型的速度较慢。

金融科技的发展大大减缓了线下网点扩张的势头，这在股份制商业银行与城市商业银行之中表现得尤为明显，"六大行"凭借自身的规模经济面对金融科技的不断发展能够迅速做出调整（张海洋等，2022）。商业银行的数字化转型最为显著的特征便是线上业务的增加以及线下业务的减少，对传统业务产生了冲击，同时伴随着线下网点扩张的速度减缓，甚至部分商业银行的线下网点数量会减少。在信贷方面，商业银行的数字化转型能够不断解决信息不对称的问题从而增加信用贷款的比例，并且能够减少贷款的行业集中度，避免"羊群效应"（罗煜等，2022）。除此之外，银行数字化转型还对银行的劳动力需求及其结构产生重要影响。余明桂等（2022）实证发现，商业银行的数字化转型对于银行劳动力需求具有破坏效应。从总量来看，数字化转型会降低银行对于劳动力的需求。就结构而言，数字化转型提升了银行对于高学历人员尤其是技术型人员的需求。其背后的机制是，银行数字化转型通过缩减银行分支机构与物理网点降低了劳动力需求。相比较而言，银行数字化转型对规模较小以及总部位于市场化水平较高、地区金融业发展水平较高商业银行的就业破坏效应更大。

## (三) 金融科技与银行经营

现有研究从多个维度考察了金融科技对商业银行经营的影响，所得结论并不一致，这可能与金融科技指标的度量有关。金融科技的迅猛发展有效推动了我国金融组织形态的多样化，理论上金融科技发展会通过"竞争效应"和"技术溢出效应"对银行经营绩效产生影响。王小华、邓晓雯和周海洋（2022）实证分析发现，金融科技的发展在降低商业银行盈利能力的同时，还会提高其经营风险，表明"竞争效应"要大于"技术溢出效应"。值得注意的是，不同银行受金融科技的影响不同。金融科技对国有大型商业银行的盈利能力和经营风险均有改善作用，但抑制了城市商业银行的盈利能力和经营风险。从经营效率上看，数字金融强化了银行信用风险防控能力，提高了商业银行经营效率，尤其是对规模小、成立时间短的非上市银行（杜莉、刘铮，2022）。净息差收益是商业银行盈利的重要来源。傅顺和裴平（2022）发现互联网金融通过存款业务和中间业务发展降低了银行的净息差。不过，五大商业银行的净息差在受到互联网金融影响之后，不仅没有下降，反而有所提升。在流动性创造方面，金融科技的作用却明显不同。盛天翔等（2022）发现，金融科技提升银行资产端流动性创造，抑制负债端的流动性创造，但总体上能够提升银行流动性创造能力。

目前，商业银行布局金融科技的路径主要存在两种模式，包括自建金融科技子公司和与外部金融科技公司开展合作。由于银行建立金融科技子公司具有前期投入大、技术开发不确定性高等风险，需要母公司前期较好的技术积累及雄厚的资金，因此这种布局金融科技的模式适合规模实力较强、经营范围不受限的国有大行和股份行。对于技术、人才能力较弱的中小银行来说，设立独立的金融科技公司可能并不具有规模经济。在理论上，商业银行通过利用与金融科技公司合作，能够改善用户体验，有助于提升经营绩效。郭晔等（2022）使用商业银行与科技企业战略合作数据，发现商业银行通过与金融科技公司开展合作，经由缓解银行信贷风险、提升普惠金融服务、提高运营管理能力和促进中间业务发展渠道，提升银行的创新能力和竞争力，从而提升银行的经营绩效。对于资本充足率低、信贷比重高的银行，银行与金融科技公司合作产生的提升效果更为明显。不过，商业银行要根据布局金融科技的成本以及自身的特殊性，选择适合的金融科技发展规划与路径。

## 四 金融科技与经济社会发展

### （一）金融科技与高质量发展

金融科技的发展能够从供给需求两侧推动经济高质量发展。在供给侧，金融科技能够优化信贷资源配置，缓释企业的融资约束，缓解企业融资难融资贵的问题，加之金融科技不断促进行业分化使得产业结构不断优化；在需求侧，金融科技能够促进普惠金融的发展，提升居民的收入水平与消费水平，带动消费结构升级（李海奇、张晶，2022）。

引导企业"脱虚向实"是防范和化解金融风险、促进实体经济高质量发展的重要手段。随着金融科技在银行业中的广泛应用，对于改变过去国有企业金融资源丰富、民营企业融资难融资贵的状况，进而为实现企业结构性去杠杆提供了新的思路，其实现机制在于利用物联网、区块链、大数据等提升银行的信息采集与信息处理能力，促使银行的风险控制模式由担保驱动转为信用驱动，促进信贷资源配置给小规模、高科技和低污染的企业，促使企业结构性去杠杆，这有利于促进我国经济的高质量发展。张金清等（2022）在研究企业结构性去杠杆的过程中，将研究对象着眼于银行与企业，发现银行金融科技的发展能够显著促进企业结构性去杠杆。金融科技发展能够有效抑制非金融企业的"脱实向虚"，这主要是通过畅通中小企业融资渠道、缩小影子银行发展规模以及降低信息不对称程度抑制融资优势企业的金融回报率来实现（钟凯等，2022）。

作为数字经济的物质技术基础，数字技术催生出以数字化转型整体驱动生产方式、生活方式和治理方式变革的全新范式，促进产业结构升级，推动高质量发展。从长期看，数字技术与生产部门的集成整合助力产业结构优化调整，深化实体经济数字化转型，推动经济高质量发展；从短期看，数字技术与金融部门的深度融合通过缓解融资约束显著带动高技术产业发展，促进产业结构转型升级，加快经济增长动能转换的步伐（田秀娟、李睿，2022）。数字技术通过提升经济效率从而促进经济增长要经历三个阶段：第一阶段是提升服务业内的分工与协作效率；第二阶段是以服务业辐射上下游产业，以提升各类产业的协同效率；第三阶段是通过数字与现实相结合促进整个社会的资源配置效率（江小娟、靳景，2022）。作为数字技术的典型代表，大数据在经济发展中发挥着日益重要的作用。杨俊等（2022）将大数据纳入生产函数，发展完善了内生增长理论，研究发现虽然大数据的应用在短期内会增加成本且不能立即增加收益，存在着"研发模式转型"的问题，但是从长期来看，随着大数据应用的深度与广度不断强化，数据的价值不断显现，所产生的"乘数效应"会不断加快经济增长的速度，提升经济增长的质量，促进经济的高质量发展。

企业是创新的主体，是推动创新创造的主力军。提升企业创新能力，是实现我国经济高质量发展的关键。以数字技术应用为标志的新一轮技术—经济范式变革，推动着数字经济创新范式发展和演化。刘长庚、李琪辉、张松彪和王宇航（2022）发现，金融科技通过降低融资成本、提升企业商业信用价值和改善企业流动性限制促进企业创新。李川川和刘刚（2022）总结了数字技术的三个重要属性（可同质性、可再编辑性和可供性），这些属性促使创新模式表现出自生长性、融合性和互补性等新特征。数字技术的发展，突破了创新活动原有的时空限制，增强了创新活动各个要素之间的互动，提升了创新活动的开放程度，促进了创新活动中不同行业之间的结合。其结果是，数字经济创新范式呈现出创新主体多元化、创新活动生态化、创新组织网络化的特征。赵星（2022）发现，新型数字基础设施能够通过降低交易成本、优化资源配置和扩大技术溢出渠道，提升地区的技术创新水平。

此外，金融科技还能为绿色发展实现全方位的赋能，促进经济的低碳发展。丁凡琳（2022）研究发现，中国数字普惠金融的发展能够显著降低碳强度，这主要通过三个机制来实现：一是数字普惠金融的发展可以为低碳技术的进步赋能；二是数字普惠金融的发展能够提升居民的生活质量，从而引导居民更倾向于选择低碳生活；三是数字普惠金融可以优化信贷资源配置，降低企业资金压力，促使其更倾向于选择碳排放量较低的能源。

### （二）金融科技与居民消费

金融科技的广泛应用促进了数字信贷的发展，使得金融服务覆盖到了长尾人群，缓解了消费中的金融约束，而移动支付的发展提升了消费的便利性。同时，金融科技的发展显著降低了居民的储蓄率，提升了居民的消费动机，从而降低消费的不平等程度，这在数字基础设施发展较为完善的地区表现得更明显（张海洋、韩晓，2022）。对消费者跨期消费能力而言，王勋和王雪（2022）发现，数字金融发展通过提升风险分担能力以及自我保险能力，显著提升了居民家庭的风险平滑能力。李政和李鑫（2022）研究发现，数字普惠金融能够提升居民的风险应对能力，同时数字普惠金融在增加居民消费支出之中，非耐用品所占份额较大，能够帮助遭受风险冲击的家庭平滑消费。

但是，金融科技的发展与数字普惠金融覆盖范围的扩大，可能会造成部分居民过度借贷的现象，以及由于数字金融基础设施不完善而呈现出数字鸿沟以及数字不平衡的问题。数字金融的发展会促使居民提高风险承担，导致家庭债务规模上升，引起房贷负债比的上升和消费性支出占比的下降（王海军、杨虎，2022）。与之相一致，丁骋骋和余欢欢（2022）实证研究发现，数字金融显著提升了我国居民的负债水平，并表现出典型的"长尾"特征，主要体现为在数字金融的应用与发展之下，中低收入群体与农村居民的资产负债率的提高。

随着数字技术的发展以及金融科技的广泛应用，大量企业开展了数字化转型，这对居民消费与消费者福利产生了深远的影响。借助于数字技术，企业能够记录消费者的浏览、搜索、购买历史以及收货地址等信息，分析消费者行为和特征。尹振东等（2022）构建了线上线下企业的动态空间竞争模型，企业通过数字化转型，可以利用消费者购物信息实施差别定价，在影响企业市场竞争的同时会导致消费者福利先增后减。

### （三）金融科技与社会治理

劳动力流动是影响社会治理与经济发展的重要因素。马述忠和胡增玺（2022）实证研究发现，数字金融的不断发展会经由提供就业机会和提高预期收入，吸引劳动力流入，并且对于女性、外来的农村劳动力、年轻人以及受教育程度高的人的吸引力更大。

金融科技在防止老年人被骗、降低犯罪方面发挥着重要的作用。雷晓燕等（2022）采用中国健康与养老追踪调查（CHARLS）数据，研究了互联网使用与数字普惠金融发展对老年人受骗的影响，发现使用互联网后，老年人被诈骗者接触的概率上升，但受骗的可能性和经济损失下降。其内在机制是，认知能力是数字技术发挥作用的重要渠道，对于认知能力相对高的老年人，数字技术带来的负面影响更小。同时，数字普惠金融发展降低女性老年人受骗的作用更为突出，但对农村地区老年人防止受骗的作用仍有欠缺。研究认为，数字技术在老年群体的应用利大于弊，但也要利用适当的方式遏制电信网络诈骗的态势，尤其要加大对农村、女性、受教育程度低、居住在经济欠发达省份老年人的帮扶。江鸿泽和梁平汉（2022）利用盗窃案的一审刑事判决书以及CLDS微观数据，研究了数字金融的发展与盗窃犯罪率之间的关系。研究发现，盗窃活动会给社会生活带来深刻的不良影响，而数字金融的发展能够有效降低盗窃活动发生的概率。其背后的原因是，数字金融的发展提升支付便利性降低了盗窃行为的预期收益，并促进市场就业提高了盗窃犯罪的机会成本。因此，数字普惠金融在参与社会治理中发挥着重要的作用，这有利于提升人民群众的获得感、幸福感和满意感。

金融科技的发展有助于更好地实施减贫、缩小财富差距，促进社会公平。传统金融在减贫中发挥了相对重要的作用，但针对低资产家庭、农户家庭、接入互联网的家庭，数字金融能够发挥更重要的减贫效应（丁杰等，2022）。同时，县域数字金融的发展解决了传统金融机构由于成本难以触及经济发展水平较低以及偏远地区的问题，为农村的生存型与机会型创业提供金融服务，不仅能够提升农村家庭收入，还能够促进财富积累，缩小城乡的财富差距（吴海涛、秦小迪，2022）。

## 五 金融科技与金融监管

### （一）金融科技与平台经济

平台经济领域的垄断问题随着平台经济的兴起而逐渐引起了广泛关注。现有研究对平台经济中的垄断行为进行了较为深入的研究。平台经济领域涌现了诸如"二选一""大数据杀熟""封禁""自我优待"等行为（金善明，2022；肖红军等，2022）。互联网平台不断地垄断数据，并维持自己的垄断地位，这不仅扰乱了市场秩序，也侵害了个人信息。曾雄（2022）通过研究国内外相关法律与实践，探索出两种保护路径：一是间接保护的方式，将对个人信息的保护水平与产品质量相关联；二是直接保护的方式，将侵犯个人信息的行为定为违法行为，作者认为可以将二者相结合。

通过梳理全球数字经济反垄断的文献，熊鸿儒和韩伟（2022）发现，部分大型平台企业垄断特征日益显著，引发了不正当行为，这对于市场秩序和消费者权益具有极大的破坏性。全球日益加强对于数字经济的反垄断，主要体现在目标日趋多元、体系日渐完善、反垄断力度增强、监管方式与手段更加创新等。龚强、马洁和班铭媛（2022）分析了金融科技行业在中国应用与发展的各个阶段，通过研究发现在成熟阶段会存在着平台垄断的不正当竞争现象。

在理论层面，少量研究考察了金融科技公司垄断定价对金融经济体系的影响。通过构建四部门的动态随机一般均衡模型，王义中等（2022）发现，一方面金融科技公司的垄断定价行为会挤出银行生产性贷款，并导致消费者的过度负债和过度消费；另一方面，金融科技公司的垄断行为会减少商业银行利润，提高商业银行的风险。在此基础上，他们评估了提高金融科技公司数据使用成本、设置消费贷款利率最高上限的政策效果。

### （二）金融科技与金融风险

中国金融科技风险的变化过程与整个行业的发展阶段相吻合，在起步阶段主要通过信息不对称的方式，以金融科技的名义进行金融诈骗；在成长阶段主要是通过监管的不规范进行套利行为，甚至会演化为系统性风险；在调整阶段，主要是对用户个人信息的过度利用而产生的数据安全的风险；在成熟阶段主要表现在平台垄断所产生的不正当竞争的风险（龚强等，2022）。

2022 年国内学者主要关注了金融科技在消费金融、公司股价波动、银行经营方面产生的风险。由于金融科技在金融行业中的应用不断深化，消费金融呈现出数字化的发展趋势，我国消费金融产品的创新能力不断增强，覆盖范围不断扩大，发展速度不断加快。虽然金融科技的发展给居民消费带来了极大的便利，但是也催生出消费金融无序扩张、产品定价不合理、消费者权益保护较弱等更具破坏性的金融风险，这为金融监管提出了更高的要求（张丽平、任师攀，2022）。防范化解金融风险是金融工作的永恒主题，识别资本市场风险成因并健全风险防控机制，是防范化解金融风险的重要举措。徐福寿等（2022）依据上市公司在深交所"互动易"和上交所"上证 e 互动"进行信息披露所产生的现实问题为基础，利用投资者与上市公司的互动问答数据，发现网络平台互动扩大了投资者意见分歧，从而加剧了上市公司股票的异质性风险。

在理论上，金融科技的发展对银行系统性风险具有不确定性。一方面，金融科技通过金融脱媒渠道提高了银行系统性风险；另一方面通过银行业竞合、风险承担及贷款集聚渠道抑制了银行系统性风险。在经验层面，金融科技总体上提高了银行部门的系统性风险（顾海峰、卞雨晨，2022）。同时，金融科技在银行中的运用提高了银行的风险承担倾向，并增强银行间的关联性，导致银行业的系统性金融风险上升（王道平等，2022）。

### （三）金融科技与监管科技

金融科技的发展对传统金融监管提出了严峻的挑战，引发了金融监管的深刻变革。2022 年国内学者从理论、经验与监管实践上对金融科技的监管作了探讨。

众多监管模式创新中，英国在 2015 年推出的监管沙盒机制影响最广泛。在理论上，胡滨（2022）基于不完全契约下剩余权利配置的视角，研究认为监管规则无法覆盖全部相关情境和存在未来修改的可能，具有不完全性，隐含着相应的剩余权利空间。金融科技导致该剩余权利空间急剧扩大，难以采用监管的传统经验来应对，而监管沙盒有助于避免创新者的激励扭曲，诱导出社会福利更优的金融创新。在经验层面，孙亮和刘春（2022）实证分析了证监会建立券商工作底稿的科技管理系统的初步效果，发现监管科技能够提升企业并购的交易绩效，并且有助于缓解选择性执法与部分地区法律环境薄弱等问题。

在监管实践上，从重大事件、对金融科技的需求偏好以及技术冲击三个变量出发，张扬（2022）认为，2016年以前，中美两国重视金融科技的宏微观审慎监管，英国侧重金融科技的行为监管。自2016年以来，英国强化了监管科技的认知，继续探索有别于传统监管的监管工具与监管科技创新；美国开始重视金融科技的特殊性，在功能监管的框架下创新金融科技监管；中国则强调对金融科技的宏观审慎监管，探索金融科技基础设施对监管的赋能。熊鸿儒和韩伟（2022）梳理总结了全球主要国家和地区数字经济领域反垄断的新动向，这主要体现为五个特征：一是法律目标趋向多元化，规则体系加快完善；二是反垄断执法的针对性和力度显著增强；三是监管方式和手段更加灵活多样，如采取临时性措施提高监管效率，前置式监管逐渐成为新趋势，积极利用科技赋能执法；四是设立新的监管部门，展开密集调研，如设立专门机构增强执法专业性和协调性，开展密集调研并发布调查报告；五是对内回应经济和社会风险，对外争夺规则话语权。徐璐等（2022）对国内外金融监管科技问题的对比研究发现，虽然当前各大金融监管机构正在不断创新监管科技，但是面对混业经营与分业监管之间的矛盾以及金融创新所引发的新状况，监管科技仍存在明显不足。

## 六 金融科技与数字支付、数字货币

### （一）金融科技与数字支付

随着移动设备使用的普及，依托平台的移动支付正在成为支付的主流形式。新的支付方式促进了无现金社会的发展，促进了市场融合和经济融合，创造了新的数据价值，改善了居民金融决策行为，并拓展了货币国际化的抓手。

现有研究主要围绕移动支付对家庭资产配置、储蓄、商业保险参与等重要金融决策的影响。移动支付具有支付便捷、交易成本低、提供金融服务等特点，突破了地理和时间上的限制，对居民家庭的投资决策行为产生了重要影响。董婧璇等（2022）采用2019年中国家庭金融调查（CHFS）数据，发现移动支付通过提高金融知识水平、提高财产性收入水平和缓解流动性约束等渠道，显著提高家庭金融资产配置多样性和有效性。

从理论上看，一方面以微信、支付宝等平台为依托的移动支付为居民提供借呗、花呗等小额信贷服务，帮助金融机构采集用户征信信息，缓解家庭的流动性约束；另一方面移动支付平台为家庭提供医疗健康服务，扩大了家庭社会网络，拓宽了家庭获得信息的渠道，提高了家庭应对不确定性的能力。尹志超、吴子硕和蒋佳伶（2022）考察了移动支付对中国家庭储蓄率的影响，发现移动支付经由缓解流动性约束、扩大社会网络等渠道，降低家庭储蓄率。同时，移动支付可以缓解健康风险、医疗风险、失业风险、收入风险等对预防性储蓄的影响。在医疗、保险领域，移动支付提高了农村居民医疗消费水平和医疗服务的满意度（吕光明、刘文慧，2022），并通过金融知识、社会互动和商业保险可得性途径提高家庭商业保险参与率（尹志超等，2022）。

除此之外，移动支付还能为推动人民币国际化创造更多有利条件。刘丹阳（2022）认为，数字技术在支付领域的快速发展有望为人民币国际化提供创新性的路径选择，稳健的跨境支付平台有助于增强外界对于中国经济开放程度的认知。

### （二）金融科技与数字货币

2022年，国内学者对数字货币开展了深入、细致的研究，既有综述类文章，也有理论性论文。米晋宏和王乙成（2022）基于支付方式的四大属性（类型、价值、支持方和技术）将数字货币划分为五类，分别是央行数字货币、加密货币、由银行发行的 B-money（Bank money）、由私人部门发行的 E-money 和由私募投资基金发行的 I-money（Investment money），其中前两种为物权型货币，后三种为债权型货币。通过梳理既有文献，他们发现数字货币对传统货币体系具有颠覆性影响，并对金融体系的稳定与货币政策传导产生影响。同时，他们讨论了央行数字货币的"三元悖论"与银行去中介化的争论。但是，数字货币支付未来如何发展仍具有较大的不确定性，他们建议各国政府与央行要加强对各类数字货币的关注和监管。程炼（2022）梳理了主权数字货币的技术特性及对金融体系的影响，并分析了主权数字货币对经济、社会治理的作用。

更多的研究聚焦于央行数字货币。宋敏和徐瑞峰（2022）基于私人数字货币应用深度和广度不断发展的背景下，研究了央行数字货币的创新进展。首先，总结央行数字货币的技术架构研究的重点领域，包括央行数字货币的数据存储架构、呈现形式、开源项目以及互操作性；其次，梳理了央行数字货币与全球货币的竞争研究，如实物现金、比特币、稳定币和私人数字货币，等等；最后，总结了央行数字货币对经济体系的影响，主要体现在对银行系统、货币政策、跨境支付与经济产出和社会福利的影响。李翌和李振（2022）结合马克思货币信用理论，从信用来源、货币职能以及数字货币的自由程度三个角度出发，分析了央行数字货币与私人数字货币之间的区别，并总结梳理了央行数字货币在促进经济发展中的新形态、对金融科技应用的新发展以及走向世界的新未来。王鹏等（2022）构造支付类资产配置的静态模型，并结合中国的实际情况，研究了中国央行数字货币的需求与"金融脱媒"的风险。研究发现，央行数字货币数量的增加会由于边际效用的不同以及支付的便捷程度不同，在替代现金增加存款的过程中，呈现出不同的可能，这会导致中央银行的货币政策无法达到预期，同时也会产生"金融脱媒"的风险。因此，央行数字货币的发行要充分考虑宏观环境，降低央行数字货币可能带来的潜在风险。不过，采用不计息形式发行的数字人民币有利于宏观经济稳定（赵恒、周延，2022）。需要注意的是，中国央行数字货币可能面临三方面问题：一是央行数字货币发行的法律依据以及无限法偿性对于数字基础设施的要求；二是由于央行数字货币的发行所带来新的变化会造成监管的空白，从而引发套利行为，提升金融风险；三是基于中心化的特征，增加了对加强个人信息保护的需求（程雪军，2022）。

### 七 总结与展望

综上所述，2022年中国学者以金融科技与国家战略、数据要素、商业银行、经济社会发展、金融监管与数字支付、数字货币为主题进行了大量的研究，对于金融科技的发展具有重要的借鉴与指导意义，但是当前仍有许多问题存在着争议，需要进一步研究与讨论。

在国家战略方面，金融科技在数字普惠金融中的应用促进了共同富裕、乡村振兴以及中小企业的发展，但是在消费差距的问题上，数字普惠金融反而会扩大收入较低以及偏远地区的家庭的消费差距。在数据要素方面，金融科技不断促进数据要素在数字经济当中所发挥的重要作用，但是由于数据要素的特殊性，虽然借鉴了许多国内外的经验以及其他资产的定价方式，但是没有形成明确的数据要素定价机制，也没有确立定价的基本原则，关于数据要素的定价尚未形成统一定论。在商业银行方面，金融科技提升了商业银行风险承担能力以及风险承担意愿，促进了银行的数字化转型，提高了银行的经营水平，但是目前关于商业银行实施数字化转型的路径存在着不一致的意见，需要进一步研究和分析。在经济社会发展方面，金融科技通过促进产业结构升级、优化信贷资源配置、促进企业"脱实向虚"来推动我国经济的高质量发展，金融科技从总体上降低了居民消费不平等程度，同时提升了居民的负债率，但是如何控制中国家庭的债务规模和增长速度目前仍是一个有待解决的难题，需要进一步研究。在金融监管方面，金融科技的广泛应用不断推动平台公司与企业建立和巩固自身的垄断地位，同时也推动了对平台经济的反垄断监管，但是有部分研究认为从资源有效利用的角度不应盲目地否定平台经济的垄断行为。在数字支付与数字货币方面，金融科技促进了数字支付的发展，降低了支付成本从而促进了居民的消费，金融科技也促进了数字货币的应用与发展，但是关于数字货币需要解决的弊端以及人民币国际化问题的研究还比较薄弱。

**参考文献**

蔡继明、刘媛、高宏、陈臣，2022，《数据要素参与价值创造的途径——基于广义价值论的一般均衡分析》，《管理世界》第7期。

蔡丽楠，2022，《数据信托参与数据治理：理论逻辑与实现机制》，《金融评论》第1期。

程炼，2022，《主权数字货币与全球货币体系的未来》，《社会科学战线》第12期。

程雪军，2022，《中央银行数字货币的发展逻辑与国际镜鉴》，《经济学家》第11期。

党燕妮，2022，《政府数据协同治理：逻辑、困境与实现路径》，《理论视野》第9期。

丁骋骋、余欢欢，2022，《数字金融对居民的债务扩张效应》，《国际金融研究》第10期。

丁凡琳，2022，《中国数字普惠金融对碳强度的影响》，《武汉大学学报（哲学社会科学版）》第6期。

丁杰、袁也、符号亮，2022，《金融减贫：数字金融与传统金融的互动关系及相对重要性分析》，《国际金融研究》第9期。

董婧璇、臧旭恒、姚健，2022，《移动支付对居民家庭金融资产配置的影响》，《南开经济研究》第12期。

杜莉、刘铮，2022，《数字金融对商业银行信用风险约束与经营效率的影响》，《国际金融研究》第6期。

傅巧灵、李媛媛、赵睿，2022，《数字普惠金融推进脱贫地区乡村全面振兴的逻辑、问题与建议》，《宏观经济研究》第6期。

傅顺、裴平，2022，《互联网金融发展与商业银行净息差——来自中国36家上市银行的经验证据》，《国际金融研究》第2期。

龚强、班铭媛、刘冲，2022，《数据交易之悖论与突破：不完全契约视角》，《经济研究》第 7 期。

龚强、马洁、班铭媛，2022，《中国金融科技发展的风险与监管启示》，《国际经济评论》第 6 期。

顾海峰、卞雨晨，2022，《数字金融会影响银行系统性风险吗？——基于中国上市银行的证据》，《中国软科学》第 2 期。

郭晔、未钟琴、方颖，2022，《金融科技布局、银行信贷风险与经营绩效——来自商业银行与科技企业战略合作的证据》，《金融研究》第 10 期。

侯泽敏、綦勇，2022，《网络平台共享消费者数据的策略选择及福利分析——基于数据双重价值的视角》，《财经研究》第 1 期。

胡滨，2022，《金融科技、监管沙盒与体制创新：不完全契约视角》，《经济研究》第 6 期。

胡亚茹、许宪春，2022，《企业数据资产价值的统计测度问题研究》，《统计研究》第 9 期。

江鸿泽、梁平汉，2022，《数字金融发展与犯罪治理——来自盗窃案刑事判决书的证据》，《数量经济技术经济研究》第 10 期。

江小娟、靳景，2022，《数字技术提升经济效率：服务分工、产业协同和数实孪生》，《管理世界》第 12 期。

金骋路、陈荣达，2022，《数据要素价值化及其衍生的金融属性：形成逻辑与未来挑战》，《数量经济技术经济研究》第 7 期。

金善明，2022，《中国平台经济反垄断监管的挑战及其应对》，《国际经济评论》第 3 期。

雷晓燕、沈艳、杨玲，2022，《数字时代中国老年人被诈骗研究——互联网与数字普惠金融的作用》，《金融研究》第 8 期。

李标、孙琨、孙根紧，2022，《数据要素参与收入分配：理论分析、事实依据与实践路径》，《改革》第 3 期。

李宾、龚爽、曾雅婷，2022，《数字普惠金融、融资约束与中小企业财务可持续》，《改革》第 5 期。

李川川、刘刚，2022，《数字经济创新范式研究》，《经济学家》第 7 期。

李海奇、张晶，2022，《金融科技对我国产业结构优化与产业升级的影响》，《统计研究》第 10 期。

李彦龙、沈艳，2022，《数字普惠金融与区域经济不平衡》，《经济学（季刊）》第 5 期。

李翌、李振，2022，《法定数字人民币：中国特色社会主义"货币文明"的创新——基于马克思货币信用理论的反思》，《经济学家》第 4 期。

李政、李鑫，2022，《数字普惠金融与未预期风险应对：理论与实证》，《金融研究》第 6 期。

梁方、赵璞、黄卓，2022，《金融科技、宏观经济不确定性与商业银行主动风险承担》，《经济学（季刊）》第 11 期。

林洹民，2022，《个人数据交易的双重法律构造》，《法学研究》第 5 期。

刘丹阳，2022，《依托数字支付平台重塑跨境零售支付：人民币国际化的新路径》，《人文杂志》第 3 期。

刘金钊、汪寿阳，2022，《数据要素市场化配置的困境与对策探究》，《中国科学院院刊》第 10 期。

刘长庚、李琪辉、张松彪、王宇航，2022，《金融科技如何影响企业创新？——来自中国上市公司的证据》，《经济评论》第 1 期。

刘长庚、王宇航、张磊，2022，《数字普惠金融提高了劳动收入份额吗？》，《经济科学》第 3 期。

龙海明、李瑶、吴迪，2022，《数字普惠金融对居民消费的影响研究："数字鸿沟"还是"数字红利"》，《国际金融研究》第 5 期。

罗煜、崔书言、旷纯，2022，《数字化与商业银行经营转型——基于传统业务结构变迁视角》，《国际金融研究》第 5 期。

吕光明、刘文慧，2022，《移动支付、医疗基础设施与农村居民医疗服务利用》，《北京社会科学》第 4 期。

马述忠、胡增玺，2022，《数字金融是否影响劳动力流动？——基于中国流动人口的微观视角》，《经济学（季刊）》第 1 期。

米晋宏、王乙成，2022，《数字货币及其经济影响研究新进展》，《经济学动态》第 5 期。

欧阳日辉、杜青青，2022，《数据要素定价机制研究进展》，《经济学动态》第 2 期。

盛天翔、邰小芳、周耿、俞震，2022，《金融科技与商业银行流动性创造：抑制还是促进》，《国际金融研究》第 2 期。

宋敏、徐瑞峰，2022，《央行数字货币创新研究新进展》，《经济学动态》第 5 期。

苏靖，2022，《大数据时代加强科学数据管理的思考与对策》，《中国软科学》第 9 期。

孙亮、刘春，2022，《监管科技化如何影响企业并购绩效？——基于证监会建立券商工作底稿科技管理系统的准自然实验》，《管理世界》第 9 期。

孙学涛、余婷、于法稳，2022，《数字普惠金融对农业机械化的影响——来自中国 1869 个县域的证据》，《中国农村经济》第 2 期。

田秀娟、李睿，2022，《数字技术赋能实体经济转型发展——基于熊彼特内生增长理论的分析框架》，《管理世界》第 5 期。

汪全胜、王新鹏，2022，《数据治理的行为法经济学转向：助推理论实现个人信息保护》，《哈尔滨工业大学学报（社会科学版）》第 4 期。

王道平、刘杨婧卓、徐宇轩、刘琳琳，2022，《金融科技、宏观审慎监管与我国银行系统性风险》，《财贸经济》第 4 期。

王海军、杨虎，2022，《数字金融渗透与中国家庭债务扩张——基于房贷和消费的传导机制》，《武汉大学学报（哲学社会科学版）》第 1 期。

王鹏、边文龙、纪洋，2022，《中国央行数字货币的微观需求与"金融脱媒"风险》，《经济学（季刊）》第 6 期。

王小华、邓晓雯、周海洋，2022，《金融科技对商业银行经营绩效的影响：促进还是抑制？》，《改革》第 8 期。

王小华、马小珂、何茜，2022，《数字金融使用促进农村消费内需动力全面释放了吗？》，《中国农村经济》第 11 期。

王修华、赵亚雄，2022，《数字金融发展与城乡家庭金融可得性差异》，《中国农村经济》第1期。

王勋、黄益平、苟琴、邱晗，2022，《数字技术如何改变金融机构：中国经验与国际启示》，《国际经济评论》第1期。

王勋、王雪，2022，《数字普惠金融与消费风险平滑：中国家庭的微观证据》，《经济学（季刊）》第5期。

王义中、林溪、孙睿，2022，《金融科技平台公司经济影响研究：风险与收益不对称视角》，《经济研究》第6期。

吴海涛、秦小迪，2022，《数字金融、家庭创业与城乡财富不平等》，《武汉大学学报（哲学社会科学版）》第6期。

肖红军、阳镇、商慧辰，2022，《平台监管的多重困境与范式转型》，《中国人民大学学报》第4期。

谢绚丽、王诗卉，2022，《中国商业银行数字化转型：测度、进程及影响》，《经济学（季刊）》第6期。

熊鸿儒、韩伟，2022，《全球数字经济反垄断的新动向及启示》，《改革》第7期。

徐寿福、郑迎飞、罗雨杰，2022，《网络平台互动与股票异质性风险》，《财经研究》第10期。

徐璐、卢小宾、卢瑶，2022，《金融科技产业创新发展与建议研究》，《中国软科学》第1期。

许宪春、张钟文、胡亚茹，2022，《数据资产统计与核算问题研究》，《管理世界》第2期。

许月丽、孙昭君、李帅，2022，《数字普惠金融与传统农村金融：替代抑或互补？——基于农户融资约束放松视角》，《财经研究》第6期。

杨俊、李小明、黄守军，2022，《大数据、技术进步与经济增长——大数据作为生产要素的一个内生增长理论》，《经济研究》第4期。

杨怡、陶文清、王亚飞，2022，《数字普惠金融对城乡居民收入差距的影响》，《改革》第5期。

尹振东、龚雅娴、石明明，2022，《数字化转型与线上线下动态竞争：消费者信息的视角》，《经济研究》第9期。

尹志超、田文涛、王晓全，2022，《移动支付对家庭商业保险参与的影响——基于中国家庭金融调查数据的实证分析》，《财经问题研究》第11期。

尹志超、吴子硕、蒋佳伶，2022，《移动支付对中国家庭储蓄率的影响》，《金融研究》第9期。

余明桂、马林、王空，2022，《商业银行数字化转型与劳动力需求：创造还是破坏？》，《管理世界》第10期。

喻微锋、郑建峡，2022，《互联网金融、货币政策与银行风险承担》，《统计研究》第6期。

曾雄，2022，《在数字时代以反垄断制度保护个人信息的路径与模式选择》，《国际经济评论》第3期。

张海洋、韩晓，2022，《数字金融能缓和社会主要矛盾吗？——消费不平等的视角》，《经济科学》第 2 期。

张海洋、胡英琪、陆利平、蔡卫星，2022，《数字时代的银行业变迁——网点布局与行业结构》，《金融研究》第 9 期。

张金林、董小凡、李健，2022，《数字普惠金融能否推进共同富裕？——基于微观家庭数据的经验研究》，《财经研究》第 7 期。

张金清、李柯乐、张剑宇，2022，《银行金融科技如何影响企业结构性去杠杆?》，《财经研究》第 1 期。

张丽平、任师攀，2022，《促进消费金融健康发展 助力释放消费潜力》，《管理世界》第 5 期。

张林、温涛，2022，《数字普惠金融如何影响农村产业融合发展》，《中国农村经济》第 7 期。

张铭心、谢申祥、强皓凡、郑乐凯，2022，《数字普惠金融与小微企业出口：雪中送炭还是锦上添花》，《世界经济》第 1 期。

张扬，2022，《对金融科技监管的认知：变化、差异与方向》，《国际经济评论》第 2 期。

赵恒、周延，2022，《央行数字货币对货币结构与经济增长的影响效应研究》，《国际金融研究》第 6 期。

赵邵阳、李梦雪、佘楷文，2022，《数字金融与中小企业融资可得性——来自银行贷款的微观证据》，《经济学动态》第 8 期。

赵星，2022，《新型数字基础设施的技术创新效应研究》，《统计研究》第 4 期。

郑丁灏，2022，《论中国金融数据的协同治理》，《经济学家》第 12 期。

郑伟、钊阳、郑亚松，2022，《数据贸易：发展动因、主要障碍及我国路径选择研究》，《国际贸易》第 11 期。

钟凯、梁鹏、董晓丹、王秀丽，2022，《数字普惠金融与商业信用二次配置》，《中国工业经济》第 1 期。

钟凯、梁鹏、王秀丽、彭雯，2022，《数字普惠金融有助于抑制实体经济"脱实向虚"吗？——基于实体企业金融资产配置的分析》，《国际金融研究》第 2 期。

# 金融基础设施研究述评

董 昀[*]

所谓金融基础设施,是指与金融业发展密切相关的基础性条件的总称,包括狭义金融基础设施和广义金融基础设施两重含义。其中,狭义金融基础设施是指维持和便利金融发展及业务扩展的各种硬件设施,包括金融机构经营网点建设、机构间资金和信息流通的各种载体、各类清算系统建设等。广义金融基础设施除了前述的硬件设施外,还包括各项维持金融市场规范发展的各种政策规章等制度构成。国际清算银行支付结算体系委员会(CPSS)和国际证监会组织(IOSCO)发布的《金融市场基础设施原则》,界定了金融基础设施的定义,并将相关机构划分为五类:支付系统(PS)、中央证券托管系统(CSD)、证券结算系统(SSS)、中央对手方(CCP)以及交易报告(TR),五大系统互通适配,支撑了金融市场的安全运行。立足中国现实,我国金融基础设施主要包括金融资产登记托管系统、清算结算系统(包括开展集中清算业务的中央对手方)、交易设施、交易报告库、重要支付系统、基础征信系统等六类设施及其运营机构。

从本质上说,金融基础设施的核心功能是便利货币金融交易的清算、结算和记录,为国民经济和社会发展高效安全地输送资金"血液"。如果说中央银行的职能要围绕提供稳定的金融环境这一"基础设施"展开,那么支付清算系统就是构成这个基础设施的核心硬件。据此,我们可以将金融基础设施概括为三大体系,即市场交易体系、支付清算体系、支持保障体系,其中支付清算体系是金融基础设施的核心,它既是经济社会发展不可或缺的重要支撑力量,也是维护国家金融安全的基石。正因如此,支付清算研究也构成我国学术界金融基础设施研究的重点领域。

总体而言,2022—2023年以支付清算研究为核心的金融基础设施研究围绕以下五个领域展开。

## 一 国家安全视角下的金融基础设施研究

在世界百年未有之大变局中,金融基础设施之于国家安全的重要性进一步凸显。俄乌冲突爆发后,以美国为首的西方国家禁止俄罗斯央行及几家主要银行使用SWIFT系统进行跨境支付指令通信活动。SWIFT的电文格式已经成为国际标准,支持全球90多个支付系统;倘若一国被禁用SWIFT,意味着其跨境金融交易活动的效率和安全性严重受损,甚至可能被踢出国际经济运行体系之外。

随着综合国力的不断提升,我国已被西方国家视为主要战略竞争对手,经贸冲突、科技

---

[*] 董昀,中国社会科学院金融研究所,副研究员。

摩擦甚至"金融武器化"成为新常态，一旦被禁止使用由美欧主导的重要国际金融基础设施，将对我国金融安全构成重大威胁。因此，必须加快推进金融基础设施建设，发展可替代性较强、效率较高的支付、结算、清算、报文等系统；特别是要利用我国数字领域的技术储备和优势，完善适应数字经济发展大势的金融基础设施系统，增强金融体系韧性，应对各类金融安全挑战。

在这一重要现实背景之下，从国家安全的角度研究金融基础设施安全的文献在2022年度大量涌现，而且大多围绕SWIFT系统、金融制裁与金融安全展开。

郑联盛、刘贤达（2023）强调，经济金融安全是国家发展的重要保障，金融发展与金融安全的统筹是中国式现代化进程中的重要任务。在促进金融发展的前提下维护金融安全，其中的一个重点领域是金融基础设施安全。该文认为，从金融安全的角度出发，我国金融基础设施面临的重大安全冲击主要体现在支付清算隔绝、数据系统失能等方面。在支付、结算和清算体系及金融基础设施整体安全性上，我国面临极端条件下交易功能被阻断的风险，即交易促进功能面临安全性冲击。此外，移动支付可能改变支付结算系统，弱化以银行为支撑的支付结算体系的基础性功能，数字货币可能冲击传统货币政策框架。金融科技使系统重要性机构的内涵发生变化，系统重要性机构不仅可以是"大而不倒"的大型金融机构，也可以是大科技公司，需要对其重新界定并监管。

沈伟、陈睿毅（2022）分析了以支付清算体系为核心的金融基础设施在中美金融制裁与反制裁中的战略意义。文章的基本逻辑是，世界金融网络中心地位赋予美国"武器化"相互依赖关系的能力，实现对他国的有效监控、胁迫与制裁。美国通过出口管制影响中企生产与融资，挑起汇率争拗，威胁断连以SWIFT、CHIPS为典型代表的各类金融基础设施。同时，美国一方面设置投资禁令，打破美元流失而又要为履行国际货币债务人义务不得不过分量化宽松的循环；另一方面颁布明显针对中国的《外国公司问责法案》，基本切断中概股在美融资渠道。美国对华金融脱钩措施不具有充分的法律基础，应对美国可能的单方面金融脱钩是持久战，短期内仍应着眼美元体系内非对称性相互依赖，长期则应形成美元体系外自我循环体系。

在分析禁用SWIFT系统带来的冲击效应时，大多数文献将其与美元体系信用和人民币国际化机遇紧密联系起来。

陈伟光、明元鹏（2023）从国家金融安全角度对SWIFT系统与央行数字货币之间的关系进行了阐述。该文强调，SWIFT系统作为跨境支付领域的公共品，在愈演愈烈的地缘政治竞争中，私物化为金融制裁的工具，各国金融安全面临重大挑战。央行数字货币应用于跨境支付有两种方式。为促进央行数字货币跨境支付互操作性，可构建兼容系统、单一系统和互联系统的央行数字货币。SWIFT系统与央行数字货币存在合作与替代双重关系。中国在加快数字人民币研发和试点的同时，应依托"一带一路"建设等区域合作机制有序推进人民币的国际化，积极参与多边央行数字货币桥合作，建立起高效安全的数字人民币跨境支付体系。

刘力臻（2022）从对俄关闭SWIFT系统等措施给美国自身带来的负面效应入手，分析了金融制裁对美国经济金融体系的反噬效应。从短期看，无疑会对受到制裁的经济主体造成重大打击；从长期看，甚至可能动摇美元本位制的根基。金融制裁的反噬效应会进一步强化国际货币体系的多元发展趋势，从而给人民币国际化带来新机遇。

张春、蒋一乐、刘郭方（2022）也从近期的俄乌冲突和金融制裁现象入手，结合人民币作为支付货币的变化趋势，探讨中国资本账户开放和人民币国际化的新路径。文章逻辑大致如下：金融制裁的频发凸显了以外汇储备为支撑的资本账户自由兑换的脆弱性和风险，也推动了全球对人民币作为支付和储备货币需求的持续增长。在资本账户尚不能全面开放的状况之下，中国可以考虑构建一个高水平、全开放、包含境内和境外两部分的人民币离岸金融体系来满足这些需求，利用境内外力量共同推动该体系的市场建设，从而风险更可控地推进资本账户开放。这一体系的境内部分因受中国管辖，可建立全开放和全球最佳实践的金融基础设施和监管体系，以便于中国人民银行对离岸人民币进行流动性和金融稳定性调控，保证人民币的全球定价权。在金融基础设施方面的改革举措包括推进制度开放、试点离岸场外人民币外汇衍生品监管体制改革、建设国际中央证券存托机构和拓展人民币跨境支付系统使用范围。

陆禾、张宏超（2023）以 SWIFT 作为制裁手段带来的巨大冲击效应为切入点，在对全球跨境支付系统发展状况进行简要介绍之后，指出了我国跨境支付中存在的效率不高、对美元依赖程度较高和对 SWIFT 依赖程度较高等缺陷，并提出了推进区块链技术创新、选择新一代桥梁货币、加强跨境支付网络的国际合作、扩大跨境支付信息传输渠道、推动人民币国际化等五点政策建议。

孙少岩（2022）分析了中俄在支付领域的"去美元化"与人民币国际化之间的内在关系，认为支付体系"去美元化"与扩大人民币结算有利于避开美国金融制裁，降低外汇互换与结算风险。人民币的国际地位与美元还存在较大差距。现阶段人民币国际化的目标是应当以服务国内自贸区和境外经贸合作区为主，利用香港国际金融中心地位，推动形成双循环新发展格局。

张晓晶、陈家泽、董昀和章苨今（2022）从统筹发展和安全的视野着眼，提出要在成渝双城经济圈建设进程中适度超前布局，建设一批有利于引领产业发展和维护国家安全的金融基础设施，一方面可有力地推动西部金融中心建设，打造新的经济增长极，为我国经济均衡发展提供新动能；另一方面也有利于优化金融基础设施空间布局，更好维护国家金融安全。

## 二 高质量发展视域下的支付清算产业发展研究

支付清算体系的特殊性在于，它既是关系国家金融安全的重要基础设施，又是金融服务实体经济高质量发展的重要枢纽，是金融产业的重要组成部分。党的二十大明确提出，高质量发展是建设社会主义现代化强国的首要任务。围绕高质量发展这个首要任务，自 2022 年以来，我国学术界对支付清算产业发展持续深入开展研究。移动支付产业的经济社会效应与平台经济视角下的支付清算产业发展是两个研究热点。

首先，移动支付的发展正在深刻影响经济社会运行和人民生活。与之相对应，研究移动支付的经济社会效应的学术文献数量快速增长。运用中国家庭金融调查（CHFS）数据展开实证分析是该领域的主要研究方法。

尹志超及其合作者在 2022 年度发表了多篇论文，分别考察移动支付对家庭储蓄率、家庭消费和家庭商业保险参与等方面的影响。尹志超、吴子硕、蒋佳玲（2022）基于 2017 年和 2019 年中国家庭金融调查（CHFS）数据，实证研究了移动支付对中国家庭储蓄率的影响。结果表明，移动支付显著降低了家庭储蓄率。进一步研究发现，缓解流动性约束、信贷约束和扩大社会网络是移动支付降低家庭储蓄率的主要途径。此外，移动支付显著降低家庭为应对健康风险、医疗风险、失业风险、收入风险等不确定性而进行的预防性储蓄。尹志超、仇化、路慧泽（2022）基于中国家庭金融调查数据，研究通勤时间对家庭消费的影响及作用机制，分析如何改善通勤质量。研究结果表明，通勤时间对家庭消费有显著的正向影响。进一步研究发现，移动支付能有效缓解消费时间不足的问题，具有中介效应，个体使用移动支付在通勤时进行消费，有利于提升通勤质量。尹志超、田文涛、王晓全（2022）基于2017年中国家庭金融调查数据，采用Probit和Tobit模型分别探讨移动支付对家庭商业保险参与的影响。实证结果表明，第一，移动支付不仅显著提高家庭商业保险参与可能性，而且显著增加了家庭商业保险参与程度；第二，移动支付可能通过金融知识、社会互动和商业保险可得性三种途径促进家庭商业保险参与；第三，移动支付对家庭商业保险参与的影响在户主受教育水平、城市和农村、收入水平和区域等方面存在异质性。

董婧璇、臧旭恒、姚健（2022）从家庭金融资产配置多样性和家庭金融资产配置有效性两个维度，使用2019年中国家庭金融调查数据，基于移动支付的视角，探讨数字金融对居民家庭金融资产配置的影响。通过研究发现，移动支付能够显著提高家庭金融资产配置多样性和有效性程度。机制分析表明，移动支付能够通过提高金融知识水平、提高财产性收入水平及缓解流动性约束等路径优化家庭金融资产配置。异质性分析表明，移动支付对家庭金融资产配置的优化作用在城镇地区、东部地区、受教育程度较高及金融知识水平较高的家庭中更加显著。

其次，在平台经济视角下对支付清算产业研究的进展主要体现在将平台运行的机理与支付清算产业发展的效率结合起来，进行规范的经济学分析。

傅联英、骆品亮（2022）首先在理论层面建立起支付平台"运行模式转型→全要素生产率变动→绩效表现"的逻辑链条，然后利用广义合成控制法实证考察美国运通支付平台引入四方模式对其交易量和加成率的异质性影响。研究结果显示，支付平台引入四方模式导致交易量显著上升但加成率显著下降，"鱼与熊掌不可兼得"的结果说明引入四方模式对平台绩效产生了结构分化效应。进一步分析发现，支付平台引入四方模式经由全要素生产率渠道"趋吉避凶"地作用于绩效表现。全要素生产率及其分解项的提高，显著地增强了支付平台"四方化转型"产生的交易量扩容效应，部分地抵消了支付平台"四方化转型"产生的加成率收窄效应，使得支付平台引入四方模式后对其加成率的负面影响不至于太强。

针对银行与支付平台的开放合作策略问题，杨梅（2023）结合消费者的感知风险和感知价值，构建了考虑转移支付策略行为的多阶段动态博弈模型，分别研究了垄断和竞争情形下，银行与多边平台开放合作的约束条件及均衡策略，并进一步探讨了平台端口开放的最优数量决策。研究发现，开放性均衡状态下，银行的最优数据共享程度和平台的最优可变费用随网络效应强度、消费者兴趣度、麻烦和合作成本以及伙伴关系的变化而变化。相比于分散决策，联合决策下基于监控的固定收益转移增加了数据不共享或共享程度较弱时的开放动机，但也导致其结果出现类似的双重边缘化效应。数值实验表明，当可变费用较低或极高时，联合开放是实现双方绩效均改进的占优机制；否则，分散开放可能要优于联合开放。此外，在弱网络效应下，强强联手、弱弱结盟的伙伴关系更能提高开放效率；而极强的网络效应或数据共享程度则会导致垄断合作机会的产生。

面对美元在跨境批发贸易的定价和交易方面占据主导地位的现状，刘丹阳（2022）提出将数字支付平台视为重塑跨境零售支付的重要载体，通过发挥平台经济的优势提升人民币在跨境支付中的吸引力，从而走出人民币国际化新路径。文章基本逻辑是，数字时代的来临催生了数字平台这一新的经济形态，凸显了大型跨国数字支付平台在货币竞争中的优势。平台消除贸易壁垒、创建全球化市场和社区的能力，与央行数字货币降低货币交易、扩大金融普惠，以及对跨境人民币实行精准目标管理和调控的能力相结合，将有效提升人民币在跨境支付中的吸引力，为推动人民币国际化创造更多有利条件。这一过程可能面临货币主权的冲击、实时外汇交易的挑战、跨境监管的困境和大国竞争等多方面的新要求，需要中国在多边框架下与别国加强合作和沟通，实现互利共赢。

### 三 央行数字货币与支付清算研究

数字技术的高速发展为货币金融体系创造着新的支付工具和基础设施体系。央行数字货币便是其中极具典型性的一类金融创新。众所周知，中央银行发行的货币是货币金融体系中流动性最强、安全性最高的支付工具和结算资产。而央行数字货币与通货具有同等的法律地位，不仅是一种支付工具，也是一套复杂的金融基础设施制度安排，为数字化的金融体系提供标准和规范。正因为央行数字货币与支付清算体系建设有如此密不可分的关系，2022年中国金融学研究者将央行数字货币与支付清算体系的关系作为研究的一个热点话题。此类研究又可以划分为两类：其一是从基础理论层面研究作为支付工具的央行数字货币的特性及其对整个支付体系的影响；其二是将央行数字货币与跨境支付以及人民币国际化联系起来，分析其内在关联机制。

首先来看基础理论层面的研究进展。

王沛然（2023）从数字人民币的概念内涵和理论基础入手，分析这一处于技术、金融与法律交汇点的新概念的内在逻辑。该文认为，概念共识是前提，应以记账符号和支付工具的双重法定性为界定标准，统一"法定货币"术语口径，并厘清法偿性的域内外规范内涵。作为法定货币的数字人民币定位于货币层级体系顶端，是其他形式货币的价值锚定标准和最初信用来源，由此决定资产负债表构造及法律上的保管与支付服务关系，使其暂不存在计息空间。法律属性方面，根据特殊对象型货币的本体设计特征，应经由拟制技术将数字人民币视为特殊动产，并以边际成本作为法偿性"不得拒收"的主要执法参照。

王鹏、边文龙、纪洋（2022）把央行数字货币视为重要的一类新型支付工具，结合中国对央行数字货币的具体设计要点，建立"支付类资产配置模型"，对比央行数字货币与现金、存款等支付类资产的区别联系，从微观机制上刻画央行数字货币需求的决定因素和央行数字货币影响现金、存款、利率的理论机制，并结合中国具体参数来模拟现实冲击。分析结果表明，央行数字货币的需求由其设计要点与居民偏好共同决定。在央行数字货币替代现金的过程中，存款有可能增加，也有可能同步被替代并导致一定程度的"金融脱媒"。为缓解潜在风险，发行央行数字货币的前提条件为金融体系风险妥善处置、存款利率实现市场化和信贷政策相对宽松。

王博、赵真真（2023）更为直接地以央行数字货币对支付体系的影响为题，基于流行的货币支付属性构建货币效用模型研究支付工具的新旧交替，探索央行数字货币如何通过替代现有支付工具开启支付系统新格局，并通过数值模拟预测央行数字货币取代现有支付工具的过程。研究表明，央行数字货币替代现有支付工具的程度由货币转化成本和支付属性决定，计息央数字货币的替代力强于无息央行数字货币,现金支付被取代的程度更深,存款支付被取代的规模更大。央行数字货币成为未来主流的支付工具是大势所趋,央行对于数字货币的设计应允许其支付属性随时代发展而灵活变换;且央行发行数字货币应从对市场冲击力最小的无息央行数字货币开始,并随着技术的发展有针对性地增加新的功能。

再看跨境支付和人民币国际化视角下的央行数字货币研究动向。

中国央行数字货币(CBDC)的发行和推广是否有利于推动人民币国际化?围绕这一问题,管涛(2023)从货币功能视角探讨了数字货币与货币国际化的关系。文章认为CBDC和稳定币及其依托的底层技术在推动改善跨境支付方面具有重要潜力,有可能成为货币国际化的重要补充。但是,除了跨境支付功能外,货币的国际化还需要货币在国际范围内发挥计价、融资、投资、储备等作用,在这些方面CBDC和稳定币并不优于当前银行货币。对于中国而言,虽然数字人民币的研发已处于全球领先地位,具备跨境使用的技术条件,但制度供给才是人民币国际化最关键的因素。人为赋予CBDC探索过多的政治解读,既可能导致方向偏离,更可能制造国际麻烦。

针对央行数字在跨境支付领域的应用是否会替代传统跨境支付体系这一问题,王青、钱昕舟(2023)认为,央行数字货币在跨境支付中的应用,能够解决传统跨境支付体系的一些痛点,弥补其在费用、时效、透明度等方面存在的不足;但不会完全取代传统跨境支付体系。其重构效应将主要体现为三个方面,包括SWIFT或将被取代、代理行角色将发生转变、传统支付清算系统或成为新型跨境支付体系的支柱之一。

冯鲍、张左敏旸、谢东丹(2022)分别构建传统支付手段下与法定数字货币应用下的跨境贸易博弈模型,探究各参与主体的均衡选择,并利用Matlab进行数值仿真模拟。研究发现,传统支付手段下跨境贸易博弈系统收敛到(不付款、高价、不发货)最劣稳定状态;法定数字货币应用下,跨境贸易绕开第三方中介机构,跨境贸易博弈系统收敛到(付款、发货)最优稳定状态,法定数字货币的应用使得跨境贸易博弈得到了帕累托优化。其结论是,推行以法定数字货币为支付手段可以增加国际正常贸易之间的安全性和可靠性,也有助于打破西方金融霸权,保障中国的合法权益。

## 四 历史视野下的支付清算研究

在支付清算体系的重要性不断凸显的新形势下,从历史视角着眼,分析近现代中国经济金融体系演进历程中的支付清算问题成为2022年发展较为迅速的一个新的研究增长点。以下三篇经济史学论文从特定的经济金融制度环境入手,分析近现代史上富有特色的支付清算制度安排的运行机制,评判其利弊得失,为当下我国支付清算体系发展改革提供了历史镜鉴,是该领域的代表性文献。

荣晓峰(2023)聚焦于近代天津具有地方特色的一种转账结算和信用票据制度——拨码制度。这一制度安排建立在天津钱业的"川换"和"靠家"关系基础上,在由津帮大银号和钱业公会构建的支付协同体内运行。拨码具有转账支付、债务清结、同业拆借、短期借贷和票据清算等多种功能,其功能和特征处于动态演变之中。拨码制度是天津钱业赖以生存的基础,银号在便利账目清算的同时,借以扩张信用和提升资金筹集能力。庚子事变后天津爆发的"贴水风

"潮"实际是由拨码贬值引发，拨码制度经历短暂废止后得以恢复，但整体由盛转衰。志成银号倒闭拖欠拨码债务严重损害了拨码信用，伪拨码则进一步加深了拨码信用危机。拨码余额的清算经历了现银、外国银行"竖番纸"和银钱业合组公库公单的发展历程，反映出钱业、外商银行和华商银行在不同时期的势力消长。日军占领天津后实施金融统制政策，拨码制度被强力废止。拨码制度是近代中国信用票据和虚银两制度结合发展的产物，体现出金融票据演化的复杂性特征，也为考察传统金融机构信用体系构建提供了一个重要案例。

郜明钰、石涛（2022）同样研究了川换拨码制度。该文认为拨码制是其货币结算工具，在一定程度上缓解了货币金融需求引发的货币短缺问题。然而，因其信用契约以地缘和人缘为基础，客观上决定了它在中国近代化过程中的二重性：一方面地区内交易费用的降低促进了商品经济的发展；另一方面区域性结算制度的"二元结构"又会导致交易费用的异常上升，不利于资本积累，阻碍着商品经济的发展。

庄泽虹（2022）以1956—1965年新中国现货贸易支付结算问题为研究对象，发现这一时期中国与资本主义国家（地区）及亚非拉国家的非官方贸易都是用现汇进行支付结算。政治倾向与资信评级是中国银行发展和运用海外代理行的核心考察因素。英镑危机期间，中国银行分散使用欧洲大陆多国货币作为结算货币以规避风险。灵活使用多种收汇方式的做法，有助于打开市场、扩大出口，但同时也带来了不能准时收回全部外汇的弊端。银行与各外贸公司密切配合，全面参与对外贸易的每一个环节当中，努力安全、快速地收回外汇。新中国为跻身国际市场所付出的努力与代价，其在现汇贸易支付结算方面的经验与局限，为当下中国的对外贸易提供了历史启示。

## 五　其他类型的金融基础设施建设问题研究

在金融基础设施的总体演进方面，田惠敏、张以浩（2022）对新时代十年我国重要支付系统、中央证券存管和证券结算系统、中央对手方、交易报告库、基础征信系统等五大类主要金融基础设施建设的成就进行了系统梳理回顾，并从法律体系、监管布局和金融科技的应用等三个方面对我国金融基础设施的发展前景作了展望。

郑彧（2022）从历史视角整体回顾了金融市场基础设施的演进轨迹与监管策略变化趋势。文章认为，金融市场基础设施的发展原本一直根源于提高效率、减少成本动力下的市场自我驱动，呈现出从分散的"一对一"交易到集中的"多对多"交易的诱致性变迁特点。2008年全球金融危机后，以"中心化"为特征的金融市场基础设施被认为是维护主权国家乃至全球金融稳定的有效工具，因此全球金融监管机构希望通过构建一个更加"中心化"的金融市场基础设施来抵御金融市场的不确定性，"强制性""法定化"逐渐替代"市场化"成为金融市场基础设施发展与监管的主旋律，并呈现出在"金融安全"诉求下以政府为主导的强制性变迁特征。但随着金融区块链、数字货币等金融科技的发展，在"成本"和"安全"的双重因素考虑下，金融市场基础设施的发展出现了从高度"中心化"回归"非中心化"的新动向，以分布式账本为基础的金融技术发展将催化金融市场产生与过往"中心化"结构并不相同的全新变革，由此也使得金融监管面临着更多的应对挑战。

在金融科技基础设施方面，王喆、尹振涛（2022）从信息基础设施、融合基础设施、创新基础设施和制度基础设施四个维度构建了金融科技基础设施分析框架和指标体系，对世界27个主要经济体的金融科技基础设施发展程度和特点进行了评估。结果显示，美国、新加坡和中国金融科技基础设施水平位居世界前三。中国在融合基础设施方面表现良好，特别在中央银行数字货币领域进展迅速，但在信息基础设施、制度基础设施方面则有待进一步提高。

姚前（2022）全面评估了《国际金融市场基础设施原则》（PFMI）对基于区块链的新型金融基础设施的适用性，以期为该新型金融基础设施的监管建立通用性框架。文章认为，与传统的金融基础设施相比，基于区块链的新型金融基础设施仅是技术架构和运行机理的变化，但公共政策目标没有变化，依然是安全与高效。因此对于基于区块链的新型金融基础设施，PFMI的基本原理依然适用。只是在具体的适用原则上，需要根据DLT-FMI的特性进行相应调整。

还有一类文献着重分析某一具体的金融基础设施建设面临的重要问题。

张欣、唐洁珑（2022）聚焦债券登记托管结算这一特定的金融基础设施，分析金融科技对债券登记托管结算体系带来的巨大影响。在我国债券市场成立之初，国债以纸质形式分散托管于中介机构，市场乱象频发。中央结算公司利用信息科技，发挥后发优势，实现了债券无纸化转型，建立了世界领先的债券登记托管结算体系，成为金融科技助力债券市场建设的成功范例。此后，利用金融科技持续赋能登记托管结算体系建设。近年来，大数据、人工智能、区块链、云计算等新兴金融科技不断涌现，为债券市场发展带来机会与挑战。

杨汀、史燕平（2022）利用2007—2019年上市公司数据，聚焦于中登网这一公共服务平台提供融资租赁登记、查询业务带来的债务治理效应开展实证分析。结果表明，融资租赁对国有企业的治理效应显著为负，对民营企业则未展现出显著的正面治理效应。以中登网为代表的金融基础设施可以提升融资租赁对民营企业的治理效应，但对国有企业无效果。另外，对于民营企业，中登网提升融资租赁治理效应的机制是降低了代理成本及过度投资，且提升效果与其内部治理负相关。

**参考文献**

陈光伟、明元鹏，2023，《国家金融安全视角下SWIFT系统与央行数字货币：发展路径与逻辑关系》，《经济学家》第2期。

董婧璇、臧旭恒、姚健，2022，《移动支付对居民家庭金融资产配置的影响》，《南开经济研究》第12期。

冯鲍、张左敏旸、谢东丹，2022，《法定数字货币应用与跨境支付改善——基于博弈视角的分析》，《征信》第11期。

傅联英、骆品亮，2022，《众人拾柴火焰高？支付平台引入四方模式对绩效的异质影响》，《金融评论》第5期。

郜明钰、石涛，2022，《晚清以来天津川换拨码与区域经济金融化》，《晋商研究》第六辑。

管涛，2023，《从货币的功能看数字货币与货币国际化的关系》，《国际经济评论》第2期。

刘丹阳，2022，《依托数字支付平台重塑跨境零售支付：人民币国际化的新路径》，《人文杂志》第3期。

刘力臻，2022，《金融制裁对美元本位制的反噬》，《东北师范大学学报（哲学社会科学版）》第5期。

陆禾、张宏超，2023，《应对金融安全、构建新一代跨境支付系统的思考》，《财政科学》第 3 期。

荣晓峰，2023，《近代天津拨码制度研究》，《中国经济史研究》第 2 期。

沈伟、陈睿毅，2022，《中美金融"脱钩"和"再挂钩"的逻辑与应对——一个反制裁的视角》，《东南大学学报（哲学社会科学版）》第 3 期。

孙少岩，2022，《中俄支付领域"去美元化"与人民币国际化分析》，《人民论坛》第 6 期。

田惠敏、张一浩，2022，《我国金融基础设施建设：成就与展望》，《金融博览》第 15 期。

王博、赵真真，2023，《央行数字货币对支付体系的影响研究》，《广东财经大学学报》第 1 期。

王沛然，2023，《认真对待法定数字货币的知识基础——数字人民币的三个争议问题及其澄清》，《探索与争鸣》第 2 期。

王鹏、边文龙、纪洋，2022，《中国央行数字货币的微观需求与"金融脱媒"风险》，《经济学（季刊）》第 6 期。

王青、钱昕舟，2023，《基于央行数字货币的全球跨境支付体系优化探索》，《新金融》第 3 期。

王喆、尹振涛，2022，《金融科技基础设施指数构建与发展评估》，《金融监管研究》第 6 期。

杨梅，2023，《数字化时代银行与多边平台开放合作策略研究》，《管理科学学报》第 3 期。

杨汀、史燕平，2022，《金融基础设施有助于提升融资租赁的债务治理效应吗？——基于中登网实施前后的实证检验》，《金融发展研究》第 6 期。

姚前，2022，《基于区块链的新型金融基础设施监管原则》，《清华金融评论》第 4 期。

尹志超、仇化、路慧泽，2022，《突破消费时空限制：通勤时间、移动支付与家庭消费》，《财经科学》第 4 期。

尹志超、田文涛、王晓全，2022，《移动支付对家庭商业保险参与的影响——基于中国家庭金融调查数据的实证分析》，《财经问题研究》第 11 期。

尹志超、吴子硕、蒋佳伶，2022，《移动支付对中国家庭储蓄率的影响》，《金融研究》第 9 期。

张春、蒋一乐、刘郭方，2022，《中国资本账户开放和人民币国际化的新路径：境内人民币离岸金融体系建设》，《国际经济评论》第 4 期。

张晓晶、陈家泽、董昀、章苾今，2022，《补短板固底板 加快推进成渝地区双城经济圈金融基础设施建设》，《四川日报》（理论版）9 月 5 日。

张欣、唐洁珑，2022，《金融科技助力债券登记托管结算体系建设》，《债券》第 3 期。

郑联盛、刘贤达，2023，《统筹金融发展与金融安全的重点领域与政策建议》，《经济纵横》第 2 期。

郑彧，2022，《金融市场基础设施的历史进路及其监管应对》，《国家检察官学院学报》第 4 期。

庄泽虹，2022，《新中国现汇贸易支付结算的经验与局限（1956—1965）》，《中国经济史研究》第 6 期。

# 论文精粹摘编

# 外文论文

**1. Boehmer E., Huszár Z. R., Wang Y., et al., 2022, "Can Shorts Predict Returns? —A Global Perspective"**（《空头能预测收益率吗？——全球视角》），*Review of Financial Studies*, 35, 2428 – 2463.

使用多种卖空指标，该文检验了 2006 年 7 月至 2014 年 12 月 38 个国家和地区卖空对未来股票回报的预测能力。研究发现，在全球资本市场，日覆盖率和利用率指标对未来股票回报的预测力最强。在替代卖空措施的预测力方面，跨国和跨公司存在显著差异。卖空的预测力在卖空监管不受限制的国家更强，在流动性相对较低、卖空费用较高、价格效率较低的股票中更强。

**2. Ding Y., Xiong W., Zhang J., 2022, "Issuance Overpricing of China's Corporate Debt Securities"**（《中国公司债的发行溢价》），*Journal of Financial Economics*, 144, 328 – 346.

中国公司债券的发行定价过高，这在不同信用评级、到期日和发行人的子样本中都是稳健的，这一特征事实与发达国家的股票和债务证券定价偏低形成鲜明对比，反映了中国独特的制度环境。2017 年 10 月，在政府禁止承销商在发行中使用回扣后，债券平均定价从 7.44 个基点降至 2.41 个基点。通过分析回扣禁令前后以及不同发行人和承销商之间的定价过高，该文发现了竞争未来承销业务的承销商提高定价的两个渠道——回扣和自购。

**3. Nagel S., Xu Z., 2022, "Asset Pricing with Fading Memory"**（《基于不断退化的记忆的资产定价》），*Review of Financial Studies*, 35, 2190 – 2245.

基于终身经历影响个人宏观经济预期的证据，该文研究了一个经济体中的资产价格。随着 IID 基本面、持续的风险厌恶和记忆衰退与微观数据的校准，该文所建模型产生了高且强烈的逆周期客观股票溢价，而主观股票溢价几乎是恒定的。与这一理论一致，经验支出增长（过去增长率的加权平均值）与未来股市超额收益和调查中的主观预期误差呈负相关，与分析师对长期收益增长的预测呈正相关。

# 中文论文

**1. 陈创练、单敬群、刘晓彬，2022，《信贷流动性约束、宏观经济效应与货币政策弹性空间》，《经济研究》第 6 期。**

有效动态平衡稳增长和降杠杆是近年来我国宏观调控的主要政策任务，该文以 2004 年以来我国实施渐进式永久性信贷约束的典型事实为研究对象，构建一个嵌入家庭、企业、政府和央行的动态一般均衡模型，通过设定模型参数具有时变性，研究了永久性信贷约束和暂时性信贷约束收紧对模型系统均衡影响的宏观经济效应。研究结果表明，永久性信贷约束在长期上能达到不影响产出且有效降低杠杆的目的；而暂时性信贷约束长期上造成产出损失，且降杠杆的政策效果也较弱，在面临技术进步或政府支出冲击时亦是如此。特别是，永久性强信贷约束的宏观经济效果优于永久性弱信贷约束，但长期看，信贷约束强弱在稳增长和降杠杆上并不存在显著差异。反事实模拟分析表明，实施永久性信贷约束能够增强货币政策调控经济增长目标的弹性空间，但同时需要搭配较强盯住杠杆目标的货币政策才能起到更好稳增长和降杠杆的作用。鉴于当前我国贷款价值比远低于 70%，此时央行可采取更强盯住杠杆目标的货币政策取向，但不宜在此后过度放宽信贷约束条件。因为，如果当下我国在经历长时期的信贷约束紧缩后逐渐放松，转而实施暂时性信贷约束，则容易引发杠杆规模的快速反弹，而这些政策组合却未能在长期中起到促进经济增长的效果。

**2. 陈德球、胡晴，2022，《数字经济时代下的公司治理研究：范式创新与实践前沿》，《管理世界》第 6 期。**

数字经济催生大量的新技术、新业态和新模式，深度变革微观企业的发展环境与互动方式，极大地挑战了以委托代理成本和信息不对称为两大支柱的传统公司治理研究，对新经济下的公司治理结构和公司治理机制探索提出更高的要求和挑战。该文以数字经济推动公司治理观念与公司治理模式创新的需求为导向，立足数字经济时代不断涌现的公司治理创新实践，在系统梳理经典研究脉络的基础上，结合数字经济时代公司治理边界突破的逻辑与路径，遵循"技术赋能—数据驱动—治理重构"的逻辑思路，提炼归纳新经济下的研究范式和研究框架：从股东中心向企业家中心转变，聚焦掌握企业核心技术和关键资源的创始人及业务团队，高度重视人力资本及技术资本的长效价值。在此逻辑体系下，该文从大数据赋能资本市场治理、大数据驱动产品竞争市场治理和大数据重构控制权市场治理等维度深入分析新时代下公司治理研究的新机制和新路径，推动新型治理生态模式构建，并结合当今公司治理的实践前沿，从内部公司治理结构和外部公司治理机制等方面提供切实可行的视角拓展和思路启发。最后，该文在展望研究前景的同时也正视转型阶段下的现实困难和研究挑战，鼓励学者充分利用实践素材，开展扎根本土、实证分析与案例探索并存的高质量研究，拓展数字经济时代公司治理决策新范式，推进国家治理体系和治理能力现代化建设的微观实现路径，积极应对数字经济下公司治理价值重塑与研究范式转变的机遇和挑战。

**3. 陈卫东、王有鑫，2022，《全球流动性、通胀与金融资产价格互动演变逻辑：理论框架和经验分析》，《国际金融研究》第6期。**

全球流动性的规模、结构、流向和币种构成等变化将对全球经济金融发展格局和金融稳定产生深远影响。该文在对全球流动性概念进行厘清和界定的基础上，分别从理论机制和经验分析的角度探讨不同维度全球流动性对通胀和金融资产价格的差异化影响，分析主要国际货币在全球生产和金融循环体系中的跨境流动对全球金融稳定的影响。结果发现，央行流动性是全球流动性的核心，跨境流动性主要影响他国债务和金融市场稳定，私人资产和跨境流动性的顺周期性变化将放大央行流动性对经济金融体系的影响。欧美等国际货币发行国可以将货币超发成本转嫁给其他国家，经济呈现"高全球流动性、低通胀和高金融资产价格"特点；工业出口国和大宗商品出口国货币跨境使用较少，金融资产价格除受本地流动性影响外，还受跨境流动性影响，波动较大。实体经济货币活性下降、资金分流金融市场、私人非金融部门加杠杆空间下降、新兴经济体出口价格低廉等因素共同作用，弱化了发达经济体央行流动性对通胀的影响。当前全球流动性面临拐点，我国面临的输入性金融风险加大。对此，应搭建系统、全面的流动性统计监测框架，提前做好应急预案和政策储备，提高风险抵御能力。

**4. 陈艳莹、于千惠、刘经珂，2022，《绿色产业政策能与资本市场有效"联动"吗——来自绿色工厂评定的证据》，《中国工业经济》第12期。**

绿色产业政策能够得到资本市场的联动响应是其政策有效性的重要体现。该文以2016年工业和信息化部出台的绿色工厂评定政策为研究对象，基于2017—2020年上市企业数据，系统检验这一绿色产业政策的股价效应及其内在机制。研究发现，获评绿色工厂显著提升了企业股价，说明中国资本市场以往对企业绿色信号多呈消极反应的状况已发生转变，资本市场能够与绿色产业政策形成有效联动，共同促进传统制造业绿色转型。异质性分析表明，获评绿色工厂对小企业的股价提升作用更强，对高污染行业企业的股价提升作用弱于清洁行业中的企业。机制分析显示，股价上涨主要源于投资者对企业获评后所能得到的现金补贴、政企关系改善等政府收益的高预期，并非源自投资者的绿色偏好和对企业产品销售增长、融资能力提升等市场收益的高预期。进一步检验发现，绿色工厂评定显著降低了获评企业竞争对手的股价，有助于倒逼未获评企业绿色转型。该文为判断绿色信号在中国资本市场上的有效性提供可靠证据，从资本市场反应这一新的视角为政府评估和改进绿色产业政策的作用效果提供了可供参考的思路。

**5. 邓伟、欧阳志刚、杨国超、肖赛，2022，《中国借贷便利工具有效性研究——来自银行信贷投放的证据》，《经济学（季刊）》第22卷第6期。**

该文基于中国银行业数据，利用双重差分法考察借贷便利工具对商业银行贷款投放的影响及其作用机制。研究发现，借贷便利工具可以通过商业银行合格担保品渠道发挥作用，显著提高了商业银行的贷款投放规模，且这一作用随着时间的推移不断增强。该文的研究发现首次证实了我国借贷便利工具可以通过商业银行合格担保品渠道发挥信贷促进作用，为我国借贷便利工具的有效性提供了全新的实证证据，对于完善我国借贷便利操作具有重要启示。

**6. 方意、邵稚权，2022，《中国金融周期与横向关联：时空双维度相结合视角》，《金融研究》第 1 期。**

宏观审慎政策关注各金融子市场在时间维度上的金融周期和空间维度上的横向关联。该文结合时间维度与空间维度视角，使用股票市场、货币市场、房地产市场以及信贷市场的数据，测算 2001—2019 年中国金融周期和横向关联的波动特征、作用关系与频域叠加机理。研究结果表明，时间维度金融周期与空间维度横向关联的波动趋势具有一致性。我国金融周期长度约为 10.33 年，横向关联波动周期的长度约为 10.58 年。从作用关系上看，首先，我国房地产周期达到波峰后，会对股票市场和信贷市场产生较强的溢出效应；其次，股市周期达到波峰后，会向房地产市场和信贷市场产生较强的溢出效应；最后，我国信贷市场接受股票市场和房地产市场溢出后，信贷周期会逐渐达到波峰。从频域叠加机理的角度看，我国金融子市场间横向关联的波动主要由中低频波段驱动，中低频波段横向关联的持续期在 2 个月以上。

**7. 傅联英、骆品亮，2022，《众人拾柴火焰高？支付平台引入四方模式对绩效的异质影响》，《金融评论》第 5 期。**

该文首先在理论层面建立起支付平台"运行模式转型→全要素生产率变动→绩效表现"的逻辑链条，然后利用广义合成控制法实证考察美国运通支付平台引入四方模式对其交易量和加成率的异质性影响。研究结果显示，支付平台引入四方模式导致交易量显著上升但加成率显著下降，"鱼与熊掌不可兼得"的结果说明引入四方模式对平台绩效产生了结构分化效应。进一步分析发现，支付平台引入四方模式经由全要素生产率渠道"趋吉避凶"地作用于绩效表现。全要素生产率及其分解项的提高，显著地增强了支付平台"四方化转型"产生的交易量扩容效应，部分地抵消了支付平台"四方化转型"产生的加成率收窄效应，使得支付平台引入四方模式后对其加成率的负面影响不至于太强。该文的研究结论对支付平台运行模式设计和支付产业生态圈建设具有启发意义。

**8. 高然、祝梓翔、陈忱，2022，《地方债与中国经济波动：金融加速器机制的分析》，《经济研究》第 6 期。**

该文在动态随机一般均衡模型中引入地方政府债务，揭示了其产生的新金融加速器机制。研究表明，地方债使房地产价格与公共投资之间形成正反馈，显著放大了中国经济波动。该机制基本遵循了金融加速器的理论范式，然而相较于标准的金融加速器，地方债加速器具有鲜明的中国特色。第一，地方政府以预期土地出让收入作为抵押发行地方债，形成独特的信贷约束，房地产价格上涨会通过放松地方政府的信贷约束导致地方债扩张。第二，地方政府的土地供给行为具有内生性，房地产价格上涨还会导致地方政府以地方债替代土地财政，这使土地供给减少并进一步加剧房地产价格上涨，从而在房地产市场内部产生额外的加速机制。第三，房地产市场波动向实体经济的传导主要借由公共投资而非私人投资，地方政府的基础设施投资扮演着重要角色，并会对私人投资产生挤出效应。进一步分析表明，地方债加速器具有显著的非对称性和风险累积效应，而土地出让成本、隐性担保、影子银行等现实因素进一步增强了地方债加速器的波动放大作用。利用中国城投债发行数据，该文从实证上验证了地方债加速器的核心传导机制；认为地方债加速器对于理解中国经济波动至关重要，并对地方债治理与改革以及地方政府融资模式转型提出一些有针对性的政策建议。

**9. 龚强、班铭媛、刘冲，2022，《数据交易之悖论与突破：不完全契约视角》，《经济研究》第 7 期。**

数据是数字经济的基础性和战略性资源，数据交易是推进数据要素市场化配置的必要前提。该文依据数据的"场景专用性"特点，基于不完全契约理论，揭示了数据交易存在"数据安全"与"数据流通"之悖论的理论机制。数据交易的"可用不可见"是突破数据交易悖论的关键，隐私计算技术能够提供可行的解决方案。"可用不可见"不仅是数据交易技术的变革，更是交易模式的创新，即从传统的"数据所有权交易"转变为"数据使用权交易"。相比数据所有权交易，数据使用权交易能给予更充分的数据生产与采集激励，促进数据资源市场化交易，实现数据要素的高水平积累与价值释放。然而，建立"可用不可见"的数据交易环境需要一定技术投资，市场主体私人投资激励可能不足。为此，有必要适度超前布局数据交易基础设施，从国家和区域层面加强共建共享统筹规划，解决共性基础技术难题，降低市场主体的交易成本，从而更广泛、更充分地释放数据动能。该文指出，数据安全不仅不与数据流通相悖，反而是数据流通价值释放的关键，数据安全将成为数字经济实现高质量发展的先决条件和重要保障。

**10. 顾明、曾力、陈海强、倪博，2022，《交易限制与股票市场定价效率——基于创业板涨跌幅限制放宽的准自然实验研究》，《金融研究》第 11 期。**

该文基于 2020 年 8 月 24 日创业板涨跌幅限制由 10% 扩大到 20% 这一政策变化建立准自然实验，从市场层面与公司事件层面探讨交易限制放宽的外生冲击下市场定价效率的变化。研究发现，涨跌幅限制放宽政策实施后，股票价格能更灵敏地反映公开市场信息，更多地包含公司层面特质信息，整体市场定价效率显著提升。进一步研究表明，涨跌幅限制放宽有效缓解了交易干扰问题，避免了过度交易行为延后，缓解了波动性外溢与价格发现延迟。异质性分析表明，无论是市场层面定价效率改善，还是事件层面波动性外溢、价格发现推迟与交易干扰问题的缓解，均在低信息透明度公司中更为显著。该文研究发现为验证涨跌幅限制会抑制股票市场定价效率的理论提供了直接经验证据，同时为推广完善市场化交易制度提供了有益启示。

**11. 郝芳静、谢远涛，2022，《"险资举牌"的市场风险效应分析基于 DID 模型的实验证据》，《金融论坛》第 7 期。**

保险公司是资本市场的重要机构投资者，"险资举牌"引起了市场的广泛关注。该文基于 DID 模型，以沪深两市 A 股市场的上市公司为研究样本，研究"险资举牌"与资本市场风险之间的关系。研究发现，"险资举牌"能够有效降低市场的风险，原因可能是保险公司具备较高的信息管理和风险管理能力；通过对换手率分组检验后发现，对于换手率高低不同的公司，"险资举牌"降低市场风险的效应没有明显差异。

**12. 何光辉、杨何灿，2022，《中国境内人民币汇率弹性及其市场机制研究》，《数量经济技术经济研究》第 12 期。**

在双循环格局构建中如何增强人民币汇率弹性以更好发挥其自动稳定器作用已迫在眉睫，然而系统且严谨的学术研究仍较贫乏。该文构建三维尺度体系来多角度评估不同外汇汇率弹性，运用 GARCH 模型从水平与波动两个层面寻找汇率弹性的市场基础，并进一步利用平面网格化系统分析六个汇改过程的政策效率。研究发现，境内外汇汇率水平和变动量的变动均已达到国际水平；但汇率弹性质量不高，汇率变动率变动不仅远低于国际市场，还存在美元与非美元汇率之间的结构差异，有"恐弹"或"乱弹"倾向。原因是汇率弹性市场基础脆弱，水平机制中不仅国际化程度在低位徘徊且自我调节功能尚不稳定；波动机制中不仅缺乏国际影响且自身 ARCH 效应起伏不定。此外，相关汇改政策缺乏整体一致性和过程连贯性。下一步的政策重心应置于提升弹性质量：尽快由当前关注汇率水平和变动量的变动向重视变动率的变动过渡，以降低"恐弹"或"乱弹"倾向；重视水平机制中的自我调节功能和波动机制中的国际市场影响，适当增加跨境交易主体；提高政策效率，防止美元与非美元汇率弹性间的"跷跷板"式低位徘徊局面再现。

**13. 侯成琪、肖雅慧，2022，《住房价格与经济增长：基于中间品需求渠道及其乘数效应的分析》，《经济研究》第 4 期。**

该文通过在模型中引入房地产业与其他产业之间的投入产出关系，研究中间品需求渠道及其乘数效应如何导致住房价格对经济增长产生倒 U 形的影响。研究发现，引入投入产出关系不仅能够提高模型对中国经济的解释能力，而且会通过中间品需求渠道及其乘数效应导致稳态中住房价格与产出水平之间出现倒 U 形关系——当房价较低时，两个部门之间的投入产出关系使得中间品需求和最终品需求相互带动，导致住房价格上涨会拉动经济增长；但是，当房价超过某一个阈值时，房价上涨带来的中间品价格上涨和生产成本上升导致厂商降低产出水平和对中间品的需求，中间品需求渠道及其乘数效应开始发挥反向的作用，导致房价上涨会抑制经济增长。根据中间品需求渠道及其乘数效应，在房地产调控中一方面要充分发挥房地产业

作为国民经济重要支柱产业的作用，将促进房地产市场平稳健康发展作为调控总基调，避免调控政策大起大落；另一方面要充分认识到房价上涨过快对经济增长的不利影响，坚决贯彻"房子是用来住的，不是用来炒的"调控原则，遏制房价过快上涨。

**14. 胡滨，2022，《金融科技、监管沙盒与体制创新：不完全契约视角》，《经济研究》第 6 期。**

该文从不完全契约下剩余权利配置的视角出发，对金融监管的理论机制进行了阐释。金融监管可以看作监管者与被监管者之间的隐性契约。由于监管规则无法覆盖全部相关情境和存在未来修改的可能，这种隐性契约具有不完全性，因此隐含着相应的剩余权利空间。金融科技的颠覆性创新性质导致上述剩余权利空间急剧扩大，并且难以基于监管者的传统经验来加以处理。通过监管双方之间动态的谈判过程，监管沙盒可以避免创新者在资源投入和信息披露上的激励扭曲，从而诱导出对于社会福利更优的金融创新。基于这一视角，中国金融改革的渐进性质决定了其中的监管剩余权利空间会持续存在，而监管沙盒的精神实质可以为上述剩余权利空间的配置提供重要的借鉴。

**15. 胡宏兵、王乔、赵春旭，2022，《参与商业保险能提高家庭主观幸福感吗：理论机制与实证检验》，《宏观经济研究》第 10 期。**

保险作为现代经济的重要产业和风险管理的重要手段，在构建现代保障体系、增进人民幸福方面被寄予厚望。该文构建理论模型，推演家庭参与商业保险对其主观幸福感的影响机制，并基于 2017 年中国家庭金融调查（CHFS）数据进行实证分析。研究发现，商业保险参与能够显著提升家庭的主观幸福

感,这种幸福提升作用对农村地区、西部地区、低收入或非小型化家庭更加明显。进一步分析发现,商业保险参与能够有效缓解负债对主观幸福感的负向影响,能进一步提升已婚家庭的幸福感,但不能有效缓解未处于婚姻状态(未婚、离异、丧偶等)对主观幸福感的负向影响。为更好地发挥商业保险服务和改善民生的作用,应加强对商业保险的政策扶持和引导,充分发挥商业保险的"幸福提升"功能。

**16. 花弘毅、李曜,2022,《农村金融机构、居民贷款可得性与城乡收入差距》,《金融研究》第12期。**

该文基于银行网点设立和家庭信贷选择的视角,研究了新型农村金融机构和传统农村金融机构对城乡居民贷款可得性和城乡居民收入差距的异质性影响。根据我国2000—2018年县域经济、金融机构网点和CHIP2018家庭调查等数据,研究发现,新型农村金融机构表现出良好的支农支小效果,缓解了农村地区信贷约束,比较而言,传统农村金融机构的表现相对偏弱。具体来看,新型农村金融机构的网点扩张提高了农村居民的贷款可得性,进而有利于缩小城乡收入差距。该文研究结论为我国农村金融机构改革提供了一定参考。

**17. 黄一凡、孟生旺,2022,《中国地震指数保险设计与定价研究》,《统计研究》第4期。**

地震指数保险是我国巨灾保险制度的重要组成部分。然而,由于地震灾害发生频率低、造成的经济损失高且随机性强,地震指数保险的赔付结构设计往往会面临样本量不足、灾害损失预测不准确等问题,导致严重的基差风险。该文提出了一种新的指数保险设计方法,首先将传统广义可加模型的训练结果与决策树结构相结合,使连续型指数离散化,同步提高了地震损失预测、指数保险设计结果的稳健性和实际可行性。借鉴迁移学习思想,设计具有参数软共享结构的多任务改进决策树模型,最终实现不同区域地震损失数据的增强。基于1949—2019年我国历史地震灾害,基于三个目标区域,包括云南、新疆,以及西藏、青海、甘肃、宁夏,验证新方法对于降低地震指数保险样本外基差风险的优势,并应用"频率—强度"模型框架计算保费,为完善我国巨灾保险制度提供理论参考和实践依据。

**18. 黄泽悦、罗进辉、李向昕,2022,《中小股东"人多势众"的治理效应——基于股东大会出席人数的考察》,《管理世界》第4期。**

尽管投资者保护制度不断完善,但是大股东损害中小股东权益而中小股东消极不作为的局面却未发生实质转变。在中国"散户型"投资者结构下,如何将中小股东人数众多的基本特征转化为其有效参与公司治理的优势,具有重要意义。该文利用2015—2018年深市上市公司中小股东出席年度股东大会的数据研究发现,中小股东参与人数越多,越有利于抑制大股东掏空,这一影响随着两权分离度的提高和外部制度环境的改善而增强。进一步分析表明,中小股东参与人数具有表决权之外的增量治理效应,具体通过增加议案否决概率和提高媒体关注度等路径实现。该文的研究结论补充了大股东掏空和中小股东积极主义的文献,并为完善中小投资者保护制度提供了理论支持和经验证据。

**19. 姜富伟、宁炜、薛浩,2022,《机构投资与金融稳定——基于A股ETF套利交易的视角》,《管理世界》第4期。**

大力发展机构投资者有助于完善资本市

场基础制度，促进金融市场高质量发展。但机构投资者以及机构投资工具的无序发展也可能损害金融稳定。该文创新性地以 ETF 这一机构投资者最主要的高流动性指数化投资工具为切入点，探讨机构投资对金融稳定的影响和微观机制。本文发现，ETF 并不能在市场压力时期为股票形成流动性缓冲，反而会加大股票的系统性尾部风险，引起金融不稳定。在进行指数股票切换准自然实验的工具变量回归以及多种稳健性检验后，上述结果仍然成立。机制分析表明，机构投资者的套利活动尤其是折价套利活动是 ETF 增加股票系统性尾部风险的重要微观机制。此外，ETF 对股票系统性尾部风险的影响存在着门限效应和非对称效应，并且受市场交易制度灵活性的影响而存在异质性。借助 ETF 这一金融工具创新，该文将研究视角由机构投资者扩展到机构投资工具，对于辩证地理解机构投资对金融稳定的综合影响具有重要意义。

**20. 解学梅、韩宇航，2022，《本土制造业企业如何在绿色创新中实现"华丽转型"？——基于注意力基础观的多案例研究》，《管理世界》第 3 期。**

在"碳达峰、碳中和"战略目标以及绿色发展新时代背景下，制造业企业的绿色创新和转型升级成为重中之重。该研究基于注意力基础观的元理论框架，采用纵向多案例研究方法，选择 4 家典型的制造业企业，深度剖析制造业企业绿色转型演化过程"制度逻辑驱动→资源编排过程→绿色转型结果"的内在形成机制。研究发现，制造业企业的绿色转型过程可以划分为传统发展期、绿色转向期和绿色转型期三个时序区间，且不同阶段的主导逻辑、资源编排方式和绿色创新行为特征存在显著差异；不同制度逻辑和资源编排过程衍生出四种差异化的绿色转型模式："产业链绿色集成模式"、"供应链绿色整合模式"、"多重响应绿色蝶变模式"和"隐形冠军绿色追赶模式"；不同绿色转型模式通过调整注意力配置对象和注意力聚焦方向，可以通过"长视引领绿色跃迁路径"、"价值重构绿色跃迁路径"和"双重预见绿色跃迁路径"实现更高程度的绿色转型。综上，在理论上，该研究丰富了注意力基础观在绿色创新领域的应用研究；在实践层面，研究结论为"双碳"目标下我国制造业企业的绿色转型升级提供了有益的管理启示。

**21. 荆中博、李雪萌、方意，2022，《跨境资本周期性波动对中国银行部门的风险溢出机制分析》，《世界经济》第 1 期。**

该文从周期角度出发，构建结构模型和双重 $\Delta CoVaR$ 模型，探究跨境负债和资产的扩张或收缩对银行部门的风险溢出机制。结果显示：第一，跨境资本周期性波动对银行部门具有显著的风险溢出效应，跨境负债波动的溢出效应强于跨境资产。第二，跨境资本周期性波动通过影响中小银行风险承担和风险实现以及大型银行的风险放大作用影响银行部门。特别地，股份制银行在受冲击和风险放大方面均具有重要作用。第三，跨境资本扩张带来的风险承担会显著提高未来银行业系统性风险实现水平。该文为提高跨境资本管理质量提供了科学依据。

**22. 赖黎、蓝春丹、秦明春，2022，《市场化改革提升了定价效率吗？——来自注册制的证据》，《管理世界》第 4 期。**

2018 年 11 月 5 日，习近平总书记宣布科创板试点注册制。立足 A 股历史性市场化改革事件，该文从市场反应和新股市场表现等视角，考察注册制对市场定价效率的影响，研究发现：第一，相比其他板块，科创板新股实际首日收益率更低，连续涨停天数更少；

第二，注册制宣告后，壳企业的短期和长期市场反应更差；第三，相较宣告前，注册制宣告后非科创板新股实际首日收益率和连续涨停天数下降；第四，注册制对新上市的概念股、科技股以及被媒体追捧股票的炒作抑制作用更明显。文章从投资者预期角度检验了注册制实施初期的政策效果，发现注册制提升了市场定价效率，有利于理解我国资本市场的运行规律和投资者决策逻辑。

**23. 赖黎、玄宇豪、巩亚林，2022，《险资入市促进了公司创新吗》，《财贸经济》第2期。**

随着国家政策的放开，保险公司持股上市企业的现象剧增，保险机构投资者逐渐成为中国资本市场中的重要角色，对企业经营决策发挥了重大作用。在此背景下，该文考察了险资入市对企业创新活动的影响。研究发现，一方面，保险机构投资者持股公司的研发投入和专利产出更少；另一方面，保险机构投资者持股公司的CEO强制变更概率更高，经营业绩更差。本文还讨论了保险公司影响企业创新背后的理论机理。研究表明，险资持股带来了过度监督效应，抑制了企业创新。该文结论有助于市场加深对保险机构的认识，丰富企业创新的相关研究，为改善公司治理提供建议。保险机构投资者是中国资本市场改革的重要力量，政府监管部门需合理引导保险机构投资者，使其发挥积极的外部治理作用。

**24. 雷晓燕、沈艳、杨玲，2022，《数字时代中国老年人被诈骗研究——互联网与数字普惠金融的作用》，《金融研究》第8期。**

该文采用具有全国代表性的中国健康与养老追踪调查（CHARLS）数据，研究在我国数字化和老龄化背景下，老年人被诈骗情况的主要特征以及在不同维度的差异，并进一步挖掘其影响因素，探讨互联网使用和数字普惠金融发展在其中发挥的作用。主要发现如下：第一，虽然经济条件较好的老年人群体更容易成为诈骗目标，但被诈骗者接触后，相对脆弱的老年人群体更容易实际受骗，高达30%的老人在被诈骗接触后会实际遭受损失；第二，该文构造的防骗能力指数显示，经济欠发达省份的老年人防骗能力明显更低；第三，互联网的使用同时具有"暴露效应"和"学习效应"；第四，个体认知能力以及当地数字普惠金融发展程度是影响老年人是否实际被骗及损失大小的关键因素。最后，从异质性的角度看，使用数字技术的正面"学习效应"对信息相对匮乏的农村和女性老年人作用更大，超过了负面的"暴露效应"；数字普惠金融的发展程度对女性老年人的助力作用更为明显，但在农村地区的作用仍有待进一步提高。

**25. 李波、朱太辉，2022，《债务杠杆、财务脆弱性与家庭异质性消费行为》，《金融研究》第3期。**

该文通过引入财务脆弱性来描述家庭无法及时或完全履行偿债义务而发生的财务困境，实证分析了债务杠杆对家庭消费的异质性影响。理论机制分析和基于中国家庭金融调查（CHFS）数据的实证研究表明，家庭债务杠杆会提升财务脆弱性，从而弱化跨期消费平滑能力，强化消费预算约束，导致家庭落入"高边际消费倾向、低消费支出水平"的低层次消费路径上。进一步分析发现，对于通过负债投资多套房的家庭而言，高债务杠杆会明显增加不确定冲击下的财务脆弱性，进而对消费产生更大的抑制效应；亲友民间借贷的履约机制相对灵活，可以缓解财务脆弱性对家庭消费的抑制效应；债务杠杆上升引致的财务脆弱性，对耐用消费品支出的压缩效应大于非耐用消费品，对农村家庭消费支出的挤占效应大于城镇家庭。该文的研究为我国"不宜依赖消费金融扩大消费""规范发展消费信贷"等提供了理论解释，对金融服务促进消费发展具有一定政策启示。

**26. 李青原、陈世来、陈昊，2022，《金融强监管的实体经济效应——来自资管新规的经验证据》，《经济研究》第 1 期。**

防范和化解金融风险、促进实体经济高质量发展是当前中国金融改革的重要目标。该文选取基于这一目标而实施的资管新规为准自然实验，以 2016—2019 年中国 A 股非金融非房地产类上市企业半年度数据为样本，检验金融强监管的实体经济效应。研究发现，资管新规实施后，金融化程度较高的企业投资显著增加，表明强化金融监管抑制了企业"脱实向虚"，从而支持监管有效观。进一步检验发现，资管新规积极的实体经济效应主要体现在国有企业、高管有金融背景的企业及民间金融发展水平和影子银行水平较高的地区，而压缩金融投资、降低债务融资成本是资管新规发挥这种效应的两个作用机制。此外，资管新规对持有短期和长期金融资产的企业都发挥了积极的实体经济效应，但主要体现在短期金融资产配置较多的企业。该文为金融强监管的实体经济效应初步提供了来自中国的微观证据，为进一步释放金融监管的制度改革红利，进而促进实体经济高质量发展提供了重要的政策启示。

**27. 李双建、田国强，2022，《地方政府债务扩张与银行风险承担：理论模拟与经验证据》，《经济研究》第 5 期。**

2008 年全球金融危机以来，中国地方政府债务规模持续低效率膨胀，潜在风险隐患日益暴露。尤其是当前受新冠肺炎疫情冲击与国际形势日趋复杂的交织影响，扩大举债融资规模可能成为地方政府应对经济下行压力的重要抓手，这势必会再次引起地方政府债务规模高企。在地方政府财政活动边缘不断扩张的背景下，地方政府债务扩张风险会外溢至金融系统，极易演变为威胁金融系统稳定的"灰犀牛"。

**28. 李晓溪、饶品贵，2022，《预防性监管与公司产能过剩——基于年报问询函的研究证据》，《金融研究》第 4 期。**

该文研究年报问询函这一预防性监管制度能否推动公司去产能，并探究其作用机制和经济后果。研究发现，相比未被问询的公司，被问询的公司收函后产能过剩水平显著下降；该结果在媒体负面报道较多的公司、地方政府治理水平较高的地区更为明显，表明年报问询函通过降低市场、政府与公司间的信息不对称，强化市场和政府的治理效应，进而有效促使公司去产能。影响机制检验表明，年报问询函主要通过优化资源配置、减少代理问题作用于去产能。经济后果方面，年报问询函会提升被问询公司的生产效率和经营业绩。

**29. 李逸飞、李茂林、李静，2022，《银行金融科技、信贷配置与企业短债长用》，《中国工业经济》第 10 期。**

以投融资期限结构错配为主体的企业短债长用行为，加剧了企业杠杆风险并可能形成系统性金融风险，而银行金融科技对传统金融体系信贷资源配置模式的突破，对于防范和抑制企业短债长用具有重要的实践价值。利用中国商业银行部门的金融科技专利数据并结合企业贷款数据，该文研究发现，银行金融科技发展能够通过提升银行信息甄别能力显著缓解企业短债长用水平。银行信息甄别能力提升表现在供需两端：在供给端，金融科技有利于降低银行不良贷款率、把控信用风险进而提升企业长期融资供给；在需求端，银行金融科技提升了企业信贷配置能力，优化了企业信贷期限结构，促进了企业长期融资由抵押贷款向信用贷款转型，缓解了传统银行对于民营企业的"融资歧视"。进一步分析表明，银行金融科技对企业短债长用的抑制效应在企业市场关注度和信息披露质量较低的样本中更为显著，并且该抑制效应有利于缓解短债长用对企业未来盈利增长的负面影响，但同时推高了企业经营风险。基于此，应提升银行金融科技对企业融资期限错配的优化效应，依托金融科技"监管沙箱"持续扩容，促进深化金融科技服务的可得性，完善企业风险防范体系，避免企业过度负债。

**30. 李勇、张铭志、张钰，2022，《中国公司债超额收益的影响因素研究——基于多因子模型的实证分析》，《经济学（季刊）》第3期。**

近年来，在金融监管日趋严格及刚性兑付打破的背景下，债券市场的有效性迅速提高，基于多因子模型在市场波动中挖掘有效因子的方法更具优势。因此，研究债券超额收益的定价因子，对提升债券投资收益、控制风险有重要意义。该文研究了中国公司债超额收益的因子贡献问题。实证结果显示，流动性风险因子等对公司债超额收益率有正的贡献，信用风险因子的正贡献较弱，下行风险因子在部分分组中有负贡献。研究表明，中国债券市场刚性兑付的预期仍在，且存在机构投资者行为一致的现象。

**31. 刘冲、刘莉亚，2022，《财政金融政策的协同效应——基于小微贷款利息收入增值税减免的研究》，《中国社会科学》第9期。**

在我国传统货币政策框架下，过多使用结构性政策工具，可能会导致总量出问题，使货币政策面临稳增长与调结构的平衡难题。减免小微贷款利息收入增值税是财政金融政策协同的一种有益尝试，是"税收政策的利率渠道"。利用某大行逐笔贷款数据的实证分析发现，该政策工具显著降低了融资成本，且提高了信贷可得性。基于此，构建包含税收条件的银行信贷决策模型，刻画其作用的理论逻辑，可以发现，相比经由负债端向资产端传导的结构性货币政策，贷款利息收入减税直接作用于银行资产端，传导路径更直接，摩擦更小。这种不依赖中央银行流动性投放和利率操作的财政金融协同的"税收政策的利率渠道"，可以为宏观金融调控拓宽空间，从而缓和货币政策的多目标冲突。

**32. 刘丹阳，2022《依托数字支付平台重塑跨境零售支付：人民币国际化的新路径》，《人文杂志》第3期。**

基于传统的货币国际化路径，人民币要想在短期内实现跨境交易领域的大幅提升，将面临一定的阻碍。主要原因在于在跨境批发贸易领域，美元在定价和交易方面占据明显的主导地位。而与之相对应的是，在跨境零售领域，人民币有可能通过重塑跨境零售支付的新业态，实现跨境应用水平的提升。其主要逻辑在于，数字时代的来临，催生了数字平台这一新的经济形态，凸显了大型跨国数字支付平台在货币竞争中的优势。平台消除贸易壁垒、创建全球化市场和社区的能力，与央行数字货币降低货币交易、扩大金融普惠，以及对跨境人民币实行精准目标管理和调控的能力相结合，将有效提升人民币在跨境支付中的吸引力，为推动人民币国际化创造更多有利条件。这一过程可能面临货币主权的冲击、实时外汇交易的挑战、跨境监管的困境和大国竞争等多方面的新要求，这需要中国在多边框架下与别国加强合作和沟通，实现互利共赢。

**33. 刘澜飚、李博韬、王博，2022，《非标资产、信用转换与影子银行风险》，《经济研究》第 5 期。**

规范影子银行业务经营、防范化解金融风险是当前中国金融供给侧结构性改革的重要任务。该文选取非标资产作为研究中国影子银行的切入点，基于金融供给方对风险分担与监管套利的内生需求，刻画了围绕非标资产交易形成的中国影子银行体系以及由此导致的金融风险。研究表明：第一，银行的风险分担需求与规避监管动机是驱动中国影子银行体系发展的两个重要因素，同时伴随存款供给等因素变化，银行发展非标业务的驱动因素也在二者间发生转换。第二，由非标业务形成的典型金融合同是中国影子银行内部信用流转的重要载体，然而缔约中的信息不对称激发金融机构通过各类兜底、隐性担保来减少同业摩擦，进而使得非标业务具有典型的信用转换特征。第三，银行在监管套利中形成的隐性风险自留机制易导致其低估增信行为的潜在风险，从而由于过度风险承担加剧影子银行系统脆弱性。该文为进一步深化对中国式影子银行内生逻辑的认识提供了一个新的理论分析框架，为巩固金融监管成效并加强科学监管，进而促进金融更好服务实体经济高质量发展提供了重要的政策启示。

**34. 刘瑞琳、李丹，2022，《注册制改革会产生溢出效应吗？——基于企业投资行为的视角》，《金融研究》第 10 期。**

提高资本市场资源配置效率是注册制推行的重要目标之一，该文以此为出发点，构建了多期倍分法（DID）模型，探究了科创板（试点注册制）公司信息披露对同行业公司的溢出效应。研究发现，科创板公司信息披露会促使同行业公司提高研发投入，且该效应随着信息披露内容的丰富度、精确度的增加而有所提高。机制分析表明，该溢出效应源自信息不确定性的降低和竞争压力的产生。同时，科创板信息披露提高了同行业公司管理层对创新的认知程度以及增加了媒体关注度，进而促进公司研发投入。进一步研究发现，同行业公司研发投入受到正向溢出效应影响的同时，固定资产投入有所降低，投资结构的改变最终导致投资效率提升，显著抑制了过度投资。该文为强制性信息披露的溢出效应研究提供了因果证据，也为注册制改革政策效果的全面评估提供了支持。

**35. 刘瑶、张明，2022，《经常账户冲击、资本账户管理与中央银行货币政策操作》，《金融研究》第 12 期。**

经常账户负向冲击及引发的宏观变量联动性通常对各经济体央行货币政策操作构成挑战。该文构建了融入经常账户冲击的小型开放经济 DSGE 模型，比较了采取不同资本账户管理工具（数量型和价格型）情景下，央行执行数量型货币政策规则、盯住 CPI 通胀泰勒规则、盯住 PPI 通胀泰勒规则下，经常账户负向冲击对货币政策操作的异质性影响及传导机制，并进行了福利分析。主要结论如下：第一，经常账户负向冲击将对本国央行货币政策操作构成一定影响；第二，资本账户管理可以成为缓冲经常账户负向冲击的防火墙，价格型资本账户管理工具与盯住 PPI 通胀泰勒规则相结合造成的福利损失较小；第三，经常账户贸易端与收益端双重负向冲击对一国货币政策操作的影响更大，但公众预期到的经常账户恶化对货币政策操作的影响将有所减弱。该文认为，转型经济体央行应倾向于执行价格型货币政策规则，最优货币政策应在稳定价格水平与缓释风险方面进行权衡，适度降低对名义汇率的关注度，稳慎推进资本账户开放进程，并可优先选择价格型资本账户管理工具。

**36. 刘哲希、郭俊杰、陈伟泽，2022，《经济增长与宏观杠杆率变动研究——一个"债务—资产价格"新机制》，《经济研究》第 10 期。**

后全球金融危机时期，美国等发达经济体面临经济增速放缓与宏观杠杆率攀升的新局面，中国在经济增速换挡过程中高杠杆问题也有所加剧。宏观杠杆率与经济增速呈现显著的负相关性。现有研究通常基于金融加速器机制对高杠杆问题展开分析，但该机制刻画的是宏观杠杆率与经济增速之间的正反馈关系，难以较好地解释新出现的反向变动问题。该文提出并论证了"债务—资产价格"新机制：一方面，经济增速持续下滑在一定条件下会催生资产价格的过度上涨，这将驱动信贷需求增长，推动宏观杠杆率上升；另一方面，信贷需求增长会通过抬高融资成本挤出实体经济投资，降低经济增速并驱动资产价格进一步上涨。上述两方面交互作用就会形成宏观杠杆率上升而经济增速放缓的局面。数值模拟结果表明，"债务—资产价格"机制可以解释 2013 年以来中国宏观杠杆率上升幅度的 60% 与经济产出下降幅度的 45%，解释力显著强于金融加速器机制。要应对由"债务—资产价格"机制导致的高杠杆问题，从债务端控制信贷规模的效果欠佳，关键要从资产端遏制经济资产价格过度上涨。"债务—资产价格"机制是对金融加速器机制的补充与完善，为应对中国经济增速换挡下的高杠杆问题提供了新思路。

**37. 刘哲希、郭俊杰、谭涵予、陈彦斌，2022，《货币政策能够兼顾"稳增长"与"稳杠杆"双重目标吗？——基于不同杠杆环境的比较》，《金融研究》第 7 期。**

在经济发展新阶段，货币政策如何更好地兼顾"稳增长"与"稳杠杆"双重目标是需要研究的重要问题。为此，该文构建了一个含有高杠杆特征的动态一般均衡模型进行理论分析，并在此基础上利用状态依存的局部投影方法进行实证检验。研究发现，正常时期与高杠杆时期货币政策效果显著不同。正常时期，面对经济下行压力，宽松货币政策冲击能够较好地促进经济扩张并保证宏观杠杆率稳定，从而兼顾"稳增长"与"稳杠杆"。在高杠杆时期，宽松货币政策的"稳增长"效果显著弱于正常时期，而且还会推高宏观杠杆率，从而也难以实现"稳杠杆"目标。原因在于，高杠杆下更多的负债主体因偿债压力陷入"借新还旧"状态中，阻塞了货币政策的有效传导，降低了政策调控效率。

**38. 陆磊、李力、冯业倩、尚昕昕，2022，《跨境融资宏观审慎管理与外部输入性风险防范》，《经济研究》第 10 期。**

该文实证分析了我国跨境融资宏观审慎管理在国外加息、国外产出下降以及不确定性上升等外部不利情形下的缓冲效果，并构建包含境内企业和金融机构跨境融资的两国 DSGE 模型，探究了在外部不利冲击下我国跨境融资宏观审慎管理的应对策略和最优跨境融资宏观审慎调节参数的设定问题。研究发现，国外加息、国外产出下降以及不确定性上升均会带来我国实体经济活动的显著下降，跨境融资宏观审慎管理政策能缓冲外部不利冲击对我国实体经济的溢出效应。当外部不利冲击造成我国经济下滑时，适当上调跨境融资宏观审慎调节参数有利于缓解实体部门的紧缩压力。逆周期地调整跨境融资宏观审慎调节参数可以提高社会福利。当面临国外不利货币政策冲击时，盯住外债规模的跨境融资宏观审慎管理政策能进一步改善社会福利。

**39. 吕之安、郭雪寒、刘冲、刘莉亚，2022，《第三方合作存款与商业银行风险承担》，《金融研究》第 9 期。**

近年来与第三方互联网平台合作推出存款产品一度成为部分中小银行吸收存款的重要手段，监管部门对此高度关注并出台监管措施，但相关的学术研究较为匮乏。该文基于国内上市银行 2012—2020 年的面板数据，实证分析开展第三方合作存款业务对银行风险承担的影响并考察内在机理。研究发现，开展该业务显著提高了银行风险承担水平，表现为加权风险资产的扩张及高风险行业信贷资产配置的提升。机制研究表明，合作银行的储蓄存款规模显著扩张，流动性资金的过快增长刺激银行信贷向高利率贷款、高风险行业倾斜。该研究对完善互联网存款监管、防控商业银行风险具有一定的启示意义。

**40. 马甜、姜富伟、唐国豪，2022，《深度学习与中国股票市场因子投资——基于生成式对抗网络方法》，《经济学（季刊）》第 3 期。**

该文运用深度学习模型研究中国股票市场的收益预测与因子投资，使用 148 个微观企业特征变量构建因子大数据集，并采用生成式对抗网络（GAN）方法构建深度学习模型。研究发现，相较于线性模型，深度学习模型在收益预测精度和因子投资绩效上均有很大提升。该文还分析了不同类型因子在中国股市的重要性，探索了金融深度学习预测的经济理论机制解释。该文对中国金融市场高质量发展和金融科技应用探索均有重要意义。

**41. 潘敏、刘红艳、程子帅，2022，《极端气候对商业银行风险承担的影响——来自中国地方性商业银行的经验证据》，《金融研究》第 10 期。**

深化对气候相关金融风险的认识，对于促进绿色低碳发展、防范系统性金融风险具有重要意义。本文以 2004—2018 年 281 家中国地方性商业银行为样本，实证检验了极端气候对银行风险承担的影响及其机制。研究发现，极端强降水气候显著提升了银行风险承担，极端高温气候和极端低温气候对银行风险承担不存在明显影响。极端强降水主要通过给银行信贷主体带来经济损失、影响违约概率和银行信贷资产质量，进而影响银行风险承担水平；提高灾前的保险保障水平、强化碳减排机制以及确保银行资本的充足性均有利于弱化极端气候对银行风险承担的影响；相较于以地级和省会城市工商业和居民为主要服务对象的地方性商业银行，极端强降水对以"三农"为主要服务对象的县域地方性商业银行风险承担的影响更大。因此，提升商业银行应对极端气候风险意识，提高气候灾害保险保障水平，强化碳减排机制和银行资本充足管理，均有利于降低极端气候对银行风险的影响。

**42. 饶品贵、汤晟、李晓溪，2022，《地方政府债务的挤出效应：基于企业杠杆操纵的证据》，《中国工业经济》第 1 期。**

该文利用中国 1024 家农村金融机构数据，借助 2013 年放松贷款利率下限管制事件，探讨贷款利率市场化对农村金融机构回归本源的影响。研究发现，放松贷款利率下限管制显著促进了农村金融机构回归本源，加大了对农户和中小企业的金融支持力度。其作用机制是放松贷款利率下限管制加剧了非农部门信贷价格竞争，缩小了银行向非农部门和农业部门放贷的边际收益差距。异质性分析表明，商业化程度越高、所在地直接融资越发达的农村金融机构回归本源的程度越高。此外，放松贷款利率下限管制短期内对农村金融机构收益产生了不利影响，但对风险影响不显著。

该文为深化利率市场化改革和引导金融助力乡村振兴提供了启示。

**43. 尚颖、贾士彬、毕书琨，2022，《保险业资产驱动型经营模式会助推系统性金融风险吗?》，《保险研究》第 2 期。**

资产驱动型经营模式的出现，为保险公司特别是中小型保险公司提供了新的竞争思路，但对市场竞争环境、监管的有效性提出了更高要求，同时也埋下了新的隐患。该模式可能会在整个保险行业形成"羊群效应"，引起保险业系统性风险的发生；更为严重的是，该模式也可能由于经营者的短视行为引发资产负债错配风险，产生流动性风险甚至偿付能力不足问题，将风险更直接、更快速地传导至其他金融行业，引发系统性金融风险。基于此，该文选取2013—2019年55家寿险公司数据，采用面板门限回归模型，并考虑内生性问题，分析了不同偿付能力水平下，资产驱动程度对系统性金融风险形成的三个阶段，即风险承担阶段、风险传染阶段和风险倍增阶段的非线性影响。结果表明，风险承担阶段和风险传染阶段是系统性风险防范的关键，风险倍增阶段的通道并未形成。因此基本可以判定，当前资产驱动型经营模式引发系统性金融风险的可能性不大，但具有助推作用，对其实施从严的偿付能力监管至关重要。

**44. 尚玉皇、李炜祺、董青马，2022，《公开市场操作与利率期限结构行为——基于混频数据信息的研究视角》，《金融研究》第 6 期。**

在混频数据信息环境中，精准识别公开市场操作（央行政策利率）和国债收益率曲线（基准利率体系）之间的关联机制至关重要，其影响了货币政策期限结构传导的有效性。该文在混频 Nelson-Siegel（N-S）利率期限结构模型框架下，引入央行政策利率，揭示公开市场操作与利率期限结构（水平、斜率、曲度）因子之间的作用机制。实证结果表明：混频数据信息条件下，引入的公开市场操作信息显著改进国债收益率曲线的拟合效果；斜率因子冲击对公开市场操作具有显著的正向影响，而利率期限结构因子对政策调控的反应不敏感。进一步研究表明，自2015年以来，公开市场操作对斜率因子的影响逐渐扩大，政策利率向国债收益率曲线的传导效率得到显著提高，我国现代货币政策框架日益健全。

**45. 宋科、朱斯迪、夏乐，2022，《双边货币互换能够推动人民币国际化吗——兼论汇率市场化的影响》，《中国工业经济》第 7 期。**

在"十四五"期间稳慎推进人民币国际化过程中充分发挥双边货币互换作用具有重大意义。该文利用人民币全球跨境支付的真实交易数据研究了双边货币互换对人民币国际化的影响。研究发现，双边货币互换可以通过提高人民币流动性、提升外界对人民币的信心以及增强人民币网络外部性等渠道推动人民币国际化。异质性分析表明，对于"一带一路"沿线国家、与中国贸易往来密切的国家而言，双边货币互换对人民币国际化的推动效果更强。从货币职能角度看，双边货币互换的影响主要体现在交易媒介和计价单位职能上，而对价值贮藏职能没有显著影响。这符合通过构建双边货币互换网络推动人民币在国际贸易投资方面广泛使用，进而提升人民币在全球范围内承担交易媒介和计价单位职能的基本政策逻辑。价值贮藏作为更高层次职能，双边货币互换安排的签订尚无法显著提升其职能发挥。进一步地，汇率市场化可以通过"信号效应"增强双边货币互换对人民币国际化的推动作用。该文拓展和丰富了关于双边货币互换的研究，为在新一轮高水平开放进程中协调推进人民币国际化、汇率市场化和资本账户开放提供了重要的理论依据与政策启示。

**46. 王丽珍、张简荻、王维，2022，《基于保险交易的静态最优区块链模型研究》，《中国管理科学》第 8 期。**

保险业的经营特征与区块链技术存在天然契合性，该文通过分析基于区块链技术的保险交易流程，构建了基于保险交易的静态最优区块链模型，得到了保单区块存储员的最优区块存储能力、区块存储成本以及限制区块链违约分叉的约束条件。进一步以我国车险市场的经营数据为例进行数值模拟，得到区块规模、平均记录时间、平均交易费用等指标的最优结果。通过比较静态分析发现，保险交易数量、保单区块存储员人数、区块存储时间等增加以及风险损失率的降低皆会导致区块规模增加以及保险交易记录时间和保险交易费用的减少，而外部冲击的增加会导致区块规模的增加以及保险交易记录时间减少，但对保险交易费用的影响取决于因外部冲击增加而产生的交费激励增加和区块规模受限而导致的交费激励减少之间的平衡。基于研究结果，该文在保险科技协同、区块链系统设计和具体场景实践等方面提出了政策建议，同时也指出了一些有待解决的现实问题。

**47. 王鹏、边文龙、纪洋，2022，《中国央行数字货币的微观需求与"金融脱媒"风险》，《经济学（季刊）》第 22 卷第 6 期。**

中国央行数字货币已进入试点阶段，分析其微观需求与潜在风险具有理论重要性与现实紧迫性。该文讨论了中国央行数字货币的微观需求与"金融脱媒"风险，发现央行数字货币的需求由其设计要点与居民偏好共同决定。在央行数字货币替代现金的过程中，存款有可能增加，也有可能同步被替代并导致一定程度的"金融脱媒"。为缓解潜在风险，发行央行数字货币的前提条件为金融体系风险妥善处置、存款利率实现市场化和信贷政策相对宽松。

**48. 王孝松、陈金至、武皖、闫帅，2022，《汇率波动、全球价值链嵌入与中国企业出口》，《中国工业经济》第 10 期。**

该文通过构建一个包含汇率波动和中间品进口的理论模型，发现汇率波动显著抑制了企业出口，而参与全球价值链（GVC）有助于缓解汇率波动对企业出口的负向影响。通过分析 2000—2013 年中国工业企业数据库和中国海关统计数据库的匹配数据，证实了理论模型中的结论，发现 GVC 嵌入，一方面通过进口中间品价格抵消机制形成成本对冲效应；另一方面还通过产品多样化、市场多元化和质量提升有效降低了企业的产品价格弹性，由此缓解了汇率波动对出口的不利影响。未来应出台相关政策鼓励企业深度参与 GVC，并助力企业实现在 GVC 位置上的攀升。企业应积极参与 GVC 分工以吸收其正向溢出效应，及时掌握汇率和市场的变化，适当调整出口策略，同时加大研发投入，提升产品的科技含量，降低产品价格弹性。

**49. 王勋、王雪，2022，《数字普惠金融与消费风险平滑：中国家庭的微观证据》，《经济学（季刊）》第 5 期。**

该文将中国家庭金融调查数据和数字普惠金融指数相匹配，考察了我国数字金融发展对居民家庭风险平滑能力的影响。研究发现，数字金融发展显著提升了居民家庭，尤其是低收入和农村家庭的风险平滑能力。进一步的机制分析表明：数字金融发展既提高了居民家庭利用社会关系网络进行风险分担的能力，也提高了居民家庭的自我保险能力；这两方面机制共同提升了居民家庭的风险平滑能力。然而，传统的银行信贷并未显著改善家庭的风险平滑能力。

**50. 王喆、尹振涛，2022，《金融科技基础设施指数构建与发展评估》，《金融监管研究》第 6 期。**

我国在金融科技领域处于世界领先水平，但未来仍需进一步提高金融科技国际竞争力。而大力推进金融科技基础设施的建设与完善，对于充分激发金融科技的创新活力，发挥其对金融和经济发展的积极推动作用具有重要意义。该文从信息基础设施、融合基础设施、创新基础设施和制度基础设施四个维度构建了金融科技基础设施分析框架和指标体系，对世界 27 个主要经济体的金融科技基础设施发展程度和特点进行了评估。结果显示，美国、新加坡和中国在金融科技基础设施方面居于世界前三。中国在融合基础设施方面表现良好，特别在中央银行数字货币领域进展迅速；但在信息基础设施、制度基础设施方面有待进一步提高。最后，该文从金融科技基础设施建设角度提出了加速金融科技发展的政策建议。

**51. 文书洋、刘浩、王慧，2022，《绿色金融、绿色创新与经济高质量发展》，《金融研究》第 8 期。**

在可持续增长理论的基础上，该文将减排技术内生化，建立带有环境约束并包含金融部门的经济增长模型，解释了绿色金融通过支持绿色创新提升经济增长质量的内在机制。这一理论得到了基于中国省级面板数据中介效应分析的支持。该文为绿色金融的经济学建模提供了新的思路，推进了绿色金融的"功能"理论，论证了绿色金融对经济增长质量影响的"绿色创新渠道"，这意味着绿色金融不限于对少数清洁行业的支持，针对高污染、高能耗行业内部环保技术升级的金融服务也至关重要，是未来绿色金融政策需要关注的问题。

**52. 项后军、周雄，2022，《流动性囤积视角下的影子银行及其监管》，《经济研究》第 3 期。**

该文从流动性囤积视角出发，基于 2010—2017 年中国 166 家商业银行的流动性囤积水平及三种影子银行数据的测算工作，较为全面地研究了影子银行及其监管政策对银行流动性囤积水平的影响。研究结论显示，无论采用何种影子银行代理变量，影子银行对银行流动性囤积水平均具有显著的负向影响。对影子银行的金融监管则会弱化影子银行对银行流动性囤积水平的负向影响，使得银行中流动性囤积水平上升从而影响到流入实体经济，这可能也是近年来造成实体经济"融资难"等问题的原因之一。结合监管政策的异质性分析表明，金融监管弱化影子银行对银行流动性囤积水平的负向作用效果仅在中小银行、低资本充足率的银行中存在。对此，该文认为对影子银行的监管持"堵中有疏"的态度，可能会更有助于缓解当前实体经济的融资困境，提升金融服务实体经济的效果。

**53. 谢绚丽、王诗卉，2022，《中国商业银行数字化转型：测度、进程及影响》，《经济学（季刊）》第 6 期。**

当前，数字化转型已经成为商业银行的战略要务，而数字化转型能否提升银行竞争力这一问题尚未得到很好的回答，这与银行数字化的测度指标缺乏密切相关。该文从战略、业务、管理三个维度构建了一套银行数字化转型的指标体系，全方位、多角度地对中国商业银行的数字化转型程度进行了测度，为理解银行数字化转型提供了新的定量数据。实证结果表明，数字化转型可以提升银行绩效、抵御新技术的冲击并促进渠道的转型。

**54. 许宪春、张钟文、胡亚茹，2022，《数据资产统计与核算问题研究》，《管理世界》第 2 期。**

伴随着数字化技术与经济社会各领域的深度融合，数据呈现爆发式增长趋势和多元化应用价值。数据作为新型资产，应以何种方式纳入统计和国民经济核算，从而在宏观经济统计数据中客观、科学地体现数据资产在经济社会发展中发挥的重要作用，是统计和国民经济核算理论亟待突破的时代难题。该文基于国民经济核算研究范式，结合理论研究及实地调研，提出描述数据生产过程的"数据价值链"，以明确"数据"作为关键生产要素的概念及生产属性，并结合数据的特征，提出数据资产的概念，进一步基于数据支出资本化核算的基本分类，探索数据资产价值的测度方法和基础统计资料来源。该文试图为中国数据资产统计与核算工作提供理论依据和方法支撑，为数字化转型背景下国民经济核算理论、统计标准和调查方法创新作出贡献。

**55. 薛爽、王禹，2022，《科创板 IPO 审核问询回复函与首发抑价》，《管理世界》第 4 期。**

信息披露是注册制改革的核心，科创板首次打开 IPO 审核问询的"黑匣"。该文基于科创板 IPO 公司多轮审核问询回复函的文本信息，从回复信息"质"和"量"两个维度分别构建指标度量回复函的信息披露质量，考察其对 IPO 定价效率的影响。研究结论表明，IPO 审核问询回复函信息质量与公司首发抑价显著负相关，具体表现为回复函的信息量越大、信息可视化程度越高、会计术语和逆接成分密度越小，首发抑价程度越低；且公司研发投入越多，回复函质量对首发抑价的影响越强。进一步研究发现，发行人回复函信息质量对招股说明书的内容有显著影响：回复函质量越高，招股书上会稿与初始申报稿相比提供的增量信息越多，信息质量越高。此外，回复函质量越高，机构投资者网下询价意见分歧越小。该文基于 IPO 审核问询回复函文本信息的分析，为各利益方理解 IPO 定价效率提供了新的视角，为监管方提高 IPO 审核问询质量进而提升 IPO 市场化程度提供了经验证据。

**56. 杨俊、李小明、黄守军，2022，《大数据、技术进步与经济增长——大数据作为生产要素的一个内生增长理论》，《经济研究》第 4 期。**

该文旨在揭示大数据对经济增长的内生影响，将大数据作为生产要素拓展了内生增长理论。一是将大数据作为新型生产要素从物质资本中剥离，在"创造性破坏"理论框架下将大数据内生化引入生产函数，构建了多部门熊彼特质量阶梯模型，理论演绎大数据促进中间品质量阶梯提升高度的"乘数作用"和引起"研发模式转型"。二是理论刻画了大数据驱动技术进步与经济增长的路径与机制，并进行数值模拟检验。研究表明：大数据与其他生产要素存在"融合成本"，导致"研发模式转型"抑制短期经济产出；在长期，大数据通过"乘数作用"提升中间品质量水平和促进技术进步，持续推动经济增长；大数据的"乘数作用"随其"应用程度"提高而放大；同时，在中国要素收入分配偏向资本情景下，大数据将发挥更大的经济增长效应。该文拓展了大数据影响经济增长的内生增长理论，为大数据发展提供理论支撑。

**57. 姚健、臧旭恒，2022，《中国家庭收入不平等与消费不平等——基于收入冲击和消费保险视角的研究》，《经济学（季刊）》第 7 期。**

该文采用 CFPS 2010—2018 年数据，考察了中国家庭收入不平等和消费不平等之间的内在联系。研究发现：第一，收入不平等呈现先上升后下降的倒"U"形趋势，而消费不平等在平稳中有上升趋势。第二，消费对持久性冲击和暂时性冲击均存在部分保险。第三，收入不平等和消费不平等之间演变趋势的不同步可以通过这一时期收入冲击的持续程度和消费保险程度来解释。进一步分析表明，转移支付、耐用品交易和家庭资产在应对收入冲击时起着重要的保险作用。

**58. 姚颐、徐亚飞、凌玥，2022，《技术并购、市场反应与创新产出》，《南开管理评论》第 3 期。**

技术并购的核心是实现企业的技术创新和产出，该文对技术并购的市场反应及技术并购如何影响并购商誉和创新产出进行了探索性研究，利用国家知识产权局专利检索系统的数据，将技术关联分为相似性、互补性和跨部性三种类型。实证研究发现：跨部性并购在题材炒作下受到市场热捧，与市场超额收益率和并购商誉均正相关；而致力于对原有技术深入挖掘的技术相似性并购受到冷遇，与市场超额收益率负相关，同时也与并购商誉负相关。实证还发现三种技术并购与创新产出之间均呈倒"U"形关系，其拐点分别为 41.8%、48.9%、38.8%。该文的研究结论为理性看待我国资本市场技术并购对创新产出的影响提供了理论参考和政策建议。

**59. 殷剑峰，2022，《人口负增长与长期停滞——基于日本的理论探讨及对中国的启示》，《中国社会科学》第 1 期。**

有关人口问题与长期停滞的文献认为，人口老龄化使得意愿储蓄过多、意愿投资过少，进而导致经济陷入长期停滞，因此需要通过扩张的财政和货币政策来刺激投资。不过，这些文献忽略了人口负增长这一关键现象。日本被看作长期停滞的典型案例，同时也是最早进入人口负增长的主要经济体。以日本为例，在一个简单的世代交叠模型中引入非负投资约束和零利率下限，探讨在人口负增长的情况下，资本产出比不断上升，资本边际产品和资本品相对价格不断下降，乃至整个经济陷入持久下滑的非均衡态的机制。由于无法阻止资本品相对价格的下跌，货币政策失灵，而旨在刺激投资需求的扩张性财政政策将进一步加剧资本过剩。在人口负增长的过程中，提升资本边际产品使经济恢复均衡态的可行办法，只能是增加相对于过多资本存量的过少的劳动力，基于此，财政政策可以通过补贴生育、扩大教育科研和医疗卫生开支发挥作用。

**60. 尹志超、吴子硕、蒋佳伶，2022，《移动支付对中国家庭储蓄率的影响》，《金融研究》第 9 期。**

中国的高储蓄问题由来已久，降低家庭储蓄率、提高消费有助于形成以国内大循环为主体、国内国际双循环相互促进的新发展格局。该文基于 2017 年和 2019 年中国家庭金融调查（CHFS）数据，实证研究了移动支付对中国家庭储蓄率的影响。结果表明，移动支付显著降低了家庭储蓄率。进一步研究发现，缓解流动性约束、信贷约束和扩大社会网络是移动支付降低家庭储蓄率的主要途径。此外，移动支付显著降低家庭为应对健康风险、医疗风险、失业风险、收入风险等不确定性而进行的预防性储蓄。地区异质性分析显示，移动支付对家庭储蓄率的影响在西部地区、四五线城市、农村地区更大。家庭特征异质性分析显示，移动支付对家庭储蓄率的影响在农业户口家庭、中低收入家庭、低受教育水平家庭中效果更加突出。该文研究为理解中国高储蓄问题提供了新的视角，可为制定相关政策提供参考依据。

**61. 尹志超、田文涛、王晓全，2022，《移动支付对家庭商业保险参与的影响——基于中国家庭金融调查数据的实证分析》，《财经问题研究》第 11 期。**

随着移动支付技术和金融科技的迅速发展，商业保险与移动支付持续结合，导致近年来移动支付对保险行业的渗透率不断增加。该文基于 2017 年中国家庭金融调查（CHFS）数据，采用 Probit 和 Tobit 模型分别探讨移动支付对家庭商业保险参与的影响。实证结果表明，第一，移动支付不仅显著提高家庭商业保险参与的可能性，而且显著增加了家庭商业保险参与程度；第二，移动支付可能通过金融知识、社会互动和商业保险可得性三种途径促进家庭商业保险参与；第三，移动支付对家庭商业保险参与的影响在户主受教育水平、城市和农村、收入水平和区域等方面存在异质性。该研究为科学认识移动支付的作用、推动保险业的健康发展提供理论依据和决策参考。

**62. 余明桂、马林、王空，2022，《商业银行数字化转型与劳动力需求：创造还是破坏？》《管理世界》第 10 期。**

该文研究银行数字化转型对银行劳动力需求的影响。从总量上看，数字化转型对银行劳动力需求具有破坏效应，数字化转型指数每增加一单位标准差，劳动雇佣减少 0.792%。从结构上看，数字化转型降低了银行对本科及以下员工的需求，但扩大了对硕士及以上员工的需求。这表明数字化转型推动了银行人力资本升级。此外，有弱的证据表明，数字化转型减少了银行对业务人员的需求，而增加了对技术人员的需求。机制检验发现，银行在数字化转型过程中通过缩减分支机构与银行物理网点降低了劳动力需求。最后，银行数字化转型的就业破坏效应主要是由组织调整维度的数字化转型引起的。该文不仅拓展了银行应用新技术的经济后果的文献，而且丰富了技术进步对劳动力市场冲击的研究。

**63. 余永定，2022，《美国的通胀和美联储的政策调整》，《国际金融》第 10 期。**

2022 年是 2008 年国际金融危机爆发之后全球经济的又一个转折年。在经历了十几年的低通胀、低增长之后，美国的通胀率突然急剧上扬，美联储的货币政策目标由抑制通缩、创造就业、刺激经济增长转变为抑制通胀。滞胀的阴影已开始在美国出现。新冠疫情暴发已近三年，"躺平"式抗疫似乎成了世界大多数国家的选择。俄乌冲突爆发，闪电战转为消耗战，核战争已经不再不可想象。全球能源和粮食价格高企，大批发展中国家已经或即将面临陷入饥荒或债务危机。在纷繁复杂的外部环境中，如何战胜疫情、稳定增长则是中国面临的严峻挑战。该文分析了美国通胀的起因，讨论 2022 年美国政府和美联储的政策调整，介绍讨论美国通胀的分析框架，探讨 2023 年美国经济及美国资产价格走势，阐述对美元和美国国际收支平衡的看法。

**64. 张斌、武常岐、谢佩洪，2022，《国有股东与战略投资者如何"混"与"合"？——基于中国联通与云南白药的双案例研究》，《管理世界》第 10 期。**

引进战略投资者是新时期混合所有制改

革的一种重要方式。然而，混合所有制的相关理论发展滞后于实践探索，对于国有股东与战略投资者如何混合才能实现价值共创的问题仍缺乏系统性阐释。基于对中国联通和云南白药混合所有制改革实践的深度探索，该文将国有股东与战略投资者的混合分解为权力维度的"混"，以及资源与治理维度的"合"。通过在数据、文献与理论之间的反复对接和迭代分析，该文尝试构建了国有股东与战略投资者"混"与"合"的理论模型。研究发现，国有股东与战略投资者的混合过程涌现出了两种模式：一是国民共享，即国有主导的权力平衡与"治理优化＋资源协同"的战略组合相匹配；二是国民共治，即民营主导的权力平衡与"治理重构＋资源重配"的战略组合相匹配。该文为理解国有股东与战略投资者的混合过程提供了系统性理论框架，治理建构差异的发现有助于丰富代理理论，资源整合不同的提出有助于拓展资源基础理论，同时也挑战了混合所有制实践强调"改"而忽视"合"的传统认知。

**65. 张成思、唐火青、陈贞竹，2022，《货币政策冲击对实体企业投资选择影响的"宿醉效应"》，《金融研究》第 9 期。**

该文研究货币政策冲击对实体企业投资选择的动态影响效应。与传统分析方法不同，该文运用利率衍生品价格数据来识别中国货币政策冲击，利用工具变量局部投影法获得货币政策冲击对微观实体企业投资选择的动态影响效应。研究表明，动态效应呈现出更丰富的信息：货币政策冲击对企业金融资产占比有显著驱动效应，效应大小表现出先升后降趋势，在冲击发生一年半后达到峰值。值得注意的是，货币政策冲击会导致企业货币资金占比在短期内显著减少，而在中长期显著增加。进一步分析表明，货币政策冲击使实业投资和金融投资在短期内都更有利可图，所以在短期内企业倾向于降低货币资金占比，增加非货币金融资产投资和实业投资；政策冲击在中长期对企业资产收益率的提升作用消退，盈余效应使企业在中长期的金融资产占比提高，表现出一定的"宿醉效应"。

**66. 张春、蒋一乐、刘郭方，2022，《中国资本账户开放和人民币国际化的新路径：境内人民币离岸金融体系建设》，《国际经济评论》第 4 期。**

近期的全球冲突凸显了以外汇储备为支撑的资本账户自由兑换的脆弱性和风险。当前人民币在岸和离岸金融体系的发展水平有限、在岸金融体系开放程度不高，较难满足中国经济双循环下多样和全球化的金融需求，以及全球对人民币作为支付和储备货币不断增长的需求。在资本账户不宜全面开放的国际环境下，中国可以构建一个高水平、全开放、包含境内和境外两部分的人民币离岸金融体系来满足这些需求，利用境内外力量共同推动该体系的市场建设，从而风险更可控地推进资本账户开放。这一体系的境内部分因受中国管辖，可建立全开放和全球最佳实践的金融基础设施和监管体系，以便于中国人民银行对离岸人民币进行流动性和金融稳定性调控，保证人民币的全球定价权。主动构建境内人民币离岸金融体系是中国资本账户不宜全面开放时的权宜之计，离岸和在岸需进行风险隔离，并通过离岸和在岸的良性互动、统筹协调和逐渐融合，最终实现中国整个金融体系全面和高水平的开放。

**67. 张明、刘瑶，2022，《经常账户变动对实际有效汇率的非对称影响及潜在渠道探析》，《经济学（季刊）》第 5 期。**

该文参考 Obstfeld & Rogoff（2005）三国

模型，实证检验了经常账户调整对一国实际有效汇率走向的影响。研究表明：第一，经常账户顺差增加或逆差缩减驱动经济体实际有效汇率升值；第二，经常账户调整对一国实际有效汇率的影响具有国别间的非对称性与时变效应；第三，制造业规模的大小、估值效应同样影响经常账户对实际有效汇率的传导。该文最重要的政策建议是，各国需要密切关注经常账户调整对实际有效汇率变动构成的冲击，避免两者联动造成贸易条件的恶化。

**68. 张璇、孙雪丽、薛原、李春涛，2022，《卖空机制与食品安全——基于溢出效应的视角》，《金融研究》第 3 期。**

卖空机制通过威慑效应约束厂商的自利动机，为食品安全治理提供了一种可行的资本市场途径。该文利用 2015—2018 年原国家食品药品监督管理总局披露的食品抽检数据，考察卖空强度对地区食品质量的影响。采用食品类上市公司融券余额在流通市值中占比的加权平均值度量地区卖空强度，体现了食品企业受到的卖空威慑压力。结果发现，卖空强度越大，当地整体的食品抽检质量越好。机制分析发现，卖空威胁在提升上市食品企业产品质量的同时，通过供应链协同、同群效应以及减少信息不对称的途径传导至同地区的其他企业，产生了食品质量治理的溢出效应。异质性分析显示，卖空对食品安全治理的溢出效应在要素市场发育不足、法制相对不健全和欠发达地区更加明显，卖空作为外部监管的补充机制发挥了食品安全治理的功能。因此，完善融资融券制度，适时合理地将食品类上市公司纳入融券标的，为惩治劣质食品提供资本市场手段，对确保食品安全问题"零容忍"具有现实意义。

**69. 张一林、郁芸君、蒲明，2022，《担保圈危机、债务挤兑与区域风险治理》，《世界经济》第 9 期。**

该文对担保圈内不同银行之间的博弈进行分析，发现在企业互联互保所形成的担保网络中，当某一家企业发生债务违约后，为之担保的互保企业不仅新增了债务和债权银行，更因新债权银行和原债权银行集体挤兑企业债务而陷入债务违约和资金链断裂的困境，并由此引发新一轮的债务挤兑和资金链断裂，最终演变成具有"多米诺效应"的区域性金融危机和经济危机。在打破刚性兑付的政策背景下，相比于地方政府直接为企业提供政策性担保或通过行政命令干预银行续贷标准，允许担保网络中特定债权人优先获得偿付，可高效化解由债务挤兑所引发的担保圈危机，起到维护区域金融稳定和经济稳定的作用。

**70. 赵扶扬，2022，《地价高估、公共投资与资源错配》，《经济研究》第 3 期。**

地方政府通过土地的出让和抵押为公共投资进行融资，是以土地价格快速上涨为基础的。当前我国住宅和商服用地的价格水平较高，已经超出了基本使用价值，存在高估。该文在资产泡沫理论框架中，引入地方政府土地融资行为和公共投资行为并构建模型，该模型可以产生多重均衡，即土地价格处在基本面的均衡和高于基本面的均衡。高估的土地价格为地方政府提供流动性，放松了融资约束。但地价高估导致了资源错配：公共资本的过度积累和地方政府债务的扩张提高了金融市场利率，潜在地挤出商业投资，抑制产出水平。尽管存在资源错配，但直接刺破高估价值将使地方政府债务失去土地融资的支撑，可能会在短期带来金融系统稳定和地方财政可持续性的两难选择，从而对实体经济带来负面影响。该文讨论了能够平抑地价并兼顾短期稳定和长期效率的宏观审慎政策。

**71. 赵桂芹、孔祥钊、陈莹，2022，《医疗保险对长期贫困的影响：作用机制与动态模拟》，《财经研究》第 8 期。**

发展是解决贫困问题的"总钥匙"，要从根源上解决贫困问题，关键还是要提升贫困家庭和脱贫家庭的自主发展能力，而医疗保险是解决此问题的重要政策工具。现有研究忽视了医疗保险对家庭投资决策的作用及其长期影响，而该文将医疗保险机制纳入包含消费和投资的家庭资产随机增长模型，在无医疗保险、有医疗保险无保费补贴和有医疗保险有保费补贴三种情形下，对比分析了不同资产水平家庭的贫困脆弱性及其投资决策变化，并分析三种情形下的长期贫困率、贫困深度以及长期减贫成本的变动趋势。研究发现，医疗保险不仅通过事后的损失补偿效应降低家庭贫困脆弱性，还通过事前的投资激励效应促进脱贫后的家庭主动增加生产投资，加速家庭资产累积，巩固既有扶贫成果。医疗保险和政府现金补助政策的结合在显著降低长期贫困率和贫困深度的同时，大幅降低了减贫和抑制返贫所需的长期成本。因此，相较于单一的现金补助政策，政府应采用"现金补助＋保费补贴"的扶贫政策，提升贫困家庭的主观能动性，从而降低其长期贫困的可能性。该研究对于减少长期贫困和防止返贫等具有一定的参考价值。

**72. 郑彧，2022，《金融市场基础设施的历史进路及其监管应对》，《国家检察官学院学报》第 4 期。**

金融市场基础设施的发展原本一直根源于提高效率、减少成本动力下的市场自我驱动，呈现出从分散的"一对一"交易到集中的"多对多"交易的诱致性变迁特点。2008 年全球金融危机后，以"中心化"为特征的金融市场基础设施被认为是维护主权国家乃至全球金融稳定的有效工具，因此全球金融监管机构希望通过构建一个更加"中心化"的金融市场基础设施来抵御金融市场的不确定性，"强制性"及"法定化"逐渐替代"市场化"成为金融市场基础设施发展与监管的主旋律，并呈现出在"金融安全"诉求下以政府为主导的强制性变迁特征。但随着金融区块链、数字货币等金融科技的发展，在"成本"和"安全"的双重因素考虑下，金融市场基础设施的发展出现了从高度"中心化"回归"非中心化"的新动向，以分布式账本为基础的金融技术发展将催化金融市场产生与过往"中心化"结构并不相同的全新变革，由此也使得金融监管面临着更多的挑战。

**73. 周颖刚、肖潇，2022，《汇率波动、生产网络与股市风险——基于中美贸易摩擦背景的分析》，《金融研究》第 7 期。**

该文从生产网络视角出发，研究中美贸易摩擦期间汇率变动对中美两国股票市场的直接影响以及由行业间生产联系带来的网络影响。从静态一般均衡模型可推出具有空间自回归（SAR）模型形式的实证模型，其中以行业间投入产出关系作为空间权重矩阵。实证结果发现，中美双边汇率变动对两国股市的影响在贸易摩擦期间均比之前更为显著，人民币贬值导致中国股市收益率下降，其中约 50% 是由行业间生产联系带来的网络效应，而美元升值导致了美国股市收益率下降，其中约 37% 是网络效应。关税制裁波及的行业与未波及行业的股票收益率均受汇率变动影响，但后者受到的网络影响更大，且各行业受到的网络影响主要由其下游行业传递。

**74. 朱永华、张一林、林毅夫，2022，《赶超战略与大银行垄断——基于新结构经济学的视角》，《金融研究》第 11 期。**

改革开放初期，中国有很多资本高度密集的大型国有企业，需要大量资金维持生产运营，若无法获得足够的银行贷款以致资金链断裂而破产倒闭，极易引发动荡。该文研究发现，在当时中国资本稀缺的要素禀赋结构下，为确保"重要而不能倒"的国有企业获得足够的银行贷款而不破产倒闭，不适合采用放开银行准入以促使银行竞争的方式，反而应限制银行准入，控制银行数量。原因在于，放开银行准入增加的仅是中小银行，其资金动员能力有限，与国有企业的规模特性不相匹配，更重要的是，大量中小银行进入会分流大银行的存款，降低大银行的资金动员及服务国有企业的能力，导致国有企业的贷款成本和破产风险因此而上升。该文指出，一个国家的银行业结构内生于该国的经济发展战略。限制银行准入的政策安排通过在金融方面支持国有企业，在改革初期起到了维护国防安全、保障国计民生和维持社会经济稳定的作用，为平稳推动改革创造了条件。

**75. 祝小全、曹泉伟、陈卓，2022，《"能力"或"运气"：中国私募证券投资基金的多维择时与价值》，《经济学（季刊）》第 3 期。**

该文在中国私募证券投资基金个体层面考察其多维择时能力。研究发现，私募基金对市场走势、流动性和波动性的择时能力存在截面分化，且在极端市场环境中更显著。择时并非仅源于运气，更多源于经验积累和基金家族内部的信息共享。私募基金对市场走势和流动性的择时是阿尔法的重要来源，对市场波动性的择时缓解了清盘风险。私募基金在风险承担上异于传统机构投资者，对于资本市场参与主体结构的优化以及系统性风险的管控均具有重要意义。

**76. 卓志、张晓涵，2022，《消费者投诉冲击与保险公司业绩》，《金融研究》第 4 期。**

保险消费者权益保护是保险监管的目标之一，也是保险市场健康发展与成熟的标志。该文以中国保险监管部门开通首个保险消费者投诉热线作为外生政策变量，利用 2009—2018 年中国 163 家保险公司数据设计准自然实验，研究了保险消费者投诉热线的外部监督职能及其对保险公司业绩的影响。研究结果表明：保险消费者投诉热线的开通显著降低了消费者权益保护水平更差的保险公司业绩；佣金激励水平越高，保险消费者投诉冲击对消费权益保护水平更差的保险公司业绩的负向影响越显著；区分人身保险公司与财产保险公司后发现，保险消费者投诉冲击对消费者权益保护水平更差的财产保险公司业绩的负向影响更显著。该文研究成果丰富了消费者权益与保险公司治理理论，对保险消费者权益保护实践和保险市场高质量发展具有启示意义。

（供稿：《金融评论》编辑部）

# 重要著作推介

## 重要著作推介

**1. 张晓晶，2022，《符号经济与实体经济：金融全球化时代的经济分析》，商务印书馆。**

该书再版收录于商务印书馆《中华当代学术著作辑要》系列。技术革命以及技术—经济范式（techno-economic paradigm）的演进，改变了符号经济与实体经济的关联模式，异化了符号经济服务实体经济的初衷；如何把握符号经济及其未来，成为"世界之题"及"时代之题"。该书开了"符号经济学"研究之先河，从"符号才是经济现实"的命题重新诠释了凯恩斯革命，进而剖析了"符号经济取代实体经济成为世界经济飞轮"的德鲁克难题，充分展现了中国特色、中国风格和中国气派。

**2. 张明等，2022，《中国攀升：长期经济增长的世界意义》，东方出版社。**

近半个世纪中，世界经济最大的变化莫过于发展中国家特别是新兴市场的崛起，其经济赶超、多元化发展模式和深度融入全球化对工业革命以来由西方资本主义国家构建的全球秩序与规则形成了有力的冲击与挑战。如何在和平前提下实现从"中心—外围"体系向分布式权力与治理结构的稳健转变是21世纪全球经济面临的重大问题。该书对此进行了深入思考与探究，其研究的重要启示在于新兴经济体要在夯实自身发展与国内"良治"水平的基础上壮大对外经济力量与影响，促进实现以发展为导向的更加平衡、可持续与包容的全球化与全球治理，在这一进程中中国无疑具有独特而重要的利益、角色与使命。该书重点突出，构思精巧，研教结合，是深度理解世界经济与中国经济及其互动关系的精品之作。

**3. 彭兴韵，2022，《金融投资学通识》，中信出版社。**

该书为我们提供了金融投资领域的基础性知识。书中没有复杂枯燥的公式和数学模型，而是通过生活案例、文学典故以及历史故事，介绍了金融体系的三大支柱，即金融机构、金融市场、金融工具，以及它们的历史演变，详述了金融活动中影响资产价格和投资决策的基本因素，同时对投资实践中资产配置和投资组合管理的基本策略进行了梳理，既可以让我们透过金融更好地认识和理解经济与社会发展，更可以帮助投资者构建科学的投资基础知识体系，更理性地运用投资工具管理和分散投资，实现财富的保值增值。

**4. 项后军，2022，《利率市场化、存款保险制度与银行风险承担》，中国财政经济出版社。**

该书从中国的利率市场化进程、显性存款保险制度设立出发，对货币政策银行风险承担渠道等问题进行了较为全面的研究，分析了利率市场化如何通过直接效应、"价格约束"效应等对货币政策风险承担渠道的影响问题，探讨了货币政策银行风险承担渠道研究中关键的"渠道识别"等问题，从市场约束及特许权价值的角度深入细致地考察了利率市场化进程以及存款保险制度等对银行风险承担（以及银行风险本身）的影响情况。

**5. 庄毓敏，2022，《商业银行业务与经营（第六版）》，中国人民大学出版社。**

该教材构建了以商业银行资产负债表为主线的逻辑分析框架，帮助学生建立起商业银行学的知识体系，培养学生的核心素养。其教学难度采用阶梯化设置，既包含核心知识、核心素养等基础难度的内容，又为学生提供有一定挑战性、探索性、开放性的高阶难度训练，以期提升学生用理论知识解决复杂问题的创新能力及综合能力。

**6. 朱隽，2022，《金融支持碳达峰、碳中和》，中信出版社。**

该书将绿色金融作为统领金融支持绿色

低碳转型的核心概念，系统研究金融在绿色低碳转型中发挥的作用，全面地梳理总结了国际低碳转型过程中的理论研究、运作模式及先进经验，对绿色金融的国际倡议与协调作了深入分析，并提出绿色金融发展的相关原则，具有较好的启发性。

**7. 马险峰、王志峰、张帅，2022，《ESG基金：国际实践与中国体系构建》，中国金融出版社。**

该书不仅较全面地呈现了欧盟、美国和中国香港的ESG基金监管框架、定义与认证，归纳提炼了国外较为主流的ESG基金评价方法论，而且对国内外ESG投资、上市公司价值、基金溢价等领域最新文献进行了系统梳理，同时基于3000多家上市公司的100多万个指标数据、3000多只偏股型基金产品共计85万条记录，建立业内首个ESG基金评价体系，直接拓展了ESG评价的范围。

（供稿：《金融评论》编辑部）

# 研究课题

# 2022 年国家社会科学基金项目汇总（金融学）

表1　　　　2022 年国家社会科学基金项目汇总（金融学）

| 序号 | 课题名称 | 负责人 | 工作单位 | 项目编号 | 项目类别 | 批准年份 |
|---|---|---|---|---|---|---|
| 1 | "三重压力"下"双支柱"调控的政策效应评估与优化研究 | 姜富伟 | 中央财经大学 | 22&ZD063 | 重大项目 | 2022 |
| 2 | 推进共同富裕的金融理论逻辑与有效机制研究 | 张金林 | 中南财经政法大学 | 22&ZD115 | 重大项目 | 2022 |
| 3 | 深化金融体制改革推进国家创新能力建设研究 | 周铭山 | 中南财经政法大学 | 22&ZD116 | 重大项目 | 2022 |
| 4 | 促进实体经济高质量发展的金融结构优化与制度创新研究 | 胡金焱 | 青岛大学 | 22&ZD117 | 重大项目 | 2022 |
| 5 | 数字金融发展与货币政策有效性的理论建构、传导路径与政策协调研究 | 刘莉亚 | 上海财经大学 | 22&ZD118 | 重大项目 | 2022 |
| 6 | 高水平开放背景下全球金融周期冲击与系统性金融风险防控研究 | 彭红枫 | 山东财经大学 | 22&ZD119 | 重大项目 | 2022 |
| | | 卞志村 | 南京财经大学 | 22&ZD120 | 重大项目 | 2022 |
| 7 | 高质量发展背景下经济结构调整与金融系统防风险的动态平衡机制研究 | 王擎 | 西南财经大学 | 22&ZD121 | 重大项目 | 2022 |
| 8 | "双碳"目标下能源稳定与金融安全问题研究 | 陈庭强 | 南京工业大学 | 22&ZD122 | 重大项目 | 2022 |
| 9 | 数字普惠金融支持乡村振兴的政策与实践研究 | 何婧 | 中国农业大学 | 22&ZD123 | 重大项目 | 2022 |
| | | 丁志国 | 吉林大学 | 22&ZD124 | 重大项目 | 2022 |
| 10 | 防范化解房价波动引发的经济金融风险研究 | 况伟大 | 中国人民大学 | 22&ZD130 | 重大项目 | 2022 |
| | | 梅冬州 | 中央财经大学 | 22&ZD131 | 重大项目 | 2022 |
| 11 | 新阶段、新理念、新格局下我国金融结构优化与高质量发展研究 | 王永钦 | 复旦大学 | 22ZDA028 | 重大项目 | 2022 |
| 11 | 绿色金融驱动粮食主产区"双安全"目标实现的机制与路径研究 | 李建强 | 南昌大学 | 22AJL004 | 重点项目 | 2022 |
| 12 | 经济下行压力下的稳增长防滞胀研究 | 金春雨 | 吉林大学 | 22AJL016 | 重点项目 | 2022 |
| 13 | 财政—金融结合视角的近代中国金融业态演进研究 | 曾江 | 中国政法大学 | 22BJL007 | 重点项目 | 2022 |
| 14 | "稳增长"和"防风险"双目标下财政政策与货币政策跨周期协调机制研究 | 李小林 | 中国海洋大学 | 22BJL018 | 重点项目 | 2022 |

续表

| 序号 | 课题名称 | 负责人 | 工作单位 | 项目编号 | 项目类别 | 批准年份 |
|---|---|---|---|---|---|---|
| 15 | 中国宏观杠杆率合意部门结构研究 | 刘磊 | 中国社会科学院经济研究所 | 22BJL019 | 重点项目 | 2022 |
| 16 | 跨境资本双向动态流动影响宏观杠杆率的机制研究 | 陆晓琴 | 上海第二工业大学 | 22BJL020 | 重点项目 | 2022 |
| 17 | 新发展格局下我国货币政策促进共同富裕的路径研究 | 万静 | 天津大学 | 22BJL021 | 重点项目 | 2022 |
| 18 | 宏观经济不确定性下货币政策传导梗阻机制与调控政策研究 | 张勇 | 华南师范大学 | 22BJL022 | 重点项目 | 2022 |
| 19 | 数字货币促进绿色消费长效机制研究 | 陈波 | 中央财经大学 | 22BJL024 | 重点项目 | 2022 |
| 20 | 高水平开放阶段金融业制度型开放对金融稳定的影响机理与政策协同研究 | 崔兵 | 湖北工业大学 | 22BJL035 | 重点项目 | 2022 |
| 21 | 负利率外部冲击下我国金融风险传导路径与防控对策研究 | 丁慧 | 南京财经大学 | 22BJL036 | 重点项目 | 2022 |
| 22 | 新发展格局背景下绿色金融助推"双碳"目标实现路径研究 | 廖显春 | 济南大学 | 22BJL037 | 重点项目 | 2022 |
| 23 | 高质量发展视域下绿色金融推动双碳目标实现的机制与路径研究 | 钱淑芳 | 广州大学 | 22BJL038 | 重点项目 | 2022 |
| 24 | 疫情冲击下应急金融政策效果评估与退出机制研究 | 王培辉 | 河北大学 | 22BJL039 | 重点项目 | 2022 |
| 25 | 金融高水平开放下资本市场风险跨境传染机制、测度与防控研究 | 辛大楞 | 山东师范大学 | 22BJL040 | 重点项目 | 2022 |
| 26 | 数字普惠金融引致系统性金融风险的演化机制与防范研究 | 谢俊明 | 湘南学院 | 22BJL041 | 重点项目 | 2022 |
| 27 | 数字化条件下居民金融可得性分化效应及其包容性改进研究 | 杨洋 | 云南大学 | 22BJL042 | 重点项目 | 2022 |
| 28 | 数字金融提升脱贫户生计恢复力的机制和政策研究 | 张全红 | 湖北经济学院 | 22BJL043 | 重点项目 | 2022 |
| 29 | 促进保障性租赁住房有效供给的机制与政策研究 | 李勇辉 | 湖南财政经济学院 | 22BJL086 | 重点项目 | 2022 |
| 30 | 新发展格局下政策性金融支持高水平科技自立自强体制机制研究 | 王伟 | 辽宁大学 | 22AJY017 | 重点项目 | 2022 |
| 31 | 数字普惠金融赋能乡村振兴的模式创新与政策优化研究 | 柳松 | 华南农业大学 | 22BJY005 | 重点项目 | 2022 |
| 32 | 数字普惠金融促进新型农业经营主体发展的机理与政策研究 | 杨岸 | 湖南财政经济学院 | 22BJY006 | 重点项目 | 2022 |
| 33 | 农村普惠金融质量测度与提升对策研究 | 丁淑娟 | 山东师范大学 | 22BJY007 | 重点项目 | 2022 |

续表

| 序号 | 课题名称 | 负责人 | 工作单位 | 项目编号 | 项目类别 | 批准年份 |
|---|---|---|---|---|---|---|
| 34 | 金融科技驱动下商业银行风险形成逻辑、变化特征与治理研究 | 周晔 | 首都经济贸易大学 | 22BJY008 | 重点项目 | 2022 |
| 35 | 大数据风控视角下我国银行风险承担的优化机制与实现路径研究 | 陈敏 | 山东理工大学 | 22BJY009 | 重点项目 | 2022 |
| 36 | 农商行金融支农成效测评及双重目标关系优化研究 | 陈旺 | 暨南大学 | 22BJY010 | 重点项目 | 2022 |
| 37 | 财政金融政策协同支持乡村振兴研究 | 汪崇金 | 山东财经大学 | 22BJY025 | 重点项目 | 2022 |
| 38 | 财政金融政策协同支持新疆农业高质量发展研究 | 罗红云 | 新疆财经大学 | 22BJY027 | 重点项目 | 2022 |
| 39 | 金融高水平开放下我国跨境资本异常流动分类识别与监管研究 | 杨继梅 | 青岛科技大学 | 22BJY040 | 重点项目 | 2022 |
| 40 | "双碳"目标下高耗能制造业企业环保投资效率提升的绿色金融支持研究 | 杨柳 | 广西财经学院 | 22BJY042 | 重点项目 | 2022 |
| 41 | 数字普惠金融支持中小企业信用共同体融资的机制与对策研究 | 徐小阳 | 江苏大学 | 22BJY076 | 重点项目 | 2022 |
| 42 | 债券市场化改革对地区资源配置及金融稳定性的影响研究 | 董毅 | 上海财经大学 | 22BJY078 | 重点项目 | 2022 |
| 43 | 农业保险助力多维粮食安全的作用机制与路径优化研究 | 李琴英 | 郑州大学 | 22BJY087 | 重点项目 | 2022 |
| 44 | 金融合约履行与实体企业"脱实向虚"治理机制创新研究 | 胡士华 | 西南大学 | 22BJY105 | 重点项目 | 2022 |
| 45 | 金融科技的创新扩散、风险溢出与包容性监管研究 | 何涌 | 湖南工业大学 | 22BJY109 | 重点项目 | 2022 |
| 46 | 新关联网络下金融科技风险叠加衍化、传染溢出及监管政策研究 | 谭中明 | 江苏大学 | 22BJY111 | 重点项目 | 2022 |
| 47 | 金融科技影响系统性金融风险共振的内生机制、政策评估及防范对策研究 | 白小滢 | 中南财经政法大学 | 22BJY112 | 重点项目 | 2022 |
| 48 | 金融科技驱动下的银行业结构调整与中国商业银行系统性风险有效监管研究 | 侯晓辉 | 西安交通大学 | 22BJY113 | 重点项目 | 2022 |
| 49 | 平台经济金融化对金融调控的冲击机理及长效监管机制研究 | 刘喜和 | 上海大学 | 22BJY117 | 重点项目 | 2022 |
| 50 | 人口流动背景下转移支付促进区域经济协调发展的机制、效应与政策研究 | 乔俊峰 | 河南师范大学 | 22BJY119 | 重点项目 | 2022 |
| 51 | 数字金融对系统性金融风险多维影响的机理、效应及对策研究 | 曾忠东 | 四川大学 | 22BJY164 | 重点项目 | 2022 |

续表

| 序号 | 课题名称 | 负责人 | 工作单位 | 项目编号 | 项目类别 | 批准年份 |
|---|---|---|---|---|---|---|
| 52 | 气候风险冲击对金融系统的传导路径及溢出效应研究 | 崔婕 | 山西财经大学 | 22BJY165 | 重点项目 | 2022 |
| 53 | "灰犀牛"金融风险的协同监管研究 | 罗嘉 | 湖南师范大学 | 22BJY166 | 重点项目 | 2022 |
| 54 | 房地产市场区域分化引致系统性金融风险的机理、预警及防控研究 | 张学峰 | 嘉兴学院 | 22BJY167 | 重点项目 | 2022 |
| 55 | 金融高水平开放进程中系统性金融风险的传播路径及防范对策研究 | 戴淑庚 | 厦门大学 | 22BJY168 | 重点项目 | 2022 |
| 56 | 数字金融推进共同富裕机制、路径和对策研究 | 何文彬 | 新疆财经大学 | 22BJY169 | 重点项目 | 2022 |
| 57 | 全球大宗商品价格异常波动对我国金融市场系统性风险的影响与防范机制研究 | 王传会 | 曲阜师范大学 | 22BJY174 | 重点项目 | 2022 |
| 58 | 全球大宗商品价格波动对中国金融市场尾部风险的影响及应对研究 | 宫庆彬 | 上海交通大学 | 22BJY175 | 重点项目 | 2022 |
| 59 | 全球大宗商品价格波动对中国金融市场风险的传染测度及对策研究 | 黄先明 | 江西财经大学 | 22BJY176 | 重点项目 | 2022 |
| 60 | 西部地区新型农村集体经济发展路径与支持政策研究 | 韩玉萍 | 西南大学 | 22BJY182 | 重点项目 | 2022 |
| 61 | 基于六部门资产负债表分层网络的系统性金融风险传播路径及防范对策研究 | 童中文 | 安徽工业大学 | 22BJY183 | 重点项目 | 2022 |
| 62 | 中国系统性金融风险的高维时变测度、传播路径与防范对策研究 | 司登奎 | 青岛大学 | 22BJY184 | 重点项目 | 2022 |
| 63 | 国际大宗商品异常波动下我国金融风险的多维传染机制及防控研究 | 程胜 | 中国地质大学（武汉） | 22BJY185 | 重点项目 | 2022 |
| 64 | 双碳目标下绿色金融支持产业转型升级的路径和政策研究 | 王凤荣 | 山东大学 | 22BJY188 | 重点项目 | 2022 |
| 65 | 绿色金融改革创新驱动工业企业绿色转型的效应评估及政策优化研究 | 张勇 | 南京林业大学 | 22BJY190 | 重点项目 | 2022 |
| 66 | 中国金融化的社会分层效应测度与政策研究 | 鲁春义 | 上海立信会计金融学院 | 22BJY202 | 重点项目 | 2022 |
| 67 | 保险发展促进共同富裕的指标体系、路径机理与政策建议研究 | 胡宏兵 | 中南财经政法大学 | 22BJY217 | 重点项目 | 2022 |
| 68 | 高耗能制造业升级的转型金融支持研究 | 罗晓梅 | 北京工业大学 | 22BJY228 | 重点项目 | 2022 |
| 69 | 中国互联网消费金融的协同治理研究 | 唐文娟 | 湘潭大学 | 22BJY238 | 重点项目 | 2022 |
| 70 | 中国金融风险压力与央行非线性货币政策规则研究 | 姚雪松 | 广东技术师范大学 | 22BJY241 | 重点项目 | 2022 |

续表

| 序号 | 课题名称 | 负责人 | 工作单位 | 项目编号 | 项目类别 | 批准年份 |
|---|---|---|---|---|---|---|
| 71 | 供应链金融嵌入科技与产业良性循环的机理、效应与机制优化研究 | 张世晓 | 湖北经济学院 | 22BJY243 | 重点项目 | 2022 |
| 72 | 经济下行压力下地方财政自给能力的测度、机理及预测研究 | 刘生旺 | 山西财经大学 | 22BJY245 | 重点项目 | 2022 |
| 73 | 异质主体视角下宏观审慎政策引导汇率预期的机理及效应研究 | 谷宇 | 大连理工大学 | 22BJY247 | 重点项目 | 2022 |
| 74 | 全球大宗商品价格特质性波动对中国金融市场风险的影响、预警及应对研究 | 李建峰 | 中国计量大学 | 22BJY256 | 重点项目 | 2022 |
| 75 | 复杂系统视角下我国金融监管的历时演化研究 | 许文彬 | 厦门大学 | 22BJY260 | 重点项目 | 2022 |
| 76 | 疫情冲击下非银金融中介系统性风险的传播路径和防范研究 | 陈智华 | 厦门国家会计学院 | 22BJY261 | 重点项目 | 2022 |
| 77 | 绿色金融政策社会福利效应的统计测度研究 | 刘倩 | 中央财经大学 | 22BTJ014 | 重点项目 | 2022 |
| 78 | 金融时间序列的时频域分位数建模理论及其应用研究 | 朱慧明 | 湖南大学 | 22BTJ023 | 重点项目 | 2022 |
| 79 | 多源异构数据下基于深度聚类集成的供应链金融风险预警研究 | 王丽敏 | 广东财经大学 | 22BTJ057 | 重点项目 | 2022 |
| 80 | 复杂数据统计建模方法及其在金融风险领域的应用研究 | 王学军 | 安徽大学 | 22BTJ059 | 重点项目 | 2022 |
| 81 | 时间序列数据变点的检测、形成机理及其在金融风险预警中的应用研究 | 郭建平 | 南京信息工程大学 | 22BTJ061 | 重点项目 | 2022 |
| 82 | 系统性金融风险溢出、保险风险以及保险业的积极作用研究 | 荀立 | 长春工业大学 | 22BTJ062 | 重点项目 | 2022 |
| 83 | 互联网银行信贷数据"高位集聚"水平测度及其系统性风险预警研究 | 郭净 | 河北金融学院 | 22BTJ063 | 重点项目 | 2022 |
| 84 | 碳中和目标下低碳转型的金融风险传播路径及防范对策研究 | 连飞 | 吉林财经大学 | 22BTJ064 | 重点项目 | 2022 |
| 85 | 中国绿色低碳转型的金融风险测度、情景模拟及纾困路径研究 | 邓翔 | 中南财经政法大学 | 22BTJ065 | 重点项目 | 2022 |
| 86 | 股债融合的公司法回应与改革研究 | 丁勇 | 华东政法大学 | 22AFX017 | 重点项目 | 2022 |
| 87 | 债权上的担保权利体系研究 | 潘运华 | 福州大学 | 22BFX073 | 重点项目 | 2022 |
| 88 | 数字人民币流通法律治理机制研究 | 许多奇 | 福建大学 | 22BFX085 | 重点项目 | 2022 |
| 89 | 新发展格局下金融风险处置的法治体系建构研究 | 俞锋 | 浙江工业大学 | 22BFX086 | 重点项目 | 2022 |

续表

| 序号 | 课题名称 | 负责人 | 工作单位 | 项目编号 | 项目类别 | 批准年份 |
|---|---|---|---|---|---|---|
| 90 | 人工智能算法应用的金融法规制研究 | 何颖 | 华东政法大学 | 22BFX089 | 重点项目 | 2022 |
| 91 | 破产重整中的公司治理问题研究 | 刘冰 | 华北电力大学 | 22BFX091 | 重点项目 | 2022 |
| 92 | 重整程序中的公司治理问题研究 | 韩长印 | 上海交通大学 | 22BFX092 | 重点项目 | 2022 |
| 93 | 兼顾公司法与证券法特点的上市公司董事法律责任研究 | 韩长印 | 华东政法大学 | 22BFX093 | 重点项目 | 2022 |
| 94 | 数字普惠金融激励性监管制度研究 | 孟飞 | 上海工程技术大学 | 22BFX112 | 重点项目 | 2022 |
| 95 | "两险合并实施"背景下生育保险法律制度完善研究 | 杨华 | 长春工业大学 | 22BFX123 | 重点项目 | 2022 |
| 96 | 中国加入CPTPP金融服务法律问题研究 | 陈咏梅 | 西南政法大学 | 22BFX143 | 重点项目 | 2022 |
| 97 | 我国银行法修改中域外效力问题研究 | 张西峰 | 中国政法大学 | 22BFX187 | 重点项目 | 2022 |
| 98 | 中国居民家庭财富变迁的代际关联机制研究 | 范晓光 | 浙江大学 | 22ASH006 | 重点项目 | 2022 |
| 99 | 生命历程视域下中国居民家庭金融健康研究 | 赵思博 | 中央财经大学 | 22BSH064 | 重点项目 | 2022 |
| 100 | 西南民族地区城乡养老保险一体化政策创新研究 | 张华荣 | 广西财经学院 | 22BSH135 | 重点项目 | 2022 |
| 101 | 西南民族地区城乡养老保险一体化政策创新研究 | 韩威 | 河南农业大学 | 22BSH136 | 重点项目 | 2022 |
| 102 | 人口老龄化与货币政策结构性转型研究 | 李雪 | 首都经济贸易大学 | 22BRK017 | 重点项目 | 2022 |
| 103 | 乡村振兴视域下牧区金融服务体系建设研究 | 斯琴塔娜 | 内蒙古财经大学 | 22BMZ014 | 重点项目 | 2022 |
| 104 | 人民币国际化应对中美战略竞争的有效性及推进策略研究 | 马光明 | 中央财经大学 | 22BGJ025 | 重点项目 | 2022 |
| 105 | 抗战时期华南金融行局的海外侨汇经营研究 | 秦云周 | 暨南大学 | 22BZS128 | 重点项目 | 2022 |
| 106 | 数字人民币的技术采纳与技术扩散机制研究 | 刘志勇 | 大连理工大学 | 22BGL003 | 重点项目 | 2022 |
| 107 | 促进共同富裕的城镇住房政策调整及优化研究 | 胡晶晶 | 武汉大学 | 22BGL028 | 重点项目 | 2022 |
| 108 | 促进共同富裕的中国重特大疾病保险机制及政策体系研究 | 张颖 | 东南大学 | 22BGL029 | 重点项目 | 2022 |
| 109 | 科创板注册制下IPO公司研发操纵行为及其治理研究 | 叶云龙 | 浙江万里学院 | 22BGL040 | 重点项目 | 2022 |
| 110 | 推动产业下沉乡村的适配性财政金融协同支持政策研究 | 刘斌斌 | 江西师范大学 | 22BGL058 | 重点项目 | 2022 |

续表

| 序号 | 课题名称 | 负责人 | 工作单位 | 项目编号 | 项目类别 | 批准年份 |
|---|---|---|---|---|---|---|
| 111 | 养老保险第三支柱与养老金融市场的协同发展研究 | 王向楠 | 中国社会科学院金融研究所 | 22BGL062 | 重点项目 | 2022 |
| 112 | "双碳"目标下绿色金融政策对高碳企业减排的激励约束机制研究 | 徐维东 | 浙江大学 | 22BGL063 | 重点项目 | 2022 |
| 113 | 数字化背景下"三链融合"缓解专精特新中小企业融资约束问题研究 | 黄国妍 | 上海师范大学 | 22BGL064 | 重点项目 | 2022 |
| 114 | 金融科技破解小微企业信贷供求错配困境的作用机制及实现路径研究 | 文学舟 | 江南大学 | 22BGL065 | 重点项目 | 2022 |
| 115 | 脱贫地区乡村产业振兴金融服务模式多元联结协同创新研究 | 刘西川 | 华中农业大学 | 22BGL066 | 重点项目 | 2022 |
| 116 | 银行贷款减值准备计提方法变革的执行质量、经济后果及治理研究 | 张金若 | 重庆大学 | 22BGL073 | 重点项目 | 2022 |
| 117 | 网络货运平台物流征信数据管理机制和信用币金融创新模式研究 | 杨洋 | 中国矿业大学（北京） | 22BGL110 | 重点项目 | 2022 |
| 118 | 数字赋能的农产品冷链物流供应链金融模式创新与监管机制研究 | 庞燕 | 中南林业科技大学 | 22BGL114 | 重点项目 | 2022 |
| 119 | 优化劳动供给目标下的农村养老保障政策组合策略研究 | 诸艳霞 | 中国地质大学（武汉） | 22BGL208 | 重点项目 | 2022 |
| 120 | 中国多层次、多支柱养老保险体系的政策体制研究 | 郭磊 | 同济大学 | 22BGL209 | 重点项目 | 2022 |
| 121 | 基于制度与技术双重交易费用的农村信贷传导困境破解路径研究 | 黄可权 | 龙岩学院 | 22BGL293 | 重点项目 | 2022 |
| 122 | 数字金融赋能中国制造业产业链高端化的理论机制与提升路径研究 | 李晶 | 南昌大学 | 22CJL012 | 重点项目 | 2022 |
| 123 | 结构性和包容性视角下数字金融对企业全要素生产率的影响研究 | 郑飞 | 河南财经政法大学 | 22CJL013 | 重点项目 | 2022 |
| 124 | 新冠疫情冲击下数字金融提升我国中小企业出口韧性的路径及策略研究 | 文磊 | 首都经济贸易大学 | 22CJL019 | 重点项目 | 2022 |
| 125 | 数字化进程与通货膨胀的机制分析、影响估计及政策应对研究 | 黄宇轩 | 北京大学 | 22CJY001 | 青年项目 | 2022 |
| 126 | 法定数字货币对央行流动性管理的影响机制与效果研究 | 谢星 | 南京财经大学 | 22CJY003 | 青年项目 | 2022 |
| 127 | 银行业系统性金融风险的测度与防范对策研究 | 李东承 | 中山大学 | 22CJY004 | 青年项目 | 2022 |

续表

| 序号 | 课题名称 | 负责人 | 工作单位 | 项目编号 | 项目类别 | 批准年份 |
|---|---|---|---|---|---|---|
| 128 | 新发展格局下优化收入分配与释放居民消费潜力研究 | 李俊成 | 中国社会科学院金融研究所 | 22CJY023 | 青年项目 | 2022 |
| 129 | 企业融资约束的碳锁定效应及其解锁策略研究 | 汪顺 | 安徽大学 | 22CJY032 | 青年项目 | 2022 |
| 130 | "一带一路"国家跨境资金流动网络的动态变化、影响因素及风险溢出效应研究 | 何超 | 大连理工大学 | 22CJY049 | 青年项目 | 2022 |
| 131 | 系统性金融风险的高维度量模型构建、压力测试和预测分析研究 | 吕永健 | 西南财经大学 | 22CJY050 | 青年项目 | 2022 |
| 132 | 绿色金融赋能川滇黔毗邻地区生态产品价值实现路径研究 | 陈震 | 重庆工商大学 | 22CJY054 | 青年项目 | 2022 |
| 133 | 结构性货币政策定向"支小效应"与优化对策研究 | 何玉洁 | 浙江工商大学 | 22CJY067 | 青年项目 | 2022 |
| 134 | 社保体系影响小微企业实质性负担的内在机制及效果研究 | 李建强 | 浙江工商大学 | 22CJY069 | 青年项目 | 2022 |
| 135 | 多源信息融合下中国公募基金投资风格漂移的统计测度与治理路径研究 | 李琳 | 首都经济贸易大学 | 22CTJ019 | 青年项目 | 2022 |
| 136 | "双碳"背景下碳金融产品多重供需均衡的统计测度与提升路径研究 | 董骥 | 山东财经大学 | 22CTJ025 | 青年项目 | 2022 |
| 137 | 数字时代的地方金融风险治理研究 | 向静林 | 中国社会科学院社会学所 | 22CSH032 | 青年项目 | 2022 |
| 138 | 中小银行信贷市场高质量发展的社会学研究 | 董彦峰 | 清华大学 | 22CSH033 | 青年项目 | 2022 |
| 139 | 供给侧改革驱动民族地区绿色发展的动力结构及时空效应研究 | 丁莹 | 武汉科技大学 | 22CMZ046 | 青年项目 | 2022 |
| 140 | 出土先秦秦汉文献所见货币史料整理与研究 | 梁鹤 | 中山大学 | 22CZS004 | 青年项目 | 2022 |
| 141 | 宋代货币与国家财政体系建设研究 | 王申 | 中国社会科学院古代史研究所 | 22CZS024 | 青年项目 | 2022 |
| 142 | 公平适度目标下城乡一体化的医疗保险支付意愿与最优保障水平研究 | 叶巾祁 | 华中科技大学 | 22CJY013 | 青年项目 | 2022 |
| 143 | 实现共同富裕的社会保险调节机制及其精准性提升研究 | 谢予昭 | 中国劳动和社会保障科学研究院 | 22CGL004 | 青年项目 | 2022 |
| 144 | 新股发行注册制下双重问询监管影响因素、治理效应及优化路径研究 | 李璇 | 贵州大学 | 22CGL011 | 青年项目 | 2022 |

续完

| 序号 | 课题名称 | 负责人 | 工作单位 | 项目编号 | 项目类别 | 批准年份 |
|---|---|---|---|---|---|---|
| 145 | 券商数字化助推优质企业上市的路径、效果及监管机制研究 | 贾琬娇 | 上海大学 | 22CGL012 | 青年项目 | 2022 |
| 146 | 数字化供应链视角下农产品质量安全"靶向式"信用监管机制研究 | 詹帅 | 哈尔滨商业大学 | 22CGL023 | 青年项目 | 2022 |
| 147 | 农产品价格保险助力农民收入保障与农产品供给安全研究 | 王玮彬 | 三明学院 | 22CJY021 | 青年项目 | 2022 |
| 148 | 农作物收入保险保障国家粮食安全的机制、效应及政策研究 | 徐婷婷 | 西安财经大学 | 22CJY035 | 青年项目 | 2022 |
| 149 | 数字时代个人信用治理规范的体系重建研究 | 杨帆 | 上海师范大学 | 22CFX076 | 青年项目 | 2022 |
| 150 | 数字经济时代新型财产犯罪认定规则研究 | 郑洋 | 北京理工大学 | 22CFX063 | 青年项目 | 2022 |
| 151 | 将来财产担保的理论范式转型与规则体系构建研究 | 赵申豪 | 中国人民大学 | 22CFX075 | 青年项目 | 2022 |
| 152 | 中国市场化改革与经济高质量增长研究 | 吕朝凤 | 西南财经大学 | 22XJL005 | 西部项目 | 2022 |
| 153 | 中国绿色债券市场助推实现"双碳"目标效能的内在机理与提升路径研究 | 薛勇 | 西安财经大学 | 22XJL008 | 西部项目 | 2022 |
| 154 | 稳中求进目标下供给侧结构性改革的任务、效应及政策举措研究 | 杨立勋 | 西北师范大学 | 22XJL012 | 西部项目 | 2022 |
| 155 | 新时代我国金融高水平开放背景下国际金融市场极端风险溢出、传染与应对研究 | 周孝华 | 重庆大学 | 22XJY007 | 西部项目 | 2022 |
| 156 | "产业—价值—环境"三链耦合协调视角下数字金融促进制造业转型升级研究 | 程凯 | 重庆社会科学院 | 22XJY011 | 西部项目 | 2022 |
| 157 | 基于新型农村集体经济发展的西部农地股份化动态调整机制研究 | 王志彬 | 西北农林科技大学 | 22XJY027 | 西部项目 | 2022 |
| 158 | 财政金融政策协同支持乡村振兴的效应评估与长效机制研究 | 苟兴朝 | 长江师范学院 | 22XTJ003 | 西部项目 | 2022 |
| 159 | 防控金融风险背景下惩治金融腐败一体化问题研究 | 石奎 | 西南民族大学 | 22XZZ003 | 西部项目 | 2022 |
| 160 | 数字货币风险防范法治保障研究 | 赵莹 | 西南政法大学 | 22XFX008 | 西部项目 | 2022 |
| 161 | 反外国金融制裁实施机制研究 | 杨永红 | 西南政法大学 | 22XFX009 | 西部项目 | 2022 |
| 162 | 新业态下社会保险的关系结构及其法律表达研究 | 胡川宁 | 西南政法大学 | 22XFX010 | 西部项目 | 2022 |

# 2022年国家自然科学基金项目汇总（金融学）

表2　　2022年国家自然科学基金项目汇总（金融学）

| 序号 | 课题名称 | 负责人 | 工作单位 | 项目批准号 | 批准年份 |
|---|---|---|---|---|---|
| 1 | 支持零碳金融发展的财政金融协同政策研究 | 李全 | 南开大学 | 72241401 | 2022 |
| 2 | 零碳金融信息披露的框架研究 | 谈从炎 | 中证金融研究院 | 72241407 | 2022 |
| 3 | 零碳金融信息披露的框架研究 | 靳庆鲁 | 上海财经大学 | 72241405 | 2022 |
| 4 | 创新转型、金融结构与跨周期调节政策 | 吴立元 | 中国社会科学院世界经济与政治研究所 | 72203234 | 2022 |
| 5 | 高频金融时间序列的统计推断和应用 | 王丹 | 上海纽约大学 | 12271363 | 2022 |
| 6 | 数字金融支持实体经济高质量发展 | 沈艳 | 北京大学 | 72273005 | 2022 |
| 7 | 构建零碳金融的资本监管框架研究 | 刘莉亚 | 上海财经大学 | 72241404 | 2022 |
| 8 | 数字绿色金融增进企业绿色低碳发展研究 | 王馨 | 山东财经大学 | 72203129 | 2022 |
| 9 | 金融市场中的极端事件风险（尾部风险） | 王龑楚 | 上海财经大学 | 72203138 | 2022 |
| 10 | 基于金融事件及其相关舆情的股指走势预测 | 陈龙 | 西安邮电大学 | 62203354 | 2022 |
| 11 | 基于数据要素的金融信贷研究：潜在影响和内在机理 | 洪洁瑛 | 北京航空航天大学 | 72203017 | 2022 |
| 12 | 数字经济变革下金融风险管理理论研究 | 张顺明 | 中国人民大学 | 72233003 | 2022 |
| 13 | 推动零碳金融市场发展的投融资机制研究 | 张晓燕 | 清华大学 | 72241402 | 2022 |
| 14 | 数字赋能、供应链金融与企业竞争力 | 王少华 | 山西财经大学 | 72202126 | 2022 |
| 15 | 区域金融环境、激进财务政策与公司债务违约风险 | 许晓芳 | 北京工商大学 | 72272005 | 2022 |
| 16 | 绿色金融对经济增长质量的作用机制与影响效果研究 | 文书洋 | 西南财经大学 | 72203175 | 2022 |
| 17 | 基于机器学习的金融尾部风险预测与管理新方法研究 | 严兴 | 中国人民大学 | 62206300 | 2022 |
| 18 | 基于网络结构与演化信息的地方金融系统韧性研究 | 晁祥瑞 | 四川大学 | 72274132 | 2022 |
| 19 | 面向互联网金融借贷的动态大群体共识决策研究 | 张欢欢 | 西南财经大学 | 72201213 | 2022 |
| 20 | 人才配置、金融与实体经济发展：基于科举废除的实证分析 | 徐宇晨 | 北京大学深圳研究生院 | 72203013 | 2022 |
| 21 | 资产泡沫与中国金融机构系统性风险的研究 | 沈舟翔 | 浙江大学 | 72203201 | 2022 |
| 22 | 金融网络分位数模型及尾部风险溢出应用研究 | 许秀 | 苏州大学 | 72273095 | 2022 |
| 23 | 行为金融框架下的资产配置与择时及定价问题研究 | 胡桑 | 香港中文大学（深圳） | 12271462 | 2022 |
| 24 | 基于资本市场交易关联网络的金融舆情管理研究 | 李雪蓉 | 中国科学院数学与系统科学研究院 | 72273137 | 2022 |

续表

| 序号 | 课题名称 | 负责人 | 工作单位 | 项目批准号 | 批准年份 |
|---|---|---|---|---|---|
| 25 | 金融市场的不确定性：测度、定价及监管研究 | 李红权 | 湖南师范大学 | 72271090 | 2022 |
| 26 | 基于智能仿真技术的系统性金融风险量化管理研究 | 云昕 | 上海大学 | 72201161 | 2022 |
| 27 | 中国基础设施金融化的形成机制、空间建构及治理响应 | 程哲 | 西安建筑科技大学 | 42271185 | 2022 |
| 28 | 面向金融风险感知与防控的网络表示与挖掘方法研究 | 徐冰冰 | 中国科学院计算技术研究所 | 62202448 | 2022 |
| 29 | 支持零碳金融发展的结构性宏观货币政策研究 | 张蓓 | 中国人民银行金融研究所 | 72241408 | 2022 |
| 30 | 金融衍生品的内蕴信息、高管薪酬和不对称信息 | 竺圣波 | 中国人民大学 | 72203222 | 2022 |
| 31 | 基于高维因子模型的高频金融计量与机器学习预测研究 | 程明勉 | 中山大学 | 72203242 | 2022 |
| 32 | 气候变化与家庭金融资产配置：机制、效应与政策模拟 | 周洋 | 武汉大学 | 72273098 | 2022 |
| 33 | 金融全球化、经济增长与危机：来自中国历史的启示 | 李丹 | 复旦大学 | 72273033 | 2022 |
| 34 | 面向中小微企业金融信息服务的网络结构数据建模及应用 | 张波 | 中国人民大学 | 72271232 | 2022 |
| 35 | 金融健康、收入质量与农户消费结构：作用机制及优化策略研究 | 孔荣 | 西北农林科技大学 | 72273107 | 2022 |
| 36 | 金融资产泡沫的形成、识别及其价格有效性测度研究 | 何朝林 | 安徽工程大学 | 72271003 | 2022 |
| 37 | 基于企业集团视角非金融企业杠杆背离的机理分析与对策研究 | 韩鹏飞 | 南京财经大学 | 72272073 | 2022 |
| 38 | 基于文本分析的个体投资者金融素养与市场效率的研究 | 曹星 | 哈尔滨工业大学 | 72201079 | 2022 |
| 39 | 基于人工智能的碳金融衍生品市场交易与风险管理研究 | 黄莹莹 | 哈尔滨工业大学 | 72201077 | 2022 |
| 40 | 基于贸易金融区块链平台的跨境供应链运营与融资决策研究 | 张宇轩 | 对外经济贸易大学 | 72201060 | 2022 |
| 41 | 金融资产收益多元波动结构的DCGAN深度预测及应用研究 | 黄迅 | 成都大学 | 72201042 | 2022 |
| 42 | 非金融企业影子银行投融资：测度、双刃剑效应与治理机制研究 | 李世辉 | 中南大学 | 72272154 | 2022 |
| 43 | 金融保险数学中两类稳健与均衡随机最优控制问题 | 梁宗霞 | 清华大学 | 12271290 | 2022 |

续表

| 序号 | 课题名称 | 负责人 | 工作单位 | 项目批准号 | 批准年份 |
|---|---|---|---|---|---|
| 44 | 互联网背景下的多层金融网络风险传染机制及其应用研究 | 丁少玲 | 桂林理工大学 | 72263004 | 2022 |
| 45 | 金融科技对企业数字化转型的效应评估、机制分析与策略优化研究 | 吴非 | 广东金融学院 | 72202046 | 2022 |
| 46 | 异质性视角下金融科技对系统性风险的影响与机制研究 | 覃筱 | 上海交通大学 | 72271159 | 2022 |
| 47 | 基于多层耦合网络与图神经网络的金融风险传染与预测研究 | 王纲金 | 湖南大学 | 72271087 | 2022 |
| 48 | 基于外部冲击强度及非对称影响的金融市场波动率建模及预测 | 王璐 | 西南交通大学 | 72271204 | 2022 |
| 49 | 部分可观测平均场正倒向随机系统的最优控制理论及其金融应用 | 张焕君 | 山东师范大学 | 12201365 | 2022 |
| 50 | 家庭生命周期演化过程中的金融杠杆选择与消费行为决策 | 黄倩 | 云南财经大学 | 72263033 | 2022 |
| 51 | 双碳目标下我国零碳金融宏观管理框架和政策研究丛书 | 马跃 | 中国科技出版传媒股份有限公司 | 72241406 | 2022 |
| 52 | 气候变化背景下金融市场联动机制、风险传染效应及预警研究 | 刘文文 | 西华大学 | 72203173 | 2022 |
| 53 | 数字经济变革下的金融风险管理：基础理论、建模方法和政策分析 | 陈海强 | 厦门大学 | 72233002 | 2022 |
| 54 | 农村金融机构数字化转型的普惠效应、作用机理与路径优化研究 | 亓浩 | 南京农业大学 | 72203097 | 2022 |
| 55 | 普惠金融视角下数字消费信贷对消费不平等的影响与对策研究 | 马雪静 | 华东师范大学 | 72202069 | 2022 |
| 56 | 数字金融驱动中国企业出口价值链升级的机制和政策研究 | 金祥义 | 兰州大学 | 72203083 | 2022 |
| 57 | 供应链金融中区块链采纳的影响因素和经济后果——从营运资本管理视角 | 王璐 | 北京物资学院 | 72202019 | 2022 |
| 58 | 基于多源数据的跨部门金融机构风险关联网络构建与测度研究 | 李靖宇 | 北京工业大学 | 72201012 | 2022 |
| 59 | 双碳目标下构建我国零碳金融宏观管理框架的总体思路研究（总课题） | 朱民 | 清华大学 | 72241403 | 2022 |
| 60 | 法制、文化与金融二元体系的历史演进：典型事实、理论机制与经验证据 | 张博 | 山东大学 | 72273075 | 2022 |

续表

| 序号 | 课题名称 | 负责人 | 工作单位 | 项目批准号 | 批准年份 |
|---|---|---|---|---|---|
| 61 | 复杂网络视角下金融尾部风险传染及突发不确定性传导机制研究 | 宫晓莉 | 青岛大学 | 72271135 | 2022 |
| 62 | 国际金融周期、跨境资本流动及资本账户开放政策动态调整：理论、建模与实证 | 彭红枫 | 山东财经大学 | 72273073 | 2022 |
| 63 | 金融市场条件与跨国直接投资——基于动态结构模型的理论和数量分析 | 罗文澜 | 清华大学 | 72203123 | 2022 |
| 64 | 经济"脱实向虚"背景下非金融企业影子银行化的引致因素和经济后果研究 | 韩珣 | 北京第二外国语学院 | 72203014 | 2022 |
| 65 | 数字化转型背景下系统性金融风险预警系统重构及其监管政策优化 | 吴文洋 | 湖南工商大学 | 72201096 | 2022 |
| 66 | 全球能源金融风险网络溢出下的产业链韧性：结构动态、评估体系与稳定政策 | 夏晓华 | 中国人民大学 | 72273143 | 2022 |
| 67 | 核心企业参与供应链金融的驱动机制和经济后果研究：基于买方信贷担保的视角 | 陈涛琴 | 上海大学 | 72202130 | 2022 |
| 68 | 低碳转型约束下我国气候金融风险的敞口度量、驱动机制及应对策略研究 | 翟鹏翔 | 北京航空航天大学 | 72203016 | 2022 |
| 69 | 基于辅助信息源的高维协方差矩阵的估计和预测：以金融市场为例 | 李少然 | 北京大学 | 72203007 | 2022 |
| 70 | 全球金融不确定性：基于高阶矩的测度及对中国经济波动的影响 | 张凌翔 | 北京理工大学 | 72273013 | 2022 |
| 71 | 中国结构性货币政策：传导机制、金融风险和应对经济形势转变的最优政策设计 | 张婧屹 | 上海财经大学 | 72203139 | 2022 |
| 72 | 颠覆性技术相对优势、本土前瞻性治理能力与技术全球治理话语权：以金融科技为例 | 杨超 | 中国矿业大学 | 72204249 | 2022 |
| 73 | 基于不确定性的金融风险度量及其在风险与资产配置和保险中的应用研究 | 胡亦钧 | 武汉大学 | 12271415 | 2022 |
| 74 | 不完全金融市场下人民币对周边国家小币种货币汇率形成机制的研究 | 王智勇 | 云南财经大学 | 72263030 | 2022 |
| 75 | 资金流量视角下的金融与实体经济关系研究——资金可计算一般均衡模型构建及政策分析 | 程远 | 中国社会科学院数量经济与技术经济研究所 | 72204263 | 2022 |
| 76 | 经济不确定性对金融波动率建模和预测的影响：基于大数据和异质性的研究视角 | 黄卓 | 北京大学 | 72271010 | 2022 |
| 77 | 金融中介风险分摊、经济系统稳定性与宏观经济政策有效性——基于动态随机一般均衡模型分析 | 王海龙 | 江西师范大学 | 72261019 | 2022 |

续完

| 序号 | 课题名称 | 负责人 | 工作单位 | 项目批准号 | 批准年份 |
|---|---|---|---|---|---|
| 78 | 复杂系统耦合情境下产业链金融风险演化机理与协同治理机制研究——基于西部地区典型应用行业的调查 | 李光荣 | 内蒙古工业大学 | 72261029 | 2022 |
| 79 | 数字化技术驱动下供应链金融的信用脆弱性修复与韧性提升：聚焦"可解释机器学习＋区块链＋复杂网络"等前沿技术的应用 | 杨瑞成 | 内蒙古财经大学 | 72261028 | 2022 |

# 学界动态

# 著名金融学家介绍

## 论厉以宁的经济学贡献

平新乔\*

当代著名经济学家、北京大学经济学教授厉以宁先生于 2023 年 2 月 27 日逝世，为我们留下了巨大的精神财富。现在全国上下都在努力创立中国特色的学术体系，创造有中国特色的经济学理论体系，其实，厉以宁教授从 20 世纪 80 年代至今所出版、发表的全部论著就已经形成了一个具有中国特色的经济学理论的重要成果。

厉以宁是江苏仪征人，1930 年出生于南京，在上海上的小学，1941 年不满 11 岁时考入上海南洋模范中学。1943 年随家迁到湘西沅陵，考上雅礼中学。1946 年回南京，在金陵大学附中完成高中。南洋模范中学、雅礼中学和金陵大学附中这三所名校奠定了厉以宁一生的事业基础。高中毕业后，厉以宁回到湖南沅陵，在一个消费合作社里当过两年会计，从而积累了与顾准、薛暮桥一样的从会计出身学习、研究经济学的宝贵经历。1951 年厉以宁考入北京大学，1955 年毕业留校。长期担任北京大学经济系资料员，认真研读《经济史评论》等外国学术刊物上的论文，编写内部学术资料。在"文化大革命"前就与马雍（后成为历史学者）一起翻译《罗马帝国社会经济史》，研究罗马帝国衰亡的原因。他在北京大学经济系历任助教、讲师、副教授、教授，1985 年出任北京大学经济管理学主任，1993 年任北京大学工商管理学院院长，1994—2005 年担任北京大学光华管理学院院长。厉以宁在 1988—2002 年担任中华人民共和国全国人民代表大会第七届、八届、九届常务委员，2003—2018 年担任中国人民政治协商会议全国委员会第十届、十一届、十二届常务委员。2018 年厉以宁获得改革先锋称号。

厉以宁的经济学研究经历大体分两段：第一段是从 1978 年至 2000 年，即前二十二年。在这一段，厉以宁以现实的中国经济与世界经济运行为主要研究对象，比较系统地提出了中国经济改革的理论和他的经济学基本理论。第二段是从 2000 年至今，即后二十二年。在这一段，厉以宁也关心、参与现实经济问题与改革发展的讨论和设计，在民营经济发展与土地确权等重大改革上提出了一系列理论见解和政策主张，但其主要精力是在比较经济史和文化经济学的研究上，以史为主，兼顾现实问题研究。

在 1978 年至 2022 年长达 44 年的著作生涯里，厉以宁出版、发表了 80 多部著作和数百篇论文，著述近 2000 万字。其思想容量之大，可与前辈学者于光远先生媲美。本文认为，厉以宁的经济学研究贡献主要在于五个方面：一是独立提出了中国经济改革思路与股份制改革设计；二是形成一个比较有中国特色的社会主义经济运行理论；三是提出了"三种调节与三次分配"

---

\* 平新乔，北京大学经济学院教授。

理论；四是作为一个中国学者，其对于外国经济史和外国经济思想史贡献了独立的、系统的研究成果，尤其是在资本主义起源问题的比较经济史研究上，创造性地提出了"体制经济史学"理论框架，为研究人类从传统社会走向近代文明的多元模式、为研究现代化的多样性作出了重大贡献；五是初步形成了经济伦理学与文化经济学的理论框架。

本文主要阐述厉以宁教授以上五大经济学研究的贡献。前三节主要谈厉以宁的社会主义经济体制改革、社会主义经济运行、社会主义经济调节和分配的经济学理论成果，第四节讨论厉以宁教授的比较经济史研究和"体制经济史学"理论框架，第五节介绍厉以宁对经济伦理学和文化经济学的贡献。当然，厉以宁教授的经济学研究远不止这五个方面，他在其他方面的学术贡献当由另外的文章来加以讨论。

## 一 厉以宁关于中国经济改革的思路与股份制改革设计

厉以宁提出了经济改革要以企业改革为基础、为重心的思想。同时，他主张以股份制改革来改造传统的国有企业体制，以资产交易机制来启动对于计划经济下的公有制模式的改革，这是在坚持公有制的前提下实行的对于原来的所有制结构的再改造，以上市公司治理结构来替换原来的全民所有制的实现方式。因此，厉以宁的改革经济学理论，又称为"所有制改革论"和"股份制改革方案"。这个思想是厉以宁在1980年初步酝酿、小范围建议，到1986年正式系统提出，并展开公开讨论的。①

1986年之前，尤其是在1984年，中国经济学界关于经济改革的主流观点是以价格改革为中心。这个思想不但体现在大量的公开发表的论文里，而且写进了最高决策层的决议与文件里。以价格为中心进行经济改革的主张的依据是：既然是搞商品经济，商品经济的机制在本质上就是价格机制，让价格调节供求，乃是最基本的。而且，当时现实里发生的价格双轨制把经济关系搞得很乱，各种投机倒把引发腐败。因此需要理顺价格体系，消除价格双轨制。这就是价格改革。至于如何进行价格改革，是调还是放，内部又有若干分歧。

价格改革当然是重要的。但是，厉以宁提出两个问题：首先，如果经济中仍然是政府经营的全民所有制企业为主体，政企不分，即使价格放开了，这类企业会对市场价格作出正确的反应吗？其次，如果作为市场的供方主要是这样的政企不分的国有企业，其所决定的价格能反映资源稀缺程度、从而改善资源配置的效率吗？

因此，厉以宁主张要将由政府经营的国有企业改为股份制企业，成为按市场调节的全民企业，以市场价值来评判企业效率，使全民所有制企业成为真正为全体劳动者谋利的企业，真正解决经济中利益、责任、激励、动力问题。厉以宁认为，价格改革虽然也关系到经济利益与动力，但是若没有所有制改革，价格改革和其他各种改革能够起到的作用是有限的。

在整个1986年，厉以宁就集中精力设计如何让全民所有制企业上市，成为股份制企业。他创造性地提出了"增量资产上市"与"存量资产上市"的方案。他提出，国有企业改革为股份制

---

① 见厉以宁《所有制改革和股份制企业的管理》，载《中国经济体制改革》1986年第12期、1987年第1—2期；厉以宁《社会主义所有制体制的探索》，载《河北学刊》1987年第1期。这两篇文章都收录在厉以宁于2018年出版的《改革开放以来的中国经济》一书中。

企业可分为两大阶段，第一阶段是资金增量的股份化，即新创办的企业按股份集资方式建立，以及原有企业扩大经营时采取发行股票的方式。第二阶段是资金存量的股份化，即原有企业的固定资产核定价值，折成股份，这部分股份又可分为"国有股"和"法人股"：原有企业资金存量里由国家投资部分形成"国有股"；而原有企业资金存量里由企业本身投资部分形成"法人股"。所以，"国有股"和"法人股"是起源于全民所有制企业存量资金的股份化，本来是为了防止在股份制改革中的国有资产流失才设计的股权控制模式。后来由于国有股与法人股流转滞后，影响了资本市场深度与效率，才在20年后（2006年）又进行了深化股权流转的资本市场改革。

在提出股份制改革设想的同时，在1986年，厉以宁还在所有制改革上提出了公有制为主体、多种经济成分共同发展的混合所有制模式。不但整个国民经济是全民所有制企业、集体所有制企业与个体并存的混合经济，而且一个企业也可以是全民、集体与个体等多种经济所有制共同投资而组成的混合所有制企业。厉以宁还提出了"金融控股公司"的设想，即国有商业银行可以通过对企业的参与而形成社会主义银行财团，社会主义银行财团与社会主义公司财团一起，实行跨部门、跨地区的经营。这个设想比金融控股公司大力推广的今天提前了35年。

对于国有企业通过股份改造后能否保持全民所有制性质的问题，厉以宁提出了国家投资公司和国家控股基金的方案。他认为，国有企业上市后，只要国有股份是有控制权的，则企业性质就还是全民所有制的。他主张，应该将国家出售的企业股份所得到的资金集中起来，形成国家基金，国家可再以这个基金对别的企业与产业进行投资、控股。这实质是国有投资公司和国家控股公司的概念。

因此，在厉以宁的股份制改革思路里，不但主张全民所有制企业上市，而且对于公有制为主体、多种经济成分共同发展，对于混合所有制改革和混合经济，金融控股公司、国家控股公司与国有投资公司等方面都有周密的考虑。这个思想，在20世纪80年代以来的国有企业改革实践中都产生了重要影响。

实践证明，从传统的社会主义计划经济转变为社会主义市场经济，价格改革与企业改革是相互补充的，也说不上应该孰先孰后。事实是，在20世纪80年代，中国一方面放开了部分产品和生产资料的价格，另一方面也在国有企业推进诸如利润留成承包制的改革，还在准备股份制改革。到1993年，价格双轨制在中国走向尾声，而中国股市也在前一年正式开市。但厉以宁以企业改革为基础的理论，仍是成立的。他在作为社会主义市场机制的两个部分之间，即价格机制与产业组织之间，实质上认为产业组织的建设是更为根本的。价格机制说到底就是要以竞争性价格作为资源配置的信号，以价格来提高资源配置的有效性。但在计划经济条件下，产业组织恰恰不是完全竞争的，苏联模式下的产业组织和全民所有制企业体制，是根本阻遏竞争性价格机制的形成的，更谈不上让价格机制发挥作用了。由此可见，厉以宁提出改革要以企业改革为中心，是从中国实际出发的，这是对西方经济学在既定资源条件和既定价格机制条件下运用价格理论的主张的否定。因此，厉以宁的改革理论是对社会主义经济改革理论的重要创新。

后来的中国改革实践表明，价格改革是快于企业改革的步伐的。中国的价格改革从1984年左右起步，大约到1994年就基本放开价格了，即价格改革基本上是花了十年时间。可是，中国的国企改革实质是从1995年起才动真格进行改革，到2007年才基本告一段落。这说明，第一，价格改革并没有自动带来国企效率的提高，国企恰恰是在市场价格全面放开后才全面陷入困境的。这说明价格改革不是改革的全部,也不是改革的中心任务。改革的中心任务是要让中国经济全面焕发出活力,而这个任务价格改革是没有担当起来的。第二,国企效益的改善,要靠企业本身的改革,而中国的实践证明,国企改革恰恰是比价格改革更艰难的改革,需要企业本身在动力机制、产权配置、劳动用工制度和治理结构上进行深入改革。第三,中国国企的改革的基本思路还是大型国有企业走股份制的道路,中小企业实行并购重组、租赁、拍卖的方式,这恰恰是厉以宁提出的企业改革思路。第四,许多重要的生产资料与要素,如煤电、盐、药品、产权价格、劳务价格、土地价格等,在 1994 年后长久没有实行市场定价,有的是双轨制,其背后与企业制度有关,需要进行深层次的制度改革。

这样看来,厉以宁在 1986 年系统提出企业改革中心论与所有制改革理论,是被中国改革实践所证实的经济改革理论,既具有中国特色,又具有国际意义。这个理论的国际意义在于,它说明,在社会主义改革中,对于国有企业,既不能全盘私有化,也不能在对原来的全民所有制企业原封不动的前提下就放开价格,而是要在公有制基础上对国有资产实行市场化改造,并且在股份化过程中保持国有股的控制权,同时实行多种所有制经济共同发展。

## 二 厉以宁提出的中国特色社会主义经济运行的理论

厉以宁在 1985—1990 年系统提出了具有中国特色的社会主义经济运行理论。这个理论主要体现在其三本书里:1986 年出版的《社会主义政治经济学》、1988 年出版的《国民经济管理学》和 1990 年出版的《非均衡的中国经济》。

### (一)《社会主义政治经济学》

《社会主义政治经济学》是一本教科书,其贡献了到那个时期为止的最新的社会主义政治经济学体系。从今天来看,这当然只是中国众多的社会主义政治经济学教科书里的一本,但是与同类教科书相比,厉以宁的这本书有其特色。

其一,其研究对象与理论内容有创新。厉以宁遵循社会主义经济是以公有制为基础、在分配上实行按劳分配这一基本原则。从劳动价值论出发,他当时还固守非生产领域不创造收入的观点;并且认为边际收益等于边际成本的原则不能成立,理由是成本属于旧价值转移,而利润属于新价值创造,两者不能在同一个价值层面比较。然而,从总体上说,厉以宁的社会主义政治经济学在体系上有两大创新:第一,他主张把财富作为政治经济学的研究对象;第二,他主张把社会主义经济体制改革下的经济运行作为考察的重点。这样就区别于以前的政治经济学体系。

其二,厉以宁的政治经济学体系在考察经济运行过程时明确区分了"封闭型扩大再生产"的价值平衡与实物平衡和"开放型扩大再生产"的价值平衡与实物平衡。尽管开放条件下的宏观经济分析在 20 世纪 80 年代在国内经济学界已比较普及,不过,厉以宁在该书里指出,无论封闭型的总供给与总需求,还是开放型的总供给与总需求,都有实物部门之间的结构问题,因此在内循环和外循环中要关注结构问题。这是中国经济学界关于"内循环"和"外循环"的最早的理论分析之一。

其三,厉以宁明确提出了"三种经济成分"共同发展的思想:全民所有制经济是社会主义经济的主导力量,集体所有制经济是社会主义经济的重要组成部分,个体经济是社会主义经济的有益补充,应该大力发展。当时还没有民营资本企业和外资企业,但是,集体经济与个体经济后来成为"非国有经济",与"国有经济"相对应,全民、集体经济合称"公有经济",与个体、民营资本企业、外资企业合称的"非公经济"相对应,这都是以国有经济为主导、多种所有制经济共同发展的格局。这个思想并不是厉以宁的独创,厉以宁可贵之处在于,不仅在1986年的教科书里论述了多种所有制经济共同发展,而且一直坚持并发展这一思想,使之在21世纪初成为他坚持民营经济发展的理论的出发点。

其四,厉以宁认为,在社会主义经济运行中,有"四个要素"缺一不可:一是一套完善的市场体制;二是高度有效的政府;三是一批有企业家精神的人;四是符合社会主义伦理原则的经济行为规范。可见,对政府调节的评价标准不应该是"有为",而应该是"有效",离开有效的"有为"就是乱为。并且,在社会主义经济运行体系里,光提市场与政府是不完全的,还应该加上企业家和伦理规范。

其五,什么才是完善的社会主义市场体系?厉以宁提出了"五个市场":消费品市场、生产资料市场、资本市场、劳务市场、技术市场。

因此,"一个前提"(公有制和按劳分配是社会主义经济的前提)、"两个循环"(封闭与开放)、"三种经济成分"(全民、集体与个人)、"四种要素"、"五个市场",这总起来形成社会主义经济运行体系。

厉以宁在创立社会主义政治经济学体系时,遇到了两个不可回避的难题:如何解决社会主义经济增长过程中发生的收入不平等问题?劳动价值论如何与作为资源配置的信号的市场价格体系相协调?

关于收入不平等问题,厉以宁从三个方面加以讨论:一是判断不同劳动者之间的收入差距的合理程度,认为劳动者之间的收入差距不是导致危害社会安全稳定的问题;二是判断非按劳分配收入差距的合理程度,认为这需要适当控制;三是指出非正常收入方面的差异与不平等,即由财富占有不平等所引起的问题,这才是社会应引起重视与控制的。这是一个分层次、分结构的收入不平等问题的分析架构,区分了收入的不平等与财富的不平等,认为财富的不平等才是更应该控制的;在收入不平等里又区分了按劳动分配收入与非按劳动分配收入,认为后者比前者更应该引起重视。

在劳动价值论与作为资源配置的信号的市场价格体系之间,显然有一个价值转型的理论问题。厉以宁在1986年出版的《社会主义政治经济学》中提出两条研究思路:一是承认劳动价值论,但价格可围绕价值波动,价格层面就是资源配置价格,按每种资源在市场中带来的边际收益确定其收益分配水平;二是在研究中不直接涉及价值形成和价值量决定问题,也不再涉及价值与价格之间的背离问题,而是直接研究资源配置价格的决定,按资源的市场边际收益决定收入分配。无论是哪一种思路,都主张从要素边际贡献与要素所有者的收益角度来研究资源配置价格。这至今仍是我们"按要素的市场贡献决定其收益报酬"的分配原则的理论基础。

**(二)《国民经济管理学》提出作为政府调节理论基础的短期、中期和长期的宏观经济学**

不同于《社会主义政治经济学》主要是从横的角度,以"一,二,三,四,五"的框架全方位分析社会主义经济里的企业、个人,市场和政府行为及其相互关系,《国民经济管理学》

是从纵的角度，以"近期"、"中期"和"长期"这三个时间长度，讨论、分析了社会主义经济运行中的宏观经济学的基本问题。

厉以宁在《国民经济管理学》里明确指出，社会主义宏观经济管理的近期任务是维持经济稳定，应当通过政府调节来维持社会总需求与总供给之间的基本平衡。这种总供给与总需求之间的平衡，既是总量的，又是结构的，即要协调总量与结构之间的诸多不平衡问题。厉以宁将总需求与总供给之间的平衡关系分为投资、消费和国际收支这三个子领域，由于每个子领域都有供大于求、供小于求、供求相等这三种可能，所以，近期的宏观经济管理格局实质上有27（＝3×3×3）种可能。比如，消费领域的供不应求可能会与投资领域的供过于求并存，国内消费和投资领域的供求均衡可能会与国际收支领域的不平衡并存，等等。《国民经济管理学》共讨论了20种短期宏观经济不平衡的格局。

这本书与国内外讨论分析宏观经济问题的诸多论著不同的最显著的特色是，在理论上第一个提出"中期"的宏观经济管理任务是解决经济结构问题。具体是三个结构：产业结构、技术结构和区域结构的转变、升级。这就是说，在客观上存在一个既非短期又非长期的"中期宏观经济学"（Medium-Run Macroeconomics）问题，而"中期"的形成是由于经济结构的调整时间一般需要8—10年，为中期。

厉以宁进一步指出，经济结构的调整，是以社会主义市场体系为基础的。"产业结构调整、技术结构调整和地区经济结构调整的主体，不是政府，而是企业。"① 是企业按市场需求结构变化而在生产资料市场和投资品市场上调整投资方向，才引起产业结构的变化。而企业调整产品结构和产业结构又必须依托资金市场（20世纪80年代还不提资本市场）与外贸市场、国际资本市场。这就是说，经济结构调整的实施主体、调整的手段、调整所依托的基础，都是市场导向的，而不是计划经济的导向。

同时，厉以宁讨论、分析了"中期"宏观经济学中产业结构变化与周期之间的关系。他思考了为什么任何产业都会有周期，即会发生上升、高峰、衰落的变化？为什么产品的发展会经历"投资增长—投资显著增长—投资热情衰退"这样的过程？发现，这样的周期不是几十年的长周期，而是中周期。"中周期"的休整阶段，就是产品结构、产业结构的调整正在发生的时期。厉以宁还认为，中期宏观管理与短期宏观管理相比，短期宏观管理侧重于需求管理，而中期宏观管理则侧重于供给管理；需求易增不易减，而供给易减不易增。

至于长期宏观管理，厉以宁认为应侧重于环境管理、收入水平的调节和社会保障体制的建设。因此，长期的宏观经济管理是与社会管理结合在一起的，这同样已被30多年经济发展实践所证实。

厉以宁关于近期、中期和长期宏观经济管理的理论体系是一个独创。尤其是其"中期"宏观经济管理的理论，在国际学术界也是领先的。美国经济学界是在1997年以后才发现"中期"宏观经济学具有与短期、长期宏观调控问题不同的特殊内容。② 也就是说，厉以宁关于"中期"

---

① 厉以宁：《国民经济管理学》，河北人民出版社1988年版。

② 见 Blanchard. O., 1997, "The Medium Run", *Brookings Papers on Economic Activity*, Vol. 28, Issue 2; Solow, R., 2000, "Toward a Macroeconomics of the Medium Run", *Journal of Economic Perspectives*, Vol. 14, Issue 1; Beaudy, P., 2005, "Innis Lecture: Exploration in Medium-Run Macroeconomics", *Canadian Journal of Economics*, Vol. 38, No. 4.

宏观管理的思想，至少比西方主流经济学家提早了10年。而且，厉以宁讨论的是中国经济里的中期宏观管理问题，在内容上与西方学者后来的论述是有差异的。

**（三）《非均衡的中国经济》一书从方法论上为厉以宁的经济改革理论提供了基础**

"非均衡"的概念并不是厉以宁的创造，它最早出现在西方经济学文献里。非均衡还是一种均衡，只是非瓦尔拉斯那种市场出清的均衡。非均衡是指不存在完善的市场，不存在灵敏的价格体系的条件下所达到的均衡。有一些凯恩斯理论的解释者认为，凯恩斯经济学就是一种最初的非均衡理论。非均衡理论20世纪60年代至80年代在西方有较大的发展，主要研究在市场不完善和价格机制不能自行调节供求时各种经济力量如何被调整到彼此相适合的位置，并在这个位置上达到均衡。

厉以宁的非均衡理论并非照搬西方的非均衡理论，他首先提出两类非均衡：

第一类经济非均衡是指，市场不完善，价格不灵活，超额需要或超额供给都是存在的，需求约束与供给约束都存在着，但作为市场主体的微观单位都是自主经营、自负盈亏的独立商品生产者，有自由选择权，自行承担风险。厉以宁认为，西方学者所讨论的非均衡，是这类非均衡。

但厉以宁辨别出当时中国经济所面临的是第二类经济非均衡：市场不完善，价格不灵活，超额需要或超额供给都是存在的，需求约束与供给约束都存在着，但作为市场主体的微观单位并非自主经营、自负盈亏的独立商品生产者，它们缺乏自由选择投资机会与经营方式的自主权，也不自行承担投资风险与经营风险。这样的微观经济单位，没有摆脱行政机构附属物的地位。

这就是说，两种非均衡之间的区分主要是微观经济单位的性质和行为不同而造成的。这样，如果说西方的经济非均衡是由于价格与市场机制失灵造成的，那么中国的非均衡除了受价格与市场机制失灵影响以外，还与企业作为微观经济单位是政府的附属物这一特性有关，是市场价格体系失灵与微观经济单位不自主之间互为因果的产物。因此，厉以宁指出，中国只有通过企业改革，将国有企业改造成自负盈亏、自担风险的微观单位，先由第二类非均衡过渡到第一类非均衡，然后再使第一类非均衡中的非均衡程度逐步缩小。

从非均衡出发，厉以宁对于社会主义经济运行，又有新的发现：

其一，作为非均衡表现形式的"滞涨"，在社会主义经济里会呈现出结构复杂的"滞涨"："涨"有公开的涨和隐蔽的"涨"（表面上价格未变，实际上有价无货），"滞"也有公开的"滞"和隐蔽的"滞"（表面上GDP增长，实际上有效供给并未增加）。所以，"滞"和"涨"的组合共有四种。在这四种组合方式下的"滞涨"，应该采取不同的政策组合方式。

其二，中国经济的非均衡与产业结构问题有密切关系，产业结构的调整之所以困难，是与企业运行机制的弊病、企业行为短期化以及社会行为短期化有关的。只有加速企业改革，改造企业运行机制，克服第二类非均衡中微观经济单位的弊端，才能促进产业结构合理化。

其三，在中国的第二类非均衡经济里存在着各种"刚性"：除了"工资刚性""就业刚性""福利刚性"以外，还存在一种特殊的刚性——"企业刚性"，即企业负盈不负亏，企业破产难以实现，这就是我们今天所说的"僵尸企业"问题。即非均衡不但表现在产品市场与要素市场上，还表现在制度市场上。

其四，非均衡会导致价格双轨制长期存在。在商品短缺条件下，如果存在较大的资源约束，那么即使表面上取消了两种价格（计划价格与非计划价格），但实际上会形成新的两种价格（公开价格与地下价格）之差。在条件尚未成熟之时过早全面放开价格，除可能引起社会经济动荡外，还会使一些人利用公开价格与地下价格之差牟利。

总而言之，《非均衡的中国经济》一书不仅指出了两类非均衡，更是以第二类非均衡为基础论述了中国特色社会主义市场体系建立所面临的一系列问题，从而深化了具有中国特色的社会主义经济调节理论，对于中国特色的微观经济学和宏观经济学的建设都具有十分重要的意义。

### 三　厉以宁的三种调节机制与三次分配理论

三种调节机制（或力量）与三次分配理论是厉以宁经济学的独创，是他在 20 世纪 90 年代的经济学研究的主要成果。该理论在 20 世纪 80 年代的《社会主义政治经济学》里已有端倪（论证了道德力量在经济中的作用），但当时仅论述市场调节和政府调节两种调节机制，没有把道德作为"第三种调节力量"来论述，因此没有"三种调节机制"，也没有"三次分配"理论。"三种调节机制"和"三次分配"理论主要是在 1994 年出版的《股份制与现代市场经济》、1995 年出版的《经济学的伦理问题》和 1999 年出版的《超越市场与超越政府——论道德力量在经济中的作用》三本书里系统加以阐述的，在 2018 年出版的《文化经济学》里也有相关论述。

#### （一）三种调节机制理论

三种调节，就是市场调节、政府调节和道德力量调节。关于市场调节和政府调节的定义，厉以宁与别人没有什么区别，他的"三种调节机制"理论的新意在于赋予道德力量的调节作用与市场、政府相同甚至更高的地位，同时对市场、政府与道德力量之间的三者关系给出了新颖的论证。

20 世纪 80 年代，厉以宁在《社会主义政治经济学》里就已经提出了"第二次调节理论"。在市场调节与政府调节之间的关系上，他认为市场调节是第一次调节，政府调节是"第二次调节"。这就鲜明地把市场机制放在基础性的地位上，在当时已经是具有创新性的理论。在 20 世纪 90 年代改为"三种调节机制"理论，就不仅仅是从"二"到"三"的"加一"的变化，而是有质的飞跃。

第一，厉以宁指出，如按历史上发生的次序来排，则道德调节是先于市场调节和政府调节的。市场不过是出现在原始社会解体阶段，但在这以前，人类社会已存在几万年了，那时既没有市场，也没有政府，当然就没有市场调节和政府调节。人类社会在那漫长的岁月里是靠什么力量进行调节的？靠的是道德力量的调节，其中包括了习惯的调节、风俗的调节，以及共同遵守的设定或惯例的调节。这种靠道德力量作为唯一调节机制的经济就是希克斯在《经济史理论》中所称的"习俗经济"。

第二，即使在市场调节和政府调节机制产生并起作用之后，在一些边远地区或封闭的海岛上，仍然可能既没有市场调节，也没有政府调节（天高皇帝远），只能依靠道德力量来调节经济活动。还由于人类经常发生大的战乱，"小乱居城，大乱居乡"，无论是居城还是居乡，在战乱期间，从政府到普通居民，都会设法让人类不至于饿死、冻死。道德力量调节这时仍然发挥作用。

第三，即使如今在有高度发展的市场调节机制和政府调节的法规、政策与文件的条件下，道德调节仍然是基础性的。市场调节的方式主要是定价，价格不可能持久地离谱，人人心中有杆秤，这杆秤就是基于道德的公平。市场讲究的就是诚信。不守规矩，坑人利己，这样的市场必定是无序的。政府调节首先必须廉洁清正，从皇帝办公厅到地方政府衙门的法庭，一直是悬挂着"正大光明"的匾幅的，如果没有道德调节，是不可能做到为官清正的。因此，政府调节必须建立在反腐的基础之上。

第四，社会活动分为交易领域与非交易领域，在交易领域，是市场调节、政府调节与道德力量共同调节；在非交易领域，如家庭关系、家族关系、邻居关系、同乡关系、同学关系、师生关系、同事关系等，还有如学术活动、宗教活动、公益活动等，市场调节进不去，政府调节的法规只能设一个边界与底线，平时的活动主要是依靠道德力量进行调节的。

因此，厉以宁关于三种调节机制的理论，是对人类经济活动和社会活动的调节机制的全方位的研究，他将"有形之手"和"无形之手"相结合，将经济调节与道德调节相结合，实质上是将经济学与伦理学相结合，这是社会主义经济学研究中对亚当·斯密学说中的合理内容的批判性继承。

### （二）"三次分配"学说

与"三种调节力量"或"三种调节机制"相对应，厉以宁提出了"三次分配"学说：

与市场调节相对应的收入分配是收入的第一次分配。收入按其构成可分为工资、薪酬，以及与工资和薪酬联系在一起的奖金、补贴等。这是由市场决定的收入分配。市场根据各类人员所提供的生产要素的数量、质量和效率，来评价决定第一次分配中的各种收入水平。

社会收入的第二次分配是政府主持下的收入再分配。第二次收入分配是与政府调节相对应的，但是并不是与政府调节的全部机制相对应，而只是与政府的收入调节相对应。政府可以一方面通过征收个人所得税、遗产税、赠予税、财产转移税，另一方面也可以通过建立社会保障制度，对失业人员和低收入家庭、老弱病残群体进行补助、救济或津贴，来实行收入的再分配。这叫作"第二次分配"。

第三次收入分配是在第一次分配、第二次分配后形成的个人可支配收入的基础上开始的，是个人出于自愿和爱心，出于社会责任感而作出的捐赠。这是基于道德力量而作出的收入再转移、再分配。显然，第三次收入分配是与道德调节机制相对应的。

厉以宁的"三次分配"学说的创新点在于：首先，他是将这三次分配置于社会主义经济中的三种调节机制之下的，是由三种调节机制衍生出来三次分配方式。其次，他论证了第三次分配区别于第一次、第二次分配的社会内涵，即第三次分配是在道德力量引导下，带有人情味的收入转移，而不是像市场调节下的第一次分配那种冷冰冰的生产要素转移后的收入分配，也不像政府调节那种依靠法律、法规、规章制度的收入转移。第三次分配能增加人们之间的相互关系与幸福感，是捐献人与受助人双方都能够感到幸福的一种交往过程。再次，第三次分配完全是基于个人自愿的公益活动，不像第一次分配里各种生产要素所有者是多多少少要强制服从市场价值评价才能获得属于自己的收益回报，也不像第二次分配时人们必须服从国家法律纳税，第三次分配完全是个人自主的。这样，三次分配实质上是揭示了人类在分配关系上三种不同的自由程度。最后，第三次分配实质上填补了第一次、第二次分配后留下的社会空白：第一次分配发生于市场交易领域，第二次分配发生于政府法律、法规所覆盖的领域，但是社会尚有既非市场又非政府调控所覆盖的空白区，这些广大的社会空间需要公益事业、慈善事业的发展来弥补、来投入、来支持发展，同样是全面建设社会主义社会和为人民谋利益的重要领域。厉以宁的"第三次分配"理论实质上拓宽了社会主义经济学理论的研究领域。

厉以宁教授很早就把"三次分配"与共同富裕结合起来了。他在1991年就撰文指出①，共同富裕是一个过程，不是"同步富裕"。如果是追求同步富裕，就会谁也富裕不了。不仅"第三次分配"与共同富裕目标的实现有联系，而且是三次分配里的每一次分配都与共同富裕过程有关系：在第一次分配过程里，实行按劳分配就是实现共同富裕的一个保证，人们通过诚实劳动和合法经营来获得收益，收入水平都会提高，而各种群体的收入水平都会提高就是共同富裕的基本含义；在第二次分配过程中，政府通过对于收入分配的事前调节，包括对个人从事投资的事前调节、对个人雇工经营的事前调节、对个人承包承租活动的事前调节、对工资标准的事前调节、对个人兼职收入的事前调节等，都会有利于收入差距的适当缩小，从而有利于共同富裕的实现；在第三次收入分配过程中，人们通过自愿的收入转移、自愿缴纳和自愿捐献，更会有利于共同富裕目标的实现。

## 四 厉以宁在比较经济史研究领域的"体制经济史学"创新

厉以宁在外国经济史领域辛勤耕耘了70个年头，尽管他在20世纪80—90年代主要致力于社会主义经济体制改革和经济发展的探索，但在进入21世纪以后，又把研究重心拉回到经济史的研究，先后出版了《资本主义的起源》（商务印书馆，2004年）、《罗马—拜占庭经济史》（商务印书馆，2006年）、《工业化和制度调整》（商务印书馆，2010年）和《希腊古代经济史》（商务印书馆，2013年）等巨作，对于人类经济制度变迁提出了系统、独到、深刻的真知灼见。其中，厉以宁对资本主义起源的研究，向中外经济史学界的同仁贡献了自己独到新颖的"体制经济史学"理论，将这一领域的国际学术水平向前推进了一步，对于我们理解人类从封建社会过渡到近现代资本主义社会、从传统经济社会转化为现代社会的道路和方式的多样性，从而进一步理解文化的多元性、制度选择的自主性和现代化进程的多元性与地域性、本土性，等等，具有重大而深远的启迪意义。

厉以宁之前，国际学术界关于资本主义起源至少有四种学说：

第一种学说认为，商品货币关系的产生和发展是资本主义的最初起点。这是苏联学者根据马克思《资本论》第一卷所作出的结论。厉以宁接受商品货币关系是研究资本主义的最初的起点的观点，但他认为，商品货币关系不一定演变为资本主义经济关系，因为资本主义的经济关系是由私人雇佣关系在一定条件下转变而来的。进一步说，我们也不能把这种雇工的现象称作资本主义经济关系，因为在古希腊城邦、在古代中国，都出现过私人雇工经营的现象，私人雇工关系在当时只是小商品生产产生的分化；而这种分化需要一定的条件，才能产生资本主义经济关系。并且，就算资本主义经济关系出现，也不等于资本主义社会经济制度的建立。厉以宁

---

① 厉以宁：《论共同富裕的经济发展道路》，《北京大学学报（哲学社会科学版）》1991年第5期。

认为，他所要研究的资本主义起源，是指资本主义社会经济制度是如何建立的。从小商品生产者的分化到资本主义社会经济制度的建立，是一个漫长的历史过程，其中有不少重要的环节。他所要做的研究，就是要研究这一演进过程的每一个重要环节，找出从小商品生产到资本主义社会经济制度的演进机制。

第二种学说认为，产权确立是西方世界兴起的关键，也是资本主义起源的关键。这个学说是诺斯和托马斯在1973年提出的。① 厉以宁在20世纪70年代就认真研究过诺斯等人的新经济史学，也接受了诺斯与托马斯以交易成本理论来解释产权受保护的必要的说明。但厉以宁不同意用产权确立作为资本主义起源的说法。因为，第一，私人产权的确立包括产权的明确和产权保护。资本主义的产生和发展离不开私人产权明确这一前提，但私人产权的明确却不一定产生资本主义。罗马帝国的社会中，不少城市都把明确私人产权作为进一步发展经济的重要措施，但并没有导致资本主义经济的起源。第二，从时间顺序上看，并不是先有政府对私人产权的有效保护，才有资本主义经济关系的产生和发展，以及资本主义社会经济制度的建立。而是先有资本主义经济关系的产生和发展，以及资本主义社会经济制度的建立，才能制定和通过保护私人产权的法律，并使得私人产权确实得到政府的有效保护。这里当然是有一个问题的：究竟"资本主义社会经济制度"里包含不包含私人产权？笔者认为应该包含私人产权，但是私人产权的存在可能会是模糊的，在实践中会经历许多纠结。厉以宁所说的是"产权的确立和保护"，那与产权的实际上行使包括模糊的行使还是有区别的，产权的确立和保护涉及法律层面，而正是在法律层面的产权确立和保护，是资本主义社会经济制度建立之后的事。厉以宁明确指出，"仅仅从产权的角度来分析，未必可以把资本主义起源问题讲清楚"②。

第三种学说以新教伦理来解释西欧资本主义起源。这一学派的代表人物是马克斯·韦伯。韦伯在《新教伦理与资本主义精神》③一书中指出，资本主义精神是资本主义产生和发展的前提，如果没有新教伦理的影响，就不会有发展资本主义的精神动力，也就不会产生资本主义制度。厉以宁承认，在16世纪、17世纪的荷兰、英国，新教伦理对资本主义的发展曾起过重要的作用，但不能把资本主义的起源和资本主义社会经济制度的建立主要归结于新教伦理的作用。因为，资本主义产生和发展所需要的精神动力既可能来自某种宗教伦理的影响，也可能来自另一种宗教伦理的影响。厉以宁从根本上指出，宗教伦理观念对资本主义的产生和发展有一定的作用，但不能把宗教伦理观念的作用看成是最重要的。资本主义社会经济制度在某个国家、某个地区的建立，原因很复杂，是众多因素起作用的结果。宗教伦理只是众多要素之一，并且不是主要的因素。

第四种学说认为市民意识是导致资本主义产生和发展的主要因素。对于这种思路，厉以宁首先肯定市民意识是推进西欧资本主义发展的一个重要因素。什么是"市民意识"？厉以宁认为这个定义所反映的内容是变化的。首先，"市民"即与封建势力相抗衡的独立于封建势力之外的城市的居民，包括手工业者、帮工、学徒、商人、小贩等，他们不同于生活在城市中的贵族

---

① Douglass C. North, and R. P. Thomas, *The Rise of the Western World*, Cambridget University Press, 1973, p. 1.
② 厉以宁：《资本主义的起源》，商务印书馆2004年版，第20页。
③ ［德］马克斯·韦伯：《新教伦理与资本主义精神》，马奇炎、陈婧译，北京大学出版社2012年版。

和教士。所谓"市民意识"是一种笼统的说法，反映城市要求摆脱封建领主的统治，要求自由，再要求自治，最后争取自立。其次，厉以宁指出，在研究资本主义起源时，不应该对市民意识的历史作用作渲染和夸张。因为，究竟是市民意识导致了资本主义的产生和发展，还是城市中的普通居民的存在及其要求和愿望的形成导致了资本主义的产生和发展？而从居民的存在出发，就会涉及西欧封建社会的城市的产生与发展。再次，厉以宁对于"市民"这个概念后来的演进作了深入的分析。他指出，在相当长的时间内，"布尔乔亚"等同于一般意义上的"市民等级"。只是在城市经济进一步发展，"市民等级"的分化越来越显著之后，"布尔乔亚"一词才与一般意义上的"市民等级"区别开来，这个词专门指"中产阶级"。再往后，"布尔乔亚"被看成是和"资本"有关，它就成为"资本家阶级"的同义词。在这个词含义变化的背后，还是社会经济关系的变化。因此，我们应该从社会经济关系的全部环节来探讨资本主义制度的起源。

厉以宁对资本主义起源的研究的原创性贡献是，他在系统地、详尽地收集了关于西欧资本主义起源的资料的基础上，在马克思主义理论指引下，独创了一套厉以宁制度经济学，用"体制外异己力量"、"体制外权力中心"、"体制（制度）刚性"、"体制（制度）弹性"等一系列新的范畴，既解释了西欧与北美的"原生型"的资本主义的起源，又解释了日本、印度、中国（1949年前）、拉美等国家"非原生型"的资本主义起源。在比较经济史研究这一领域，提出了中国人自己关于资本主义起源、关于世界现代文明产生和发展的"体制经济史学"理论。

厉以宁的"体制经济史学"理论的基本架构由四个基本概念组成：

1. 体制外权力中心

厉以宁认为，在封建社会里，权力中心可分为体制内权力中心和体制外权力中心两类。体制内权力中心同封建社会的政治和经济体制都是相容的。在西欧封建社会中，体制内权力中心包括世俗统治的国王权力中心和诸侯的权力中心；从教会统治的角度看，教皇是一个权力中心，各个教区的大主教各自又形成一个权力中心，这些都是体制内权力中心。在以上这些体制内权力中心之间也会有冲突，但这些冲突都不会突破封建社会的框架。体制外权力中心，是与封建社会的政治和经济体制不相容的，它们就是西欧封建社会中的城市。这些城市在刚兴起时是不可能形成体制外的权力中心的。后来，随着城市经济的进一步发展，城市为争取自由、自治、自主而进行的长期斗争逐渐取得成功，一些城市就成为封建统治的对立面。这样，体制外权力中心便形成了。西欧资本主义的产生和发展，同西欧封建社会中这种体制外权力中心的形成和壮大直接有关。如果没有体制外的权力中心而只有体制内权力中心，资本主义经济关系的生长就缺乏合适的土壤。

2. 体制外的异己力量

厉以宁认为西欧封建社会的异己力量同样可分为体制内的异己力量与体制外的异己力量两类。体制内的异己力量包括三类：一是起义的农民，二是封建割据势力，三是封建统治者家族内争权夺利的人物。这三类力量中任何一种异己力量上台执政，都不可能改变封建社会的体制，所以称其为体制内异己力量。体制外的异己力量是指在体制外权力中心的那些城市里的居民，包括手工业者、商人等。他们之所以叫体制外的异己力量，是因为他们是新的生产关系和生产力的代表，他们的要求和主张同现存的封建制度不相容。这些由普通的城市居民所构成的体制外异己力量依靠体制外的权力中心而活动，争取发展资本主义经济关系并最终建立资本主义社会经济制度。也就是说，体制外权力中心的形成与体制外异己力量的出现是不可分的，没有前者就不会有后者，没有后者也不会有前者。

3. 刚性体制与弹性体制

厉以宁指出，刚性体制与弹性体制代表着封建社会中两种不同的方式。刚性体制同僵硬不变的统治方式相联系，弹性体制同灵活可变的统治方式相联系。"刚性"与"弹性"本来是经济学里用来区分价格体系的概念，厉以宁把它们用于区分体制方式，就带来一系列新的发现。

在封建社会中，刚性体制下，垂直的社会流动不可能在体制内实现，水平的社会流动对卑贱的农奴一般说来是不可能的。体制的刚性在农奴身份问题上反映得十分明显，农奴未经封建领主的许可不能离开庄园；农奴为了取得人身自由，必须向领主缴纳赎金。

在弹性的体制下，社会成员的身份是可变的，社会流动是容许的，土地的拥有不一定与同人的身份或等级联系在一起；地主不代表贵族身份，也不是只有贵族才能成为地主；平民可以做官，做官的后代也可以成为普通的平民。

根据以上定义，厉以宁判别，西欧的封建社会体制是刚性的；中国的封建社会体制一开始也是刚性的，到中晚唐、五代，经历了从刚性向弹性的转变，宋朝以后中国的封建社会成为弹性体制。

4. 制度分化与制度调整

厉以宁认为，刚性的体制与体制外异己力量相结合，产生体制外权力中心，这是"制度分化"。制度分化是指，原来是统一的制度，由于种种原因使得制度产生了裂缝，在制度框架内出现了体制外的权力中心，它的存在和壮大对制度本身进行挑战，并最终使原来的制度解体，导致制度更换。

如果封建社会的刚性体制逐渐朝弹性体制转化，那么封建社会中体制外的异己力量就不容易滋生、聚集和壮大，也就不容易形成体制外的权力中心，就不会产生制度分化。在弹性体制下，所出现的异己力量是体制内异己力量，而这并不会成为对封建制度本身的威胁。对于这种体制内异己力量的要求，由于制度是比较有弹性的，统治者就可以比较灵活地按照客观政治经济形势的变化而适当调整。这种以维护封建制度生存为前提的调整，叫作"制度调整"。制度调整的实质是弹性体制与体制内异己力量之间的互动的产物。

厉以宁以其独创的上述"体制经济史学"的基本框架，将资本主义起源这一世界性文明发展与制度变迁划分为"原生型的资本主义产生过程"与"非原生型的资本主义产生过程"两大类。

1. 原生型的资本主义产生过程

所谓"原生型的资本主义产生过程"，就是依靠体制外权力中心与体制外异己力量的结合，长期在城市发展资本主义经济关系，与体制内的权力中心发生冲突，最终导致封建社会的崩溃和资本主义社会的诞生。厉以宁认为西欧资本主义国家，包括荷兰、英国、法国和后起的意大利、德国、西班牙等都属于原生型资本主义的例子。依据翔实的经济史料，他从七个领域对于西欧资本主义经济制度依据体制外权力中心而发展的过程展开了分析，没有湮没于具体的史料之中，而是充分展示了一个经济学理论家对于七个不同的产业内的资本主义制度特征的敏锐把握，将西欧各国原生型的资本主义产生过程的机制揭示了出来。

一是通过对城市行会向工场手工业过渡所作的分析，揭示了资产者与无产者的产生。二是通过分析市场包买商对家庭手工业的控制，实质上揭示了居住在体制外权力中心的包买商是通过社会网络方式建立资本主义社会经济关系的。三是分析了采矿和冶炼业采取合伙制的方式建立资本主义产业组织的原因，即采矿与冶炼最初主要依靠多人合作劳动投入而较少依靠物质资本。四是指出了海运业之所以最早以股份公司的方式来发展资本主义经济关系，原因在于这个行业的风险特别巨大，一般的委托代理关系难以实行有效治理，需要向公众发行股票，用股权和保险方式来实行风险管理。五是指出在体制外权力中心中的金融业主要是家族经营，其破产的主要风险来源于银行金融机构的不独立，因卷入同国王、诸侯、政府难分难解的政治漩涡而走向破产。厉以宁特别指出，资本主义发展过程中的金融业、银行业的主要问题是缺乏一个适合于银行业发展的客户群体。① 六是分析了建筑业在作为体制外权力中心的城市的发展过程中的发展机遇，指出在中世纪的英国城市中，建筑工人占全部劳动力的9%—10%。② 七是在讨论农业中资本主义经济关系的产生和发展时，一方面继续批判英国"圈地运动"的"羊吃人"的残酷本质，因为"圈地"把本来属于一批小农的小块场地圈了起来，剥夺了自耕农对于场地的使用；另一方面，也指出了所谓的圈地中有些并不是公地，而是本来就属于封建主的定期租佃地，也有些是属于领主的荒地。这样的分析，较之以往教科书里的说法，要理智些，也更科学些。

2. 非原生型的资本主义产生过程

厉以宁认为，从人类历史发展来看，原生型的资本主义产生于西欧。美国、加拿大、澳大利亚、新西兰的资本主义也属于原生型的资本主义，因为它们都是西欧资本主义的移植。厉以宁将日本、俄国、1949年前的中国、印度和20世纪的拉美国家的资本主义发展归为非原生型的资本主义，因为这些国家的封建制度下都没有产生并长期发展起体制外的权力中心与体制外的异己力量来发展资本主义社会经济关系，其资本主义的发展是由原生型的西欧、北美资本主义国家的入侵和输入影响带来的。

厉以宁比较仔细地研究过中国在1949年前作为非原生型资本主义发展的历史。他指出，中国的封建制唐朝前期是典型的刚性体制，但是在中国封建社会的刚性体制下没有出现体制外权力中心和体制外的异己力量，因中国的城市一直是皇权控制的中心或地方割据势力的中心，不存在一个以乡村封建势力对立面出现的异己力量。在这样的体制下，体制内的异己力量一再被再生产出来。从中唐以后，中国封建社会转入弹性体制，宋、元、明、清都是承袭弹性体制的，这就更没有可能产生体制外的异己力量与体制外的权力中心了。城乡的政治利益和经济利益是统一的，刚性体制下如此，弹性体制下更是如此。因此，即使不发生鸦片战争，在西方资本主义国家的工业、技术和经济影响下，在西方资产阶级革命思想影响下，中国封建社会也会逐渐发生变化，中国封建社会向资本主义的转变仍是必然的，只是这个转变过程会漫长和艰巨。

厉以宁看到，鸦片战争后，中国封建社会晚期出现了体制外异己力量，但这些异己力量并不是鸦片战争前各地已经存在的手工作坊主、手工工场主、包买商的延续，而是那些与西方接触较多、受西方思想影响的官僚和知识分子，是在工商业内进行投资和经营并有爱国热情的企业主和商人，还有受政府派遣到国外学习科技、文化和军事的留学生。与西欧封建社会不同的是，即使中国在封建社会晚期出现了体制外异己力量，也不曾在地域上形成体制外权力中心。

---

① 厉以宁：《资本主义的起源》，商务印书馆2004年版，第218页。
② 厉以宁：《资本主义的起源》，商务印书馆2004年版，第229页。

当时只有一些城市的租界、中国香港、中国澳门，甚至国外一些城市如纽约、旧金山、檀香山、新加坡等城市成了体制外异己力量的活动之地。这样，中国资本主义并未在体制外权力中心得到充分发展，并且封建制度在中国根深蒂固，因此，中国并没有从封建主义直接走向资本主义，而是走向半封建半殖民地，这是与西欧原生型资本主义起源和发展不一样的路。

厉以宁对于一些非原生型资本主义国家的比较研究也是颇具启发的。他认为俄国资本主义发展属于半原生型资本主义。他指出，从彼得大帝起，俄国广泛地引进西方技术，也产生了一些商人与手工业者，这会发展成为封建社会的异己力量，但是俄国的商人和手工业者并未获得真正意义的城市自治权，即俄国并未形成体制外的权力中心。俄国有与西欧相似之处，但又有类似东方之处，这里的"东方"指拜占庭、奥斯曼帝国和鞑靼帝国。

在厉以宁看来，日本的资本主义发展也没有经历过封建社会中体制外权力中心与体制外异己力量长期集结的阶段。日本的封建体制是刚性的。从1853年美国舰队敲打日本的大门，到1868年实行明治维新，再到19世纪70年代一系列重要改革，总共不过20年多一点，日本就正式走上资本主义道路了。这一方面说明日本原来的刚性体制经不起外来冲击，一砸就碎，另一方面也说明在西方影响下是可以迅速形成体制外的异己力量的。这些异己力量主要由通商后受外来资本主义影响的知识分子、诸侯与商人组成。

厉以宁还对印度、拉美国家与韩国的非原生型资本主义发展作了分析，指出在这些国家之间，发展也具有多样性。印度、拉美国家与韩国，原来都是被列强占领的，殖民统治下的资本主义产生和发展的特殊道路会因不同的殖民地而异，所以，资本主义产生和发展的具体形式也必定是多种多样的。

这样，厉以宁以其独特的"体制经济史学"理论区分了原生型的资本主义起源与非原生型的资本主义起源，继而又对原生型的西欧资本主义国家之间的差异进行了考察；对于非原生型资本主义发展的国家，厉以宁也指出了它们之间在道路选择上的差异。这说明，世界文明的演进方式是多元的，每一个国家以什么方式发展资本主义，取决于原体制的基本特征和文化传统；历史进步的道路是多元的，发展取决于过程中出现的各种偶然性因素；现代化进程同样是多元的，世界现代化大潮是由无数各具特色的向现代化转变的漩涡构成的。我们应该立足于中国，吸收世界现代化文明成果，努力探索中国式现代化的道路。

## 五　厉以宁关于"经济伦理学"与"文化经济学"的理论框架

厉以宁一直没有自称他提出了系统的经济伦理学的体系。但对经济伦理问题的探讨，是贯穿于他全部的经济学研究生涯之中的。他的经济伦理学说是基于两个基本的理论观点的：一是认为，人既是经济研究的对象，又是从事经济研究的主体。所以，"经济研究是'人'对于'人'的研究"[①]。这样，经济学就并非主要研究财富。既然经济学是对人的研究，就不能忽略人伦行为、人伦关系对人的福利、幸福的影响。因此，经济学应该研究人的经济伦理问题。二是认为，经济学之所以分为实证经济学和规范经济学，之所以需要"规范"研究，这个"规范"的确立都是以人的福利、幸福为基础的，而"规范"本身就意味着经济是非、善恶标准的

---

① 厉以宁：《体制·目标·人——经济学面临的挑战》，黑龙江人民出版社1986年版，第268页。

确立。因此，厉以宁的经济伦理学说，是从规范经济学出发所作的拓展。但是，他并没有满足于西方经济学中有关规范经济学的现有成果，而是从中国改革开放实践中产生的大量具体的经济伦理问题出发，展开经济伦理理论的探讨，使其经济伦理学说具有鲜明的时代特色和中国特色。

厉以宁关于经济伦理的理论观点陆续发表在他于20世纪80年代至90年代出版的以下五部著作里：一是1983年在《关于经济问题的通信》①里的第四封信、第八封信和第九封信，探讨了规范与经济行为的道德判断问题。二是1986年在《体制·目标·人——经济学面临的挑战》②里，广泛而深入地研究了与经济伦理学有关的问题。三是1986年在《社会主义政治经济学》③一书中，用整整一篇"社会规范与个人行为的协调"，分析了经济学中的伦理原则。四是1990年在为一位学者的一部经济伦理学著作所作的序里，提出了"社会流动的伦理原则"④。1995年出版了《经济学的伦理问题》⑤，系统而具体地分析了20世纪90年代中国经济改革实践中提出的七个经济伦理问题，实质上形成了厉以宁关于经济伦理学的初步理论框架。五是厉以宁在2018年出版的最后一部理论著作《文化经济学》里，又把自己的经济伦理学理论上升到文化经济学的层次。⑥

贯穿于厉以宁以上一系列著作中关于经济伦理学的基本观点有四个，他在1995年出版的《经济学的伦理问题》一书中对七个问题进行了集中回答，这两个方面实质上就构成了厉以宁的经济伦理学的基本观点。

### （一）厉以宁关于经济伦理学的四个基本观点

第一，"公平"不是把人们的收入拉平，也不是把人们的财产拉平。厉以宁认为，要定义什么是公平可能比较困难，但是要说公平"不是"什么，则可能比较容易，而且可能也更为重要，因为我们在实际中非常需要排除人们头脑中错误的"公平"概念。经济伦理学的核心问题是关于经济公平、正义的标准的阐述。厉以宁在其44年的经济学论著中，一直反对把公平等同于收入拉平与财产拉平。理由是，我们是在社会主义市场经济里谈公平的，而依靠市场的力量显然是不可能把人们的收入和财产拉平的，因为市场是根据每个人提供的生产要素和对其贡献的评价来给予报酬的，收入必然会多少不等。如果要改变收入与财产不等的现状，那么只有依靠市场以外的力量。但是这样一来，必定使得某些人处于与其他人不平等的地位：这是因为，主持这种分配的人就处于同别人不平等的地位的有权势者。试问：是谁赋予他这种超乎常人的"不公平"的权力的呢？可见，收入和财产的均等化的实现要以存在另一种"不公平"甚至是更大的"不公平"作为前提。

第二，应该追求机会均等。厉以宁认为，收入和财产的均等化是不可取的，但究竟什么是公平？在人人都是生产要素的所有者，而人人又需要对方提供生产要素或利用生产要素生产出来的产品的经济中，应该让所有的人有同等的参与经济活动的机会，让他们站在同一条起跑线上相较

---

① 厉以宁：《关于经济问题的通信》，上海人民出版社1983年版。
② 厉以宁：《体制·目标·人——经济学面临的挑战》，黑龙江人民出版社1986年版。
③ 厉以宁：《社会主义政治经济学》，商务印书馆1986年版。
④ 厉以宁：《经济·文化与发展》，生活·读书·新知三联书店1996年版。
⑤ 厉以宁：《经济学的伦理问题》，生活·读书·新知三联书店1995年版。
⑥ 厉以宁：《文化经济学》，商务印书馆2018年版。

量，这就是"机会均等"。当然，厉以宁也看到，生活中要做到"机会均等"是相当艰难的。事实上，人们之间主客观条件不一样，如各人的家庭背景不同、受教育水平不同等，在经济竞争中实际上并未处于同等的地位。但是如果不让他们有参加或被挑选的机会，岂不是更不公平吗？只要社会上存在着市场经济关系，人与人处于市场经济环境中，即使公平原则不能与机会均等化简单地画上等号，难道人人有同等的机会不比只让一部分人有这种机会更接近于公平吗？

第三，厉以宁不同意洛伦茨曲线和基尼系数在社会主义条件下使用。① 其理由是，洛伦茨曲线和基尼系数是以收入均等化作为收入分配的理想标准的，而如前所述，收入均等化不是公平的理想的收入分配的标准模式。当然，厉以宁也承认，用洛伦茨曲线和基尼系数作为反映资本主义社会中收入分配状态的一种工具，在劳动收入和剥削收入同时存在的条件下是可以说明劳动收入在收入总数中的不利地位的，还是有意义的。至于如何确定社会主义的理想或合理的收入分配曲线，厉以宁承认需要进一步研究。

第四，厉以宁提出了社会主义经济伦理中共同行为准则或社会规范。厉以宁在《体制·目标·人——经济学面临的挑战》一书中指出，"在个人偏好、个人目标、个人利益之上，还应当存在着一个代表着集体的或社会的意识或要求的东西，存在着社会成员共同的行为准则，……不妨把它称为'社会规范'"②。在《社会主义政治经济学》中，厉以宁更进一步指出，这个社会规范的核心内容就是以"劳动者的最大利益"作为判断社会主义经济中是非善恶的标准，并以此来检验各种行为。③

这样，厉以宁在社会主义经济伦理问题上，不但说出了"公平"不是什么，而且说出了在社会主义经济中规范个人行为的共同准则，可谓有破也有立。

## （二）厉以宁对于七个经济伦理问题的集中回答

20世纪90年代初，社会主义市场经济建设的实践在客观上提出了一系列经济伦理问题。这些问题被厉以宁敏锐地捕捉到了，并进行了系统的思考。在1995年由生活·读书·新知三联书店出版的《经济学的伦理问题》一书里，厉以宁在坚持自己在20世纪80年代已提出的关于经济伦理学的基本原则的基础上，又就效率与公平、产权交易、宏观经济政策目标、个人消费行为、个人投资行为、经济增长的代价、合理的经济增长率等七个问题展开了关于经济学的伦理学含义的讨论。

### 1. 效率与公平

厉以宁提出了一个新颖的观点：效率提高不一定要以牺牲公平为代价。他明确提出了"经济效率不一定来自收入分配差距"的假说。因为，劳动者的经济效率的提高并不一定要求人们在物质利益分配上拉开距离。这实质上在理论上提出了经济现代化是可以与共同富裕共容的。厉以宁还有一个新颖的论点是，效率中具有伦理的含义。因为，"效率"中有价值评估：第一，生产什么？若生产的东西对人体有害，这样的生产还会有效吗？第二，产出符合社会需要吗？

---

① 见厉以宁《关于知识分子劳动报酬的几个问题》，载《晋阳学刊》1982年第6期。在厉以宁的《体制·目标·人——经济学面临的挑战》（黑龙江人民出版社1986年版）一书的第358—363页，对于这个问题有详细论述。

② 厉以宁：《体制·目标·人——经济学面临的挑战》，黑龙江人民出版社1986年版，第372页。

③ 厉以宁：《社会主义政治经济学》，商务印书馆1986年版，第438页。

这又涉及价值评估。第三，在备选的生产方式里选出一种生产方式来生产，为什么选这种生产方式？又涉及价值评估。第四，用什么资源生产某种产品或服务？又是价值评估。因此，伦理问题贯穿"效率"的全过程。

2. 产权交易

20世纪90年代初，对于共有产权该不该上市交易或者场外交易的争议不少。这是产权交易中的伦理问题。厉以宁将产权交易中出现的是非问题总结为三类：共有产权交易中出现的国有资产流失问题该如何处理？如何看待国有产权交易中所面临的风险？国有产权交易有什么必要？对于第一类问题，厉以宁指出，应该严肃处理共有产权交易中发生的化公为私问题，并通过立法来加强管理。对于第二类问题，应该看到，任何市场交易都会遇到风险，我们不能因为可能遇到风险而放弃市场交易，但是需要对于风险做好事先评估和防范。厉以宁尤其阐明了国有产权交易的必要性，他指出，国有产权只有通过交易，才能从低效率的配置状态中退出，进入高效的配置状态，将国有资产从低效的人的手中转入高素质的人才手中。

3. 宏观经济政策目标

宏观政策目标怎么也成了经济伦理问题？因为这里有一个目标评估问题。厉以宁认为宏观经济政策目标主要是就业与物价稳定，并明确承认"就业与物价稳定目标是同等重要的"①。但是在讨论就业目标与物价稳定目标的顺序排列时，厉以宁提出了"在一般情况下，应当是就业优先，兼顾物价基本稳定"② 这一论点，引起了很大的争议。

4. 个人消费行为

厉以宁认为个人消费行为的合理性有讨论的必要。他在20世纪80年代曾经研究过"消费早熟"问题，发现在消费示范（包括消费的国际示范作用）的影响下，社会上较低收入的居民和相对处于穷困状态的居民，会发生"早熟消费"或"成熟前消费"的倾向。在1995年出版的《经济学的伦理问题》一书中，他进一步就社会早熟消费中所发生的"个人奢侈性消费""炫耀性消费"等行为展开道德批评。厉以宁尤其批评各种形式的消费陋俗，如大办丧事、做坟、请僧侣做法事、为活着的人预修坟墓等。他还列举了不少乡村婚前大置嫁妆、大送彩礼、大摆筵席、耗费惊人的奢侈消费行为，认为这超出了消费合理性的规范。但另一方面，厉以宁也认为，消费本身代表一种文化，上述消费陋俗本质上仍然是旧文化复活或遗留的结果，不能下令禁止，只能加以引导。

5. 个人投资行为

个人投资行为在20世纪90年代是一个非常重要的经济领域，因为这涉及中国民营经济的起源和发展。个人投资行为，包括个人直接从事生产经营活动，个人购买股票、债券，个人之间的有偿借贷，个人在金融机构中的存款，个人出租生产资料，凡是能够给个人带来收入的个人支出都是个人投资行为。在对待个人投资行为问题上，当时存在着许多是非标准的争论，关键的问题是四个：一是个人能不能进行以营利为目的的投资活动？二是个人投资活动的盈利额多少是否有一个数量界限？三是如何看待个人直接经营中的雇工问题？四是容许不容许个人直接投资经营收入的再投入？这四个问题的后三个，都直接关系到民营经济能否在中国发展。对

---

① 厉以宁：《经济学的伦理问题》，商务印书馆2018年版，第77页。
② 厉以宁：《经济学的伦理问题》，商务印书馆2018年版，第97页。

于第一个问题，厉以宁明确回答，关于个人投资的营利目的伦理判断，关键要看是不是有损于社会利益。如果个人投资无损于社会利益或有益于社会，那当然应该认可。这个标准如果解决了，则第二个问题也就解决了，因为如果个人投资是无损于社会利益或有益于社会的，那么盈利多和盈利少的个人投资行为都是容许的，不应该有不同的标准。问题就在于如何判断无损于社会利益或有益于社会？厉以宁提出，首先还是看投资行为是否合法，合法的行为是可以容许的。关于第三个问题即如何看待雇工问题，厉以宁用了生产力标准，提出"如果个人作为投资者采取的雇工行为有利于社会生产力的发展，那么就没有理由去禁止个人雇工"[①]。关于第四个问题，厉以宁指出，个人经营收入分必要收入与剩余收入，只要这些再投入是法律和政策所容许的，就没有理由认为这些个人经营收入不能转化为再投入。这些回答实质是为民营经济的资本积累解决了伦理上的顾虑。而这里的所有的论证，都是建立在厉以宁自己的"劳动者最大利益"的评价标准的基础之上的。

6. 经济增长的代价

经济增长之所以有伦理问题，是因为其涉及资源在代与代之间的合理公平分配问题。经济增长的重要代价就是资源和环境问题。厉以宁区分了不可再生的资源与可再生的资源，分别讨论了经济增长过程中这两类资源会面临的代际公平问题。不可再生的资源的代价配置，实际上是按人类时间偏好在无穷期内分配有限资源的难题，今天的经济增长把一部分不可再生的资源耗用了，后代就会少一些资源，这就是经济增长的代价。但是在这里，公平与效率的准则可能是一致的，即按最有效的方式在代与代之间分配不可再生的资源可能就是最公平的。可再生的资源也会发生只顾开采不管再生的情形，破坏生态平衡和生态循环的大环境，应该避免资源开采赤字。

7. 合理的经济增长率

对经济增长率提出"合理"的要求，是具有一定规范性的。厉以宁指出，可以从几个角度来对经济增长率提出规范：从投入的角度看，与国力相适应的经济增长率就是合理的；从产出的角度看，与市场总需求相适应的经济增长率就是合理的；从投入与产出之比来看，能够导致经济效率提高的经济增长率就是合理的。这里，"应该"做的标准是建立在"客观可能性"限度的基础上的，也就是说，经济伦理首先要排除随心所欲的行为。

以上七个方面的是非标准讨论，的的确确发生在中国20世纪90年代的经济改革开放的实践中。这些问题可能还未达到高度理论化的水平，但它们都是中国经济发展中真实遇到的经济伦理困惑。厉以宁对于这七个问题的集中回答，具有两大特色：第一，他讨论经济伦理问题没有离开经济运行过程（如讨论效率里的伦理问题，讨论消费合理性、个人投资行为合理性、经济增长合理性等），没有离开资源配置过程抽象地讨论经济伦理的规范标准，这正是厉以宁经济伦理学理论的一个基本特色。第二，虽然厉以宁讨论的是七个具体的伦理是非问题，但是他对于每一个问题的回答都是从"劳动者最大利益"这个是非善恶标准出发的，这就使他的经济伦理学理论的主线非常清晰，内在逻辑很有力量。

**（三）厉以宁对文化经济学的贡献**

厉以宁是一个文化视野极为开阔、文化见识极为深邃的大学者。他对于社会主义经济运行

---

① 厉以宁：《经济学的伦理问题》，商务印书馆2018年版。

的研究，对于社会主义经济调节机制的研究，对于中国经济改革的一整套思路与建议，无不渗透着他的文化修养。他的比较经济史研究，实质上是对于人类文化模式的研究。他的经济伦理学的论点，是其文化经济学研究成果的一个子集。因此，厉以宁以 2018 年在商务印书馆出版的《文化经济学》作为他经济学研究的收山之作，以文化经济学来总结其一生在各个领域的研究成果，的确是水到渠成的。

厉以宁的文化经济学研究，有三方面的功底：一是厉以宁曲折的、苦痛的又丰富的人生经历，使其对无字的人类文化有亲切入微的体验。他幼年在日本侵华时期经历过从上海、南京到湘西的逃难，在湘西又有过坐木船、乘汽车到四川、贵州，路遇土匪的经历。1955 年在北京大学毕业留校后，经历过 1958 年到京西门头沟下放，细心的厉以宁研究过门头沟地区妇女的缠足风俗。1964 年厉以宁在湖北荆州参加"四清"，又研究过当地"入赘制"（招女婿）的风俗。1987 年起厉以宁担任全国人大常委会委员和全国政协常委的 30 年间，他先后赴中国几十个少数民族调研，考察文化融合和文化包容的经验。这些丰富的人生经历，让厉以宁积累了深厚的文化底蕴。二是厉以宁长期关注风俗学、宗教学与民族学，写下了大量的读书笔记，这些研究心得最后也反映在《文化经济学》一书里。三是厉以宁从事外国经济史、比较经济史研究 70 年，实际也是对于不同的文明与文化的比较研究，尤其是他对于原生型资本主义起源的研究，实际上进入了经济史研究和文化经济学研究的国际学术界最近 20 年来关于经济起飞、经济增长如何进入近现代经济阶段这些非常前沿的研究话题。① 厉以宁在其《文化经济学》一书中，向我们提出了文化与现代经济发展、文化与经济增长、文化与现代化之间关系等一系列充满挑战又富有魅力的问题。因此，厉以宁的《文化经济学》是连接着他这代学者与未来的一座桥梁，是中国学者对国际学术界关于文化经济学与经济史研究所贡献的一项重要学术研究成果。

厉以宁的文化经济学研究，主要体现在他对于文化与制度变迁、文化与现代经济增长之间的关系的研究上。在这个领域，年近九十的他在学术生涯的晚年，积一生之功力，提出了以下六个观点。

1. 什么是文化？

厉以宁从三个方面定义文化。他首先把文化看成是一种产品。不但文化作品，电影、小说、视频作品是产品，就是企业生产的一般的物质产品也是体现着企业文化的。厉以宁比较深入地讨论了文化产品与一般物质产品的区别。其次，厉以宁把文化看成是一个产业，深入地研究了文化市场定价和文化市场的非竞争性质。但是，这些都不是厉以宁关于文化经济学的主要贡献。厉以宁关于文化的最主要贡献是把文化看成是文化启蒙和文化创新，即是由先进人物启动的、能够改变人们行为、转变人们观念的社会变化过程。厉以宁这个关于文化的定义，与近 20 年来当代西方研究文化与制度变迁的学者关于文化的定义是基本一致的。② 正是从这个文化定义出发，厉以宁对于文化与生产力的发展、文化与制度变迁、文化与现代化之间的关系展开了深入的研究。

---

① ［美］乔尔·莫基尔：《增长的文化：现代经济的起源》，胡思捷译，中国人民大学出版社 2020 年版。

② 乔尔·莫基尔同意 Boyd & Richerson (1985) 的定义，认为"文化是一套能够影响人类行为的信念、价值观以及偏好的组合，它们通过社会（而非基因）传播，它们也被社会中的不同子集所共享"。见［美］乔尔·莫基尔：《增长的文化：现代经济的起源》，胡思捷译，中国人民大学出版社 2020 年版，第 8 页。

## 2. 效率的文化基础

厉以宁明确指出，效率实际上有两个基础：一是效率的物质基础，二是效率的道德基础，而道德基础实质是文化。从微观的角度看，一个企业的厂房、设备、能源供应、原材料和零配件、劳动力等，构成了效率的物质文化基础。但效率离不开文化基础。厉以宁从三个方面论证过效率的文化基础：其一，效率来自凝聚力，凝聚力分团队的凝聚力和社会的凝聚力。团队的凝聚力是以企业文化为基础的，一个企业凝聚力得依靠企业的发展理念、领导层的同心同德、团队严格的组织纪律、领导与团队成员的团结一致等。社会凝聚力的大小来自社会公众能与领导层保持一致。其二，厉以宁特别分析了"同甘共苦"与凝聚力之间的关系。他指出"同甘"与"共苦"不是一回事。"同甘"靠制度，因为"同甘"是指一家企业处于成功与兴旺之际如何分配收入的情形，这时切忌坏了规矩，应当一切按制度办事。"共苦"则是指企业处于困难时刻，共苦靠精神，共苦靠认同，指职工们与领导上下同心，共渡难关，认同就是对所在的群体的认同。其三，厉以宁指出了效率状态中还有一种"超常规效率"，即效率的超发挥，这种超发挥是指超越了基于正常物质基础的效率状态，其来源只能是非物质的文化的力量、精神的力量与道德的力量。厉以宁以反侵略战争中爱国精神的迸发、巨大的自然灾害来临时抗灾救民重建家园的行动、历史上的移民社会中的超常规效率为例，讨论了超常规效率中的文化内涵。这样，厉以宁就独到地阐明了作为经济学核心概念的资源配置状态的效率，实质上并不纯粹是经济的：它是经济的，也是非经济的；它是物质的，也是非物质的。因此，用文化经济学的框架来研究经济，才是更为全面、包容的经济学体系。

## 3. 文化融合和包容

厉以宁以其深厚的西方经济史研究为基础，首先阐明世界文化的多样性，提出了文化多样性的前提下应该采取文化包容的态度，有包容才会有文化融合，促进人类经济发展与文化繁荣。厉以宁在《文化经济学》中专门辟一章谈"文化包容"，指出世界的多样性必然产生文化的多样性。在古希腊城邦制度的基础上产生了希腊文化，在西亚产生了伊朗文化，在意大利半岛产生了罗马文化。在中世纪晚期，英格兰与苏格兰之间经常有战争，直到后来英格兰统一了全岛，但苏格兰仍然保持着自己的文化。在加拿大，从法国移民到加拿大的法国人信奉天主教，使用的是法语；但是从英国和西欧其他国家移民到加拿大的人信奉新教，语言以英语为主。在加拿大，新教文化与天主教文化始终并存，时有独立的言论。在中国古代，也是文化多元。汉朝初步形成了汉文化，但作为地方特色的秦文化、齐文化、楚文化、燕文化、吴越文化、巴蜀文化仍然存在。当中国在中唐五代这200年内实现刚性的封建社会向弹性体制的封建社会过渡后，汉文化发展成为汉唐文化，并将少数民族文化（女真人、契丹人、蒙古人的文化）逐渐融入了汉唐宋文化。

厉以宁认为从多元文化走向文化融合，中间必须经过"文化包容"的阶段，即"文化包容"是文化融合的前提。① 他指出，在宋至清代，文化包容的内容有四个方面：一是不同民族之间的通婚联姻成为常见的现象；二是让不同民族的成员都有可能选择谋生之道，如开作坊、开店、办工商企业和金融业，或者受雇于人；三是容许不同民族的成员置业，包括购买土地、房屋等不动产；四是让不同民族的成员进入仕途，不仅可以担任一定的公职，还让他们有职位

---

① 厉以宁：《文化经济学》，商务印书馆2018年版，第178页。

提升的机会。可见，这个包容的标准包括可以通婚、开业、就业、置地购房、进入公务员系列等。

厉以宁强调文化包容是文化融合的前提，也是着眼于推进当代中国的文化融合。他认为，让少数民族集居地区外出务工人员增多，这是文化包容的影响不断增长的反映。厉以宁不同意民族文化有"先进"与"落后"之分、"文明"与"不文明"之分，认为如果做这样的划分，是不利于不同的民族和谐相处的，反而容易加深民族之间的隔阂，使民族之间的裂缝扩大。

4. 人力资本累积就是文化的累积①

厉以宁认为，这个问题可以从个人的角度和社会的角度来看。从个人的角度来看，个人勤于学习使学识丰富、技能长进后，在工作期间与朋友、同乡、同事往来时，由于受到正面影响而积累的个人品行的提高，这是个人人力资本的积累，也是个人文化的提升。从社会角度看，当人力资本累积时，社会风气会更加和谐，社会会出现"社会和谐红利"；人力资本累积后，社会创新就可能会爆发，厉以宁说，"过去认为没有劳动力就难以维持经济增长，现在则认为，没有高端的科学家的引领，没有高度熟练的技师技工的操作，就不可能使产业升级、产品升级"②。厉以宁的这两点论证，实际上把文化看作决定社会和谐程度的因素，是从文化启蒙和文化创新的角度来看文化与经济创新之间的关系的。这与乔尔·莫基尔所代表的把文化视为人们的社会态度、信念和偏好的当代西方学者关于文化的理论③在本质上是一致的，因为这实质上开辟了一条新的路径，从文化变迁来研究现代经济增长。

5. 文化是一种新的生产要素，是新的生产力

厉以宁在《文化经济学》里写道，"文化可能就是生产要素中未被列入但很可能今后会被列入的生产力的组成部分、生产要素的新的组成部分"④。厉以宁这个观点的根据是生产要素的重新组合就是创新这一创新经济学的原理。他进一步认为，生产要素要重新组合才能使创新者和创业者获得潜在利益，这样才能实现经济的持续发展。

文化又如何引发了生产要素的重新组合？厉以宁指出，生产要素的重新组合取决于三个至关重要的条件，即市场体制、人力资源结构和资金投入。文化对生产要素重新组织的引发机制是文化会改善人力资源结构。他还从文化产业会带来的网络效应来阐明文化是一种新的生产要素，指出"文化产业的发展将加速信息的传播"⑤。这个看法相当深刻，也相当前卫。在当代国际经济史学界，在探索现代经济增长方式的起源时，许多经济学家都把文化作为一种新的生产方式的关键因素，因为文化传播方式的革新是一种非竞争性的公共品，可以无成本地为大众带来新的学习方式，从而大规模地创造出新知识，引发爆炸式的知识革命和技术革命。

6. 中等收入陷阱中的文化因素

厉以宁从文化经济学的角度将中等收入陷阱的经济现象的讨论引向深入。他说，尽管世界银行 2007 年的报告说明了一些国家存在着"中等收入陷阱"，但是未能把这些国家陷入"中等收入陷阱"的原因讲清楚。厉以宁指出，一部分亚洲、非洲和拉丁美洲国家进入中等收入国家

---

① 厉以宁：《文化经济学》，商务印书馆 2018 年版，第 206—208 页。
② 厉以宁：《文化经济学》，商务印书馆 2018 年版，第 205 页。
③ [美] 乔尔·莫基尔：《增长的文化：现代经济的起源》，胡思捷译，中国人民大学出版社 2020 年版。
④ 厉以宁：《文化经济学》，商务印书馆 2018 年版，第 314 页。
⑤ 厉以宁：《文化经济学》，商务印书馆 2018 年版，第 71 页。

行列后，有三个重大问题尚未解决：

一是"发展的制度陷阱"。即一些国家从低收入国家进入中等收入国家行列时，可能还保留着较多的传统制度的特征，这些特征和旧势力往往在农村、经济落后的山区、边远地区表现得比较顽强，会形成发展的制度陷阱。

二是"社会危机陷阱"。一些进入中等收入行列的国家因为土地问题没有合理解决，或者由于收入分配差距越来越大，引起低收入者的强烈不满，而且低收入者经常会遇到失业。从农村中走出来的青年男女将自己状态与富人生活状态相比会产生巨大的不满，加之失业率上升，在激进分子的煽动下，往往会上街示威。这就是社会危机。

三是"技术陷阱"。这是指发展中国家长期陷于停滞，也同技术上没有重大突破有关。

显然，以上三个陷阱从本质上说都与文化因素有关。传统的旧制度的存在，说明旧文化在阻挠经济发展与进步；社会危机发生的根本原因是制度性的土地问题与收入分配差距问题；技术陷阱的出现是创新不足的问题。所以，"中等收入陷阱"问题的内涵仍是旧文化、传统文化问题。我们需要引入新的文化，促进制度创新，避免"中等收入陷阱"的发生。

总之，厉以宁的经济学研究，提出了从传统的社会主义体制如何向社会主义市场经济转型改革的经济学理论，提出了"股份制改革"的制度设计；而且从中国实际出发，从微观、宏观和市场调节体系提出一整套社会主义经济运行的理论，尤其是提出了"中期宏观经济管理理论"和"第二种非均衡经济理论"；还将市场调节、政府调节和道德力量调节统一起来提出一个全面的社会主义经济调节理论，提出"三种调节"和"三次分配"的学说。将社会主义经济分析与经济伦理学相结合，将对于"有形之手"的调节与"无形之手"的调节的分析相结合。这实质上已经初步形成了一个比较系统的中国式的经济学理论成果。厉以宁的比较经济史研究和他独创的"体制经济史学"成果能够启发我们正确地认识多元的文化和现代化进程的多样性，他的经济伦理学理论和文化经济学思想为我们全面建设社会主义现代化提供了宝贵的精神财富。

厉以宁是一位在中国本土成长起来的，由中国的小学、中学、大学培养出来的大经济学家。他一直在北京大学教书，是一位杰出的教师。从1951年进入北京大学起，无论是逆境还是顺境，他总是在写作。遇到挫折，只是换一个题目，继续写作，继续研究。每一次曲折，都会让厉以宁换一个研究方向，几十年的曲折只是不断让厉以宁进入新的学术领域，从而使他的研究几乎涉及经济学的所有领域。他用自己全部的心血证明，在社会主义条件下，像中国这样的原来是非原生型的资本主义发展的国家，要发展社会主义经济，也需要在公有制的基础上走股份化、民营化、市场化的道路。他关于发展、关于制度变迁、关于中国全面建设现代化的思想和理论成果，与当今世界最前沿的西方经济学家是相通的，是当之无愧的世界一流的经济学成果。我们正处于中国特色社会主义发展的新时代，正在以习近平同志为核心的党中央领导下向全面建设现代化的方向前进。在这个历史关头，学习总结中国特色社会主义改革和发展实践中形成的中国学人自己的经济学成果，包括像厉以宁教授这样的经济学家的研究成果，对于我们继续探索真理，是有益的。

**参考文献**

厉以宁，1986，《社会主义政治经济学》，商务印书馆。

厉以宁，1998，《国民经济管理学》，河北人民出版社。

厉以宁，1998，《非均衡的中国经济》，广东经济出版社。

厉以宁，1991，《论共同富裕的经济发展道路》，《北京大学学报（哲学社会科学版）》第5期。

厉以宁，1994，《股份制与现代市场经济》，江苏人民出版社。

厉以宁，1995，《经济学的伦理问题》，生活·读书·新知三联书店。

厉以宁，1996，《经济·文化与发展》，生活·读书·新知三联书店。

厉以宁，1999，《超越市场与超越政府——论道德力量在经济中的作用》，经济科学出版社。

厉以宁，2004，《资本主义的起源》，商务印书馆。

厉以宁，2006，《罗马—拜占庭经济史》，商务印书馆。

厉以宁，2010，《工业化和制度调整》，商务印书馆。

厉以宁，2013，《希腊古代经济史》，商务印书馆。

厉以宁，2018，《改革开放以来的中国经济》，中国大百科全书出版社。

厉以宁，2018，《文化经济学》，商务印书馆。

厉以宁，2021，《沉沙无意却成洲》，四川人民出版社。

［美］乔尔·莫基尔，2020，《增长的文化：现代经济的起源》，胡思捷译，中国人民大学出版社。

［英］约翰·希克斯，1987，《经济史理论》，厉以宁译，商务印书馆。

Adachi, H., T. Nakamura and Y. Osumi, 2015, *Studies in Medium-Run Macroeconomics*, World Scientific.

Beaudy, P., 2005, "Innis Lecture: Exploration in Medium-Run Macroeconomics", *Canadian Journal of Economics*, Vol. 38, No. 4.

Blanchard. O., 1997, "The Medium Run", *Brookings Papers on Economic Activity*, Vol. 28, Issue 2.

North, D. and R. Thomas, 1973, *The Rise of the Western World*, Cambridge Univeristy Press.

Solow, R., 2000, "Toward a Macroeconomics of the Medium Run", *Journal of Economic Perspectives*, Vol. 14, Issue 1.

（原文刊载于《金融评论》2023年第4期）

# 江其务先生生平传略及学术贡献

王维安　何德旭*

江其务（1931—2005），金融学教授、金融学博士生导师，我国著名的经济金融学家、金融教育家。

江其务先生1931年8月20日生于广东省紫金县，1938年至1951年于广东省紫金县就读小学、中学，1951年7月于南华大学财经学校银行专修科毕业。1951年8月至1955年3月先后任职于中国人民银行中南区行、中国人民银行总行信贷局、中国人民银行西北区行。1955年4月开始从事教学工作，先后任教于中国人民银行西北干部学校、陕西财贸学院、西北财经学院、中国金融学院、陕西财经学院、西安交通大学及陕西师范大学，曾任教研室主任、系主任、学院副院长。在此期间，江其务先生先后担任中国人民银行研究生部、新疆财经学院、河南金融干部管理学院、福建金融干部管理学院、深圳大学以及南京、武汉、广州高等金融专科学校兼职教授、客座教授及浙江金融职业学院名誉院长、陕西师范大学终身教授、博士生导师。

江其务先生是我国著名的经济金融专家，他长期致力于中国金融改革与发展研究，是我国传统金融向现代金融转变过程中继往开来的集大成者。江其务先生学术造诣深厚，对金融理论与实务的前沿问题见解独到，他率先提出的金融超前改革理论、信贷资金借贷制理论和信用证券化理论等反映了他对中国经济金融改革与发展的深度思考及敏锐的洞察力，为中国金融改革事业作出了卓越贡献。

江其务先生是我国著名的金融教育家，是我国银行信贷管理学科的奠基人。他把毕生的心血无私地奉献给了金融教育事业，为我国培养了大量的高级金融管理人才。江其务先生自1986年被国务院批准为第三批博士生导师并在陕西财经学院创建第一个博士点以来，共培养了百余名金融学博士。如今他们中的绝大多数已经在我国的银行、证券、保险、基金、教学、科研等领域的领导岗位上发挥着重要作用。因其卓越贡献，江其务先生享受国务院政府特殊津贴，并被授予中国人民银行优秀教师、陕西省劳动模范等荣誉称号。

江其务先生一生勤勉，著述丰厚，留下了宝贵的精神财富。他先后在经济学重要期刊上发表学术论文200余篇，主编教材和撰写专著10余部，其中《银行信贷管理学》《中国金融改革与发展》《江其务文存》等著作在我国金融学科的建设与发展过程中具有里程碑意义，产生了广泛而深远的影响。他的事迹入典《中国当代经济科学学者辞典》、英国剑桥《国际名人传记辞典》、美国《国际名人事迹指南》及美国传记协会1994年度《世界终身成就奖》。

江其务先生心系国家与社会，广泛参加各种社会、学术活动。多年来，他先后担任中国人民银行学术委员会委员，中国金融学会理事、常务理事、学术委员，中国农村金融学会理事，中国人民银行研究员职称评审委员会委员，中国人民银行院校职称评审委员会委员，中国人民

---

* 王维安，浙江大学经济学院教授；何德旭，中国社会科学院财经战略研究院院长、研究员。

银行教材工作委员会委员，中国人民银行成人教材编审委员会副主任，香港特别行政区学术评审局学术委员，陕西师范大学国际商学院学术学位委员会主席，陕西金融学会常务理事、副会长，陕西省人民政府经济研究中心副总干事，中共西安市委政策研究室特约研究员等。

在江其务先生身上，汇集了中华民族的优秀品德和经世治学理念。他慷慨豪爽，乐于公益，淡泊名利，胸怀博大，从不计较个人荣辱得失，顾全大局，以金融学科的建设为重；他刚正不阿，和蔼可亲，无论是年高德劭的宿学老者，还是质朴率直的青年，都愿与他交往；他秉承"博学、多闻、慎思、明辨"的治学之道，倡导"做学问先做人"的治学理念，一生坚持"踏踏实实做人、勤勤恳恳做事"。

江其务先生的主要学术贡献如下。

## 一 货币金融理论

江其务先生长期致力于货币金融理论研究。除了他早期研究的马克思货币学说、货币流通规律等货币理论以外，在信用理论、通货膨胀（通货紧缩）与货币政策理论、金融监管理论等方面都有其独到的见解。

在信用理论方面，江其务先生的主要学术思想体现在他的"国家调控信用理论"和"信用证券化理论"。"国家调控信用理论"是在新的经济条件下对马克思主义理论的新发展。他认为，在计划经济条件下，我国实行国家垄断信用是符合马克思在《共产党宣言》提出国家垄断信用的理论前提的，即不存在商品生产和商品交换，没有社会资本集团，收入分配公平。但在经济转轨期的中国，在发展商品生产和商品交换、社会资本已经形成、国民收入分配多种形式、社会财富分散而不平衡的情况，国家垄断信用的结果不是垄断财富，而是垄断风险，形成"三维债危机"：居民高债权、企业高债务、银行高利率，最终造成企业债危机、银行债危机、财政债危机。这是一种体制性的金融垄断风险，破除这种风险的方式是要从国家垄断信用转向国家调控信用。①"信用证券化理论"正是"国家调控信用理论"学术思想的延伸。在国民收入分配由"集资于国"转向"藏富于民"、储蓄者和投资者由合一转向分离的新型格局下，分流储蓄，推行信用证券化，实现储蓄向投资的多元化转换是融资机制发展的必然选择。②

在通货膨胀（通货紧缩）与货币政策理论方面，江其务先生的突出贡献是提出了"经济转轨"与"经济转型"、"通货紧缩"与"通货萎缩"是不同的概念。"经济转轨"是计划经济向市场经济转变，是个制度变迁问题；而"经济转型"是经济运行机制和经济发展条件发生变化，不是制度问题而是运行机制问题。"通货紧缩"是货币供给不足引起的货币现象，其根源在于货币方面；而"通货萎缩"是经济中的货币需求不足引起的经济现象，其根源在于经济方面。我国1998年开始的以需求约束为主要特征的经济运行标志着中国经济进入转型期，这一时期出现供给相对过剩的经济状况并非通货紧缩而是通货萎缩。治理通货萎缩不能依靠扩张性的

---

① 江其务：《经济转型期的货币与金融》，载《江其务文存》第4卷，中国社会科学出版社2001年版，第263页。

② 江其务：《金融调控问题研究》，载《江其务文存》第4卷，中国社会科学出版社2001年版，第201页。

货币政策，而要着眼于经济内部解决需求萎缩。① 他因此主张运用财政信用和银行信用的联动机制，从更深层上改变哑铃型的约束结构为橄榄型结构，通过提高消费启动市场形成经济发展的良性循环。这一思想，在今天仍具有现实意义和应用价值。

信用证券化理论是江其务先生基于对日本金融体系和制度的考察，并从马克思《资本论》中汲取思想营养而提出的一套理论思路：金融市场是资金商品化和信用证券化的产物，证券信用是信用发展的高级形式，是金融市场发展的必然趋势和结果，只有信用发展到证券化阶段，金融市场的宽度和厚度才能真正得以扩展，金融市场才能真正成为现代信用基础上一种最直接、最有效、最灵活和最具选择性、最具调节性的金融机制。正是基于这样一种思维取向，江其务先生曾尖锐地指出证券信用不能建立在社会信用脆弱的领域和环节，资产证券化应该先以优质资产为基础，不能以不良资产为标的，靠引入资产证券化技术来解决商业银行不良资产问题是对资产证券化技术的误用。② 后来的实践充分证明，这一见解十分独到、深邃和正确。

在金融监管问题上，江其务先生对金融监管的原则与金融监管的理念进行了深入的研究。

凭着对理论和实践的深刻把握，江其务先生明确指出，在转轨时期产生的金融风险，与市场金融制度下的金融风险迥然不同。中国现阶段的金融风险本质上是一种制度性风险。不同性质的金融风险，不能采用相同的防范措施，中国不能照搬照抄西方的做法来处理金融风险。中国金融风险的主流性质是由传统计划金融制度与成长中的市场经济的矛盾产生的风险，起主要作用的因素是制度。③ 从这点出发，他认为，加强和完善金融监管，提高风险防范能力，在转轨时期的根本点必须是牢牢抓住深化体制改革、建立市场金融制度这个根本，绝对不能离开制度变革去单纯搞技术防范。改革金融体制，建立市场金融制度，是中国有效实施金融风险防范的基础性条件。这是由中国金融风险的制度性质决定的，不抓住深化改革、制度创新这个根本，任何技术措施都不具备发挥作用的条件，无论是资产负债比例与风险管理，还是信贷资产五级分类措施，都不可能得以有效的实施，更无助于金融风险的防范，如果搞得不好还有可能成为金融风险发展的催化剂，其结果只能是把金融当局推到一个"消防队"的位置，四处救火，到处掏腰包保支付，本来风险分散在社会各个点上，央行一救，全部风险都集中于中央银行身上了。④

金融创新是金融发展的源泉。在金融监管的过程中，如果单纯地强调金融监管，而放弃金融创新，就会抹杀金融的活力甚至遏制金融发展；仅仅强调金融创新，而放弃金融监管，就会产生新的金融风险甚至导致金融危机，金融效益就无法继续。只有正确处理金融创新与金融监管的关系，掌握好金融创新与金融监管的平衡点，在监管中创新，在创新中监管，才能实现"监管—创新—再监管—创新"的良性循环发展。在这个问题上，江其务先生一直强调要正确处理好监管与创新的关系。他指出，创新是金融发展的主流，创新出效益、出效率，也产生新的风险，监管本质上是为创新营造趋利避弊的外部环境，创新是推动监管发展和完善的动力，

---

① 江其务：《经济转型期的货币与金融》，载《江其务文存》第4卷，中国社会科学出版社2001年版，第216页。

② 江其务：《江其务文存》，中国社会科学出版社2001年版，第1卷，第268—279页；第2卷，第44—54页；第4卷，第50—57、253—261页。

③ 江其务：《论中国转轨时期的金融风险》，参见《江其务文存》第2卷，中国社会科学出版社2001年版，第289页。

④ 江其务：《制度变迁与金融发展》，浙江大学出版社2003年版，第162页。

两者互相促进，相辅相成，不是代替关系，所以，加强金融监管绝不是扼杀金融创新，而是保证创新能实现市场潜在收益，一定要把监管和创新统一起来。在监管和创新的关系上，要摆正手段和目的的关系，而不能把它们颠倒过来。监管不是目的而是手段，我们的目的是要达到鼓励金融创新、提高金融效率、维护金融安全，要避免为监管而监管，以牺牲效率为代价的监管就没有意义了。江其务先生指出，在我国改革实践中，从处理的18个行政关闭、破产清算的案例来看，其做法就和上述这项原则不相符，在一定程度上造成遏制金融创新、降低效率、积累风险，也扼杀了金融的活力。①

从全球的发展趋势来看，金融监管正在从封闭性监管向开放性监管转变。江其务先生凭着开阔的胸襟，明确指出，在金融国际化的大潮中，任何一国的金融都必须对外开放，闭关锁国的政策不再具有实施条件，一定要在开放的条件下，通过有效监管加快对外开放的步伐，也就是建立起开放式的监管。自20世纪70年代以来，随着经济全球化和金融国际化的发展，跨国银行成为担负国际资本流动的主要角色，金融监管从一国扩展到母国和东道国，在这种条件下，金融监管理念随之从主权国监管发展为国际监管协调。巴塞尔委员会正在发挥着国际金融监管的协调作用。开放式的监管要求我们根据国情，与时俱进，及时更新金融监管理念，明确金融监管的重点，实行金融监管模式、金融监管手段、金融监管内容等方面的创新，以使我国金融监管从传统的准入监管向流程监管转变，从合规性监管向经营性风险监管和功能性监管转变，从单纯维护金融安全监管向兼顾金融安全和提高金融业核心竞争力方面转变，从主权监管向主权监管与国际监管协调转变。②

江其务先生认为，一个有效率的金融监管制度应该符合四条原则，即服从服务于金融创新的原则，市场监管的原则，依法监管的原则，创造公平竞争的原则。金融监管理念是随着金融交易的发展不断演进的，根据从17世纪金融监管产生到20世纪30年代再到70年代以来金融监管理念的演进，他强调，我国未来金融监管至少应在五个方面创新，即从"准入监管"转向"全程监管"，从"合规监管"转向"风险监管"，从"外部监管"转向"外部监管、行业自律、内部控制"相结合，从"中央一级集权监管"转向"集中与分级授权监管"相结合，从"主权监管"转向"主权监管与国际监管协调"。③

江其务先生非常重视我国金融监管的法制化建设。他认为，我国金融监管要解决两个方面的问题，一是全面清理与WTO规则不符的政策法规，尽快制定出符合国际化要求、与WTO金融法律体系相一致的新的游戏规则，构建起高质量、高效率的对金融机构监管的法律法规体系，真正做到我国金融监管的有法可依、有法必依、执法必严、违法必究；二是金融监管要依法监管，不能用行政的随意性代替法律，要防止金融监管者的行为扭曲，建立对监管者的权力制衡机制，加强对监管者的再监管。现在中央银行、银监会、证监会、保监会派出的工作组越来越多，但监管工作的效果却不理想，这也说明依法监管还必须建立对监管者的监管制度，这样才能真正按客观规律办事，而不是因人因事而异。④

---

① 江其务：《制度变迁与金融发展》，浙江大学出版社2003年版，第174页。
② 江其务：《制度变迁与金融发展》，浙江大学出版社2003年版，第175页。
③ 江其务：《制度变迁与金融发展》，浙江大学出版社2003年版，第170—175页。
④ 江其务：《制度变迁与金融发展》，浙江大学出版社2003年版，第165页。

## 二 银行信贷管理

江其务先生是我国银行信贷管理学科的奠基人。[①] 从 1982 年出版的《工商信贷管理学》（中国财政经济出版社），到 1987 年和 1994 年出版的《银行信贷管理学》（分别由中央电视大学出版社和中国金融出版社出版），再到 2004 年出版的《银行信贷管理》（与周好文共同主编，高等教育出版社），系统反映了学科理论和实践的发展成果，形成了从计划经济—计划商品经济—市场经济体制条件下的银行信贷管理的基本理论、基本知识、基本技能的发展轨迹，既是教科书，也是一部学科发展史。

1982 年财经版的《工商信贷管理学》彻底突破了苏联银行信贷管理的制度和管理方法，从理论上奠定了我国银行信贷管理"本土化"的框架，提出不同于传统观点"生产—资金—生产"表述的"资金—生产—资金"，以两重支付、两重归流、四个转化、四个区别为基本内容的银行信贷资金运动规律。电大版和金融版的《银行信贷管理学》进一步完善了银行信贷资金运动规律，区分微观与宏观并第一次提出宏观信贷资金运动规律；同时探索取代传统信贷资金供给制建立信贷资金借贷制这一新的信贷管理模式。两本教材分别于 1989 年荣获第一届全国高等学校金融类优秀教材二等奖和 1995 年荣获第三届全国高等学校金融类优秀教材一等奖。高教版的《银行信贷管理》针对不少院校专业课程设置调整，新开设"商业银行经营管理"同时取消"银行信贷管理"课程，通过分析银行信贷管理和商业银行经营管理、中介和市场的相互关系，重新确立了银行信贷管理学的课程地位，并根据信贷资金运动在两重支付和两重归流中充满着信息不对称的风险，提出银行信贷管理制度建设应当实行"信贷营销制度"和"风险处置制度"并举的战略。[②] 该教材列入普通高等教育"十五"时期国家级规划教材。

## 三 金融改革和发展战略

金融改革和发展战略是江其务先生一直主攻的研究领域，形成了他本人建立并发展起来的金融学博士点的特色研究方向，取得了卓著的成就。经不完全梳理和归纳，江其务先生在这一领域至少有以下突出学术成就与学术贡献。

一是 20 世纪 80 年代率先提出的金融超前改革战略理论。在金融改革与其他经济体制改革的关系问题上，当时理论界与决策部门大多持"同步论"和"滞后论"。江其务先生认为，经济改革难以推进的主要原因是金融体制的严重滞后性，金融改革严重滞后带来了一系列机制性和周期性问题，并且导致了在经济模式转换中的融资机制断裂。对此，江其务先生明确提出了金融体制必须超前改革的理论，并从理论、中外历史比较与实践的角度进行了系统化的论述。其核心观点是：金融结构、金融体制、金融运行机制和金融调控方式的改革必须超前于经济体制的改革，以便为新的经济模式的运行提供一个良好的金融环境，使金融资源配置方式的变革

---

① 梁伯枢、刘彪：《银行信贷管理学的开拓者》，载《中国金融博导》，中国金融出版社 1998 年版，第 230 页。

② 江其务、周好文主编：《银行信贷管理》，高等教育出版社 2004 年版。

推动和导向物质资源配置方式的变革，促进经济金融协调发展。只有金融改革超前于经济体制改革，才能为新的经济模式的运行提供一个良好的环境，发展市场金融制度是促进经济体制和经济增长方式转变的结合点和推动器。后来的实践证明，金融改革超前论的观点更符合经济金融发展规律和中国的实际情况。

二是率先主张信贷资金管理体制从"供给制"转向"借贷制"，从资金产品化走向资金商品化、市场化。针对当时通货膨胀、银行呆账、资金使用效率低下尤其是银行信贷资金供给制带来的诸多弊端，为了推进国有银行的企业化改革，1988年年底，江其务先生提出了中国金融制度的改革核心是资金的供给制转向借贷制的理论观点。其核心观点是：银行要成为真正的银行，金融要真正发挥金融的功能，就必须从理论上明确信贷资金的商品性质，破除把信贷资金作为产品的观念；必须从根本上破除资金的供给制，建立一种以资金商品化为核心的资金借贷制度。他认为，只有将银行资金由供给制转向借贷制，利率的作用才能发挥出来，银行的经营才能商业化。他认为，在计划经济体制下，银行的资金是"产品"，而不是商品，没有交换，也就没有信用可言。计划定价，不是由市场决定利率，利率不起作用，所以一不反映供求、二不说明成本、三不能引导流向，通货膨胀、银行呆账、烂账都与此有关。头痛医头、脚痛医脚的金融改革是不成功的，核心是要建立资金的借贷制。用金融交易取代金融分配，从计划配置资金转向由市场配置。金融改革的核心在于实现资金商品化、利率市场化、经营企业化、调控间接化、管理制度化。① 后来的实践证明，信贷资金借贷制理论根植于商品经济和市场经济规律，对商业银行改革产生了广泛和实质性的影响。

三是率先提出我国银行体系改革应从"川"字型转向"伞"字型，从单一化走向网络化，从"一刀切"走向区域化、分层次和重点突破。针对银行体系改革存在的"空（中央银行）、死（专业银行）、乱（其他金融机构）"等问题，20世纪80年代中期他提出我国银行体系改革的方向是改条条专政的"川"字型模式为多层次的"伞"字型模式，建立以中央银行为核心，以区域化、单元制专业银行为主体的网络型银行体系；改革步骤实行东部、中部、西部三个金融地带层次推进。②

四是较早提出我国金融市场必须在藏富于民的分配格局和资金商品化前提下进行的观点，拓展了金融市场发展的理论。同时认为，金融市场发展受到诸多因素和条件限制，不能急于求成和一哄而起，实行空间推进、分层深化、多模式滚动的发展策略。③

五是率先提出"银行功能的第二次革命"。20世纪80年代末，我国金融改革裹足不前，信用供给制有扩大的迹象。针对经济改革中银行用贷款发放职工工资等不正常现象，主张利用金融手段，用贷款支持建立国家社会保障体系，用钱维持旧体制不如用钱买个新体制，为国有企业转制和国有银行商业化构造一个稳定的协调机制，使国企转制、银行商业化与建立社会保障

---

① 江其务：《中国金融改革与发展》，载《江其务文存》第4卷，中国社会科学出版社2001年版，第125—134页。
② 江其务：《中国金融改革与发展》，载《江其务文存》第4卷，中国社会科学出版社2001年版，第47页。
③ 江其务：《中国金融改革与发展》，载《江其务文存》第4卷，中国社会科学出版社2001年版，第56页。

体系三位一体。①

六是系统地提出中国金融改革的战略思路与战略重点。他认为，中国金融制度改革应以制度变迁为核心，计划金融转向市场金融的制度创新为主线，以三次制度性分离为转变标志（以建立中央银行为标志的信贷与发行的分离、以成立政策性银行为标志的商业金融与政策金融的分离、以组建资产管理公司为标志的金融优质资产与不良资产的分离），寓金融改革、金融发展、金融开放三位为一体。金融改革、金融开放与金融发展"三位一体"构成了中国金融制度创新的全部内容。② 为此，从国家垄断信用走向国家调控信用，从投融资结构一元化走向多元化，是实现金融体制改革新突破的重要理论指导；国有商业银行的综合改革是整个金融体制改革的重点；放宽市场准入，发展民营金融机构，是金融制度增量改革必须突破的障碍。③

七是在中介与市场、间接融资与直接融资关系问题上，他认为中介和市场、间接融资与直接融资并不存在替代关系，而是一种动态互补、互动的螺旋式向上发展过程。基金取代银行存款，证券取代银行贷款，网络取代机构，至少需要具备五个条件：一来，基金能够取代货币发挥所有职能；二来，所有企业和居民都能够进入市场筹资和融资；三来，全社会的储蓄都是资本储蓄，不再存在货币储蓄；四来，一切基金都是开放式基金；五来，网络覆盖社会的任何一个经济主体。这些条件即使在发达国家包括"金融功能理论"的产生地美国都不具备，更何况在广大的发展中国家，就更是遥远的理想！④

八是在金融开放与金融发展关系问题上，他认为，中国新阶段的金融开放有三大特点：从主动利用的开放转变为履行协议、兑现承诺的开放，从业务技术层面的开放转变为制度层面的开放，从自上而下的内力推动转变为由外向内的外力推动开放，由此决定了中国金融21世纪的开放既将面临制度的挑战，也将面临效益和安全的挑战，因而承担着开放包含的制度转换成本、替代成本和创新成本。同时，中国金融开放在内部面临着银行不良资产积累的风险、潜在金融泡沫风险和制度的风险，外部又面临着资本非法流出入的风险、美国金融霸权的风险、国际游资冲击的风险、网络金融风险等。⑤ 为此，必须积极应对并利用好建立在富国理论基础上的世贸规则，要从理论战略上严肃地思考金融国际化潮流中金融还有没有国界？鼓吹金融无国界是富国利益的要求还是穷国的需要？主权金融还存在不存在？金融自由化是谁的自由化？⑥

九是在金融风险与金融监管问题上，他认为，中国现阶段的金融风险本质上是一种制度风险，必须抓住制度改革，消除产生金融风险的制度根源。同时，在加强监管、防范风险技术处理中，要正确把握好监管与创新的关系，防范风险与提高效益的关系，加法与减法的关系，依法破产和行政关闭的关系。⑦

十是在西部大开发的金融支持问题上，他认为，资本不足、资本积累和配置效率低下是制约西部经济发展的主要因素。区域经济发展差异与国家统一的投融资安排矛盾，构成现行融资

---

① 江其务：《财政与货币政策协调机制的再构造》，《金融研究》1996年第7期。
② 江其务：《中国金融的改革回顾与发展思考》，《当代经济科学》2002年第1期。
③ 江其务：《创新理论实现金融改革新突破》，《当代银行家》2003年第1期。
④ 江其务：《论银行信贷管理的若干理论问题》，《金融研究》2003年第7期。
⑤ 江其务：《中国金融开放的成本、收益和应对策略》，《西安金融》2001年第1期。
⑥ 江其务：《论加入WTO后的中国金融发展问题》，《新华文摘》2003年第2期。
⑦ 江其务：《论中国转轨时期的金融风险》，《金融研究》1999年第3期。

制度与西部经济大开发的基本矛盾。解决这一矛盾的重点在于建立区域化融资体制，最大限度地提高区域储蓄率、投资率和积累率。①

## 四　商业银行制度改革

商业银行制度改革和建设是我国金融改革的重心，20世纪90年代初期和中期，江其务先生就明确指出，商业银行制度建设是金融改革的关键。"商业银行制度完成之时，就是中国金融改革任务实现之日。"理由在于，商业银行是中央银行实现宏观调控的基础，是金融市场的主体，商业银行制度创新是创新现代企业制度的重要条件。从改革的任务看，"我们要建立的商业银行是要具有把资金作为商品，在市场是根据价值规律和等价交换原则，按照资金供求关系的变化，根据效益的原则进行配置，资金价格随行就市的经营机制的银行"②。

20世纪90年代中期，面对国有专业银行商业化改革的诸多困难和争论，江其务先生系统地分析认为，国有银行建立现代商业银行制度主要有十大难题：一是国有专业银行的产权关系问题；二是现有四大专业银行的部门垄断很难改变；三是专业银行的分支机构与地方政府的依赖关系，在短期内政府职能未根本转变的条件下难以改变；四是专业银行的信贷资金"供给制"，在企业改革没有大动作之前、企业机制未转变前就无法改变；五是历史遗留给专业银行的不良债权（企业的不良债务或财务挂账）在短期内无法消化；六是政策性金融业务与商业性业务的划分标准不明确，步伐不统一；七是四大专业银行的分支机构与其总行的关系不好解决；八是专业银行向商业银行转变的资本金补充困难；九是利率市场化非常难以解决；十是对专业银行向商业银行转变的风险预期不一致。其中，最主要的是"资金的供给制和利率的非市场化"。要解开这个"死结"，就必须改变就金融论金融的框架，应"先搭桥，后过河"，"运用金融的手段支持财政建立社会保障体系，为企业提供稳定的破产、失业保障机制，为专业银行破除资金供给制，建立商业银行经营机制提供条件"③。

在金融开放程度不断提升，特别是我国加入世界贸易组织的背景下，江其务先生敏锐地观察到，中国银行业经营制度模式面临着前所未有的冲击，商业银行必须实行综合化经营制度。④其一，加入世界贸易组织后，金融业需要提高我们银行的盈利水平，降低金融风险，提高竞争能力，要求发展混业经营，从分业转向全能合业制；其二，提高银行的盈利水平，降低风险，维护安全，必然要求商业银行的资产结构多元化，如果单纯依靠贷款是不可能提高盈利水平的；其三，资本市场的发展，提高银行竞争能力，协调直接融资和间接融资的关系，使资本市场和货币市场形成一个互补的效应，也要求工行、农行、中行和建行四大国有商业银行发展混业经营。在他看来，由分业转向混业是需要条件的。从基本方面看，至少有四个重要条件：一是银行必须具备良好的行为规范；二是要有健全的市场体制，包括完善的市场主体、完善的市场结构、完善的市场信号、公平竞争的市场环境；三是完善的法律环境；四是中央银行要具有强有

---

① 江其务：《充分发挥投融资体系在西部大开发中的加速器作用》，《陕西金融》2002年第2期。
② 江其务：《建设商业银行制度是金融改革的关键》，《城市金融报》1994年12月9日。
③ 江其务：《社会主义市场经济与金融改革》，载《改革·增长·宏观调控》，中国金融出版社1995年版。
④ 江其务：《经济后转轨期的货币金融改革》，经济科学出版社2004年版。

力的、有效的宏观调控和监管能力。

在应对对外开放所带来的挑战和冲击影响问题上，江其务先生认为，国内商业银行必须做好八个方面的准备：一是培养具有现代金融理论和金融管理能力的干部队伍，培养适应国际竞争的银行家队伍；二是痛下决心加速国有银行的改革，改变国家独资产权的一元化资本结构，推进产权结构多元化，实行彻底的股份制改造；三是对内封闭的条件下的对外开放仅仅是廉价出让市场，因此，应允许发展国内非国有中小金融机构，实现国内金融机构的多元化合理布局和定位，填补空白，占领市场；四是加快国内金融机构的技术改造，适应电子网络时代要求，改善营业条件，提高经营效率和服务水平；五是改革现有的分配制度和用人制度，留住人才为我所用；六是提高中央银行的监管能力，适时推进利率、汇率的市场化改革；七是建立存款保险制度；八是提高透明度，按照国际标准规范财务、统计、审计报告制度等。

商业银行组织体系改革和建设问题，是江其务先生金融改革思想的一个重要内容。早在1985年，他就系统地提出了我国早期商业银行体系改革的问题。① 根据当时中央银行和专业银行分设之初的实际情况，他深入分析商业银行体系中存在的诸如中央银行的资金调节力量空虚，出现两头透气的状态；专业银行缺乏经营自主权，资金横向融通渠道被堵死；出现多样化的信用形式，不能围绕国家的宏观经济决策目标融通资金，造成宏观失控、微观失调等问题。这些问题使国家信贷收支格局出现了信贷资金的长期性来源减少，而长期性支出增加，形成信贷收支结构失衡。因此，必须建立社会主义的商业银行体系。

社会主义商业银行体系改革的目标，应该是银行成为一个具有宏观调控能力和微观调节活力的强有力的资金调节系统。我国银行体系进一步的改革方向，应该选择"两加强，一开通"的战略，改条条专政的"川"字型模式为多层次的"伞"型模式，建立以集中的中央银行为核心，以区域化、单元化专业银行为主体的网络型银行体系。基于我国是一个幅员辽阔、经济发展极不平衡的大国，国民经济中出现的沿海、内地省份和边远地区三种不同的经济结构和三个金融带，实现上述改革目标，应按照以建立经济实体为基础，以发展银行信用为主体，实行分支行制和单元制相结合的机构设置原则，形成多层次的信用机构和多样化的信用方式的总体要求，采取区别对待、有先有后的推进型的策略。

在经历了20世纪90年代初期经济和金融过热后，从1993年下半年我国开始实施"整理整顿"的宏观调控，针对当时城市信用社盲目发展和金融秩序混乱，江其务先生提出了我国商业银行组织体系建设的"一体两翼"的著名论断。"一体"即商业银行建立的主体，就是把国有专业银行改造为商业银行；所谓"两翼"，一是指加强现有九家股份制商业银行的规范建设，努力提高其商业化经营管理水平，二是指要建立和发展地方商业银行，实现商业银行组织结构多元化。只有主体机制的转化和两翼机构经营行为规范，才能真正建立我国的商业银行体系。②

鉴于20世纪90年代后期亚洲金融危机爆发的教训，以及我国银行风险加速暴露的客观现实，1999年江其务先生发表了《中国银行业战略性重组的目标和重点》一文，对我国银行组织体系的改革与建设作了更加深入和明确的论述。③ 他认为，在经济转轨时期的中国，存在着发

---

① 江其务：《中国式社会主义银行体系的再探索》，《金融研究》1985年第2期。
② 江其务：《建设商业银行制度是金融改革的关键》，《城市金融报》1994年12月9日。
③ 江其务：《中国银行业战略性重组的目标和重点》，《金融研究》1999年第9期。

展商品生产和商品交换、经济结构多元化、社会资本集团已经形成、国民收入分配多种形式、社会财富分散而不平衡的情况。现在国家垄断信用的结构不是垄断财富，而是垄断风险。这种风险是一种制度性风险，不是可以用经济方式化解的，只能通过改革来完成。金融改革要通过运行机制、增长方式的改变来推动金融制度的创新以及中国银行业的重组，这是对马克思主义创造性的坚持和运用。银行体系改革重组的目标是，从国家垄断转向国家调控，从计划机制转向市场机制。改革的策略是，改革主体，发展两翼。在深化国有商业银行改革的同时，要大力发展股份制商业银行和地方合作金融。他认为，银行业战略重组的核心，不仅仅是金融机构的分立和合并，也不单纯是集权和分权的问题，而是要把计划经济条件下的资金产品转化为市场经济条件下的资金商品化，破除资金供给制，建立与市场经济交易机制相吻合的资金借贷制。

在银行组织体系改革与建设方面，江其务先生主张要放开民营金融市场准入的政策约束，大力发展小银行。他认为，在现有的经济结构和金融结构条件下，金融组织体系存在着许多结构性的问题，比如，金融资源配置结构与经济结构严重不对称，金融组织体系结构与经济结构的反差很明显，国有大金融机构的低效益高负担与提高竞争力不适应，国有商业银行的结构性市场退出与民营金融的市场进入不匹配（在工行、建行、中行实行大银行、大城市发展战略，大踏步从县级市场退出的过程中，市场进入机制严重滞后，形成县域的金融服务真空地带，民营经济和小企业失去金融支持）等。他认为，小银行在产权结构、交易成本、市场效率、经营灵活性、适应性等方面具有比较优势，增加小银行的制度供给势在必行。同时，他指出，增加小银行制度供给效率必须具备八个必要条件，一是准确的市场定位；二是优化微观基础，稳健经营，规范发展；三是开发人力资本，健全法人治理结构；四是加快小银行立法，实现依法保护、依法管理、依法经营；五是规范发展贷款担保制度，防止贷款担保中介机构的风险，强化管理；六是规范小银行的市场准入和退出机制，防止和杜绝行政命令式的刮金融"共产风"；七是制定严格整治监管寻租的法律，保护小银行的规范经营和合法权益；八是因地制宜，发展特色经营，不要搞一个模式。

将银行办成真正的银行，是我国金融改革的逻辑起点。早在1979年，江其务先生就明确指出当时"银行这个绝妙的经济工具，没有被广泛利用，对经济活动的促进和监督作用，还没有发挥出来"。多年来，银行管理工作被三条精神枷锁捆住了手脚，与按经济规律管理经济存在很多矛盾。主要表现在：一是按经济规律办事和按"长官意志"办事的矛盾；二是社会主义再生产过程资金的统一使用与资金来源多口供应之间的矛盾；三是经济核算与"供给制"、吃"大锅饭"之间的矛盾；四是银行业务的手工操作方式与发挥银行"寒暑表"作用之间的矛盾。为此，他在国内较早地提出了银行经营管理机制改革的思想：其一，保持国家资金积累集中使用的前提下，国民经济各部门的扩大再生产资金，由银行统一供应，统一管理，以便最充分地发挥信贷的促进和监督作用，最有效地提高资金使用的效率。其二，利息是发挥信贷调节作用的杠杆。银行的存放款利率应该有奖有罚，区别对待，利率水平要保持不低于国民经济各部门的平均资金利润率，保证不要因为实行全额信贷影响国家的资金积累规模。其三，实行集中统一与专业化相结合的金融管理体制，在中国人民银行的统一领导下设立工商银行、农业银行、投资银行和外汇专业银行；农村信用合作社改为农业银行的基层机构，全面办理农村信贷业务，调剂农村资金。其四，在保证全国货币发行、信贷资金统一管理、统一调度的前提下，银行各分支机构实行独立的经济核算，使银行的经营成果同地方、单位、职工的物质利益联系起来。

其五，为发挥银行、信贷对国民经济的促进和监督作用，需要从培养干部和业务手段的技术改造方面进行基础建设，迅速提高银行管理干部的理论政策水平和管理水平，用现代化手段装备银行业务，实现电子计算机化。[①]

银企关系问题是影响商业银行经营与发展的一个重要因素，如何建立起有效的市场化的银企关系一直是我国金融改革的重要内容之一。江其务先生认为，形式上，银企之间的关系是一种资金供求关系，但从实质上讲，银企之间的关系是一种资金配置的制度安排，一般表现为计划分配机制和市场交易机制两种性质完全相异的安排类型。国有商业银行和国有企业结合的基础是市场而不是资金的供给和需求。为此，国有商业银行信贷政策的战略目标是促进国有企业与市场经济接轨，国有商业银行与国有企业的微观操作结合点是提高企业素质、竞争力和管理水平。

国有银行和国有企业协调改革的根本办法，在于加速金融制度改革，建立起与"分财于民"的国民收入分配流程结构相适应的市场金融制度，坚定地实行从"国家垄断信用"转向"国家调控信用"、从资金"供给制"转向资金"借贷制"，使储蓄者和投资者在新的社会融资机制基础上重新结合起来，达到谁投资、谁受益、谁承担风险，收益共享、风险分担。[②]

关于银企关系协调的金融策略，江其务先生认为，总体上是"创新制度、调整政策"，具体讲表现在十个方面：一是调整金融发展战略，从拿贷款保稳定转向以贷款促改革、求发展；二是加大发展资本市场的力度；三是调整国有商业银行的信贷结构，实现经济结构的优化；四是规制金融机构的功能定位，建立分工协作、有序竞争的体现公平与效率原则的金融组织体系；五是优化重组企业资本结构；六是建立中国特色的主办银行制，并在实践中不断完善；七是规范金融业的市场准入，正确处理金融机构对内开放与对外开放的关系；八是探索产融结合，促进国有银企一体化发展；九是多渠道化解国有银企之间的不良债权债务存量；十是加快银行和企业的产权制度改革，规范政府行为，大力发展民营经济和多种市场金融。[③]

---

① 江其务：《加强银行作用 改革银行管理》，《金融研究动态》1979年第28期。
② 江其务：《银企关系扭曲的制度根源和改革对策研究》，《金融体制改革》1997年第1期。
③ 江其务：《推进国有银行和企业改革的宏观思考》，《金融理论与实践》1997年第10期。

# 金融类学术会议综述

## 一 博鳌亚洲论坛

2022年4月20日至22日，博鳌亚洲论坛2022年年会在海南博鳌举行，年会主题为"疫情与世界：共促全球发展，构建共同未来"，年会活动采取线上线下相结合的方式进行。3天会期，30余场分论坛和活动，会聚42个国家和地区的600多名线下代表、近400名线上代表，其中20多位各国政要、前政要，50多位部长级高官和前官员，22位国际和地区组织负责人，以及众多商界领袖、媒体人、著名学者参加这次年会，共同探讨亚洲以及全球合作的相关问题。

博鳌亚洲论坛是总部设在中国，旨在促进亚洲与世界交流与合作的重要论坛组织。博鳌亚洲论坛紧扣国际合作的主题，除了定期发布关于亚洲发展与合作的报告之外，会议涉及绿色经济与可持续发展、数字经济、国际合作与全球治理、亚洲区域合作的新发展等方面，而开展有效国际合作是各国参会者均强调的重要方面。2022年是《区域全面经济伙伴关系协定》（RCEP）正式生效的一年，因此，亚洲经济合作以及全球治理改革是该届会议的关键词，倡导全球治理改革以实现亚洲与其他地区的合作共赢，统筹经济的安全与发展成为会议的焦点问题，而有关金融问题的探讨，更多是以金融助力经济发展的视角加以呈现，体现了金融服务实体经济的明确定位。除此之外，在疫情经济复苏的背景之下，经济增长也是此次会议的重要议题，各国与会代表肯定了亚洲对全球经济的复苏与增长的重要性，强调了中国经济的韧性与潜力。加强亚洲区域合作机制的交流不仅有助于我国对外开放政策制定以及相关理论研究，在当前抵御美国建立印太经济框架试图制造分裂对抗的形势下更具极强的现实意义。

习近平主席在博鳌亚洲论坛2022年年会开幕式上发表题为《携手迎接挑战，合作开创未来》的主旨演讲，提出全球安全倡议，强调人类是休戚与共的命运共同体，强调要坚持建设开放型世界经济，加强宏观政策协调，促进全球平衡、协调、包容发展。国际货币基金组织（IMF）总裁格奥尔基耶娃发表主旨演讲，她表示，中国作为世界第二大经济体，有充足的政策空间来提振中国经济，包括重点关注收入较低群体以提升消费水平，通过推动低碳发展，助力实现气候目标。此外，提高房地产市场政策力度也有助于更平衡的复苏。

会议涉及与金融有关的问题包括：第一，经济安全与发展问题。全球经济形态正从工业经济形态向数字经济形态转变，安全和发展的具体内容也随之发生了巨大的变化。在安全方面，与会嘉宾探讨了新时期下的安全内涵，认为除了政治安全、国土安全、军事安全等传统安全领域的内容，经济安全、文化安全、社会安全、科技安全、网络安全等新型安全领域的内容也成为安全内涵的重要方面。对于网络安全问题，全国政协经济委员会副主任、工信部前副部长刘利华表示数字技术是安全与发展的双刃剑。应用包括人工智能等现代信息技术，能够缓解或者保障增强产业链和供应链的安全，来促进经济复苏，减少灾难或者安全事件造成的影响。与此同时，人类对网络的依赖也在快速提升，网络支付规模的迅速扩大或将对安全产生巨大冲击。在发展方面，推动亚洲形成更加开放的大市场、促进亚洲共赢合作是各国发展的主要方向。中国国际经济关系学会会长李若谷认为，要坚定维护全球化的发展方向，加快推动RCEP升级，进一步开放市场。第二，发展数字经济。与会嘉宾围绕如何促进数字经济健康有序发展、确保数字产业化过程中的公平竞争等全球性课题展开深入探讨。欧洲复兴开发银行秘书长小口一彦表示，数字化为世界提供巨大机遇，即便是小国的小型初创企业，只要有好的技术就能在市场上享有一席之地和影响力。博鳌亚洲论坛副理事长、中国金融学会会长周小川指出，数据的跨境流动需要考虑到许多国家对数据安全和数据跨境贸易的顾虑。在相关贸易经济合作中，不把数据作为主要的可贸易标的，而是把数据的用途，也就是应用的任务作为可贸易标的。清华大学公共政策与管理学院教授、巴西总统前首席经济顾问亚历山德罗·哥伦别斯基·特谢拉认为，在对数字经济的合理监管上，政府需要对数据的权属、性质和用途做出一些安排。与会嘉宾表示，解决数据权属和跨境流动问题需要全球的治理框架。第三，发展绿色经济。潘基文说，解决气候问题为各国提供了绿色转型的机会。到21世纪中叶，世界大多数国家进入碳中和状态，各国产业、工业和经济的竞争力将很大程度上取决于其绿色程度。"实现碳中和需要大量投资。"北京大学光华管理学院院长刘俏认为，从金融体系的角度，最关键是要迅速形成碳价格的发现机制，财政政策也应该扮演更加积极的角色。第四，共同富裕问题。与会专家认为，共同富裕本质是发展经济，"做蛋糕"及"分蛋糕"需要持续推进市场化改革。对于现实存在的收入差距、财富差距问题，刘世锦建议，为低收入人群营造三个均等化环境，即人力资本提升均等化、基本公共服务均等化、发展机会均等化。中国经济体制改革研究会会长、国家发展和改革委员会原副主任彭森认为，除了通过税收、社会保障、转移支付等手段协调收入差距和财富的代际转移，还需通过市场化改革发展民营经济。中国财政科学研究院院长刘尚希认为促进共同富裕就是形成"人人参与、人人努力、人人共享的社会格局"。"人人努力"需要激励机制，市场经济是最有效的激励机制。彭森认为，共同富裕本质上是发展问题，即经济需要保持健康稳定的发展。第五，资本市场发展。嘉宾讨论了中国资本市场的发展与提升、中国金融体系对外开放如何为中国全面开放新格局服务、如何应对中美"金融脱钩"的风险以及促进亚太区域金融融合等话题。原中国银保监会副主席梁涛、中国证监会副主席方星海、国家外汇管理局副局长陆磊发表了演讲。方星海表示证券市场外资占比还有很大提升空间，"引进来"能不能成功，很大程度上取决于中国经济的基本面和开放政策。对于开放节奏的快慢，陆磊表示，更多是根据实体经济的需要推进。跨境证券市场渠道的拓展，则更多要考虑资金使用效率，考虑金融为实体经济服务。陆磊表示，要进一步优化ODI，支持共建"一带一路"，同时要进一步规范发展QFLP、QDLP的管理。对复杂金融衍生品工具等跨境交易，还是要保持审慎。除此之外，会议还对南海地区的可持续发展问题展开讨论。

会议还发布了《亚洲经济前景及一体化进程2022年度报告》《可持续发展的亚洲与世界2022年度报告——绿色转型在亚洲行动》，并对亚洲经济前景进行了预测。由于俄乌危机的爆发，加之疫情高峰的再次出现，报告对亚洲经济增长持更加保守和悲观的预测，认为2022年亚洲经济增速很可能低于当前国际货币基金组织的预测值，预计在4.8%。而疫情和俄乌冲突对亚洲的影响比预期的更加严重，2022年亚洲的经济增长率仅为3.8%。因此，未来中国经济增长的韧性与动力是学术研究需要讨论的重要议题。随着大国竞争冲突的加剧，大国经济治理不仅关注国内，更是强调向国际输出权力与价值观影响。因此，如何统筹发展与安全成为我国实现中国式现代化所面临的主要问题。此次会议基于金融支持实体经济的定位，从数字经济和绿色经济问题层面提出了我国关于经济发展的主要方向，并从 RCEP 的视角讨论了推动亚洲形成更加开放的大市场和共商共建共享的全球治理观，探讨有关共同富裕以及促进全球平衡、协调、包容发展的实现路径，是对习近平新时代中国特色社会主义思想的贯彻与诠释。

## 二 清华五道口全球金融论坛

2022 年 4 月 15—17 日，2022 清华五道口全球金融论坛在京召开。论坛以"行稳致远，金融助力高质量发展"为主题，来自政、商、学界的全球嘉宾线下参会、线上相聚，关注全球金融发展的新思想、新趋势、新实践、新动力，聚焦中国与世界、市场与监管、学术与实践三大层面问题，共商经济金融领域重大问题。紧扣这一宗旨，此次论坛发布了 2022 年中国金融政策和金融风险的年度报告，并聚焦当下最受关注的政策、学术和实践议题展开讨论，主要包括：经济发展如何应对国际复杂形势、"双碳"目标下的绿色金融发展、基础设施建设与 REITs 探索实践、全球经济治理与金融合作开放、人口老龄化对经济金融的影响、数字经济与金融机构创新、金融助力科技创新发展等七大主题。

此次会议，在关注国际经济形势出现重大变化的背景下，全面讨论了支持中国未来经济增长的关键要素，尤其是对科技对金融和经济的促进作用的关注贯穿整个讨论之中；除此之外，论坛对 REITs 的关注强调我国在金融改革发展道路上坚持开拓创新的基本原则，也为金融政策与学术研究对"五位一体"总体布局的深入探讨提供观察视角与素材。论坛从学、商、政界视角共同探讨同一话题，全面覆盖绿色金融、金融科技以及金融助力产业经济等近年来我国经济发展与转型面临的重大问题，有助于从微观层面了解我国经济所面临的问题和解决方案，体现会议对该主题的独家见解和针对性建议。但是，由于涉及话题过于宽泛，多角度和多层面的研讨使得部分会议议题的聚焦尤显不足。会议主要讨论的内容如下：

第一，经济发展如何应对国际复杂形势。在开幕式上，清华大学五道口金融学院院长张晓慧以及中央财办副主任、财政部副部长、党组成员廖岷发表致辞。张晓慧强调，面对疫情持续蔓延以及国内外经济形势的复杂态势，坚持"以我为主"的宏观政策，增强政策定力。廖岷对疫情和俄乌危机背景下的中国经济作出了基本判断，认为在金融服务实体经济方面，要适应中国经济从投资—出口拉动向消费—技术驱动的深刻转型，提供相应的金融产品和服务，优化融资结构，降低融资成本，提高资源配置的效率。

第二，"双碳"目标下的绿色金融发展。清华大学国家金融研究院院长、国际货币基金组织原副总裁朱民表示中国金融业要在支持实体经济的过程中构建中国的零碳金融体系，走在世界的前列。中国人民银行研究局局长王信强调生物多样性保护应得到更多的关注和重视。在经济发展和环保减排方面，能源基金会首席执行官兼中国区总裁邹骥认为环保减排已经成为支持经济增长的重要因素之一。中证金融研究院副院长谈从炎分享了关于建立零碳金融信息的披露体系。清华大学五道口金融学院副院长、金融学讲席教授张晓燕建议构建高效的绿色投融资体系及机制，帮助绿色金融市场进行有效资源配置。

第三，基础设施建设与 REITs 探索实践。专家围绕 REITs 的顶层设计、价值与意义、公募 REITs 的市场表现、治理机制、交易结构，以及底层资产扩容等问题进行深入探讨，认为应研究修订相关法律，提升原始权益人的专业化经营水平，协同企业的长远战略，鼓励更多长线资金以及价值投资导向的机构进入REITs市场，同时也加强投资者教育和信息披露。

第四，全球经济治理与金融开放。清华大学国家金融研究院院长、国际货币基金组织原副总裁朱民与2001诺贝尔经济学奖得主迈克尔·斯宾塞（Michael Spence）视频连线，对全球经济增长模式转变的挑战和应对、世界大变局下的全球经济治理等问题展开对话。在国际经济金融治理中，如何持续推进多边机制发挥作用这一议题上，国家外汇管理局副局长、党组成员宣昌能强调中国继续坚持开放并践行多边主义。中国社会科学院世界经济与政治研究所所长张宇燕分享了有关全球经济治理逻辑的思考。他表示，现在全球的主要问题是存在大量的治理赤字。全球治理本身也可能成为一些国家谋求自身利益、打压竞争对手的工具或手段。清华大学苏世民书院院长薛澜主要就中美科技创新方面的合作与竞争提出看法，认为中美双方需要重新打开交流渠道，建立政府、议会及智库的多层次交流平台，扩大共同合作，减少无效竞争。

第五，人口老龄化对经济金融的影响。全国政协经济委员会委员、原中国保监会党委副书记、副主席周延礼对保险业在养老方面的顶层设计作出制度安排。全国政协委员、中国社会科学院世界社保研究中心主任郑秉文认为第二、三支柱养老金正当其时。太平人寿保险有限公司党委书记、总经理程永红表示，保险业可以通过开发传统养老金、税延养老险、长期护理险以及专属商业养老险等保险产品服务老龄化人群。日本东京海上日动火灾保险株式会社北京代表处首席代表末吉建介分享日本保险业参与长期护理的经验及启示。末吉建介指出，应对老龄化是非常困难的课题。只有在合理完善的法律环境下，通过企业提供的各种产品和服务，加上数字化科技，并且每个家庭和整个社会都付出努力方能实现跨越。

第六，数字经济与金融机构创新。与会专家从数据的分享和汇聚、金融科技安全立法政策、中小银行面对数字化机遇与挑战等方面探讨了金融数字化问题。

第七，金融助力科技创新发展。与会专家从资本市场、中小企业融资、创新企业和项目估值、弥补产业短板等多视角分析了金融支持科创的堵点、难点和重点，各抒己见，探寻优化金融资源配置、助力科技创新的经济转型升级之道。

最后，会议现场发布了《中国金融政策报告2022》，对我国2021年以来金融部门的政策实践经验进行总结回顾，并对未来的金融形势及发展进行展望。国家外汇管理局副局长、党组成员陆磊围绕金融应该如何在统筹发展和安全方面发挥关键积极作用的主线，探讨积极应对多种风险挑战的中国金融政策。中国银行业协会党委书记邢炜提出金融服务经济高质量发展的相关建议。中银证券全球首席经济学家管涛分析了2022年和未来一段时间影响人民币汇率和跨境资本流动的因素，认为我国已经较为平稳地度过了美联储温和有序紧缩的第一阶段，未来仍然要高度关注和警惕，防止发生非线性变化。

## 三 2022中国金融学会绿色金融专业委员会年会

2022年11月13日，中国金融学会绿色金融专业委员会（以下简称"绿金委"）年会在线上举行。中国人民银行和主要金融机构的领导以及来自近70家机构的专家在年会上发言，该年会由中国金融学会绿色金融专业委员会、北京绿色金融与可持续发展研究院、中国人民大学重阳金融研究院、中央财经大学绿色金融国际研究院、中国工商银行现代金融研究院联合主办。会上共发布了27项成果，这是绿金委自2015年成立以来年会发布成果最为丰硕的一年。会议就环境信息披露、金融转型、绿色金融创新、普惠绿色金融、金融科技推动绿色金融、绿色基金等多个研究报告进行交流,深入探讨了金融助力绿色经济、推动绿色发展、促进人与自然和谐共生的各个方面,对加快发展方式绿色转型、推进环境污染防治、增强生态系统多样性稳定性持续性,推进"双碳"目标的实现等问题进行了探讨。会议有助于推动政策制定者和研究者将马克思主义与中国特色社会主义实践相结合,有助于解决新形势下的新问题和实现理论创新,有助于丰富绿色金融研究的学术内容,对如何扎实推进绿色金融具有理论价值。

中国人民银行副行长宣昌能在开幕式上发表致辞。他总结了中国人民银行在牵头推动绿色金融发展过程中的主要经验。一是统一完善的标准体系是市场规范发展的重要前提,要高度重视绿色金融标准体系建设和转型金融标准研究等基础性工作。二是要持续完善绿色金融政策和市场体系,在注重政策激励约束的同时,充分发挥市场在资源配置中的基础作用。三是要始终秉持开放态度,积极参与气候环境治理和绿色金融国际合作。中国农业银行党委书记、董事长谷澍在致辞中表示,推动绿色金融发展,金融机构要重点系统融入绿色理念、聚焦绿色发展的重点领域、强化绿色金融产品和服务创新、增进绿色金融的交流与合作。中国金融学会绿色金融专业委员会主任马骏介绍了过去一年来绿金委新成立的5个工作组(研究组)和各成员单位在转型金融、环境信息披露、产品创新、国际经验研究、金融支持生物多样性和国际合作等领域的11项工作成绩。

## 四 传统中国的财富积累与分配学术研讨暨新书发布会

2022年6月30日,由中国经济史学会与中国社会科学出版社联合主办的传统中国的财富积累与分配学术研讨暨新书发布会在北京召开,专家们从华娄地区具有近代早期经济的特点、中国古代传统经济思想、传统农业产业和对市场的影响、多元复合货币结构下的中国财富积累等方面展开讨论。

收入分配问题是经济学研究持续关注的重要问题,如何在提高收入的同时实现有效和公平的分配也是各国可持续发展共同需要面对的世界难题。就我国而言,富裕是社会主义的本质要求,是中国式现代化的重要特征。改革开放40余年,中国金融参与创造了"两大奇迹"——世所罕见的经济快速发展奇迹和社会长期稳定奇迹。一方面通过服务于储蓄—投资的转化,促进了经济增长;另一方面保持了长期的金融稳定,从未发生过金融危机。"两大奇迹"使得国民收入与财富出现前所未有的增长。尽管如此,中国的收入与财富分配差距仍然较大,实现共同富裕任重道远。党的十八大以来,党中央把逐步实现全体人民共同富裕摆在更加重要的位置上。从我国国情出发,对我国历史时期收入分配的研究无论在学科建设还是政策制定方面都有着非常重要的意义。

中国社会科学院金融研究所所长张晓晶和中国社会科学院金融研究所博士后王庆作了新书发布。张晓晶在新书发布环节回顾了自身编制中国国家资产负债表的历程,并展示了编制历史资产负债表的宏愿。他强调,资产负债表数据能否发挥其最大优势取决于时间序列的长短;只有掌握更长时间跨度的数据,才有助于发现影响中国历史演进的结构性力量,充分认识为什么中华民族伟大复兴进入了不可逆转的历史进程。王庆对《传统中国的财富积累与分配》一书的时空背景、研究框架、主要发现等方面进行了介绍,并围绕华娄社会核心财富表的内容,重点分析了19世纪初期长三角地区的社会财富积累和分配情况，对资产结构、财富收入比、社会贫富差距等问题进行了较为深入的阐释。他认为"穹顶之下"的华娄及其出路，作为一个宏大的话题，具有很高的研究价值。中国人民大学原副校长、中国经济史研究中心主任贺耀敏表示《传统中国的财富积累与分配》一书选取的时间节点是研究中国传统社会经济具有代表性的时间并且其中有大量的引文，有可能揭开许多颠覆习惯思维或者是传统社会经济知识的奥秘，取得经济史研究方法论新的突破。中金公司原总裁兼首席执行官、清华大学管理实践访问教授朱云来认为《传统中国的财富积累与分配》属于一种宏观账本式的研究，是一个社会经济发展的基础与根本，对于理解历史事件的前因后果有着重要意义。清华大学华商研究中心主任、社会科学学院教授龙登高表示，《传统中国的财富积累与分配》一书具有突出的数据贡献。该书对于19世纪初期长三角地区社会财富数据的估算，为经济史学界在基础数据库的挖掘、提炼、提高、合作方面作出了示范，有力地推动了学科建设和学术交流与创新，为理解中国传统经济提供了有益的思路。

## 五　国际货币基金组织和世界银行2022年年会（秋）

2022年10月10—16日，国际货币基金组织（IMF）和世界银行（World Bank）2022年年会以线下方式在两家机构位于美国华盛顿特区的总部举行。每年秋季，世界银行集团和国际货币基金组织（IMF）理事会召开年会，围绕减贫、国际发展、融资等相关议题展开讨论。年会为探讨国际合作事宜提供了一个论坛，也为世行和IMF更好地服务于其成员国创造了条件。除召开理事会会议外，发展委员会和国际货币与金融委员会（IMFC）也召开正式会议，就全球关注的问题向理事会提出建议，涉及世界经济前景、消除贫困、经济发展、援助有效性等等。参加年会的人数在一万人左右，包括世行和IMF成员国代表团、媒体代表、访问人员和主要来自私营企业、银行界和非政府组织的特邀嘉宾。

IMF和世界银行双双警告，全球经济衰退风险正在上升，应联合起来共同支持新兴市场和发展中经济体。除了全球经济衰退前景的问题，更多是聚焦在发达经济体的紧缩政策及其外溢效应。IMF总裁克里斯塔利娜·格奥尔基耶娃（Kristalina Georgieva）与世界银行行长戴维·马尔帕斯（David Malpass）在IMF总部进行了一场题为《前进的道路：在动荡时代应对多重危机》的一对一对话，为2022年IMF和世界银行秋季年会拉开序幕。双方表示，中国经济正强劲反弹，预计今年中国对全球经济增长的贡献率将达到三分之一左右，为其他国家发展注入动能。格奥尔基耶娃认为中国经济强劲反弹不仅对中国非常重要，对全球也同样意义重大。据IMF测算分析，中国经济增速每提高1个百分点，就将带动与中国相关联的经济体增速提高0.3个百分点。IMF亚太部主任克里希纳·斯里尼瓦桑表示，主要受中国经济提振，2023年亚太经济将增长4.6%，较2021年10月预测上调0.3个百分点。中国优化调整防疫政策，促进消费强劲反弹，将对贸易伙伴产生积极外溢效应，助力亚洲地区增长。

2022年以来，乌克兰危机叠加美联储加息，海外经济滞胀风险上升，美联储的激进加息缩表以及随之而来的长期利率攀升与美元走强，导致新兴市场与发展中国家普遍面临短期资本外流、本币贬值、资产价格下跌、外币债务高企的困境，甚至引发金融危机。整体来看，相比其他多数主要经济体，中国经济韧性比较强，仍然有充足的政策工具来应对未来可能受到的冲击，

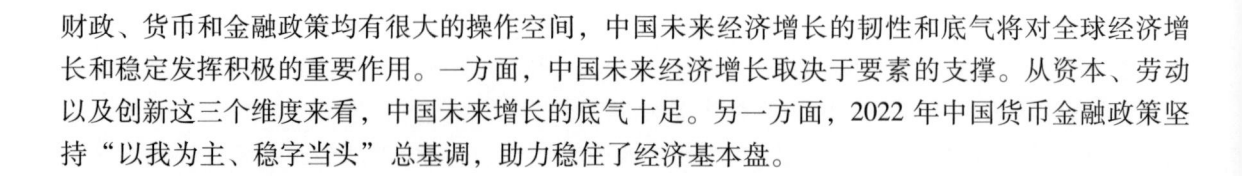

财政、货币和金融政策均有很大的操作空间，中国未来经济增长的韧性和底气将对全球经济增长和稳定发挥积极的重要作用。一方面，中国未来经济增长取决于要素的支撑。从资本、劳动以及创新这三个维度来看，中国未来增长的底气十足。另一方面，2022年中国货币金融政策坚持"以我为主、稳字当头"总基调，助力稳住了经济基本盘。

## 六 国际货币论坛

严峻复杂的新冠疫情背景下，2022年7月23日，由中国人民大学财政金融学院主办、中国人民大学国际货币研究所（IMI）承办、重阳投资教育基金特别支持的"《人民币国际化报告2022》发布会暨货币金融圆桌会议·2022夏"在线上举行。该会议是"2022国际货币论坛"系列活动之一。会议由IMI联席所长贲圣林主持，IMI理事长庄毓敏出席并致欢迎辞。IMI副所长、中国人民大学财政金融学院副院长王芳发布了《人民币国际化报告2022：低碳发展的机遇与挑战》。该报告的核心观点包括：从人民币国际化现状来看，人民币国际使用规模与市场认可程度总体延续增长态势，在全面发挥国际货币职能方面稳居全球主要货币前列。从低碳发展与人民币国际化的关系来看，低碳发展可增强人民币硬实力与软实力，是人民币国际化行稳致远的重大机遇。但资源禀赋和发展阶段使我国减排降碳任务更加艰巨，如果不能妥善解决减排成本过高、制约经济发展、增加转型风险等问题，"双碳"目标可能受阻，也对人民币国际化形成巨大挑战。从推进低碳转型的重点难点来看，首先是需要构建支持低碳发展的政策体系，形成"政府搭台，市场主导"的低碳转型模式；其次是有序推进实体经济和金融体系的低碳转型，积极应对可能出现的各种风险和挑战，以碳市场交易改革为契机，提升我国碳市场成熟度和开放度，未来争取国际碳定价主导权；再次是中国努力在"一带一路"低碳化投资、绿色低碳政策协调和弥补全球治理缺口方面扮演更加积极的角色。报告强调，必须充分理解低碳转型的必要性和紧迫性，高度重视"双碳"目标对产业结构调整的硬约束、向高质量发展的成功跨越及其对人民币国际化的决定性影响。在之后的圆桌研讨环节，IMI联席理事长曹彤、中国银行研究院院长陈卫东、上海国际金融中心研究院副院长丁剑平、中银香港首席经济学家鄂志寰、北京绿色金融与可持续发展研究院特聘资深研究员郭建伟、国家发改委对外经济研究所学术委员会委员曲凤杰、中央财经大学金融学院教授谭小芬、厦门大学金融研究中心主任朱孟楠等来自国内金融管理部门、科研院所和金融实业界的专家学者围绕"低碳发展的机遇与挑战"这一主题发表了精彩观点。

7月24日，由中国人民大学财政金融学院和中国财政金融政策研究中心主办，中国工业经济杂志社协办，中国人民大学国际货币研究所（IMI）承办的"金融开放与高质量发展"前沿论坛在线上成功举行。该会议为"2022国际货币论坛"系列活动之二。会议包括开幕式和论文宣讲两个环节。开幕式由IMI学术委员、中国财政金融政策研究中心主任瞿强主持，中国社会科学院工业经济研究所所长史丹、中国人民大学财政金融学院院长庄毓敏致开幕词。中国人民大学原副校长吴晓求、IMI学术委员王国刚、国务院发展研究中心金融研究所副所长陈道富，以及中银证券全球首席经济学家、国家外汇管理局国际收支司原司长管涛发表主题演讲，中国社会科学院工业经济研究所纪委书记张其仔、IMI学术委员张成思担任主题演讲环节的嘉宾主持。

吴晓求围绕金融开放发表了演讲。他首先强调金融开放主要由本币自由化、机构国际化、市场全面开放三部分组成，中国金融机构国际化步伐较快，而人民币自由化和资本市场全面开放尚处在探索阶段。其次，他指出中国金融开放的难题在于法制薄弱、财产权安全问题，以及经济的可持续性特别是经济的创新能力存在隐忧。他认为金融开放对中国意味着金融资源配置边界的扩展、风险配置机制的改善、中国金融风险国际传递效应的增强、人民币成为一种国际型货币、中国社会现代化进程进一步加快。最后，他指出中国金融开放的目标：增强中国经济的金融竞争力；实现人民币自由化；把中国金融市场特别是资本市场建设成全球新的国际金融中心，人民币计价资产成为国际投资者可选择的重要资产。王国刚聚焦中国金融走出去发表演讲。他回顾了多边主义规则发展的历史，并指出落实"一带一路"构想，在金融实践层面上需要有效解决好三个相互关联的难题，包括各国投资者之间对投资项目的共识、在股权投资中要贯彻股权平等机制，以及要形成资本权益的交易机制。与此同时，他从四个相互关联的层面提出了多元化资本结构的实施路径，包括：建立多边金融机构，形成和完善金融产品中的多边机制，建立多边金融交易市场和在有条件的国家划出一定的地理区域发展多边经济。这些举措不仅能够推动"一带一路"的建设得到各国的响应，金融方面也能得到充分支持，人民币国际化之路也将跳出以外汇储备为基础的牵制。管涛从中国经验出发，探讨了汇率选择与货币国际化问题。他指出，"十四五"规划明确提出要建设更高水平的开放型经济新体制，健全开放安全保障体系；其中一个重要方面是稳慎推进人民币国际化，坚持市场驱动和企业自主选择，营造以人民币自由使用为基础的新型互利合作关系。他提出未来应从以下三方面继续深化人民币汇率市场化改革：一是进一步完善人民币汇率中间价的报价机制，提高中间价代表性；二是按照丰富交易产品、扩大交易主体、放松交易限制的"三位一体"思路大力发展境内外汇市场；三是在制度上处理好金融开放与汇率选择的关系，选择合适的时机和方式从制度型开放的角度为央行退出外汇市场常态干预提供法律保障。总的来说，拓展制度型开放和健全开放安全保障体系是金融高水平开放的重要内容；要尊重市场、尊重规律；要改进汇率调控，发展外汇市场，理顺供求关系；要加强预期引导，不断完善宏观审慎管理，强化市场的风险中性意识，控制好货币错配和汇率敞口风险，在开放中提高维护国家经济金融安全的能力。

后续的论文宣讲环节由四个平行论坛组成。来自中国人民大学、北京大学、清华大学、中央财经大学、中山大学、中国社会科学院等高等院校和研究机构的三十余位专家学者围绕"国际金融市场与风险防范""人民币国际化与跨境资本流动""数字金融与高质量发展""经济开放与企业投资"四个主题进行了论文宣讲与点评。

## 七 金融街论坛年会

在北京金融街建设与发展30年之际，由北京市人民政府与中国人民银行、新华通讯社、中国银行保险监督管理委员会、中国证券监督管理委员会、国家外汇管理局共同主办的"2022金融街论坛年会"于2022年11月21—23日在京举行。全球近400名重量级嘉宾出席论坛，并围绕经济金融热点议题进行了深度探讨。该年会主题为"踔厉奋发，共向未来——变局下的经济发展与金融合作"，议程由1个主论坛和"实体经济与金融服务""全球市场与金融发展""数字经济与金融科技（第四届成方金融科技论坛暨全球金融科技大会）""治理体系与金融稳定"

这4个平行论坛组成，共设置27场活动（含开、闭幕式活动）、39个议题，还在新加坡、迪拜两地同步设置了境外分会场。国际货币基金组织（IMF）总裁格奥尔基耶娃、国际清算银行（BIS）总裁卡斯滕斯、世贸组织副总干事张向晨、国际银行业联合会（IBFed）总裁挪伦斯等重磅嘉宾在开幕式、闭幕式发表视频致辞。联合国大会主席理事会主席、韩国前总理韩升洙，金砖新开发银行行长马科斯·特罗约等重要嘉宾在线上参加论坛，共同探讨如何推动各国各方共享深化国际合作机遇，共同克服全球经济发展面临的挑战，积极贡献促进经济发展的金融力量。

论坛年会开幕式暨全体大会上，中国人民银行行长易纲、原银保监会主席郭树清、证监会主席易会满和国家外汇局局长潘功胜分别发表了主旨演讲。易纲围绕"货币政策对宏观经济的有力支持"，探讨了受疫情、外部冲击等超预期因素影响，2022年以来我国经济面临一些挑战和下行压力下，人民银行综合运用多种货币政策工具，从总量和结构上降低实体经济综合融资成本，既有力支持了宏观经济大局的稳定，又在全球高通货膨胀背景下保持了物价形势的基本稳定，还兼顾了内外均衡。同时，人民银行还推出了碳减排支持工具，支持金融机构向清洁能源、节能减排、碳减排技术这三个重点领域的企业提供贷款，并将两家外资银行纳入了碳减排支持工具的支持范围。易会满表示要推进关键制度创新与健全资本市场功能，将深入推进股票发行注册制改革，统筹推进一揽子关键制度创新，扩大高水平制度型对外开放，不断增强市场活力和国际竞争力。同时，健全资本市场风险预防预警处置问责制度体系，稳妥做好重点领域风险防范处置，推动依法将各类金融活动全部纳入监管。潘功胜认为，人民币汇率双向浮动、弹性增强等多项因素推动了外汇市场韧性增强，人民币资产避险属性日益凸显。2022年全球主要国家债券普遍价格下跌，人民币债券成为少数价格稳定的金融资产，人民币资产在全球资产配置中呈现较好的分散化效果。

在之后的平行论坛上，中国经济信息社联合中国农业银行正式发布《金融服务乡村振兴指数首期研究成果报告（2022）》，以数字化信息工具助力金融服务乡村振兴。在"全球市场与金融发展"平行论坛上，与会专家就"新形势下人民币国际化新发展"深入研讨，为推动人民币国际化新发展、促进更多境内外市场主体熟悉和使用人民币、发掘新的业务机会建言献策。为推动金融、科技深度融合，提升国家级金融科技示范区的品牌影响力，展示金融科技新区建设成果，"全球金融科技大会"也于2022金融街论坛年会期间举行。活动期间，由ZIBS生态伙伴北京前沿金融监管科技研究院（FIRST）承办的专场活动"全球金融科技发展与技术生态合作"召开，并在会上发出"全球金融科技中心网络"倡议。在"治理体系与金融稳定"平行论坛上，最高人民法院民二庭庭长林文学作了题为"金融消费者和投资者保护的中国司法实践"的演讲。围绕"金融科技助力资本市场高质量发展"主题，就货币和金融数字化对资本市场的影响和挑战进行了探讨。论坛活动中还发布了《金融街发展报告（2022）》，全景回顾了北京金融街30年来与时代同频共振的成长历程，记录、展现了金融街在服务国家战略方面取得的制度创新、实践创新丰硕成果。

该届论坛闭幕式与金融街建设与发展30年特别活动合并举办，全面总结了金融街建设发展历程与突出成果，共同展望金融街未来发展愿景，进一步明确金融街作为国家金融管理中心的未来发展目标和方向。

## 八 全国日本经济学会 2022 年会

2022年9月25日，由全国日本经济学会主办、中国社会科学院日本研究所承办的"全国日本经济学会2022年会暨中日经济交流50年研讨会"在京召开。2022年是中日经贸合作关系的重要节点之年。在外部环境更趋严峻复杂和不确定的背景下，中日经贸合作也面临诸多风险和挑战。同时，2022年"区域全面经济伙伴关系协定"（RCEP）正式生效，对于深化亚太地区经济合作具有重要意义。RCEP生效后，中日经贸相互依存将进一步深化，但日本调整产业链供应链布局、强化国际经贸与战略竞争，亦将对中国产生影响。为此，100多位学者及媒体代表以线上线下相结合的方式出席了此次研讨会，对中日经济交流的过去、现在和未来进行了回顾与前瞻，并对其中具有理论意义和实践价值的课题进行了探讨。

年会开幕式由中国社会科学院日本研究所党委书记闫坤主持，所长杨伯致辞。中日友好协会常务副会长、中国原驻日大使程永华在特别演讲中指出，日本在经济发展过程中，经历过经济增速转换、能源危机、汇率波动、环境破坏和大气污染、老龄化和农村人口过疏化、日美贸易摩擦和美国打压日本半导体产业等诸多问题，其中有很多的经验和教训值得思考和研究。程永华特别强调讨论中日经济关系，要放在大的外交格局和国际关系中，从战略的高度推动交流和合作的发展。全国日本经济学会副会长黄晓勇主持了学术报告环节。外交学院特聘教授江瑞平、日本研究所原副所长张季风、商务部亚洲司原司长吕克俭、日本研究所党委书记闫坤分别做专题学术报告。江瑞平指出，世界经济中心正向东亚快速转移，东亚崛起拓展了中日经济的合作空间，中日两国必须担当起东亚地区大国重任，协调推进、共同受益，再创东亚经济奇迹。张季风认为，1972年邦交正常化之后，中日经贸关系经历了启动奠基期、拓展合作期、加速发展期、腾飞深化期以及转型磨合期五个时期。虽然当前中日关系面临着严峻挑战，但从长期着眼，中国经济的高质量发展、国内国际双循环的巨大引擎还会继续拉动中日经贸合作在曲折中前行。吕克俭认为，两国经贸关系已由单纯货物贸易往来发展为多边与区域合作并举的全方位、深层次合作。在新起点，两国应发挥自身优势，携手推动务实合作。闫坤指出，日本的贫富差距一直处于较低水平，第一、第二及第三次分配相互协调发挥作用，是公认的"橄榄型社会"。日本的实践和经验可以为我国缩小收入分配差距实现共同富裕提供启示与借鉴。

该年会还设置了"日本经济与中日经济交流50年"、"日本'双碳'经验、绿色经济、农业经济"以及"区域经济合作"三个分科会。学者们就"日本金融市场波动与金融政策困境""日本平台经济发展与监管""综合商社与中日经贸合作交流""日本政策性持股的成本与改革""日本对华投资新动态""日本实现'双碳'目标的路径与启示""日本促进碳中和目标实现的财政金融政策及启示"等内容进行了发言。2022年"区域全面经济伙伴关系协定"（RCEP）正式生效，对于深化亚太地区经济合作具有重要意义。为此，在"区域经济合作"分科会上，学者们深入探讨了"日本经济安保战略构建与区域经济合作""从RCEP和IPEF看中日经贸合作新平台建设""RCEP生效后的中日经济合作：基于经济安全的视域""RCEP框架下东北亚合作路径研究""IPEF对亚太经济格局的影响及中日合作""美日对华供应链竞争的政策合流与战略差异""RCEP生效背景下的中日韩区域经济合作""日本'印太战略'对华贸易制衡战略意图与效果的实证分析"等诸多内容。

中国社会科学院日本研究所副所长吴怀中主持闭幕式。全国日本经济学会常务副会长张季风就全天会议做总结报告,该次学术研讨会为中日经贸关系的发展提供了有价值的思路与方案。

## 九 亚洲保险论坛 2022

香港是国际金融中心,也是国际保险业务及风险管理中心。香港保险业监管局致力于加强香港作为区内风险管理中心的作用,助力"一带一路"建设,同时积极推动保险业参与国家内循环。亚洲保险论坛是香港保险业监管局的年度旗舰活动。2022年12月5日,"亚洲保险论坛2022"以线上线下相结合的模式在港召开。该论坛的主题为"反思·重启·复苏 迎向坚韧未来"。论坛深入探讨了香港保险业发展的策略蓝图,并聚焦讨论了集团监管架构如何巩固香港作为国际金融中心地位、提升香港在双循环策略中的影响力,以及如何通过创新与金融方式应对气候问题等议题。该论坛有约1500名现场及线上嘉宾参会。

2021年香港特区政府落实了一系列提升保险业竞争力的措施,推动香港的监管架构与国际看齐的同时确保金融稳定。在此基础上,香港特区政府于该论坛发表了《香港保险业的发展策略蓝图》,列出了清晰的愿景和使命,着重强化香港作为环球风险管理中心和成熟完备的保险枢纽的角色,同时填补保障缺口和推动社会普惠金融。香港特别行政区行政长官李家超在主题演讲中表示,目前香港的银行业有存款保障基金,证券业有投资者赔偿基金,而保险业的"保单持有人保障基金"却一直未能落实。政府与保监局正探讨提升投资相连保险的监管框架,加强对投保人的保障。同时,他强调政府会继续针对年轻人的退休规划推动产品创新,加强金融普及和缩窄保障缺口。另外,李家超表示,配合"十四五"规划、粤港澳大湾区发展和"一带一路"倡议等国家战略,香港正积极把握发展机遇,争取在大湾区,包括南沙和前海等地成立保险售后服务中心,为持有香港保单的港澳和内地居民提供咨询、赔偿、续保和投诉处理等服务。香港财经事务及库务局局长许正宇与香港保监局行政总监张云正进行了政策对谈。许正宇表示,为使香港的规管架构与国际看齐同时确保金融稳定,当局计划设立风险为本资本制度,使资本要求与保险公司承担的风险更相称。香港财政司司长陈茂波与行政会议非官守成员兼立法会议员陈健波的对话环节重新审视了香港保险业赖以成功的基石。原中国银保监会首席风险官刘福寿通过视频致辞表示,保险业将坚持推进高水平开放,大湾区将继续成为金融改革开放的前沿阵地,共同努力将两地金融监管协作建设成为区域合作的标杆。一是夯实制度型开放基础,落实准入前国民待遇加负面清单管理制度;二是不断提升监管透明度,打造更好营商环境;三是鼓励中外机构竞争合作,丰富金融产品供给;四是不断增强监管互信,促进大湾区金融业发展融合。

香港金融学院行政总裁郭国全主持了"应对气候变化的影响——协作、创新与金融"环节。讲演嘉宾包括苏黎世保险集团资讯及数码总监陈立明、香港科技大学环境研究所首席发展顾问陆恭蕙、瑞士再保险部门主管 Gillian Rutherford 及贝莱德董事总经理 Emily Woodland。讲演嘉宾讨论了气候变化如何影响保险和再保险公司及如何令保费处于可负担水平、国家层面及国际层面(如第27届联合国气候变化大会)该如何应对、资产管理公司如何在投资时考虑到气候变化因素及利用科技协助客户应对气候变化,以及有关数据、汇报和标准等议题。

该届论坛汇聚金融监管机构、业界领袖和专家学者,以及香港及亚太区顶尖机构,聚焦讨论行业议题,促进了交流协作,为审视亚洲保险市场的发展势头和机遇提供了广阔平台。

(供稿:汤柳,中国社会科学院金融研究所,副研究员;
宣晓影,中国社会科学院金融研究所,助理研究员)

# 海外视角下的中国金融

程 炼 张 策[*]

过去一年来，中国金融问题依然是金融研究领域的热点话题，不仅中国大陆学者、华人学者关注中国金融问题，世界顶尖的金融学者也在关注中国金融的发展。美国金融学会前主席、伦敦帝国理工学院金融及经济学教授就提出，新中国成立以来，中国创造了令世界震惊的"经济奇迹"（economic miracle），需要我们从中国股市、金融机构和金融制度出发审视和理解"历史上最成功的增长故事"[①]。中国问题在世界上引发激烈讨论之际，欧洲金融学会会刊、FT50 国际权威期刊 Review of Finance 在 2022 年 3 月推出了中国问题专刊，整本期刊刊载关于中国金融问题的论文，进一步表明中国金融问题的研究受到了世界各国学者和社会各界人士的广泛关注。因此，中国学者在讨论和研究中国问题之时，也需要借鉴和掌握全球范围内的市场参与者、监管机构、专家学者对于中国问题的研究视角和逻辑，从而更好地归纳和总结中国特色社会主义制度下的金融实践及其理论范式，服务于中国现代金融体系的建设和中国金融高质量发展的理论阐释。本文回顾和总结 2022 年至 2023 年初发表在国际知名金融学期刊上，关注中国金融制度、金融市场、金融机构和金融管理的文章，探寻海外视角下的中国金融发展。

## 一 金融制度

文化因素在塑造中国社会治理和金融制度上的作用，是海外学者非常关注和热议的话题。从历史上看，中国长期在儒家文化的熏陶下更加注重完善宗族制度，重视宗亲之间的合作，而非西方传统上更加依赖"法人实体"实现超越血缘的合作。Chen 等（2022）指出儒家家族内部的金融市场所提供的资源配置和风险分担的功能并不是基于特定的金融工具，也不受法律的强制力约束，而是基于家族内部一个隐形的契约。这直接导致了中国在历史上发展金融制度的两个特点：对外部金融需求低，无法认识到现代金融制度的作用。因而，在宗族文化越强大的地区，现代银行业的建立会更加困难，换言之，宗族文化不利于现代金融的发展。然而，宗族文化于当代社会的影响可能是更加复杂的，Fan 等（2023）发现那些需要依赖"关系"的投资项目更容易在宗族文化强的地区落地，从而形成具备竞争力的产业专业化集群和活跃的民营经济集群，促进当地经济的迅速增长。同样，儒家文化的影响也是多面的，Jin 等（2023）就发现儒家文化降低了 CEO 的薪酬敏感性和风险承担水平，不利于公司价值的提升；Zhai 和 Tang（2023）发现儒家文化能够通过培育投资者信任、缓解委托代理问题、抑制企业不良行为来提高

---

[*] 程炼，中国社会科学院金融研究所，研究员；张策，中国社会科学院金融研究所，助理研究员。

[①] 参见 https://www.imperial.ac.uk/business-school/news/profile-professor-franklin-allen-chinas-economic-success-story/。

公司债券的定价效率。除了传统的宗族文化和儒家文化，也有很多学者讨论其他中华文化的现当代影响，比如 Feng 等（2023）认为历史上的商会影响中国当代居民的风险投资；Fisman 等（2023）认为董事长的迷信行为会影响公司的经营和风险决策。

中国金融发展过程中出现的影子银行，也是海外学者非常关注的话题。Allen 等（2023）发现中国影子银行体系的快速发展离不开"隐性担保"和"刚性兑付"的推波助澜，其研究使用信托产品（中国重要的影子银行渠道）的样本发现发行产品利率不仅反映了被投项目和借款企业的风险，也反映了信托公司及其控股股东提供"隐性担保"和"刚性兑付"的能力，是其中最具代表性的研究之一。事实上，地方政府的各种"隐性担保"以及对于国企的偏爱，在众多经济学文献中被广泛提及（Du et al.，2022）。中国 2018 年推出并于 2022 年结束过渡期的"资管新规"大幅提升了为金融产品提供担保的难度，但是在降低"隐性担保"的同时也使得民营企业获得贷款更加困难。Du 等（2023）提出，中国的影子银行本质上是一种基于现有金融制度的套利行为。中国的金融抑制有其独特之处，大型企业尤其是国有企业能够以低廉的成本获得银行贷款、公开市场债券等正规融资，而中小型私营企业难以获得正规融资，从而衍生出影子银行体系向这些难以获得正规融资的企业进行贷款。尽管中国政府作出了巨大努力来提高弱势企业获得正规银行贷款的机会，但这些企业依然面临着巨大的障碍，一个主要原因是它们缺乏适当的抵押品和可靠的贷款担保。眼下金融科技的发展或许给这个问题的解决提供了新的渠道，如 Lu 等（2023）发现大型科技平台（BigTech）构建的信用评级模型可以反映客户的违约风险，基于此向不同客户提供不同利率和期限的无担保贷款，能够缓解中国弱势企业的融资约束。同时，这种大科技信贷更加关注企业的业务而不是当地的商业情况和经济活动，表现为大科技信贷对当地房价反应不显著，而对企业特征情况（如交易量和网络评分）反应更加敏感，能够更好地隔离信贷业务对中国宏观经济产生的系统性风险（Gambacorta et al.，2023）。

在过去一年中，还有一些其他的中国金融制度问题为海外学者所关注。在汇率制度上，Jermann 等（2022）将 2015 年 8 月 11 日汇率市场化改革后的人民币汇率制度概括为双支柱模型：第一支柱是"市场支柱"，是指前一交易日收盘汇率，反映市场供求状况的变化；第二支柱是"篮子支柱"，旨在保持人民币对一篮子货币的整体稳定。2017 年逆周期因子引入之后，概括为包含逆周期因子的双支柱模型，这一模型可以解释中间价变化的 77%。中国对于汇率政策的目标一直是多元的，比如汇率更加市场化和稳定经常账户，包含逆周期因子的双支柱模型在实践中可以通过赋予不同支柱以不同的关注（权重），从而解决在特定情况下政府对于某个政策目标的额外担忧。Li 和 Ponticelli（2022）考察了中国各城市陆续设立的专门法院（破产法庭）的作用，发现破产法庭可以加快案件审理速度，原因在于平均受教育程度更高、更加专业化的法官和更加独立于地方政府的司法流程。高效独立的破产制度可以加速清算低生产效率的企业，将它们占有的资产、劳动力等生产要素重新分配给更具生产力的企业，从而促进了当地的就业和产出。Tian 和 Xu（2022）考察了国家高新区对于当地创新产出和创业活动的影响，发现了积极的正面效应：与未设立高新区的城市相比，专利申请量增加 36.9%，专利授权量增加 17.5%，专利引用量增加 12.9%。文章指出，获得融资、减轻行政负担、人才培养和引进是国家高新区促进当地创新创业的三个渠道。

## 二 金融市场

正如 Allen 等（2005）在其著名的文章"Law, finance, and economic growth in China"中所提到的，中国是现有制度、金融和增长文献中的重要"特例"，海外的学者持续关注和发掘中国特色金融市场中的问题，并予以阐释和解答。最新的研究从多个维度讨论中国特色的金融市场问题。第一，股票分拆问题。Titman 等（2022）发现在中国股票市场上，上市公司存在利用股票分拆来误导投资者从而操纵股价的行为。作者定义了三类可疑的股票分拆行为：重要股东低价出售股权、市场表现不佳时拆分股票、高应计项目，发现这些可疑的分拆行为虽然在短期会对股票价格产生正向影响，但是一年半之后收益趋近于零。在此过程中，散户会在这些可疑分拆公告中贡献更多的交易量，而机构投资者会逐渐减少持有或不持有这些股票。另一篇文章，Hu 等（2022）也就该观点提供了另一个维度的佐证，他们使用自营交易数据来衡量投资者的赌博偏好，发现股票分拆提高了股票的彩票特征，使其对愿意支付更高价格的赌博投资者具有吸引力，从而导致公司股票的持有人状况发生变化，进而改变股票的风险状况。

第二，中国市场的因子分析、股票异象和股票泡沫。众所周知，与以机构投资者为主的发达市场不同，中国股市以散户投资者为主，那么中国市场的定价因子理应与西方市场不同。在 Liu 等（2019）结合中国金融市场和金融监管的特殊性构建适合中国市场的三因子模型的基础上，Leippold 等（2022）利用机器学习构建了一套实证资产定价的因子回报数据库，用于分析和检验不同因子在中国股票市场中的定价作用，与前人的研究结论不谋而合，即市场流动性和估值比率等因素依然是中国股票市场上的重要定价因子。Jiang 等（2022）重点研究了中国市场上的投资者关注与股票市场异象之间的联系。他们基于东方财富网的论坛数据构建投资者关注指标，发现 17 个股票市场异象所产生的套利组合在投资者关注度高的日后产生的收益明显高于投资者关注度低的日后收益，从而验证了投资者关注和股票市场异象之间的因果关系。他们也提出了两个潜在机制：第一，有限的关注会导致投资者对现有的信息分析反应不足；第二，更高的关注会放大投资者的行为偏差导致错误定价。Liao 等（2022）提出了一个由外推信念和处置效应之间相互作用所导致的金融泡沫的形成模型，投资者会购买过去回报为正的资产，并且在持有回报较高的时候进行出售，形成了价格和交易量的短期快速攀升。实证上，他们利用股票交易账户级别的数据，发现中国在 2014—2015 年的股票市场泡沫很好地印证了他们的模型。

第三，中国股票和债券的发行定价问题。Brockman 等（2023）考察了中国股票市场的发行定价中投资银行家的作用。当投资银行家与基金经理有社会联系时，基金经理参与 IPO 的概率更高、提交的投标价格更高、IPO 回报更低，从而有效缓解了中国股票发行市场中的 IPO 抑价。中国资产支持证券（ABS）发行中有些采取区块链技术发行，有一些则不是，Chen 等（2023）发现区块链技术发行会降低 ABS 收益率利差 31.4 个基点，相当于利差下降了 13%。Huang 等（2023）构建了一个具有跳跃风险和外生市场流动性不足的信用风险结构模型，发现了中国商业票据（Commercial Paper，CP）市场的定价中，信用风险和流动性风险分别占收益率利差的 25% 和 52%，而在美国市场中信用风险很低而流动性风险非常高。中美两国的差异主要是因为两国 CP 市场的协议框架、企业质量、平均期限等原因。其中最具影响力的研究当数 Ding 等

（2022）所讨论的中国企业债券发行定价过高的问题。他们提出中国企业债券发行具有独特的背景，拥有充足资本的银行既充当承销商又充当投资者，争夺违约风险相对较低的大型（国有）企业的发行，从而开始在发行定价上展开竞争，推高了债券发行定价。一方面，较高的定价不仅降低了发行人本次发行的融资成本，也为发行人的其他债务融资（例如银行贷款）提供了公开的基准，发行人倾向于选择定价较高的承销商；另一方面，发行人认可一级市场发行定价的作用，促使他们选择根据发行定价而不是二级市场的定价或流动性来评估与本次承销商的合作关系，从而决定下次发行时承销商的选择。这种定价模式将进一步恶化中国二级债券市场的流动性状况。

第四，中国原油期货市场。自 2018 年上海国际能源交易中心开市以来迅速成长，目前上海原油期货已经成为规模仅次于 WTI 和 Brent 原油期货的世界第三大原油期货。Yu 等（2023）考察了在上海国际能源交易中心（INE）交易的中国原油期货对 19 种可交割和不可交割亚洲原油现货价格的影响，发现其对其他原油现货价格具有重要影响并且这种影响随着时间而不断增强。这表明，INE 原油期货已经成为亚洲原油定价的基准。从而，开始有学者研究讨论如何解释和预期 INE 原油期货价格。Bian 等（2022）采用文本分析的方法从中文报纸中提取指标构建 INE 石油期货波动率的预测指标，这个指标可以反映上海原油期货的市场情绪，解释原油期货价格的波动。

中国金融市场的问题研究，还有一个大家非常乐于讨论的视角，就是金融开放。与西方成熟的金融市场相比，中国的资本账户开放程度相对较低，资本套利存在比较大的制度成本，而这会对金融市场和经济社会产生什么样的影响是学者讨论中国金融市场发展所不能忽略的问题。Liu 等（2023）发现，中国的资本管制的存在使得标准的货币套息交易（Carry Trade）无法在中国市场中实现，在预期收益较高的情况下，微观主体采用虚假贸易的形式（主要是出口后再进口）突破资本管制、实现资本套利，他们称之为"卡车套息交易"（Carry Trade by Trucks）。这说明，资本管制的存在并不能完全阻断套利行为，而是会溢出到其他渠道。同样的观点也体现在资本管制在隔绝外部冲击的作用上，资本管制并不会完全隔绝外部冲击，而是会通过其他的渠道影响中国的企业和经济发展。例如，Wu 和 Ye（2023）提出即使在有资本管制的存在下，外部冲击可以通过外商投资企业进行传导，进而影响中国的经济周期；Chang 等（2022）发现在资本管制的情况下，经济冲击可以通过贸易网络直接和间接地影响一个国家的经济周期；Yi 等（2023）发现外国直接投资带来的创新具有正外部性，会促进整个供应链体系的创新。

## 三　金融机构

在海外学者关注的中国金融机构问题中，识别和发掘中国的金融机构是否在实际上发挥"影子银行"的作用是非常重要的研究话题，产生了一系列发表在国际顶尖期刊上的文章。首先是对信托行业的研究。中国的信托行业 2020 年的总规模已经超过 20.5 万亿元人民币，是中国最大的非银金融机构，也是中国影子银行的重要载体。通过"银信合作"（例如一些通道业务），信托产品帮助银行规避了诸多监管限制，同时激励信托机构对项目进行深入的尽职调查，纠正中国国有银行制度对于国企的特殊偏爱。Allen 等（2023）采用信托产品的数据验证了上述观点，并进一步指出"资管新规"对于堵住信托产品这一影子银行渠道发挥了重要的作用。

Chang 等（2022）考虑了中国另一个影子银行渠道，即银行通过附属的租赁公司从事影子银行业务，从而规避监管。2018 年，中国租赁市场余额达到 6.7 万亿元人民币，交易额 2544 亿美元，约占全球租赁市场的 19.7%。他们的研究发现了银行利用附属的租赁公司规避政府监管，形成"影子银行"的证据。并且值得注意的是，银行利用附属的租赁公司继续支持银行原有的在产能过剩行业的客户，并没有使租赁公司承担更高的风险，反而从战略上支撑了中国在处置产能过剩举措上的平稳过渡。Du 等（2023）考察了第三种影子银行渠道：非金融企业从银行获得正规融资后的转贷（re-lending），替代金融中介进行放贷。由于转贷对于非金融企业来说是一种违法行为，所以企业并不会主动披露，为此作者采取了三种策略进行识别。第一，非金融企业的金融资产和金融负债之间存在与金融中介类似的强正相关关系，尤其体现在国有企业。第二，金融资产与固定资产投资之间存在强正相关关系。第三，"其他应收款"的科目常常被用于掩盖非金融企业进行转贷的真相，来逃避监管审查，其他应收款与金融负债具有强相关关系。另外，非常有意思的一点是，他们发现所有的异常模式在企业获得银行贷款之时会异常突出，这意味着非金融企业的转贷行为是建立在正规银行贷款的基础之上。Feng 等（2023）考察了理财产品作为影子银行的重要渠道。虽然这一观点已经被大家广泛认可，但作者的思路非常有意思。他们使用理财产品利率构建了一个非违约溢价（NDP）指标，发现这个指标可以预测区域经济增长、投资和消费，以及失业率的情况，并且在固定资产投资或房地产投资较高的地区体现得尤为明显，说明理财产品的资金大部分投向了基础设施和房地产领域，从而展现出如此强的相关性。

其次是关于中国银行和信贷的研究。Gao 等（2022）通过一个独特的数据集来识别不同客户之间的所有权网络，比如同一股东、母子公司等。他们发现当借款人与银行现有客户存在所有权网络联系的时候，银行能够更早、更准确地判断借款人的贷款违约事件。所有权网络不仅能够在放贷的时候补充私有信息用于评估借款人的信贷状况，还能够在后续的监测过程中补充私有信息从而更好地判断借款人的现金流状况。Agarwal 等（2022）利用某家银行的信用卡样本数据分析了货币政策传导的抵押债务渠道（还本付息渠道）。2008 年国际金融危机之后的货币政策冲击降低了抵押贷款利率 230 个基点，相当于降低了 35.9% 的贷款利率，大大降低了房贷持有者的偿债成本。货币政策公告和抵押贷款利率变化后，相较于没有抵押贷款的借款人，拥有抵押贷款的借款人每月信用卡支出分别增长 8.0% 和 8.7%。同时，相较于没有抵押贷款的借款人，拥有抵押贷款的借款人的信用卡拖欠率下降了 0.4%。这说明货币政策通过抵押贷款渠道使得拥有抵押贷款人的可支配收入增加，改善了他们的财务状况，促进了消费。Chen 等（2022）则使用了阿里巴巴在线交易平台提供的金融科技（FinTech）信贷的数据，探讨了金融科技信贷是如何支持中小微企业的，主要的途径包括降低公司销售波动、降低退出概率、更多的广告和更加多元化的业务。Geng 等（2023）则探讨了一个传统的话题：地理距离和银行贷款定价。他们利用中国高铁的开通这一外生冲击，证明地理距离增加了信息获取的成本，而高铁开通能够使银行更容易获得信息从而降低贷款定价。

## 四　金融管理

以中国为代表的广大新兴市场经济体，企业与政府的关系是如何形成和维系的，是金融和经济学中的热点问题。Fang 等（2023）认为中国是研究新兴市场经济体中政府作用的最优试验场，他们采用中国城市更换市长或市委书记的设定来研究企业与政府的关系并有两个发现：第一，当城市更换市长或市委书记后，当地企业的平均福利支出增加 362 万元（占比 20% 以上）；第二，当城市更换市长或市委书记后，当地国有企业的 CEO 和董事长发生更换的概率增加，私企和央企并没有变化。Piotroski 等（2022）从股票市场联动性的角度考察了政治网络的作用。他们首先构建了两个网络，即政府官员的职业网络、上市公司高管的背景和职业网络，进而将两个网络数据集对应识别出隶属于同一个网络的上市公司。他们的研究发现同一个政治网络下的公司拥有更强的股价联动性，但是 2012 年以来的数据则未遵循这一模式。说明反腐运动和国企改革有力地打击了同一政治网络下协调的积极性，更多地表现为晋升激励的对抗效应。Ding 等（2022）记录了中国企业债务证券发行定价过高的情况，这种情况在不同信用评级、期限和发行人的子样本中表现得很强劲。这一现象与西方国家的股票和债券定价抑价形成鲜明对比，也反映了中国独特的制度环境。2017 年 10 月政府禁止承销商在发行中使用回扣后，平均定价过高从 7.44 个基点下降到 2.41 个基点。

如何更好地塑造企业和政府的关系，Fang 等（2022）认为加大力度进行反腐非常重要。他们利用 2012 年在中国掀开的一场反腐风暴来研究地方政府官员和研究补贴之间的关系。在事件发生之前，补贴的分配与腐败行为高度相关，而当反腐运动外生性地导致负责的相关政府官员离职后，补贴的分配则更加关注公司的业绩，同时补贴与创新成果的相关性也更强。这说明开展的反腐活动改变了地方政府官员的激励，促使他们通过实际行动提高财政资金的利用效率和成效。Li 和 Ponticelli（2022）则提出可以通过设立独立于地方政府的机构来隔离地方政府的影响，例如破产法庭。破产法庭独立于地方政府运作，并且专业化地受理与破产相关的案件；专业的法官与地方的羁绊较少，较少受到地方政府官员政治周期的影响。此外，Du 等（2022）进行了一项有意思的研究，他们采用 Word2vec 方法从中文财经新闻中构建了一个财经情感词典，同时构建了一个与中国特有的政治相关的词汇列表。与财经媒体相比，官方媒体更多地采用与政治相关的词汇，但其生成的情绪指标与股价的联动性较弱。

中国特色的公司治理问题也在国际期刊上屡见不鲜。Geng 等（2022）讨论了中国最低工资的问题，出乎意料的是他们发现最低工资标准提高了资本投资，尤其是那些劳动密集型企业，劳动力成本难以转移给消费者，从而更加激励企业家使用资本替代劳动进行技术改进。Xie 等（2022）研究了独具中国特色的党委领导制度，他们发现将党的领导纳入国有企业的治理中，可以提升企业价值，表明中国特色的治理模式有其优越性。Shi 等（2023）讨论了中国 2012 年实行的股权质押改革的实际效果，发现股权质押改革方便了股东通过股权质押筹集资金，从而更加有利于面临严格融资约束的民营企业股东。从结果上看，民营企业控股股东的股权质押概率比国有企业控股股东高出了 13.04%，质押比例高出了 16.53%。Chen 等（2022）使用中国公募基金实地调研上市公司的数据，证实了地理距离会增加信息获取的难度，从而加剧金融市场的信息不对称。进行实地调研的公募基金由于获得了额外信息，在投资中更具优势，表现为基金绩效的提升。

**参考文献**

Agarwal, Sumit, Yongheng Deng, Quanlin Gu, Jia He, Wenlan Qian and Yuan Ren, 2022,

"Mortgage Debt, Hand-to-Mouth Households, and Monetary Policy Transmission", *Review of Finance*, Vol. 26, No. 3, 487 – 520.

Allen, Franklin, Xian Gu, Wei Li and Yiming Qian, 2023, "Implicit Guarantees and the Rise of Shadow Banking: The Case of Trust Products", *Journal of Financial Economics*, Vol. 149, No. 2, 115 – 141.

Allen, Franklin, Jun Qian and Meijun Qian, 2005, "Law, Finance, and Economic Growth in China", *Journal of Financial Economics*, Vol. 77, No. 1, 57 – 116.

Bian, Huabin, Renhai Hua, Qingfu Liu and Ping Zhang, 2022, "Petroleum Market Volatility Tracker in China", *Journal of Futures Markets*, Vol. 42, No. 11, 2022 – 2040.

Brockman, Paul, Xianjie He, Shuwei Sun and Huan Zou, 2023, "The Role of Individual Investment Bankers in IPO Pricing: Evidence from Investor Bidding Behavior", *Journal of Corporate Finance*, 102431.

Chang, Jeffery, Ting Yang and Yanping Shi, 2022, "Finance Leases: In the Shadow of Banks", *Review of Finance*, Vol. 26, No. 3, 721 – 749.

Chang, Jeffery Jinfan, Huancheng Du, Dong Lou and Christopher Polk, 2022, "Ripples into Waves: Trade Networks, Economic Activity, and Asset Prices", *Journal of Financial Economics*, Vol. 145, No. 1, 217 – 238.

Chen, Honghui, Yuanyu Qu, Tao Shen, Qinghai Wang and David Xu, 2022, "The Geography of Information Acquisition", *Journal of Financial and Quantitative Analysis*, Vol. 57, No. 6, 2251 – 2285.

Chen, Tao, Yi Huang, Chen Lin and Zixia Sheng, 2022, "Finance and Firm Volatility: Evidence from Small Business Lending in China", *Management Science*, Vol. 68, No. 3, 2226 – 2249.

Chen, Xia, Qiang Cheng and Ting Luo, 2023, "The Economic Value of Blockchain Applications: Early Evidence from Asset-Backed Securities", *Management Science*, forthcoming.

Chen, Zhiwu, Chicheng Ma and Andrew J Sinclair, 2022, "Banking on the Confucian Clan: Why China Developed Financial Markets So Late", *Economic Journal*, Vol. 132, No. 644, 1378 – 1413.

Ding, Yi, Wei Xiong and Jinfan Zhang, 2022, "Issuance Overpricing of China's Corporate Debt Securities", *Journal of Financial Economics*, Vol. 144, No. 1, 328 – 346.

Du, Julan, Qing He and Ce Zhang, 2022, "Risk Sharing and Industrial Specialization in China", *Journal of Comparative Economics*, Vol. 50, No. 2, 599 – 626.

Du, Julan, Chang Li and Yongqin Wang, 2023, "Shadow Banking of Non-Financial Firms: Arbitrage between Formal and Informal Credit Markets in China", *Journal of Financial Intermediation*, Vol. 55, 101032.

Du, Zijia, Guoming Huang, Russ Wermers and Wenfeng Wu, 2022, "Language and Domain Specificity: A Chinese Financial Sentiment Dictionary", *Review of Finance*, Vol. 26, No. 3, 673 – 719.

Fan, Haichao, Chang Li, Chang Xue and Miaojie Yu, 2023, "Clan Culture and Patterns of Industrial Specialization in China", *Journal of Economic Behavior & Organization*, Vol. 207, 457 – 478.

Fang, Hanming, Zhe Li, Nianhang Xu and Hongjun Yan, 2023, "Firms and Local Governments: Relationship Building During Political Turnovers", *Review of Finance*, Vol. 27, No. 2, 739 – 762.

Fang, Hanming, Jing Wu, Rongjie Zhang and Li-An Zhou, 2022, "Anti-Corruption Campaign and the Resurgence of the SOEs in China: Evidence from the Real Estate Sector", Penn Institute for Economic Research.

Feng, Chen, Caiquan Bai and Yankun Kang, 2023, "Historical Social Capital and Contemporary Private Investment Choices", *Journal of Corporate Finance*, Vol. 79, 102365.

Fisman, Ray, Wei Huang, Bo Ning, Yue Pan, Jiaping Qiu and Yongxiang Wang, 2022, "Superstition and Risk Taking: Evidence from 'Zodiac Year' Beliefs in China", *Management Science*, Vol. 69, No. 9, 5174–5788.

Gambacorta, Leonardo, Yiping Huang, Zhenhua Li, Han Qiu and Shu Chen, 2023, "Data Versus Collateral", *Review of Finance*, Vol. 27, No. 2, 369–398.

Gao, Haoyu, Hong Ru and Xiaoguang Yang, 2022, "The Informational Role of Ownership Networks in Bank Lending", *Journal of Financial and Quantitative Analysis*, Vol. 57, No. 8, 2993–3017.

Geng, Chunxiao, Donghui Li, Jian Sun and Chun Yuan, 2023, "Functional Distance and Bank Loan Pricing: Evidence from the Opening of High-Speed Railway in China", *Journal of Banking & Finance*, Vol. 149, 106810.

Geng, Heng Griffin, Yi Huang, Chen Lin and Sibo Liu, 2022, "Minimum Wage and Corporate Investment: Evidence from Manufacturing Firms in China", *Journal of Financial and Quantitative Analysis*, Vol. 57, No. 1, 94–126.

Hu, Conghui, Ji-Chai Lin and Yu-Jane Liu, 2022, "What Are the Benefits of Attracting Gambling Investors? Evidence from Stock Splits in China", *Journal of Corporate Finance*, Vol. 74, 102199.

Huang, Jing-Zhi, Bibo Liu and Zhan Shi, 2023, "Determinants of Short-Term Corporate Yield Spreads: Evidence from the Commercial Paper Market", *Review of Finance*, Vol. 27, No. 2, 539–579.

Jermann, Urban, Bin Wei and Vivian Yue, 2022, "The Two-Pillar Policy for the Rmb", *Journal of Finance*, Vol. 77, No. 6, 3093–3140.

Jiang, Lei, Jinyu Liu, Lin Peng and Baolian Wang, 2022, "Investor Attention and Asset Pricing Anomalies", *Review of Finance*, Vol. 26, No. 3, 563–593.

Jin, Zhi, Yubin Li and Shangkun Liang, 2023, "Confucian Culture and Executive Compensation: Evidence from China", *Corporate Governance: An International Review*, Vol. 31, No. 1, 33–54.

Leippold, Markus, Qian Wang and Wenyu Zhou, 2022, "Machine Learning in the Chinese Stock Market", *Journal of Financial Economics*, Vol. 145, No. 2, 64–82.

Li, Bo and Jacopo Ponticelli, 2022, "Going Bankrupt in China", *Review of Finance*, Vol. 26, No. 3, 449–486.

Liao, Jingchi, Cameron Peng and Ning Zhu, 2022, "Extrapolative Bubbles and Trading Volume", *Review of Financial Studies*, Vol. 35, No. 4, 1682–1722.

Liu, Jianan, Robert F Stambaugh and Yu Yuan, 2019, "Size and Value in China", *Journal of Financial Economics*, Vol. 134, No. 1, 48–69.

Liu, Xuepeng, Heiwai Tang, Zhi Wang and Shang-Jin Wei, 2023, "Currency Carry Trade by

Trucks: The Curious Case of China's Massive Imports from Itself", *Review of Finance*, Vol. 27, No. 2, 469 – 493.

Lu, Lei, Jianxing Wei, Weixing Wu and Yi Zhou, 2023, "Pricing Strategies in Bigtech Lending: Evidence from China", *Financial Management*, Vol. 52, No. 2, 333 – 374.

Piotroski, Joseph, TJ Wong and Tianyu Zhang, 2022, "Political Networks and Stock Price Co-movement: Evidence from Network-Connected Firms in China", *Review of Finance*, Vol. 26, No. 3, 521 – 559.

Shi, Yang, Jiachen Li and Ruiming Liu, 2023, "Financing Constraints and Share Pledges: Evidence from the Share Pledge Reform in China", *Journal of Corporate Finance*, Vol. 78, 102337.

Tian, Xuan and Jiajie Xu, 2022, "Do Place-Based Policies Promote Local Innovation and Entrepreneurship?", *Review of Finance*, Vol. 26, No. 3, 595 – 635.

Titman, Sheridan, Chishen Wei and Bin Zhao, 2022, "Corporate Actions and the Manipulation of Retail Investors in China: An Analysis of Stock Splits", *Journal of Financial Economics*, Vol. 145, No. 3, 762 – 787.

Wu, Shujie and Haichun Ye, 2023, "Fies and the Transmission of Global Financial Uncertainty: Evidence from China", *Journal of Financial and Quantitative Analysis*, Vol. 58, No. 2, 777 – 804.

Xie, Sujuan, Bingxuan Lin and Jingjing Li, 2022, "Political Control, Corporate Governance and Firm Value: The Case of China", *Journal of Corporate Finance*, Vol. 72, 102161.

Yi, Zhaoying, Xiaowei Xu, Minghai Wei and Bingxuan Lin, 2023, "Foreign Institutional Ownership Externalities and Supplier Innovation", *Journal of Corporate Finance*, Vol. 80, 102421.

Yu, Ziliang, Jian Yang and Robert I Webb, 2023, "Price Discovery in China's Crude Oil Futures Markets: An Emerging Asian Benchmark?", *Journal of Futures Markets*, Vol. 43, No. 3, 297 – 324.

Zhai, Lingling and Xudong Tang, 2023, "Confucian Culture and Corporate Bond Pricing", *China Journal of Accounting Research*, Vol. 16, No. 1, 100285.

# 获奖动态：省部级以上金融学奖项

## 一 张培刚发展经济学优秀成果奖

"张培刚发展经济学优秀成果奖"由张培刚发展经济学研究基金会发起，根据张培刚发展经济学研究基金会的宗旨，为推动我国对发展经济学的研究和传播、促进经济理论创新以利于中国经济全面发展而设立的，奖项类别包括"张培刚发展经济学优秀著作奖"和"张培刚发展经济学优秀论文奖"。该奖项2006年首次举办，每两年评选一次，2022年启动第九届"张培刚发展经济学优秀成果奖"评选工作。

第九届"张培刚发展经济学优秀成果奖"获奖金融学论文是杨子晖著的《金融市场与宏观经济的风险传染关系——基于混合频率的实证研究》（载《中国社会科学》2020年第12期）。

## 二 黄达—蒙代尔经济学奖

"黄达—蒙代尔经济学奖"由1999年诺贝尔经济学奖得主"欧元之父"罗伯特·A.蒙代尔（Robert A. Mundell）教授和中国著名经济学家、中国金融学会名誉会长、中国人民大学前校长黄达教授共同冠名，2002年12月创设，每两年评选一次。该奖项原为"黄达—蒙代尔优秀博士论文奖"，后更名为"黄达—蒙代尔经济学奖"。设立"黄达—蒙代尔经济学奖"旨在推动中国经济学教育事业的发展和繁荣经济学科研究，搭建经济学特别是财政金融学科领域博士培养的国际交流平台，倡导兼容并蓄、严谨求实的学术品格，激励更多的杰出青年学者为新世纪中国的现代化建设贡献聪明才智。

2022年举办第十届"黄达—蒙代尔经济学奖"颁奖典礼。获奖金融类论文是北京大学齐谦的博士学位论文《异质性投资的TOBIN'S Q理论》和中国人民大学秦聪的博士学位论文《多元治理、财政政策与乡村振兴》。

## 三 中国社会科学院青年经济学优秀论文奖

中国社会科学院青年经济学优秀论文奖是自2020年由中国社会科学院经济学部发起设立的社科院系统内评奖活动，该奖项旨在评选出经济学相关研究领域作出突出贡献，有重要研究发现、提出重要创新学术思想，或取得重大政策成果，有显著的经济和社会效益和影响的青年学者优秀论文。评选活动每年开展一次，2022年开展第二次评奖活动。

表 1　　　　　　2022 年"中国社会科学院青年经济学优秀论文奖"金融学相关论文

| 序号 | 获奖作品 | 获奖者 | 获奖作品出版者 | 获奖等级 |
| --- | --- | --- | --- | --- |
| 1 | 数字化工具对内循环堵点的疏通效应——基于消费券纾困商户的实证研究 | 汪勇 尹振涛 邢剑炜 | 《经济学（季刊）》2022年第1期 | 二等奖 |
| 2 | 竞争规避与银行金融创新扩散——基于同质化视角的实证检验 | 尹振涛 李泽广 | 《管理世界》2021年第11期 | 二等奖 |

## 四　安子介国际贸易研究奖

"安子介国际贸易研究奖"是由香港著名实业家和杰出学者安子介先生为推动我国在国际贸易领域的研究于1991年出资设立的，由对外经济贸易大学负责该奖奖励金的管理和评奖的组织工作。奖励成果种类为专著和论文，评选范围包括国际贸易理论与政策、国际贸易实务、国际投资、国际工商管理、国际经济贸易法规、世界市场分析与预测、服务贸易等与国际贸易相关的领域。"安子介国际贸易研究奖"现设的奖项有"安子介国际贸易优秀著作奖"、"安子介国际贸易优秀论文奖"和"安子介国际贸易学术鼓励奖"。自1992年举办第一届评奖活动以来，该奖项已成功地举办了二十二届。

第二十二届"安子介国际贸易研究奖"获奖金融学论文是王孝松的《人民币国际使用的影响因素——基于全球视角的理论及经验研究》（载《经济研究》2021年第4期）。

## 五　薛暮桥价格研究奖

薛暮桥是我国著名经济学家，也是国家计委、全国物价委、国家统计局、国务院发展研究中心最早的领导人之一，在学界和经济战线享有崇高威望。"薛暮桥价格研究奖"1996年由原国家计委、民政部批准设立，中国价格协会主办，每三年一届。它是中央国家机关评比达标表彰保留项目，也是我国价格研究领域最高奖项。该奖项定期奖励对我国价格理论、价格政策以及价格管理工作的研究有重要贡献的论著成果，包含著作奖和论文奖两个奖项。薛暮桥价格研究奖迄今为止已经成功举办八届。

**（一）第八届"薛暮桥价格研究奖"获奖金融学著作**

龙少波：《中国结构性通缩形成机制及调控体系研究》，中国社会科学出版社2020年版。

**（二）第八届"薛暮桥价格研究奖"获奖金融学论文**

1.《"十四五"时期我国房地产调控思路与政策建议》，卢延纯、刘五星、杨东、王海霞、唐宏玲、郭英洁、李翔宇，荣获二等奖。

2.《完善住房租赁市场监管体系的研究》，陈志江、王微、邓郁松、邵挺、王瑞民、牛三元、桑毅、姚瑶、雷扬，荣获三等奖。

（供稿：霍冉冉，中国社会科学院金融研究所综合研究部）

# 机构介绍

## 一　东北财经大学金融学院

东北财经大学金融学院是在 1952 年财务信用专业基础上,经过 70 多年的建设与发展形成的二级学院。学院的学科点为金融学,是我国最早设立的学位点之一,也是该校办学规模较大的教学单位。2011 年金融学科被辽宁省确定为"提升高等学校核心竞争力特色学科建设工程——提升学科项目",2014 年被确定为辽宁省高等学校一流特色学科建设项目。

金融学院现设有金融学、保险学、金融工程、投资学 4 个本科专业,3 个学术型硕士研究生专业、2 个硕士专业学位研究生授权点和 3 个博士研究生专业。该学科点于 1981 年获得全国首批硕士学位授予权,1986 年获得博士学位授予权,1994 年被评为财政部和辽宁省重点学科,2000 年获准设立博士后流动站。学院设有辽宁省人文社科重点研究基地、辽宁省期货与经济社会发展研究基地、辽宁省区域发展战略研究基地、辽宁省金融保险业紧缺人才培养基地、辽宁省高校金融分析与模拟重点实验室,有金融市场及其风险管理创新团队、金融工程与风险管理创新团队、区域金融与区域经济发展创新团队及金融研究所、资本市场研究所、保险研究所等研究机构,有国家级金融学综合改革试点专业、"十二五"国家级金融学实验教学示范中心、国家级大学生校外实践教育基地,金融学专业和保险学专业获批国家级特色专业,金融学专业教学团队和证券投资学课程教学团队获批国家级教学团队。"货币银行学"是国家级精品课程、国家级资源共享课建设项目。

## 二　南开大学金融学院

南开大学金融学科历史悠久、底蕴深厚。1919 年建校之初即设商科,并设有银行财政学门(系),由来自耶鲁大学、哈佛大学、纽约大学、伦敦政治经济学院的知名学者担任历届系主任,1954 年因国家院系调整,南开大学停办金融学。1982 年在中国人民银行、中国农业银行、中国人民保险公司的支持下,南开大学复重建金融学系,并与美国、加拿大、日本等著名大学联合培养学生,与北美精算师学会联合培养新中国最早的精算硕士研究生、中加合作培养国际金融博士等。在教育部组织的历次学科评估中,金融学科均被评为国家级重点学科。

2015 年,南开大学正式成立了国内综合性大学唯一的金融学院,将原经济学院金融学系、风险管理与保险学系整建制划归入金融学院。学院以"一流研究立院、一流人才强院、一流机制兴院"为宗旨,以"建设国际化、高水平、世界一流的金融学院,实现跨越式发展"为目标。作为学校的人才特区,金融学院聘请国际著名计量金融学家、美国哥伦比亚大学终身教授、世界计量经济学会会士、聘请诺贝尔经济学奖获得者 Robert Engle 为名誉教授,还聘请了来自哥伦比亚大学、得克萨斯农工大学、加利福尼亚大学伯克利分校、宾夕法尼亚大学、得克萨斯大学达拉斯分校、新加坡国立大学、华盛顿大学等学校的终身教授,任学院长期教职或讲座教授,其中外籍教授 11 人。此外,截至 2016 年年底,南开大学金融学院全职引进常任轨制海外青年学术人才 14 人。

为适应国际化、高水平、跨越式的发展要求,金融学院在建院伊始便进行体制机制的创新改革,采取国际化的、开放包容的新型治理结构,建立了理事会制;设立了包括有校外专家和国际专家参加的学院学术委员会和职称评定委员会；成立了南开大学金融发展教育基金会、南开大学金融校友联合总会等校友支持组织；建立了联席院长制度，首任联席院长为校友刘禹东先生。

目前，学院共有全职教师66人，其中教授16人，海外引进人才21人；教育部新世纪优秀人才支持计划2人，南开大学讲座教授5人，名誉教授1人，南开大学百青2人，百青团队1个。初步建立起以学术带头人为核心，各类型师资协同发展相互支撑的教学科研团队。

在教学培养方面，金融学院本科生、硕士生、博士生等全日制在校学生规模达1400多人（不含金融双学位学生）。"国际金融学"和"商业银行管理"被评为国家级精品资源共享课。作为学校本科教育综合改革试验院，学院在学术人才培养创新、实践人才培养创新、复合人才培养创新方面做出很多卓有成效的探索，推动了研究生培养质量提升工程，与美国、英国、加拿大等国大学建立了国际合作与交流关系。学生培养质量和国际化水平不断提高。

在科研方面，该院高度重视提升国际化学术交流水平。定期举办"金融国际人才论坛""南开——格拉斯哥学术会议"等大型国际学术交流活动，以及"正午阳光"、"南开金融公开课"、"南开金融学术讲堂"、"南开金融月度论坛"（北京）、"南开八里台金融论坛"（上海·年度）等多层次、多视角的学术讲座和论坛活动，建设了高水平仿真实验室，为教师和各类人才提供高水平科研条件支撑、搭建高水平国际学术交流平台。目前，该院教师已在 Econometrica、JFE、Management of Science 等国际顶级期刊发表多篇论文，多人次获省部级科研成果奖。

## 三 江西财经大学金融学院

江西财经大学金融学院成立于2003年，拥有江西省唯一的金融学博士学位授权点，以及金融学硕士学位授权点和金融学、保险学两个专业硕士学位授权点，开设了金融学、金融工程、金融科技、保险学四个本科专业以及金融学（FRM）特色方向。金融学专业是江西省首批品牌专业，教育部首批第二类特色专业，金融学、保险学、金融工程专业分别获批国家一流专业建设点。学院设有金融系、金融科技系、金融工程系、风险管理与保险系四个教学单位。学院与中国人民大学合作成立了现代金融研究院，与江西省地方金融监督管理局、红谷滩新区管委会合作成立了江西金融发展研究院，与江西省科技金融研究会合作成立了科技金融研究中心，与九江银行合作成立了九银票据研究院以及九银县域经济与金融研究院，这些合作共建的机构为学院发展提供了有力的支持。

学院现有专任教师57人，其中教授14人、副教授15人，具有博士学位的教师占比达到79%。在学院师资队伍中，享受国务院政府特殊津贴专家3人，国家级教学名师1人，江西省教学名师2人，江西省突出贡献人才奖获得者1人，"赣鄱英才555工程"领军人才1人，江西省高校中青年学科带头人5人，"江西省千百万人才工程人选"2人，江西省高校哲学社会科学领军人才2人，获全国留学回国人员成就奖1人。经过多年的发展，学院已经形成了一支知识结构、职称结构、学历结构和年龄结构较为合理的师资队伍。

目前，学院拥有全日制在册学生2100余人，其中，本科生1800余人，研究生300余人。学院以人才培养为中心，以质量建设为重点，高度关注本科和研究生的教学工作。金融学专业主干课程"证券投资理论与实务"是国家级精品课程，"货币银行学""国际金融""证券投资学""国际金融实务"等课程是省级优质课程;"国际金融"课程是国家精品在线开放课程。同时还建成中央与地方共建项目"开放式综合金融实验室"、中央支持地方财政资金项目"现代金融实验中心"。学院人才培养质量不断提升,2020年学院首届金融工程专业毕业生考研成绩喜获丰收。在50名毕业生中,有25名同学成功考入或推荐免试至理想院校继续深造,包括中国人民大学、中国科学技术大学、南京大学、南开大学、厦门大学、武汉大学、上海财经大学、北京交通大学、西南财经大学等国内一流高校,以及新加坡国立大学和澳大利亚昆士兰大学等国际著名高校,升学录取率高达50%。在录取的考生中,进入一流高校或一流学科高校学生占比高达74%。2020届金融学(FRM方向)共计毕业生人数123人,其中30人被伦敦大学学院、帝国理工学院、约翰霍普金斯大学、曼彻斯特大学、澳洲国立大学等知名大学录取;30人被中国科学技术大学、南开大学、厦门大学、上海财经大学和香港大学等国内知名高等学府录取。海内外录取总数为60人,升学率达48.78%。

学院秉承"信敏廉毅"校训,高度重视科学研究与学术创新,逐步凝练出货币银行理论与实务、国际金融理论与实务、资本市场与风险管理、公司金融理论与政策等相对稳定的研究方向,近年来不断加强金融科技、绿色金融等新兴领域的研究,先后涌现出一批高质量的科学研究成果。学院致力于营造崇尚学术的氛围,创造让人安心科研的环境,搭建助力师生成长的平台。学院与中国人民大学合作共建的现代金融研究院就是一个非常重要的学术平台,自2017年12月成立以来,现代金融研究院秉承"致力于现代金融理论前沿研究,探寻中国金融变革之道,努力建成高水平、开放型、国际化的学术平台"的宗旨,倾力打造赣江金融高端论坛、公司金融SEMINAR、金融市场SEMINAR等学术品牌,举办高端国际学术会议,积极服务地方社会经济建设,具有广泛的社会影响和良好声誉。

## 四 山东大学经济学院金融系

山东大学经济学院金融系成立于1991年,拥有完整的本科、硕士和博士培养体系。金融学专业被评为国家级一流专业(2020),是国家级特色专业、山东省品牌专业、山东大学的优势专业。其中,金融工程本科专业为国家级特色专业,与山东大学数学学院共建校级人才培养基地"金融数学与金融工程人才培养基地"(彭实戈班)。金融学硕包括货币银行理论与政策研究、金融投资与金融工程、国际金融理论与比较金融制度、公司金融与公司治理研究等专业。金融专硕包括金融经济、量化投资与策略、新金融、金融科技、资产配置与风险管理、保险经营管理与大数据分析等专业。

金融学系现有专职教师40人,高级职称比例75%,具有博士学位的教师比例达100%,其中教授16人、副教授14人,博士生导师12人,硕士生导师27人,"国家优青"1人,"泰山学者"特聘教授1人,"泰山学者"青年专家3人,山东省有突出贡献的中青年专家1人,教育部"金融类专业教学指导委员会"委员1人,首届孙冶方金融创新奖获得者2人(1项),山东大学齐鲁青年学者3人,山东大学未来计划学者3人。金融学团队与国内外学术界建立了良好的教研合作关系,成员中23人有在美、英、澳、荷、日、加、法等国和我国港台地区攻读博士学位、从事博士后研究、做访问学者或从事合作研究的经历,其中12人分别在美国、加拿大、英国、荷兰、瑞士和日本获得博士学位。

学科建设方面，2012年，学院选拔组成了"经济与金融卓越人才培养国际化实验班"，设置经济学和金融学两个专业方向，采用全英文授课，开辟了经济金融类国际化人才培养的新途径。"金融投资学"被评为国家精品课、国家精品资源共享课。金融系胡金焱教授获"省级教学名师"称号，"金融学专业教学团队"为国家级教学团队，"金融—数学跨学科交叉应用型人才培养实验区"为国家级人才培养模式创新实验区。金融系学科拥有山东省哲学社会科学重点研究基地1个，山东省工程技术研究中心1个（建设评估为"优秀"），山东省软科学重点研究基地1个，山东省重点新型智库1个。同时设有金融综合实验室，是山东省金融风险控制工程技术研究中心、国家级"金融—数学跨学科交叉应用型人才培养实验区"，属其他国家级科研机构。内设20台计算机，实验室总投资额逾20万元，为学生进行科研研究提供了先进的场所和设备。同时，经济学院还有一系列大金融实习基地，包括29家银行、证券、保险及12家实体企业。

在教材建设方面，2021年6月，经山东省教育厅批准，《证券投资学》获2020年山东省普通高等教育一流教材。在科研方面，近年来金融系教师主持完成了"中国金融改革与金融发展学术研讨会""名校名家金融发展论坛""金融（学）家论坛""银行治理研讨"等系列学术活动。在《经济研究》、《金融研究》、《经济学（季刊）》、Journal of Financial Economics、Journal of Financial and Quantitative Analysis、Management Science、Journal of Econometrics 等国内外权威期刊发表100余篇论文。

同时，金融学系与国内外同行一直保持紧密联系，不仅主持召开全国高校之间的金融学术会议，而且与国外许多高校保持广泛的学术交流，包括美国约翰·霍普金斯大学、英国爱丁堡大学、荷兰蒂尔堡大学、香港城市大学等知名院校。

## 五　中南财经政法大学金融学院

中南财经政法大学金融学院的前身是中原大学1949年成立的金融系和1956年创办的基本建设财务与信用专业，是新中国最早的金融、投资人才培养基地之一。学院于1978年开始招收货币银行学专业硕士研究生，1986年获得货币银行学博士学位授予权，1995年投资经济博士点成为当时全国高校中唯一的投资博士点。2000年8月，金融系与投资系合并组建金融学院。2000年9月至2010年9月，中南财经政法大学与新华人寿保险股份有限公司合作办学，其间学院曾名为"新华金融保险学院"。2014年，学院荣获"全国教育系统先进集体"称号。2019年，学院入选教育部第二批"三全育人"综合改革试点院（系）。2021年，银行管理教研室党支部获批教育部第三批"全国高校样板党支部"。2022年，"银行管理课程虚拟教研室"入选教育部首批"虚拟教研室"建设试点名单。

学院金融学科为国家重点学科，也是该校"双一流"建设的重要支撑学科。金融学专业是国家级特色专业建设点并获批国家级专业综合改革试点项目。"投资学"和"货币金融学"课程被评为国家级精品课程和国家级精品资源共享课程，"金融工程"和"国际金融"课程被评为国家级双语示范课程，"投资学"被评为国家级线下一流课程，"证券投资学"被评为国家级线上线下混合式一流课程。金融学核心课程教学团队为国家级教学团队。2021年，"数字技术与现代金融学科创新引智基地"入选教育部、科技部联合实施的"高等学校学科创新引智计划"名单。

学院下设金融学系、金融工程系、保险系和投资系；拥有金融学、金融工程、保险学、精算学、投资学、工程管理、房地产开发与管理、工程造价等8个本科专业。其中，金融工程（2019）、投资学（2019）、金融学（2020）、保险学（2022）4个专业为国家级一流本科专业建设点；房地产开发与管理（2020）、工程管理（2022）、工程造价（2022）3个专业为省级一流本科专业建设点。有金融学专业（特许金融分析师实验班）与金融学+计算机科学与技术双学位实验班，以及与英国拉夫堡大学联合培养"3+1"本硕连读学位项目（金融学专业）、与美国罗德岛大学联合培养"3+1"双学士学位项目（金融学专业）2个国际联合培养项目；有金融学、投资学、保险学、房地产经济学、金融工程、管理科学与工程（项目管理）等6个学术型学位硕士点和金融、保险2个专业学位硕士点；有金融学、保险学、金融工程、投资学等4个博士点及应用经济学博士后流动站。学院还设有"产业升级与区域金融湖北省协同创新中心"、湖北省高校人文社科重点研究基地"湖北金融研究中心"、武汉市软科学研究基地"科技金融创新软科学研究基地"、"中国投资研究中心"以及金融、保险、投资、房地产和资本市场5个研究所等，该院金融与投资实验教学区（隶属于该校国家级经济管理实验教学示范中心、国家级虚拟仿真实验教学中心）下设银行与证券、投资与工程、保险与精算、金融工程4个实验室。

学院现有专任教师108人，其中，正教授34人，副教授45人，享受国务院政府特殊津贴5人，享受湖北省政府津贴3人，入选教育部新世纪优秀人才支持计划4人，获得海外博士学位21人。周骏教授是中共湖北省委命名表彰的首批"荆楚社科名家"之一（2012年度），荣获2012年度中国金融学科终身成就奖；张中华教授曾担任教育部高等学校金融学类专业教学指导委员会副主任委员；朱新蓉教授荣获首届鸿儒金融教育基金"金融学杰出教师奖"（2015年）、"湖北名师"（2012年）、国家级教学名师（2020年）、湖北省特级专家（2021年）；李志生教授荣获"湖北名师"工作室主持人（2019年）荣誉称号；刘惠好教授荣获"楚天园丁奖"（2019年）。专任教师中近90%具有博士学位，60%以上具有半年以上海外学习经历。学院还先后从密歇根大学、波士顿大学、迈阿密大学、香港大学、曼彻斯特大学等著名学府聘请了多位教授担任"文澜学者"特聘教授，聘请了迈克尔·科诺利（Michael Connolly）等国际著名经济学家以及刘鸿儒、李扬等国内知名专家学者担任名誉教授、客座教授或兼职教授。

学院现有在校本科生2089人，硕士研究生1115人，博士研究生125人，博士后研究人员数人，已形成"学士—硕士—博士—博士后研究"的完整人才培养体系。多年来，各层次的毕业生一直保持高就业率和高质量就业，多次被学校授予"毕业生就业工作先进集体"称号。2022届本科毕业生中，140人进入清华大学、北京大学、复旦大学、上海交通大学等国内顶尖高校继续深造，占比为28.11%；58人赴波士顿大学、哥伦比亚大学、纽约大学、南洋理工大学、新加坡国立大学、帝国理工学院、伦敦政治经济学院等QS世界排名前50的国外高校求学，占比为11.65%；142人前往各省税务局、国家开发银行、人民银行等机关和事业单位，中建二局、三局、五局、中铁隧道等国有企业，碧桂园、保利、平安等行业头部企业，建行、中行、招行、澳门银行等国有、商业银行，占比为28.51%。

目前，学院有来自10多个国家和地区的40余名不同层次和类型的留学生，与美国迈阿密大学（University of Miami）、法国雷恩商学院（ESC RENNES）等国外高校建立了本科生和研究生交流项目，与英国拉夫堡大学（Longhborough University）联合培养"3+1"本硕连读学位项目（金融学专业），与美国罗德岛大学（University of Rhode Island）和西乔治亚大学（University of West Georgia）合作建立了"2.5+1.5"金融学双学士联合培养项目，与新西兰坎特伯雷大学（University of Canterbury）、美国肯塔基大学（University of Kentucky）等合作建立了双硕士学位研究生联合培养项目。

## 六　西安交通大学经济与金融学院金融系

西安交通大学经济与金融学院金融系1960年设立本科专业。1981年、1986年分别获金融硕士、博士学位授予权，1988年金融学专业被中国人民银行确定为直属院校重点专业；2000年设博士后流动站并获得省名牌专业，2017年成为陕西省一流专业建设项目，2018年获教育部第四次学科评估A类，2019年获陕西省一流本科专业建设点，2020年11月被学校推荐为申报国家一流本科专业建设点。同时2018年共建本科生"汇丰金融科技菁英班"，2019年共建"建行金融科技菁英班"，金融系现有教师32名：教授8名，副教授14名，新讲师10名，其中，博士生导师12名。教师中具有博士学位者23名，近三年先后选派教师赴加州大学伯克利分校等世界名校访学9人次；从加拿大阿尔伯塔大学、上海交通大学等引进人才6人。团队现有2人次获陕西省杰出青年奖，1人入选教育部青年科研骨干，有海外留学经历的占53%，已建成年龄结构合理、学术水平高、团结向上的学科队伍。

金融专业培养本科生、硕士研究生、金融MBA、博士研究生，以及研究金融学博士后方向。现有金融理论与商业银行、金融投资与工程、国际金融、保险四个教研室。开设的主要金融学专业课程有金融学、中央银行学、金融市场学、商业银行经营学、公司金融学、国际金融学、保险学、财产保险、人身保险、金融监管学、政策性金融、金融制度比较、信托与租赁、投资项目评估、国际金融实务、投资银行学、金融风险管理、证券投资分析、国际结算、银行会计与金融工程等。

金融系现设有金融研究中心与国际金融研究中心。教师先后主持国家社会科学重大基金3项、重点基金4项，社会科学与自然科学基金40余项，教育部重大课题1项、重点课题3项，省部级课题50余项；服务地方政府专项课题数百项。在《经济研究》、《管理世界》、《经济学》（季刊）、《数量经济与技术经济》、《金融研究》等国内权威核心刊物上发表学术论文800余篇；获得省部级科研奖、教学奖、教材奖22项。获教育部"十一五""十二五"以及"十三五"国家级规划教材多部，包括《金融学》、《金融监管学》、《公司金融学》、《银行会计学》、《商业银行管理》与《商业银行财务管理》。

金融学本科阶段的培养目标为以"宽口径、厚基础、高素质、勇创新"为教育理念，融合理工学科逻辑方法，培养爱国、有责任心、追求高素质，具有国际视野、思维缜密、勇于创新的复合型金融学专业精英人才。金融学硕士研究生阶段的培养目标为具有扎实的经济学、金融学理论基础，掌握金融研究的主要方法，了解金融理论发展的国内外前沿动态，能够独立从事金融分析和研究，具备在国内外金融机构从事业务经营和部门管理的高级人才。金融学博士阶段的培养目标为熟悉国内外金融理论最新发展，密切跟踪国内外著名金融专家的研究动态，对金融改革非常敏锐，具有对经济和金融的综合研究能力，胜任在金融机构管理、在科研部门研究、在高等院校教研的高等级创新型人才。

金融学专业的特色优势包括：一为金融理工宽口径。积极融入理学、工学课程，开设人工智能、金融科技、金融数学等创新课程，凸显综合性大学的特色优势。二为敦笃求实厚基础。经过两年严格基础培养，学生普遍具备扎实的基础知识，在大学生创新创业项目中屡获佳绩，注重熏陶思维逻辑和培养踏实严谨的学风。三为追求卓越勇创新。所有教授为本科生讲课并担任学业导师，引导创新思维，培养勇于创新的科学精神，奠定可持续成长性。

### 七　北京交通大学经济管理学院金融系

北京交通大学经济管理学院金融系旨在培养具备良好的政治思想素质和职业道德素养，充分了解金融理论与实务，系统掌握投融资管理技能、金融交易技术与操作、金融产品设计与定价、财务分析、金融风险管理以及相关领域的理论知识和业务技能，能在银行、证券、投资、保险等企事业单位从事相关工作的专门人才。学科设置重视专业素质和能力培养，加强数理基础、信息技术和金融分析技能培养，使学生具有金融领域实际工作的基本能力。金融系目前既招收本科生也招收硕士研究生。硕士点的主要研究方向为金融理论、政策与方法，着力于培养学生围绕我国经济发展中的金融问题，秉承金融服务实体发展的理念，从宏观金融和微观金融两个层面，深入研究创新驱动下的金融理论前沿、金融制度供给、金融支持的产业转型与发展、金融风险的预警与防范等问题，为我国的产业结构调整、产业转型升级提供适时的可持续发展的理论支持、政策建议和运作方式。

### 八　首都经济贸易大学金融学院

首都经济贸易大学金融学院紧紧围绕中国和首都金融业发展需要，培养经济理论基础扎实、金融专业技能过硬，具有国际视野的复合型、创新型金融人才，服务北京"四个中心"建设。

自 1978 年建立金融专业以来，首都经济贸易大学金融学科已经走过了 40 多年卓有成效的发展历程。目前，金融学院设有金融学、金融学（国际金融英文班）、金融工程、保险学（保险精算）和投资学五个本科专业和方向，拥有金融学硕士、博士学位授予权，金融专业硕士、保险专业硕士授予权，开设量化金融专硕方向。首都经济贸易大学金融学科是北京市重点学科，金融学专业被评为北京市品牌专业和北京市特色专业，金融学院被认定为北京市金融人才培养支持基地。2017 年，金融学专业成功入选北京市一流专业建设。

金融学院拥有一支学识渊博、治学严谨、素质优良、勇于创新的师资队伍。学院现有教职工 70 人，其中教授 12 人，副教授 20 人，在国外知名高校获得学位 10 人，专职教师中 85% 具有博士学位。师资队伍中，有国家"万人计划"青年拔尖人才、教育部新世纪优秀人才、北京市长城学者、北京市学科带头人、优秀中青年骨干教师等。高质量的师资队伍对持续提升教学质量、开展教育创新和科研创新、推动学科发展发挥了重要作用。

金融学院有在校全日制本、硕、博学生 1370 余人。金融学院与中国工商银行、中国人寿保险、中信证券等数十家金融机构签署协议，建立教学实习基地，为学生搭建了理论与实务相结合的发展平台。金融学院与美国、英国、加拿大等国的大学进行合作办学，通过"2 + 2"、

"3+1"、短期访问等多种培养模式，扩大学生国际交流，提升学生的就业竞争力。金融学院各专业招生分数和毕业生就业率在学校中长期名列前茅，毕业生一直保持着95%以上的就业签约率。至今，金融学院已经培养研究生、本科生6000余人，为金融系统输送了大量优秀人才。

集天时、地利、人和，首都经济贸易大学金融学院正加速前进。该院希望，在大力推进金融人才培养国际化的同时，实现金融研究的本土化。人才培养旨在培养具有良好的外语能力、完备的知识结构和宽广的国际视野的创新型金融人才。金融研究旨在运用现代的经济、金融研究方法，深入研究中国的金融改革和实践。

### 九　天津财经大学金融学院

天津财经大学金融系是在1958年全国院系调整中，以南开大学金融学专业为基础建立并发展起来的，是学校建校时最早设立的院系之一。2018年7月，在原金融系和大公信用管理学院的基础上组建成立天津财经大学金融学院。金融学院专业齐整、名家荟萃，经过石毓符、张平、王荫乔、苏宗祥等几代大师不断求索，已成为国内金融学研究重镇。学院秉承学校"五统一、一协调"的人才培养理念，力求围绕"以复合型知识结构为基础、具有国际化视野和创新意识的高素质应用型金融专业人才"的人才培养目标，将科研、教学与实践紧密结合，校内教学与校外实践紧密结合，积极服务于天津经济建设，打造结构合理、有较强的教学与科研能力的高水平师资队伍。

学院拥有应用经济学一级学科博士学位授予权，并设立博士后科研流动站。金融学、保险学招收学术型硕士研究生，金融硕士（MF）、保险硕士（MI）招收专业硕士研究生。学院拥有金融学、金融工程、保险学、投资学、信用管理5个本科专业，其中，金融学专业下辖金融学、国际金融、能源金融3个专业方向，能源金融为中外合作办学项目。在本科层次设立量化金融拔尖人才实验班。金融学、金融工程、保险学、信用管理为天津市品牌专业；金融学专业现为国家级特色专业、天津市"十三五"优势特色专业；金融工程专业为天津市"十三五"优势特色专业；保险学专业、信用管理专业为天津市"十三五"应用型专业。拥有金融学、金融工程、国际金融、投资学等4个市级教学团队。学院形成了相互支撑、优势互补的金融学科群，并已形成完备的本科—硕士—博士—博士后人才培养体系。金融学科为二级学科，隶属应用经济学一级学科，在2017年结束的第四轮教育部本科教学评估中应用经济学被评为B+，全国百分比排名10%—20%。

学院师资力量雄厚，现有专职教师69人，其中教授11人，博士生导师11人，副教授20人。享受政府特殊津贴2人，天津市人民政府参事1人，天津市高校学科领军人才1人，天津市中青年骨干创新人才4人，天津市青年拔尖人才1人，天津市"五个一批"人才计划1人，天津市教学名师3人，天津市"131"人才第一层次4人，天津市"131"人才第二层次4人，天津市"131"人才第三层次11人，天津市优秀青年教师资助计划6人，外国高端专家1名。学院还聘请了多名金融业界的专家担任客座教授、兼职教授、博士生导师、硕士生导师。

### 十　辽宁大学金融与贸易学院

金融与贸易学院是辽宁大学国家"双一流"建设应用经济学学科重点承建单位，下设三系四所一中心（金融学系、保险学系、国际经济与贸易系，国际金融研究所、金融研究所、保险研究所、国际贸易与国际商务研究所，EDP 中心）。学院本科、硕士、博士、博士后培养层次完整，拥有 1 个国家重点学科（金融学）、1 个一级学科博士学位授权点（应用经济学）、5 个学术型硕士学位授权点（金融学、政策性金融学、金融工程、保险学、国际贸易学）、3 个专业硕士学位授权点（金融、国际商务、保险）、3 个本科专业（金融学、保险学、国际经济与贸易）。

学院师资力量雄厚，50 余名教职工中教授、副教授等高级职称教师 30 余人，拥有博士学位教师占教师总数的 90% 以上。学院教师荣获中国金融学科终身成就奖、中国金融研究杰出贡献奖、安子介国际贸易研究奖、刘诗白经济学奖等奖项；获评全国优秀教师、全国师德先进个人、国务院政府特殊津贴、辽宁省教书育人模范、辽宁省攀登学者、辽宁省特聘教授、辽宁省本科教学名师、辽宁省优秀青年骨干教师等称号；有国家社科基金重大项目首席专家、教育部高等学校专业教学指导委员会副主任委员和委员、全国国际商务专业学位研究生教育指导委员会委员、中国高等教育学会教育评估分会专家、省委省政府决策咨询委员会委员等。

学院是高等学校特色专业建设点建设单位、"本科教学工程"地方高校第一批本科专业综合改革试点单位，在辽宁省教育厅本科教育教学改革中取得优异成绩，多项指标名列前茅。

学院大力实施国际化战略，招收本硕博层次国际留学生，与澳大利亚西澳大学开展"3 + 2"本硕合作办学，与美国肯塔基大学、加拿大菲沙河谷大学等高校开展"2 + 2"项目合作。

学院高度重视学生成长成才，先后培养出全国优秀共青团员、中国大学生自强之星、中国大学生年度人物入围奖等优秀学子；在"互联网+"全国大学生创新创业大赛、"挑战杯"全国大学生学术科技竞赛、"挑战杯"全国大学生创业竞赛、全国大学生电子商务"创新、创意、创业"、美国大学生数学建模竞赛、全国大学生金融创意设计大赛等竞赛中屡获佳绩。

（供稿：赵珅，中国社会科学院金融研究所综合办公室）

# 附 录

# 金融学学科词汇索引

（按中文词汇音序排列）

IPO 抑价（IPO underpricing） 39

## B

并购重组（mergers and acquisitions） 118

## C

长寿风险（longevity risk） 43，139—141
出口产品质量（export product quality） 89
村镇银行（village bank） 37，101
存款保险制度（deposit insurance system） 103，105，106，108，109，130，271

## D

大股东（block shareholder） 41，120，123，251
代理问题（agency problem） 122，123，125，254
贷款价值比（loan-to-value ratio） 35，73，246
道德风险（moral hazard） 43，85，86，120，151，152，190，219
地方政府债务（local government debt） 46，71，82，86，91，106，183，184，191，192，248，254，258，266
董事长（chairman of the board） 123
动态随机一般均衡模型（Dynamic Stochastic General Equilibrium Model） 46，226，248

## F

房地产（real estate） 24，35，46，47，51，81—84，90，91，164，165，175，182—184，191，248，250
菲利普斯曲线（Phillips curve） 69，162，164
风险承担（risk taking） 34，35，37，38，40，42，46，47，49，68，73—75，86，101，104—107，109，125，130，134，165，168，169，174，175，179，184，187，208，221，224，226，229，252，254，256，258，259，268，271
风险管理（risk management） 38，41，42，44，48，103，104，108—110，129—131，134，169，175，179—181，184，191，217，221，249，250
风险溢价（risk premium） 39，76，120，165，173，174，205—207，211

## G

杠杆率（leverage ratio） 33，35，45，46，49，72，83—87，105—107，170—172，174，182，183，190，191
高频交易（high frequency trading） 199，201，202，205
工程保险（engineering insurance） 134
供应链（supply chain） 41，42，68，121，134，135，160，161，163，184—187，219，252，266
国际收支（balance of payments） 172，186—189，264

## H

宏观杠杆率（macro leverage ratio） 24，33，

45，72，81，83—86，182，257

宏观审慎政策（macroprudential policy） 33，35，36，38，52，68，73，76，105，174，182，248，267

环境、社会和治理（environmental, social and governance） 52

环境污染责任保险（Environmental Pollution Liability Insurance） 44，130，131

汇率制度（exchange rate regime） 52，160，165，166，170，189

货币需求（money demand） 236，238

货币政策（monetary policy） 33—36，47，49—51，68—76，90，98，102，103，105，106，109，160—162，164—170，173—175，182，183，186—189，221，228，235，246，255—257，259，263—265，271

货币政策工具（monetary policy tool） 34，68—70，75，90

## J

机构投资者（institutional investor） 41，42，120，122，125，134，153，190，199，202，203，205，206，208—211，249，251—253，255，262，268

结构性货币政策（Structural Monetary Policy） 34，70，72，255

金融创新（financial innovation） 24，38，90，97，104，109，209，227，238，250

金融脆弱性（financial fragility） 72，77，85，165

金融基础设施（financial infrastructure） 25，40，78，170，224，234—236，238，240，241，265

金融加速器（financial accelerator） 47，81—84，182，248，257

金融监管（financial regulation） 25，33，34，45，47，50，52，77，98，108，109，122，130，179，188，190—192，217，219，225—229，240，250，254—256，261，267

金融结构（financing structure） 22，81，87，88

金融科技（FinTech） 24，33，37，38，47—50，53，97，99，101—103，105，106，108—110，179，180，217，219—229，235，240，241，250，254，255，258，261，264，267

金融控股公司（financial holding company） 190

金融危机（financial crisis） 34，68，70，72，73，75，76，81—83，89，90，101，105—108，161，162，164—167，169，182，184，192，240，254，257，264，266，267

金融稳定（financial stability） 25，35，45，46，68，70—73，84，86，87，90，120，130，166，167，183，191，240，247，251，252，266，267

金融周期（financial cycle） 71，81—83，162，164，167—170，175，248

经常账户（current account） 35，69，166，169，172，256，265，266

经济周期（business cycle） 81—84，119，149，173

经理人（manager） 123，207，209

## K

科创板（sci-tech innovation board market, STAR Market） 39，120，121，199—201，252，253，256，262

跨境支付（cross border payment） 53，77，228，234—236，238，239，255，259

跨境资本流动（cross-border capital flows） 35—37，50，51，87，106，160，166—175

会计师（accountant） 44，134，135

## L

量化宽松（quantitative easing） 34，76，90，165，235

零利率下限（zero lower bound） 34，35，76，105，263

绿色金融（green finance） 23，53，70，99，110，118，261，271，272

绿色债券（green bond） 118

## N

逆周期资本充足率（Countercyclical Capital Adequacy Ratio） 35，73

农村金融机构（rural financial institutions） 37，74，97—99，101，106，251，258

农业保险（agricultural insurance） 44，45，129，130，133，135，136

## P

帕累托改进（Pareto improvement） 124

普惠金融（inclusive finance） 37，38，47，50，74，97—101，103，106，192，217—219，223—225，229，253，260

## Q

气候风险（climate risk） 42，258

前景理论（prospect theory） 181

前瞻性指引（forward guidance） 71，165

全球流动性（global liquidity） 68，90，91，161，162，175，247

## R

人民币国际化（RMB internationalization） 25，52，53，77，172—174，228，229，235，236，238，239，255，259，260，265

## S

社保基金（social security fund） 40，43，151，153

社会责任（social responsibility） 34，99，104，105，153

社会治理（social governance） 15，225，228

收入差距（income disparity） 23，37，100，101，132，144，148，217，218，251

数据治理（data governance） 47，48，217，219—221

数字货币（digital currency） 25，47—49，68，69，77，78，171，217，227—229，235，238—241，255，260，261，267

## T

通货膨胀（inflation） 9，10，19，69，71，171，191

通胀谜题（missing inflation puzzle） 161

## W

微观审慎（micro prudential） 109，175，192，227

## X

系统性金融风险（systemic financial risk） 45，47，49，73，86，89，91，103，106，110，174，179，182—184，186，191，206，226，254，258，259

现代中央银行制度（modern central banking system） 22，68，69

限价制度（price limit system） 199，200

相对贫困（relative poverty） 145

信息不对称（asymmetric information） 39，40，82，85，86，103，108，117，121，122，125，153，179，191，192，200—203，205，218，219，222，223，226，246，254，256，266

信息披露（information disclosure） 39—41，101，109，117，119—121，124，125，136，153，190，191，199—203，210，

226，250，255，256，262

## Y

压力测试（stress test） 179
衍生品（derivatives） 34，74，206，207，209，236，265
业绩承诺（performance commitment） 118
移动支付（mobile payment） 45，48，49，131，224，227，228，235—237，263，264
以邻为壑（beggar-thy-neighbor） 164
异象（anomalies） 117，119，120，199，204，205，208
溢出效应（spillover effect） 34，35，38，42，46，47，50—52，68，75，76，83，106，108，118，119，121，122，134，165，167—170，172—174，183，201，218，222，248，252，256，257，260，266
影子银行（shadow banking） 24，36，38，45—47，82，98—101，103，105，106，108，223，248，254，256，261

## Z

战略投资者（strategic investor） 106，123，134，264，265
证券化（securitization） 37，75，91，141
注册制（registration system） 39，117，120，121，167，190，199—201，252，253，256，262
资本管制（capital control） 52，87，90，167，173
资本账户（capital account） 35，52，69，87，170，236，256，257，260，265
资产定价（asset pricing） 199，202，204，206—208，211，212，245
资产负债表（balance sheet） 22，46，75，90，165，167，174，188，238，271
资产泡沫（asset bubble） 72，75，81，84，90，91，266